Günter Vornholz
Wohnungswirtschaft, Wohnungsmärkte und Wohnungspolitik in Deutschland

Günter Vornholz

Wohnungswirtschaft, Wohnungsmärkte und Wohnungspolitik in Deutschland

—

ISBN 978-3-11-103347-1
e-ISBN (PDF) 978-3-11-103354-9
e-ISBN (EPUB) 978-3-11-103390-7

Library of Congress Control Number: 2025943948

Bibliografische Information der Deutschen Nationalbibliothek
Die Deutsche Nationalbibliothek verzeichnet diese Publikation in der Deutschen Nationalbibliografie;
detaillierte bibliografische Daten sind im Internet über http://dnb.dnb.de abrufbar.

© 2026 Walter de Gruyter GmbH, Berlin/Boston, Genthiner Straße 13, 10785 Berlin
Einbandabbildung: bluebay2014/iStock/Getty Images Plus
Satz: Integra Software Services Pvt. Ltd.

www.degruyterbrill.com
Fragen zur allgemeinen Produktsicherheit:
productsafety@degruyterbrill.com

Inhaltsverzeichnis

Abkürzungsverzeichnis —— IX

1	Einleitung —— 1	
2	Wohnungswirtschaft —— 3	
2.1	Definitionen —— 3	
2.2	Volkswirtschaftliche Bedeutung der Wohnungswirtschaft —— 4	
2.2.1	Realwirtschaftliche Bedeutung der Wohnungswirtschaft —— 6	
2.2.2	Finanzwirtschaftliche Bedeutung der Wohnungswirtschaft —— 11	
2.3	Akteure der Wohnungswirtschaft —— 13	
2.3.1	Marktteilnehmer —— 13	
2.3.2	Staat —— 19	
2.3.3	Interessenverbände —— 29	
3	Einflussfaktoren / Megatrends —— 34	
3.1	Demografische Entwicklung —— 35	
3.1.1	Bevölkerungs- und Haushaltsentwicklung —— 36	
3.1.2	Regionale Effekte —— 45	
3.1.3	Bevölkerung mit Migrationshintergrund —— 49	
3.1.4	Strukturelle Effekte —— 51	
3.2	Wirtschafts- und Einkommensentwicklung —— 56	
3.2.1	Bruttoinlandsprodukt und Wirtschaftswachstum —— 56	
3.2.2	Einkommensentwicklung —— 57	
3.2.3	Wirtschaftlicher Strukturwandel – Wissensgesellschaft —— 59	
3.2.4	New Work —— 60	
3.2.5	Wirtschaftsentwicklung und Wohnungswirtschaft —— 61	
3.3	Monetäre Einflussfaktoren —— 63	
3.3.1	Finanzmärkte und Immobilienmärkte —— 65	
3.3.2	Inflation – Ursachen und Folgen —— 67	
3.3.3	Geldpolitik der EZB —— 71	
3.3.4	Auswirkungen der Geldpolitik —— 77	
3.3.5	Einfluss der Geldpolitik auf Wohnungsmärkte —— 80	
3.3.6	Devisenmarkt —— 84	
3.4	Nachhaltigkeit bzw. Sustainable Development —— 87	
3.4.1	Revolutionäres Konzept Sustainable Development —— 88	
3.4.2	Nachhaltige Unternehmen —— 91	
3.4.3	Nachhaltige Immobilien / Zertifizierung —— 93	
3.4.4	Green Lease —— 96	
3.4.5	Kritik: Greenwashing —— 97	
3.5	Digitalisierung —— 97	

3.5.1	Definitionen und Abgrenzungen —— 97	
3.5.2	Dimensionen der Digitalisierung —— 100	
3.5.3	Digitalisierung und Wohnungswirtschaft —— 101	
3.5.4	Chancen und Risiken —— 110	
3.6	Globalisierung der Wohnungswirtschaft —— 112	
4	**Der Wohnungsmarkt in Deutschland – Strukturen und Entwicklungen —— 116**	
4.1	Vorbemerkungen —— 116	
4.1.1	Marktabgrenzungen —— 116	
4.1.2	Datenquellen —— 121	
4.1.3	Wohnungsmarktprognosen —— 122	
4.2	Vorgelagerte Märkte: Boden und Grundstücke —— 131	
4.2.1	Boden- und Grundstücksmarkt in Deutschland —— 131	
4.2.2	Nachhaltige Bodenpolitik —— 137	
4.3	Bestand an Gebäuden und Wohnungen —— 139	
4.3.1	Entwicklung des Wohnungsbestands —— 139	
4.3.2	Struktur des Wohnungsbestands —— 141	
4.4	Fertigstellungen —— 159	
4.4.1	Bauträger bzw. Projektentwicklungen —— 159	
4.4.2	Entwicklung von 1950 bis heute —— 160	
4.4.3	Bauüberhang: Baugenehmigungen vs. Baufertigstellungen —— 165	
4.4.4	Baukosten —— 168	
4.4.5	Ausblick —— 172	
4.5	Vermietungsmärkte —— 173	
4.5.1	Struktur der Vermietungsmärkte —— 173	
4.5.2	Wohnungsmieten —— 176	
4.5.3	Wohnungsleerstand —— 183	
4.5.4	Bezahlbarer Wohnraum —— 190	
4.5.5	Mietregulierungen —— 196	
4.5.6	Wohnungsmarktzyklus —— 200	
4.5.7	Ausblick —— 202	
4.6	Verwertungsmärkte —— 203	
4.7	Wohnimmobilien-Investmentmärkte —— 206	
4.7.1	Einflussfaktoren —— 212	
4.7.2	Entwicklung der Märkte —— 214	
4.7.3	Investmentzyklus —— 226	
4.7.4	Immobilienpreisblasen —— 230	
4.7.5	Inflationsschutz durch Wohnimmobilien – Betongold —— 249	
4.7.6	Wohneigentum und Wohneigentumsförderung —— 255	
4.7.7	Ausblick —— 268	
4.8	Spezielle Teilmärkte —— 268	

4.8.1	Sozial gefördertes Wohnen —— **269**	
4.8.2	Wohnen im Alter —— **281**	

5	**Wohnungspolitik —— 294**	
5.1	Entwicklung der Wohnungspolitik in Deutschland —— **294**	
5.1.1	Wohnungspolitik nach 1945 —— **295**	
5.1.2	Wiedervereinigung bis 2008/09 (Finanzkrise) —— **300**	
5.1.3	Von der Finanzkrise bis Ende der 2010er-Jahre —— **303**	
5.1.4	2020er-Jahre —— **305**	
5.2	Maßnahmen gegen Wohnungsleerstände —— **307**	
5.2.1	Primär ist die Wohnungswirtschaft gefordert —— **307**	
5.2.2	Subsidiär und nachrangig: Staatliche Eingriffe —— **309**	
5.3	Wohnungsknappheit: Ursachen und Gegenmaßnahmen —— **311**	
5.3.1	Bau- und Finanzierungskosten —— **311**	
5.3.2	Effizientere Nutzung von Gebäuden —— **313**	
5.3.3	Bauland —— **314**	
5.3.4	Regulatorische Anforderungen —— **316**	
5.4	Wohnungspolitik gegen Knappheit und Leerstand —— **324**	

Literaturverzeichnis —— 327

Abbildungs- und Tabellenverzeichnis —— 337

Register —— 339

Abkürzungsverzeichnis

APP	Asset Purchase Programme
Arge e. V.	Arbeitsgemeinschaft für zeitgemäßes Bauen e. V.
A-Städte	Hamburg, Berlin, Düsseldorf, Köln, Frankfurt am Main, Stuttgart und München
BBSR	Bundesinstitut für Bau-, Stadt- und Raumforschung im Bundesamt für Bauwesen und Raumordnung
BGB	Bürgerliches Gesetzbuch
BGG	Behindertengleichstellungsgesetz
BIP	Bruttoinlandsprodukt
BMWSB	Bundesministeriums für Wohnen, Stadtentwicklung und Bauwesen
BREEAM	Building Research Establishment Environmental Assessment Methodology
CSR	Corporate Social Responsibility
dena	Deutsche Energie-Agentur GmbH
DGNB	Deutsche Gesellschaft für nachhaltiges Bauen
DIN	Deutschen Institut für Normung
ESG	Environmental, Social und Governance
ETW	Eigentumswohnungen
EU-SILC	European Union Statistics on Income and Living Conditions
EVS	Einkommens- und Verbrauchsstichprobe
EZFH	Ein- und Zweifamilienhaus
gif	Gesellschaft für immobilienwirtschaftliche Forschung e. V.
GdW	Bundesverband deutscher Wohnungs- und Immobilienunternehmen e. V.
HVPI	Harmonisierter Verbraucherpreisindex
ICG	Institut für Corporate Governance in der deutschen Immobilienwirtschaft
IW	Institut der deutschen Wirtschaft
KAG	Kapitalanlagegesellschaft
KAGB	Kapitalanlagegesetzbuch
KfW	Kreditanstalt für Wiederaufbau
KVG	Kapitalverwaltungsgesellschaft
LBO	Landesbauordnung
LEED	Leadership in Energy and Environmental Design
LTV	Loan to Value
MFI	Monetäre finanzielle Institutionen
NaWoh	Nachhaltiger Wohnungsbau
NWG	Neue Wohngemeinnützigkeit
QE	Quantitative Easing
QNG	Qualitätssiegel Nachhaltiges Gebäude
p. a.	per annum (pro Jahr)
PEPP	Pandemic Emergency Purchase Programme
SBG	Schneller-Bauen-Gesetz
SuV	Siedlungs- und Verkehrsfläche
vdp	Verband deutscher Pfandbriefbanken e. V.
VGR	Volkswirtschaftliche Gesamtrechnung
VPI	Verbraucherpreisindex

VVB	Vereinigung Volkseigene Betriebe
WBS	Wohnberechtigungsschein
WoFG	Wohnraumförderungsgesetz
WZ 2008	Klassifikation der Wirtschaftszweige (Statistisches Bundesamt)
ZIA	Zentraler Immobilien Ausschuss

1 Einleitung

Wohnen und Wohnimmobilien sind sowohl einzel- als auch gesamtwirtschaftlich von außerordentlicher Bedeutung, da sie für die Menschen entscheidende Eigenschaften haben. Aus einzelwirtschaftlicher Sicht ist Wohnen ein Grundbedürfnis; Wohnen gehört wie Essen und Trinken zu den Existenzbedürfnissen der Menschen. Die Wertigkeit von Wohnen zeigt sich beispielsweise in der Ausgabenbereitschaft der Haushalte. Einen größeren Teil des Einkommens gibt ein Haushalt durchschnittlich für Wohnen aus; sei es für Miete oder für den Schuldendienst. Als Anlagegut haben Wohnungen einen bedeutenden Anteil am Vermögen der Haushalte. Aus volkswirtschaftlicher Sicht sind Wohnimmobilien quantitativ und qualitativ ein wichtiges Gut und eine bedeutende Branche.

Auch staatliche Maßnahmen zeigten den Wert des Wohnens auf. Da Wohnen ein existenzielles Bedürfnis darstellt, sieht sich die Politik veranlasst, massiv in das Marktgeschehen einzugreifen und die Menschen in diesem Bereich besonders auf der einen Seite zu schützen und auf der anderen Seite aber auch zu fördern. Die Wohnungswirtschaft ist der Immobilienbereich, auf den der stärkste politische Einfluss herrscht. Dies gilt für den Mieterschutz ebenso wie für Maßnahmen gegen eine befürchtete Preisblase und für die Wohneigentumsförderung.

Im Kapitel 2 wird die *Wohnungswirtschaft* hinsichtlich ihrer volkswirtschaftlichen Bedeutung analysiert. Nach Aufzeigen verschiedener Definitionen wird die volkswirtschaftliche Größe der Branche untersucht. Die Wohnungswirtschaft ist quantitativ ein beachtlicher Wirtschaftszweig, das zeigt sich sowohl realwirtschaftlich als auch finanzwirtschaftlich. Es gibt starke und komplexe Verflechtungen mit anderen Branchen sowie innerhalb der gesamten Immobilien- und Volkswirtschaft. In einem akteursbezogenen Ansatz werden anschließend die verschiedenen Teilnehmer der Wohnungswirtschaft aufgezeigt.

Das Kapitel 3 beschreibt die *Einflussfaktoren und Megatrends*, die einen bestimmenden Einfluss auf die Wohnungswirtschaft und -märkte haben. Diese Megatrends wirken sich aber in den einzelnen Bereichen recht unterschiedlich aus. Bei der Analyse der demografischen Entwicklung werden auch die Ergebnisse des Zensus 2022 berücksichtigt. Dieser liefert aktuelle und genaue Daten über die Bevölkerungszahl, die Wohnverhältnisse und die sozialen Bedingungen im Land. Für die Immobilienwirtschaft, für Behörden und für die Unternehmen sind diese Informationen verschiedene Zwecke von großer Bedeutung. Das bedeutet aber auch, dass amtliche Statistiken zur Bevölkerung und zum Wohnungsbestand zukünftig auf Basis des Zensus 2022 und nicht wie bisher auf Basis des Zensus 2011 fortgeschrieben werden. Dieses wurde, soweit möglich, berücksichtigt.

Im Mittelpunkt des Kapitels 4 steht der deutsche *Wohnungsmarkt*, auf dem Wohnimmobilien auf unterschiedlichen Märkten gehandelt werden, die nach verschiedenen Kriterien abgegrenzt werden können. So gibt es zwischen den verschiedenen Immobilienmärkten zwar Gemeinsamkeiten, aber auch erhebliche Divergenzen. Grundsätzlich kann zwischen den Märkten entlang des Lebenszyklus der Immobilien und den Immobilien-Investmentmärkten unterschieden werden. Zur Darstellung der quantitativen Entwicklung wird zum einen auf verschiedene amtliche Statistiken zurückgegriffen, insbesondere auf die vom Zensus 2022. Unterschiede, die zu anderen amtlichen Quellen bestehen, werden aufgezeigt. Zum anderen werden ergänzend verschiedene private Datenquellen verwendet.

Den Abschluss bildet das Kapitel 5 mit einer Analyse der *Wohnungspolitik* und ihrer Herausforderungen. Zunächst wird die Entwicklung der Wohnungswirtschaft in Deutschland nach dem Zweiten Weltkrieg bis zum aktuellen Rand beschrieben. Aufgrund der deutlich unterschiedlichen Strukturen und Entwicklungen der Wohnungsmärkte ist eine differenzierte Wirtschaftspolitik notwendig. Auf der einen Seite ist eine Politik gegen Wohnungsleerstände und auf der anderen Seite gegen Wohnungsknappheit geboten. Die verschiedenen Ansätze und Lösungsvorschläge werden kritisch hinterfragt.[1]

Stand: 31. Dezember 2024

---

[1] Die Ausführungen dieses Buches richten sich gleichberechtigt an alle Menschen. Die Verwendung männlicher Artikel und Bezeichnungen für Personen, Funktionen etc. dient allein dem Ziel, den Lesefluss zu erleichtern und zu verbessern.

2 Wohnungswirtschaft

Die Wohnungswirtschaft in Deutschland stellt sich stark differenziert und vielfältig dar, was in diesem Kapitel aufgezeigt werden soll. In Kapitel 2.1 werden verschiedene Abgrenzungen für die Wohnungswirtschaft dargestellt, die zu unterschiedlichen Bedeutungen der Branche in der Volkswirtschaft führen. In Kapitel 2.2 wird die Bedeutung der Wohnungswirtschaft in Bezug auf die Immobilienwirtschaft analysiert. Dies geschieht anhand verschiedener Indikatoren, die zu unterschiedlichen Ergebnissen führen.

Im Kapitel 2.3 wird auf die Akteure und ihr Wirken in der Wohnungswirtschaft eingegangen. Der Staat setzt vor allem die Rahmenbedingungen für die Akteure auf der Angebots- und Nachfrageseite, greift aber auch selbst aktiv in das Marktgeschehen ein. Anbieter und Nachfrager haben dabei divergierende Interessen. Über verschiedene Interessenverbände nehmen die Marktteilnehmer über die Öffentlichkeit wiederum Einfluss auf den Staat.

2.1 Definitionen

Für die Beschäftigung mit den Themen Wohnungswirtschaft und Wohnungsmärkte ist es notwendig, die grundlegenden Begriffe kennenzulernen. Neben den Definitionen werden insbesondere die Zusammenhänge zwischen den Begriffen dargestellt sowie voneinander abgegrenzt.

Im Rahmen der statistischen Gliederung der Volkswirtschaft nach Wirtschaftszweigen (WZ) des Statistischen Bundesamtes wird in der Klassifikation der Wirtschaftszweige (Ausgabe WZ 2008) die Abteilung „L – Grundstücks- und Wohnungswesen" ausgewiesen.

Das *Wohnungswesen* als die weitestgehende Definition und Abgrenzung umfasst die Gesamtheit aller Institutionen, Aktivitäten und Regelungen zur Versorgung der Bevölkerung mit Wohnraum. Dazu zählen die Wohnungsbestände, die Wohnungswirtschaft, die staatliche Wohnungspolitik sowie die privaten Haushalte als Nachfrager.

Die *Wohnungswirtschaft* setzt sich aus den verschiedensten Teilbereichen zusammen, die u. a. entlang des Lebenszyklus einer Wohnimmobilie bestehen. Es ist derjenige Wirtschaftszweig, der sich die Versorgung der Bevölkerung mit Wohnungen zum Ziel gesetzt hat. Umfassend gesehen besteht die Wohnungswirtschaft aus der Entwicklung (Finanzierung und Planung) und dem Bau sowie der Vermietung bzw. Nutzung bis hin zur Modernisierung und Instandhaltung bis letztlich zum Abriss von Immobilien für wohnliche Zwecke. Dies kann als Immobilien- und Mietermanagement zusammengefasst werden. Hinzu kommen die entsprechenden Investments und deren Finanzierung.

Der *Wohnungsmarkt* unterscheidet sich in der Angebotsstruktur wesentlich von anderen Märkten. Wohnraum ist standortgebunden, somit sind die Märkte räumlich unterschiedlich. Daneben führen das kurzfristig fixe Angebot an Bauland und die lange Fertigstellungsdauer von Wohnraum zu einer kurzfristig geringen Elastizität des Wohnraumangebots. Diese kann dazu führen, dass ein Anstieg der Nachfrage nach Wohnraum den Marktpreis stark erhöht. Darüber hinaus ist der Wohnungsmarkt von hohen Transaktionskosten (z. B. Grunderwerbsteuer oder Such- und Umzugskosten) geprägt. Die Langlebigkeit der Gebäude im Vergleich zu anderen Konsumgütern erhöht die Attraktivität als Investitionsgut und macht den Wohnungsmarkt anfällig für Preisspekulationen,

Die Wohnungswirtschaft bezieht sich auf *Wohnimmobilien,* wobei – nicht nur in der Statistik – nach Wohngebäuden und Wohnungen unterschieden wird. Wohngebäude sind solche, die mindestens zur Hälfte (gemessen an der Wohnfläche) Wohnzwecken dienen. Die Wohnimmobilien können weiter unterteilt werden. Dies kann erstens nach den Kriterien Eigentum (wirtschaftlicher Eigentümer) oder Mietobjekt geschehen. Zweitens lassen sich Wohnimmobilien nach deren Art einteilen: Ein-, Zwei- und Mehrfamilienhäuser sowie Sonderformen wie Ferienhäuser. Innerhalb eines Mehrfamilienhauses gibt es Wohnungen, bei denen es sich um abgeschlossene Wohneinheiten handelt.

Staatliche *Wohnungspolitik* umfasst alle Maßnahmen, die sich mit der Wohnraumversorgung der Bevölkerung, dem Neubau, der Modernisierung und der Erhaltung von Wohnungen befassen. Wohnungspolitik ist in der öffentlichen Wahrnehmung ein Politikfeld, das stark vom Staat bearbeitet wird und ein zentraler Bestandteil der Sozialpolitik ist.

2.2 Volkswirtschaftliche Bedeutung der Wohnungswirtschaft

Die Bedeutung der Wohnungswirtschaft in der deutschen Volkswirtschaft lässt sich sowohl qualitativ als auch quantitativ erfassen. Qualitativ ist eine hohe Nützlichkeit der Immobilien für die Menschen gegeben. Wohnen ist ein Grundbedürfnis, und die Bedeutung der Wohnungswirtschaft liegt vor allem darin begründet, dass sie für die Menschen existenzielle Güter bereitstellt.

Die Immobilienwirtschaft ist aber auch quantitativ ein *beachtlicher Wirtschaftszweig*. Es gibt starke und komplexe Verflechtungen mit anderen Branchen und innerhalb der gesamten Volkswirtschaft. Die Wohnungswirtschaft ist statistisch gesehen eine recht kleine, aber sehr dynamisch wachsende Branche, deren Bedeutung mit Statistiken nur unzureichend erfasst wird. Die üblichen, bisher verwendeten Abgrenzungen versuchen zwar ein statistisches Abbild der Immobilienwirtschaft zu liefern, sind aber wenig geeignet, um die Dimension der Wohnungswirtschaft darzulegen. Oftmals wird dabei die Wohnungswirtschaft mit der Immobilienwirtschaft gleichgesetzt, obwohl letztere auch das Agieren mit gewerblichen Objekten umfasst.

Mithilfe amtlicher Daten sollen die Größe und die Bedeutung der Wohnungswirtschaft aufgezeigt werden. Hierzu können verschiedene Indikatoren aus der Strukturerhebung im Dienstleistungsbereich verwendet werden. Daten liegen für die Jahre 2012 bis teilweise 2024 vor. Ein langfristiger Vergleich ist aufgrund statistischer Strukturbrüche nur eingeschränkt möglich, es zeigen sich jedoch eindeutige Trends.

Die Wohnungswirtschaft ist in der amtlichen Statistik nicht ausreichend erfasst. Einzig in der Dienstleistungsstatistik gibt es einige Indikatoren, die die Entwicklung der Branche beschreiben. Aber auch hier wird die Wohnungswirtschaft oft mit den Teilbereichen der Gewerbeimmobilien zusammengefasst. Aussagen über die ökonomische Bedeutung der Wohnungswirtschaft lassen sich daraus nur bedingt ableiten, da zum einen keine Abgrenzung nach der offiziellen Statistik des Statistischen Bundesamtes vorgenommen wird und zum anderen Branchen wie die Bauwirtschaft dominieren. Diese Abgrenzungen führen zu stark differenzierten Aussagen zur Bedeutung der Branche. Die weitergehenden Definitionen sind daher nicht ausreichend, um die Wohnungswirtschaft abzugrenzen und darzustellen.

Die Wohnungswirtschaft ist ein *Teilbereich* der Branche Grundstücks- und Wohnungswirtschaft, der jedoch unterschiedlich interpretiert wird. Neben der engsten Abgrenzung wird zwischen der „Immobilienwirtschaft im engeren Sinne", der „Immobilienwirtschaft im weiteren Sinne" sowie der „Wohnungswirtschaft" unterschieden.

Die umfassendste und am häufigsten verwendete Abgrenzung ist die der *Immobilienwirtschaft im weiteren Sinn (i. w. S.)*, wie sie u. a. in den verschiedenen Studien wie „Wirtschaftsfaktor Immobilien" oder vom Zentralen Immobilien Ausschuss (ZIA), dem Spitzenverband der Immobilienwirtschaft definiert wird. Die Abgrenzung basiert auf einer individuellen Abschätzung und ist eine nicht offizielle Abgrenzung der Immobilienwirtschaft. Dies sind die Branchen, die sich mit der Entwicklung, Produktion, Bewirtschaftung und Vermarktung von Immobilien beschäftigen. Hierzu zählen neben der Grundstücks- und Wohnungswirtschaft weitere Teilbranchen wie z. B. die Bauwirtschaft, Dienstleistungen rund um die Bewirtschaftung und Vermarktung von Immobilien sowie Leistungen im Bereich der Immobilienfinanzierung. Diese Branche umfasst sowohl die Immobilienwirtschaft i. e. S. als auch weitere Sektoren, die Tätigkeiten rund um die Branche ausführen, wie z. B. die Bauwirtschaft oder die Immobilienfinanzierung.

Als *Immobilienwirtschaft i. e. S.* wird die Branche „Grundstücks- und Wohnungswesen" nach der Wirtschaftszweige-Systematik des Statistischen Bundesamtes (WZ-Nr. 68) bezeichnet. Diese Unternehmen handeln, vermieten und verwalten Grundstücke und Immobilien und erbringen Dienstleistungen im Zusammenhang mit Immobilien. Auch wenn der Name der Branche etwas anderes vermuten lässt, werden hier auch Tätigkeiten mit Gewerbeimmobilien erfasst.

Die als *Wohnungswirtschaft* erfassten wohnwirtschaftlichen Aktivitäten umfassen den Bau, die Bewirtschaftung, die Verwaltung und vor allem die Vermietung von Wohnimmobilien, um die Bevölkerung mit Wohnraum zu versorgen. Wohnungsunternehmen (auch Wohnungs- und Wohnbaugesellschaften) sind in allen Lebenszyklusphasen einer Immobilie tätig. In der Dienstleistungsstatistik des Statistischen Bundesamtes wurden diese Tätigkeiten verschiedenen Klassen zugeordnet, die als Teilbereich der Branche Grundstücks- und Wohnungswesen der Wohnungswirtschaft zugeordnet werden konnten. Dazu zählten der Kauf und Verkauf von Wohngrundstücken, Wohngebäuden und Wohnungen. Weitere Tätigkeiten sind die Vermietung und Verpachtung von Wohnungen sowie deren Vermittlung und Verwaltung. Berücksichtigt wird auch die Errichtung von Wohnimmobilien, wenn der Errichter Eigentümer der Gebäude bleibt und sie vermietet. Für diese Branche werden nach der Umstellung der Statistik online derzeit keine Daten in der amtlichen Statistik veröffentlicht.

Um die volkswirtschaftliche Bedeutung zu erfassen, werden verschiedene Marktabgrenzungen vorgenommen und Indikatoren aus verschiedenen volkswirtschaftlichen Bereichen und Statistiken herangezogen, die ein komplexes Bild liefern. Die Vielschichtigkeit der Wohnungswirtschaft führt zu heterogenen Abgrenzungen und damit auch zu differenzierten Aussagen über die gesamtwirtschaftliche Bedeutung der Branche.

2.2.1 Realwirtschaftliche Bedeutung der Wohnungswirtschaft

Im Folgenden wird die realwirtschaftliche Bedeutung der Wohnimmobilienwirtschaft anhand von verschiedenen Indikatoren dargestellt. Erstens geschieht dies anhand der Betrachtung der deutschen Immobilienbestände in Form des Anlagevermögens. Zweitens wird die Bedeutung durch die Bauinvestitionen als Teil der jährlichen Wirtschaftsleistung aufgezeigt. Drittens wird die Relevanz der Branche anhand des Umsatzes, der volkswirtschaftlichen Wertschöpfung sowie der Unternehmen und der Beschäftigung dargestellt.

Anlagevermögen

In der Vermögensrechnung als Teilsystem der Volkswirtschaftlichen Gesamtrechnung (VGR) wird auch der Immobilienbestand abgebildet. Bauten sind ein Teil des Anlagevermögens, dazu gehören neben Sachanlagen wie Ausrüstungen auch das geistige Eigentum (z. B. Software). Die Bauten werden in die Bereiche Wohnbauten und Nichtwohnbauten unterteilt und letztere weiter in Hoch- und Tiefbau.

Der heutige Anlagebestand ergibt sich aus den kumulierten Bruttoanlageinvestitionen der Vergangenheit. Es wird zwischen dem Brutto- und Nettoanlagevermögen unterschieden. Beim Bruttoanlagevermögen werden die Anlagen zu ihrem Neuwert – ohne Berücksichtigung von Wertminderungen – dargestellt, während beim Nettoanlagevermögen die aufgelaufenen Abschreibungen seit dem Investitionszeitpunkt abgezogen werden (Nettoanlagevermögen zu Wiederbeschaffungspreisen).

Das gesamte Anlagevermögen zu Wiederbeschaffungspreisen[2] betrug in Deutschland 28,3 Bio. Euro (2024), rund 87 Prozent entfielen auf Immobilien (Bauten). Somit belief sich das Bruttoanlagevermögen der Bauten auf 24,9 Bio. Euro, während das Bruttoinlandsprodukt Deutschlands zum Vergleich nur rund 4,3 Bio. Euro betrug. Von dem gesamten Bauten-Anlagevermögen entfielen auf Wohngebäude 14,9 Bio. Euro (knapp 60 Prozent) und 9,7 Bio. Euro auf Nichtwohnbauten (u. a. Gewerbe- oder Wirtschaftsimmobilien).[3]

Seit der Wiedervereinigung hat sich das Bruttoanlagevermögen bei Bauten mehr als verdreifacht und seit der Jahrtausendwende ungefähr verdoppelt. Dabei stieg der Wert der Wohnbauten deutlich stärker als der der Wirtschaftsimmobilien (Nicht-Wohngebäude). Entsprechend ist der Anteil sowohl der Bauten insgesamt als auch der Wohnbauten am gesamten Anlagevermögen kontinuierlich angestiegen.

Bauinvestitionen

Der gesamtwirtschaftliche Wert der Bauinvestitionen entspricht der Summe aller Zugänge an neuen Bauten (einschließlich der werterhöhenden Leistungen am Gebäudebestand). Die Bauinvestitionen umfassen sämtliche Bauleistungen an Wohnbauten und Nichtwohnbauten und leisten einen merklichen Beitrag zur volkswirtschaftlichen Wirtschaftsleistung.

Die Bauinvestitionen entwickelten sich seit den 1990er-Jahren recht volatil. Durch den Bauboom nach der Wiedervereinigung stiegen die Bauinvestitionen zunächst kräftig an, was aber rasch zu Überkapazitäten führte. Es folgte ein Jahrzehnt rückläufiger Bauinvestitionen. Zunehmende Knappheiten an Gebäuden sorgten seit 2005 wieder für einen Anstieg der Investitionen. Gegenüber 1991 haben sich die Bauinvestitionen nominal mehr als verdoppelt und betrugen im Jahr 2024 gut 463 Mrd. Euro. Inflationsbereinigt war der Anstieg deutlich stärker als bei Ausrüstungsinvestitionen.

Differenziert nach Investitionen in Wohnbauten und Nichtwohnbauten zeigt sich – wie in der Abb. 2.1 dargestellt – der folgende Trend: Die Wohnbauinvestitionen stiegen deutlich stärker als die in Nichtwohnbauten, wobei der Verlauf beider Entwicklungen ähnlich ist. Der Anteil der Wohnbauten stieg nach der Wiedervereinigung zunächst drastisch bis zur Jahrtausendwende an, stagnierte danach aber. Im Jahr 2024 betrug der Anteil der Wohnbauinvestitionen rund 60 Prozent.

---

2 Beim Nachweis des Bruttoanlagevermögens zu Wiederbeschaffungspreisen wird der Betrag zugrunde gelegt, der hätte gezahlt werden müssen, wenn die Anlagen im Berichtsjahr neu beschafft worden wären; das Nettoanlagevermögen zu Wiederbeschaffungspreisen stellt den Gegenwartswert dar. So soll die reale bzw. mengenmäßige Entwicklung des Anlagevermögens über mehrere Jahre vergleichbar werden.
3 Vgl. Statistisches Bundesamt, Tabelle 81000–0200, abgerufen am 30.04.2025.

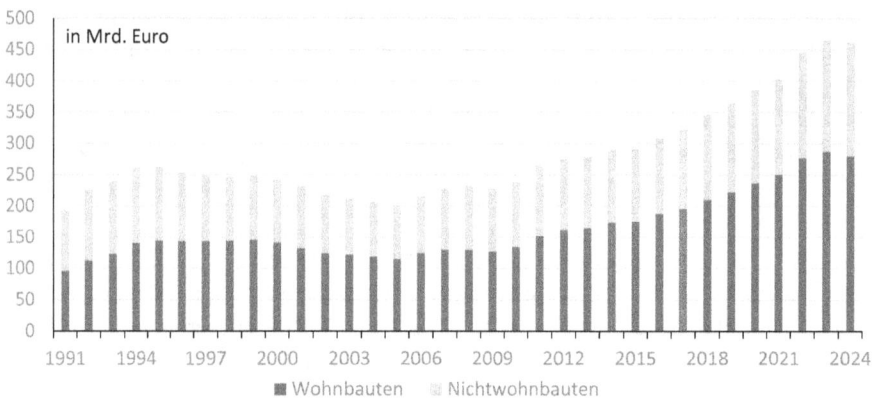

Abb. 2.1: Bauinvestitionen in Deutschland.
Quelle: Statistisches Bundesamt, Tabelle 81000–0023, abgerufen am 27.12.2024, eigene Darstellung.

Umsatzentwicklung

Die Volkswirtschaftliche Gesamtrechnung liefert das statistische Abbild der Wirtschaft, in der auch die Wohnungswirtschaft berücksichtigt wird. Ein wichtiger Indikator für die volkswirtschaftliche Bedeutung einer Branche ist die Größe des Markts, die vielfach mithilfe des Umsatzes erfasst wird. Allerdings fallen die Ergebnisse je nach verwendeter Datenquelle unterschiedlich aus.

Von der ZIA werden Daten über die *Bedeutung der Immobilienwirtschaft* veröffentlicht. Demnach weist die Branche (i. e. S.) im Jahr 2022 einen Umsatz von 187 Mio. Euro auf, im Gegensatz zu 145 Mrd. Euro im Jahr 2015. Umsatzzahlen über die Wohnungswirtschaft – als Teilbereich der Immobilienwirtschaft – werden hier nicht veröffentlicht.

Um die Entwicklung des Umsatzes detaillierter darstellen zu können wird auf die vom Statistischen Bundesamt durchgeführte Strukturerhebung im Dienstleistungsbereich zurückgegriffen, die in der Abb. 2.2 dargestellt wird. Diese weist allerdings nur aktuelle Werte bis zum Jahr 2020 aus, sodass für die Analyse der weiteren Entwicklung die Konjunkturstatistik (nur Indexwerte) verwendet wurde.

Der Umsatz der WZ-Branche „Grundstücks- und Wohnungswesen" ist laut amtlicher Statistik zwar stetig angestiegen, wurde jedoch immer wieder von kurzfristigen Einflüssen unterbrochen. Nach der Wiedervereinigung kam es zunächst zu einem starken Aufschwung. Die Dotcom-Blase zur Jahrtausendwende und die Finanz- und Wirtschaftskrise 2008/09 führten jeweils zu einem Rückgang. Der Anteil der Branche

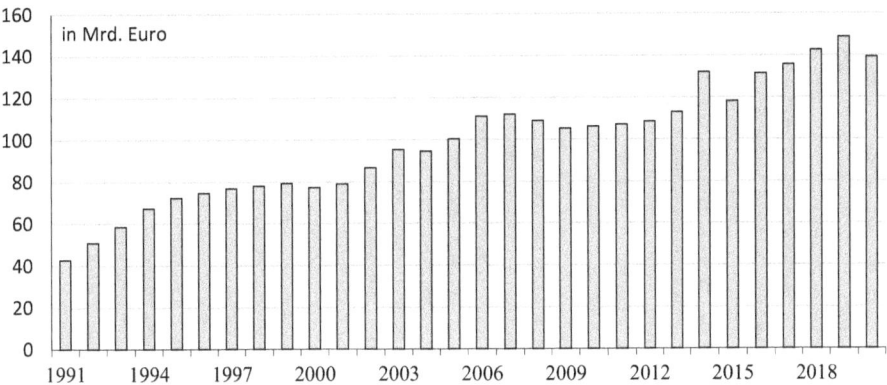

Abb. 2.2: Umsatzentwicklung.
Quelle: Statistisches Bundesamt, Tabelle 47415–0009, abgerufen am 20.05.2025, eigene Darstellung.

am gesamten Gesamtumsatz der Volkswirtschaft (Umsatzsteuerstatistik) war im vergangenen Jahrzehnt rückläufig.[4]

Wertschöpfung
Für die Beurteilung der gesamtwirtschaftlichen Bedeutung und als Maß für die wirtschaftliche Leistung einer Branche ist die jährliche Wertschöpfung ein zentraler Indikator. Die Bruttowertschöpfung einer Branche ergibt sich aus dem Wert aller hergestellten Waren und Dienstleistungen abzüglich der verbrauchten Vorleistungen. Die Immobilienwirtschaft gehört demnach zu den größten Branchen nach Wertschöpfung. Da jedoch keine spezifischen Daten für die Wohnungswirtschaft vorliegen, wird die Entwicklung der Immobilienwirtschaft i. e. S. als Vergleichsgröße herangezogen.

Für die Branche Grundstücks- und Wohnungswesen nahm nach Angaben des Statistischen Bundesamtes die nominale Bruttowertschöpfung seit der Wiedervereinigung trotz kurzfristiger Schwankungen kontinuierlich zu. Von rund 125 Mrd. Euro nach der Wiedervereinigung stieg die nominale Wertschöpfung auf gut 386 Mrd. Euro (2024) – siehe Abbildung 2.3. Damit gehört die Branche Grundstücks- und Wohnungswesen zu einem der größten Bereiche in Deutschland.

Der Anteil des Grundstücks- und Wohnungswesens an der gesamten Bruttowertschöpfung der deutschen Wirtschaft ist trotz des nominalen Wachstums nicht kontinuierlich angewachsen. Nach der Wiedervereinigung betrug dieser gut 8,6 Prozent und erreichte 2009 seinen höchsten Stand mit rund 11,8 Prozent. Seit diesem Zeit-

---

4 Vgl. Statistisches Bundesamt, Tabelle 47415–0009, abgerufen am 30.04.2025

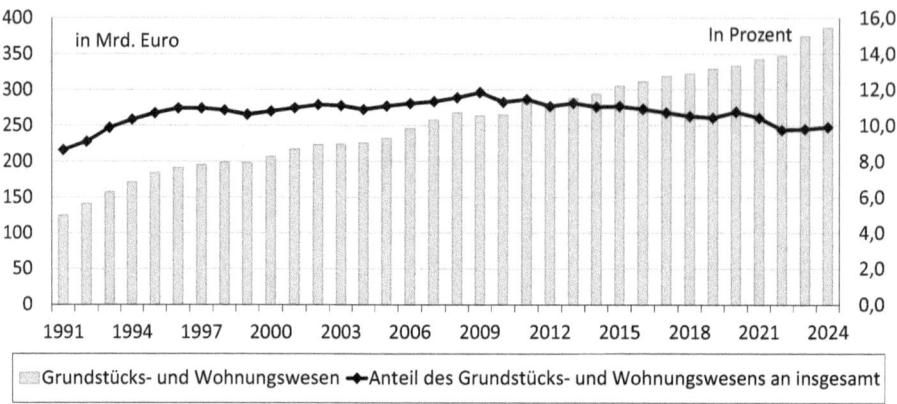

Abb. 2.3: Bruttowertschöpfung.
Quelle: Statistisches Bundesamt, Tabelle 81000–0013, abgerufen am 20.01.2025, eigene Darstellung.

punkt nimmt die Bedeutung – gemessen an der Bruttowertschöpfung – stetig ab und erreichte im Jahr 2024 nur noch rund 10 Prozent.

Unternehmen und Beschäftigte

Die volkswirtschaftliche Bedeutung kann zudem anhand ökonomischer Indikatoren wie der Anzahl der Unternehmen oder der Beschäftigung veranschaulicht werden. Die Zahl der Unternehmen ist aus wettbewerbspolitischer Sicht interessant. Abhängig von der Entwicklung der Produktivität ergibt sich auch ein Trend bei der Beschäftigung.

In der Branche Grundstücks- und Wohnungswesen waren im Jahr 2020 (letzter verfügbarer Datenstand im Unternehmensregister) knapp 180.000 *Unternehmen* tätig, das entspricht gut 5,5 Prozent aller Unternehmen in der Volkswirtschaft. In den letzten Jahren ist sowohl die Anzahl als auch der Anteil gestiegen Ein langfristiger Vergleich ist aufgrund einer statistischen Umstellung jedoch schwierig. In der Abb. 2.4 zeigt sich im ersten Zeitabschnitt ein stetiges Wachstum, ebenso wie nach dem Jahr 2015, wenn auch mit nachlassender Dynamik. Nach einer EU-Erhebung ist 2021 noch ein Zuwachs zu verzeichnen, im Jahr 2022 jedoch ein Rückgang von rund 5 Prozent. Aufgrund unterschiedlicher Abgrenzungen lassen sich die Daten des Statistischen Bundesamtes nicht mit den EU-Daten fortschreiben.

Die Branche ist weit überwiegend durch kleine Unternehmen geprägt. Nach der EU-Statistik haben die Unternehmen mit maximal zehn Beschäftigten einen Anteil von über 95 Prozent an allen Unternehmen der Branche.[5] Zudem ist die Mehrzahl der Betriebe der Wohnungswirtschaft im Bereich der Vermietung und Verpachtung von eigenen Immobilien tätig, während ein weiteres Viertel Immobilien vermittelt und verwaltet.

---

5 Vgl. Statistisches Bundesamt, Tabelle 52111–0001, abgerufen am 01.02.2025.

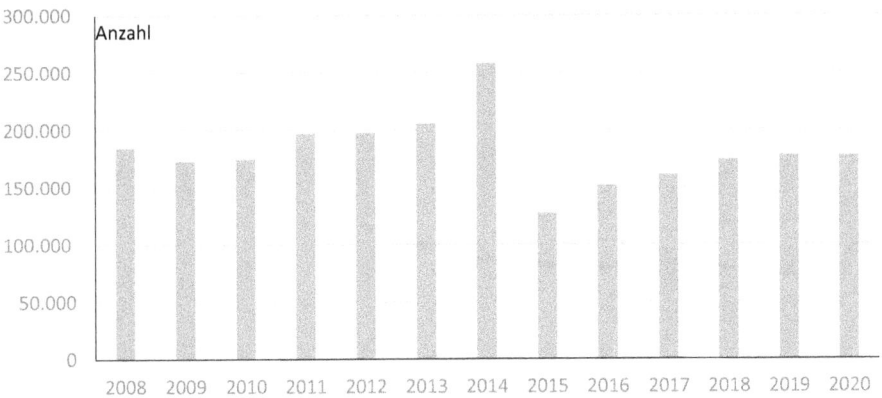

Abb. 2.4: Anzahl der Unternehmen.
Quelle: Statistisches Bundesamt, Tabelle 47415-0003, abgerufen am 15.09.2024, eigene Darstellung.

Das Wachstum von Unternehmen und Umsatz der Wohnungswirtschaft spiegeln sich ebenfalls in Entwicklung der *Beschäftigung* wider. Jedoch ist auch diese Statistik von dem Strukturbruch im Jahr 2015 betroffen, und sie endet im Jahr 2020. Von 2009 bis 2014 gab es einen stetigen Anstieg der Anzahl der tätigen Inhaber und unbezahlt mithelfenden Familienangehörigen sowie der Arbeitnehmer. Dieser Aufschwung setzt sich bis zum Jahr 2019 fort, jedoch auf einem niedrigeren Niveau. Waren im Jahr 2009 noch gut 240.000 Arbeitnehmer beschäftigt, stieg die Anzahl in den Folgejahren deutlich auf über 300.000 an. Auch im Jahr 2020 waren insgesamt rund 500.000 Menschen in der Wohnungswirtschaft (Inhaber und Arbeitnehmer) tätig, was jedoch nur einen geringen Anteil an der Gesamtbeschäftigung in Deutschland ausmachte.

2.2.2 Finanzwirtschaftliche Bedeutung der Wohnungswirtschaft

Die finanzwirtschaftliche Bedeutung des Immobiliensektors für die Volkswirtschaft wird im Folgenden anhand der von Banken an den Wohnimmobiliensektor vergebenen Kredite beurteilt. Hierzu werden Daten der Deutschen Bundesbank sowie des Verbands deutscher Pfandbriefbanken e V. (vdp) verwendet. Es werden sowohl die Wohnungsbaukredite als auch deren Anteile an dem Gesamtkreditvolumen ausgewiesen. Ein hoher Kreditbestand dieser Branche kann im Fall einer Immobilienkrise zu Risiken für die kreditvergebenden Banken und damit zur Gefährdung des gesamten Finanz- und Wirtschaftssystems führen.

Nach den Statistiken der Deutschen Bundesbank hat die Immobilienwirtschaft für die Kreditwirtschaft eine hohe Bedeutung – wie die Abb. 2.5 zeigt. Dies ist zum einen auf

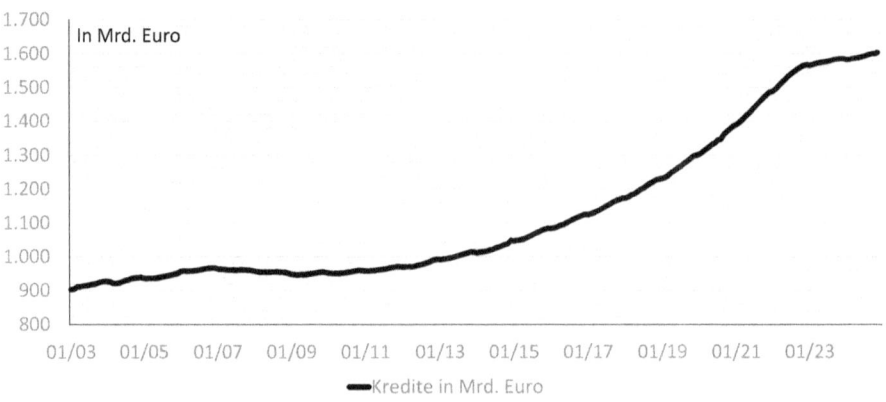

Abb. 2.5: Wohnungsbaukredite an private Haushalte.
Quelle: Deutsche Bundesbank, Tabelle BBIM1.M.DE.B.A22.I.B.A.2250.EUR.O und BBIM1.M.DE.B.A22.J.B.A.2250.EUR.O, abgerufen am 15.03.2025, eigene Darstellung.

das Kreditvergabeverhalten der Banken und zum anderen auf die Nachfrageveränderung zurückzuführen. Die von deutschen Banken ausgegebenen *Wohnungsbaukredite an private Haushalte* wuchsen Anfang des Jahrtausends relativ stabil. Einen Rückgang gab es während der Finanz- und Wirtschaftskrise 2008/09, ausgelöst der durch massive Verunsicherungen der Kreditnehmer. Danach war eine wachsende Dynamik mit zunehmenden Wachstumsraten festzustellen, deren Ursache vor allem in der Niedrigzinspolitik der EZB lag. Die Dynamik hielt bis zum Jahresanfang 2022 an und wurde erneut durch die Zinspolitik beeinflusst. Der starke und schnelle Zinsanstieg führe zu einem massiven Rückgang des Wachstums, allerdings bei weiterhin leicht steigenden Volumina.

Im Vergleich zum Bruttoinlandsprodukt zeigte sich eine sehr volatile Entwicklung. Der Anteil des Wohnungsbaukreditbestands von 2004 sank unter Schwankungen bis zum Jahr 2018. Das galt insbesondere für Kredite an inländische private Haushalte sowie in geringerem Ausmaß auch für die Kredite an inländische Unternehmen. Bei beiden zeigte sich ab 2018 ein starker Anstieg, der seit dem Jahr 2020 wieder leicht zurückgeht.

Auch der Verband deutscher Pfandbriefbanken e. V. (vdp) dokumentiert die Entwicklung der Darlehenszusagen im Wohnimmobilienfinanzierungsbereich, wobei ausschließlich nur die Daten von vdp-Mitgliedsunternehmen erfasst werden. Von 2010 bis 2021 (dokumentierte Aufzeichnungen) stiegen die Darlehenszusagen kontinuierlich an; in den beiden Folgejahren gingen sie zurück. Nachdem das veränderte Zinsumfeld 2023 zu einem erheblichen Rückgang der Nachfrage nach Immobilienkrediten geführt hatte, zeigte sich bereits im ersten Halbjahr 2024 eine spürbare Belebung bei den Darlehenszusagen für den Bau und Erwerb selbst genutzten Wohneigentums, wenngleich deutlich unter dem Niveau der Niedrigzinsphase.[6]

---

6 Vgl. Verband deutscher Pfandbriefbanken, 2024.

2.3 Akteure der Wohnungswirtschaft

2.3.1 Marktteilnehmer

Nachfrage

Entscheidend für die Nachfrage nach Wohnungen ist die Entwicklung der Zahl der Haushalte sowie deren Struktur. Nach der Definition des Statistischen Bundesamtes sind (Privat-)Haushalte entweder zusammenwohnende und eine wirtschaftliche Einheit bildende Personengemeinschaft (Mehrpersonenhaushalte) oder Personen, die allein wohnen und wirtschaften (Einpersonenhaushalte). Wesentlich ist das gemeinsame Leben der Menschen in einer Wohnung als Haushalt. Seit Jahren ist die Nachfrage durch eine steigende Anzahl von Haushalten geprägt, was auf den Trend zu kleineren Haushalten sowie auf eine wachsende Bevölkerung zurückgeht.

Die Wohnungsnachfrage profitiert zudem von einem wachsenden Pro-Kopf-Wohnflächenkonsum sowie von der Wohneigentumsbildung (Übergang von Mieter- zu Eigentümerhaushalten), von den Bedarfen und Präferenzen in Bezug auf bestimmte Gebäude- und Wohnungstypen sowie von einer steigenden Nachfrage Zweitwohnungen aufgrund der Mobilitätserfordernisse des Arbeitsmarkts.

Für eine Einschätzung der gegenwärtigen und zukünftigen Wohnungsnachfrage ist es daher wichtig, eine schrumpfende Bevölkerungszahl nicht mit einer zurückgehenden Wohnungsnachfrage gleichzusetzen. Gehen die Präferenzen der Haushalte weiterhin in eine bestimmte Richtung (z. B. Eigenheime), dann ist für bestimmte Wohnungsmarktsegmente noch ein Nachfragezuwachs möglich, auch wenn die Gesamtnachfrage einer Region stagniert oder zurückgeht. Die Kehrseite dieser Konstellation wären wachsende Leerstände in unattraktiven Wohnungsbeständen und Quartieren.

Angebot

In Deutschland gab es zum Mai 2022 nach dem Zensus insgesamt rund 43,1 Mio. Wohnungen in knapp 20 Mio. Gebäuden. Nach den Daten des Zensus 2011 waren es elf Jahre zuvor etwa 40,6 Mio. Wohnungen in 18,9 Mio. Gebäuden und damit rund 2,5 Mio. Wohnungen weniger.

Von den 43,1 Mio. Wohnungen befanden sich 42,2 Mio. in Wohngebäuden und gut 900.000 Wohnungen in sonstigen Gebäuden (z. B. Wirtschaftsgebäuden). Dabei entfielen 23,8 Mio. Wohnungen in Mehrfamilienhäuser auf 3,6 Mio. Gebäuden, was im Durchschnitt rund 6,6 Wohnungen pro Mehrfamilienhaus bedeutete. Weiterhin waren 13,5 Mio. Einfamilienhäuser (gleich Wohnungen) sowie 2,8 Mio. Zweifamilienhäuser vorhanden. Somit lag der Anteil der Einfamilienhäuser bei 31,3 Prozent und der der Zweifamilienhäuser bei 12,9 Prozent. In den gut 14.800 Wohnheimen gab es weitere 390.550 Wohnungen, die für Studierende, Geflüchtete oder Wohnungslose zur Verfügung standen.

Einen differenzierteren Einblick in die *Anbieterstruktur* (siehe Abb. 2.6) auf dem deutschen Wohnungsmarkt bietet die Darstellung des Bundesverbands deutscher

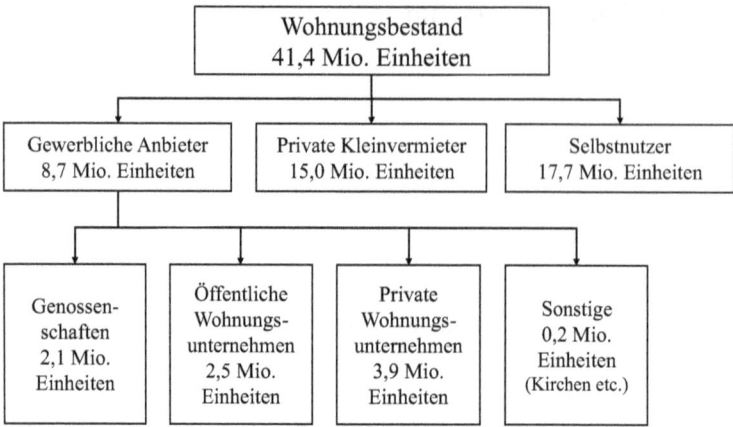

Abb. 2.6: Anbieterstruktur auf dem deutschen Wohnungsmarkt.
Quelle: GdW-Daten nach der Zusatzerhebung Mikrozensus 2018, eigene Darstellung.

Wohnungs- und Immobilienunternehmen (GdW) . Der deutsche Wohnungsmarkt ist durch eine sehr heterogene Eigentümerstruktur gekennzeichnet. Es wird nach den Selbstnutzern, den privaten Kleinanbietern und den professionell-gewerblichen Anbietern unterschieden. Die privaten und institutionellen Anbieter von Wohnungen weisen unterschiedliche Merkmale und Ziele auf.

Die *Eigennutzung oder Selbstnutzung* einer Wohnimmobilie beschreibt die Nutzung durch den Eigentümer selbst, ohne dass sie an Dritte vermietet wird. Hierbei kann es sich um ein Eigenheim, ein Ferienhaus oder ein Anlageobjekt handeln, das nicht vermietet wird. Eine Immobilie gilt als selbstgenutzt, wenn sie als Hauptwohnsitz genutzt wird. Dafür müssen bestimmte Bedingungen erfüllt werden, etwa, dass die Immobilie regelmäßig genutzt wird und dass dort ein Lebensmittelpunkt besteht.

Nach den Daten des Zensus 2011 wurden rund 16,9 Mio. (45,9 Prozent) aller Wohnungen von den Eigentümern selbst bewohnt. Diese Zahl ist nach dem Mikrozensus 2018 auf 17,7 Mio. Wohnungen gestiegen. Im Jahr 2022 (Zensus) gab es 17,8 Mio. Wohnungen, die von dem Eigentümer bewohnt wurden, was einen Anteil von 53,5 Prozent entspricht. Die Selbstnutzer stellen damit den größten Anteil am Wohnungsbestand. Die selbstnutzenden Wohnungseigentümer spielen auf der Angebotsseite (als Verkäufer) auf dem Markt für Wohnimmobilien kaum eine Rolle, da sie ihr Eigentum nur selten veräußern.

Die *privaten Vermieterhaushalte* (auch Amateurvermieter oder Kleinanbieter genannt) stellen einen wichtigen Bestandteil des deutschen Wohnungsmarkts dar. Die privaten Kleineigentümer, die laut Mikrozensus 2018 einen Anteil von 36 Prozent am gesamten Wohnungsbestand (ca. 15,0 Mio. Wohnungen) haben, treten als Vermieter und auch Verkäufer der Wohnungen auf. Damit wird der weitaus größte Teil des Mietwohnungsbestandes von privaten Einzeleigentümern bewirtschaftet, die überwiegend jeweils nur über ein oder wenige Gebäude verfügen. Sie stellen eine äußerst heterogene Anbietergruppe dar. Da laut dem Sozio-oekonomischen-Panel des Deutschen Instituts für Wirtschaftsforschung knapp 4 Mio. Haushalte Einkommen aus Vermietung oder Verpachtung erzielen, wird davon ausgegangen, dass die privaten Kleineigentümer im Schnitt etwas mehr als 3,5 Wohnungen vermieten.[7]

In Ostdeutschland konzentriert sich der Besitz der Kleineigentümer auf Altbauten, die zumeist vor 1918 gebaut wurden. Durch die Restitutionsverfahren in den 1990er-Jahren kam es zu umfangreichen Eigentumsveränderungen. Viele Häuser wurden von Investoren erworben, die u. a. von den Steuererleichterungen des Fördergebietsgesetzes profitieren wollten. In Westdeutschland liegen über dieses Marktsegment nur wenige Informationen vor, auch wenn der Marktanteil deutlich höher ist als in Ostdeutschland. Die Attraktivität des Wohnungsmarkts für private Kapitalanleger richtet sich u. a. nach den zu erwartenden Renditen.

Laut der Analyse des Instituts der deutschen Wirtschaft (IW) aus dem Jahr 2022[8] erzielten 5,2 Mio. Haushalte Einnahmen aus der Vermietung oder Verpachtung von Immobilien. Diese Zahl ist in nur acht Jahren um eine Million Haushalte gestiegen. Der Anteil der Haushalte mit Mieteinnahmen liegt mittlerweile bei knapp 13 Prozent aller Haushalte. Im selben Zeitraum ist die Zahl der Selbstnutzerhaushalte, Haushalte also, die in den eigenen vier Wänden wohnen, um nur 7 Prozent gestiegen und damit nur unwesentlich stärker als die Gesamtzahl aller deutschen Haushalte, die um 5 Prozent gewachsen ist.

Die mittleren Mieteinnahmen der privaten Vermieter sind zwischen 2011 und 2019 um stattliche 40 Prozent gestiegen. Der deutliche Anstieg liegt jedoch nur zu einem geringen Teil in der Entwicklung der Mieten begründet, denn diese sind im Vergleich nur moderat gestiegen. Entscheidend ist vielmehr, dass die Vermietungsaktivitäten ausgebaut wurden.

Zwar gehörten 40 Prozent der privaten Vermieterhaushalte zum einkommensstärksten Fünftel der Haushalte, aber ein Fünftel der Vermieter gehört zu den einkommensschwächeren 40 Prozent der Haushalte. Bei rund 7 Prozent der Vermieterhaushalte überstiegen die Kosten für Instandhaltung oder Modernisierung zuletzt die Mieteinnahmen. Ein gutes Drittel der Vermieter erwirtschaftet Nettomieteinnahmen von bis zu knapp 300 Euro pro Monat. Etwas mehr als die Hälfte der Vermieterhaushalte erzielt mit der Vermietung 400 Euro und mehr.[9]

Eine Eigentümergruppe, die in Debatten über den Wohnungsmarkt besonders häufig im Fokus steht, sind die *privatwirtschaftlichen Unternehmen* bzw. die gewerblichen Anbieter. Die gewerblichen Anbieter, die auch als professionelle oder institutionelle Anbieter bezeichnet werden, verwalten gut 8,7 Mio. Wohnungen oder 21 Prozent des Gesamtbestandes. Zu ihnen gehören im Wesentlichen die privatwirtschaftlichen Eigentümer, die öffentlichen Wohnungsunternehmen sowie Wohnungsgenossenschaften.

---

7 Vgl. Wirtschaftsfaktor Immobilien, 2013, S. 18.
8 Vgl. IW – Institut der deutschen Wirtschaft, 2022, S. 1–3.
9 Vgl. IW – Institut der deutschen Wirtschaft, 2022, S. 1–3.

Der Marktanteil der privatwirtschaftlichen Unternehmen variiert regional erheblich. Nur in 31 Kreisen verfügen sie in Summe über mehr als ein Fünftel aller Mietwohnungen. Privatwirtschaftliche Unternehmen fokussieren sich vornehmlich auf die kreisfreien Städte, in denen sie im Mittel rund 14,5 Prozent aller Mietwohnungen im Bestand halten. In den Landkreisen liegt ihr mittlerer Marktanteil nur bei 6,6 Prozent.[10]

Das Spektrum der privatwirtschaftlichen Wohnungsanbieter hat sich sukzessive verändert. Durch bundesweit beachtete Transaktionen wurden Wohnungen von ausländischen Investoren erworben (insbesondere Wohnungen in öffentlicher Hand). Mit diesen neuen Eigentümern gewinnt der privatwirtschaftliche professionell-gewerbliche Anbieterkreis immer mehr an Bedeutung. Insbesondere international agierende Unternehmen stehen immer wieder in der Kritik hinsichtlich der Bewirtschaftungsformen der Immobilien und ihres Umgangs mit Mietern. Ursächlich kann hier das starke Interesse der Unternehmen an kurzfristigen hohen Renditen gesehen werden, die durch Druck auf die Bewirtschaftungskosten wie auf die maximal möglichen Mieteinnahmen erzielt werden sollen.

Es kam einer stärkeren Ökonomisierung und Professionalisierung der Branche. Dahinter stehen Prozesse wie ein verstärkter Wettbewerb, eine deutlichere Orientierung der Bewirtschaftung an ökonomischen Prinzipien sowie Verkäufe und teilweise Mehrfachverkäufe an neue, auch internationale Akteure. Damit geht eine stärkere Verflechtung von Finanz- und Wohnungswirtschaft einher, da die international agierenden Anlegergesellschaften ihre renditeorientierten Ziele an die Wohnungs- und Immobilienunternehmen weitergeben. Im Fokus steht dann bisweilen weniger der Mieter, sondern vielmehr die erwarteten Renditeerwartungen der Finanzmärkte.

Die *privatwirtschaftlichen Eigentümer* als Teil der gewerblichen Anbieter haben mit knapp 45 Prozent den höchsten Anteil bei den professionellen bzw. gewerblichen Anbietern, wenngleich es sich um keine homogene Gruppe handelt. Nach dem Zensus wird zwischen einem privatwirtschaftlichen Wohnungsunternehmen (2,7 Mio. Wohnungen) und einem anderen privatwirtschaftlichen Unternehmen (rund 770.000 Wohnungen) unterschieden. Insgesamt haben diese privatwirtschaftlichen Unternehmen einen Anteil von 8,1 Prozent. Die Besitzer dieser Wohnungen reichen von traditionellen Bestandshaltern (u. a. Werkswohnungen) bis zu Eigentümern, die erst in den letzten Jahren in den Wohnungsmarkt eingestiegen sind.

Die privatwirtschaftlichen Wohnungsunternehmen haben ihren Ursprung im Werkswohnungsbau des 19. Jahrhunderts. Als Antwort auf den steigenden Arbeitskräftebedarf und zunehmenden Wohnraummangel sowie als Mittel der Mitarbeiterbindung haben Industrieunternehmen damals Werkswohnungen für die eigenen Beschäftigten errichtet. Einige Unternehmen betreiben bis heute eigene Wohnungsunternehmen.

Anfang der 2000er-Jahre wuchs der Sektor der privatwirtschaftlichen Wohnungsunternehmen stark. Die Ursache waren Veräußerungen von Wohnungsportfolios

---

10 Vgl. Savills, 2019, S. 3.

oder ganzen Wohnungsunternehmen durch die öffentliche Hand an private Investoren. Viele verkauften ihre Bestände, um sich auf ihr Kerngeschäft zu konzentrieren. Unter den Käufern waren auch ausländische Investoren die deutschen Mietwohnungen als Investitionsziel entdeckt hatten, da sie den Markt als unterbewertet einstuften. Neben einem stabilen Cashflow durch die Mieteinnahmen erwarteten sie hohe Potenziale auf der Einnahmen- und Ausgabenseite, um die Rentabilität der Wohnungsinvestments zu steigern.

Die *öffentlichen Wohnungsunternehmen* (knapp 30 Prozent Marktanteil) als Teil der gewerblichen Anbieter nehmen eine besondere Stellung ein, da sie traditionell auf die Wohnungsversorgung bestimmter Zielgruppen ausgerichtet sind. Beim Zensus 2022 wird unterschieden zwischen „Kommune oder kommunales Wohnungsunternehmen", die mit 2,7 Mio. Wohnungen einen Anteil von 6,2 Prozent am Gesamtbestand haben und Bund oder Land als Eigentümer von knapp 200.000 Wohnungen (Anteil 0,4 Prozent).

Größere Kommunen verfügen über einen Eigenbestand an Wohnungen, um aktiv Einfluss auf die Entwicklung des Wohnungsmarkts nehmen zu können. Ziel ist die Grundversorgung der Bevölkerung mit erschwinglichem Wohnraum. Nach wie vor sind kommunale Wohnungsunternehmen wichtige Wohnungsanbieter, die zugleich einige soziale Aufgaben übernehmen. Insbesondere in den größten Städten stellen sie zentrale Akteure dar.

Die größten Veränderungen der letzten Jahrzehnte ergaben sich durch die Privatisierung und den Verkauf großer Wohnungsportfolios an private Wohnungsunternehmen. Dadurch hat sich der Bestand von Bund und Ländern deutlich verringert. In den letzten Jahren ist es aber wieder zu einer Re-Kommunalisierung gekommen, da die öffentliche Hand Wohnungen von den privaten Unternehmen zurückgekauft hat (z. B. Berlin oder Dresden).

In Deutschland gibt es derzeit rund 740 kommunale und öffentliche Wohnungsunternehmen mit etwa 2,5 Mio. Wohnungen im Bestand. Sie kooperieren besonders eng im Bereich der Stadtentwicklung. Die ersten Unternehmen wurden Ende des 19. Jahrhunderts von den Kommunen gegründet, nach dem Ersten und dem Zweiten Weltkrieg folgten zahlreiche weitere Gründungen. Die kommunalen Wohnungsunternehmen haben vor allem die Wohnraumversorgung von Haushalten mit geringem Einkommen zum Ziel. Zu ihren Aufgaben gehören auch die Aufwertung von Wohnquartieren und der Stadtumbau.[11]

Sie bieten gerade auch Personen in prekären Situationen den benötigten Wohnraum. Angesichts der rückläufigen Zahl von Wohnungen mit Sozialbindung wird die Wohnraumversorgung durch kommunale Wohnungsunternehmen immer wichtiger. Sie sind in vielen Fällen unverzichtbar für eine funktionierende Stadtentwicklung.

---

11 Vgl. GdW-Homepage, verfügbar unter: https://www.gdw.de/der-gdw/unternehmenssparten/, abgerufen am 28.12.2024.

Kommunale Wohnungsunternehmen sind in erster Linie strategische, keine renditeorientierte Beteiligung einer Stadt.

Wohnungsgenossenschaften auch als Wohnungsbaugenossenschaften bezeichnet besaßen 2022 rund 2,2 Mio. Wohnungen oder 5 Prozent aller Wohnungen in Deutschland. Wohnungsgenossenschaften gibt es seit dem 19. Jahrhundert. Die ersten wurden gegründet, um ihren Mitgliedern das Leben in gesunden, gut ausgestatteten Wohnungen zu ermöglichen und sie vor Ausbeutung zu schützen. Mitbestimmung und Solidarität sind bis heute wichtige Grundsätze geblieben: Die Genossenschaftsmitglieder verfügen über ein weitgehendes Mitwirkungsrecht und können sich darauf verlassen, dass sich die Genossenschaft nicht an den Interessen fremder Kapitalgeber, sondern ausschließlich an denen der Mitglieder orientiert. Erwirtschaftete Überschüsse werden in die Erhaltung und Modernisierung der Bestände, in den Neubau und in den Ausbau von Serviceangeboten investiert. Über den Kurs der Genossenschaft kann jedes Mitglied gleichberechtigt mitbestimmen: Die demokratische Organisation von Genossenschaften gewährleistet, dass stets im Sinne der Mitglieder entschieden und gehandelt wird.

Mit ihren 2,2 Mio. Wohnungen verfügen sie über gut 25 Prozent des Bestandes der gewerblichen Anbieter. In Ostdeutschland ist ihre Bedeutung wesentlich höher als im Westen. Der Bestand der Wohnungsgenossenschaften hat in den vergangenen Jahren deutlich abgenommen, da sie überdurchschnittlich durch Wohnungsabrisse am Stadtumbau Ost teilgenommen haben.

Wohnungsgenossenschaften kommt eine besondere Rolle zu. Die wohnungsgenossenschaftliche Grundidee ist, die Vorzüge selbst genutzten Eigentums und dessen Vermietung zu vereinen. Genossenschaften sind nach dem Genossenschaftsgesetz ausschließlich dem Zweck verpflichtet, den Erwerb, die wirtschaftliche Tätigkeit ihrer Mitglieder oder die sozialen oder kulturellen Belange ihrer Mitglieder durch gemeinschaftlichen Geschäftsbetrieb zu fördern.

Zwar sind auch Wohnungsgenossenschaften von allgemeinen Markttrends wie steigenden Kosten betroffen, aber sie nutzen ihre Möglichkeiten in angespannten Märkten nicht in gleicher Weise aus wie andere Wohnungsanbieter. Aufgrund ihrer spezifischen Governance-Struktur und Anreizkonstellation können Wohnungsgenossenschaften möglicherweise besser als viele gewerbliche und private Anbieter für bezahlbaren Wohnraum sorgen und soziale Härten in angespannten Wohnungsmärkten abfedern. Wohnungsgenossenschaften können ein wichtiger Baustein im Rahmen einer sozialen Wohnungspolitik sein.

Im Jahr 2024 hat die Bundesregierung die Wiedereinführung der im Jahr 1990 abgeschafften *Wohngemeinnützigkeit* beschlossen. Ab dem 1. Januar 2025 erhalten gemeinwohlorientierte Wohnungsunternehmen über die sogenannte Neue Wohngemeinnützigkeit (NWG) Steuerbefreiungen, wenn sie dauerhaft vergünstigten Wohnraum bereitstellen. Dieses unterscheidet sich in der Art und Dauer der Förderung und Bindung vom sozialen Wohnungsbau, dessen Sozialbindungen nur zeitlich befristet sind. Dadurch soll ein neues Marktsegment mit dauerhaft günstigem Wohnraum als zweite Säule neben dem sozialen Wohnungsbau entstehen. Auch wenn gemeinwohlorientierte Wohnungsunternehmen im Sinne des Instruments sowohl privat als auch öffentlich sein können, soll die Wohngemeinnützigkeit insbesondere kommunale, genossenschaftliche und sonstige gemeinwohlorientierte Wohnungsunternehmen stärken und eine soziale Wohnraumversorgung dauerhaft sicherstellen. Nach Angaben des Bundesministeriums für Wohnen, Stadtentwicklung und Bauwesen (BMWSB) könnten von der Regelung zunächst etwa 100 Körperschaften wie z. B. gemeinnützige Stiftungen, Vereine sowie sozial orientierte Unternehmen und Mieter profitieren.

In der Nachkriegszeit wurde der Großteil der Sozialwohnungen von gemeinnützigen Wohnungsunternehmen errichtet, überwiegend mit direkter Förderung und stets mit Steuerbefreiungen für die Unternehmen. Im Ergebnis hatten die gemeinnützigen Wohnungsunternehmen bis zum Ende der Wohngemeinnützigkeit im Jahr 1990 eine große Bedeutung auf den Wohnungsmärkten: In Großstädten stellten sie bis zu einem Drittel des Wohnraumangebots. Mit der Einführung der NWG weitet der Bund seinen Kompetenzbereich aus und kann zur Schaffung von Wohnraum mit dauerhafter Sozialbindung und dauerhaft vergünstigten Mieten beitragen.[12]

2.3.2 Staat

Der Staat hat in Deutschland einen großen Einfluss auf die Entwicklung des Wohnungsmarkts. Eine seiner Aufgaben ist die direkte und indirekte Sicherstellung der Versorgung der Bevölkerung mit lebensnotwendigen Gütern. Normalerweise wird diese Aufgabe durch ein funktionierendes Marktsystem abgedeckt. Überall dort, wo der Markt kein aus sozialen Aspekten akzeptables Angebot bereitstellt, kann der Staat in die Bereitstellung eingreifen.

Auf die Wohnimmobilienmärkte und das dortige Marktgeschehen wirkt der Staat auf verschiedene Weise ein. Dies ist darauf zurückzuführen, dass der Immobilienmarkt für den Staat aufgrund der Eigenschaft von Wohnimmobilien als lebensnotwendiges Gut und ihrer hohen Bedeutung für das Wirtschaftswachstum eine besondere Bedeutung hat. Staatseingriffe werden auch deshalb als notwendig angesehen, da sich das Angebot auf den Immobilienmärkten aufgrund der langen Planungs- und Bauzeiten nur langsam an veränderte Nachfragebedingungen anpasst (Immobilienzyklus). Außerdem ist das Angebot konjunkturreagibel, da eine hohe Zins- und Einkommensabhängigkeit vorliegt. Und schließlich ist das Angebot immobil, sodass Anpassungen nur schwerlich möglich sind. Der Staat hat daher mehrere Gründe für sein Eingreifen, um die Marktungleichgewichte zu reduzieren.

Dafür stehen dem Staat grundsätzlich zwei Optionen zur Verfügung. Auf der einen Seite setzt der Staat durch seine Ordnungspolitik Rahmenbedingungen für die

---

[12] Vgl. Sachverständigenrat 2024/25, S. 258.

Akteure des Wohnimmobilienmarkts. Auf der anderen Seite greift der Staat durch seine Prozesspolitik in das Marktgeschehen ein. Insgesamt wird der Markt durch staatliche Maßnahmen stärker beeinflusst als durch viele andere Faktoren.

Ordnungspolitik
Die ordnungspolitischen Maßnahmen umfassen die *Rahmenbedingungen*, die das Marktgeschehen beeinflussen sollen. Ziel der staatlichen Ordnungspolitik ist, für die Akteure der Wohnungswirtschaft einen verlässlichen Rahmen mit Rechts- und Planungssicherheit zu schaffen. Diese besteht u. a. in der Festlegung der Rechtsvorschriften und deren Überwachung. Durch ordnungspolitische Maßnahmen wird der Rahmen geschaffen, innerhalb dessen die Wirtschaftssubjekte agieren können. Die Ordnungspolitik umfasst sowohl die grundlegenden Wirtschaftsgesetze als auch u. a. gesetzliche Regelungen bei der Wettbewerbspolitik, Währungs- und Geldpolitik.

Ein funktionierendes *Rechtssystem* mit hoher Rechtssicherheit und -stabilität ist die grundlegende Voraussetzung für funktionsfähige Immobilienmärkte. Der Rechtsrahmen und die -sicherheit haben für die Akteure des Wohnimmobilienmarktes eine überragende Bedeutung. Da sie die wirtschaftspolitischen Rahmenbedingungen in ihren Entscheidungsprozessen berücksichtigen und ihre Immobilienaktivitäten vorwiegend als langfristiges Engagement sehen, ist es wichtig, dass die Rahmenbedingungen auch langfristig bestehen bleiben. Durch Gesetze soll langfristige Rechtssicherheit für die Marktteilnehmer geschaffen werden, was sowohl für die Vermietungs- als auch für die Investmentmärkte gilt. Im Detail betreffen dies u. a. einheitliche und klare steuerliche Regelungen, Vertragsusancen oder Fördermöglichkeiten.

Wesentliche Gesetze betreffen die *Eigentumsrechte* an Grund und Boden, die garantiert sein müssen. Dies betrifft Regelungen über den Besitz und den Transfer von Eigentumsrechten. Der freie Erwerb von Grundstücken und Wohnimmobilien durch Investoren bildet eine zentrale Voraussetzung für die Immobilien-Investment- und -Vermietungsmärkte. Maßgebende Regelungen sind im Baugesetzbuch (BauGB) und in den Landesbauordnungen der Bundesländer verankert.

Ein weiterer Bereich des rechtlichen Rahmens ist das staatliche *Bau- und Planungsrecht*, das im Sinne von stadt- und regionalentwicklungsstrategischen Zielen eingesetzt wird. Das Planungsrecht regelt u. a. die Möglichkeiten der Bebauung von Grundstücken. Die Planungshoheit obliegt zunächst der Gemeinde, wird aber auch auf der Regional- oder Landesebene ausgeübt. Die staatliche Planungshoheit steht im Widerspruch zur Eigentumsfreiheit. Die Grundstückseigentümer können in diesen Fällen nicht frei entscheiden, da die Interessen des Staates überwiegen. Dabei ist das Planungsrecht auch kritisch zu betrachten, da es teilweise mit einer Wettbewerbsbeschränkung verbunden ist. Ein weiteres Instrument des Staates mit Wirkung auf das Wohnungsangebots, besteht beispielsweise in der Bereitstellung von Bauland.

Ein *freier Kapitalverkehr* ist eine weitere wichtige Voraussetzung für (internationale) Wohnimmobilieninvestments. Für Transaktionen auf internationalen Märkten muss gewährleistet sein, dass Kapital uneingeschränkt in ein Land ein- und abfließen kann.

Ein weiterer für die Immobilienwirtschaft wesentlicher Bereich ist das *Mietrecht*, das auch die Nutzung des Eigentums beschränkt. Das Mietrecht setzt seit Gründung der Bundesrepublik den regulatorischen Rahmen für die Ausgestaltung von Verträgen im Bereich der Wohnraumvermietung. Der wesentliche Ansatzpunkt zur Setzung der rechtlichen Normen bestand in der Überzeugung, dass Mietern von Wohnungen durch das bestehende ökonomische Machtungleichgewicht gegenüber Vermietern ein erhöhtes Schutzbedürfnis zusteht. Daher schränken seit jeher die mietrechtlichen Regelungen des BGB die ansonsten im Zivilrecht geltende weitgehende Vertragsfreiheit ein.

Je nach Wohnungsart gelten unterschiedliche Regeln zur Höhe der zulässigen Miete sowie zu Mieterhöhungsmöglichkeiten. Das Mietrecht regelt neben den mietvertraglichen Kernbestandteilen (z. B. Mietgegenstand, Mietdauer, Mietzins) auch die Kündigungsmodalitäten. Bei einem unbefristeten Mietvertrag kann der Vermieter nur dann ordentlich kündigen, wenn er ein berechtigtes Interesse an der Beendigung des Mietverhältnisses nachweist. Der Staat unterstützt die Bereitstellung von günstigen Wohnungen mit Subventionen und kann Höchstmieten bzw. Grenzen für Mietsteigerungen (z. B. Kappungsgrenze oder Mietpreisbremse) festlegen. Eine weitere direkte Eingriffsmöglichkeit in das Marktgeschehen hat der Staat durch Mindestpreise oder durch Höchstpreise, z. B. in Form von Mietpreisbremsen. Sie sind das einzige kurzfristig wirkende Instrument, um Mietsteigerungen zu begrenzen. Die Durchsetzung von Mieterhöhungen unterliegt in vielen Marktbereichen staatlich regulierten Prozessen. Durch diese Maßnahmen verfolgt der Staat ein sozialpolitisches Ziel: Er gewährleistet, dass Wohnraum insbesondere wirtschaftlich benachteiligten Haushalten zu erschwinglichen Preisen zur Verfügung gestellt wird.

Über die konkrete Ausgestaltung der Ordnungspolitik, die für Rechts- und Planungssicherheit sorgt, gibt es unterschiedliche Auffassungen. Dies ist nicht zuletzt auf divergierende wirtschaftspolitische Vorstellungen zurückzuführen und darauf, dass politische Prozesse von unterschiedlichen Interessengruppen beeinflusst werden.

Prozesspolitik
Der direkte Eingriff des Staates in das Marktgeschehen wird als Prozesspolitik bezeichnet. Die Prozesspolitik umfasst die wirtschaftspolitischen Maßnahmen zur Beeinflussung des Wirtschaftsablaufs durch den Staat. In Deutschland greift der Staat hierdurch in das Geschehen auf den Wohnimmobilienmärkten ein. Die Prozesspolitik ist der Teil der Wirtschaftspolitik, bei der der Staat direkt die Wirtschaftsprozesse beeinflusst, um u. a. die Wirtschaft zu stabilisieren oder Wirtschaftswachstum zu fördern.

Die Prozesspolitik umfasst die Wachstums-, Konjunktur- und Strukturpolitik sowie die Sozial- und Verteilungspolitik zur Korrektur der Einkommens- und Vermögensverhältnisse.

Die Prozesspolitik als Konjunktur- oder Stabilisierungspolitik hat sich nicht zuletzt bei der Bekämpfung der Finanz- und Wirtschaftskrise als notwendig erwiesen. Die Strukturpolitik als eine Form der Prozesspolitik konzentriert sich darauf, Unternehmen und Arbeitnehmern die Anpassung an den wirtschaftlichen Strukturwandel zu erleichtern und erforderliche Infrastruktur bereitzustellen. Aus wirtschaftspolitischen und sozialen Gründen kann der Erhalt bestimmter Strukturen notwendig sein (z. B. Landwirtschaft, Stahl). Die Sozialpolitik ist ein weiterer wichtiger Teil der Prozesspolitik und zeigt sich exemplarisch in der staatlichen Wohnungspolitik. Dies liegt daran, dass Wohnen ein lebensnotwendiges Bedürfnis und ein nicht-substituierbares Gut ist. Aus sozialen Gründen soll den Haushalten ein angemessener Wohnraum zu bezahlbaren Preisen zur Verfügung stehen.

Prozesspolitik kann als Eingriff des Staates in den mikroökonomischen Marktprozess angesehen werden. Der Staat wirkt auf die Wohnimmobilienmärkte auf sehr unterschiedliche Weise ein. Er ist einer der Nachfrager und gleichzeitig Eigentümer und Anbieter von Immobilien. Der Staat kann sowohl die Nachfrage als auch das Angebot beeinflussen, wofür ihm zahlreiche Mittel zur Verfügung stehen.

Einfluss auf Immobiliennachfrage
Zur Beeinflussung der *Immobiliennachfrage* werden direkte oder indirekte Transfers an die privaten Haushalte bzw. Subventionen an die Unternehmen gezahlt oder steuerliche Vorteile (z. B. Sonderabschreibungen oder Förderprogramme) gewährt. Neben einigen Programmen der Länder stimuliert der Staat heute im Wesentlichen nur noch indirekt. Die Instrumente zur sozialen Sicherung des Wohnens für Haushalte mit geringem Einkommen gehören zu staatlichen Maßnahmen, die das Wohnen für alle Haushalte erschwinglicher machen.

Im Rahmen der *Subjektförderung* werden Wohnkosten für einkommensschwache Haushalte bezuschusst oder übernommen. Die Subjektförderung mithilfe von Wohngeld ermöglicht einkommensschwachen Haushalten zielgenau Zugang zum Wohnungsmarkt. Darüber hinaus sichern Sozialwohnungen den Zugang zu angemessenem Wohnraum für Haushalte, für die dieser trotz gleicher Zahlungsfähigkeit der Zugang erschwert ist. Obwohl die Fördermittel in diesem Bereich in den vergangenen Jahren kontinuierlich gestiegen sind, führten sie zu keiner Entspannung auf dem Wohnungsmarkt. Die Subjektförderung stellt zwar ein schnelles und treffsicheres Mittel bei der Behebung von Ungleichgewichten auf dem Markt dar, doch sie greift nicht am grundlegenden Problem, der Wohnungsknappheit an, sondern löst lediglich das Zahlungsproblem.

Nach den 1990er-Jahren wurde beabsichtigt, den Rückgang des Bestands an Sozialwohnungen in Deutschland mit einer Stärkung der Subjektförderung abzufedern. Dieses Ziel konnte das Wohngeld wegen der unzureichenden Anpassung an die Miet- und Einkommensentwicklung allerdings nie vollständig ausfüllen. So fielen jährlich viele Haushalte aus der Förderberechtigung, weil sie die nominale Einkommensgrenze überschritten, real allerdings kaum Einkommenszuwächse verzeichnen konnten. Es gibt zwei Ansätze staatlicher Unterstützung einkommensschwacher Haushalte bei der Bezahlung ihrer Wohnungen: Transferzahlungen entweder als Wohngeld oder als Erstattung der Kosten der Unterkunft (KdU).

- *Wohngeld* ist ein von Bund und Ländern getragener Zuschuss zu den Kosten für Wohnraum, damit einkommensschwächere Haushalte die Wohnkosten für angemessenen und familiengerechten Wohnraum tragen können. Der Mieter muss nachweisen, dass die Miete zu hoch für das Haushaltseinkommen ist. Hierbei ist es unerheblich, ob es sich bei der Wohnung um eine geförderte Wohnung handelt oder nicht. Das Ziel des Wohngeldes ist, eine Einkommensumverteilung, mit der sich jeder Haushalt eine Wohnung am Wohnungsmarkt leisten kann und die wohnungspolitische Versorgungslücke geschlossen wird.
- Die *Kosten der Unterkunft* (KdU) sind Transferleistungen der staatlichen sozialen Mindestsicherungssysteme nach dem Zweiten Buch Sozialgesetzbuch (SGB II) und dem Zwölften Buch Sozialgesetzbuch (SGB XII). Diese umfassen neben dem Lebensunterhalt zur Existenzsicherung auch den Bedarf für Unterkunft und Heizung. Diese stellen keine Subjektförderung im engeren Sinne dar, sondern sind Elemente der Grundsicherung. Aber auch diese unterstützen die Wohnraumsuche für Arbeitsuchende sowie für Menschen im Alter und bei Erwerbsminderung.

Weiterhin sind es Programme der Kreditanstalt für Wiederaufbau (KfW) zur Förderung von Wohneigentum bzw. von Effizienzhäusern. Schließlich wurden Förderprogramme auch temporär im Rahmen von Konjunkturprogrammen eingesetzt, wie das sogenannte Bauherrenmodell Anfang der 1980er-Jahre.

Die Maßnahmen können die private Nachfrage fördern. Daneben existieren aber auch Eingriffe, die die Transaktions- und Unterhaltungskosten erhöhen und damit eher dämpfend auf die Nachfrage wirken. Als Beispiele seien die Verpflichtung zur notariellen Beurkundung bei Immobiliengeschäften oder die Belastung des Immobilienbesitzes mit Grundsteuern genannt.

Einfluss auf das Immobilienangebot

Die *Angebotsbedingungen* bei den Wohnimmobilien werden in Deutschland ebenfalls spürbar vom Staat beeinflusst. Der Staat ist selbst Marktteilnehmer und stellt als Anbieter Immobilien zur Nutzung bereit. Der Staat hat darüber hinaus ein Interesse an der Entwicklung des Immobilienangebotes und weist beispielsweise neue Bauland aus.

Auch mithilfe der *Steuerpolitik* kann der Staat das Angebot an Wohnraum fördern. Er kann er beispielsweise Steuervergünstigungen gewähren oder Sonderabschreibungen einräumen. Insbesondere in Zeiten deutlich steigender Mieten und Preise kann der Staat mit einer Ausweitung seiner Subventionspolitik reagieren. Dabei wird meist die steuerliche Absetzbarkeit von Baukosten (Abschreibungsmöglichkeit) erhöht. Die Entspannung auf den Wohnungsmärkten zwischen Mitte der 1990er-Jahre und Mitte der 2000er-Jahre hat dazu geführt, dass Subventionen für den Neubau von Wohnungen nahezu vollständig abgeschafft wurden. Ende 2005 liefen die steuerliche Förderung im Mietwohnungsbau und die Eigenheimzulage aus. 2006 wurde die Wohnungsbauförderung (Sozialer Wohnungsbau) auf die Bundesländer übertragen und damit faktisch weitgehend eingestellt.

Allerdings verursacht der Staat durch gesetzliche Vorgaben und Genehmigungsverfahren auch Bürokratiekosten, die die Angebotsseite belasten. Durch Ge- oder Verbote (z. B. Bauvorschriften) verteuert sich das Immobilienangebot und verstärkt die Inflexibilität der Angebotsseite im Immobilienzyklus.

Mit der *Objektförderung* soll durch staatliche Förderung Wohnraum geschaffen werden. Die Objektförderung ist für lange Zeit mit zwei verschiedenen Zielvorstellungen verknüpft. Zum einen soll das Wohneigentum gefördert werden. Diese Förderung zielt auf die mittleren Einkommensschichten, die sich mit staatlicher Unterstützung ein Eigenheim bauen bzw. kaufen sollen. Hiervon werden Sickerungseffekte bzw. Umzugsketten auf dem Mietwohnungsmarkt erwartet, d. h. der Nachzug von gering verdienenden Mietern in die von den ausziehenden, neuen Eigenheimbesitzern freigegebenen Wohnungen. Dieser Effekt stellte sich aber als kaum messbar heraus. Kritisiert wurde insbesondere, dass die Eigenheimförderung die unteren sozialen Schichten nicht erreicht. Weiterhin könnten die Begünstigten auch ohne Förderung in der Lage sein, Eigentum zu erwerben, was massive Mitnahmeeffekte zur Folge hat.

Zudem wurden verschiedene Investitionsprogramme aufgelegt, die unter dem Begriff „Sozialer Wohnungsbau" zusammengefasst werden. Ihr Ziel war, Menschen mit Wohnraum zu versorgen, die aufgrund ihrer ökonomischen Situation ansonsten nur schlechte Chancen auf dem Wohnungsmarkt hatten. Im Wesentlichen zahlte der Staat im Rahmen dieses Instruments entweder Investitionshilfen an private Investoren oder ermöglichte ihnen zinsgünstige Kredite. Auch an diesem Instrument gab es weitreichende Kritik. So wurde bemängelt, dass Bedürftige zwar eine Sozialwohnung erhielten, aber nicht sichergestellt sei, dass sie nach dem sozialen Aufstieg die öffentlich geförderte Wohnung auch wieder verließen.

Dabei erhalten die Investoren Darlehen mit kostengünstigen Konditionen sowie Tilgungsnachlässen unter der Bedingung, dass sie zu festgelegten günstigen Konditionen an Mieter mit Wohnberechtigungsschein vermieten. Diese so genannte Belegbindung ist zeitlich begrenzt. Für den Bezug einer Sozialwohnung muss der Mieter einen Wohnberechtigungsschein nachweisen. Dieser ist an Einkommensgrenzen gebunden. Die Ausgestaltung dieser Grenzen obliegt den Ländern, sodass keine einheitlichen Regelungen gelten. Ein Auszug aus der Sozialwohnung ist bei Änderung der Einkommensverhältnisse nicht nötig. Die Länder können zwar eine Fehlbelegungsabgabe von den Mietern erheben, die keinen Wohnberechtigungsschein mehr erhalten und festgeschriebene Einkommensgrenzen überschreiten. Doch viele Bundesländer haben die Fehlbelegungsabgabe mittlerweile abgeschafft.

Sowohl die Historie des sozialen Wohnungsbaus als auch die gesellschaftlichen Entwicklungen führen zu vielschichtigen Herausforderungen für die aktuelle und zukünftige Ausgestaltung der sozialen Wohnraumförderung. Dabei stellte der soziale Wohnungsbau in der Vergangenheit ein bewährtes Mittel des Bundes dar, die Wohnungsknappheit zu bekämpfen.[13]

Instrumente

Der Staat greift mit verschiedenen Instrumenten in den Wohnungsmarkt ein. Im Folgenden werden einige wesentliche Instrumente kritisch dargestellt.

Das *Wohngeld* stellt einen einkommensabhängigen Transfer an Haushalte dar, die über ein geringes Einkommen oberhalb der Grundsicherungsschwelle verfügen, ihre Wohnkosten jedoch nicht voll selbst tragen können. Ein Wohngeldanspruch besteht bis zu einer Einkommensgrenze, die mit der Anzahl der Haushaltsmitglieder korreliert. Im Jahr 2023 trat das reformierte „Wohngeld plus" in Kraft, das sowohl die Inanspruchnahme von Wohngeld als auch die durchschnittlichen Leistungen deutlich erhöhen soll. Dadurch stiegen die Ausgaben des Staates drastisch.

Das Wohngeld wird erst seit Beginn des Jahres 2022 regelmäßig dynamisiert. Der große Vorteil dieses Instruments gegenüber der sozialen Wohnraumförderung in dessen aktueller Ausgestaltung ist die Treffsicherheit. Das Wohngeld muss jedes Jahr neu beantragt werden. Dadurch schlagen sich Einkommenssteigerungen automatisch in der Berechtigung nieder und der Transfer orientiert sich zielgenau an der aktuellen Bedürftigkeit des Haushalts.

Die *Grunderwerbsteuer* ist eine Steuer, die beim Erwerb eines Grundstücks oder Grundstückanteils anfällt. Sie wird auf Grundlage des Grunderwerbsteuergesetzes erhoben. Sie ist eine Ländersteuer, deren Steuersatz seit der Föderalismusreform des Jahres 2006 von jedem Land eigenständig festgelegt wird. Das Aufkommen steht ausschließlich den Bundesländern zu. Die Steuer wurde seither in fast allen Ländern erhöht.

Die Grunderwerbsteuer belastet häufige Transaktionen von Immobilien besonders, da bei wiederholten Transaktionen nicht die zwischenzeitliche Wertsteigerung besteuert wird, sondern stets der gesamte Kaufbetrag. Der Neubau wird durch die Grunderwerbsteuer ebenfalls belastet, sodass es zu einer Doppelbesteuerung kommen kann, wenn die Käufer den Neubau von einem Bauträger erwerben, der für den Erwerb des Grundstücks bereits Grunderwerbsteuer gezahlt hat. Im Kaufmarkt für Wohnimmobilien wird die Umzugsbereitschaft durch hohe Transaktionskosten reduziert.

---

[13] Siehe auch Kapitel 4.8.1.

Die Grunderwerbsteuer lässt sich durch sogenannte Share Deals umgehen, indem Immobilien in einer eigens dafür geschaffenen Gesellschaft gebündelt werden. Wird diese zu weniger als 90 Prozent verkauft, ist die Transaktion nicht grunderwerbsteuerpflichtig. Die restlichen Anteile können nach zehn Jahren steuerfrei nachgekauft werden. Share Deals werden insbesondere bei großvolumigen Immobilientransaktionen genutzt.

Die *Grundsteuer* ist eine Steuer auf das Eigentum an Grundstücken (Substanzsteuer). Bemessungsgrundlage ist in der Regel der Wert des Grundstücks oder der Wert des Grundstücks inklusive dessen tatsächlicher Bebauung. In vielen Bundesländern wird der Steuersatz auf kommunaler Ebene festgelegt. Die Steuereinnahmen kommen den Gemeinden zugute, welche auch die Höhe der Steuer durch den Hebesatz festlegen.

Im Jahr 2018 erklärte das Bundesverfassungsgericht die Ermittlung der für die Grundsteuer maßgeblichen Einheitswerte für verfassungswidrig. Dies wurde die damalige grundsteuerliche Bewertung der Grundstücke auf Basis der aus dem Jahr 1964 (Westdeutschland) bzw. 1935 (Ostdeutschland) stammenden Einheitswerte erklärt. 2019 wurde eine Reform der Grundsteuer beschlossen. Die neu berechnete Grundsteuer wird seit dem Jahr 2025 erhoben. Ausgangspunkt ist in den meisten Bundesländern der neu festgestellte Grundsteuerwert, allerdings gibt es in manchen Bundesländern abweichende Modelle der Wertfeststellung.

Seit dem Jahr 2025 gibt es mit Ausnahme Bayerns eine neue *Grundsteuer C*, auch Baulandsteuer genannt. Für diese können die Gemeinden für bebaubare, aber nicht bebaute Grundstücke einen besonderen Hebesatz festlegen. Voraussetzung sind städtebauliche Gründe, wie ein erhöhter Wohnraumbedarf. Die Steuer verteuert das reine Halten dieser Grundstücke und erhöht somit die Anreize zur Bebauung. Die Grundsteuer C wurde bereits in den Jahren 1961 und 1962 erhoben, aber schon zwei Jahre später wieder abgeschafft. Das ist darauf zurückzuführen, dass aufgrund des damaligen Baubooms diese Steuer nicht mehr gebraucht wurde.

Ein *Mietspiegel* ist eine Übersicht über die ortsübliche Vergleichsmiete, die von der nach Landesrecht zuständigen Behörde oder von Interessenvertretungen der Vermieter und der Mieter gemeinsam erstellt oder anerkannt wird. Die ortsübliche Vergleichsmiete wird aus den üblichen Mieten gebildet, die in der Gemeinde oder einer vergleichbaren Gemeinde für Wohnraum vergleichbarer Art, Größe, Ausstattung, Beschaffenheit und Lage in den vergangenen sechs Jahren vereinbart oder geändert worden sind. Gemeinden mit über 50.000 Einwohnern sind gesetzlich zur Erstellung eines Mietspiegels verpflichtet und müssen diesen alle zwei Jahre an die Marktentwicklung anpassen. Es gibt jedoch keine verbindlichen Anforderungen an Art und Qualität der Erhebung. Einige Kommunen nutzen qualifizierte Mietspiegel, die nach anerkannten wissenschaftlichen Grundsätzen erstellt werden. Qualifizierte Mietspiegel sind nach zwei Jahren an die Marktentwicklung anzupassen und nach vier Jahren neu zu erstellen. Die Gewichtung von Neu- und Bestandsmieten ist in Mietspiegeln gesetzlich nicht festgeschrieben.

Durch die *Kappungsgrenze* werden in Deutschland die Bestandsmieten reguliert (§ 558 BGB). Das bedeutet, dass die Miete innerhalb von drei Jahren kumuliert nicht um mehr als 20 Prozent und maximal bis zur ortsüblichen Vergleichsmiete angehoben werden kann. Zusätzlich können die Länder Gemeinden ausweisen, in denen die Versorgung der Bevölkerung mit Mietwohnungen zu angemessenen Bedingungen nicht gewährleistet ist und dort für die Dauer von höchstens fünf Jahren eine Kappungsgrenze von 15 Prozent einführen. Ausgenommen sind Indexmietverträge, bei denen die Miete an die Entwicklung des Verbraucherpreisindex gekoppelt ist, und Staffelmietverträge, bei denen zukünftige Mieterhöhungen bereits im Mietvertrag vereinbart sind.

Die Begrenzung der Erhöhung von Bestandsmieten ist ökonomisch begründet. Mieter können übermäßigen Mieterhöhungen durch Vermieter zwar theoretisch durch einen Umzug entgehen, in der Praxis ist ein Umzug jedoch häufig mit erheblichen Kosten verbunden. Diese Kosten umfassen u. a. die direkten Kosten eines Umzugs. Bedeutender sind jedoch zumeist die indirekten Kosten, die durch den Verlust wohnortspezifischer Vorzüge wie den Verlust des sozialen Umfelds oder eine größere Distanz zum Arbeitsort bzw. zur Schule des Kindes entstehen. Je höher diese Kosten sind, desto schlechter ist die Verhandlungsposition der Mieter und desto größere Mieterhöhungen können Vermieter bei Bestandsmieten durchsetzen.

Durch die *Mietpreisbremse* werden die Neumieten teilweise reguliert. Seit dem Jahr 2015 können die Länder Regionen für fünf Jahre als „angespannte Wohnungsmärkte" ausweisen und dort die Mietpreisbremse anwenden (§ 556d BGB). Diese Regelung ist derzeit bis zum Ende des Jahres 2025 befristet. In angespannten Wohnungsmärkten darf die Höhe der Neumiete maximal 10 Prozent über dem Niveau der ortsüblichen Vergleichsmiete liegen. Ein angespannter Wohnungsmarkt liegt nach Definition der Mietpreisbremse vor, wenn entweder Mieten deutlich stärker steigen als im bundesweiten Durchschnitt, die durchschnittliche Mietbelastung der Haushalte deutlich höher ist, die Wohnbevölkerung wächst, ohne dass der erforderliche zusätzliche Wohnraum durch Neubautätigkeit geschaffen wird, oder geringer Leerstand bei großer Nachfrage besteht.

Ausnahmen von der Mietpreisbremse bilden befristete Mietverträge und Indexmietverträge. Zudem darf eine Miethöhe, die die Obergrenze im vorherigen Mietverhältnis überschritten hatte, auch in zukünftigen Verträgen vereinbart werden. Neubauten, die erstmalig nach dem 1. Oktober 2014 vermietet werden, und umfassend sanierte Wohnungen fallen ebenfalls nicht unter die Regulierung der Mietpreisbremse. Die Mietpreisbremse gilt auch bei Vermietung möblierter Wohnungen, allerdings können Mieter Verstöße gegen die Mietpreisbremse nur schwer erkennen, da der Möblierungszuschlag in der Miete nicht explizit ausgewiesen werden muss. Der Anteil der Vermietungen von möblierten Wohnungen ist in den vergangenen Jahren, vor allem in den Großstädten, gestiegen. Die Nichteinhaltung der Mietpreisbremse wird über die Rückerstattung der zu viel gezahlten Mieten hinaus nicht sanktioniert.

Eine Begrenzung der Neumieten durch die Mietpreisbremse führt zu einer Umverteilung von Vermietern zu Mietern, falls der regulierte Mietpreis unter dem Marktpreis liegt. Insbesondere in angespannten Wohnungsmärkten werden Mieter so vor starken Mietpreissteigerungen aufgrund von Knappheiten geschützt. Gleichzeitig kann die Mietpreisbremse dazu beitragen, das Auseinanderdriften von Bestands- und Neumieten in den Ballungsräumen zu beschränken und die finanziellen Anreize zur effizienten Nutzung von Wohnraum innerhalb des regulierten Mietmarkts intakt zu halten.

Allerdings kommt es durch Kappungsgrenzen und Mietpreisbremse zu einer Marktsegmentierung, in der Mieter begünstigt werden, denen es gelingt, eine Wohnung zum regulierten Mietpreis zu erlangen („Insider"). Benachteiligt werden Wohnungssuchende, die nur eine unregulierte Mietwohnung finden können. Zudem findet aufgrund des von der Regulierung kreierten Nachfrageüberschusses eine Rationierung des regulierten Wohnraums statt, die Wohnungssuchende benachteiligt, die keine Wohnung bekommen, obwohl sie bereit wären, den regulierten Mietpreis zu zahlen („Outsider").

Für Deutschland wurden die bisherigen Auswirkungen der Mietpreisbremse auf den Wohnungsmarkt evaluiert. Die Mietpreisbremse bremst wirksam den Anstieg der für regulierte Wohnungen gezahlten Mieten. Gleichzeitig führt sie jedoch zu steigenden Mieten im unregulierten Neubausegment und reduziert die Mobilität der Mieter, die in mietkontrolliertem Wohnraum wohnen. Durch die Ausnahme neu gebauter sowie umfassend sanierter Wohnungen von der Mietpreisbremse werden Investitionsanreize aufrechterhalten. Ein negativer Effekt der Mietpreisbremse in ihrer aktuellen Ausgestaltung auf den Wohnungsneubau konnte bisher empirisch nicht nachgewiesen werden.[14]

Im Jahr 2020 wurde in Berlin ein Gesetz zur Mietenbegrenzung im Wohnungswesen (umgangssprachlich *Mietendeckel*) " eingeführt. Es bestand aus drei Eckpunkten:
- Mit der Mietobergrenze wurde eine maximale Höhe der Kaltmiete bei Neuvermietungen festgelegt. Die Höhe richtet sich hauptsächlich nach dem Baujahr und der Lage des Wohnhauses sowie der Ausstattung der Wohnung.
- Durch den Mietenstopp wurden die Mieten in Berlin auf dem Niveau vom 18. Juni 2019 eingefroren. Erhöhungen der Nettokaltmiete waren fünf Jahre lang nicht zulässig.
- Ab dem 23. November 2020 trat die Mietsenkung in Kraft. Mieten, die um mehr als 20 Prozent über der Mietobergrenze lagen, mussten gesenkt werden.

Im Jahr 2021 wurde das Gesetz vom Bundesverfassungsgericht in Karlsruhe für verfassungswidrig erklärt.

---

14 Vgl. Sachverständigenrat, 2024/25, S. 250.

2.3.3 Interessenverbände

Bei allen Verbänden kommt es im Laufe der Zeit zu Veränderungen in den Schwerpunkten und Aktivitäten. Dies ist abhängig von den aktuellen Herausforderungen und Entwicklungen in der Gesellschaft allgemein und im Speziellen in der Branche.[15]

Bundesverband deutscher Wohnungs- und Immobilienunternehmen (GdW)
Der GdW[16] – Bundesverband deutscher Wohnungs- und Immobilienunternehmen e. V. (GdW, ursprünglich: Gesamtverband deutscher Wohnungsunternehmen) wurde 1951 gegründet und ist die Spitzen- und Dachorganisation in der Wohnungs- und Immobilienwirtschaft. Der GdW ist Dachverband von derzeit 14 deutschen Regionalverbänden, in denen etwa 3.000 Wohnungsgesellschaften, Genossenschaften sowie andere Unternehmen der Wohnungs- und Immobilienwirtschaft organisiert sind. Sie haben zusammen einen Bestand von zirka 6 Mio. Wohnungen. Das entspricht etwa einem Drittel des Mietwohnungsbestandes in Deutschland. Der GdW vertritt bundesweit und auf europäischer Ebene Wohnungsunternehmen, die über 13 Mio. Menschen in Deutschland ein Zuhause bieten.

Der GdW ist der direkte Nachfolger des GGW, des Gesamtverbandes gemeinnütziger Wohnungsunternehmen, welcher infolge der Abschaffung der Wohnungsgemeinnützigkeit 1989 umbenannt wurde und sich umorientierte. Er vertritt viele der ehemals gemeinnützigen Wohnungsunternehmen, die vielfach zu großen börsennotierten Unternehmen mit einer stärkeren Marktorientierung angewachsen sind.

Der GdW setzt sich für die Belange der Mitgliedsunternehmen auf politischer, wirtschaftlicher und gesellschaftlicher Ebene ein. Dazu gehören Themen wie Wohnungsbau, Mietrecht, Stadtentwicklung oder Energieeffizienz. Der Verband engagiert sich auch in der Wohnungspolitik und nimmt Stellung zu relevanten politischen Entwicklungen, die die Wohnungsbranche betreffen. Er setzt sich für den Wohnungsbau ein, um die Wohnraumversorgung zu verbessern und den Bedürfnissen der Bevölkerung gerecht zu werden.

Beim Thema Nachhaltigkeit und Energieeffizienz zeigt sich jedoch die Schizophrenie des Verbands. Zum einen setzt er sich für nachhaltige Bau- und Betriebskonzepte ein und fordert Maßnahmen zur Steigerung der Energieeffizienz im Wohnungssektor. Das geschieht allerdings nur in Sonntagsreden. In der täglichen Politik wird eine hingegen umweltzerstörende Vorgehensweise gefordert. Mehr Bauland, mehr Bauen und weniger Maßnahmen für Klimaschutz sind Beispiele für Greenwashing.

---
15 Die Informationen basieren im Wesentlichen auf Angaben auf den Homepages der Verbände.
16 Vgl. GdW, https://www.gdw.de/, abgerufen am 06.02.2025.

Zentraler Immobilien Ausschuss (ZIA)
Der ZIA[17] Zentraler Immobilien Ausschuss e. V. ist der Spitzenverband der Immobilienwirtschaft in Deutschland. Er vertritt die Interessen der Branche auf nationaler und internationaler Ebene. Der ZIA wurde 2006 gegründet und hat seinen Sitz in Berlin. Er versteht sich als die ordnungs- und wirtschaftspolitische Interessenvertretung der gesamten Immobilienwirtschaft. Er fördert und begleitet Maßnahmen zum Erhalt und zur Verbesserung des wirtschaftlichen, rechtlichen, steuerlichen und politischen Umfelds der Immobilienwirtschaft. Der Verband hat sich das Ziel gesetzt, der Immobilienwirtschaft in ihrer ganzen Vielfältigkeit eine umfassende und einheitliche Interessenvertretung zu geben, die der volkswirtschaftlichen Bedeutung entspricht.

Als Unternehmer- und Verbändeverband verleiht er der gesamten Immobilienwirtschaft auf nationaler und europäischer Ebene und im Bundesverband der Deutschen Industrie (BDI) eine Stimme. Die Mitglieder des ZIA sind Unternehmen und Verbände aus verschiedenen Bereichen der Immobilienwirtschaft, darunter Projektentwickler, Investoren, Banken, Versicherungen, Asset Manager, Makler und andere Dienstleister. Der Verband setzt sich für die Förderung einer nachhaltigen (aber: Greenwashing) und wirtschaftlichen Entwicklung des Immobilienmarkts ein. Der ZIA vertritt die Interessen seiner Mitglieder gegenüber der Politik, der Öffentlichkeit und anderen relevanten Akteuren. Dabei geht es um die Schaffung günstiger Rahmenbedingungen für die Immobilienwirtschaft. Darüber hinaus stellt der ZIA seinen Mitgliedern Informationen zu aktuellen Entwicklungen in der Immobilienwirtschaft zur Verfügung und fördert die Aus- und Weiterbildung.

Die inhaltliche Arbeit innerhalb des ZIA findet in Ausschüssen statt, die mit rund 500 Experten aus den Mitgliedsunternehmen besetzt sind. Die Mitglieder arbeiten in regelmäßigen Sitzungen an der Meinungsbildung zu immobilienpolitischen Themen. Ihre Beschlüsse sind die Basis der Arbeit des ZIA.

Bundesverband Freier Immobilien- und Wohnungsunternehmen e. V. (BFW)
Der BFW[18] Bundesverband Freier Immobilien- und Wohnungsunternehmen e. V., kurz BFW, ist ein Verband in Deutschland, der die Interessen von privaten Immobilien- und Wohnungsbauunternehmen vertritt. Der Verband wurde 1989 gegründet und hat seinen Sitz in Berlin. Die Mitglieder des BFW sind vor allem mittelständische und kleinere Unternehmen, die in den Bereichen Immobilienentwicklung, Wohnungs- und Gewerbebau tätig sind. Der BFW setzt sich für die Belange seiner Mitglieder auf politischer, wirtschaftlicher und gesellschaftlicher Ebene ein. Er berät politische Entscheidungsträger und nimmt aktiv an politischen Diskussionen teil, um die Anliegen der Branche einzubringen und die Entwicklung des Immobilienmarktes zu beeinflussen.

---

17 Vgl. ZIA, https://zia-deutschland.de/, abgerufen am 06.02.2025.
18 Vgl. BFW, https://www.bfw-bund.de/, abgerufen am 06.02.2025.

Als Spitzenverband wird der BFW von Landesparlamenten und Bundestag bei branchenrelevanten Gesetzgebungsverfahren angehört. Der Verband prägt die derzeitigen und zukünftigen Lebens- und Arbeitsbedingungen in Deutschland. Mit einem Bestand von 3,1 Mio. Wohnungen verwalten die Mitgliedsunternehmen einen Anteil von mehr als 14 Prozent des gesamten vermieteten Wohnungsbestandes in Deutschland. Zudem verwalten die Mitgliedsunternehmen Gewerberäume von ca. 38 Mio. Quadratmetern Nutzfläche.

IVD-Bundesverband (IVD)
Der IVD Bundesverband[19] (Immobilienverband Deutschland) ist ein Interessenverband, der die Belange von Immobilienmaklern, Verwaltern, Sachverständigen und anderen Berufsgruppen in der Immobilienwirtschaft vertritt. Der Verband setzt sich für die Professionalisierung der Branche ein und verfolgt das Ziel, die Qualität und Seriosität in der Immobilienvermittlung zu fördern. Der IVD wurde 1952 gegründet und hat seinen Sitz in Berlin. Die Mitglieder des IVD sind vorwiegend selbstständige Immobilienunternehmen und Einzelunternehmer, die in verschiedenen Bereichen der Immobilienbranche tätig sind. Dazu gehören Makler, Verwalter, Sachverständige, Finanzdienstleister und andere Dienstleister rund um das Thema Immobilien.

Der IVD ist eine nach Berufsbereichen gegliederte Organisation der deutschen Immobilienwirtschaft. Der Berufsstand der Makler zählt zu den ältesten Gewerben. Mit der Fusion von RDM und VDM zum heutigen IVD-Bundesverband feierten die Interessenvertreter 2024 ihr 100-jähriges Verbandsjubiläum.

Der Zweck des Bundesverbands liegt in der Förderung und Vertretung der Berufszweige, Berufsgruppen und Berufsvertreter, die einem der folgenden Bereiche der immobiliennahen Dienstleistungen angehören: Immobilienberatung, Immobilienvermittlung und Finanzierungsdienstleistung, Vermögens- und Immobilienverwaltung, Gebäudemanagement, Wohnungseigentumsverwaltung, Immobilienbewertung, Marktforschung in der Immobilienwirtschaft, immobilienwirtschaftliche Projektentwicklung und -realisierung, Baubetreuung und Projektsteuerung, Immobilienentwicklung, Center Management sowie öffentliche und private Dienstleistungen für Immobilieneigentümer.

Der Verbandszweck wird durch verschiedene Maßnahmen erfüllt: Dazu zählen die Öffentlichkeitsarbeit zur Darstellung und Fortentwicklung der im Bundesverband repräsentierten Berufsbilder und die Steigerung ihres Ansehens. Ebenso gehören dazu die berufliche Fort- und Weiterbildung der vom Verband vertretenen Personen und die Förderung des Verbraucherschutzes – insbesondere des lauteren Wettbewerbs und die Bekämpfung des unlauteren Verhaltens.

Darüber hinaus nimmt der Bundesverband die Interessen der Immobilienwirtschaft gegenüber der Gesetzgebung, Verwaltung und Rechtsprechung sowie gegen-

---

19 Vgl. IVD, https://ivd.net/, abgerufen am 06.02.2025.

über anderen Berufsverbänden wahr. Ein weiterer Schwerpunkt liegt auf der Förderung eines qualitativ vereinheitlichten Berufsausübungskodex sowie der Kollegialität unter den Mitgliedern. Die Einrichtung einer Schlichtungsstelle soll zur Beilegung von Meinungsverschiedenheiten mit Verbrauchern (Ombudsstelle) gemäß der Verfahrensordnung dienen.

Deutschen Mieterbundes e. V. (DMB)
Der Deutsche Mieterbund[20] spielt eine wichtige Rolle in der deutschen Mietlandschaft und ist eine bedeutende Anlaufstelle für Mieter, die Unterstützung und Beratung in Mietangelegenheiten suchen. Der Deutsche Mieterbund e. V. ist die Dachorganisation für mehr als 300 örtliche Mietervereine in Deutschland. Er ist föderal aufgebaut. Die rechtlich und organisatorisch eigenständigen Mietervereine sind in 15 Landesverbänden regional zusammengeschlossen. Die Landesverbände wiederum bilden den Deutschen Mieterbund als Bundesverband.

Der DMB wurde 1951 gegründet. Aufgabe ist die einheitliche Wahrnehmung, Förderung und Vertretung der Interessen von Mieterinnen und Mietern im weitesten Sinne auf Bundesebene. Dabei setzt der DMB sich auf politischer Ebene für die Rechte und Interessen von Mietern ein. Das schließt Themen wie Mietrecht, Wohnraumpolitik, Modernisierung von Wohnraum, Energieeffizienz und soziale Belange ein. Der DMB engagiert sich für einen fairen und transparenten Wohnungsmarkt und gegen ungerechtfertigte Mieterhöhungen, unangemessene Modernisierungsumlagen und andere Praktiken, die die Interessen der Mieter beeinträchtigen könnten. Er nimmt aktiv an politischen Diskussionen teil, um auf Gesetzgebungsprozesse Einfluss zu nehmen und die Belange der Mieter zu berücksichtigen.

Verband der Pfandbriefbanken (vdp)
Der Verband der Pfandbriefbanken[21] e. V. (vdp) ist ein Interessenverband der Pfandbriefbanken in Deutschland. Er ist einer der fünf Spitzenverbände der deutschen Kreditwirtschaft und repräsentiert die bedeutendsten Kapitalgeber für den Wohnungs- und Gewerbebau sowie den Staat und seine Institutionen.

Der Verband wurde 1910 gegründet und hat seinen Sitz in Berlin. Seine Mitglieder sind Banken, die Pfandbriefe emittieren, darunter Pfandbriefbanken, die auf die Finanzierung von Immobilien spezialisiert sind. Der Pfandbrief ist eine spezielle Form der Anleihe, die zusätzlich durch pfandfähige Vermögenswerte wie Immobilien oder Schiffskredite besichert ist. Pfandbriefbanken spielen eine wichtige Rolle bei der Finanzierung des deutschen Immobilienmarkts. Pfandbriefe gelten als besonders sicher, da sie durch werthaltige Sicherheiten gedeckt sind. Der vdp spielt eine bedeutende Rolle

---

20 Vgl. DMB, https://mieterbund.de/, abgerufen am 06.02.2025.
21 Vgl. vdp, www.pfandbrief.de, abgerufen am 06.02.2025.

bei der Stärkung und Weiterentwicklung des deutschen Pfandbriefmarktes und trägt dazu bei, dass die Pfandbriefe als sichere Anlageform gelten.

Er vertritt die pfandbriefspezifischen Interessen seiner Mitgliedsinstitute gegenüber Gesetzgeber, Aufsicht, Ratingagenturen und sonstigen Marktteilnehmern. Er erfüllt diese Funktion auf allen Ebenen der Politik sowie ihrer ausführenden Organe, national und international. Der vdp stellt seine Leistungen Pfandbriefemittenten aus allen drei Säulen der Kreditwirtschaft zur Verfügung und sichert so eine effiziente Interessenvertretung. Darüber hinaus bietet der vdp seinen Mitgliedern Geschäftslösungen, die das besondere Kredit- und Emissionsgeschäft der Pfandbriefbanken unterstützen.

3 Einflussfaktoren / Megatrends

Bei Megatrends, die langfristige Trends darstellen, handelt es sich um sich abzeichnende Veränderungsprozesse. Der Begriff wurde durch den amerikanischen Zukunftsforscher John Naisbitt geprägt und beschreibt einen langfristigen, tiefgreifenden Trend, der deutliche gesellschaftliche, politische, technische und/oder wirtschaftliche Veränderungen mit sich bringt. Es werden auf der Grundlage von historischen Gegebenheiten oder Daten Aussagen über zukünftig wahrscheinliche Entwicklungen getroffen.

In der *Trend- oder Zukunftsforschung* wird zwischen verschiedenen Ausprägungen von Veränderungsprozessen unterschieden, die sich nach der Fristigkeit ergeben. Kurzfristig zeigten sich Produkt- oder Modetrends, danach kommen Konsum- und Zeitgeisttrends, die auch mittelfristige Auswirkungen haben. Ebenso lang wirken soziokulturelle Trends, die die Lebensgefühle von Menschen ausdrücken und schließlich die Megatrends.

Im Folgenden werden sechs verschiedene Megatrends betrachtet, die sich wesentlich auf die langfristige Entwicklung von Wohnimmobilienmärkten auswirken können: demografische Entwicklung, Wirtschafts- und Einkommensentwicklung, Finanzmärkte, Nachhaltigkeit, Digitalisierung und Globalisierung. Die Effekte dieser Megatrends werden jeweils zunächst allgemein analysiert, bevor auf die differenzierten Auswirkungen für die Wohnimmobilien-Vermietungs- und Investmentmärkte eingegangen wird. Megatrends sind demnach fundamentale Werttreiber für die Immobilien.

Megatrends weisen drei zentrale Merkmale auf. Sie sind erstens *langjährige Veränderungen*. Im Unterschied zu kurzfristigen Mode- und Konsumtrends zeichnen sich Megatrends durch die charakteristische Eigenschaft der Langfristigkeit aus. Sie entfalten ihre Wirkung oft über mehrere Jahrzehnte hinweg. In der heutigen Trendforschung wird zumeist davon ausgegangen, dass ein Megatrend 30 Jahre oder länger anhält. Es wird weiterhin angenommen, dass sich diese Trends gut abschätzen lassen. Kurzfristige Abweichungen von diesem Pfad beeinflussen die grundsätzliche Richtung nicht. Aber es kann gleichzeitig gegenläufige Trends geben, die aber üblicherweise nur kurzfristig oder für Teilbereiche gelten.

Megatrends sind nicht nur durch ihre langfristigen Wirkungen gekennzeichnet, sondern zweitens durch das *breite Spektrum an Bereichen*, die sie beeinflussen. Dieses reicht vom Konsum über Politik, Wirtschaft und Kultur bis hin zur Gesamtgesellschaft. Sie umfassen langfristige soziale, ökonomische, politische und technologische Veränderungen, die die Entwicklung einer Gesellschaft grundlegend prägen.

Ein Megatrend vereint drittens eine *Vielzahl verschiedener Einzeltrends*. Oft können die Megatrends nicht scharf voneinander abgegrenzt werden, sondern vermischen sich. Megatrends sind in einer vernetzten Welt zunehmend global auftretende Phänomene, wobei sie gleichzeitig synchron und asymmetrisch verlaufen. Megatrends sind nicht konstant, sondern sie entwickeln sich dynamisch. Dennoch können übereinstimmende Tendenzen festgestellt werden, deren Intensität aber je nach Region abweichen kann. Es zeigt sich, dass sich mehrere, teils sogar widersprüchliche Megatrends überlagern und dass sie in verschiedenen Regionen der Welt und in verschiedenen sozialen Milieus unterschiedlich wirken können. Manche Trends sind erst in der Anbahnungsphase und ihr Einfluss nimmt noch zu, andere haben ihren Zenit schon überschritten und werden zukünftig an Bedeutung verlieren. In der Literatur finden sich unterschiedliche Auffassungen darüber, welche Megatrends es gibt und welche Bedeutung sie haben.

Megatrends eignen sich daher *insgesamt* hervorragend, um denkbare Veränderungen in der Wohnimmobilienwirtschaft und auf den Immobilienmärkten von morgen zu erläutern und mögliche Entwicklungen quantitativer und qualitativer Art abzuschätzen. Sie wirken umfassend und tiefgreifend auf die Akteure wie Regierungen oder Individuen und deren Konsumverhalten, aber auch auf Unternehmen und ihre Strategien. An dieser Stelle werden jedoch nur Megatrends aufgegriffen, die unmittelbare Auswirkungen auf quantitative wie qualitative Veränderungen in der Wohnungswirtschaft und bei den Wohnimmobilienmärkten haben.

3.1 Demografische Entwicklung

Der demografische Wandel ist für die zukünftige Entwicklung der Wohnimmobilienmärkte von großer Bedeutung. Hier sind sowohl zahlenmäßige Veränderungen als auch Strukturverschiebungen relevant. Die Analyse der Vergangenheit basiert im Wesentlichen auf den Erhebungen im Rahmen des Zensus 2022. Diese Ergebnisse lieferten neue Erkenntnisse über die demografische Entwicklung in Deutschland und sind von großer Bedeutung. Aufgrund des umfassenden Ansatzes sind die so ermittelten Daten aussagekräftiger als die vorherigen Bevölkerungsfortschreibungen. Diese werden sowohl mit den Daten vom Zensus 2011 als auch mit denen des Mikrozensus verglichen.

Die 15. koordinierte *Bevölkerungsprognose* des Statistischen Bundesamtes aus dem Jahr 2023 liefert Erkenntnisse über die zukünftige demografische Entwicklung. Sie unterscheidet sich deutlich von den vorangegangenen und das wirkt sich entsprechend auf die Perspektiven der Wohnungsmärkte aus.[22] Auch wenn es in einzelnen Bereichen noch deutliche Probleme und Herausforderungen gibt, ist doch festzuhalten, dass die demografische Entwicklung nicht so dramatisch ausfällt wie noch in den vorangegangenen Prognosen.

Bevölkerungsprojektionen sind für vorausschauendes politisches und ökonomisches Handeln unverzichtbar. Als Zukunftsmodelle weisen sie generell Unsicherheiten auf. Sie erheben nicht den Anspruch, die Zukunft vorherzusagen, sondern besa-

---

22 Vgl. Bundeszentrale für politische Bildung, 2020 und Statistisches Bundesamt, 2023b.

gen, wie Bevölkerungszahl und -struktur sich unter bestimmten Bedingungen entwickeln werden. Für alle Bevölkerungsprojektionen gilt, dass sie keine Strukturbrüche berücksichtigen können, die durch unvorhersehbare Ereignisse (wie z B. Kriege) ausgelöst werden. Die aktuelle demografische Entwicklung wurde von zwei großen Krisen massiv beeinflusst: von der Corona-Pandemie und der russischen Invasion in die Ukraine.

3.1.1 Bevölkerungs- und Haushaltsentwicklung

Die folgende Abb. 3.1 zeigt die Bevölkerungsentwicklung der Vergangenheit und eine Prognose. Die Strukturbrüche sind dadurch bedingt, dass die Daten ab dem Jahr 2011 auf der Grundlage des Zensus 2011 berechnet werden. Für die Zeit von 2022 bis 2023 gibt es die Ergebnisse auf Grundlage des Zensus 2022. Die drei verschiedenen Prognosen ergeben sich auf der Basis der Bevölkerungsvorausschätzung des Statistischen Bundesamtes.[23]

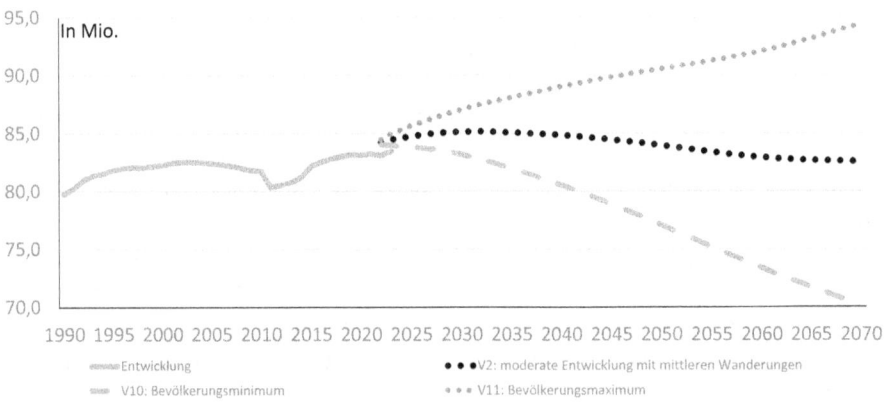

Abb. 3.1: Bevölkerungsentwicklung.
Quelle: Statistisches Bundesamt, Tabellen 12421–0001 und 12411–0001, abgerufen am 30.12.2024, eigene Darstellung.

Bisherige Bevölkerungsentwicklung

Die *Bevölkerungszahl* in Deutschland hat sich, wie die Abb. 3.1 zeigt, seit der Wiedervereinigung in einzelnen Zeitabschnitten recht unterschiedlich entwickelt. Während es in den 1990er-Jahren Zuwächse gab, sank die Anzahl ab 2003. Die Wohnbevölkerung in Deutschland ist zwischen den Jahren 2000 und 2011 um rund 2,3 Prozent zu-

---

23 Vgl. Statistisches Bundesamt, 15. koordinierte Bevölkerungsprognose, 2022.

rückgegangen. Der Rückgang 2011 ist auf den statistischen Strukturbruch des Zensus 2011 zurückzuführen.

Durch die *Zuwanderungen* seit dem Jahr 2011 nahm die Bevölkerungszahl zunächst langsam und dann ab Mitte des Jahrzehnts stärker zu. Die hohen Wanderungsgewinne der 2010er-Jahre haben die negative Differenz zwischen den Geburten und den Sterbefällen mehr als kompensiert. Sie haben auch die jungen Jahrgänge gestärkt und zur Verjüngung des Erwerbspersonenpotenzials beigetragen.[24] Bis zum Ende des Jahres 2022 kam es, insbesondere durch EU-Binnenmigration und den Zuzug von Geflüchteten aus Drittstaaten in den Jahren 2015, 2016 und 2022, zu einem Anstieg der Bevölkerung um knapp 3,5 Prozent im Vergleich zum Jahr 2011. Das entspricht etwa 2,8 Mio. Personen. War der Wanderungssaldo in Deutschland während der Finanz- und Wirtschaftskrise 2008/2009 noch negativ, folgte in den 2010er-Jahren eine hohe Zuwanderung von 4,53 Mio. Menschen bzw. ein jährlicher Wanderungssaldo von 453.000 Personen. Seit 2020 setzt sich der Trend mit einem Plus von insgesamt 2,67 Mio. bzw. jährlich 669.000 Menschen fort. Im Jahr 2022 verzeichnete Deutschland einen Wanderungsüberschuss von etwa 1,4 Mio. Personen, der höchste Wert in der Geschichte der Bundesrepublik. Dieser Überschuss resultiert vorrangig aus dem Zuzug ukrainischer Geflüchteter. Im Jahr 2023 betrug die Zahl der Zuwanderer rund 660.000 und in 2024 ca. 400.000 Personen.

Auch im Jahr 2024 war die Nettozuwanderung die alleinige Ursache des Bevölkerungswachstums. Wie in allen Jahren seit der deutschen Vereinigung fiel die Bilanz der Geburten und Sterbefälle 2024 negativ aus. Bei rund 680.000 Geborenen ergibt sich ein Geburtendefizit von 310.000 bis 330.000 Personen. Damit war das Geburtendefizit bereits im dritten Jahr in Folge größer als 300.000 Personen; Von 1991 bis 2021 hatte Deutschland hingegen ein durchschnittliches jährliches Geburtendefizit von 137.380 Personen. Die Nettozuwanderung wird auf gut 400.000 Menschen geschätzt.

Vor dem *Zensus 2022* war von einer auf 84,1 Mio. Einwohner angewachsenen Bevölkerung für das Jahr 2022 ausgegangen worden. Die Zahlen basierten auf der amtlichen Bevölkerungsfortschreibung des Statistischen Bundesamt seit 2011, als letztmalig ein Zensus ausgewertet wurde. Der Zensus 2022 aber hat jedoch eine Bevölkerungszahl von nur 83,1 Mio. zum Jahresende ergeben. Die Bevölkerung Deutschlands ist zwischen dem Zensus 2011 und Zensus 2022 um rund 2,5 Mio. Einwohner gewachsen, war allerdings nicht so stark wie in der amtlichen Bevölkerungsfortschreibung angenommen. Diese basierte auf den Daten des vorherigen Zensus von 2011. Damit lag das Wachstum bei plus 2,5 Mio. seit 2011 statt plus 3,9 Mio. Personen. Ein maßgeblicher Faktor für das Minus sind die viel geringeren Zuwanderungszahlen aus dem Ausland.

Gegenüber der bisher gültigen Bevölkerungszahl aus der amtlichen Bevölkerungsfortschreibung lebten damit am Stichtag Mai 2022 in Deutschland rund 1,4 Mio. Einwohner. Das sind 1,6 Prozent weniger als aufgrund der bisherigen Bevölkerungs-

---

24 Siehe dazu auch Kapitel 3.1.4.

fortschreibung angenommen. Daher sind die bisherigen Hochrechnungen, die auf Basis der Bevölkerungsfortschreibung des Zensus 2011 erfolgten, nicht mehr korrekt. Dies hat zur Folge, dass die Bevölkerungszahlen in vielen Gemeinden und Bundesländern nach unten korrigiert werden müssen.

Zum *Jahresende 2024* gab es fast 83,6 Mio. Menschen in Deutschland und damit knapp 100.000 Menschen mehr als im Vorjahresvergleich. Diese Daten wurden aufgrund der Fortschreibung des Bevölkerungsbestands auf Basis des aktuellen Zensus 2022 ermittelt.[25] Die Zahl sank damit 2024 gegenüber dem Jahr 2023 um rund ein Drittel und bewegte sich auf dem Niveau der Jahre 2016 bis 2019 (durchschnittlich 410 000 Personen).

Bei allen drei Einflussgrößen auf die Bevölkerungsentwicklung zeigen sich auf *Kreisebene* regional unterschiedliche Entwicklungen. Regionale Unterschiede in der Bevölkerungsentwicklung werden durch Wanderungsbewegungen stark beeinflusst, vor allem von jüngeren Bevölkerungsgruppen. Abwanderungsregionen weisen deshalb im Vergleich zu Zuwanderungsregionen ein eher hohes Durchschnittsalter auf, was eine geringere Geburtenzahl und eine höhere Sterblichkeit bedingt.

Die Bevölkerung wuchs vor allem in Ballungsräumen und den direkt angrenzenden Regionen, aber auch in wirtschaftsstarken ländlichen Regionen im Süden und Nordwesten Deutschlands. In strukturschwachen ländlichen Regionen, vor allem in Ostdeutschland, ging die Bevölkerungszahl hingegen zurück.

In sieben *Bundesländern* sind die Abweichungen der Bevölkerungszahl nach unten größer als 1,6 Prozent, am deutlichsten mit jeweils minus 3,5 Prozent in den Stadtstaaten Berlin und Hamburg sowie in Mecklenburg-Vorpommern. In weiteren sieben Bundesländern ist die Abweichung der Bevölkerungszahl unterdurchschnittlich, darunter am geringsten (mit jeweils minus 0,6 Prozent) in Schleswig-Holstein und Thüringen. Zwei Bundesländer, Bremen und das Saarland, weisen gegenüber der Bevölkerungsfortschreibung eine Abweichung der Bevölkerungszahl nach oben auf (Bremen plus 1,9 Prozent, Saarland plus 1,8 Prozent). Auf Gemeindeebene zeigt sich auch innerhalb der Bundesländer ein viel differenzierteres Bild.

Berlin, Hamburg, München und Köln bleiben die vier deutschen Millionenstädte. Nach dem Zensus 2022 gibt es in Deutschland nun 78 Großstädte mit mehr als 100.000 Einwohnern. Unter den zehn größten Städten Deutschlands verzeichnet Köln mit minus 5,9 Prozent die größte und München mit minus 2 Prozent die geringste prozentuale Abweichung der Bevölkerungszahl nach unten gegenüber der Bevölkerungsfortschreibung. Bei den Großstädten ist die festgestellte Bevölkerungszahl in Bremen um 1,8 Prozent höher als bisher angenommen.

Bei den Bevölkerungszahlen aller 10.786 Gemeinden Deutschlands gab es in 5.989 Gemeinden (56 Prozent) mindestens ein Prozent weniger Einwohner als bisher ausgewiesen. In 3.163 Gemeinden (29 Prozent) gab es kaum Unterschiede, hier erweisen

---

25 Vgl. Statistisches Bundesamt, 2025a.

sich die Werte als stabil. Die restlichen Gemeinden haben um mindestens 1 Prozent höhere Bevölkerungszahlen als bislang angenommen.

Bevölkerungsstruktur
Neue Erkenntnisse über die *Struktur der Bevölkerung* mit der Unterscheidung nach In- und Ausländern hat der Zensus 2022 geliefert. Die bundesweiten Abweichungen zur Bevölkerungsfortschreibung bei den Bevölkerungszahlen betreffen vor allem die ausländische Bevölkerung. Nach dem Zensus 2022 lebten rund 10,9 Mio. Ausländer in Deutschland. Das sind nahezu 1,0 Mio. weniger als durch die Bevölkerungsfortschreibung amtlich ausgewiesen wurde. Rund 71 Prozent der Abweichung sind damit auf die nicht-deutsche Bevölkerung zurückzuführen.

Gründe hierfür sind vermutlich einerseits die Einflüsse von Fluchtbewegungen auf die melderechtliche Erfassung von ausländischen Einwohnern. So können Personen, die beim Zuzug nach Deutschland melderechtlich erfasst wurden, bereits wieder weggezogen sein, beispielsweise in ihre Herkunftsländer, ohne dass dies melderechtlich erfasst worden ist. Umgekehrt waren Schutzsuchende, die am Zensus-Stichtag in einer Gemeinde gewohnt haben, vielleicht noch nicht melderechtlich als Einwohner erfasst.

Dabei gibt es auf Ebene der Bundesländer deutliche Unterschiede im Vergleich zum Bundesergebnis. Im Bundesdurchschnitt hatte Deutschland zum Zensus-Stichtag 8,1 Prozent weniger ausländische Einwohner im Vergleich zur Bevölkerungsfortschreibung. Tendenziell ist die Abweichung in den östlichen Bundesländern höher als in den westlichen Bundesländern. Die größte prozentuale Abweichung nach unten bei den ausländischen Einwohnern verzeichnen Mecklenburg-Vorpommern (minus 24,4 Prozent) und Sachsen-Anhalt (minus 17,8 Prozent). Im Saarland ist die Abweichung nur geringfügig (minus 0,2 Prozent). In Bremen wurden deutlich mehr ausländische Einwohner gegenüber der Bevölkerungsfortschreibung festgestellt (plus 4,4 Prozent), was unter anderem dazu führt, dass die Bevölkerungszahl insgesamt in Bremen höher ausfällt.

Im vergangenen *Jahr 2023* zogen gut 1,3 Mio. Ausländer im Alter von 20 bis 64 Jahren nach Deutschland zu, zugleich zogen mehr als 790.000 Ausländer in diesem Alter fort. Der Wanderungssaldo betrug danach etwa 520.000. Die Zahl unterschreitet eine Reihe von Prognosen. Eine Abwanderungsbewegung gibt es aber offenbar auch bei Menschen mit deutschem Pass. Die Anzahl der 2023 aus Deutschland fortgezogenen Deutschen im Alter von 20 bis 64 Jahren lag bei fast 200.000 Personen, während gut 142.000 Deutsche in diesem Alter aus dem Ausland in die Bundesrepublik zogen. Hier lag der Saldo also bei etwa minus 57.000.

Zukünftige Bevölkerungsentwicklung
Die demografischen Prozesse vollziehen sich oft relativ langsam und lassen sich mit Ausnahme der Migration kurzfristig kaum verändern. Daher sind langfristige Progno-

sen über die zukünftige Entwicklung und Struktur der Bevölkerung recht valide. Natürliche Veränderungen wie die Geburtenhäufigkeit und die Sterbewahrscheinlichkeit sind für die nächsten Jahrzehnte relativ gut einzuschätzen. Zusätzlich ist für die Prognosen von Vorteil, dass die meisten Menschen, die längerfristig in Deutschland leben werden, schon heute hier sind.

Grundlage für die Berechnungen des Statistischen Bundesamtes sind Annahmen bezüglich der drei maßgebenden Einflussgrößen auf die zukünftige Bevölkerungsentwicklung:

– Die *Fertilitätsentwicklung*, also die Entwicklung der Geburten im Zeitverlauf (Kinder pro Frau). Bei einer moderaten Entwicklung der Geburtenhäufigkeit bleibt die Geburtenziffer ungefähr konstant bei 1,55 Kindern je Frau. Damit ist die Fertilität weiterhin deutlich vom bestandserhaltenden Niveau von 2,1 Kindern je Frau entfernt.
– Die *Mortalitätsentwicklung*, also die Sterblichkeit bzw. Lebenserwartung. Die Lebenserwartung ist kontinuierlich gestiegen, zuletzt allerdings war eine Stagnation festzustellen. Bei der Annahme eines moderaten Anstiegs erreichen Männer im Jahr 2070 eine durchschnittliche Lebenserwartung bei Geburt von 84,6 Jahren und Frauen von 88,2 Jahren. Dies entspricht für Männer einem Anstieg um 6,0 Jahre und für Frauen um 4,8 Jahre im Vergleich zur Sterbetafel 2019/2021.

Aus diesen beiden Einflussgrößen ergibt sich die natürliche Bevölkerungsentwicklung als die Differenz zwischen Geburten und Sterbefällen. Das Resultat ist eine demografische Situation, in der die Zahl der Geburten deutlich unter der Zahl der Sterbefälle liegt. Eine Schrumpfung der Bevölkerung konnte allerdings, gerade im letzten Jahrzehnt durch die hohe Außenwanderung vermieden werden.

– Die *Migration* ist die Ein- und Auswanderung von Menschen sowie deren räumliche Mobilität in Deutschland (Binnenmigration). Die Binnenwanderung umfasst alle Wanderungen innerhalb Deutschlands; die Außenwanderung umfasst alle Zu- und Fortzüge über die Grenzen Deutschlands.

In der *Binnenwanderung* zeigt sich seit dem Jahr 2010 ein Trend zur Suburbanisierung, also einer zunehmenden Abwanderung aus Kernstädten in das angrenzende Umland. Während die Großstädte einen neutralen und teilweise negativen Binnenwanderungssaldo aufweisen, ergeben sich für die direkt angrenzenden Kreise hohe positive Binnenwanderungssalden. Ein Großteil der strukturschwachen ländlichen Kreise in der Peripherie weist dagegen einen negativen Binnenwanderungssaldo auf. Die positiven Binnenwanderungssalden in den suburbanen Räumen dürften auch von hohen Mietpreisen in den angrenzenden Großstädten beeinflusst werden.

Bei den Binnenwanderungen zeigt sich, dass die Großstädte seit Mitte der 2000er-Jahre vom Zuzug junger Bevölkerungsgruppen aus dem Inland profitierten und positive Wanderungssalden erzielten. Haupttreiber sind die besseren Bildungs- und Arbeitsmöglichkeiten. Seit 2014 sind Wanderungssalden der Großstädte aber insgesamt negativ, was weniger auf die geringere Attraktivität der Großstädte zurückzuführen ist als darauf, dass immer mehr Menschen aufgrund der hohen Wohnkosten und des knappen Wohnraumangebots ins Umland der Großstädte ziehen.[26]

Die *internationale Migration* hängt zum einen von der Lage in den Herkunftsgebieten ab. Zum anderen wirken sich die wirtschaftliche Attraktivität Deutschlands sowie die deutsche und europäische Migrationspolitik aus. Insgesamt wanderten seit 1991 rund 11,4 Mio. Menschen nach Deutschland ein, in den letzten zehn Jahren lag der jährliche Wanderungsgewinn bei rund 600.000 Personen. Eine hohe Zuwanderung war und ist für die deutsche Wirtschaft von zentraler Bedeutung, da diese dringend auf Arbeits- und Fachkräfte aus dem Ausland angewiesen ist. Dies gilt insbesondere vor dem Hintergrund des zunehmenden demografischen Drucks auf den Arbeitsmarkt, der vor allem darauf zurückzuführen ist, dass die geburtenstarken Babyboomer-Jahrgänge das gesetzliche Renteneintrittsalter erreichen. Für die vielen angespannten Wohnungsmärkte in den Großstädten ist die hohe Zuwanderung jedoch eine zusätzliche Herausforderung.

Bei der Außenwanderung, die alle Zu- und Fortzüge über die Grenzen Deutschlands umfasst, zeigt sich ein anderes Bild als bei der Binnenwanderung. Hier weisen alle Kreise Deutschlands einen positiven Saldo, d. h. eine Nettozuwanderung, auf. Besonders hohe positive Außenwanderungssalden sind in den Städten zu beobachten. Der Zuzug aus dem Ausland ist auf die Ballungszentren und Großstädte konzentriert. Hier kommen sowohl ökonomische Faktoren als auch Netzwerkeffekte in den Zuwanderungsgruppen zum Tragen. Zudem zeigen sich bei der Migration aus Asylherkunftsländern auch institutionell geprägte Muster. So weisen einzelne Kreise, in denen eine Erstaufnahmeeinrichtung existiert, im Zeitraum von 2010 bis 2022 einen hohen positiven Außenwanderungssaldo aus, während der Binnenwanderungssaldo in diesen Regionen aufgrund der anschließenden Weiterverteilung negativ ausfällt.

Die *künftige Entwicklung* ist nur sehr schwer prognostizierbar. In der moderaten Variante sinkt der Wanderungssaldo von 2023 kontinuierlich bis 2033 auf 250.000 und bleibt anschließend etwa konstant. Zwischen 2022 und 2070 würden bei dieser Prognose insgesamt gut 14 Mio. bzw. pro Jahr 293.000 Personen per Saldo einwandern. Es ist aber zu beachten, dass viele Zuwanderer das Land nach einiger Zeit wieder verlassen. Das zeigt die Auswertung der Bevölkerungszahlen des Zensus 2022 gegenüber der Fortschreibung.

Die *Prognose* basiert auf der bisher vorliegenden 15. Vorausberechnung und liefert Erkenntnisse, die sich deutlich von den vorangegangenen unterscheiden. Das zukünftige Wachstum der Bevölkerung und der Haushalte ist von verschiedenen Einflussgrößen abhängig. Je nach Einschätzung werden vom Statistischen Bundesamt verschiedene Varianten berechnet. Diese liegen zwischen einer Minimum- und Maximumvariante, je nach Variante kann die Bevölkerungszahl ab 2023 sowohl zunehmen als auch abnehmen. In 12 Varianten wird eine zunehmende und in 17 Varianten eine

---

26 Vgl. Henger, 2025, S. 235.

abnehmende Bevölkerung bis 2070 erwartet. Die folgenden Ausführungen basieren auf der Variante 2 – moderate Entwicklung. Die entscheidende Größe ist die Entwicklung des Wanderungssaldos. Bei einem niedrigen Wanderungssaldo würde die Bevölkerung bereits ab 2024 abnehmen. Ist der Wanderungssaldo höher, würde der Rückgang frühestens um 2030 einsetzen (moderate Variante). Bei einem sehr hohen Wanderungssaldo könnte die Bevölkerungszahl auch im gesamten Vorausberechnungszeitraum zunehmen.

Insgesamt ergibt sich je nach Annahme für das Jahr 2070 eine Spannweite in der Bevölkerungszahl von 73,5 Mio. bis 90,9 Mio. Menschen. Bei einer moderaten Entwicklung der Geburtenhäufigkeit und der Lebenserwartung sowie einer moderaten Nettozuwanderung von durchschnittlich 293.000 Personen pro Jahr würde die Bevölkerung bis 2031 auf 85,0 Mio. Menschen anwachsen und bis zum Jahr 2070 auf 83,0 Mio. zurückgehen.

Die aktuelle Prognose fällt nicht mehr so negativ wie die früheren aus. Dies betrifft schon die Ausgangslage. So wurde 2009 noch erwartet, dass im Jahr 2020 etwa 80,4 Mio. Personen leben, tatsächlich waren es 83,2 Mio. Menschen. Die aktuelle 15. Vorausberechnung geht für das Jahr 2060 (letztes Vergleichsjahr) von 79,5 Mio. Personen aus, während in der 12. Bevölkerungsvorausberechnung, unter den gleichen Annahmen, eine Gesamtzahl von 70,1 Mio. Personen prognostiziert wurde.

Bisherige Haushaltsentwicklung

Aus Sicht der Wohnungswirtschaft sind die *Zahl und die Struktur der Haushalte* die wichtigsten demografischen Einflussfaktoren, da sie die Nachfrage nach Wohnungen abbilden. Die Anzahl der Haushalte stieg wie in Abbildung 3.8 dargestellt in den vergangenen Jahren stärker als die Bevölkerung.

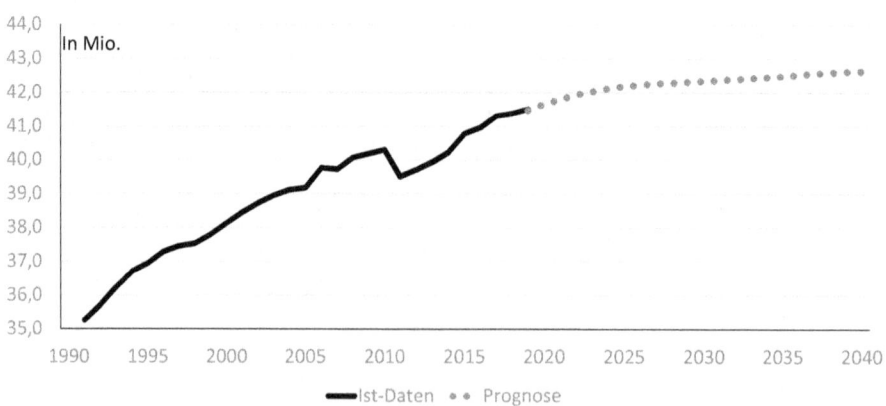

Abb. 3.2: Haushaltsentwicklung.
Quelle: Statistisches Bundesamt, Tabellen 12211-9022 und 12421-0100, abgerufen am 30.12.2024, eigene Darstellung.

Nach dem *Zensus 2022* gab es in Deutschland 40,2 Mio. Haushalte, das waren 2,6 Mio. mehr als nach dem Zensus 2011. Die Zahl der Haushalte wuchs schneller als die Bevölkerung insgesamt. Während die Einwohnerzahl um 3 Prozent anstieg, legte die Zahl der Haushalte durch ein starkes Plus der Singles um 7 Prozent zu. Die Zahl der Zwei- und Drei- und Vierpersonenhaushalte sank leicht, nur bei noch größeren Haushalten (mehr als 6 Personen) gab es ein leichtes Plus. Die deutschlandweite Entwicklung wird von großen Unterschieden in den Bundesländern überlagert.

Ein wichtiger Grund für den Anstieg ist, dass der Anteil der Einpersonenhaushalte im Zeitverlauf deutlich zugenommen hat. Zuwächse gab es vor allem in der Altersgruppe der 45 bis 65-Jährigen. Hier haben sich sowohl der Anteil der Einpersonenhaushalte als auch die Anzahl der Haushalte erhöht. In der Altersgruppe der über 65-Jährigen ist der Anteil der Einpersonenhaushalte hingegen konstant geblieben, während sich die Anzahl der Haushalte erhöht hat.

Nach dem *Mikrozensus* hat die Zahl der Haushalte seit der Wiedervereinigung bis zum Jahr 2019 um knapp 17 Prozent zugenommen, während die Bevölkerung nur um gut 5 Prozent gestiegen ist. Ein Bruch in der Vergangenheitsentwicklung entstand rein statistisch durch den Zensus 2011, der dazu führte, dass fast 800.000 Haushalte weniger existierten. Ohne den statistischen Bruch gäbe es einen kontinuierlichen Anstieg. Der Trend ist auf die abnehmende Zahl der Personen je Haushalt zurückzuführen. Im Jahr 1991 lebten im Durchschnitt noch 2,3 Personen in einem Haushalt, während es heute nur noch rund 2,0 Personen sind.

Das Haushaltsbildungsverhaltens wirkt sich sowohl auf das erreichte Versorgungsniveau als auch die Entwicklung aus. Läge die mittlere Haushaltsgröße in Deutschland bei 2,2 Personen wie in Italien, gäbe es nicht 41,5 Mio. Haushalte in Deutschland, sondern 3,8 Mio. weniger. Bei einer mittleren Haushaltsgröße von 2,5 Personen gäbe es in Deutschland sogar 8,3 Mio. Haushalte weniger. Bei dem aktuellen Wohnungsbestand gäbe es dann keine Wohnungsknappheit.[27]

Zukünftige Haushaltsentwicklung

Die *zukünftige Haushaltsentwicklung* wird durch die Entwicklung der Bevölkerungszahlen sowie durch Veränderungen der Wohngewohnheiten (u. a. Haushaltsgröße) bestimmt. Die Zahl der Haushalte wird aufgrund einer sinkenden durchschnittlichen Haushaltsgröße, verursacht durch Alterung und Individualisierung, steigen. Da für die aktuelle Bevölkerungsprognose noch keine Haushaltsprognose vorliegt, wird auf die Daten der 14. Prognose zurückgegriffen. Es wird davon ausgegangen, dass die Zahl der Haushalte um rund 100.000 auf 42,6 Mio. im Jahr 2040 zunimmt. Die Zahl der Haushalte wird somit in den kommenden Jahren steigen, wenngleich mit einer abnehmenden Dynamik. Nach der 15. Vorausberechnung kann davon ausgegangen werden, dass sich die Entwicklung der Haushaltszahlen noch ein wenig positiver darstellt.

---

27 Vgl. Just, 2024b, S. 2.

Die *BBSR-Haushaltsprognose* aus dem Jahr 2024 geht hingegen davon aus, dass im Jahr 2045 rund 83,1 Mio. Personen in privaten Haushalten leben und damit ungefähr gleich viele wie im Jahr 2022. Im Gegensatz dazu steigt die Anzahl der Haushalte bis 2040 auf 42,5 Mio. bzw. um 1,3 Prozent gegenüber 2017. Im Ergebnis nimmt die durchschnittliche Haushaltsgröße ab. Nach dem Trendszenario des Statistischen Bundesamts soll die Gesamtzahl der Privathaushalte bundesweit ebenfalls moderat auf 42,6 Mio. im Jahr 2040 steigen.[28]

Für die *zukünftige Entwicklung des Wohnungsmarkts* bedeutet dies, dass mehr Wohnraum benötigt werden wird. Wenn davon ausgegangen wird, dass jeder Haushalt eine Wohnung haben soll, würde aufgrund dieser Vorausberechnung der Bedarf an Wohnungen steigen.

Neben der Entwicklung der Anzahl der Haushalte ist auch deren Strukturveränderung wichtig für die Wohnungsnachfrage. Die *Haushaltsgrößen* haben sich seit der Wiedervereinigung nachhaltig verändert. Im Jahr 1991 gab es knapp ein Drittel Singlehaushalte und die Zweipersonenhaushalte hatten zusätzlich einen Anteil von über 30 Prozent. Einen schrumpfenden Anteil hatten die Drei- und Mehrpersonenhaushalte, die aber immer noch mehr als 35 Prozent ausmachten.

Diese Struktur hat sich deutlich verändert. Im Jahre 2022 (Zensus) waren 16,7 Mio. oder gut 40,8 Prozent der Haushalte Singlehaushalte, in den größten Städten sogar über 50 Prozent. Den nächstgrößeren Anteil hatten die Zweipersonenhaushalte mit einem Anteil von einem Drittel. Beide machen inzwischen drei Viertel aller Haushalte aus. Die Mehrpersonenhaushalte mit drei und mehr Personen hatten im Jahr 2022 einen Anteil von 25,4 Prozent. In nur 1,5 Mio. Haushalte wohnten fünf und mehr Personen. Nach den Prognosen werden die Einpersonenhaushalte und die Zweipersonenhaushalte weiter an Bedeutung gewinnen, sowohl absolut als auch relativ (nur Singlehaushalte). Die übrigen Haushaltsgrößen werden hingegen an Bedeutung verlieren.

Die immer kleiner werdenden Haushalte sind Ausdruck mehrerer Entwicklungen. Zum einen spielt die Alterung der Gesellschaft aufgrund einer zunehmenden Lebenserwartung eine Rolle. Ältere Haushalte sind – sofern Kinder vorhanden – nach dem Auszug des Nachwuchses häufig zu zweit oder, etwa nach dem Ableben des Partners, allein in der Wohnung. Die Alterung der Bevölkerungsstruktur führt also dazu, dass sich Familienhaushalte zu Ein- oder Zweipersonenhaushalten entwickeln. Zum anderen führt die Kinderlosigkeit vieler Frauen und Männer dazu, dass Haushalte mit Kindern zurückgehen. Immer mehr junge Leute entscheiden sich dagegen, Kinder zu bekommen bzw. diese in schon in frühen Jahren zu bekommen.

Das bedeutet für die *zukünftige Entwicklung des Wohnungsmarkts*, dass sich der Wohnbedarf in Deutschland erheblich verändern wird. Der größte Teil des Wohnungsbestands ist nach dem Leitbild des familiengerechten Wohnens errichtet worden – mit entsprechenden Grundrissen aus Wohnzimmer, Elternschlafzimmer, einem

---

28 Vgl. BBSR, 2024d.

oder zwei Kinderzimmern und einer Küche. Es werden insgesamt mehr Wohnungen benötigt, aber vor allem für die Singlehaushalte. Die Gruppe hat einen Bedarf an kleineren Wohnungen. Aufgrund der weiter anhaltenden Strukturveränderungen ist zu erwarten, dass mit der Entwicklung der Haushaltsgröße die durchschnittliche Wohnungsgröße abnehmen wird. Aufgrund der veränderten Haushaltsstruktur steigt ebenfalls die Nachfrage nach neuen Wohnungstypen, u. a. nach Mikroapartments, barrierefreien altengerechten Wohnungen oder Wohnungen für Wohngemeinschaften.

3.1.2 Regionale Effekte

Die Bevölkerungsveränderung in Deutschland betrifft nicht alle Regionen und Bundesländer in gleichem Maße. Die Bevölkerungs- und Haushaltsentwicklung weist regional eine sehr unterschiedliche Dynamik auf, was vor allem auf die Wanderungen zurückzuführen ist.

Bei der 15. Bevölkerungsvorausberechnung unterscheidet das Statistische Bundesamt zwischen den drei *Regionen* westdeutsche und ostdeutsche Flächenländer und Stadtstaaten, bei denen in der moderaten Variante unterschiedliche Trends zu erwarten sind.

In den *westdeutschen Flächenländern* wird für die künftige Bevölkerungsentwicklung erwartet, dass die Bevölkerungszahl sich zeitlich differenziert entwickelt. So soll bis Mitte der 2030er-Jahre die Bevölkerung um rund 2 Prozent ansteigen und dann bis 2070 beinahe auf das Ausgangsniveau zurückgehen. Mit 64,9 Mio. Menschen liegt die Zahl um 1 Prozent unter dem Niveau von 2022. Darüber hinaus kommt es bei den Bundesländern zu unterschiedlichen Entwicklungen. Die südlichen Länder wie Baden-Württemberg oder Bayern weisen auch langfristig Zuwächse auf, während die Bevölkerung z. B. in Nordrhein-Westfalen leicht zurückgehen wird.

Die *ostdeutschen Flächenländer* werden einen kontinuierlichen Rückgang der Bevölkerung aufweisen. Diese wird von 12,5 Mio. stetig auf 10,6 Mio. schrumpfen. Gleichzeitig weisen sie bereits heute eine starke Alterung auf. Im Jahr 2021 war der Altenquotient mit 40 (67-Jährige und Ältere je 100 Menschen von 20 bis 66 Jahren) auf dem Stand, den die westdeutschen Flächenländer voraussichtlich erst Anfang der 2030er-Jahre erreichen werden. In allen östlichen Bundesländern geht die Bevölkerung langfristig zurück, am stärksten in Sachsen-Anhalt mit fast einem Viertel bis 2070.

Die Bevölkerung in den *Stadtstaaten* profitiert vom Trend der Urbanisierung. Der Lebensraum Stadt wird in Zukunft weiter an Bedeutung gewinnen, auch wenn es zeitweise zu Gegenbewegungen kommen wird. Nach der Prognose soll die Bevölkerung bis 2070 um rund 14 Prozent auf dann 7,2 Mio. Menschen anwachsen. Die stärksten Zuwächse werden für Berlin mit fast 20 Prozent prognostiziert, aber auch alle anderen Stadtstaaten werden wachsen.

Der *Wanderungssaldo* zwischen Ost- und Westdeutschland ist mit etwa 3.000 Personen aus Sicht des Ostens negativ. Dies stellt eine Umkehrung des Trends der letzten sechs Jahre dar, in denen der Saldo erstmals seit der Wiedervereinigung positiv war. Von 2017 bis 2022 zogen jährlich mehr Menschen vom Westen in den Osten als umgekehrt, wobei das Jahr 2020 ein Bevölkerungsplus von über 6.000 Personen für Ostdeutschland verzeichnete.

Im Jahr 2023 ist erstmals seit 2016 die Zahl der Menschen, die von Ostdeutschland nach Westdeutschland gezogen sind, wieder höher als die derjenigen, die den umgekehrten Weg genommen haben. Laut diesen Daten zogen etwa 85.300 Menschen von den alten in die neuen Bundesländer, wobei Berlin wie üblich bei dieser Statistik unberücksichtigt blieb. Gleichzeitig verlegten rund 88.300 Menschen ihren Wohnsitz in eines der westlichen Bundesländer.

Ein bedeutender Faktor für die erneute Abwanderung von Ost nach West sind Ausländer. Rund 32.500 Personen ohne deutschen Pass zogen 2023 von Ost nach West, während nur 19.400 den umgekehrten Weg nahmen. Dies ergibt einen negativen Wanderungssaldo von 13.100 Personen für die neuen Bundesländer. Bei deutschen Staatsbürgern zeigt sich weiterhin eine stärkere Bewegung von West nach Ost. Etwa 65.900 Menschen mit deutschem Pass zogen 2023 in die neuen Bundesländer, während nur 55.800 den umgekehrten Weg wählten. Dies bedeutet einen Wanderungsgewinn von rund 10.100 Personen für den Osten.[29]

Mehr junge Menschen sind im Jahr 2023 aus den ostdeutschen Bundesländern in den Westen gezogen als umgekehrt. Es waren netto 7.100 Personen im Alter von 18 bis unter 30 Jahren, die aus Ostdeutschland in die westdeutschen Bundesländer (jeweils ohne Berlin) zogen. Damit setzte sich der seit 1991 bestehende, kontinuierliche Wanderungsverlust Ostdeutschlands gegenüber dem Westen in dieser Altersgruppe fort. Dieser dürfte auf die Abwanderung zum Studium oder zur beruflichen Ausbildung zurückzuführen sein. Insgesamt sind seit 1991 netto 727.000 zu dem Zeitpunkt 18- bis unter 30-Jährige aus den ostdeutschen Ländern in den Westen abgewandert.[30]

Das *BBSR* kommt in seiner *Haushaltsprognose*[31] zu dem Ergebnis, dass großräumige Unterschiede bei der Haushaltsentwicklung gegeben sind. Während in den westdeutschen Flächenländern die Bevölkerungszahl in privaten Haushalten stabil bleibt (minus 0,4 Prozent), nimmt die Zahl der Haushalte um 2,8 Prozent zu. Demgegenüber sinkt die Bevölkerungszahl in privaten Haushalten in den Flächenländern Ostdeutschlands um 10,8 Prozent und die Zahl der Haushalte verringert sich um 9,2 Prozent. In den drei Stadtstaaten steigt die Bevölkerungszahl in privaten Haushalten um 7,8 Prozent und die Anzahl der Haushalte um 7,7 Prozent. Die größte Herausforderung für die westdeutschen Flächenländer und die Stadtstaaten ist die steigende Zahl der 67-Jährigen und Älteren. Für die ostdeutschen Flächenländer wird es vor allem das schrumpfende Erwerbspersonenpotenzial sein.[32]

---

29 Vgl. Statistisches Bundesamt, 2024h.
30 Vgl. Statistisches Bundesamt, 2024h.
31 Vgl. BBSR, 2024c.
32 siehe Kapitel 4.8.2.

Bei einer noch kleinräumigeren Betrachtung waren zwischen 2000 und 2010 moderate Zuwachsraten in den Großstädten zu verzeichnen. Die Städte weisen im Zeitraum zwischen 2010 und 2020 einen deutlichen Anstieg der Bevölkerung auf. Die Urbanisierung ist nicht vorüber, die beiden Krisen der letzten Jahre haben lediglich zu temporären Verwerfungen geführt. Auch das Umland der großen Städte konnte in den letzten Jahren profitieren, während die ländlich peripheren Regionen weiter Einwohner verlieren.

Die Regionen sind unterschiedlich stark von Zu- oder Abwanderungen betroffen. Die regionalen Effekte werden vor allem durch die Migration verursacht. Dies kann innerhalb von Staatsgrenzen erfolgen (Binnenmigration) oder grenzüberschreitend (Außenmigration bzw. internationale Migration). Seit der Wiedervereinigung waren immer wieder Wanderungsbewegungen in Deutschland feststellbar. Phasen, in denen der städtische Raum bevorzugt wurde, wechselten sich mit Perioden der Suburbanisierung ab.

Nach der BBSR-Raumordnungsprognose 2045 wächst Deutschlands Bevölkerung weiter. Mehr als 150 Kreise müssen sich dennoch auf langfristig sinkende Bevölkerungszahlen einstellen. Wachstum und Schrumpfung finden nebeneinander statt. Diese Prozesse sind in den Kreisen in allen Altersgruppen zu beobachten. Alle Kreise verzeichnen Außenwanderungsgewinne. Dies ist ein stabilisierender Faktor der Bevölkerungsentwicklung. Regionale Disparitäten nehmen zu. Die Bevölkerungszuwächse konzentrieren sich auf zentraler gelegene und/oder strukturstärkere Kreise.[33]

Bei den *Zuwanderungsregionen* wurden in den vergangenen Jahren insbesondere die Städte begünstigt, jedoch ist zwischen den verschiedenen Altersgruppen und den Wanderungsbewegungen zu unterscheiden.
- Die Zuzüge aus dem Ausland verteilen sich nicht gleichmäßig, sondern bestimmte Teilräume Deutschlands sind besonders gefragt. Neue Zuwanderer knüpfen häufig an bestehende soziale Netze früherer Migranten an: So konzentrieren sich die Zuzüge auf die Städte.
- Die Binnenwanderungen begünstigen auch die Ballungszentren. So ziehen die Bildungswanderer zur Ausbildung und zum Berufseinstieg in die Städte. Die Familienwanderer in der Altersgruppe von ungefähr 30 bis 45 Jahren ziehen vorwiegend aus den Städten weg. Die Zahl der Wanderer in den älteren Bevölkerungsgruppen ist zahlenmäßig eher klein, sodass die Effekte hier eher gering sind.

Für die *zukünftige Entwicklung des Wohnungsmarkts* bedeutet dies, dass sehr unterschiedliche Trends gegeben sind. Die Wanderungsbewegungen wirken sich auf die lokale Nachfrage nach Wohnraum aus. In den wirtschaftsstarken Großstädten wird die Zahl der Privathaushalte stärker steigen und damit auch die der Wohnungsnachfrager, während in strukturschwächeren ländlichen Regionen die Zahl der Haushalte

---
33 Vgl. BBSR, 2024d, S. 3.

schrumpfen wird. Dadurch verstärkt sich das schon jetzt vorhandene Ungleichgewicht zwischen den Wohnungsmärkten. Strukturschwächere ländliche Regionen sind von steigenden strukturellen Wohnungsleerständen betroffen.

Die *Bildungswanderer* sowie *Geflüchtete und Migranten*, die eher in die Städte ziehen, sind vorrangig der Gruppe der Mieter von Wohnungen und Häusern zuzuordnen. Dieser Gruppe fehlt vielfach das notwendige Kapital für Immobilienkäufe. Jedoch sind diese Wohnungen für Kapitalanleger (institutionelle und private) geeignet. Die Familienwanderer ziehen vorwiegend aus den Städten weg und sind daher auf der Verkaufsseite in den Städten zu finden. In den Abwanderungsregionen wird die Zahl der Haushalte rückläufig sein, dennoch werden auch zukünftig neue Wohnungen errichtet. So sind vermehrt Verkäufe festzustellen, was den Druck auf die Preise erhöht.

Von der Urbanisierung und der Migration profitiert vornehmlich der regionale Wohnimmobilien-Investmentmarkt. Diese Transaktionen konzentrieren sich seit jeher auf städtische Regionen, da nur hier ein ausreichendes Angebot vorhanden ist.

Wohnungsmärkte in ländlichen und schrumpfenden Räumen gefährdet
Prof. Dr. Günter Vornholz, ImmobilienResearch Vornholz GmbH, Lüdinghausen

Der Wohnungsmarkt in Deutschland ist stark fragmentiert, was sich im unterschiedlichen Interesse von Politik und Öffentlichkeit widerspiegelt. Auch wenn flächen- und bevölkerungsmäßig der ländliche Raum in Deutschland den höchsten Anteil aufweist, stehen dennoch die (groß-)städtischen Regionen im Fokus. Diese Märkte sind von Wohnungsknappheit mit hohen Mietsteigerungen geprägt. Im Mittelpunkt steht die Frage, welche Maßnahmen durchgeführt werden müssen, um Wohnraum zu schaffen. Aufgrund der stark gestiegenen Wohnkosten und der Möglichkeit von Homeoffice verlagerte sich die Nachfrage teilweise in den ländlichen Raum im Umland der großen Städte. Dieser Teil des ländlichen Raums wies daher eine wachsende Bevölkerung auf.

Weiterhin gibt es den ländlichen Raum, der nicht von den beschriebenen Effekten profitieren konnte und dessen Bevölkerung seit Jahren schrumpft. Die Herausforderungen ergeben sich sowohl aus den besonderen Merkmalen der ländlichen Regionen als auch aus den allgemeinen Trends des Wohnungsmarkts. Auch wenn die dortigen hohen Leerstände großen wirtschaftlichen und sozialen Sprengstoff darstellen, werden diese Märkte weitgehend nicht beachtet.

Im Auftrag der Wohnungswirtschaft Sachsen-Anhalts (Verbände VdW und VdWg) hat die ImmobilienResearch GmbH in Lüdinghausen die Wohnungsmärkte in den dortigen ländlichen Regionen analysiert. Es wird auf die Entwicklung und Perspektiven sowohl von Wohnungsmärkten als auch von Wohnungsunternehmen eingegangen. Diese ländlichen Kreise sind nur ein Beispiel für viele andere Regionen in Deutschland, die unter den Folgen einer schrumpfenden Bevölkerung leiden. Die Gebiete befinden sich nicht nur in Ostdeutschland, sondern es gibt sie auch in Westdeutschland, etwa im Bayerischen Wald, im West-Harz oder im Sauerland.

Die Studie zeigt die aktuell schon schwierige Lage in Sachsen-Anhalt auf. Seit der Wiedervereinigung kam es im ländlichen Raum zu einem kontinuierlichen Bevölkerungsrückgang. Zudem hat es außerdem keinen erfolgreichen wirtschaftlichen Aufholprozess gegeben. Für die Wohnungsmärkte hatten diese negativen Entwicklungen der Rahmenbedingungen drastische Folgen. Die Wohnungsunternehmen im ländlichen Raum weisen eine durchschnittliche Leerstandsquote von rund 15 Prozent auf sowie nur niedrige Mieten mit rund 5 Euro pro Quadratmeter Nettokaltmiete und vergleichsweise geringen Mietsteigerungen.

Nach der aktuellen Prognose des Statistischen Landesamtes soll die Bevölkerung bis zum Jahr 2035 deutlich zurückgehen und die Zahl der Haushalte um weitere 92.000 Einheiten oder 15 Prozent sinken. Gleichzeitig werden aufgrund veränderter Wohnbedürfnisse jährlich neue Wohnungen gebaut, auch Wohnungen in Mehrfamilienhäusern. Das hat erhebliche Auswirkungen mit einem massiven Anstieg der Leerstände zur Folge, wenn keine Gegenmaßnahmen ergriffen werden.

Es ist primär die Aufgabe der Wohnungsunternehmen und in ihrem eigenen Interesse, einen attraktiven und an die Bedürfnisse der Mieter angepassten Wohnungsbestand anzubieten. Ebenso ist ein entsprechend interessantes Wohnumfeld zu schaffen. Es muss das Ziel der Unternehmensaktivitäten sein, dass keine Abwanderung wegen schlechter Wohnverhältnisse erfolgt. Die notwendigen Investitionen können viele Wohnungsunternehmen in ihrer derzeitigen finanziellen Lage noch selbst finanzieren. Der überwiegende Teil dieser Unternehmen in Sachsen-Anhalt verfügt noch über eine auskömmliche Finanzkraft mit einer relativ hohen Eigenkapitalquote und vielfach ausreichenden Unternehmensgewinnen.

Neben der schwierigen demografischen Entwicklung (Rückgang und Alterung) kommen auf die Wohnungsunternehmen weitere komplexe Herausforderungen zu. Die Maßnahmen gegen den Klimawandel oder die Digitalisierung belasten die finanzielle Situation der Unternehmen. Die immer noch bestehenden Altschulden des DDR-Wohnungsbaus gefährden die finanziellen Handlungsmöglichkeiten der Wohnungsunternehmen.

Daher können Lösungen für die anstehenden Probleme nicht ohne die Unterstützung von Politik und Gesellschaft erreicht werden. Die hohen und zunehmenden Leerstände gefährden die wirtschaftliche Existenz der Wohnungsunternehmen und damit die Lebensbedingungen der Mieter. Somit sind auch subsidiär staatliche Maßnahmen gerechtfertigt. Diese sollten mit einer Institutionalisierung des Themas in den Gremien von Politik und Verwaltung beginnen, um es im öffentlichen Bewusstsein zu verankern. Notwendig ist aber auch ein Umbauprogramm „Wohnen im ländlichen Raum" zur Lösung der Wohnungsproblematik in ländlichen und schrumpfenden Räumen.[34]

3.1.3 Bevölkerung mit Migrationshintergrund

Darüber hinaus wird die Gesellschaft in Deutschland *bunter*, d. h., die Zahl und der Anteil der Menschen mit Migrationshintergrund werden weiterwachsen. Nach der Definition des Statistischen Bundesamtes hat eine Person einen Migrationshintergrund, wenn sie selbst oder mindestens ein Elternteil nicht mit deutscher Staatangehörigkeit geboren wurde. Unter Ausländern werden in Deutschland ansässige Personen verstanden, die nicht die deutsche Staatsangehörigkeit besitzen.

Abbildung 3.3 zeigt den kontinuierlichen Zuwachs von Ausländern bzw. Menschen mit Migrationshintergrund in Deutschland. Verantwortlich dafür ist, dass der Netto-Zuzug von Menschen aus dem Ausland größer ist als das Wachstum der deutschen Bevölkerung. Insbesondere seit Mitte des letzten Jahrzehnts kam es aufgrund der hohen Zahl Asylsuchenden zu einem deutlichen Anstieg.

Zwischen 1990 und 2021 betrug der *Wanderungssaldo* netto insgesamt 9,9 Mio. Personen, was einem durchschnittlichen Wanderungsgewinn von 310.000 Personen

---

34 Vgl. FAZ, 27.01.2024, S. 20.

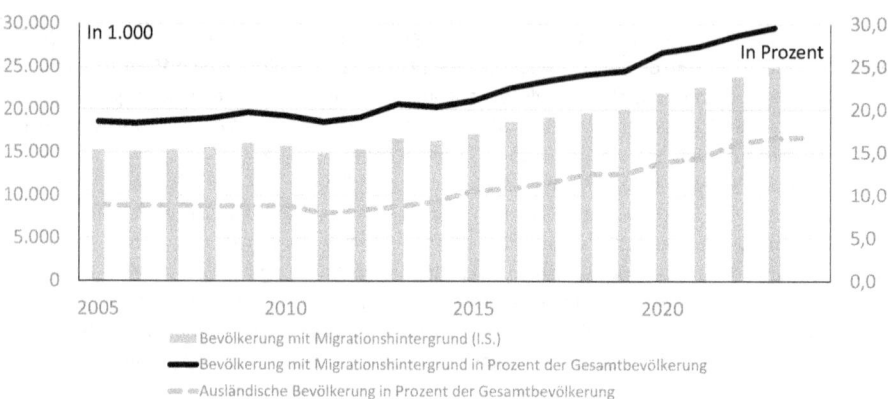

Abb. 3.3: Ausländer / Bevölkerung mit Migrationshintergrund.
Quelle: Statistisches Bundesamt, Tabellen 12211-0200 und 12521-0001, abgerufen am 27.04.2025, eigene Darstellung.

pro Jahr entspricht. Im Zeitverlauf ist der Wanderungssaldo durch starke Schwankungen gekennzeichnet. Im Jahr 2022 gab es die höchste bisher registrierte Nettozuwanderung seit Beginn der Zeitreihe im Jahr 1950, wobei ein Großteil der Menschen aus der Ukraine kam. Im Jahr 2023 (letzte verfügbare Daten) lebten in Deutschland 24,9 Mio. Menschen mit Migrationshintergrund, das ist ein Anteil von 29,7 Prozent an der Gesamtbevölkerung. Von diesen haben 11,8 Mio. eine deutsche und 10,5 Mio. eine ausländische Staatsbürgerschaft. Im Jahr 2022 kam es u. a. durch den Angriff Russlands auf die Ukraine zu einem starken Anstieg. Von 2012 bis 2024 wuchs die ausländische Bevölkerung deutlich von 6,6 Mio. auf 14,1 Mio. Personen. Der Anteil an der Gesamtbevölkerung stieg auf 16,8 Prozent.

Bei der *regionalen Binnenwanderung* der letzten Jahre zeigen sich erhebliche Veränderungen. Diese resultieren daraus, dass viele Zuwandernde aus dem Ausland ihren Wohnsitz nach ihrer Registrierung verlegen und so die Binnenwanderungen maßgeblich prägen. Die regionalen Muster der Binnenwanderungen sind abhängig vom absoluten Niveau der Zuwanderungen aus dem Ausland.[35]

Die veränderten Migrationszahlen haben auch die Prognosen verändert. Wurde im Jahr 2009 noch mit einem durchschnittlichen Wanderungssaldo von 200.000 Personen gerechnet, wird in der aktuellen Vorausberechnung ein jahresdurchschnittliches Migrationsplus von 293.000 Personen angenommen. In der aktuellen Bevölkerungsvorausberechnung werden vom Statistischen Bundesamt keine weiteren quantitativen Aussagen gemacht. Dies lässt sich u. a. darauf zurückführen, dass sowohl die Anzahl als auch die Anteile von verschiedenen Faktoren abhängig sind. Bei der internationalen Migration unterscheidet das Statistische Bundesamt drei unterschiedliche

---

[35] Vgl. BBSR, 2024d, S. 2 f.

Szenarien mit 183.000 bis 402.000 Migranten (moderate Variante 293.000). Zum anderen gibt es eine unterschiedliche Fertilität und Sterblichkeit bei Personen mit Migrationshintergrund im Vergleich zur deutschen Bevölkerung, die sich zudem im Zeitablauf ändert.

Die Zahl und der Anteil der Migranten an der Gesamtbevölkerung werden langfristig weiter ansteigen. Insbesondere die Großstädte in Deutschland und dort bestimmte Stadtteile werden auch zukünftig bevorzugte Ziele der Zuwanderung sein. Aufgrund des relativ jungen Alters und der etwas höheren Geburtenrate der Migrationsbevölkerung wird vor allem der Anteil der jungen Menschen mit Migrationshintergrund in den kommenden Jahren deutlich steigen.

Für die *zukünftige Entwicklung des Wohnungsmarkts* bedeutet dies, dass zum einen das Arbeitskräftepotenzial durch die Einwanderer erhöht wird. Davon kann auch die Wohnungs- und Bauwirtschaft profitieren. Zum anderen steigt die Nachfrage nach Wohnungen. Bei Menschen mit Migrationshintergrund ist teilweise die Zahl der Haushaltsmitglieder höher, was zu einer anderen strukturellen Nachfrage führt. Mit zunehmender Integration unterscheiden sich jedoch aufstiegsorientierte Migrantenhaushalte nicht mehr von inländischen Haushalten ähnlicher Struktur.

3.1.4 Strukturelle Effekte

Die im Verhältnis zu den Sterbefällen zu niedrige Geburtenzahl führt in Verbindung mit der steigenden Lebenserwartung zu deutlichen *Veränderungen in der Altersstruktur* der Bevölkerung. Trotz kostenintensiver Maßnahmen wie dem Elterngeld oder dem Ausbau der Kinderbetreuung konnte die Geburtenzahl nicht nachhaltig gesteigert werden. 2023 sank der zwischenzeitlich etwas höhere Wert erstmals seit zehn Jahren wieder auf unter 700.000 Geburten. Dadurch sinkt zugleich die Anzahl der jungen Menschen, die den Sockel der Bevölkerungspyramide bildet. Die steigende Lebenserwartung verbreitert hingegen die Spitze und führt zu einer deutlichen Alterung der Bevölkerung. Die Alterung wurde durch die Nettozuwanderung aus dem Ausland etwas abgebremst, da das Durchschnittsalter der Einwanderer deutlich niedriger als das der deutschen Bevölkerung ist.

Die Relationen zwischen den Altersgruppen werden sich im Vergleich zu heute deutlich verschieben. Das Durchschnittsalter der Bevölkerung in Deutschland war 2021 mit 45 Jahren um gut 5 Jahre höher als im Jahr der Wiedervereinigung (1990: 39 Jahre). Das Durchschnittsalter der Bevölkerung wird auf bis zu 50 Jahre im Jahr 2070 ansteigen. Durch den demografischen Wandel ist künftig ein Rückgang der Bevölkerung im Erwerbsalter und ein Anstieg der Zahl der Senioren vorgezeichnet.

Für den Wohnungsmarkt ist der sich binnen weniger Jahre vollziehende demografische Wandel eine enorme Herausforderung, weil sich der Wohnungsbestand nicht in diesem Tempo anpassen kann. Damit kommt es zu einem wachsenden Missverhältnis von Angebot und Nachfrage, wodurch die Anspannung auf dem Wohnungsmarkt zunehmen könnte.

Erwerbspersonenpotenzial
Die Zahl der Menschen im Erwerbsalter von 20 bis 66 Jahren (*potenziell Erwerbstätige*) wird in den kommenden Jahren abnehmen. Für den Arbeitsmarkt bedeutet diese demografische Entwicklung eine Belastung. Es scheiden mehr Personen aus dem Erwerbsleben in die Rente aus als aus der Jugend nachkommen. Der demografische Wandel ist die Hauptursache für den Arbeits- und Fachkräftemangel, der es für Unternehmen zukünftig immer schwieriger macht, ausreichend qualifiziertes Personal zu finden. Der Fachkräfteengpass (bzw. -mangel) betrifft schon heute zahlreiche Wirtschaftszweige wie auch die Bau- und Wohnungswirtschaft.

Die Bevölkerung im Erwerbsalter hatte von 2018 bis 2021 um 370.000 Personen abgenommen, nachdem sie zuvor ab 2012 kontinuierlich zugenommen hatte. Für 2022 stieg aufgrund der hohen Zuwanderung aus der Ukraine diese Zahl wieder. 51,8 Mio. Menschen waren im erwerbsfähigen Alter zwischen 20 und 64 Jahren.

In den kommenden Jahren wird die Zahl der Menschen im Erwerbsalter abnehmen, bis zum Ende der 2030er-Jahre auf voraussichtlich 48,0 Mio. Menschen, um danach einige Jahre stabil zu bleiben. Bis 2070 wird selbst bei moderater demografischer Entwicklung die Zahl der potenziell Erwerbstätigen bis auf 45,8 Mio. deutlich sinken.

Der aktuelle Bevölkerungsaufbau wird durch die stark besetzten Jahrgänge der *Babyboomer* (Mitte der 1950er bis Ende der 1960er-Jahre Geborene) dominiert. Diese bildeten im Jahr 1990 als 20- bis 35-Jährige die größte Altersgruppe. Heute sind sie in das höhere Erwerbsalter gekommen. In den nächsten Jahrzehnten werden diese stark besetzten Jahrgänge nach und nach in das Rentenalter wechseln. An ihre Stelle rücken zahlenmäßig kleinere Geburtsjahrgänge auf. In den 1990er-Jahren hatte diese Gruppe das Erwerbspersonenpotenzial deutlich verjüngt, mittlerweile trägt sie zu seiner Alterung bei. Derzeit sind über 50 Prozent aller Menschen im Erwerbsalter 45 Jahre und älter. Wenn die stark besetzten Jahrgänge in den kommenden Jahren aus dem Erwerbsalter ausscheiden, wird das Erwerbspersonenpotenzial bis Mitte der 2030er-Jahre schrumpfen.

Ohne Nettozuwanderung würde sich die Zahl der potenziell Erwerbstätigen bis 2040 um rund 9,0 Mio. Menschen oder gut 17 Prozent verringern. Zur Erreichung eines konstanten Erwerbspersonenpotenzials ist eine jährliche Nettozuwanderung von 400.000 Personen notwendig.[36] Basierend auf den bisherigen Außenwanderungsbewegungen dürfte eine Zuwanderung auf diesem Niveau vor allem in den Ballungsräumen die Nachfrage nach Wohnraum zusätzlich erhöhen. Eine noch höhere Anspannung in diesen Wohnungsmärkten könnte die Attraktivität Deutschlands als Zuwanderungsland verringern. Zudem könnten eine geringe Verfügbarkeit von

---

36 Vgl. Sachverständigenrat 2024/25, S. 243.

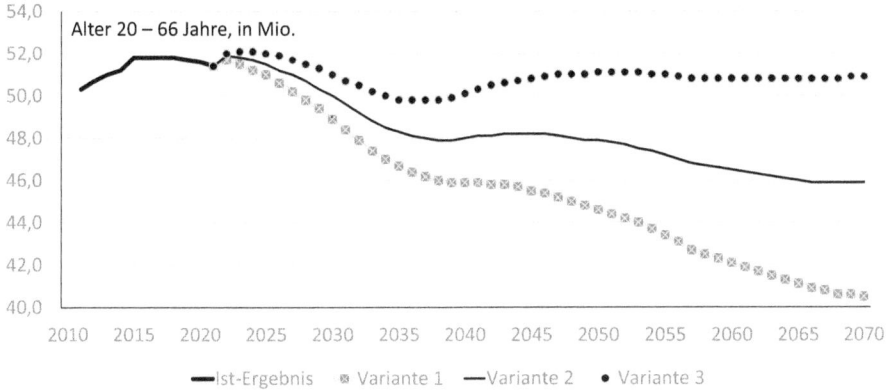

Abb. 3.4: Erwerbspersonenpotenzial.
Quelle: Statistisches Bundesamt, Tabelle 12421-0002, abgerufen am 27.12.2024, eigene Darstellung.

Wohnraum und hohe Wohnkosten in den Ballungsräumen die Akzeptanz der Zuwanderung verringern.

Abbildung 3.4 zeigt die Bevölkerungsvorausberechnung des Statistischen Bundesamtes für das Erwerbspersonenpotenzial in der Altersklasse von 20 bis 66 Jahren. Je nach Variante ergeben sich unterschiedliche Verläufe. Diese reichen von einer Stagnation bis zu einem deutlichen Rückgang.

Die *Abnahme der potenziell Erwerbstätigen* wird in fast allen Szenarien dazu führen, dass das Arbeitsangebot auf dem Arbeitsmarkt abnehmen wird. Die Angebotsknappheit wird in der Literatur als „War for Talents" bezeichnet. Eine bedeutende Anzahl von Arbeitsplätzen kann nicht besetzt werden, weil auf dem Arbeitsmarkt keine entsprechend qualifizierten Mitarbeiter zur Verfügung stehen. Unternehmen, auch in der Immobilienwirtschaft, werden zukünftig in einem stärkeren Wettbewerb um Arbeitnehmer stehen.

Aus volkswirtschaftlicher Sicht werden diese *Nachteile* befürchtet. Ein Rückgang des Erwerbspersonenpotenzials kann zu einem verlangsamten Wirtschaftswachstum führen, da qualifizierte Arbeitskräfte fehlen. Jedoch sind quantitative Aussagen mit vielen Unsicherheiten verbunden. Dies betrifft zum einen die dynamische Entwicklung von Angebot und Nachfrage auf dem Arbeitsmarkt. Zum anderen verändern Innovationen und technischer Fortschritt die Bedingungen, sodass auch Arbeitsplätze überflüssig werden. Ein Lösungsansatz könnte eine (Re-)Aktivierung von Personengruppen sein, die bislang nicht auf dem Arbeitsmarkt sind oder lange Zeit waren. Politisch und gesellschaftlich kontrovers diskutiert wird die Zuwanderung von Fachkräften aus dem Ausland.

Das Statistische Bundesamt geht in seiner 15. Vorausberechnung davon aus, dass sich die allgemeine Entwicklung regional unterschiedlich darstellt. In den *westdeutschen Flächenländern* wird ein Rückgang der Bevölkerung im Erwerbsalter von 20 bis 66 Jahren erwartet. Dieses Bevölkerungssegment würde von 40,1 Mio. im Jahr 2021 bei einer moderaten Entwicklung bis 2070 auf 35,9 Mio. oder um rund 10 Prozent sinken. Der bevorstehende Bevölkerungsrückgang im Erwerbsalter kann in den *ostdeutschen Flächenländern* auch durch eine starke Nettozuwanderung nicht mehr verhindert werden. Die Bevölkerung im Erwerbsalter wird von 7,4 Mio. im Jahr 2021 kontinuierlich schrumpfen. Im Jahr 2070 würde die angenommene Entwicklung zu einem Rückgang auf ungefähr 6,0 Mio. Menschen führen. Die Bevölkerung im Erwerbsalter in den *Stadtstaaten* würde sich bei der moderaten demografischen Entwicklung in den nächsten Jahrzehnten auf einem Niveau bewegen, das um bis zu 6 Prozent höher als im Jahr 2021 (4,0 Mio. Menschen) ist.

Laut Erwerbspersonenprognose[37] des *BBSR* gibt es im Jahr 2040 rund 40,0 Mio. Erwerbspersonen in Deutschland und damit 2,7 Prozent weniger als im Jahr 2017. Die Erwerbsbeteiligung gleicht sich zwischen Ost und West weiter an, es liegen aber großräumige Unterschiede vor. Im Prognosezeitraum vollzieht sich ein Konzentrationsprozess des Arbeitskräfteangebotes zugunsten der „wachsenden" und zuungunsten der „schrumpfenden" Regionen. Während in den stark wachsenden Regionen die Erwerbspersonenzahl leicht steigt, reduziert sie sich in den stark schrumpfenden Regionen um rund ein Viertel.

Im Vergleich zu früheren Prognosen des Statistischen Bundesamtes fällt die aktuelle Prognose weniger dramatisch aus. Das Erwerbspersonenpotenzial, das 2009 für das Jahr 2020 prognostiziert wurde, liegt deutlich unter der tatsächlichen Zahl: Prognose 50,2 Mio., tatsächlich 52,6 Mio. Personen. Auch in der jetzigen Prognose zeigen sich deutliche Unterschiede. Während in der 12. Vorausberechnung von 38,0 Mio. Personen im erwerbsfähigen Alter in Deutschland im Jahr 2060 ausgegangen wurde, liegt der Wert in der 15. Vorausberechnung bei 45,5 Mio.

Für die *zukünftige Entwicklung des Wohnungsmarkts* bedeutet dies, dass der Wohnungsbau und die Wohnungswirtschaft mit einem geringeren Arbeitskräfteangebot rechnen müssen. Es sind daher entsprechende Maßnahmen zu treffen, um u. a. die Berufe attraktiver zu machen oder die Kapazitäten entsprechend anzupassen.

Remanenzeffekt
Der *Remanenzeffekt* (Beharrungstendenz) sagt aus, dass im höheren Lebensalter die Wohnflächennachfrage gehalten wird, auch wenn sich die Lebensumstände ändern. Im Alter wird nicht immer in kleinere Wohneinheiten gewechselt, selbst wenn sich die familiären Bedingungen verändern. Veränderungen wie Auszug der Kinder oder Tod des Lebenspartners vermindern eigentlich den Bedarf an Wohnfläche. Die Ursa-

---

37 Vgl. BBSR, 2021.

chen sind u. a. Gewohnheiten („Einen alten Baum verpflanzt man nicht") oder die Kosten eines Umzugs. Das Verbleiben in den Familienwohnungen rechnet sich für viele Menschen in Deutschland, denn die Bestandsmieten liegen deutlich unterhalb der Neuvertragsmieten. Im Alter in eine kleinere Wohnung umzuziehen, rechnet sich häufig nicht. Durch den Remanenzeffekt sind in den Städten vor allem Wohnungen für Familien knapp.

Der Sozialbericht 2024[38] bestätigt die These vom Remanenzeffekt: Ältere Menschen beanspruchen viel mehr Wohnraum für sich als die Jüngeren. Grundsätzlich unterstützen die Ergebnisse des Mikrozensus diese Aussage für die Wohnfläche je Person. So verfügten Haushalte, in denen die Haupteinkommensperson 65 Jahre und älter war, 2022 durchschnittlich über die größte Wohnfläche je Person (68,5 Quadratmeter). Allgemein lässt sich beobachten, dass die Wohnfläche, die einem Haushalt je Person zur Verfügung steht, geringer ist, je jünger die darin lebende Haupteinkommensperson ist. Bei Betrachtung der Gesamtwohnungsgrößen wird jedoch ersichtlich, dass die größten Wohnungen (103,9 Quadratmeter je Wohnung) von Haushalten bewohnt wurden, in denen die Haupteinkommensperson der Altersgruppe 45 bis 64 Jahre angehörte.

Dabei muss beachtet werden, dass es natürlich nicht das Alter an sich ist, durch das die Wohnfläche steigt, sondern die Lebensumstände, die oft im Zusammenhang mit dem Alter stehen. So leben Personen in den höheren Altersgruppen häufiger in Einpersonenhaushalten. Menschen im Alter von mindestens 65 Jahren leben nicht nur besonders häufig allein, sie haben unter den Einpersonenhaushalten auch im Schnitt den größten Wohnraum zur Verfügung: pro Kopf 82,9 Quadratmeter im Jahr 2022. Gut ein Viertel (27 Prozent) der Alleinlebenden in der Altersgruppe 65plus wohnte auf mindestens 100 Quadratmetern. Zum Vergleich: In der Altersgruppe der 45- bis 64-Jährigen waren es lediglich 19 Prozent und bei den 25- bis 45-Jährigen nicht einmal jeder zehnte Haushalt (9,1 Prozent). Jedoch muss auch festgehalten werden, dass die Wohnfläche je Person über alle Haushaltsgrößen hinweg in der Altersgruppe 65plus am höchsten ist. Der Abstand zu den jüngeren Altersgruppen verringert sich, je mehr Personen in einem Haushalt leben.

Lebenszykluseffekt

Nach dem *Lebenszykluseffekt* bzw. Alterseffekt passt ein Haushalt über die Lebenszeit die Nachfrage nach Wohnungen an die jeweilige Familien-, Vermögens- und Einkommenssituation an. Mit der Familiengründung und steigendem Einkommen fragt ein Haushalt mehr Wohnfläche nach; im Alter sind dann jedoch die niedrigen Renteneinkommen zu beachten.

---

[38] Vgl. Statistisches Bundesamt, 2024g, S. 244.

Kohorteneffekt

Der *Kohorteneffekt* beschreibt, wie die Wohnungsgröße in Abhängigkeit von der Generationszugehörigkeit bzw. den Geburtsjahrgängen (Kohorte) variiert. Die Effekte unterscheiden sich zwischen verschiedene Generationen hinsichtlich des Wohnverhaltens und des Bedarfs an Wohnfläche. Nachfolgende Generationen leben in größeren Wohnungen, was den höheren Wohlstand einer Gesellschaft und die steigenden Einkommen widerspiegelt. Somit ist aufgrund dieser Fakten mit einer zunehmenden Nachfrage zu rechnen.

3.2 Wirtschafts- und Einkommensentwicklung

Grundlegende Veränderungen für die Wohnungsmärkte ergeben sich durch das Wachstum von Wirtschaft und Einkommen. Das ökonomische Leistungsniveau und die wirtschaftliche Entwicklung der Volkswirtschaft sind der realwirtschaftliche Rahmen, innerhalb dessen sich das Marktgeschehen auf den Wohnimmobilienmärkten vollzieht. Sie beeinflussen langfristig direkt und indirekt sowohl die Nachfrage- als auch die Angebotsbedingungen und damit die Mieten sowie Preise bzw. Werte von Immobilien.

Der wesentliche Indikator zur Messung der Wirtschaftsleistung sowie der wirtschaftlichen Entwicklung der Volkswirtschaft ist das *Bruttoinlandsprodukt (BIP)*, das im Rahmen der Volkswirtschaftlichen Gesamtrechnung (VGR) ermittelt wird. Das Bruttoinlandsprodukt ist der Gesamtwert aller in einem bestimmten Zeitraum in den geografischen Grenzen einer Volkswirtschaft erstellten Waren und Dienstleistungen, bewertet mit ihren jeweiligen Preisen oder preisbereinigt (real). Das BIP ist der Gradmesser für die Leistungsfähigkeit der Wirtschaft und der Wohlstandsmaßstab einer Volkswirtschaft (wenn dieser auch sehr kritisch beurteilt wird). Je höher dieser Wert ist, desto größer ist die Anzahl der verfügbaren Güter und Dienstleistungen. Das BIP ist auch gleich dem volkswirtschaftlichen Einkommen (= Wertschöpfung), das aus der Produktion entsteht.

3.2.1 Bruttoinlandsprodukt und Wirtschaftswachstum

Das *langfristige BIP-Wachstum* wird von den verfügbaren Produktionsfaktoren, d. h. von Arbeitskräften, Kapitalausstattung und Infrastruktur sowie vom technologischen Fortschritt (Produktivität) bestimmt. Für die kommenden Jahre ist – unabhängig von konjunkturellen Entwicklungen – insgesamt mit einem weiteren Wachstum der Weltwirtschaft zu rechnen. Dabei wird die Entwicklung in den Schwellenländern dynamischer als in den Industrieländern ausfallen. Deutschland wird aufgrund des erreichten hohen BIP-Niveaus ein eher unterdurchschnittliches Wachstum aufweisen, das je nach Annahmen jährlich zwischen 1 und 2 Prozent liegen wird.

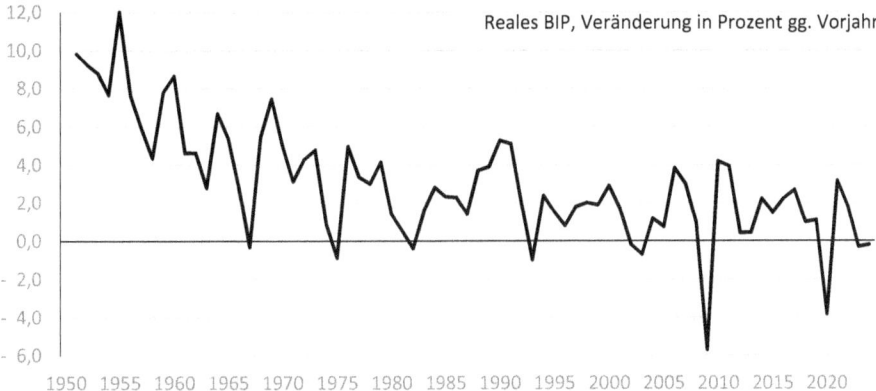

Abb. 3.5: Bruttoinlandsprodukt in Deutschland.
Quelle: Statistisches Bundesamt, Tabelle 81000–0001, abgerufen am 30.12.2024 und Deutsche Bundesbank, 2024b, eigene Darstellung.

Abbildung 3.5 zeigt die historische Entwicklung der Wirtschaft in Deutschland, dargestellt durch die Wachstumsraten des BIPs. Dabei zeigt sich ein langfristiger Trend abnehmender Wachstumsraten. In den letzten Jahren kam es durch die Finanz- und Wirtschaftskrise und durch die Corona-Pandemie jeweils zu einem spürbaren Rückgang des BIPs, wie er in den Jahren nach dem Zweiten Weltkrieg noch nicht vorkam.

Während von der Kapitalseite und der technischen Entwicklung im Hochindustrieland Deutschland langfristig eher positive Impulse ausgehen werden, wird der Produktionsfaktor Arbeit (also die potenziell Erwerbsfähigen) zu einer Restriktion für die wirtschaftliche Expansion.[39] Der Anstieg der Zahl der Arbeitskräfte wird durch die Entwicklung der Bevölkerung begrenzt. Langfristig zeigen sich die größten Auswirkungen, da immer mehr Arbeitnehmer aus den besonders geburtenstarken Jahrgängen der 1960er-Jahre („Babyboomer") aus dem Erwerbsleben ausscheiden. Die Produktivität der Erwerbstätigen durch den technischen Fortschritt als weiteren wichtigen Einflussfaktor wird sich voraussichtlich wie bisher entwickeln, dabei ist diese u. a. abhängig vom institutionellen und rechtlichen Umfeld sowie dem Zugang zum Kapital.

3.2.2 Einkommensentwicklung

Die Wohnflächennachfrage hängt stark von der *Einkommenshöhe und -entwicklung* der Haushalte ab. Die Höhe der Haushaltseinkommen und das Budget für Wohnen sind wesentliche Größen für die Nachfrage nach Wohnraum. Wohnen ist für die privaten Haus-

---

[39] siehe Kapitel 3.1.

halte das wichtigste Konsumgut. Die Ausgaben für Wohnen beliefen sich in den vergangenen Jahren auf rund ein Viertel des verfügbaren Haushaltseinkommens.

Die *Höhe der Einkommen der Haushalte* und daraus abgeleitet das Budget für Wohnen ist eine weitere wesentliche Größe für die Nachfrage nach Wohnraum. Wohnen ist für die privaten Haushalte ein wichtiges Konsumgut. Die Nachfrage steigt durch eine Zunahme der verfügbaren Einkommen: Je mehr Einkommen ein Haushalt zur Verfügung hat, desto größer ist die Bereitschaft in ansprechenden Wohnraum zu investieren.

Beim *Haushaltseinkommen* werden alle Einnahmen der Haushalte aus selbstständiger und unselbstständiger Erwerbstätigkeit, aus Vermögen, aus öffentlichen und nicht-öffentlichen Transferzahlungen sowie aus Untervermietungen eingerechnet. Das Haushaltsnettoeinkommen ergibt sich, wenn Einkommenssteuer, Kirchensteuer und Solidaritätszuschlag sowie die Pflichtbeiträge zur Sozialversicherung vom Bruttoeinkommen abgezogen werden.

Statistiken über die Verteilung der Einkommen in einzelne Einkommensklassen basieren auf Stichproben oder sozio-ökonomische Datenerhebungen und weisen im Vergleich zu anderen Statistiken erhebliche Unsicherheiten auf. Trotz dieser Unsicherheiten kann mithilfe der Einkommensschichtung gezeigt werden, dass es aufgrund der Einkommensverteilung eine sehr unterschiedliche Nachfrage nach Wohnungen und somit auch sehr differenzierte Wohnungssegmente geben wird.

Die *Entwicklung der Haushaltseinkommen* als Einflussgröße ist von den gesamtwirtschaftlichen Rahmenbedingungen abhängig. Bei günstigen gesamtwirtschaftlichen Bedingungen steigen üblicherweise auch die Einkommen und daher wird insgesamt mehr Wohnfläche nachgefragt. Die günstigen Einflussfaktoren bestehen in ausreichendem Wirtschaftswachstum, hoher und zunehmender Beschäftigung, einem Zuwachs bei Löhnen und Gehältern sowie entsprechenden Erwartungen für die Zukunft.

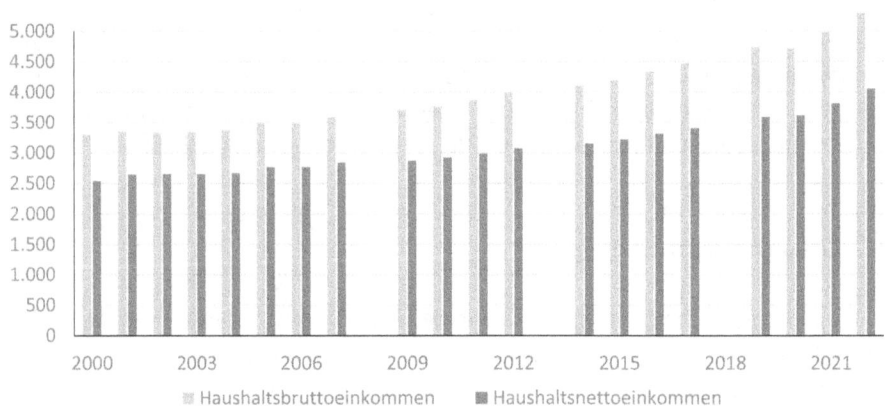

Abb. 3.6: Entwicklung des Haushaltsbrutto- und -nettoeinkommens.
Quelle: Statistisches Bundesamt, Tabelle 63121-0001, abgerufen am 15.04.2025, eigene Darstellung.

Wie in Abb. 3.6 dargestellt[40], stagnierten in den 2000er-Jahren die realen Haushaltsnettoeinkommen Erst im 2010er Jahrzehnt ist infolge des Wirtschaftsaufschwungs ein leichter Anstieg zu verzeichnen. Im Zeitraum von 2000 bis 2005 wuchs das Bruttohaushaltseinkommen nur um knapp 6 Prozent. Gegenüber 2000 ist das Brutto- und Nettoeinkommen der Haushalte 2021 um gut 60 Prozent angestiegen. Das aktuelle Jahrzehnt ist durch die vielfältigen Krisen (Corona-Pandemie, Ukraine-Krieg und Inflation) gekennzeichnet, wobei staatliche Maßnahmen kompensierend wirkten.

Die durchschnittliche *Kaufkraft einer Region*, die für die Nachfrage nach Wohnen entscheidend ist, hängt nicht nur vom Durchschnittseinkommen, sondern auch vom Preisniveau ab. Das Institut der deutschen Wirtschaft hat die Kaufkraft für alle Städte und Kreise berechnet, das preisbereinigte durchschnittliche Einkommen. Obwohl das Leben im Landkreis Starnberg um fast 14 Prozent teurer ist als im Bundesschnitt, ist die Kaufkraft mit rund 35.400 Euro deutschlandweit am höchsten. Das Ranking führen viele touristisch attraktive Regionen an, die zudem häufig in der Nähe von wirtschaftsstarken Großstädten liegen. So folgt der ebenso wie Starnberg nicht weit von München entfernte Landkreis Miesbach mit dem Ort Tegernsee auf Platz zwei, der Hochtaunuskreis mit den reichen Umlandgemeinden von Frankfurt am Main auf Rang drei und Nordfriesland, zu dem unter anderem die Insel Sylt gehört, auf Platz vier.

Am unteren Ende stehen meist Städte aus strukturschwachen Regionen, z: B. aus dem Ruhrgebiet. So belegt Gelsenkirchen trotz unterdurchschnittlicher Preise den vorletzten Platz, da dessen Einwohner das deutschlandweit niedrigste Durchschnittseinkommen haben. Noch schlechter steht nur Offenbach da – hier ist die Kaufkraft lediglich gut halb so hoch wie in den Spitzenregionen.

Im Allgemeinen schneiden viele Großstädte bei der Kaufkraft schlecht ab. Stuttgart landet auf Platz 220, noch weiter hinten liegen Hamburg (Platz 304), Köln (Platz 352), Berlin (Platz 373) und Frankfurt (Platz 389). Ursache sind die hohen Mieten und deren Wachstum: Wohnkosten machen einen großen Teil der monatlichen Ausgaben der Haushalte aus, dementsprechend groß ist die Gewichtung im Preisindex.[41]

3.2.3 Wirtschaftlicher Strukturwandel – Wissensgesellschaft

Die Volkswirtschaft wird weiter durch einen gesamtwirtschaftlichen Strukturwandel geprägt sein, der in der volkswirtschaftlichen Theorie als *Drei-Sektoren-Hypothese* beschrieben wird. Danach wandelt sich der Schwerpunkt der Gesamtwirtschaft langfris-

---

40 Die fehlenden Daten sind auf das Statistische Bundesamt zurückzuführen, die in diesen Jahren die Daten nicht erhoben hat. Die letzten verfügbaren Daten stammen aus 2022.
41 Vgl. IW, 2024c.

tig vom primären (Landwirtschaft) über den sekundären (Industrie) zum tertiären Sektor (Dienstleistungen).

Die deutsche Volkswirtschaft wird ihren Weg in die *Dienstleistungsgesellschaft* weiter fortsetzen. In der langfristigen Sicht wird die Arbeitsnachfrage vom sektoralen Wandel bestimmt. Die Bedeutung der Dienstleistungssektoren, insbesondere der unternehmensbezogenen, nimmt sowohl beim Wirtschaftswachstum als auch bei der Beschäftigung insgesamt weiter zu. Innerhalb der Wirtschaftszweige geht der Trend zu anspruchsvolleren Berufen. Dem stehen Arbeitsplatzverluste vor allem im Verarbeitenden Gewerbe und Handel gegenüber. Die Informationstechnologie und Digitalisierung werden diese Rationalisierungswirkungen verstärken. Der komparative Vorteil Deutschlands liegt vor allem in den wissensbasierten Diensten, bei denen das Humankapital die Ressource der Zukunft ist.

Innerhalb des Strukturwandels erfolgt langfristig ein Trend zur *Wissensgesellschaft und -ökonomie*. Diese folgt der Industriegesellschaft des 19. und 20. Jahrhunderts. Die Wissensgesellschaft bildet sich in hochentwickelten Ländern, in denen individuelles und kollektives Wissen zur Grundlage des sozialen, ökonomischen und medialen Miteinanders wird. Die Verfügbarkeit und das Entwicklungspotenzial von Humankapital werden für Unternehmen zu einem immer wichtigeren Produktions- und Standortfaktor, da sie die Grundlage für weitere Innovationen bilden.

3.2.4 New Work

Ein weiterer Wirtschaft- und Gesellschaftstrend ist *New Work*, welches in Zeiten von Work-Life-Balance und neuen Arbeitswelten zum zentralen Leitwort wird. Der Wandel von einer Industrie- zur Wissensgesellschaft erfordert Innovationen in der Arbeitswelt. New Work bietet hierzu Freiräume für Kreativität und Entfaltung der eigenen Persönlichkeit. Die Beschäftigten der Wissensgesellschaft lösen zunehmend die Waren produzierenden Industriearbeiter ab und brauchen im Vergleich zu diesen ein anderes Arbeitsumfeld.

Das klassische Bild von Arbeit ist durch die *industrielle Arbeit* geprägt. Diese ist gekennzeichnet von hochgradiger Arbeitsteilung, hierarchischer Kommandostruktur und Zeitdisziplin. Durch den immer höheren Anteil an Wissens- und Schöpfungsarbeit ändert sich jedoch die Arbeitswelt. Durch den Strukturwandel und den Trend zur Wissensgesellschaft rücken Service-, Informations- und Kreativarbeiter ins Zentrum des weltweiten Wirtschaftens. Die Leistungserstellung ist nicht zeit- und ortsgebunden, Arbeitsprozesse können damit flexibler gestaltet werden.

Die Gestaltung und Organisation der Arbeit übernehmen die Beschäftigten zunehmend selbst, womit streng hierarchische Strukturen an Bedeutung verlieren. Sie werden ersetzt durch flache Hierarchien und projektbezogene Teams, die je nach Problemstellung zusammengestellt werden. Auch die Arbeitsorganisation verändert sich, z. B. in Form von Arbeitszeitkonten und individuellen Zeitverträgen. Selbstverwirklichung, Lebensgenuss und ein ausgewogenes Verhältnis zwischen Arbeit und Freizeit („Work-Life-Balance") stehen bei New Work im Vordergrund. Daher sind vor allem flexible, interaktive Arbeitsstrukturen gefragt. Für die Arbeitnehmer verändert sich die Erwerbsbiografie, da es zu unterschiedlichen zeitlichen Abschnitten im Verlauf des Arbeitslebens kommt. Für die Beschäftigten der Zukunft wird die „Work-Life-Balance" zu einem wichtigen Faktor, sodass Arbeits- und Privatleben nicht mehr getrennt voneinander betrachtet werden können.

Neue Impulse für eine veränderte Arbeitswelt ergaben sich durch die Corona-Pandemie. Davor waren nur knapp 10 Prozent der Bürobeschäftigten im Homeoffice, nun sind es rund ein Viertel. Damit einher gehen auch eine Neubewertung und Veränderung des Wertes der Arbeit.

Der langfristige wirtschaftliche Strukturwandel zur *Dienstleistungs- und Wissensgesellschaft* und New Work haben ebenfalls zu einer starken Veränderung des Wohnungsmarkts geführt. In früheren, vormodernen Lebens- und Arbeitsweisen wurden Arbeiten und Wohnen nicht voneinander getrennt. Erst mit der Herauslösung besonderer Tätigkeiten, die an besonderen Orten organisiert wurden, bildete sich die Erwerbsarbeit heraus. Die Funktion Arbeiten wurde aus der Wohnung ausgelagert; die Wohnung wurde für persönliche Aktivitäten sowie Selbstverwirklichung und für private Gastlichkeit ausgelegt. Sichtbar wird dies durch die Anordnung und Größe des Wohnzimmers sowie die Gestaltung des Eingangsbereichs. Aber auch die Lage der Wohnungen hat sich verändert und vom Arbeitsort entfernt.

Mit dem Trend *New Work* kommt es wieder zu einer Umorientierung. Arbeitszeiten sind immer weniger an Tages- und Nachtzeiten gebunden als beispielsweise bei der Schichtarbeit. Die zeitliche wird durch die räumliche Entgrenzung flankiert: Flexible Arbeitsmodelle wie das Arbeiten am heimischen Schreibtisch oder außerhalb des Büros haben zugenommen. Durch die zunehmende Auflösung der Bindung bestimmter Tätigkeiten an dafür vorgesehene Orte wird die Wohnung zu einem integrierten Bestandteil der Arbeitswelt der Wissensgesellschaft. Entsprechend muss eine geeignete Wohnung entsprechende Arbeitsbereiche ermöglichen. Daraus folgt ein erhöhter Flächenbedarf je Wohnung.

Darüber hinaus wirkt sich dies auf den Standort der Wohnungen aus. Homeoffice könnte zu einer Verschiebung der Lagepräferenz bei Wohnimmobilien führen, da periphere Standorte mit niedrigeren Miet- oder Grundstückspreisen an Attraktivität gewinnen. Die Wohnung muss nicht in der Nähe des Arbeitsortes sein, da die Entfernung von Wohnung zu Arbeitsstätte keine dominierende Rolle mehr spielt. Alternative Wohnorte im Umland oder im ländlichen Raum kommen vermehrt in Frage.

3.2.5 Wirtschaftsentwicklung und Wohnungswirtschaft

Die Wohnungswirtschaft, definiert als die Entwicklung, Produktion, Nutzung und Vermarktung von Wohnimmobilien, profitiert vom wirtschaftlichen Wandel und insbesondere vom Strukturwandel hin zur Dienstleistungs- und Wissensgesellschaft. Die Höhe des Bruttoinlandsprodukts dokumentiert den Entwicklungsstand eines Landes und hat Auswirkungen auf die Märkte. Voraussetzung für die Erstellung von Gütern und Dienstleistungen ist ein entsprechender *Immobilienbestand*. Immobilien sind zudem wichtiger Bestandteil des Kapitalstocks einer Volkswirtschaft und somit Indikator für deren Entwicklungsstand. Je größer das Ergebnis der wirtschaftlichen Entwicklung, desto höher sind der Immobilienbestand und die Immobilienwerte.

Eine *wachsende Wirtschaft* benötigt nicht nur Immobilien zur Produktion von mehr Gütern und Dienstleistungen, sondern wachsende Einkommen führen auch zu einer erhöhten Konsumnachfrage und stärkeren Wohnungsnachfrage. Daher wird auch in den kommenden Jahren der Bestand an Wohnimmobilien wachsen. Der Trend zur Tertiärisierung und zur Wissensgesellschaft wird außerdem zu einer Zunahme von Immobiliendienstleistungen führen. Der Trend New Work wird nicht zwangsläufig zu einer höheren Nachfrage nach Immobilien führen. Es ist eher zu erwarten, dass die Ansprüche an Immobilien und deren Lage steigen werden.

Eine wachsende Wirtschaft ist identisch mit einer höheren *Beschäftigung* und steigenden *Einkommen* für diejenigen Haushalte, die Wohnungen nachfragen. Ein Anstieg der verfügbaren Einkommen führt zu einer steigenden Nachfrage. Auch durch eine sinkende Arbeitslosigkeit (langfristig), die die wirtschaftlichen Perspektiven der Haushalte verbessert, erhöht sich die Nachfrage. Unsicherheiten über die zukünftige Entwicklung der Einkommen beeinflussen die Nachfrage hingegen negativ. Die Nachfrage steigt durch eine Zunahme der verfügbaren Einkommen: Je mehr Einkommen ein Haushalt zur Verfügung hat, desto größer ist die Bereitschaft für ansprechenden Wohnraum Geld auszugeben.

Falls der Einkommensanstieg nachhaltig sein sollte, werden die Haushalte mehr Wohnfläche nachfragen und bereit sein, dafür höhere Mieten bzw. Preise zu zahlen. Die höhere Nachfrage nach Wohnraum kann sich sowohl quantitativ (Wohnungsgröße) als auch qualitativ (z. B. Lage, Ausstattung) auswirken. Hindernisse für eine schnelle Reaktion der Nachfrage sind die Transaktionskosten wie beispielsweise Umzugskosten sowie die Verfügbarkeit von Wohnraum. Die Nachfrage nach Immobilien sowohl zur Eigennutzung als auch als Kapitalanlage wird mit wachsenden Einkommen steigen.

Kurzfristig ist aber durch die Wirtschaftsentwicklung nur mit einer geringen Änderung des Wohnverhaltens zu rechnen. Die Steigerung der Einkommen wirkt sich erst mit einer Zeitverzögerung aus, da der Transmissionsmechanismus vom Wirtschaftswachstum über Beschäftigungs- und Einkommenseffekte bis zur Wohnungsnachfrage langsam erfolgt. *Time-Lags* ergeben sich schon dadurch, dass die Einkommen der Arbeitnehmer nicht gleichzeitig mit dem BIP ansteigen. Dies lässt sich durch die Starrheit (u. a. Neueinstellungen) am Arbeitsmarkt erklären. Auch steigende Einkommen bedeuten nicht sofort eine steigende Wohnungsnachfrage, da die Haushalte erst nach einer nachhaltigen Steigerung und entsprechend positiven Zukunftserwartungen ihre Nachfrage nach quantitativ und qualitativ besserem Wohnraum erhöhen. Eine positive Beschäftigungsentwicklung wird ebenfalls eine steigende Zahlungsbereitschaft und somit eine höhere Nachfrage nach Wohnraum zur Folge haben.

Der *Wohnimmobilien-Investmentmarkt* wird eher indirekt von der Wirtschaftsentwicklung beeinflusst, andere Faktoren wie die Finanzmärkte haben einen wesentlich größeren Einfluss. Gleichwohl wird in der Wirtschaft die Grundlage für die Investments gelegt. In der Ökonomie werden die Einkommen bzw. die Vermögen erwirtschaftet, die u. a. gespart und dann in die verschiedenen Assets investiert werden können. Eines der potenziellen Investmentziele sind Wohnimmobilien, dabei entscheiden Investoren über die Anlage in verschiedene Assets aufgrund der zukünftigen Potenziale. Bei einem starken Wachstum der Wirtschaft steigt auch die Nachfrage nach Immobilien. Dies führt c. p. zu höheren Preisen, was wiederum die Attraktivität von Wohnungen als potenzielles Investment erhöht.

Der Investmentmarkt kann schließlich von dem steigenden Einkommen profitieren. Die Nachfrage nach Wohnungen sowohl zur Eigennutzung als auch als Kapitalanlage wird mit wachsendem Einkommen der Haushalte steigen. Zudem nimmt das potenzielle Kreditvolumen für die Immobilienfinanzierung zu, da mit höheren Einkommen die Kreditrestriktionen seitens der Banken gelockert werden. Durch eine leichtere Immobilienfinanzierung wird die Nachfrage der Haushalte nach Immobilien steigen und c. p. zu höheren Preisen führen. Sind diese Entwicklungen nachhaltig, wird die insgesamt höhere Nachfrage auf dem Investmentmarkt zu vermehrten Anreizen für Investoren und Projektentwickler führen, neue Immobilien zu bauen.

3.3 Monetäre Einflussfaktoren

Der *Finanzmarkt* oder *Finanzsektor* umfasst sämtliche Märkte, auf denen Geld und Kapital gehandelt werden. Der Finanzmarkt ist die Gesamtheit der Märkte, auf denen sich der Anlagebedarf (Angebot) und der Finanzierungsbedarf (Nachfrage nach finanziellen Mitteln) treffen. Der Finanzmarkt hat heute eine außerordentliche Bedeutung für die Entwicklung der Immobilienwirtschaft. Nicht zuletzt die Wirtschafts- und Finanzkrise und auch die Zinswende im Jahr 2022 haben gezeigt, wie abhängig die Real- und die Immobilienwirtschaft vom Finanzmarkt sind.

Die Finanzmärkte sind vielfältig und weder örtlich noch zeitlich begrenzte Märkte, auf denen sich das Angebot an und die Nachfrage nach Finanzmitteln gegenüberstehen. Eine Gliederung in *Teilmärkte* kann in unterschiedlicher Weise vorgenommen werden. Nach der Fristigkeit der Mittelüberlassung kann zwischen dem Geldmarkt und dem Kapitalmarkt unterschieden werden. Ein anderes Gliederungsschema differenziert zwischen Eigenkapitalmärkten (z. B. Märkte für Aktien) und Fremdkapitalmärkten, z. B. Märkte für Schuldverschreibungen und Kredite. Gelegentlich wird der organisierte Finanzmarkt – z. B. Börsen und Märkte, an denen Banken und andere Kapitalsammelstellen als Akteure auftreten – vom nicht organisierten bzw. grauen Finanzmarkt (z. B. Märkte für Privatdarlehen) abgegrenzt. Daneben kann zwischen nationalen und internationalen Finanzmärkten unterschieden werden.

Die *Entwicklung der Finanzmärkte* ist nach der Deregulierung und Liberalisierung der internationalen Finanzmärkte in den 1970er- und 1980er-Jahren geradezu spektakulär verlaufen. Ausgangspunkte waren der Zusammenbruch des Bretton-Woods-Systems und die vielfache Einführung flexibler Wechselkurse. In den folgenden Jahren wurden die Finanzmärkte von nationalen Beschränkungen weitgehend entbunden, sodass die grenzüberschreitenden Investitionen sowie der Handel mit Finanzprodukten weitaus höhere Wachstumsraten als die Realwirtschaft (BIP) aufwiesen. Das nächste einschneidende Ereignis in der Weltwirtschaft war der Boom mit anschließender Krise in der *New Economy* Anfang des Jahrtausends. Für den globalen Immobilienmarkt war aus monetärer Sicht bedeutsam, dass infolge dieser Krise die Notenbanken die Wirtschaftskrise mit einer massiven Ausdehnung der Liquidität bekämpften. Der Anstieg der globalen Liquidität war verbunden mit sinkenden Zinsen, was den Boom auf den globalen Investmentmärkten Mitte des vergangenen Jahrzehnts mitauslöste. Diese Märkte wurden im vergangenen Jahrzehnt durch einen Boom und die sich daraus ergebende Finanz- und Wirtschaftskrise geprägt. Die Finanz- und Wirtschaftskrise 2007/08 und die entsprechenden staatlichen Gegenmaßnahmen wirkten ebenso expansiv.

Im Zuge der *Globalisierung* entwickelten sich die Finanzmärkte weitaus überdurchschnittlich. Der Kapitalbedarf der Wirtschaft und damit auch der Immobilienbranche stieg, die Finanzmärkte expandierten noch weitaus schneller. Durch die Deregulierungen des Finanzmarkts wurden u. a. die Finanzierungsmöglichkeiten außerhalb des Bankensektors gefördert. Zu den klassischen Aktien- und Anleihemärkten kamen neue Märkte mit neuen Marktteilnehmern und neuen Produkten. Im Zuge dieser Entwicklung hat sich der Finanzmarkt zunehmend von der Realwirtschaft abgekoppelt und dominiert diesen inzwischen. So werden u. a. (internationale) Immobilienfinanzierungen heute stärker denn je über den Finanzmarkt finanziert.

Bedeutende Auswirkungen auf die *zukünftige Entwicklung* der Finanzmärkte werden von den staatlichen Regulierungen erwartet, die als Reaktion auf die Krisen und Fehlentwicklungen zu sehen sind. Die Auswirkungen sind heute schon beachtlich – und werden noch zunehmen. Neue Regulierungsinitiativen schränken die Planbarkeit über längerfristige Zeithorizonte ein. Gleichzeitig dürfte die Regulierung zu steigenden Refinanzierungskosten und einem veränderten Refinanzierungsmix führen. Weiterhin werden die mit der Regulierung verbundenen Kosten weiter steigen, u. a. aufgrund der weiter zunehmenden Eigenkapitalanforderungen sowie aufgrund des stetig wachsenden internen Aufwands für die Umsetzung aufsichtsrechtlicher Vorgaben. Zum anderen können die noch ausstehenden Regulierungsvorhaben sich spürbar auf das Finanzierungsgeschäft der Banken und deren Geschäftsmodelle Auswirkungen auswirken.

3.3.1 Finanzmärkte und Immobilienmärkte

Die globalen Finanzmärkte determinieren vielfach die Immobilien- und Wohnungsmärkte. Nicht mehr die Immobilie steht im Mittelpunkt der Betrachtung, sondern oftmals das weltweit gehandelte Finanzprodukt. Auch wenn die Kapital- und Immobilienmärkte schon seit langem miteinander verbunden waren, so haben erst neue Finanzierungsmöglichkeiten und Anlagevehikel die Immobilie in eine mobile Anlageklasse verwandelt. Damit geht die Zeit des Immobilienmarkts, in der die Strategie des Immobilienbesitzes (*buy-and-hold-Strategie*) nahezu ausschließlich in lokalen Bezügen erfolgte, auf den internationalen Wohnungsmärkten zu Ende. Auch die enge Zusammenarbeit zwischen lokalen Kapitalgebern und lokalen Immobilieninvestoren wird aufgebrochen. Kapital kann über die Emission von Aktien oder anderen indirekten Anlageprodukten global akquiriert werden.

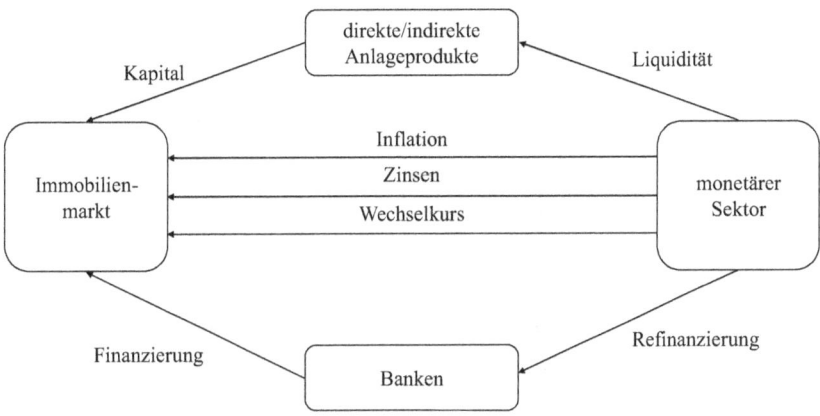

Abb. 3.7: Finanzmärkte und Immobilienmärkte.
Quelle: eigene Darstellung.

Die Abb. 3.7 zeigt den Zusammenhang zwischen dem Finanzsektor und den Immobilienmärkten, wobei der Finanzmarkt auch weitere Rahmenbedingungen stellt. In der Vergangenheit nutzte die Immobilienbranche den Finanzmarkt vorwiegend zur Beschaffung von (langfristigem) Fremdkapital für Objektfinanzierungen. Das hat sich in den vergangenen Jahren für Investoren und Banken deutlich gewandelt. Neben den historisch typischen Marktakteuren ist der Anteil internationaler Investoren deutlich angestiegen. Die vom Finanzmarkt vorgegebenen Anforderungen für Investments (u. a. Rendite, Liquidität) wurden im Zuge dieser Entwicklung immer bestimmender für den Wohnungsmarkt.

Es ist eine zunehmende Dominanz der Finanzmärkte über die Wohnungsmärkte zu beobachten. So sind die Preise viel stärker von den Bedingungen auf den Finanzmärkten als von der Mietentwicklung bestimmt. Die Finanzmärkte stehen in vielfältigen, teilweise wechselseitigen Beziehungen und Abhängigkeiten zu den Immobilienmärkten. Die Entwicklungen im Wohnimmobilien-Investmentmarkt werden maßgeblich durch die Trends an den Finanzmärkten getrieben.

Ein stabiles Finanzsystem ist die Grundlage für das Wachstum der Real- und Immobilienwirtschaft. Die *eine volkswirtschaftliche Funktion der Finanzmärkte* für die Immobilienmärkte besteht darin, dass die Akteure des Immobilienmarkts einen effizienten Zugang zu den Finanzmitteln (d. h. Kredite, Liquidität) haben, um ihnen die Finanzierung ihrer Investitionsvorhaben (Kauf oder Projektentwicklung) zu ermöglichen. Die Finanzmärkte sollen die finanziellen Mittel bereitstellen und für eine effiziente Allokation zwischen Kapitalangebot und -nachfrage sorgen. Mit dem Kapital werden Investitionen in der Volkswirtschaft und auch im Immobiliensektor finanziert. Da Wohnungen als Assetklasse sehr kapitalintensiv sind, ist der Wohnimmobilien-Investmentmarkt in besonderer Weise von der Entwicklung des monetären Sektors abhängig. Im Finanzsektor wird über die optimale Kapitalanlage entschieden. Dabei stehen diese Immobilien in Konkurrenz zu anderen Assets als Anlagealternativen. Die Akteure des Finanzmarkts entscheiden darüber, wie viel an Liquidität der Immobilienmarkt direkt oder indirekt erhält. Der Finanzmarkt stellt die Liquidität in der Form von Eigen- oder Fremdkapital für die Finanzierung von Wohnimmobilieninvestments zur Verfügung.

Die *andere volkswirtschaftliche Funktion der Finanzmärkte* besteht darin, dass im Finanzsektor die monetären Konditionen bestimmt werden. Dies betrifft sowohl die Höhe als auch die Entwicklung von *Inflationsrate, Zinsen oder Wechselkursen.* Diese Konditionen beeinflussen die Entwicklung und Dynamik der Immobilienmärkte. Die Volks- und Immobilienwirtschaft orientiert sich an den Indikatoren, die vom Finanzmarkt ausgehen. In den letzten Jahren hat die Bedeutung von Immobilien an den Kapitalmärkten zugenommen. Diese wurden zunehmend von Gebrauchsgütern zu financial assets. Die Finanz- und Wirtschaftskrise und die Krisen dieses Jahrzehnts hatten diese Entwicklung kurzfristig unterbrochen, aber sicherlich nicht zu einer Trendumkehr geführt. Die Wandlung zum Asset Immobilie hat noch weitere Folgen, da die Rendite auf den Finanzmärkten das Anlageverhalten stärker lenkt als die Nachfragebedingungen auf den Vermietungsmärkten. Auf den Finanzmärkten hängen die Portfolioentscheidungen u. a. von den unterschiedlichen Zinssätzen bzw. Spreads (Zinsunterschieden) ab. Damit ist der Immobilienmarkt nicht nur von eigenen Zyklen betroffen, sondern zusätzlich den Liquiditätsschwankungen am Finanzmarkt unterworfen. Die Finanzkrise 2007/08 hat deutlich gemacht, wie abhängig der Immobilienmarkt vom Funktionieren der Finanzmärkte ist. Dies zeigen auch die Auswirkungen der Zinswende im Jahr 2022.

Gleichzeitig wirken aber auch die Immobilienmärkte auf den Finanzmarkt. Die Immobilienmärkte können eine wichtige Ursache für finanzielle Instabilitäten sein. Ein Hauspreisboom, der von einer expansiven Geldpolitik (durch niedrige Zinsen und hohe Liquidität) angetrieben wurde, kann zu einer Rezession führen. Das kann schwerwiegende Effekte für den Finanzmarkt haben. Durch schlechtere Kreditqualitäten oder geringere Immobilienwerte (Sicherheiten) kann der Finanz- und Bankenmarkt gefährdet werden.

Die demografische Entwicklung hat hingegen für den Immobilien-Investmentmarkt, auf dem Immobilien gehandelt bzw. finanzielle Mittel in Immobilien angelegt werden, nur einen nachrangigen Einfluss. Ein statistischer Zusammenhang ist bislang nicht zu erkennen. Während die Bevölkerungsanzahl leicht anstieg und älter wurde, zeigte sich ein stark volatiler Verlauf der Transaktionen institutioneller Investoren. Bei den privaten Transaktionen mit Wohnimmobilien gibt es einen starken Anstieg bei den Transaktionszahlen und einen noch viel Stärkeren bei den Geldumsätzen. Auf beiden Teilmärkten dominiert der Einfluss der Finanzmärkte (Geldpolitik, Zinsen) und die demografische Entwicklung ist nur ein unwesentlicher Einfluss.

3.3.2 Inflation – Ursachen und Folgen

Die Stabilität des Geldes drückt sich in der bleibenden Kaufkraft des Geldes aus.[42] Hierbei kann unterschieden werden zwischen dem Binnenwert, der sich auf das Problem Inflation bezieht, und dem Wert des Geldes im Vergleich zu ausländischen Währungen, der mithilfe des Wechselkurses gemessen wird. Von Inflation wird nur dann gesprochen, wenn sich die Preise im Durchschnitt und nicht nur Preise einzelner Güter erhöhen und wenn dies über mehrere Jahre andauert.

Gemessen wird die Inflationsrate in Deutschland am Verbraucherpreisindex (VPI), in dem sich die Preissteigerungen der Konsumgüter niederschlagen und als Kaufkraftschwund bei den Haushalten spürbar sind. Seine Veränderungsrate gegenüber z. B. dem Vorjahr gilt als Messgröße für die Inflation. Im Rahmen der EU wird der Harmonisierte Verbraucherpreisindex (HVPI) zur Berechnung der Inflation verwendet, wobei die Abweichungen zum deutschen Verbraucherpreisindex gering sind. Die EZB sieht das Ziel der Geldwertstabilität als erreicht an, wenn der Anstieg des HVPI bei 2 Prozent liegt.[43]

Entwicklung der Inflationsrate
Mit wenigen Ausnahmen waren die Inflationsraten in Deutschland relativ stabil und erreichten das von der Notenbank vorgegebene Ziel von 2 Prozent. Die Ausnahmen waren verursacht durch die beiden Ölkrisen in den 1970er-Jahren und durch die Wiedervereinigung Deutschlands. Hier gab es jeweils einen überproportional starken Preisauftrieb.[44] In der Zeit nach 1995 hatte der VPI nur 2007/2008 und 2011 das 2-Prozent-Ziel der Europäischen Zentralbank (EZB) leicht überschritten.

---

42 Zu den Auswirkungen der Inflation auf die Wohnungsmärkte – Betongold s. ebenfalls Kapitel 4.7.5.
43 Vgl. Sachverständigenrat, 2022, Kapitel 2.
44 Vgl. Neyer, 2023.

Den stärksten Preisanstieg gab es in diesem Jahrzehnt. Seit der Jahresmitte 2021 stiegen die Inflationsraten mit zunehmender Dynamik an. Zunächst durch die Corona-Pandemie und durch die Lieferkettenengpässe und danach schlugen der Ukraine-Krieg und der Energiepreisschock zu. Seit Beginn des Ukrainekrieges 2022 wurden vor allem Energieprodukte teurer, nachdem der Gas- und Ölimport aus Russland immer stärker eingeschränkt wurde. Nahrungsmittel, vor allem Getreide, konnten nur mit großen Problemen aus der Ukraine importiert werden. Die Nachfrage war nicht elastisch genug, um den Preissteigerungen durch Reduktion der Menge vollständig auszuweichen und das Angebot konnte nicht rasch genug ausgeweitet werden. Der Verbraucherpreisindex wies im Jahr 2022 eine Steigerungsrate von 8,7 Prozent auf.

Die hohe Inflationsrate hat die Europäische Zentralbank (EZB) zu Gegenmaßnahme veranlasst. Das führte dazu, dass die Inflationsrate deutlich zurückging, auch wenn sie noch über der Zielvorgabe der EZB liegt. Im Jahresdurchschnitt 2024 lag die Inflationsrate bei plus 2,5 Prozent.

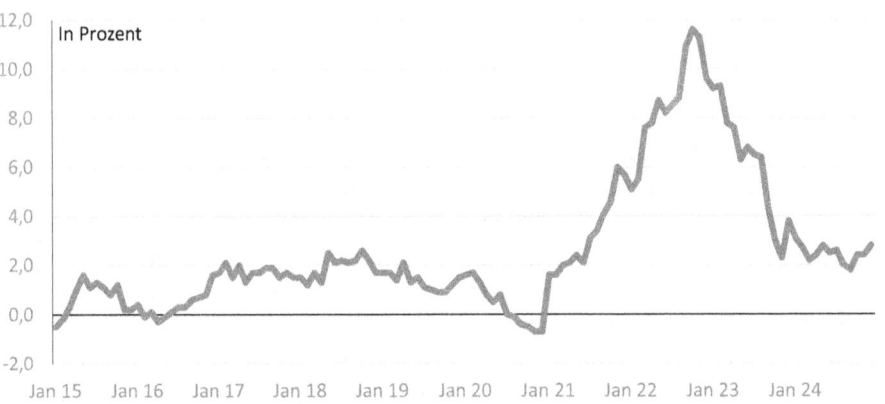

Abb. 3.8: Inflationsrate in Deutschland.
Quelle: Statistisches Bundesamt, Tabelle 61121–0002, abgerufen am 27.02.2025, eigene Darstellung.

Ursachen der Inflation

Die Ursachen der Inflation lassen sich in monetäre und nichtmonetäre Ursachen unterscheiden. Als eine *monetäre Inflationsursache* wird die Ausweitung der Geldmenge angesehen, d. h. ein Anstieg der Geldmenge führt c. p. zu einem Anstieg des Preisniveaus. Die Erhöhung der Geldmenge ist eine notwendige Bedingung für einen langanhaltenden Inflationsprozess. Das Preisniveau in einer Volkswirtschaft steigt, wenn die Wachstumsrate der Geldmenge größer ist als die Wachstumsrate des realen Inlandsprodukts. Eine zu starke Ausdehnung der Geldmenge im Verhältnis zur realen Produktion von Gütern und Dienstleistungen ist die Voraussetzung einer Inflation.

Eine nichtmonetäre Ursache wird darin gesehen, dass die Gesamtnachfrage einer Volkswirtschaft schneller steigt als das volkswirtschaftliche Angebot an Gütern und Dienstleistungen. Bei der *Nachfrageinflation* ist es üblicherweise nur eine Komponente der Nachfrage (private, staatliche oder ausländische Nachfrage bzw. die der Unternehmen), die eine Ursache der Preissteigerung darstellt. Die zweite nichtmonetäre Ursache liegt auf der Angebotsseite (*Angebotsinflation*), wobei die Impulse für die Preissteigerungen von steigenden Produktionskosten ausgehen. So werden z. B. bei der Lohn-Preis-Spirale die Lohnerhöhungen als Ursache für Preissteigerungen angeführt. Dadurch ergibt sich bei den nächsten Tarifverhandlungen die Forderung der Gewerkschaften nach einem Inflationsausgleich und das führt wiederum zu Preissteigerungen. Weitere Gründe können zurückgeführt werden auf wachsende Kapitalkosten (Zinsen, Gewinne) oder politische Entscheidungen, nach denen für eine Vielzahl von Leistungen Gebühren verlangt und darüber hinaus Steuern erhoben werden. Auch durch sich verteuernde Importwaren kann die Inflation im Inland gesteigert werden (*importierte Inflation*).

Auswirkungen der Inflation auf Wohnimmobilienmärkte
Die Auswirkungen der Inflation sind vielschichtig und bei den Volkswirten umstritten. Sie betreffen die verschiedenen Gruppen von Wirtschaftssubjekten unterschiedlich stark. Die Inflation wirkt sich auf verschiedene Weise über den gesamtwirtschaftlichen Konsum auf die Immobilienmärkte aus. Eine inflationäre Preisentwicklung schränkt bei Annahme konstanter oder nur gering steigender Nominaleinkommen die Kaufkraft der Haushalte ein. Dies reduziert die allgemeine Konsumnachfrage und betrifft zugleich die Nachfrage auf den Immobilienmärkten. Direkte Wirkungen auf die Immobiliennachfrage sind von Veränderungen der Bau- und der Immobilienpreise und des Mietniveaus als Teilbereiche der allgemeinen Preisentwicklung zu erwarten. Diese Parameter wirken unmittelbar auf die Immobilienmärkte, da bei steigenden Preisen und Mieten die Nachfrage c. p. sinkt.

Für die Immobilienwirtschaft hat vor allem die *Gläubiger-Schuldner-These* Relevanz. Die Schuldner sind tendenziell Gewinner, wenn durch die Inflation der Realwert des Kreditbetrages (inflationsbereinigter Wert des Kredites) ständig abnimmt. In welchem Umfang eine derartige Umverteilung stattfindet, hängt davon ab, wie die Inflationsrate bei der Bestimmung der Nominalzinsen berücksichtigt worden ist. Eine Umverteilung zugunsten der Schuldner findet insbesondere dann statt, wenn die Nominalverzinsung minus der erwarteten Realverzinsung (Zinssatz bei Preisstabilität) unterhalb der Inflationsrate liegt. Das bedeutet besonders Schuldner von Kreditverträgen mit einem festen, niedrigen Nominalzinssatz sind die Gewinner, falls höhere Inflationsraten eintreten. Die Gläubiger hingegen erhalten zwar ihr Geld (Schuldendienst) zurück, das aber eine geringere Kaufkraft aufweist. Langfristig ergeben sich durch inflationäre Prozesse erhebliche wirtschaftliche Unsicherheiten, die das Risiko von ökonomischen Fehlentscheidungen auch im Immobiliensektor erhöhen.

Ein weiterer Effekt könnte sich noch indirekt ergeben. Die Banken werden die Zinsen erhöhen, um sich in Zeiten hoher Inflation zu schützen. Aber ein Zinsanstieg verursacht einen höheren Schuldendienst (bei flexiblen Zinsen) für die Immobilienkäufer, sodass sich die Nachfrage verringert.

Für die Schuldner (Immobilienkäufer) ergeben sich durch die höheren Inflationsraten ein höherer Schuldendienst bzw. höhere Zinszahlungen. Bei bestehenden Kreditverträgen gilt dies nur, wenn die Zinsen flexibel sind und an die höhere Inflation angehoben werden. Bei neuen Verträgen ergeben sich höhere Zinszahlungen als bei den bestehenden. Dadurch wird die Anzahl der Haushalte reduziert, die genügend Einkommen haben, um sich eine eigene Wohnimmobilie zu kaufen. Aufgrund der höheren Zinsbelastungen werden die Haushalte teilweise nicht in der Lage sein, eine Immobilie zu kaufen. Dies wird dazu führen, dass zum einen einige Immobilien nicht verkauft werden können. Zum anderen können sich die Verkäufer veranlasst sehen, den Preis zu reduzieren, um die höheren Zinszahlungen zu kompensieren. Diese Effekte waren besonders im Jahr 2022 zu beobachten.

Weitere Effekte der Inflation betreffen die Eigentümer von Immobilien. Falls die Immobilien zu einer fixen Miete vermietet sind, erhalten die Besitzer bzw. Vermieter Einnahmen, dass jedes Mal weniger wert ist. Das führt dazu, dass die Eigentümer veranlasst werden, nur Mietverträgen mit indexierten bzw. steigenden Mieten abzuschließen. Aber nicht alle Mieter haben die Möglichkeit die höheren Mieten zu bezahlen und fallen so als Nachfrager aus.

Auch für die *Immobilien-Investmentmärkte* sind Auswirkungen zu erwarten. Die Inflation kann die Investoren dazu veranlassen, ihre Portfolioentscheidungen zu überdenken. Um die Inflationswirkungen zu kompensieren, können Investoren beginnen, Anlagealternativen mit einer höheren Rendite zu suchen, z. B. auf dem Kapitalmarkt. Dies kann dazu führen, dass die Investoren dem Immobilien-Investmentmarkt weniger Kapital zur Verfügung stellen.

Weiterhin steigen in Inflationszeiten die Kosten für die Baumaterialien (Arbeit, Material) an, wodurch die Baukosten insgesamt steigen. So waren die Steigerungen bei den Baukosten für Wohnungen in den letzten Jahren vor allem auf Kostensteigerungen bei Baumaterial und Energie zurückzuführen.

Indirekte Auswirkungen der Inflation auf weitere Immobilienmärkte sind darauf zurückzuführen, dass hohe Preissteigerungen die Kosten für die Lebenshaltung steigen lassen. Falls die Einnahmen nicht entsprechend ansteigen, wird weniger Einkommen für andere Ausgaben zur Verfügung stehen. Die Ausgaben für Wohnen werden aufgrund bestehender Verträge i. d. R. kurzfristig nicht verändert werden können. Dementsprechend werden zunächst die nicht-lebensnotwendigen Ausgaben eingeschränkt. Dies wirkt sich z. B. negativ auf die Erholungs- und Freizeitimmobilienmärkte, Ferienimmobilien oder touristische Attraktionen aus.

Letztlich beeinflusst eine hohe Inflationsrate alle immobilienrelevanten Entscheidungen der Wirtschaftssubjekte aus. Immobilieneigentümer, Vermieter und Mieter können von einer Inflation negativ betroffen sein. Außerdem können höhere Inflationsraten Investoren dazu veranlassen, ihre Immobilieninvestments zu überdenken bzw. aufzuschieben. Dies alles kann zu massiven Störungen auf allen Sektoren der Immobilienwirtschaft führen.

3.3.3 Geldpolitik der EZB

Für die Bekämpfung der Inflation ist die staatliche Geldpolitik durch die Zentralbank zuständig. Die Geldpolitik ergreift alle Maßnahmen zur Regelung der Geldversorgung und des Kreditangebots der Banken unter Beachtung der gesamtwirtschaftlichen Ziele. Das Ziel der Preisniveaustabilität steht dabei im Vordergrund. Mit dem Beginn der dritten Stufe der Europäischen Wirtschafts- und Währungsunion – Europäische Währungsunion (EWU) – ist die Verantwortung der Geldpolitik zum 01. Januar 1999 auf das Europäische System der Zentralbanken (ESZB) übergegangen.

Ziele und Strategie der Geldpolitik

Das *vorrangige Ziel* des Europäische System der Zentralbanken, das die Europäische Zentralbank (EZB) und die nationalen Zentralbanken aller EU-Mitgliedstaaten umfasst, besteht in der Wahrung der Preisstabilität. Unbeschadet dieses Ziels unterstützt das ESZB die allgemeine Wirtschaftspolitik in der Union, um zur Verwirklichung von dessen Zielen beizutragen. Dies ist die Aufgabe der Geldpolitik der Europäischen Zentralbank. Sie muss mit dem ihr zur Verfügung stehenden Instrumentarium dafür sorgen, dass die Geldmenge nicht zu weit ausgedehnt wird und die Zinsen nicht zu stark gesenkt werden. Auf der anderen Seite darf sie die Geldpolitik nicht zu stark drosseln, da anderenfalls eine wirtschaftliche Schrumpfung droht. Die Geldpolitik versucht, durch Beeinflussung des Geldangebots, d. h. der Geldmenge und der kurzfristigen Zinssätze, Preisstabilität zu gewährleisten. Die EZB kann, soweit die Preisstabilität nicht gefährdet wird, auch die gesamtwirtschaftliche Nachfrage stabilisieren.

Der EZB-Rat legt das Preisstabilitätsziel fest. Seit Juli 2021 ist *Preisstabilität* als Inflationsrate (jährlicher Anstieg des Harmonisierten Verbraucherpreisindex (HVPI) im Euro-Währungsgebiet) von 2 Prozent auf mittlere Sicht definiert. Das Ziel ist symmetrisch, d. h. negative und positive Abweichungen werden gleichermaßen als unerwünscht betrachtet. Dies könnte zu einer Übergangsphase führen, in der die Inflation leicht über dem Zielwert liegt.

Im Jahr 1998 einigte sich der EZB-Rat auf die grundlegenden Elemente seiner *geldpolitischen Strategie*, die auf zwei Säulen beruht (wirtschaftliche und monetäre Analyse). Im Juli 2021 wurde die Zwei-Säulen-Strategie überarbeitet und zum „integrierten Analyserahmen" erweitert, der eine wirtschaftliche sowie eine monetäre und finanzielle Analyse umfasst. Im Rahmen der wirtschaftlichen Analyse werden schwerpunktmäßig die reale und die nominale wirtschaftliche Entwicklung betrachtet. Bei der monetären und finanziellen Analyse werden geldpolitische und finanzielle Indikatoren untersucht, die eine Fokussierung auf den geldpolitischen Transmissionsmechanismus, die Auswirkungen finanzieller Ungleichgewichte und geldpolitischer Faktoren auf die mittelfristige Preisstabilität ermöglichen.

Konventionelle Maßnahmen der EZB: Zins- und Liquiditätspolitik
Das vorrangige geldpolitische Instrument der EZB sind drei Bereiche, zu denen Geschäftsbanken bei der EZB Kredite aufnehmen oder bei ihr Geld einzahlen können: die Offenmarktgeschäfte, die Ständigen Fazilitäten und die Mindestreserve.[45]

Offenmarktgeschäfte sind das Hauptinstrument der EZB, um Liquidität auf dem Markt aktiv zu steuern. Angestrebt wird ein Gleichgewicht von Liquiditätsangebot und Liquiditätsnachfrage bei einem gewünschten Zinsniveau. Durch die Offenmarktpolitik beeinflusst die EZB die Geldschöpfung der Kreditinstitute und damit die Geldmenge sowie durch die Festlegung der Zinsen auch das kurzfristige Zinsniveau.

Offenmarktgeschäften kommt bei der Steuerung der Zinssätze, der Liquidität am Markt sowie der Signalisierung des geldpolitischen Kurses eine Schlüsselrolle zu. Die Offenmarktpolitik wird eingesetzt, um die Zinssätze und die Geldmenge/Liquidität am Markt zu steuern und Signale bezüglich des geldpolitischen Kurses zu senden. Dabei leiht die EZB den Geschäftsbanken im Austausch für die Überlassung von Sicherheiten Geld. Dieses Geld hat für die Banken die gleiche Bedeutung wie eine zusätzliche Einlage, d. h. es steht für die Kreditvergabe zur Verfügung. Da die Transaktion befristet ist, kann die Zentralbank regelmäßig nachsteuern, je nachdem, ob die Geldmenge zu schnell oder zu langsam steigt. Wie jede andere Bank verlangt die Zentralbank für die Kredite Zinsen.

Mit den beiden wichtigsten Offenmarktgeschäften stellt das Eurosystem dem Bankensystem Liquidität mit einer Laufzeit von einer Woche (Hauptrefinanzierungsgeschäfte) bzw. drei Monaten (längerfristige Refinanzierungsgeschäfte) bereit. Die Hauptrefinanzierungsgeschäfte zielen auf die Kurzfristzinsen. Mit den langfristigen Refinanzierungsgeschäften werden hingegen zusätzliche längerfristige Refinanzierungsmittel zur Verfügung gestellt.

Feinsteuerungsoperationen und strukturelle Operationen gehören ebenfalls zu den Offenmarktgeschäften. Feinsteuerungsoperationen zielen darauf ab, auf unerwartete Liquiditätsschwankungen im Markt zu reagieren und deren Zinswirkung abzufedern, während strukturelle Operationen im Wesentlichen der langfristigen Anpassung der strukturellen Position des Eurosystems gegenüber dem Finanzsektor dienen.

Das Eurosystem bietet den Kreditinstituten zwei *Ständige Fazilitäten* an. Bei der Spitzenrefinanzierungsfazilität können Banken sich auf eigene Initiative gegen Sicherheiten Liquidität zwischen zwei Geschäftstagen (Übernachtkredit) zu einem vorgegebenen Zinssatz von der Zentralbank beschaffen. Diese Ständige Fazilität ist zur De-

---

45 Vgl. Gabler Wirtschaftslexikon, 2024.

ckung eines vorübergehenden, kurzfristigen Liquiditätsbedarfs bestimmt. Der Zinssatz für die Spitzenrefinanzierungsfazilität ist so hoch, dass er die Obergrenze für den Tagesgeldsatz am Geldmarkt zwischen den Banken bildet. Keine Bank wird einer anderen Bank für die Aufnahme eines Tagesgeldkredits mehr bezahlen wollen als bei der Zentralbank üblich, wobei das Volumen zudem nicht begrenzt ist.

Bei der Einlagefazilität haben die Banken zudem die Möglichkeit, Zentralbankguthaben bis zum nächsten Geschäftstag (Übernachtguthaben) zu einem vorgegebenen Zinssatz bei den nationalen Zentralbanken anzulegen. Der Zinssatz für diese Ständige Fazilität bildet im Allgemeinen die Untergrenze für den Tagesgeldsatz am Geldmarkt im Interbankenhandel. Keine Bank wird sich bei der Geldausleihe an andere Banken mit weniger Zinsen begnügen, als sie bei der Zentralbank bekommt.

Banken im Euroraum sind verpflichtet, *Mindestreserven* bei ihren nationalen Zentralbanken zu halten. Ziel der Mindestreserven ist die Stabilisierung der kurzfristigen Zinssätze am Markt und die Schaffung (oder Vergrößerung) einer strukturellen Liquiditätsknappheit innerhalb des Bankensystems gegenüber dem Eurosystem, was die Steuerung der Geldmarktsätze über regelmäßige liquiditätszuführende Geschäfte erleichtert.

Durch Änderung der Mindestreservepflicht kann die EZB freie Liquidität am Geldmarkt verknappen oder vergrößern. Wenn der Mindestreservesatz gesenkt wird, steht den Banken mehr Liquidität zur Verfügung, was dazu führt, dass die Nachfrage nach Geldmitteln der Zentralbanken zurückgeht und die Zinsen sinken. Umgekehrt werden bei einer Anhebung des Mindestreservesatzes mehr Mittel in der Zentralbank gebunden, was zu steigenden Zinsen führt.

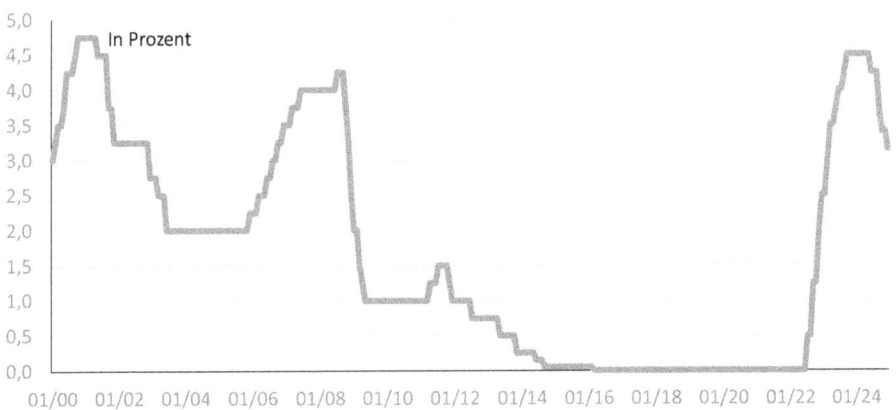

Abb. 3.9: EZB-Zinsen: Hauptrefinanzierungssatz.
Quelle: Deutsche Bundesbank, Tabelle BBIN1.M.D0.ECB.ECBMIN.EUR.ME, abgerufen am 27.04.2025, eigene Darstellung.

In diesem Jahrhundert reagierte die EZB auf die Auswirkungen der Dotcom-Krise mit deutlichen Zinssenkungen, wie Abb. 3.9 zeigt. Nach der wirtschaftlichen Erholung erhöhte die EZB wieder die Zinsen, um dann massive Eingriffe nach der Finanz- und Wirtschaftskrise 2007/08 vorzunehmen. Die Leitzinsen wurden bis auf null gesenkt. Als Reaktion auf die hohen und steigenden Inflationsraten zu Beginn des Jahrzehnts wurden ab Mitte 2022 die Zinsen drastisch und schnell erhöht. Nach der letzten Zinserhöhung im September 2023 folgten im Jahr 2024 vier Beschlüsse mit Zinssenkungen. Zum Jahresende 2024 betrug der Hauptrefinanzierungssatz 3,15 Prozent.

Unkonventionelle Geldpolitik: Quantitative Easing

Eines der neuesten und mittlerweile wichtigsten Instrumente der Zentralbanken zum Krisenmanagement sind ihre Anleihekaufprogramme. In anderen Ländern wurde erstmals nach der Finanzkrise 2007/08 das *Quantitative Easing* (QE) eingeführt. Während Zentralbanken bei ihren üblichen Offenmarktgeschäften kurzfristige Wertpapiere kaufen, sind bei QE sowohl der Zweck als auch der Mechanismus anders. Die Zentralbank kauft Wertpapiere verschiedener Art, wie z. B. langfristige Staatsanleihen, private Wertpapiere oder Wertpapiere in einem bestimmten Marktbereich, der nach Ansicht der Zentralbank unterstützt werden muss. Dadurch fließt mehr Geld in das System und die jeweiligen Renditen werden weiter gesenkt. Im Zuge der breit angelegten Anleihekäufe sinken vor allem die längerfristigen Zinssätze. Dies ähnelt dem Effekt einer klassischen Leitzinssenkung, die als geldpolitische Lockerung bezeichnet wird. Aus diesen beiden Effekten leitet sich der Begriff quantitative Lockerung, englisch Quantitative Easing, ab.

Seit 2009 hat die EZB mehrere Programme zum Ankauf von Vermögenswerten umgesetzt. Zu den mittlerweile abgeschlossenen Programmen gehören: das erste und zweite Programm zum Ankauf gedeckter Schuldverschreibungen (covered bond purchase programme, CBPP) von 2009 bis 2010 bzw. von 2011 bis 2012 sowie das Programm für die Wertpapiermärkte von 2010 bis 2012. Laufende Programme umfassen das Programm zum Ankauf von Vermögenswerten (assets purchase programme, APP) und das Pandemie-Notfallkaufprogramm (PEPP).

Der Ankauf von Vermögenswerten (Quantitative Easing) im Rahmen des APP begann im Oktober 2014. Die monatlichen Nettoankäufe von Vermögenswerten wurden mehrfach neu kalibriert und reichten von pro Monat 15 Mrd. Euro (Oktober bis Dezember 2018) bis zu 80 Mrd. Euro (April 2016 bis März 2017). Zweimal wurde der Nettoankauf von Vermögenswerten eingestellt (Januar bis Oktober 2019 sowie Juli 2022 bis Februar 2023). In diesen Zeiträumen wurden Tilgungsbeträge aus fälligen Wertpapieren vollständig reinvestiert, wodurch der Gesamtbestand an Vermögenswerten des Eurosystems beibehalten wurde.

Im Dezember 2022 beschloss der EZB-Rat erstmals, die Vermögenswerte im Rahmen des APP durch eine teilweise Reinvestition der Kapitaltilgung zu verringern. Von März bis Juni 2023 wurden die Bestände des APP um 15 Mrd. Euro pro Monat reduziert, was als quantitative Straffung bezeichnet wird. Seit Juli 2023 setzt der EZB-Rat eine vollständige passive Abwicklung der Vermögenswerte im Rahmen des APP um, indem keine Reinvestitionen der Kapitaltilgung mehr vorgenommen werden und sich somit die Bestände des APP in einem von der Höhe der Tilgungsbeträge im jeweiligen Monat abhängigen monatlichen Tempo verringern. Das Eurosystem verfügte im Rahmen des APP zu Spitzenzeiten in den Jahren 2022 und 2023 über 3,2 Bio. Euro an Vermögenswerten.

Als Reaktion auf die Corona-Pandemie wurde das befristete Pandemie-Notfallkaufprogramm PEPP im März 2020 ins Leben gerufen, um Vermögenswerte des öffentlichen und des privaten Sektors anzukaufen. Der Umfang von zunächst 750 Mrd. Euro wurde anschließend auf 1,85 Bio. Euro aufgestockt. Das PEPP beinhaltete eine erhebliche Flexibilität, wodurch im Zeitverlauf Schwankungen bei der Verteilung der Ankäufe hinsichtlich der Anlageklassen und der Länder möglich sind. Der Kapitalschlüssel diente auf der Grundlage des Wertpapierbestandes als Richtschnur für Nettoankäufe im Rahmen des PEPP. Der Nettoankauf von Vermögenswerten endete im März 2022. Der Bestand an Vermögenswerten wurde bis mindestens Ende 2024 mit vollständiger Reinvestition der Tilgungszahlungen gehalten. Nach Ansicht der EZB verringern sich die APP- und die PEPP-Bestände in einem maßvollen und vorhersehbaren Tempo, da das Eurosystem die Tilgungsbeträge von Wertpapieren bei Fälligkeit nicht wieder anlegt.

Beim Quantitative Easing wirken zwei wesentliche Effekte: Zum einen wird beim Anleihekauf Zentralbankgeld geschaffen, weil die Zentralbanken die Anleihen damit bezahlen. Die Zentralbankgeldmenge nimmt also zu. Dadurch steigt der Spielraum der Geschäftsbanken für ihre Kreditvergabe. Zum anderen steigen im Zuge der höheren Nachfrage die Marktkurse der Anleihen. Dadurch sinkt die Rendite, also ihre Verzinsung. Denn die Rendite am Laufzeitende einer Anleihe ergibt sich für den Anleger – neben der Zinsvergütung – auch aus der Differenz zwischen dem im Vorfeld festgelegten Rückzahlungsbetrag und dem gestiegenen Marktkurs. Steigt also der Kurs einer Anleihe, sinkt die Rendite.

Dieser Renditerückgang hat Auswirkungen auf die Zinssätze der Banken, die die Anleiherenditen als Referenz für die Zinshöhe ihrer Kredite an Haushalte und Unternehmen verwenden. Sinken die Anleiherenditen, sinken i. d. R. auch die Zinssätze der Bankkredite und damit das allgemeine Zinsniveau in der Wirtschaft. Ein geringeres Zinsniveau vergünstigt für Staat, Unternehmen und private Haushalte die Kreditaufnahme.

Die Entwicklung der Zentralbankaktiva für das Euro-Währungsgebiet, die in Abb. 3.10 dargestellt ist, zeigt die massive Aufblähung der Bilanz durch die (unkonventionellen) geldpolitischen Maßnahmen der EZB. Diese Maßnahmen des Eurosystems seit dem Beginn der Finanz- und Wirtschaftskrise und seit der Corona-Pandemie führten zu einer Überschussliquidität. Das Eurosystem stellte die Refinanzierungsgeschäfte auf Mengentender mit Vollzuteilung um und startete später die Anleihekaufprogramme APP und PEPP. So wurde dem System mehr Liquidität zugeführt, als rein rechnerisch benötigt wurde

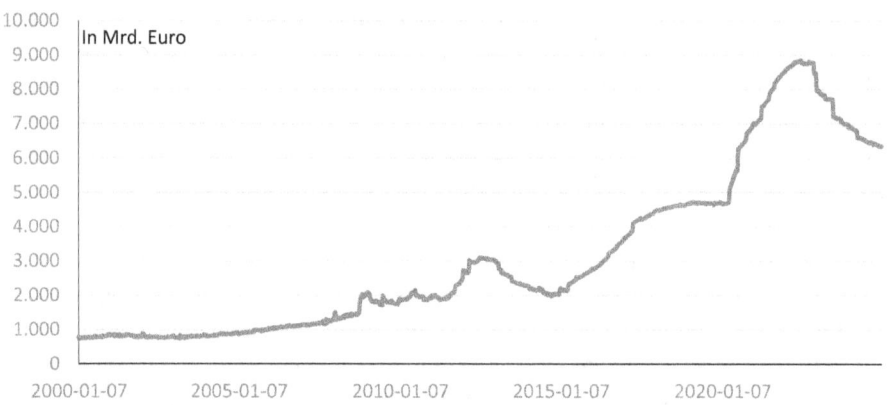

Abb. 3.10: EZB-Zentralbankaktiva.
Quelle: FRED Economic Data, abgerufen am 30.12.2024, eigene Darstellung.

(u. a. zur Bereitstellung der Banknoten und Erfüllung der Mindestreserve). Dies führte zu einer Überschussliquidität im Bankensystem.

Makroprudenzielle Instrumente

Sowohl die Deutsche Bundesbank[46] als auch die Bundesanstalt für Finanzdienstleistungsaufsicht (BaFin) sind für die Stabilität des Finanzsystems verantwortlich. Seit dem Jahr 2022 hat sich die Lage an den Immobilienmärkten grundlegend gewandelt. Über viele Jahre hinweg stiegen die Preise und Bewertungen. Bei vielen Kreditinstituten sind die Immobilienportfolios gewachsen. Dabei wurden Kreditrisiken unterschätzt und die Werthaltigkeit der Immobilien überschätzt. Die Preise sinken, die Kreditvergabe stockt und der Wert der Kreditsicherheiten steht unter Druck. Diese Entwicklung kann die Ertragslage der Institute stark belasten. In einigen Fällen könnten Kreditausfälle die Institute sogar gefährden, wenn diese nicht ausreichend diversifiziert sind und viel in besonders kritische Segmente investiert haben. Diese Schocks können sich im Finanzsystem ausbreiten und zu systemischen Störungen führen.

Makroprudenzielle Instrumente wie der antizyklische Kapitalpuffer oder der Systemrisikopuffer sind Gegenmaßnahmen zur Erhaltung der Stabilität des Finanzsystems. Sie können je nach Verbindlichkeit und rechtlicher Eingriffstiefe in weiche, mittlere und harte Instrumente unterteilt werden. Während weiche und mittlere nur geringe Auswirkungen haben, greifen harte makroprudenzielle Instrumente direkt in die Aktivitäten der Finanzmarktteilnehmer, insbesondere im Bankensektor, ein. Diese Instrumente können auch direkt, also ohne vorherige Empfehlung, eingesetzt werden. Die meisten dieser Instrumente zielen darauf ab, das Eigenkapital der Banken zu stär-

---

[46] Vgl. Deutsche Bundesbank, 2024a.

ken. Ziel ist es, die Widerstandsfähigkeit der Banken in einem Abschwung zu erhöhen. Gleichzeitig greifen diese Maßnahmen in die Geschäftspolitik der Banken ein, insbesondere in die Kreditvergabe.[47]

3.3.4 Auswirkungen der Geldpolitik

Volkswirtschaftliche Auswirkungen
Die Geldpolitik beeinflusst über die *Zinsentwicklung* die gesamtwirtschaftliche Nachfrage. Dabei kommen die Impulse von der Zentralbank, die sich auf das Geld- sowie Kreditmengenwachstum als auch auf die Refinanzierungskosten der Banken auswirken. Die Geldpolitik der EZB unterstützt die gesamtwirtschaftliche Nachfrage, soweit dies nicht das Ziel der Preisstabilität beeinträchtigt. Dabei stehen sowohl zins- als auch liquiditätspolitische Maßnahmen zur Verfügung, die über unterschiedliche Wege das gleiche Ziel anstreben.

Je nach *konjunktureller Lage* setzt die Zentralbank ihre geldpolitischen Instrumente ein, entweder expansiv, um die Konjunktur zu stimulieren, oder kontraktiv bzw. restriktiv, um die konjunkturelle Dynamik zu bremsen. Eine expansive Geldpolitik (niedrigere Leitzinsen und eine höhere Zentralbankgeldmenge) soll dazu führen, dass die Banken ihre Kreditmenge ausweiten (steigende Geldmenge) und die Zinsen für die Unternehmen und Haushalte sinken. Bei einer Rezession wird von der Zentralbank erwartet, dass sie durch Erhöhung der Zentralbankgeldmenge mithilfe einer expansiven Offenmarktpolitik die Kreditvergabemöglichkeiten der Geschäftsbanken erhöht.

Bei einer *expansiven Geldpolitik* steht den Banken mehr Geld zur Vergabe von Krediten zur Verfügung. Beim Anleihekauf wird die Menge des Zentralbankgeldes erhöht. Gleichzeitig sinkt der Preis des Geldes, also der Zins. Bei einem erhöhten Angebot durch die Banken sinkt das allgemeine Zinsniveau, und folglich wird die Investitionstätigkeit der Unternehmen angeregt. Dadurch wird das Ausgabeverhalten stimuliert und die gesamtwirtschaftliche Nachfrage wächst. Zudem gibt die Zentralbank den Geschäftsbanken die Möglichkeit, durch eine Verringerung der Geldkosten, Zinssenkungen zu ermöglichen. Durch niedrigere Zinsen wird die zinsabhängige Nachfrage stimuliert. Durch eine Veränderung der Geldpolitik können direkt die Zinsen sinken. Indirekt führt eine höhere Geldmenge tendenziell ebenfalls zu niedrigeren Zinsen. Eine expansive Geldpolitik der Zentralbank wird üblicherweise einen Anstieg der gesamtwirtschaftlichen Aktivitäten auslösen, der auch zu einem höheren Beschäftigungsniveau führen kann.

Der Rückgang der Darlehenszinsen belebt auch direkt den privaten Konsum und die Unternehmensinvestitionen. Da die Darlehensnehmer geringere Zinszahlungen

---

47 Vgl. Deutsche Bundesbank, 2024a.

leisten müssen, sinkt ihre Finanzierungslast. Sie erhalten einen größeren Spielraum für mehr Konsumausgaben und Investitionen sowie auch für Immobilienausgaben.

Eine Anpassung fördert die Investitionstätigkeit der Unternehmen und stärkt die Nachfrage der Verbraucher nach langlebigen Konsumgütern wie Wohnimmobilien. Die gesamtwirtschaftliche Nachfrage steigt. Unternehmen können ihre Preise dann leichter und stärker erhöhen. Die Inflationsrate nimmt tendenziell zu – genau das, was mit den Anleihekäufen erreicht werden sollte.

Zusätzlich führt das niedrigere Zinsniveau in der Tendenz dazu, dass Kapital in Länder abfließt, in denen das Zinsniveau und damit die zu erwartende Zinserträge höher sind. Solche Kapitalabflüsse lassen die Nachfrage nach der inländischen Währung und damit auch den Wechselkurs sinken. Dies macht inländische Waren für das Ausland günstiger und stimuliert das Exportgeschäft. Die höhere Nachfrage nach inländischen Waren aus dem Ausland ermöglicht wiederum stärker steigende Preise. So kann auch über diesen Weg bewirkt werden, dass die Inflationsrate steigt und sich dem angestrebten Niveau nähert.

Effekte auf Zinsen

Der *Zins* ist der Preis für die Überlassung von Kapital oder anderen monetären Mitteln. Da der Zins einen Preis darstellt, kann er durch das Zusammenwirken von Angebot und Nachfrage erklärt werden. Die Immobilieninvestitionen werden heute mit unterschiedlichen Laufzeiten finanziert, sodass neben dem langfristigen Zins auch die kurz- bis mittelfristigen Zinsen und deren Entwicklungen an Bedeutung gewonnen haben.

Für die Erklärung der *Zinsstruktur bzw. Zinsstrukturkurve* wird eine Differenzierung bei den Zinsen vorgenommen. Bei den Anlageprodukten mit ihren jeweiligen Laufzeiten bilden sich viele unterschiedliche Zinssätze, die zusammen die Zinsstruktur darstellen. Dabei ist festzustellen, dass erstens der langfristige Zins normalerweise höher als der kurzfristige ist (ansonsten wird von einer inversen Zinsstrukturkurve gesprochen). Zweitens entwickeln sich die kurz- und langfristigen Zinsen weitgehend parallel, d. h. sie steigen oder sinken gleichzeitig.

Einflussfaktoren auf die Höhe und Struktur des Zinses sind neben den Angebots- und Nachfragebedingungen auch institutionelle Faktoren. Auf dem *Geldmarkt* handeln vor allem Banken Geld und kurzfristige Geldanlagen, um einen kurzfristigen Liquiditätsausgleich zu erreichen. Die kurzfristigen Zinsen werden stark von der Zentralbank durch ihre geldpolitischen Instrumente beeinflusst. Dies geschieht in Abhängigkeit vom Grad der Zielerreichung bei der Preisstabilität. Auf dem Kapitalmarkt findet der Handel mittel- bis langfristiger Wertpapiere statt. Der Kapitalmarkt dient als *Transformationsstelle* zwischen den Ersparnissen auf der einen und den Investitionen von Wirtschaft und öffentlichen Haushalten bzw. dem Ausland auf der anderen Seite. Die langfristigen Zinsen sind das Ergebnis von Angebot und Nachfrage auf den (internationalen) Kapitalmärkten. Da die Immobilieninvestitionen eher langfristig orientiert sind, wirkt sich besonders der langfristige Zinssatz (Kapitalmarktzins) auf das Marktgeschehen aus. Neben dem aktuellen beeinflusst auch der erwartete Zins die Investitionsentscheidungen. Wird z. B. ein weiterer Zinsanstieg erwartet, so wird kurzfristig die Bautätigkeit trotz eines hohen Zinssatzes weiter gesteigert.

Die Anleiherenditen bilden eine wichtige Orientierungsgröße für Banken, die die von ihnen ausgegebenen Immobilienkredite mithilfe von Pfandbriefen refinanzieren. Deren Zinshöhe orientiert sich an den Anleihen anderer Emittenten, da diese in Konkurrenz stehen. Die Entwicklung der Pfandbriefzinsen wirkt sich auf die Zinsen für Immobilienkredite aus. Die immobilienfinanzierenden Banken werden daher die Bauzinsen erhöhen.

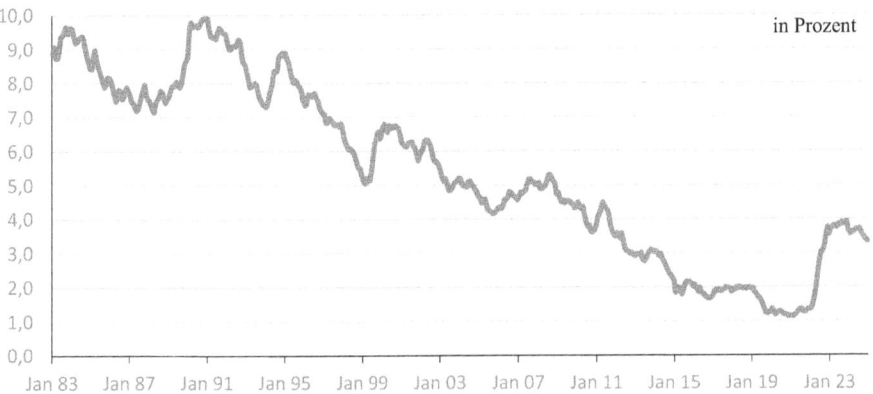

Abb. 3.11: Entwicklung der Hypothekenzinsen.
Quelle: Deutsche Bundesbank, 2024c, eigene Darstellung.

In Abb. 3.11 ist die langfristige Entwicklung der Effektivzinssätze im Neugeschäft mit Wohnungsbaukrediten an private Haushalte dargestellt, die über eine anfängliche Zinsbindung von über zehn Jahren verfügen. Im Juni 1980 lagen die Zinsen für Immobilienkredite bei rund 9,5 Prozent. Die 1990er-Jahre waren geprägt von einer Hochzinsphase nach dem Mauerfall. Mitte der Achtziger waren die Zinsen auf rund 7,5 Prozent gefallen, Anfang der Neunzigerjahre verlangten die Banken für ein Immobiliendarlehen jedoch wieder neun Prozent und mehr.

Mit diesem Jahrtausend begann die Niedrigzinsära. Zur Jahrtausendwende sind die Zinsen für Immobilienkredite und Kredite Achterbahn gefahren. Die Internetblase hatte die Konditionen binnen kurzer Zeit extrem steigen lassen. Die Bankenkrise und die weltweite Erlahmung der Konjunktur ließen sie wieder sinken. Die Zinsen bewegten sich im Juni 2010 bei rund 3,5 Prozent. Während Sparer unter der Niedrigzinsphase litten, durften sich Immobilienkäufer über beste Finanzierungsbedingungen freuen.

Seit 2022 sind die Bauzinsen in Deutschland explosionsartig angestiegen. Die Zinswende der EZB 2022 spiegelte sich auch in einem Anstieg der Hypothekenzinsen wider, jedoch waren die Hypothekenzinsen schon vor den Maßnahmen der EZB angestiegen. Die Zinsen von 10-jährigen Hypothekendarlehen im September 2021 lagen noch in ihrem Tiefpunkt bei knapp über 1 Prozent. Die stark gestiegenen und hohen Inflationsraten trugen maßgeblich zur Zinswende bei. Die hohen Inflationsraten erhöhten den Handlungsdruck auf die EZB, der Teuerung mit ihrer Geldpolitik entgegenzuwirken.

Eine weitere Ursache für den Zinsanstieg waren die restriktiven Maßnahmen der Bundesanstalt für Finanzdienstleistungsaufsicht (BaFin), die negativen Folgen der in den vergangenen Jahren stark gestiegenen Wohnimmobilienpreise (Platzen einer Preisblase) befürchtete. Daher hatten Banken mehr Eigenkapital zu hinterlegen sowie konservative Bewertungsmaßnahmen und eine restriktive Kreditvergabe durchzuführen. Das ebenfalls zu höheren Bauzinsen geführt.

Der sprunghafte Anstieg der Zinsen im Frühjahr 2022 hatte eine erhebliche Zurückhaltung bei Kauf- und Bauentscheidungen und damit einen Einbruch des Neugeschäfts von Wohnungsbaukrediten zur Folge.

3.3.5 Einfluss der Geldpolitik auf Wohnungsmärkte

Geldpolitische Maßnahmen der EZB wirken sich auch auf die Wohnimmobilienmärkte aus. Eine expansive Geldpolitik mit einer Erhöhung der Geldmenge und niedrigeren Leitzinsen kann die Immobilienpreise beeinflussen. Dieser sogenannte *geldpolitische Transmissionsmechanismus* wirkt über verschiedene Übertragungswege. Dabei sind diese Mechanismen nicht isoliert zu betrachten, sondern bedingen sich teilweise gegenseitig. Der Markt für Wohnimmobilien ist eng mit der jeweils aktuellen Geldpolitik verknüpft. Eine expansive Geldpolitik geht c. p. einher mit einer Zunahme des Hypothekenkreditvolumens und einem Anstieg der Immobilienpreise. Doch ein Blick in die Vergangenheit zeigt auch, dass der deutsche Wohnimmobilienmarkt unterschiedlich und heterogen auf Krisen und wirtschaftspolitische Maßnahmen reagiert hat.

Für die Wohnungswirtschaft sind die Höhe und die Entwicklung der Zinsen von hoher Relevanz. Die Zinsen wirken sich als Eigenkapital- und Fremdkapitalkosten auf die Nachfrage und das Angebot an Immobilien aus. Die Angebots- und Nachfrageveränderungen führen wiederum zu Veränderungen der Immobilienpreise, was realwirtschaftliche Folgen haben kann. Die Zinsentwicklung hat eine Reihe von Folgen für die Immobilienmärkte, die im Folgenden anhand eines steigenden Zinses dargestellt werden sollen. Von Mitte 2022 bis zum Herbst 2023 hatte die EZB schnell und drastisch die Leitzinsen von null Prozent auf 4,5 Prozent erhöht. Bei einem Rückgang der Zinsen werden die entgegengesetzten Reaktionen erwartet. Die Auswirkungen hängen stark von Ausmaß und Geschwindigkeit des Zinsanstiegs ab.

Auswirkungen auf Projektentwicklungen
Projektentwicklungen werden als das risikoreichste Geschäft im Immobilienzyklus angesehen, da dieses hohe Anforderungen an die Projektentwickler bzw. Bauträger stellt. Der Projektentwickler trägt sowohl das Entwicklungs- als auch das Baukosten- und Vertriebsrisiko. Zinsniveau und -veränderungen haben Effekte auf den Bau und die Entwicklung von Immobilien. Der Zins wirkt sich auf die Investitionstätigkeit der Unternehmen aus. Steigende Zinsen bedeuten höhere Kapital- und Fremdfinanzierungskosten. Dies führt zu einer Kostenbelastung der üblicherweise mit einem Anteil an Fremdkapital gebauten Immobilien.

Durch die Zinserhöhungen wird entweder die Zwischenfinanzierung teurer und/oder der Bau der Immobilien insgesamt. Darüber hinaus droht die Gefahr, dass aufgrund der höheren Kosten das Objekt nicht verkauft werden kann. Da die meisten Immobilieninvestitionen Fremdkapital benötigen, hängen von dessen Verfügbarkeit und der Höhe der Zinsen das Ausmaß der Aktivitäten auf dem Immobilienmarkt ab. Steigen die Zinsen, so werden c. p. die Neubauaktivitäten sinken. Da ein höherer Zinssatz die Finanzierungskosten unmittelbar steigen lässt, erzielt eine Immobilieninvestition bei zunächst konstanten Preisen eine niedrigere Rendite. So werden Projekte unrentabel, die bei niedrigeren Zinsen noch durchgeführt worden wären. Für Investoren verringert sich der Spielraum, Projekte durchzuführen und einen höheren Verschuldungsgrad einzugehen. Insgesamt dämpfen höhere Zinsen die Investitionsbereitschaft für Projektentwicklungen und -neubauten, was sich negativ auf die Angebotsseite auswirkt. Da gleichzeitig auch die Kosten und Preise für die Immobilien steigen, kommt es damit zu einer geringeren Nachfrage. Es kann zwischen der Planungs-, der Baufinanzierungs- und der Verkaufsphase des Projektes unterschieden werden, in denen unterschiedliche Risiken bestehen.

In der *Planungsphase* sind insbesondere bei knapp kalkulierten Projekten mit geringen Margen Probleme zu erwarten. Bei Projekten, die sehr spekulativ mit geringer Vorvermietung oder späterem Verkauf geplant sind, die auf teuer eingekauften Grundstücken gebaut oder mit einer aggressiven Fremdfinanzierung geplant sind, können steigende Zinsen schnell zu Schwierigkeiten führen. Dies gilt auch für Projekte, die für den Kauf mit zwischenzeitlich hohen Preissteigerungen kalkuliert haben. Bei großzügig kalkulierten Projekten werden sich hingegen keine großen Veränderungen ergeben.

In der *Bauphase* stellen Baukostensteigerungen für die Projektentwickler eine große Herausforderung dar. Üblicherweise machen die Finanzierungskosten nur einen geringen Anteil der Gesamtkosten eines Projekts aus, sodass geringe Zinssteigerungen trotz der höheren Fremdfinanzierungskosten ausgeglichen werden können. Ein stärkerer Zinsanstieg führt zu Kostenbelastungen für die Projektentwickler und kann Projekte gefährden.

Beim *Verkauf des Projektes* ergeben sich durch höhere Zinsen weitere Gefahren für die Projektentwickler. Die für den Käufer gestiegenen Finanzierungskosten können dazu führen, dass die Käufer nicht mehr bereit sind, den Preis zu zahlen. Die Zinssteigerungen führen angesichts der höheren Finanzierungskosten zudem zu einem reduzierten Überschuss und gefährden die Gesamtrendite des Investors. Somit könnte es für den Projektentwickler schwieriger werden, einen Abnehmer für sein Projekt zu finden. Falls die fertiggestellten Immobilien nicht verkauft werden können, ist der Projektentwickler gezwungen, die Immobilien im eigenen Bestand zu halten.

Vermietungsmarkt
Außerdem werden auf dem Vermietungsmarkt die Eigentümer der Immobilien mit steigenden Finanzierungskosten belastet, falls mit Fremdkapital finanziert wird. So würden steigende Zinsen die Kosten und damit c. p. die Mieten erhöhen, wenn dies gegenüber den Mietern durchsetzbar ist. Da aber die Fremdkapitalzinsen nur einen geringen Teil der Mieten ausmachen, sind die Auswirkungen letztlich auch auf die Nachfrage auf dem Vermietungsmarkt eher als gering zu betrachten.

Effekte bei Finanzierung beim Kauf
Der Zinssatz spielt eine wichtige Rolle als Einflussfaktor beim Kauf von Immobilien. Durch ihn bestimmen sich direkt die Konditionen für die Finanzierung von Objekten, da sich diese mit steigenden Zinsen verteuern. Durch die höheren Zinsen ergeben sich gestiegene Zinszahlungen und ein höherer Schuldendienst. Je höher der Zinssatz ist, desto höher sind die laufenden Zinskosten der Finanzierung. Da aber i. d. R. für die Finanzierung nur begrenzte Mittel zur Verfügung stehen, sinkt die Nachfrage nach Immobilien. Dadurch reduziert sich die Anzahl der Anleger, die genügend Geld zur Verfügung haben, um eine Immobilie zu kaufen. Darüber hinaus müssen die Anleger für einen Kredit über ein ausreichendes Einkommen bzw. Vermögen als Sicherheit verfügen. Durch die geringere Nachfrage wird c. p. der Preis der Immobilie sinken. Anders sieht die Situation bei privaten Käufen zur Selbstnutzung aus. Hier besteht ein geringer Einfluss der Zinsen, da vor allem das Recht auf selbstständiges Handeln bei der Kaufentscheidung im Vordergrund steht.

> **Beispielrechnung**
> Ausgegangen wird von einem Reihenhaus, das 500.000 Euro kostet. Es soll mit 20 Prozent Eigenkapital und 400.000 Euro Fremdkapital finanziert werden. Im September 2021 betrug der Effektivzinssatz für Wohnungsbaukredite an private Haushalte mit einer anfänglichen Zinsbindung über 10 Jahre knapp 1 Prozent. Das bedeutete 4.000 Euro Zinsen pro Jahr. In der Zwischenzeit sind die Bauzinsen auf knapp 3,5 Prozent gestiegen, sodass 14.000 Euro Zinsen gezahlt werden müssen. Die höheren Zinskosten kann sich aber ein Teil der Haushalte nicht mehr leisten. Die Nachfrage sinkt angesichts der steigenden Zinszahlungen.
> Häuser werden üblicherweise mit *Annuitätendarlehen*, also Krediten mit konstanten, regelmäßigen Raten, finanziert. Die Annuität beträgt bei einem Zinssatz von einem Prozent und einer Tilgungsrate von 3,5 Prozent 18.000 Euro (oder monatlich 1.500 Euro). Die drastischen Auswirkungen zeigten sich bei der Laufzeit und den insgesamt gezahlten Zinsen. Im Fall von 1 Prozent Zinsen (September 2021) wäre das Haus nach 25 Jahren schuldenfrei und es wären Zinsen in Höhe von insgesamt gut 50.000 Euro gezahlt werden. Bei konstanter Annuität und geänderten Konditionen (3,5 Prozent Zinsen und 1 Prozent Tilgung) betragen die Gesamtzinszahlungen aber rund 375.000 Euro und das Haus wäre erst nach 44 Jahren abgezahlt.

Weiterhin sind die negativen Sekundäreffekte höherer Zinsen für die Immobiliennachfrage zu beachten. Potenzielle Käufer, die für den Immobilienerwerb hauptsächlich Fremdkapital verwenden, werden aufgrund der gestiegenen Zinsen mit höheren Zinszahlungen belastet. Durch die höheren Zinsen wird der Erwerb von Eigentum im Vergleich zum Mieten von Immobilien ungünstiger. Somit ist zu erwarten, dass es zu einem Rückgang der Nachfrage nach Eigentum und darüber hinaus der Preise kommt, während die Nachfrage nach Mietimmobilien ansteigen wird. Insgesamt können die höheren Zinsen dazu führen, dass einige Immobilien nicht verkauft werden können. Zudem können die Verkäufer sich gezwungen sehen, den Preis zu reduzieren, damit die Nachfrage der Käufer wieder steigt.

Investments: Renditevergleich bei alternativen Anlagemöglichkeiten
Viertens ergeben sich weitere Effekte einer expansiven Geldpolitik über den Immobilien-Investmentmarkt. Das allgemeine Zinsniveau kann als Benchmark (Referenzzinssatz) Auswirkungen auf den Kauf von Immobilien durch institutionelle Investoren (institutioneller Immobilien-Investmentmarkt) haben. Der Boom der Immobilien-Investmentmärkte im letzten Jahrzehnt ist auf die extrem expansive Geldpolitik der EZB zurückzuführen. So stiegen die Kaufpreise von Wohnimmobilien seit der Finanzkrise stark an.

Die *institutionellen und private Investoren* haben die Möglichkeit in verschiedene Assets wie Wertpapiere (z. B. Bundesanleihen), Aktien oder Immobilien zu investieren. Bei ihren Anlageentscheidungen vergleichen institutionelle und private Kapitalanlegern die Renditen verschiedener Assets. Die Investitionsbereitschaft in Immobilien wird u. a. durch die Spreads (Immobilienrenditen im Vergleich zur Zinsentwicklung auf dem Kapitalmarkt) beeinflusst. Im letzten Jahrzehnt profitierte der Immobilien-Investmentmarkt von der hohen Liquidität, die sich aufgrund der geldpolitischen Maßnahmen im Markt befindet. Zudem sind es die hohen Spreads zwischen den Immobilienanfangsrenditen und den Zinsen anderer Assets die eine Anlage in Immobilien interessant erscheinen lassen.

Wie wirkt sich eine Zinsänderung auf die Anfangsrendite gewerblicher Immobilien aus? Die Renditen beschreiben das Verhältnis von Mieten und Preisen und somit vom Vermietungs- und Investmentmarkt. Steigen nun die Zinsen langfristiger Anleihen an, so werden diese c. p. für Investoren attraktiver. Die Nachfrage nach diesen Assets wird ansteigen. Die Investoren werden ihre Anlageentscheidung überdenken und durch eine Reallokation ihrer Investments versuchen, die Erträge aus ihren gesamten Anlagen zu steigern. Aufgrund der gestiegenen Zinsen bei alternativen Investments werden Immobilieninvestments relativ unattraktiver und Investitionen in andere Assets attraktiver. So kann es zu Umschichtungen bei den Portfolioentscheidungen zu Lasten von Immobilien kommen. Die Nachfrage nach Immobilien wird sinken und damit werden c. p. die Preise dieser Assets sinken. Folgerichtig steigen bei gleichbleibenden Mieten die Renditen der Immobilienanlagen. Insgesamt werden bei steigenden

Zinsen üblicherweise auch die Renditen vergleichbarer Investments (Immobilien) steigen.

Die *Anfangsrendite* wird aber von mehr Faktoren als nur der allgemeinen Zinsentwicklung bestimmt. Sie wird auch beeinflusst durch die Zinsstruktur, die von den Investoren verlangte Risikoprämie sowie von der Kreditverfügbarkeit, der Liquidität und den jeweiligen Kreditkonditionen. Der Effekt der Renditeanpassung wird nicht alle Objektarten gleichmäßig betreffen, da die Immobiliensegmente unterschiedlich hohe Risiken aufweisen. Insgesamt werden die Anfangsrenditen nach einem Zinsanstieg ansteigen, der letztendliche Effekt wird vom Ausmaß und der Geschwindigkeit der wirtschaftlichen Entwicklung und des Zinsanstiegs abhängen.

Ein Anstieg der Immobilienpreise erhöht das Vermögen der Wirtschaftssubjekte. Höhere Immobilienpreise steigern zum einen das Reinvermögen der Wohnungsunternehmen und verbessern deren Bilanzen. Dies erleichtert die Kreditvergabe an diese Unternehmen und die Finanzierungsbedingungen für Unternehmensinvestitionen verbessern sich. Höhere Wohnimmobilienpreise steigern zum anderen das Vermögen der privaten Haushalte. Die Haushalte können ihre Konsumneigung erhöhen, weil sie nun über ein größeres Vermögen verfügen. Tendenziell können die Haushalte daher auch andere Ersparnisse auflösen und/oder ihre Sparaktivitäten reduzieren. In beiden Fällen führen gestiegene Immobilienpreise zu einem höheren privaten Konsum. Nutzen die Unternehmen und Haushalte ihre höheren Kreditlinien für Investitionen oder Konsumausgaben, dann wird die gesamtwirtschaftliche Nachfrage vielfach stimuliert.

Ein langfristiger Effekt der expansiven Geldpolitik kann darüber hinaus ein allgemeiner Anstieg der Transaktionen (Käufe und Vermietungen von Immobilien) sein. Dies führt zu einem Einkommensanstieg in allen Sparten der Immobilienwirtschaft, wie z. B. bei den Banken, Maklern oder Bewertern. Durch die höhere Nachfrage steigen bei zunächst konstantem Angebot die Preise. In der Folge wird das Angebot mit neuen Fertigstellungen – wenn auch mit einer Zeitverzögerung – reagieren. Angesichts der Größe und Bedeutung der Immobilienwirtschaft kann ein höheres Fertigstellungsniveau dabei helfen, die Wirtschaft zu stimulieren. Gleichzeitig werden sich auch die Beschäftigung, das Einkommen und die Konsumausgaben erhöhen. Diese Multiplikatoreffekte können die Wirtschaftsaktivitäten insgesamt ankurbeln und einen wirtschaftlichen Aufschwung auslösen bzw. unterstützen.

3.3.6 Devisenmarkt

Strukturen des Devisenmarkts
Die ausländischen Zahlungsmittel werden Devisen genannt und auf dem Devisenmarkt gehandelt. Der *Devisenmarkt* hat durch die zunehmende Internationalisierung der Immobilienmärkte in den vergangenen Jahren für die Wohnimmobilienwirtschaft eine wachsende Bedeutung gewonnen. Gerade bei institutionellen Investoren gab es

größere Transaktionen mit Wohnungsportfolios. So haben auf der einen Seite deutsche Wohnungsunternehmen z. B. in Schweden zahlreiche Wohnungen gekauft, während schwedische Konzerne in Berlin größere Portfolios übernommen haben.

Der Wert ergibt sich auf freien Märkten (flexiblen Wechselkursen) aus dem Verhältnis von Angebot und Nachfrage und drückt sich im Wechselkurs aus. Der Wechselkurs spiegelt das Austauschverhältnis zwischen zwei Währungen auf dem Devisenmarkt wider. Es ist der Preis, zu dem zwei Währungen getauscht werden. In anderen Wechselkurssystemen wird der Wechselkurs von den beteiligten Ländern bzw. Zentralbanken festgelegt oder durch feste Bandbreiten vorgegeben. Die Notierung des Wechselkurses erfolgt in Deutschland in der international üblichen Mengennotierung. Die Mengennotierung zeigt die Menge an ausländischer Währung an, die für eine Einheit inländischer Währung erhältlich ist: z. B. 12 SEK[48] für 1 Euro. Es ist auch der in ausländischer Währung ausgedrückte Preis für eine Einheit Inlandswährung.

Auf dem Devisenmarkt entsteht ein Angebot an inländischer Währung (Devisennachfrage), wenn inländische Wirtschaftssubjekte
- ausländische Güter und Dienstleistungen importieren, z. B. wenn schwedische Rechtsanwälte die Kaufverträge für die Wohnungsgesellschaft in Deutschland erstellen.
- Transferzahlungen an Ausländer leisten, z. B. wenn Arbeitnehmer mit Migrationshintergrund einen Teil ihres in Deutschland erwirtschafteten Einkommens in ihre Heimatländer überweisen.
- ausländisches Finanzvermögen erwerben (Kapitalexport), z. B. durch Kauf einer Immobilie im Ausland.

Auf dem Devisenmarkt – siehe Abb. 3.12 – entsteht eine Nachfrage nach inländischer Währung (Devisenangebot), wenn ausländische Wirtschaftssubjekte z. B. inländische Güter und Dienstleistungen erwerben (Export) oder inländische Immobilien kaufen (Kapitalimport). Bei Zahlungen über die Währungsgrenzen hinweg wird entweder heimische Währung in fremde oder fremde in heimische Währung umgetauscht. Der auf den Devisenmärkten erzielte Wechselkurs und seine Entwicklung können zu zusätzlichen Erträgen oder zu Ertragseinbußen führen.

Veränderungen des Wechselkurses werden als Auf- bzw. Abwertung bezeichnet. Eine Aufwertung ist der Anstieg des Wechselkurses (Preises) der inländischen Währung gegenüber ausländischen Währungseinheiten. Die Aufwertung der inländischen Währung gegenüber der ausländischen Währung bedeutet eine Abwertung der ausländischen Währung gegenüber der inländischen Währung. Das Sinken des Preises der inländischen Währung gegenüber ausländischen Währungseinheiten wird als Abwertung bezeichnet. Die Abwertung der inländischen Währung gegenüber der aus-

---

[48] SEK ist die Schwedische Krone und die Währung Schwedens. Dieses Beispiel wird gewählt aufgrund der verschiedenen Transaktionen mit deutschen und schwedischen Wohnungsportfolios.

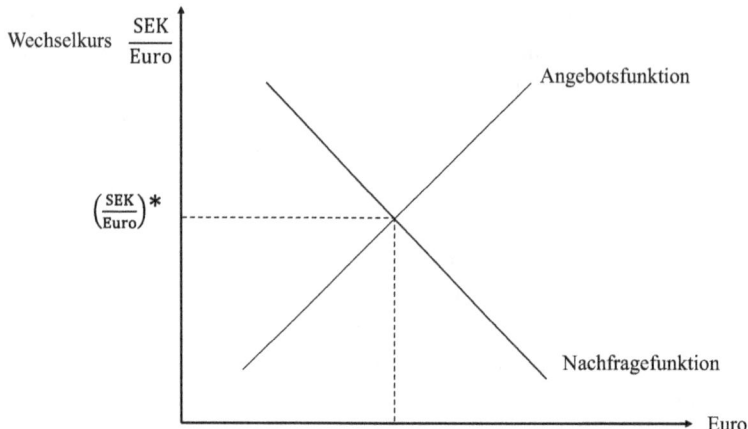

Abb. 3.12: Flexibler Wechselkurs.
Quelle: eigene Darstellung.

ländischen Währung bedeutet eine Aufwertung der ausländischen Währung gegenüber der inländischen Währung.

Auch auf die Immobilienaktivitäten im Ausland haben der Wechselkurs und seine Veränderungen teilweise deutliche Auswirkungen. Die erzielbaren Renditen, die sich aus dem Cashflow (u. a. Mieteinnahmen) und den Wertänderungen zusammensetzen, können durch Wechselkursänderungen beeinflusst werden.

Einflüsse auf den Wohnungsmarkt
Der Wechselkurs kann auf zwei verschiedene Weisen Einfluss auf die Immobilienaktivitäten nehmen. Zum einen ist zwischen den unterschiedlichen Höhen des Wechselkurses zu einem gegebenen Zeitpunkt zu unterscheiden und zum anderen hinsichtlich der Veränderung des Wechselkurses im Zeitablauf.

Die *Höhe des Wechselkurses* kann die Nachfrage nach ausländischen Gütern beeinflussen. Dies soll an dem folgenden Beispiel gezeigt werden: Falls eine Immobilienportfolio in Schweden 300 Mio. SEK kostet, müsste ein deutscher Investor bei einem Wechselkurs von 12 SEK/Euro rund 25 Mio. Euro bezahlen. Bei einem Wechselkurs von 8 SEK/Euro wären es 37,5 Mio. Euro.[49] Bei einem hohen bzw. niedrigen Wechselkurs sind ausländische Güter (Immobilien) im Vergleich zu den inländischen c. p. relativ preiswerter bzw. teurer.

Die *Veränderungen des Wechselkurses* können erhebliche Auswirkungen für die internationalen Immobilienmärkte haben. Dies kann z. B. die Entscheidung eines Unternehmens betreffen, Direktinvestitionen in einem anderen Land zu tätigen. Sowohl

---

[49] Innerhalb dieser Bandbreite bewegte sich der Wechselkurs in den letzten 20 Jahren.

die mittel- bis langfristige Entwicklung als auch starke kurzfristige Schwankungen (hohe Volatilität) haben Einfluss auf das Geschehen auf den Immobilienmärkten, da diese die Planungssicherheit und die Investmentstrategien der Immobilienunternehmen betreffen können.

Die rein rechnerische Bedeutung von Auf- und Abwertungen lässt sich am Beispiel veränderter Währungsrelationen zwischen dem Euro und der Schwedische Krone zeigen. Bei einer Abwertung des Euro würde der Wert des Euros sinken, von 12 SEK/Euro auf einen Wechselkurs von 8 SEK/Euro. Eine Abwertung hätte bei dem Kauf eines Portfolios in Schweden durch einen deutschen Investor diese Folgen. Das Portfolio kostete ursprünglich beim Kauf 300 Mio. SEK oder 25 Mio. Euro. Nach der Abwertung verkauft der deutsche Investor das Portfolio zum gleichen Preis in schwedischen Kronen und erhält dafür 37,5 Mio. Euro, obwohl sich der Preis in Schweden nicht verändert hat. Der deutsche Investor hätte neben den Mieteinnahmen und potenziellen Wertsteigerungen in Schweden allein durch die Wechselkursänderung einen Profit erzielt. Im Fall einer Aufwertung hätte es dagegen einen Verlust gegeben.

Bei den *Mieten* (laufenden Einnahmen) aus einer vermieteten Immobilie im Ausland werden die Erlöse in ausländischer Währung erzielt und umgetauscht. Dabei ist ein wichtiger Parameter der Wechselkurs, wobei gilt, dass je höher der Wechselkurs ist, desto niedriger die Erlöse in heimischer Währung sind.

3.4 Nachhaltigkeit bzw. Sustainable Development

Die Folgen der Klimaerwärmung bzw. des Klimawandels werden nicht ohne Auswirkungen auf die Wohnungswirtschaft bleiben. Die Klimarisiken in deutschen Städten nehmen spürbar zu: Starkregen, Hagel, Überschwemmungen, Hitze und Trockenheit sind keine Ausnahmeerscheinung mehr, sondern treten bundesweit mittlerweile regelmäßig auf – bei steigender Intensität. Im internationalen Vergleich erscheinen die Klimagefahren in deutschen Städten überschaubar, doch gerade Städte mit ihrer dichten Bebauung, ihrem hohen Versiegelungsgrad und ihrer stark frequentierten Infrastruktur sind auch hierzulande besonderen Risiken wie Hochwasser und Hitze ausgesetzt. Im Laufe der Zeit können wiederholte Ereignisse zu einem Rückgang der Nachfrage und erheblichen Abwertungen bei Immobilien führen.

Nachhaltigkeit (Nachhaltige Entwicklung, Sustainable Development) soll als Leitbild der ökologischen, ökonomischen und sozialen Entwicklung auch der Wohnungswirtschaft dienen. Die Immobilien- und Wohnungsbranche als großer Wirtschaftszweig hat eine besondere Bedeutung für das Erreichen des Ziels einer nachhaltigen Gesellschaft. Der Gebäudebereich hat mit rund 102 Mio. Tonnen Treibhausgas-Emissionen einen Anteil von rund 15 Prozent. Bis zum Jahr 2045 soll der Gebäudebestand klimaneutral sein. Werden die Emissionen einbezogen, die im Sektor Energiewirtschaft durch die Erzeugung von Strom und Fernwärme entstehen, kommen Gebäude sogar auf einen Anteil von rund 40 Prozent. Im Jahr 2022 verfügten lediglich rund 2,8 Mio. Haushalte über eine klimafreundliche Heizung. Positiv für den Klimaschutz ist, dass in Wohnungen, die nach 2000 gebaut wurden, der Anteil der regenerativen Energieträger sprunghaft angestiegen ist.[50] Insgesamt belastet der Wohnungsneubau eines Jahres in Deutschland das Klima mit rund 74,0 Mio. Tonnen CO_2. Das ist in etwa so viel, wie das Heizen sämtlicher 43 Mio. Altbauwohnungen in Deutschland verursacht.

Wohnimmobilien tragen während ihres Lebenszyklus vom Bau bis zum Abriss zum Ressourcenverbrauch und zur Umweltverschmutzung bei. Eine nachhaltige Entwicklung betrifft somit sowohl die Unternehmen als auch die erstellten und genutzten Wohnimmobilien.[51]

3.4.1 Revolutionäres Konzept Sustainable Development

Nachhaltigkeit ist ein *revolutionäres Konzept* mit dem Ziel die Bedürfnisse der Gegenwart zu erfüllen, ohne die Fähigkeit zukünftiger Generationen zu gefährden, ihre eigenen Bedürfnisse zu erfüllen. Sustainable Development basiert auf den Konzepten und Ideen vieler ökologischer und sozialer Bewegungen aus den 1980er-Jahren, die einen grundlegenden Wandel der sozio-ökonomischen Rahmenbedingungen forderten. Dies betraf alle Wirtschafts- und Lebensbereiche, sodass ein Umbau der Industriegesellschaft erfolgen sollte. Kontrovers wurde vor allem die Forderung nach einer Suffizienzrevolution diskutiert. Dabei geht es um den bewussten Verzicht bzw. die Einschränkung des Konsums oder der Produktion von Gütern und Dienstleistungen, die eine nachhaltige Entwicklung gefährden.

Es gibt keine einheitliche *Definition* von Nachhaltigkeit, sondern sehr unterschiedliche Auffassungen. Die für das heutige Verständnis grundlegende Definition von Nachhaltigkeit findet sich im Abschlussbericht der UN-Kommission für Umwelt und Entwicklung, dem *Brundtland-Bericht* aus dem Jahr 1987.[52] Darin heißt es: „Die Menschheit ist einer nachhaltigen Entwicklung fähig – sie kann gewährleisten, dass die Bedürfnisse der Gegenwart befriedigt werden, ohne die Möglichkeiten künftiger Generationen zur Befriedigung eigener Bedürfnisse zu beeinträchtigen." Damit kommt jeder Generation die Verantwortung zu, nachfolgenden Generationen die gleichen Möglichkeiten zur Bedürfnisbefriedigung zu hinterlassen, die sie selbst vorgefunden hat.

Bei der Erfüllung dieser Bedürfnisse wird zwischen der intra- und der intergenerativen Gerechtigkeit unterschieden. Unter *intragenerativer Gerechtigkeit* wird verstanden, dass jeder Mensch in einer Generation das Anrecht hat, seinen Bedürfnissen nachkommen zu können. Dies betrifft z. B. die Gerechtigkeit innerhalb eines Landes oder zwischen Industrie- und Entwicklungsländern. Die *intergenerative Gerechtigkeit*

---

50 Vgl. LBS, 2024, S. 78 ff.
51 Vgl. dena, 2021.
52 Vgl. Brundtland-Bericht, 1987.

zielt auf die Beziehung und die Abhängigkeit zwischen der heutigen und den nachfolgenden Generationen ab. Diese entspricht einer Form des Generationenvertrages, z. B. über den Umgang mit Ressourcen. Somit erfordert Nachhaltigkeit sowohl den Ausgleich zwischen den Bedürfnissen heutiger und zukünftiger Generationen als auch innerhalb der heutigen Generation.[53]

Bei einer weitergehenden Betrachtung werden die Dimensionen der Nachhaltigkeit spezifiziert. Die Nachhaltigkeit umfasst die *drei Säulen Ökologie, Ökonomie und Gesellschaft (sozial)*, wobei die drei Säulen) gleichwertig nebeneinanderstehen und eng miteinander verflochten sind. Dieses Konzept stammt von der Enquetekommission des Deutschen Bundestages mit ihrem Bericht „Schutz des Menschen und der Umwelt". Nachhaltiges Handeln bedeutet, dass die Wirkungen auf die Umwelt mindestens gleichberechtigt mit sozialen und wirtschaftlichen Aspekten behandelt werden sollen. Entscheidungen sind so zu treffen, dass gegenwärtige und nachfolgende Generationen intakte ökologische, soziale und ökonomische Bedingungen haben.

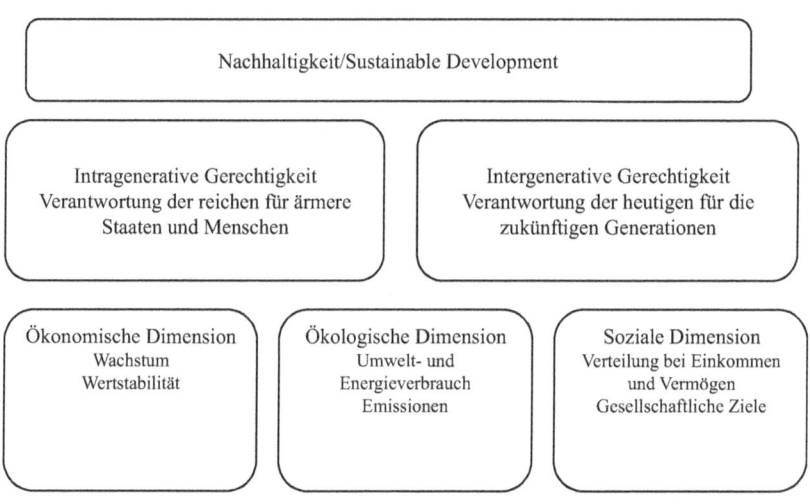

Abb. 3.13: Sustainable Development.
Quelle: eigene Darstellung.

Entsprechend der drei Dimensionen der Nachhaltigkeit – siehe Abb. 3.13 – hat sich die Wohnungswirtschaft ihrer Verantwortung zu stellen und ihre bisherigen Strategien und Lösungsansätze zu überdenken. Die Anforderungen an die Immobilien und deren Qualitäten müssen grundlegend verändert werden.

Die *ökologische Nachhaltigkeit* verfolgt das Ziel, nachfolgenden Generationen Natur und Umwelt bestmöglich zu erhalten. Um ihnen eine Lebens- und Wirtschaftsgrundlage bieten zu können, muss die Natur erhalten bleiben. Für den Schutz der

---

[53] Vgl. Vornholz, 1991 und 1993.

Erdatmosphäre bedarf es einer Begrenzung der Klimaerwärmung. Neben dem Ziel des Erhalts der Arten- und Landschaftsvielfalt sollen erneuerbare und nicht erneuerbare Ressourcen nachhaltig genutzt werden.

Für die Wohnungswirtschaft bedeutet dies, dass der Einsatz nicht-erneuerbarer Ressourcen minimiert und erneuerbare Ressourcen nur in begrenztem Umfang genutzt werden dürfen. Bei strikter Umsetzung würde dies eine Vermeidung der Nutzung von nicht-erneuerbaren Ressourcen bedeuten. Bei einer weniger strikten Umsetzung wäre eine Kompensation zu leisten (höherer volkswirtschaftlicher Kapitalstock). Erneuerbare Ressourcen dürfen nur noch in dem Maße verbraucht wie nachwachsen. Abfälle sollen vermieden werden. Beim Bau und bei der Nutzung sollen umweltschonende und recycelbare Materialien verwendet werden. Energieeffiziente und umweltfreundliche Gebäude sind zu bauen und bestehende Gebäude zu modernisieren.

Die *ökonomische Nachhaltigkeit* erfordert eine dauerhaft tragfähige Wirtschaftsweise, die Folgen für die Nutzung natürlicher Ressourcen durch die entsprechende Generation hat. Neben der Gewährleistung der Grundversorgung mit nachhaltigen Produkten soll gesamtwirtschaftliche Stabilität erreicht werden. Dazu gehört auch eine verstärkte Entwicklungszusammenarbeit. Die ökonomische Dimension der Nachhaltigkeit beschäftigt sich mit der Wirtschaftlichkeit einer Immobilie über den gesamten Lebenszyklus. Es sollen niedrige Lebenszykluskosten und eine hohe Flächeneffizienz angestrebt werden, um die Werte der Immobilien stabil zu halten.

Die *soziale bzw. gesellschaftliche Nachhaltigkeit* zielt auf die Entwicklung einer dauerhaft lebenswerten Gesellschaft, in der die Menschenrechte geachtet werden und soziale Gerechtigkeit ein hohes Gut darstellt. Zu den sozialen Zielen der Nachhaltigkeit gehören eine partizipative Demokratie, Rechtsstaatlichkeit in allen Lebensbereichen, die Vermeidung von Armut und das Streben nach sozialer Sicherheit. Die Immobilien sollen dazu beitragen, dass sich die Menschen sowohl in der Arbeitswelt als auch in ihren Häusern wohlfühlen.

Die drei Dimensionen der Nachhaltigkeit erstrecken sich auch auf die Wohnungswirtschaft. Der gesamte Lebenszyklus einer Immobilie soll nachhaltig sein: von der Herstellung der verwendeten Baustoffe über den Bau selbst und die Nutzung bis hin zur Verwertung. Nachhaltigkeit bezieht sich auf alle Stufen des Produktlebenszyklus einer Wohnung. Dies beginnt bei der Planung und Errichtung des Gebäudes und endet erst mit der Verwertung einschließlich der Entsorgungskoordination. Besonders während der langjährigen Nutzung der Immobilie wird auf Nachhaltigkeitsaspekte geachtet.

Innerhalb des *Lebenszyklus* einer Immobilie ergeben sich, wie die Tabelle 3.1 zeigt, durch die Ziele der Nachhaltigkeit neue Anforderungen. In der Projektentwicklungsphase ist auf einen möglichst geringen Flächenverbrauch zu achten. Da der Bau von Wohnungen den höchsten Anteil am Wachstum der Siedlungsflächen hat, ist hier verstärkt auf Nachhaltigkeit zu achten. Die Versiegelung von Flächen behindert nicht nur die natürlichen Bodenfunktionen, sondern zerstört auch wichtige Lebensräume

Tab. 3.1: Dimensionen der Nachhaltigkeit im Lebenszyklus von Wohnimmobilien.

Lebenszyklusphasen	Ökonomische Dimension	Ökologische Dimension	Soziale Dimension
Projektentwicklung	Kostensparendes Bauen und Planen	Ökologisches Bauen	Bedarfsgerechte Wohnraumversorgung durch Neubau
Nutzung	Gebäudemanagement	Ressourcen- und Umweltmanagement	Soziales Management
Verwertung: Umnutzung oder Abriss	Umnutzungs- und Abrissmanagement	Ökologisches Recycling	Partizipation bei Verwertung

Quelle: eigene Darstellung.

für Pflanzen und Tiere. Längerfristig ist eine Netto-Null-Bodenversiegelung anzustreben.

In der Nutzungsphase von Wohnimmobilien ist darauf zu achten, dass eine Wohnung bzw. Wohnimmobilie den Kriterien der Nachhaltigkeit entspricht. Für eine nachhaltige Nutzung ist u. a. ein ganzheitliches Energiekonzept notwendig, das bei der Gebäudekonzeption anfängt, aber auch den baulichen Wärmeschutz, effiziente Anlagen zur Nutzung von Wärme- und Lufttechnik sowie erneuerbare Energien umfasst. Nachhaltigkeit ist eng verbunden mit dem Ziel der Energieeffizienz. So gewinnen Wohnimmobilien wie Niedrigenergie-, Energiespar- oder Passivhäuser zunehmend an Bedeutung.

Auch in der Verwertungsphase der Immobilien ist auf nachhaltiges Handeln zu achten. Der Gebäudebestand stellt ein riesiges Materiallager dar, das effizient genutzt werden muss. Ein vermehrtes Recycling bietet sich an, auch da für die Erzeugung der Bauprodukte wie Ziegel oder Zement viel Energie benötigt wird. Bei der Sanierung von Bestandsimmobilien werden Aspekte der Nachhaltigkeit weiter an Gewicht gewinnen.

3.4.2 Nachhaltige Unternehmen

Für die Beurteilung von Wohnungsunternehmen bezüglich ihrer Nachhaltigkeit stehen verschiedene Konzepte zur Verfügung, wobei im Folgenden einige wenige kurz dargestellt werden sollen.

Corporate Social Responsibility
Corporate Social Responsibility (CSR) bezieht sich auf die *gesellschaftliche Verantwortung* der Immobilienunternehmen. Das freiwillige Engagement eines Unternehmens, seine Aktivitäten über die gesetzlichen Vorgaben hinaus sozial und umweltgerecht

(also nachhaltig) auszurichten, wird als Corporate Social Responsibility bezeichnet. Für die Unternehmen der Wohnungswirtschaft ist CSR zunächst eine allgemeine gesellschaftliche Herausforderung. Jedes Unternehmen muss sich dieser Aufgabe als Verpflichtung bewusst sein. Nachhaltiges Handeln ist nicht nur eine einseitige Fokussierung auf ökologische Aspekte, sondern umfasst auch die ökonomische Nachhaltigkeit und die gesellschaftliche Verantwortung.

Dazu gehört eine nachhaltige und werteorientierte Unternehmensführung (Corporate Sustainability Leadership). Das Thema CSR wird im ZIA und im Institut für Corporate Governance in der deutschen Immobilienwirtschaft (ICG) als dem Kooperationspartner für die Säulen Corporate Governance, Social Sustainability und Corporate Citizenship theoretisch fundiert und aus dem Blickwinkel der Praxis bearbeitet. Auf Seite der Immobilienunternehmen belegen dies vielfältige Leitbildvorgaben und Strategien, in denen das Konzept der Corporate Social Responsibility fester Bestandteil geworden ist. Es bedeutet für ein Unternehmen, auf freiwilliger Basis gesellschaftliche Verantwortung zu übernehmen.

Die Wohnungswirtschaft umfasst eine Vielzahl von Unternehmen in unterschiedlichen Teilbranchen. Daraus resultieren unterschiedliche Nachhaltigkeitsansprüche gesellschaftlicher Gruppen an diese Unternehmen, da sich auch deren ökologische, soziale und ökonomische Handlungsweisen unterscheiden. Die zentrale Bezugsgröße für die unternehmerischen Tätigkeiten der Immobilienwirtschaft ist die Immobilie. Entlang des Lebenszyklus einer Immobilie gibt es eine Fülle von Aufgaben.

Environmental, Social und Governance: ESG

Als Standard nachhaltiger Anlagen bzw. Investments hat sich die Begrifflichkeit „ESG" etabliert. Die Abkürzung steht für Environmental, Social und Governance (zu Deutsch: Umwelt, Soziales und verantwortungsvolle Unternehmensführung). ESG-Kriterien sind Leitlinien für Nachhaltigkeit. Der Begriff ESG wurde erstmals in einem Bericht von 2004 mit dem Titel „Who Cares Wins" verwendet, der auf Einladung der UN eine gemeinsame Initiative von Finanzinstituten war.

ESG ist ein *Rahmenwerk*, das die ökologischen, sozialen und Governance-Aspekte eines Unternehmens bewertet, um Investoren dabei zu helfen, die langfristige Tragfähigkeit der Handlungen des Unternehmens zu beurteilen. Mit anderen Worten: ESG hilft dabei, die Fähigkeit einer Investition zu bestimmen und wirtschaftliche Erträge zu erwirtschaften, ohne die Umwelt oder die Gesellschaft zu stark negativ zu beeinflussen. Diese drei Buchstaben beschreiben drei nachhaltigkeitsbezogene Verantwortungsbereiche von Unternehmen.

- Die ökologische Säule der ESG umfasst Kriterien wie den CO_2-Fußabdruck eines Unternehmens, die Nutzung erneuerbarer Energien und das Abfallmanagement.
- Die soziale Säule umfasst Kriterien wie den Umgang des Unternehmens mit seinen Mitarbeitern, seine Politik der Vielfalt und Integration sowie sein Engagement in der Gemeinschaft.

– Die Governance-Säule umfasst Kriterien einer ethischen Unternehmensführung wie die Vielfalt im Vorstand eines Unternehmens, die Vergütung der Führungskräfte und die Rechte der Aktionäre.

Die Finanzprodukte auch bezüglich der Immobilienbranche werden zunehmend daran gemessen, ob sie gut oder schädlich für das Klima sind, ob sie soziale Gerechtigkeit fördern oder ob sie korrupte Geschäftspraktiken unterstützen.

Die ESG-Faktoren spielen bei immer mehr Mietern, Eigentümern und Investoren eine wichtige Rolle, sowohl wegen eigener gesetzter Verpflichtungen als auch aufgrund des zunehmenden regulatorischen Drucks. Investoren und Eigentümer wollen die Chance nutzen und Angebot schaffen, nicht nur wegen der großen Nachfrage, sondern auch, um „Stranded Assets" zu vermeiden. Maßnahmen sorgen zunächst für Investitionen und natürlich Kosten, aber sie bewirken auch teilweise Einsparungen bei den Betriebskosten und tragen zur Wertsteigerung der Immobilie bei.

EU-Taxonomie
Die Taxonomie ist ein *einheitliches Verfahren*, mit dem Objekte nach bestimmten Kriterien klassifiziert und in Kategorien eingeordnet werden. Mit der Taxonomie will die EU die Transformation der Branche vorantreiben und Geld in nachhaltige Investments umlenken. Eines von insgesamt sechs definierten Zielen ist der Wandel zur Kreislaufwirtschaft. Hinzu kommen Klimaschutz, Anpassung an den Klimawandel, nachhaltige Nutzung von Wasserressourcen, Vermeidung von Verschmutzung sowie der Schutz von Ökosystemen und Biodiversität. Für die Baubranche heißt dies, dass sie beispielsweise Materialquoten einhalten soll: 15 Prozent der Baustoffe sollen wiederverwertet werden, 15 Prozent aus Recycling stammen und 20 Prozent entweder aus nachwachsenden, wiederverwerteten oder recycelten Rohstoffen. Für Renovierungen gilt, dass mindestens die Hälfte des bestehenden Gebäudes erhalten bleiben soll.

Für die Wohnungswirtschaft ergeben sich aus der EU-Taxonomie vier Handlungsfelder: Neubau, Renovierungen, Erwerb und Eigentum sowie individuelle Maßnahmen. Der Primärenergiebedarf von Neubauten muss 10 Prozent unterhalb der nationalen Anforderungen an Niedrigstenergiegebäuden liegen, um einen wesentlichen Beitrag zu dem Umweltziel „Klimaschutz" zu leisten und somit als ökologisch nachhaltig zu gelten. Im Zuge von Renovierungen muss eine 30-prozentige Verringerung des Primärenergiebedarfs erreicht werden.

3.4.3 Nachhaltige Immobilien / Zertifizierung

Nachhaltigkeit im Wohnungsbereich bedeutet den ressourcenschonenden und energieeffizienten Neubau, die Einbeziehung der Interessen zukünftiger Bewohner und die Umsetzung einer hohen Bau- und Wohnqualität im Rahmen wirtschaftlicher Rentabilität. Wohnimmobilien besitzen ein besonderes Potenzial, um einen Beitrag zu einer nachhaltigen Zukunft zu leisten. Sie können wesentlich zur Reduzierung von CO_2-Emissionen sowie von Ressourcen und Energien beitragen. Um im Immobilienbestand langfristig Klimaneutralität zu erreichen, müssten jährlich knapp 2 Prozent aller Wohngebäude energetisch saniert werden. Nach Angaben des Bundeswirtschaftsministeriums wird diese Quote derzeit aber deutlich verfehlt.

Zur Kennzeichnung von Immobilien, die sich durch ihre Nachhaltigkeit auszeichnen, wurde der Begriff „Green Building" eingeführt. Als Green Building wird eine Immobilie bezeichnet, deren Ressourceneffizienz verbessert wurde und bei der die Umweltbelastung und die schädlichen Auswirkungen auf den Menschen reduziert worden sind. Daneben gibt es aber auch nachhaltige Immobilien, die nicht zertifiziert werden (siehe Abb. 3.14).

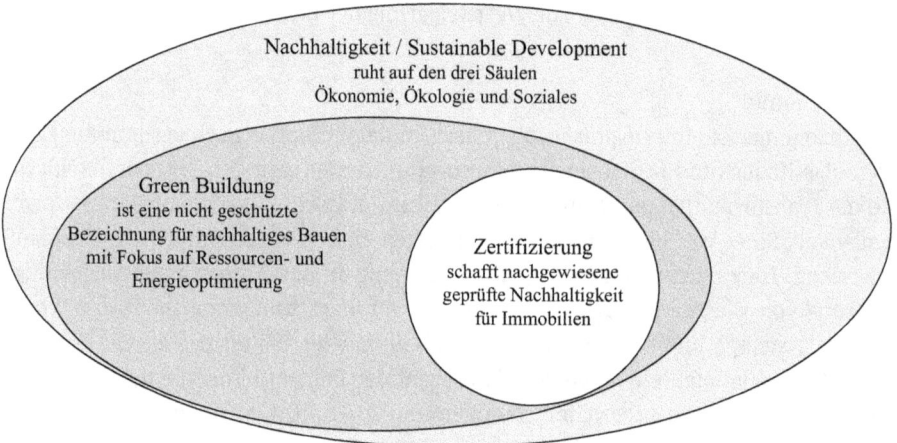

Abb. 3.14: Nachhaltigkeit ist mehr als Green Building.
Quelle: eigene Darstellung.

Um die Nachhaltigkeit von Immobilien zu beurteilen, sind mit den *Zertifikaten* spezifische Bewertungssysteme eingeführt worden. Grundsätzliches Ziel aller Zertifizierungssysteme ist, über individuell festgelegte Kriterien die Auswirkungen der Immobilie auf ihre ökonomische, soziale und ökologische Umwelt zu bewerten und messbar zu machen. Auf dieser Basis werden über geeignete Indikatoren Anforderungen an die Gebäude und deren Umfeld gestellt. Einen international einheitlichen Standard gibt es bislang nicht. Stattdessen gibt es verschiedene Zertifizierungssysteme gleichzeitig, was zu einer erschwerten Vergleichbarkeit der bewerteten Objekte führt. Zugleich können auch Immobilien ohne ein solches Nachhaltigkeitszertifikat den Anforderungen genügen.

Abgefragt wird eine Zahl von *Kriterien*. Manche Ansätze legen den Schwerpunkt eher auf den Betrieb, andere auf den Neubau. Die Kriterien unterscheiden sich in ihren Anforderungen. Das vergrößert zwar theoretisch die Wahlmöglichkeiten. Dass die Aussagekraft der Siegel begrenzt ist, zeigt sich aber auch daran, wie ihre Auswahl erfolgt. Das geschieht oft nicht aufgrund inhaltlicher Aspekte, sondern auf Basis regionaler Tendenzen. Investoren aus Deutschland setzen also z. B. vor allem auf das Zertifikat der Deutschen Gesellschaft für Nachhaltiges Bauen (DGNB), britische eher auf Building Research Establishment Environmental Assessment Methodology (BREEAM) und amerikanische auf LEED (Leadership in Energy and Environmental Design).

Im Wohnbereich und hier vor allem bei Mehrfamilienhäusern sind über lange Zeit kaum Zertifikate angestrebt worden. Die meisten Käufer hätten darauf keinen Wert gelegt. Inzwischen hat sich die Zahl der Zertifikate aber deutlich erhöht, auch weil diese teilweise eine Voraussetzung für höhere staatliche Förderung sind.

Nachhaltiger Wohnungsbau (NaWoh)
Das Bewertungssystem „Nachhaltiger Wohnungsbau" wurde aus der wohnungswirtschaftlichen Sicht entwickelt, um die verschiedenen Aspekte der Nachhaltigkeit im Wohnungsneubau zu beschreiben und, wo geeignet, auch zu bewerten. Innerhalb der verschiedenen auf dem Markt befindlichen Nachhaltigkeitsbewertungssysteme für Wohngebäude spezialisiert sich dieses System auf die Handlungsmöglichkeiten von Wohnungsunternehmen als Bestandshalter. Besonderheiten sind eine ausführliche Behandlung des Bereiches Wohnqualität, das Herstellen eines methodischen Zusammenhangs zwischen Gebäudestandort und Umfeld einerseits sowie den planerischen und baulichen Reaktionen auf Standort und Umfeld andererseits sowie die Einbeziehung der ökonomischen Nachhaltigkeit aus Sicht des Bauherrn. Das System orientiert sich unmittelbar an den Bedürfnissen der wohnungswirtschaftlichen Praxis.

Das Zertifikat wird für neue Wohngebäude vergeben, die den Kriterien eines Bewertungssystems entsprechen und einer Prüfung unterzogen wurden. Das Bewertungssystem wurde in der Arbeitsgruppe Nachhaltiger Wohnungsbau entwickelt. In der vom Bundesministerium für Verkehr, Bau und Stadtentwicklung unterstützten Arbeitsgruppe arbeiten Verbände der Immobilien- und Wohnungswirtschaft, Unternehmen der Wohnungswirtschaft, Vertreter relevanter Akteursgruppen sowie Forschungseinrichtungen mit. Träger für die Vergabe des Qualitätssiegels ist der Verein zur Förderung der Nachhaltigkeit im Wohnungsbau.

Auch bei Wohnimmobilien werden Nachhaltigkeitszertifikate zunehmend wichtiger. Diese sollen sicherstellen, dass beim Neubau von Wohnimmobilien der gesamte Lebenszyklus Berücksichtigung findet und nicht nur die eigentliche Nutzungsphase. Auch der Bau und der spätere Abriss bzw. die Entsorgung sind bei der Kalkulation des Primärenergiebedarfs einer Immobilie zu berücksichtigen. Damit sollen Nachhaltigkeit transparent und nachhaltige Qualität gesichert werden. Es erlaubt die Beschreibung und Bewertung der Qualität und Nachhaltigkeit neu zu errichtender Wohngebäude auf freiwilliger Basis.

Nachhaltiges Gebäude (QNG)
Das Bundesministerium für Wohnen, Stadtentwicklung und Bauwesen (BMWSB) hat ein eigenes Zertifikat mit dem Qualitätssiegel Nachhaltiges Gebäude (QNG)[54] entwickelt. Dadurch soll ein einheitliches Verständnis von Nachhaltigkeit gefördert und gleichzeitig eine rechtssichere Grundlage für die Vergabe von Fördermitteln geschaffen werden. Das Ziel ist die Etablierung der Ziele und Prinzipien des nachhaltigen Planens, Bauens und Betreibens in der Bau- und Immobilienwirtschaft Deutschlands.

Grundanforderung für die Vergabe des Zertifikats ist der Nachweis der Erfüllung der Anforderungen an die ökologische, soziokulturelle und ökonomische Qualität von Gebäuden. Die Erfüllung der Anforderungen ist durch eine unabhängige Prüfung nach Baufertigstellung anhand der abgeschlossenen Planungs- und Bauprozesse und auf Grundlage der Überprüfung ausgewählter realisierter Qualitäten nachzuweisen.

Die Verleihung des QNG erfolgt unter der Voraussetzung, dass eine Zertifizierung mit einem registrierten Bewertungssystem für nachhaltiges Bauen und die Erfüllung besonderer Anforderungen im öffentlichen Interesse, u. a. an die Treibhausgasemissionen im Lebenszyklus des Gebäudes vorliegen.

Kritik an Zertifikaten
Der *Vorteil* der Zertifizierung besteht in der Dokumentation des Standards der Nachhaltigkeit gegenüber Dritten. Damit kommt ihr ein hoher Stellenwert in Bezug auf Marketing und Außendarstellung zu. Zudem wird von neutraler Seite die Gebäudequalität hinsichtlich der Nachhaltigkeit geprüft und belegt.

Nachteilig ist die gleichzeitige Existenz verschiedener Gütesiegel mit sehr verschiedenen Anforderungen an die zu bewertenden Immobilien. Die Spanne reicht von pragmatischen Verfahren bis zu aufwendigen Zertifizierungsprozessen, die einzelne Kriterien in unterschiedlicher Tiefe berücksichtigen. Dies erschwert die Vergleichbarkeit der Zertifikate. Die Zertifizierungssysteme nutzen unterschiedliche Informationsquellen, Systematiken und Bewertungskriterien. Dadurch können sich für die einzelnen Immobilien Bewertungsergebnisse ergeben, die sich stark unterscheiden. Es ist zudem zu bemängeln, dass die Zertifikate noch zu sehr auf die ökologische Dimension ausgerichtet sind und ökonomische und soziale Aspekte in den Hintergrund geraten. Gerade bei den ökologischen Kriterien gibt es schon viele immobilienspezifische Kennzahlen (etwa zum Energieverbrauch), die auch ohne ein Zertifikat erhoben und bewertet werden.

3.4.4 Green Lease

Ein besonderer Faktor bei der Entwicklung von Nachhaltigkeit im Immobilienbereich ist die spezielle Nachfrage nach nachhaltigen Immobilien. Dies geschieht z. B. durch

---

54 Vgl. BMWSB, 2024

nachhaltige Mietverträge, sogenannte Green Leases. Durch seine besondere Ausgestaltung soll ein Green Lease den Mieter zu einer nachhaltigen Nutzung und den Vermieter zu einer möglichst nachhaltigen Bewirtschaftung der Immobilie veranlassen. Die Mieter insbesondere großer Immobilienflächen achten bei ihren Entscheidungen auf ökologische Faktoren. Potenzial für Verbesserungen u. a. der Energieeffizienz besteht bei Neubauten wie auch bei bestehenden Gebäuden. Der bisherige Bestand wird mittelfristig den neuen Standards angepasst werden müssen.

Es können umweltfreundliche Baukonzepte oder „grüne Ausstattungsmerkmale" der Mietsache vereinbart werden. Grundsätzlich können Klauseln sowohl bei Neuvermietungen als auch bei Vertragsergänzungen in den jeweiligen Mietvertrag integriert werden. Die Mietverträge unterscheiden sich zwischen reinen Absichtserklärungen und sanktionsbewehrten Pflichten. Die Integration „grüner" Klauseln wird auch im deutschen Wohnungssektor zukünftig eine größere Rolle spielen, da zunehmend auf die Nutzung und Bewirtschaftung der Objekte geachtet wird.

3.4.5 Kritik: Greenwashing

Die heutigen unter dem Thema Nachhaltigkeit diskutierten Konzepte haben nicht mehr viel gemeinsam mit dem revolutionären Ansatz Sustainable Development aus den 1980er-Jahren. Der ursprüngliche Ansatz stellte die vorherrschende Form der Industriegesellschaft in Frage, während die heutigen vielfach nur Marketingzwecken dienen. Um diese generelle Kritik in einem Wort zusammenzufassen, wird der Ausdruck Greenwashing verwendet.

Der Begriff ist die kritische Bezeichnung für eine PR-Methode, durch die Unternehmen in der Öffentlichkeit umweltfreundlich und nachhaltig erscheinen wollen. Sie suggerieren auf diese Weise Verantwortung für Natur und Umwelt, sodass ihnen ein grünes Image zugeschrieben wird, obwohl dies nicht der Realität entspricht.

Die Anforderungen der Nachhaltigkeit an die Wohnungswirtschaft sind mehr als nur Green Building oder Zertifizierung. Noch sind die Unternehmen nicht im Sinne der Nachhaltigkeit aufgestellt – wenige Ausnahmen bestätigen die Regel. Glaubwürdigkeit ist aber auch gleichzeitig die Gefahr. Es geht eben nicht um den verantwortungsbewussten Umgang mit Nachhaltigkeit, sondern nur darum, sich aus PR-Gründen ein „grünes Mäntelchen" umzuhängen.

3.5 Digitalisierung

3.5.1 Definitionen und Abgrenzungen

Digitalisierung bezieht sich im Wesentlichen auf *Technologien*, die Daten erzeugen und nicht-digitale Information in ein digitales Format umwandeln. Damit unterscheidet sie sich von Innovation wie künstlicher Intelligenz, die sich auf die Nutzung von Daten konzentriert. Digitalisierung ist die Grundlage der modernen digitalen Landschaft. Die Digitalisierung hat bereits viele Aspekte des Arbeits- und der Lebensweise verändert. Der Megatrend Digitalisierung ist Folge einer immer stärker wissensbasierten Gesellschaft und Wirtschaft sowie der technischen Entwicklung.

Definitionen von Digitalisierung
Digitalisierung hat viele Dimensionen und Stufen, sodass es für den Begriff aufgrund einer fehlenden allgemeinen Definition gemäß der Abb. 3.15 verschiedene Interpretationen und Abgrenzungen gibt.

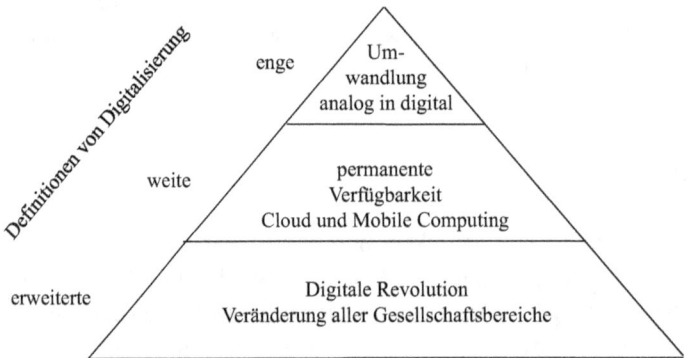

Abb. 3.15: Definitionen von Digitalisierung.
Quelle: eigene Darstellung.

Der Begriff Digitalisierung wird in der *engen Definition* beschrieben mit der Übertragung bzw. Umwandlung analoger Informationen bzw. Daten (Text, Bild und Ton) in digitale Daten, die von Computern bzw. technischen Geräten verwendet werden können. Informationen werden von einer analogen in eine digitale Speicherung übertragen. Hier wird insbesondere der technische Aspekt der Veränderung betont.

In der *weiten Definition* bezeichnet der Begriff Digitalisierung einen Prozess, der durch die Einführung digitaler Technologien bzw. der darauf aufbauenden Anwendungssysteme Veränderungen hervorruft. Das technische Fundament liegt in der Umwandlung analoger in digitale Daten, die von zahlreichen Akteuren in vernetzten Systemen genutzt und verbreitet werden können. Daten können nahezu von jedem Ort und zu jeder Zeit abgerufen, weiterverarbeitet und gespeichert sowie mit immer leistungsfähigeren Geräten als interaktive Kommunikations- und Serviceplattformen genutzt werden.

Die *erweiterte* und damit weitgehendste *Interpretation* von Digitalisierung rückt den Begriff in den Kontext der „Digitalen Revolution", weil diese alle Bereiche durchdringt und verändert (z. B. Arbeitswelt, Verwaltung und Freizeit). Unter dem Begriff der Digitalen Revolution wird die zunehmende Integration von Kommunikations- und Informationstechnologien in die Alltags- und Berufswelt verstanden. Die Vernetzung von Produkten, Geschäftsmodellen und -prozessen sowie die Verbindung von physischer und virtueller Welt machen den Kern der Digitalisierung aus. Die Transformation des industriellen Sektors wird als Industrie 4.0 bezeichnet.

Digitalisierung ist nach dieser Definition nicht nur die Weiterentwicklung bestehender Technologien oder steht für neue technologische Trends, sondern sie lässt auch *disruptive Entwicklungsmuster* (einschneidende, tiefgreifende Veränderungen) entstehen. Diese Entwicklung kann massive Umwälzungen in vielen Lebensbereichen und Wirtschaftsbranchen nach sich ziehen. Durch die Digitalisierung können existierende Technologien, etablierte Dienstleister und Lieferanten sowie tradierte Prozesse von neuen Geschäftsmodellen und -prozessen verdrängt werden. Aufgrund der Nutzung von Informations- und Kommunikationstechniken können Wertschöpfungsketten (Geschäftsprozesse) grundlegend neugestaltet werden. Die neuen Geschäftsmodelle und -prozesse sind datengetrieben und flexibel auf die Kundenbedürfnisse ausgerichtet.

Stufen der Digitalisierung in Wohnungsunternehmen
Bei den Wohnungsunternehmen können verschiedene *Stufen bzw. Phasen* bezüglich der Umsetzung der Digitalisierung festgestellt werden. Die folgende Einteilung orientiert sich an der von der ZIA.[55]

In einer ersten Stufe setzen Unternehmen nur ausgewählte digitale Lösungen ein. Die Informationen liegen überwiegend in nicht-digitaler und nicht-strukturierter Form vor. Vielfach gibt es auch keine konkrete Digitalisierungsstrategie in den Unternehmen. In der nächsten Phase ist eine zunehmende Digitalisierung festzustellen, sodass betriebliche Prozesse teilweise ohne Medienbrücke stattfinden. Es gibt erste strategische Initiativen zur Digitalisierung.

In der dritten Stufe ist eine fortschreitende Digitalisierung festzustellen. Viele Informationen liegen in digitaler, strukturierter Form vor. Wesentliche betriebliche Prozesse werden ohne Medienbrüche dargestellt. Es gibt eine fortschreitende Vernetzung von Produkten und Leistungen in digitaler Form.

In der höchsten Form der Digitalisierung sind die Wohnungsunternehmen vollständig digital transformiert, ebenso alle betrieblichen Prozesse. Auch in der Wohnungswirtschaft hat sich damit die Informationstechnologie zu einer Kernkompetenz entwickelt. Es sind aber weiterhin kontinuierlich Innovationen erforderlich.

---

55 Vgl. ZIA, 2023, S. 10.

3.5.2 Dimensionen der Digitalisierung

Die Vielzahl digitaler Technologien und deren unterschiedliche Ansätze in der Bezeichnung und Kategorisierung erschweren eine Systematisierung. Es wird im Folgenden unterschieden nach Basistechnologien und darauf aufbauenden Technologien sowie den angewandten Technologien der Immobilienwirtschaft, die auf den aufbauenden Technologien basieren. Dieser Zusammenhang ist in der folgenden Abb. 3.16 dargestellt.

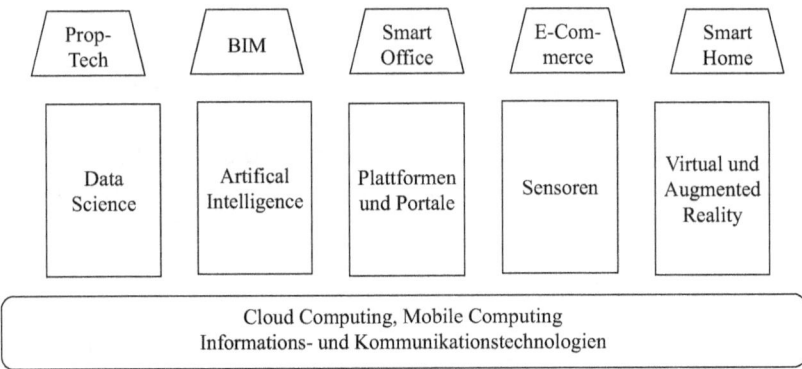

Abb. 3.16: Ausgewählte Technologien der Digitalisierung.
Quelle: eigene Darstellung in Anlehnung an Staub, Peter u. a., 2016, S. 108.

Als Basistechnologien werden Mobile und Cloud-Computing bezeichnet. Diese bilden die Grundlage für die weiteren Technologien. *Mobile Computing* beschreibt den elektronischen Zugriff auf ein Netzwerk und die elektronische Datenverarbeitung über ein mobiles Endgerät. Die Geräte können sich orts- und zeitunabhängig mit dem Netzwerk verbinden und kommunizieren. *Cloud-Computing* beschreibt den Zugriff auf Software- und Hardware-Ressourcen über das Internet, die nicht auf dem lokalen Rechner installiert bzw. gespeichert sind. Die benötigten Ressourcen werden über eine Cloud bezogen und von einem Cloud-Provider bereitgestellt. Die Nutzer des Cloud-Service, können unabhängig von Ort, Zeit und Endgerät auf die Daten zugreifen.

Aufbauende Technologien mit Relevanz für die Immobilienwirtschaft
- *Data Science* forscht zu Technologien zur Analyse und Auswertung großer Datenbestände (Big Data) sowie zur Prognose künftiger Entwicklungen. Data Science bezeichnet die Extraktion von Wissen aus Daten.
- *Artificial Intelligence* (Künstliche Intelligenz) ist der Versuch, eine menschenähnliche Intelligenz nachzubilden, d. h. Computer sollen eigenständig Probleme bearbeiten können (Automatisierung intelligenten Verhaltens). Künstliche Intelligenz ist einer der wichtigsten Trends in der Digitalisie-

rung und hält in immer mehr Bereichen Einzug. Viele Unternehmen setzen sie bereits in der Entwicklung, Herstellung oder Verwaltung ein.[56]
- *Plattformen und Portale* sind für die Bereitstellung von Software für soziale, technische oder betriebliche Netzwerke notwendig. Die Technologie der Plattformen ist die Grundlage für alle sozialen Netzwerke, Crowdfunding oder Smart Home.
- *Virtual und Augmented Reality* bezeichnet die wirklichkeitsnahe Visualisierung der realen Welt (Virtual Reality) oder die Überlagerung der Wahrnehmung der realen Welt mit Visualisierungen, d. h. mit zusätzlichen auf die reale Wahrnehmung bezogenen Informationen in Echtzeit (Augmented Reality).

3.5.3 Digitalisierung und Wohnungswirtschaft

Trotz der rasanten technologischen Entwicklungen halten innovative Technologien erst langsam Einzug in die Wohnungswirtschaft. Immobilien verfügen über wesentliche Eigenschaften, die eine Digitalisierung sinnvoll erscheinen lassen. Die komplexen Produkte und Prozesse rund um die Immobilie können durch eine Digitalisierung optimiert werden. Die Digitalisierung stellt wie in Tabelle 3.2 aufgezeigt, einen tiefgreifenden und nachhaltigen Wandel dar.

Es ist zu erwarten, dass sich neue Geschäftsmodelle mit Produkten und Dienstleistungen ergeben, die vielfach auf den traditionellen Geschäftsmodellen basieren. Auch die Geschäftsprozesse werden anhaltend verändert, hier sind die größten Veränderungen zu sehen. Beide Veränderungen wirken sich auf die Wohnungen aus, sei es auf den jeweiligen Standort oder auf die Immobilien und deren Ausstattung selbst. Das übergeordnete Ziel ist eine effiziente Verbindung mit der Immobilie und die Nutzung der neuen Technologien.

Tab. 3.2: Auswirkungen der Digitalisierung auf die Wohnungswirtschaft.

Auswirkungen der Digitalisierung auf ...	Wohnimmobilien
Geschäftsmodelle	- PropTechs- Intelligentes Wohnen
Geschäftsprozesse	- Wohnungsunternehmen: ... Arbeitsprozesse ... Data Science ... Kommunikation
Standortveränderung	- Homeoffice: andere Standorte
Gebäude und Ausstattung der Gebäude	- Smart Home - Ambient Assisted Living - nutzungsoffene Konzepte

Quelle: eigene Darstellung.

---

56 Vgl. Quality Services & Wissen GmbH, 2024

Die Unternehmen der Wohnungswirtschaft, in denen u. a. Vermarktung, Verwaltung, Bewirtschaftung und Kundenservices organisiert werden, sehen sich den vielfältigen Herausforderungen der digitalen Welt gegenüberstehen. Für sie ist der Einsatz von Technologien und Methoden der Digitalisierung zur Effizienzsteigerung und Qualitätsverbesserung eine der wesentlichen Aufgaben. Die Vision beinhaltet insbesondere den Aufbau von IT-technischen Strukturen (Technik, Software, Daten) mit flexiblen, vernetzten Systemen. Der Vorteil der digitalen Arbeit ist die höhere Flexibilität für die Immobilienunternehmen, die durch die Cloud, die Zunahme mobiler Anwendungen und Endgeräte verstärkt global und ohne Zeitgrenzen möglich wird. Aus wirtschaftlicher Sicht eröffnen sich für Unternehmen sowohl neue Wertschöpfungspotenziale als auch Performancesteigerungen. Die Unternehmen stehen vor einem tiefgreifenden Wandel, einerseits im Wettbewerb z. B. mit PropTechs und andererseits, um die Potenziale der Digitalisierung bezüglich ihrer Geschäftsprozesse und -modelle zu erschließen. Dieses Beziehungsgeflecht zeigt die folgende Abb. 3.17.

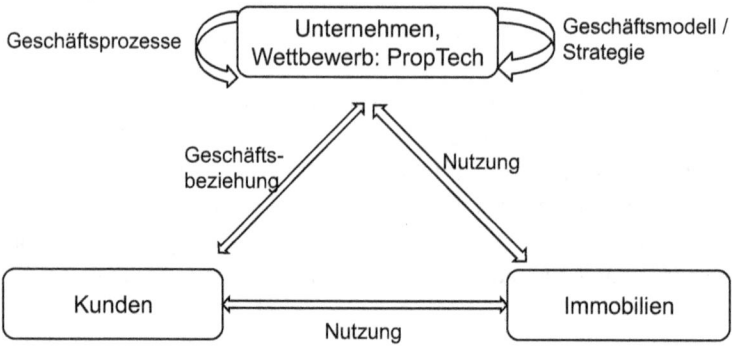

Abb. 3.17: Digitalisierung und Wohnungsimmobilien.
Quelle: eigene Darstellung.

Auswirkungen auf Geschäftsmodelle

Ein *Geschäftsmodell* beschreibt die Funktionsweise eines Unternehmens. Auch wenn es keine eindeutige Definition gibt, beinhaltet ein Geschäftsmodell u. a. eine Beschreibung der Wertschöpfungskette. Geschäftsmodelle beschreiben die Vorgänge, die einen Ertrag für das Unternehmen erzeugen oder durch die der Kunde einen Nutzen bzw. Mehrwert erhält. Durch die Digitalisierung können neue Geschäftsmodelle angeboten oder klassische Geschäftsmodelle transformiert werden.

Ein wichtiges Feld der digitalen Geschäftsmodelle im Bereich der Wohnimmobilien lässt sich unter dem Begriff des *intelligenten Wohnens* zusammenfassen. Es gibt bereits viele Technologien, die hierbei genutzt werden können. Eines dieser Geschäftsmodelle besteht aus Smart-Konzepten. Weitere Geschäftsmodelle sind Online-Mieterportale, die ihre Dienstleistungen in Form von automatisierten Prozessen anbieten und notwendige Informationen zur Verfügung stellen oder die Portale zum Chat zwischen Mietern und Vermietern anbieten. Im Zuge der Digitalisierung sind verschiedene mobile Formen der Wohnungsvermittlung entstanden. Dazu gehören u. a. Makler-Apps, Auktionsplattformen und Datenbanken für Wohnungssuchende. Bislang sind die neuen, digitalbasierten Geschäftsmodelle dann rentabel, wenn sie auf eher klassischen Businessansätzen aufbauen.

Durch die systematische Auswertung der gewonnenen Daten mithilfe von *Data Science* erhalten die Wohnungsunternehmen neue Erkenntnisse über ihre Kunden sowie deren Verhalten und Bedürfnisse. Dieses Wissen kann genutzt werden, um bestehende Dienstleistungen zu verbessern und neue zu entwickeln. Es bildet die Basis für neue Geschäftsmodelle, die der veränderten Anspruchshaltung der Kunden gerecht werden.

Neben den traditionellen treten neue Wettbewerber für die Unternehmen der Immobilienwirtschaft auf. Diese werden als *PropTechs* bezeichnet, was als Abkürzung für den englischen Begriff Property Technology steht. PropTechs wollen die traditionellen Geschäftsmodelle und Geschäftsprozesse in der Wertschöpfungskette von Immobilien verändern. Als innovative Unternehmen verknüpfen sie ihre Geschäftsmodelle mit den neuen technologischen Möglichkeiten. Dabei können die folgenden Arten von PropTechs unterschieden werden: Die klassischen Maklertätigkeiten (Vermarktungsplattformen), Planungstools wie BIM (Building Information Modeling) und Crowdfunding-Modelle. Derzeit sind die PropTechs vor allem im Bereich des Verkaufs und der (zeitweisen) Vermietung von Wohnungen tätig. Die Bedeutung von PropTechs bei der Digitalisierung kann nicht ohne Weiteres beurteilt werden. Trotz der Konsolidierung gerade in der letzten Zeit wird die Szene weiter engagiert bleiben.

Auswirkungen auf Geschäftsprozesse
Geschäftsprozesse sind auf der operativen Ebene eines Unternehmens angesiedelt und beschreiben die verschiedenen Aufgaben und Einzeltätigkeiten, um ein betriebliches Ziel zu erreichen. Sie gehören zur Ablauforganisation eines Betriebes und sollen den Wertschöpfungsprozess optimieren. Durch die Digitalisierung wird der Geschäftsprozess üblicherweise nicht vollständig revolutioniert oder vollständig ersetzt, sondern weiterentwickelt. Dabei kann bereits die Modernisierung eines Teils der Prozesskette große Effizienzsteigerungen bewirken. Bislang gibt es bei den Wohnungsunternehmen eine händische, analoge oder mit vielfältigen Medienbrüchen dargestellte Prozesslandschaft, die die Digitalisierung erschwert.

Der Megatrend Digitalisierung wird in den Wohnungsunternehmen vor allem die *Arbeitsprozesse* verändern. Die Digitalisierung ermöglicht optimale Datenaufbereitung und Arbeitsabläufe im Unternehmen über mobile Endgeräte vor Ort. Arbeitsinhalte und -abläufe sowie Arbeitsweisen in Wohnungsunternehmen werden sich mit zunehmender Digitalisierung in den kommenden Jahren weiter verändern. Immer mehr werden die Informations- und Kommunikationstechnologien zur Steuerung von

Arbeitsprozessen, zum Speichern und Strukturieren von Informationen sowie zur Unternehmensplanung und -steuerung eingesetzt. Damit wird es den Unternehmen möglich sein, schneller und effizienter zu agieren und damit der wachsenden Komplexität der zukünftigen Aufgaben gerecht zu werden.

Innerhalb der *Wertschöpfungskette „Wohnung"* existiert eine Vielzahl von Prozessen, die digitalisierbar sind. Dies beginnt bei Planung und Bau der Wohnungen und Gebäude. Das Kerngeschäft, Betrieb und Verwaltung der Wohnungen, unterliegt der Digitalisierung bereits seit langem. Es werden entsprechende Verwaltungs-, Buchhaltungs- oder Prozessplanungsprogramme eingesetzt. Eine weitere Möglichkeit stellen elektronische Vermietungssteckbriefe dar, die neben Informationen zu den Gebäuden bzw. Wohnungen auch solche zu den Mietverhältnissen mit Mieten, Mietdauer und Fluktuation beinhalten können. Web-basierte Hausverwaltungen werden versuchen, die Digitalisierung mit der Verbrauchserfassung zu verzahnen. Durch fernablesbare Zähler von Heizung bis Wasser könnten die jährlichen Ablesevorgänge wegfallen.

Größere Veränderungen ergeben sich auch im Bereich der *Vermarktung von Immobilien*. Die Digitalisierung der Vermarktung – von der Kontaktanbahnung bis zu Verkauf und Vermietung – ist bereits heute weiter fortgeschritten. Die Vermittlung von Wohnungen offline ist heute eher die Ausnahme, stattdessen läuft sie bereits über Immobilienportale.

Eine besondere Herausforderung werden die zu verarbeitenden Daten sein, wozu *Data Science* Lösungen in Form etwa von Smart Data liefern kann. Daten, die auch in der Gebäudenutzung und -instandhaltung anfallen, sind beispielsweise Energieverbrauchsdaten. Intelligente Produkte und Anwendungen in Wohnungen produzieren große Mengen an Daten. Diese Datenmengen werden zwar bisher gesammelt, jedoch nicht zwingend digital erfasst und i. d. R. auch nicht strukturiert abgelegt. Eine systematische Auswertung erfolgt häufig nicht; nur selten werden die Daten aufbereitet und genutzt. Daten können mithilfe digitaler Prozesse schneller aufbereitet und über mobile Endgeräte dort verfügbar gemacht werden, wo sie gebraucht werden. Damit können die Arbeitsprozesse, von der Neuvermietung bis zur systematischen Prüfung der Verkehrssicherheit, schneller und zuverlässiger werden.

Die Digitalisierung ermöglicht eine verbesserte *Kommunikation* sowohl mit den Kunden als auch mit Geschäftspartnern. Die Kommunikation mit den Kunden kann immer mehr IT-gestützt abgewickelt werden, dann auch unabhängig von der Tageszeit. Damit wird den steigenden Ansprüchen von Mietern an Zuverlässigkeit, Auskunftsfähigkeit und Bearbeitungsgeschwindigkeit Rechnung getragen. So können den Kunden über Mieterportale relevante Informationen vermittelt und ihre Wünsche entgegengenommen werden. Weiterhin erleichtern diese Systeme die Organisation und Zusammenarbeit mit externen Dienstleistern. Abrechnungen können per elektronischer Rechnungsstellung schneller geprüft und eindeutig zugeordnet werden. Betriebsintern können Aufgaben in projektspezifische Teams übergehen, wobei den Mitarbeitern eine höhere Eigenverantwortung eingeräumt wird. Eine Voraussetzung hierfür ist, dass die Kommunikationssysteme für die verschiedenen Anspruchsgruppen integrierbar sind, um reibungslose Kommunikationsflüsse intern wie extern sicherzustellen.

Auswirkungen auf den Produktlebenszyklus
In der Wohnungswirtschaft gibt es keinen Bereich des Lebenszyklus von Gebäuden und Wohnungen bzw. keinen Sektor bei den Unternehmen der nicht von der Digitalisierung unterstützt werden kann.

In der *Projektentwicklungsphase* werden aufgrund der Komplexität der Planung, das Einholen der behördlichen Genehmigungen zur Errichtung der Wohnimmobilie und nicht zuletzt der Phase der Realisierung sehr viele Dokumente benötigt. Dies führt bei der Ablage in Aktenordnern zu einem bedeutenden Flächenverbrauch. Weniger Fläche und ein effizienterer Umgang lassen sich durch ein digitales Dokumentenmanagement realisieren. Schon in der ersten Phase der Projektentwicklung können mithilfe von Sensoren und Satelliten der Baugrund und das Gelände vermessen werden. Durch Augmented Reality lassen sich dreidimensionale Projektionen von Strukturen und durch Virtual Reality virtuelle Begehungen mithilfe von Datenbrillen schaffen.

Building Information Modeling (BIM, Gebäudedatenmodellierung) ist eine der digitalen Technologien, die in dieser Phase Anwendung findet. es ist ein integriertes Modell, bei dem sämtliche Einflussgrößen miteinander verknüpft sind. BIM ist ein Prozess, bei dem mithilfe geeigneter Softwareunterstützung Planungs- und Bauprozesse sowie der spätere Betrieb vollständig abgebildet werden können. BIM soll zur Optimierung der Planungs- und Ausführungsqualität beitragen, da alle Informationen im Prozessverlauf eines Bauvorhabens allen Beteiligten jederzeit zur Verfügung stehen. Als einheitliche Datenbasis für Bau, Betrieb und Instandhaltung kann BIM eine Schlüsselrolle für den zukünftigen Umgang mit Daten über alle Bereiche hinweg spielen. Wo früher Papierpläne und handgefertigte Projektzeichnungen dominierten, ermöglicht die Software den Datenaustausch und die Arbeit an einem integrativen Projektmodell. Das erspart viele Prozessabläufe. BIM erfordert jedoch hohe Investitionskosten und einen erhöhten Aufwand für Schulungen. Des Weiteren sind technische (alle Beteiligten arbeiten mit einem einheitlichen System) und rechtliche Aspekte zu klären.

Der *Vermietungs- und Nutzermarkt* wird ebenfalls durch Digitalisierung beeinflusst. Die Digitalisierung bietet Potenziale für einen effizienteren, bewohnerfreundlicheren und ressourcenschonenderen Betrieb von Immobilien. Gute Smart Home-Konzepte bieten hohen Komfort, flexible Auslastungssteuerung und klimaschonenden Betrieb.

Geschäftsprozesse können durch die zunehmende Verbreitung und Leistungsfähigkeit von Smartphones und Tablets effizienter gestaltet werden. So werden z. B. Mietverträge digital verwaltet. Außerdem können durch *Immobilienportale* Angebote zu jeder Zeit von jedem beliebigen Ort aus abgerufen werden. Darüber hinaus können Anbieter dort erheblich mehr Informationen zu den Immobilien einstellen. Weiter ist es für die Nachfrager möglich, ihre Suchparameter individuell festzulegen und sich gezielt und schnell einen Überblick zu verschaffen. Zudem kann so der Nutzer- bzw. Mieterservice verbessert werden. Mithilfe von Augmented Reality und Virtual Reality ist es z. B. möglich, die Immobilien schon vor der Fertigstellung anzusehen.

Weitere Potenziale der Digitalisierung für mehr Effizienz und Nachhaltigkeit liegen im Property *Management* (anlageorientiertes, operatives Management von Immobilienobjekten) sowie im Facility Management (lebenszyklusbezogenes, operatives Management immobilienbezogener Prozesse). Durch die Digitalisierung verändern sich die Anforderungen an die Wohnungsverwaltung. Die Wartung und Instandhaltung von komplexen Anlagen kann mithilfe der Augmented Reality durch das Einblenden zusätzlicher technischer Informationen effizienter durchgeführt werden. Auch im Assetmanagement (strategisches Objektmanagement eines Bestandes), Portfoliomanagement (strategisches Management von Portfolios) oder im Investmentmanagement (rahmengebendes Management von z. B. Beständen) können Prozesse effizienter gestaltet werden.

Bei *Data Science*, oftmals auch als Data Mining oder Big Data bezeichnet, werden digitale Technologien eingesetzt, um einen Mehrwert für die Unternehmen und Kunden zu erreichen. Es lassen sich Markt- und Mietvertragsdaten analysieren, um die Renditen von Portfolios und Immobilien zu optimieren oder Mietausfälle vorherzusagen und zu vermeiden. Data Mining bietet Methoden, um gespeicherte Daten möglichst automatisiert zu analysieren und vorhandene Daten auf empirische Zusammenhänge zu untersuchen.

Bei der Umwandlung von *Big Data* in Smart Data sind die Datenmengen zu groß, komplex oder ändern sich zu schnell, um sie mit klassischen Analysemethoden auswerten zu können. Große Datenmengen werden gespeichert, verarbeitet, ausgewertet und teilweise neu vernetzt. Der Übergang von Big zu Smart Data erfolgt durch eine sorgfältige Aufbereitung und Analyse. Big Data bezieht sich in der Immobilienwirtschaft auf Daten, die die Immobilien selbst liefern, etwa in Bezug auf Energieverbrauch und Nutzerverhalten. Entscheidend für den Erfolg wird es sein, diese Daten effizient zu erheben, auszuwerten und in Geschäftsmodelle umzusetzen.

Es geht auch darum, standardisierte Massenprozesse zu automatisieren. Es werden Daten am Ort des Ursprungs aufgenommen, die daraus resultierenden Aufträge oder Folgearbeiten werden automatisch im Workflow ausgelöst und bearbeitet. Diese Art des Prozessmanagements existiert zwar schon, aber viele Schritte werden heute noch manuell vollzogen. Eine höhere Digitalisierung lohnt sich dort, wo Daten nach dem gleichen Schema dezentral erfasst und zentral verfügbar sind. In der Immobilienwirtschaft sind dies beispielsweise die Übergabe und Übernahme von Mietflächen oder Instandhaltungsaufträge. Weiterhin sind Daten gemeint, die es ermöglichen, immobilienwirtschaftliche Vorhersagen zu treffen. Mithilfe von öffentlich zugänglichen Daten, unternehmensinternen Daten oder Daten aus dem Social-Media-Umfeld können z. B. Einstellungsänderungen von Nutzern zu Wohnungslagen frühzeitig erkannt werden. Eine der größten Herausforderungen ist die fragmentierte und teils unübersichtliche Datenlage. Die Probleme potenzieren sich durch die Heterogenität der Objekte, die Komplexität der Portfolios, die Zahl der Verträge sowie die Anzahl der beteiligten Akteure.

Die Wohnungswirtschaft zeichnet sich traditionell durch eine geringe *Markttransparenz* aus. Daher haben diejenigen Marktteilnehmer einen Wettbewerbsvorsprung, die über spezifisches Know-how verfügen. Die Digitalisierung ermöglicht neue Wege zu mehr Transparenz. Im letzten Jahrhundert waren nur wenige Daten verfügbar, die aus Befragungen von Marktteilnehmern stammten. Durch die Digitalisierung (u. a. Plattformen) stehen heute weitaus mehr Informationen zur Verfügung, die mithilfe von Data Science analysiert werden können. Relevante Informationen können in einem akzeptablen Format aufbereitet und dem Interessenten zur Verfügung gestellt werden. So kann die Vermarktung von Immobilien verbessert werden, da eine höhere Aktualität der Angebote möglich ist. Für den Kunden ist der Zugang zu den Angebotsplattformen jederzeit möglich. Dies kann Informationsasymmetrien zwischen den beiden Transaktionsparteien verringern und mehr Transparenz schaffen. Das ist eine Voraussetzung, um den Transaktionsprozess effizienter zu gestalten. Darüber hinaus ist es möglich, den Wert einer Wohnimmobilie durch mehr Marktinformationen genauer zu bestimmen. Data Science ermöglicht so beispielsweise die Vorhersage der Renditeentwicklung komplexer Immobilienportfolios.

Die langfristigen *Immobilienpreise bzw. -werte* können durch die Digitalisierung beeinflusst werden. Beim Kauf eines Objektes gehen Annahmen zur zukünftigen Entwicklung z. B. der Miete in die Kalkulation ein. Da Immobilien oft langfristig gehalten werden, wirken sich langfristige Trends auf die Wertentwicklung aus. In den nächsten Jahren wird der digitale Veränderungsdruck zunehmen. Die Digitalisierung wird langfristig zu einer umfassenden und vielfältigen Änderung von Arbeits- und Lebensgewohnheiten führen. Für die *Wertentwicklung* von Immobilien aller Nutzungsarten wird von daher mitentscheidend sein, wie sich die Digitalisierung auswirkt. Falls die Objekte am Ende der Halteperiode nicht mehr den Anforderungen der digital orientierten Nutzer entsprechen, können sie nur mit Abschlägen verkauft werden oder es bedarf umfassender Refurbishments. Von daher sind die Auswirkungen der Digitalisierung und ihrer Änderungen auf das Nutzer- und Nachfrageverhalten bei Investmententscheidungen stärker zu berücksichtigen.

In der *Verwertungsphase* entspricht die Immobilie nicht mehr der Nachfrage der Nutzer. Damit ergeben sich in dieser Phase des Lebenszyklus zwei Möglichkeiten, der Abriss oder umfangreiche Sanierungen bzw. Refurbishments. Wie in der Projektentwicklungsphase können digitale Produkte den Prozess effizienter gestalten. Die Revitalisierung und Modernisierung von Immobilien sind i. d. R. mit großem finanziellem Aufwand verbunden. Diese Kapitalbeschaffung kann, wie auch bei der Projektentwicklung, u. a. durch Crowdfunding erfolgen.

Auswirkungen auf Standorte

Aufgrund der Digitalisierung kann es zu einer Verschiebung der *Standortpräferenzen* bei Wohnimmobilien kommen. Durch Homeoffice haben Arbeitnehmer die Möglichkeit, weniger Zeit im Unternehmen präsent zu sein. Dadurch könnte sich der Trend zum Wohnen im Umland von Ballungsräumen verstärken, wo Eigenheime aufgrund niedrigerer Grundstückspreise in der Peripherie der Großstädte erschwinglicher sind. Auch weiter entfernte Gegenden mit hohem Freizeitwert dürften an Attraktivität gewinnen.

Homeoffice bietet weiterhin Chancen für qualifizierte Arbeitskräfte in strukturschwachen Gebieten und kann deren Abwanderung eventuell hemmen. Notwendige Voraussetzung ist eine gute Internetverbindung am peripheren Wohnort. Die Auswirkungen auf die Wohnungsnachfrage werden sich aufgrund der Digitalisierung aber, wenn überhaupt, nur langsam und in geringem Umfang verändern.

Auswirkungen auf Gebäude und -ausstattung

Die Steuerung und Kontrolle von Anlagen in Wohnimmobilien wird durch Digitalisierung in Form der *Smart Home-Technologien*, auch als *Intelligentes Wohnen* bezeichnet, deutlicher verändert werden. Intelligentes Wohnen dient oft als Oberbegriff für technische Veränderungen, auch wenn unterschiedliche Begriffe und Bezeichnungen (z. B. von Unternehmen) verwendet werden. Diese Technologien umfassen Steuerungsprozesse, die innerhalb eines Gebäudes oder Raumes in eine Maschine-zu-Maschine-Kommunikation übernommen und automatisiert werden. Die Smart Home-Technologien können in Smart House-, Smart Living- und Ambient-Assisted Living-Systeme (siehe Abb. 3.18) unterschieden werden, auch wenn die Abgrenzungen fließend sind.

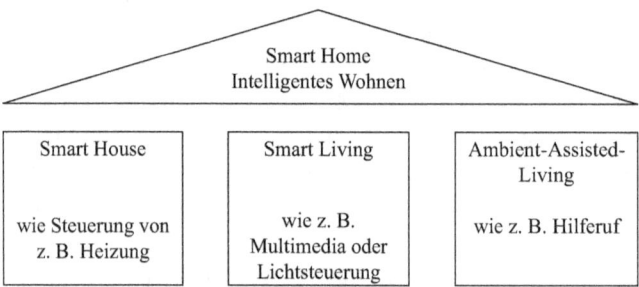

Abb. 3.18: Intelligentes Wohnen.
Quelle: eigene Darstellung.

Bei *Smart House-Lösungen* werden mithilfe von Systemen und Verfahren Haustechnik und Haushaltsgeräten vernetzt. Die Digitalisierung soll in den Gebäuden Sicherheit und Ressourceneffizienz schaffen. Digitale Anwendungsbereiche betreffen vor allem Sicherheitsaspekte und die Versorgung. Zur Steuerung kann auch ein Smartphone oder Tablet-PC verwendet werden, der mit den entsprechenden Apps ausgerüstet ist.

Bei Smart Houses ist im Bereich der Stromnutzung ein Geschäftsmodell entstanden, das sogenannte *Smart Grid*. Es handelt sich um elektronische kommunikationsfähige Messeinrichtungen. Dies ermöglicht es dem Nutzer, die Stromflüsse im Haus mithilfe einer App zu kontrollieren. *Smart Meter* – intelligente Zähler – werden eingesetzt, um z. B. den Energieverbrauch sowie die Energiezufuhr zu messen und gezielt zu steuern. Sie stellen die Schnittstelle zwischen Smart Houses und Smart Grids dar. Damit ist eine einfachere Erfassung der Verbräuche möglich. Für den Verbraucher wird die Transparenz erhöht und er kann seine Nachfrage an den jeweils aktuellen Bedarf anpassen. Dies erfordert jedoch vom Bewohner ein entsprechendes Engagement.

Durch die neuen Technologien sind Veränderungen in Form des *Smart Living* zu erwarten, wodurch sich die Anforderungen an die Wohnungsausstattung verändern werden. Mehr Lebens- und Wohnqualität soll durch diese Technologien z. B. bei der Belichtung und Beschattung erreicht werden. Der Einsatz von Multimedia oder Lichtsteuerung in der Wohnung wird weiter zunehmen. So lassen sich die Heizung und das Raumklima über das Internet steuern. Einige Systeme drosseln selbstständig die Heizung, wenn ein Fenster geöffnet wird. Sie erkennen, wenn ein Bewohner einen Raum betritt und schalten das Licht ein. Diese Systeme sollen zu mehr Lebens- und Wohnqualität führen.

Dies betrifft vor allem die *Vernetzung der Geräte* über W-LAN, z. B. über Smart TV. Auch für die Nutzung der Wohnung als Einkaufsort per Internet müssen die technischen Voraussetzungen gegeben sein. Diese sind vielfach nicht die Aufgabe der Wohnungsanbieter, sondern erfüllen die Bedürfnisse der Wohnungsnutzer und sind daher auch von diesen zu bezahlen. Gleichzeitig erhöhen sich aber die Vermietungschancen, wenn der Vermieter diesen Service anbietet.

In Verbindung mit der demografischen Entwicklung besteht ein großes Potenzial für Smart Home in Form von *Ambient-Assisted-Living-Systemen*. Intelligente Informations- und Kommunikationstechnologien können zur Erhöhung des Komforts, der Sicherheit sowie der Gesundheit beitragen und damit ältere oder benachteiligte Menschen im Alltag unterstützen. Sie ermöglichen es älteren Menschen länger in ihren Wohnungen zu leben.

Dabei haben die Assistenzsysteme neben den beschriebenen Smart House-Anwendungen unterschiedlichste weitere Funktionen. Im Bereich der Telemedizin können beispielsweise die Vitalwerte und die Medikamenteneinnahme überwacht werden. Ebenso kann die Alltagsorganisation durch eine Terminverwaltung unterstützt oder die Kommunikation mit anderen Personen oder sozialen Netzwerken erleichtert werden. Spezielle Sensortechnik kann eingesetzt werden, um beispielsweise den Sturz einer Person zu erkennen, deren Aufenthaltsort zu ermitteln oder einfach den Herd abzuschalten, falls dies vergessen wurde.

Der Trend zum *dezentralen Arbeiten* (Remote Work) hat auch unmittelbare Auswirkungen auf die Wohnimmobilien und ihre Ausstattung. Bei der Planung von Wohnungen sind der Raumbedarf und die technischen Voraussetzungen für Homeoffice zu berücksichtigen. Nicht jede Wohnung hat ausreichend Zimmer, um eine geeignete

Arbeitsfläche einrichten zu können. Die Wohnungen müssen so gestaltet werden, dass sie den gesetzlichen Regelungen und Arbeitssicherheitsstandards entsprechen und damit eine Arbeit im Homeoffice möglich machen. Angesichts des höheren Platzbedarfs ist langfristig mit einem Anstieg der Wohnfläche zu rechnen. Dieses ist bereits bei den Grundrissen der Wohnungen zu beachten. Gefordert sind nutzungsoffene, innovative und möglichst reversible Konzepte und Pläne. Fest vorgegeben werden nur die tragenden Strukturen, während die Grundrisse flexibel angepasst werden können.

3.5.4 Chancen und Risiken

Smart Home-Technologien und Intelligentes Wohnen werden zu Veränderungen des Wohnens und der Wohnungen führen. Die Digitalisierung bringt neue Chancen, aber auch einige Risiken für die Wohnungswirtschaft.

Chancen
Die Chancen der Digitalisierung liegen in der Entwicklung neuer digitaler Geschäftsmodelle. Zudem können Geschäftsprozesse automatisiert und vereinfacht werden. Digitalisierung ermöglicht eine effizientere Bauweise sowie Planung und Finanzierung von Projekten. Durch neue Technologien lassen sich Projekte noch vor Fertigstellung visuell besser vermarkten. Unternehmen können so neue Wettbewerbsvorteile für sich nutzen. Insgesamt kann die Wohnungswirtschaft dynamischer und effizienter werden. Folgende weitere Vorteile werden gesehen:
- *Effizienzsteigerung*: Digitalisierung ermöglicht es Unternehmen, Prozesse zu automatisieren und zu optimieren, was zu einer erhöhten Effizienz führt.
- *Verbesserter Zugang zu Informationen*: Digitale Daten können leichter gespeichert, durchsucht und analysiert werden.
- *Förderung der Vernetzung*: Digitalisierung erleichtert die globale Vernetzung und Kommunikation.

Mit fortschreitender technologischer Entwicklung ist langfristig davon auszugehen, dass die Systeme selbst weniger kosten werden und dass, zugleich die Ansprüche und Zahlungsbereitschaft für entsprechend ausgestatteter Immobilien bei Mietern und Käufern zunehmen werden. Die technische Ausstattung von Wohnimmobilien wird zu einem gewichtigeren Faktor bei der Vermarktung werden. Die standort- und marktrelevanten Einflussfaktoren werden ihre entscheidende Bedeutung jedoch behalten.

Risiken
Ein nicht zu unterschätzendes Risiko der Digitalisierung ist der *wirtschaftliche Aspekt*, da vielfach technische Leistungen und Produkte präsentiert werden, die ökonomisch

nicht erfolgreich sind. Die Immobilien müssen für neue Technologien geeignet sein. Bei der Planung von Neubauten ist dies einfach zu berücksichtigen. Eine Nachrüstung von Bestandsimmobilien ist allerdings häufig mit hohem Aufwand und Investitionskosten verbunden.

Die Kosten entstehen zum einen durch die Investitionen in die Digitalisierung und zum anderen im Rahmen des laufenden Betriebs. Smart Home erfordert anfängliche Mehrinvestitionen. Diese entstehen durch die Einführung neuer Systeme und Qualifikationskosten der Mitarbeiter im Unternehmen. Nachfolgend sind im laufenden Betrieb höhere Kosten für Betrieb, Überwachung und Unterhalt notwendig. Auch die Schnelllebigkeit der Produkte stellt ein Risiko für die Wirtschaftlichkeit dar. Nach mehreren Jahren ist die Technik zu aktualisieren bzw. komplett zu erneuern, was weitere Kosten verursacht. Dem gegenüber stehen teilweise Einsparungen, z. B. durch eine höhere Effizienz bei der Energienutzung. Und außerdem kann Smart Home zu mehr Komfort führen.

Nicht alles, was technisch machbar ist, ist auch ökonomisch sinnvoll. Für den Investor (Wohnungsunternehmen oder Mieter) muss eine Investition wirtschaftlich sein und die Nutzer müssen eine deutliche Aufwertung ihrer Lebensqualität erfahren.

Technologische Risiken für die Wohnungswirtschaft ergeben sich dadurch, dass für eine weitergehende Digitalisierung oft eine geeignete Datenbasis fehlt. Es herrschen eine intransparente Datenstruktur und eine mangelnde Datenqualität vor. Ein weiteres Risiko stellt die IT-Sicherheit dar. Immer mehr Daten werden online gespeichert und ausgetauscht, zudem werden immer mehr Geräte und Systeme miteinander vernetzt. So ergeben sich Risiken hinsichtlich Datenschutzes, Missbrauch von Daten, Sicherheitslücken der Systeme und Systemausfall.

Technische Hindernisse können sich durch die unterschiedlichen Anbieter von digitalen Technologien ergeben, die jeweils nur für Teilprobleme ihre Lösung anbieten. Sie sind untereinander und über die verschiedenen Funktionsebenen hinweg nicht oder wenig kompatibel. Oftmals bestehen Schnittstellenprobleme. Nachteilig bei Smart Home können zu wenige oder zu komplizierte Einstellungsmöglichkeiten, unnötiger Energieverbrauch bei der Steuerung sowie eine übergriffige Automatisierung sein.

Die Digitalisierung bringt auch *soziale Risiken* mit sich. Bei Smart Homes haben die Wohnungsunternehmen die Mieter und deren Interessen zu berücksichtigen. Ältere Mieter ohne Smartphone, Menschen mit geringen deutschen Sprachkenntnissen oder Bewohner mit Mobilitätseinschränkungen haben besondere Anforderungen an digitale Lösungen. Weiterhin muss bei den Bewohnern eine hohe technische Akzeptanz vorhanden sein, um diesen technologischen Wandel umzusetzen.

Bewertung
Insgesamt ist die Digitalisierung bei Wohnimmobilien seit langem gegeben, und viele Beteiligte passen sich daran an. Ein disruptiver Einfluss der Digitalisierung auf die

Immobilienbranche ist bislang aber nicht gegeben, da sie teilweise einen zu hohen Kapitaleinsatz erfordert, mit rechtlichen Hindernissen kollidiert und an der erforderlichen Datenbasis scheitert. Die Digitalisierung gleicht damit eher einer technologischen Evolution als einer Revolution. Der Digitalisierungsboom scheint vorbei, bevor er richtig Fahrt aufnehmen konnte. Der Hype ebbt ab, und es setzt eine gewisse Ernüchterung ein.

Die Immobilienwirtschaft ist vor allem deswegen von einer stärkeren Digitalisierung entfernt, da die benötigten Daten fehlen. In der Projektentwicklung wird Building Information Modelling nur in geringem Umfang angewendet, sodass diese Daten auch in der späteren Nutzungsphase fehlen. Generell fehlen Marktdaten, da diese nur schwer zu ermitteln sind. Immobilien sind Unikate, und so sind Durchschnittszahlen nur mit hohen Unsicherheiten gegeben. Zudem werden Immobiliendaten nur in größeren Zeitabständen ermittelt und es fehlt an einer aussagekräftigen langfristigen Datenreihe.

3.6 Globalisierung der Wohnungswirtschaft

Der Megatrend *Globalisierung* beschreibt eine weltweit zunehmende Verflechtung verschiedener Lebensbereiche. Dies umfasst Ökonomie, Kultur, Wissen, Technologie sowie die internationale Politik. Auf der gesellschaftlichen Ebene bedeutet dies eine verstärkte kulturelle Durchdringung von früher eher national geprägten Gesellschaften. Kunst und Kultur werden global wahrgenommen und orientieren sich weniger an nationalen Besonderheiten. Moderne Informationstechnologie ermöglicht den Menschen einen Gedankenaustausch über die klassischen Grenzen hinweg.

Globalisierung bezeichnet einen *historischen grenzüberschreitenden Prozess*. Es ist ein Prozess der weiträumigen Ausdehnung und Verknüpfung von Aktivitäten, der u. a. in einem wachsenden, regionalen und nationalen Grenzen überschreitenden Bewegung von Gütern, Kapital und Menschen zum Ausdruck kommt. Ausgangspunkt der Globalisierung sind lokale Märkte, die von der Internationalisierung und Globalisierung betroffen sind. Unter Internationalisierung werden die wirtschaftliche Verflechtung und die sich daraus ergebenden Interdependenzen zwischen (*lat.: inter*) verschiedenen Ländern und ihren Wirtschaftssubjekten verstanden. Internationalisierung beschreibt den Prozess der zunehmenden Quantität und Qualität solcher Verflechtungen.

Die Entwicklung der Globalisierung ist ein *offener Prozess*, für den gegensätzliche Tendenzen, ein Nebeneinander von Veränderungen und bestehenden Strukturen charakteristisch sind. Globalisierung ist aus einer steigenden Quantität und Qualität internationaler Verflechtungen erst entstanden. Der Begriff der Globalisierung geht üblicherweise über das Verständnis von Internationalisierung hinaus und bezeichnet ein mehrdimensionales Phänomen. Die neue Dimension ist sowohl quantitativ (ein Mehr an Beziehung) als auch qualitativ (eine andere Art von Beziehung) geprägt. Zur

Globalisierung wird Internationalisierung erst ab einer bestimmten Reichweite und Intensität der Beziehungen. In einer globalisierten Welt haben die Kooperationsbeziehungen eine neue Qualität erreicht, vor deren Hintergrund nationalstaatliche Politik unzureichend erscheint. Die Globalisierung kann somit als eine weltweite Verflechtung der verschiedenen Wirtschafts- und Lebensbereiche bezeichnet werden.

Aus *ökonomischer Sicht* bezieht sich Globalisierung auf einen dynamischen und multidimensionalen Prozess der wirtschaftlichen Integration. Globalisierung bezeichnet die Entstehung globaler Kapital-, Dienstleistungs- und Gütermärkte, die zu einer zunehmenden weltweiten Verflechtung und einer zunehmenden Integration der Volkswirtschaften führen. Wertschöpfungsketten werden immer stärker global organisiert und erfordern komplexe Steuerungsmechanismen. Die internationalen Finanzmärkte werden weiter an Bedeutung für die Entwicklung des realen Sektors einer Volkswirtschaft gewinnen. Damit wandeln sich nationale zu globale Märkte, die nicht mehr von einzelnen Staaten gesteuert werden können, wodurch Abhängigkeiten zunehmen.

Die *Wohnungsmärkte* sind unterschiedlich stark von der Globalisierung betroffen. Sie weisen eine hohe Vielfalt lokaler, regionaler, nationaler und globaler Einflüsse auf, ohne vollständig mit einer einzelnen geografischen Ebene verbunden zu sein. Die Triebkräfte der Globalisierung liegen auf unterschiedlichen Ebenen. Globale, nationale und lokale Dimensionen überlappen sich in einer komplexen Weise und konstituieren eine Vielzahl von heterogenen Immobilienmärkten. Dies gilt sowohl hinsichtlich der regionalen Märkte als auch hinsichtlich der Unterscheidung zwischen Investment- und Vermietungsmärkten sowie weiterer Märkte in der Wertschöpfungskette der Immobilie.

Die Globalisierung zeigt sich besonders stark auf den Wohnimmobilien-Investmentmärkten. Ausländische Investoren kaufen und verkaufen Immobilien, Immobilienportfolios und Immobilienunternehmen in Deutschland. Immobilie etablieren sich weltweit als *globale und fungible Assetklasse*. Wohnimmobilien wurden zu einer Anlagekategorie, die heute mit anderen Assets um das weltweit zur Verfügung stehende Kapital im Wettbewerb steht. Als Folge der Dominanz der Finanzmärkte beeinflussen deren Entwicklungen die Immobilien-Investmentmärkte inzwischen wesentlich stärker.

Es gibt eine veränderte Sichtweise von Immobilien als *Anlagevehikel*. Die modernen Anlagestrategien der Immobilieninvestoren orientieren sich bei ihren Investitionsentscheidungen zunehmend an den Erfordernissen der Finanzmärkte. Immobilien werden nicht mehr bloß als Liegenschaften angesehen, die lange gehalten werden, sondern entwickeln sich zu prinzipiell mobilen Assets, die in kürzeren Zeiträumen gekauft und verkauft werden. Die Wertentwicklung einer Immobilie hängt nicht mehr so stark von den Vermietungsergebnissen (Miete) ab, sondern wird stärker von den Finanzmärkten (Liquidität, Spreads) beeinflusst. Somit steht nicht mehr die direkte Anlage in Immobilien, sondern das Investment in indirekte Anlageprodukte im Vordergrund. Da durch neue Finanzierungsinstrumente Immobilien eine fungible Anlagealternative für international tätige Investoren geworden sind, kann die Immobiliennachfrage steigen, wenn z. B. Anlagealternativen gerade eine Schwächephase durchlaufen und für die Anleger weniger attraktiv sind. Für institutionelle Investoren weisen Immobilien große Vorteile auf und sie sind daher daran interessiert, in ihrem Portfolio diese Assets zu berücksichtigen. Die klassischen Eigenschaften der Immobilie mit ihrem Ruf als werstabiles Investment mit guten Ertragsaussichten machen sie zu einem für die international tätigen Investoren interessanten Asset.

Auf den Wohnimmobilienmärkten kam es verstärkt zu *grenzüberschreitenden Investitionen*. Investments (Portfolio oder Einzelkäufe) von internationalen Investoren führen zu einer höheren Nachfrage und c. p. zu höheren Preisen. Mit der fortschreitenden Globalisierung geht eine zunehmende Kapitalmarktorientierung der Immobilienmärkte einher. Immobilienmärkte sind zunehmend Aktionsfelder für Finanzanlagestrategien, die im Renditewettbewerb mit anderen Formen von Finanzanlagen stehen. Investoren stellen sich heute internationale Portfolios entsprechend ihrem Chancen-Risiken-Profil zusammen. Unter diesem Blickwinkel zeichnet sich der deutsche Wohnungsmarkt als Anlageobjekt mit hoher Stabilität und geringem Risiko aus und wird so für ausländische Investoren nachhaltig interessant.

Die globalisierten Märkte beeinflussen zunehmend die *lokalen Wohnungsmärkte*. Die Globalisierung wirkt vor allem über den Megatrend Urbanisierung auf die Nachfrage nach Wohnungen. Hier geht es weniger um die Gesamtzahl der nachgefragten Wohnungen, sondern deren regionale Verteilung steht im Vordergrund. Seit Jahren ist ein überdurchschnittliches Wachstum vor allem in Großstädten oder Agglomerationen mit zentraler Lage zu beobachten. Der ländlich geprägte, wenig zentrale Raum verliert demgegenüber deutlich an Bevölkerung und Haushalten.

Die Effekte der Globalisierung betreffen die Standards des Wohnens (*variable Wohnkonzepte*) für die direkt betroffenen Bevölkerungsgruppen (international tätige Beschäftigte). Dies gilt für Beschäftigte, von denen Flexibilität und Mobilität gefordert wird, sowie für das Wohnen von Zuwanderern und z. B. für das „Ausbildungswohnen". Bei diesen globalisierten Wohnformen handelt es sich zunehmend auch um verschiedene Formen eines temporären Wohnens mit unterschiedlichen Raum-Zeit-Mustern, Fristigkeiten und Eigengesetzlichkeiten. Bedingt durch die zunehmende Mobilität der Lebensplanungen werden vermehrt variable Wohnkonzepte nachgefragt. Der Schwerpunkt liegt auf Wohnungen für Ein- bis Zweipersonenhaushalte. Diese werden von jungen Bildungsmigranten an den Studienorten nachgefragt und auch von älteren Bewohnern gewünscht. Die traditionelle Idee einer nahezu lebenslangen Wohnung entspricht heute vielfach nicht mehr der Realität. Neu ist, dass auch ältere Menschen (v. a. Best Ager) bereit sind, ihre Wohnungen im Alter gegen kleinere Wohnungen zu tauschen, wodurch der Remanenzeffekt an Bedeutung verlieren wird.

Aufgrund der nur begrenzt zur Verfügung stehenden Flächen in zentraler Lage und der zunehmenden Flächenkonkurrenz mit anderen Nutzungen wie Büros oder Einzelhandel ist unter sonst gleichen Bedingungen mit steigenden Mieten zu rechnen. Dies wiederum drängt gerade die wirtschaftlich schwachen Haushalte an den Rand der Städte, sodass sich hier Bereiche mit sozialen Problemen bilden können. Eine

Möglichkeit, diese Entwicklung zu verhindern, stellen variable Quartierskonzepte mit unterschiedlichen Wohnalternativen dar. In ihnen kann die Wohnung bedarfsgerecht gewechselt werden, ohne das Quartier und die vertraute Umgebung verlassen zu müssen.

Industrialisierung und Urbanisierung, die Teilaspekte der Globalisierung sind, prägen die Wohnungsmärkte von heute und auch die Nutzung der Wohnungen. Globalisierung lässt sich gleichsetzen bzw. erfordert von den Menschen Flexibilität und Mobilität. Die Strukturen von Arbeit dynamisieren sich, sodass beispielsweise räumliche Flexibilität immer notwendiger wird. Damit verändern sich auch die Anforderungen an das Wohnen und die Lage, Größe und Ausstattung der Wohnungen. Eine hohe Flexibilität bei der Wahl des täglichen Arbeitsortes (im Büro, zu Hause o. Ä.) wird zur Regel werden.

4 Der Wohnungsmarkt in Deutschland – Strukturen und Entwicklungen

Die deutschen Wohnungsmärkte als das Zusammentreffen von Angebot und Nachfrage nach Wohnungen lassen sich nach verschiedenen Kriterien abgrenzen. Dabei werden zum einen die Wohnungsmärkte im Verlauf des Lebenszyklus der Wohnungen und zum anderen die Wohn-Investmentmärkte analysiert.

Der deutsche Wohnungsmarkt befindet sich mit seinen unterschiedlichen *regionalen Teilmärkten* im Ungleichgewicht. Seit Jahren ist insbesondere ein Auseinanderdriften von Wachstums- und Schrumpfungsregionen zu beobachten. Durch den Beschäftigungsaufbau in vielen Großstädten und die dynamische Binnen- und Außenwanderung in die Ballungsräume entstand die Entwicklung. Der Bedarf ist in vielen Großstädten groß und konnte vielerorts nicht durch ein entsprechendes Angebot befriedigt werden. Gleichzeitig besteht in vielen vorwiegend ländlichen Gebieten weiterhin ein Überangebot an Wohnraum, das sich in Form von strukturellen Leerständen zeigt.

Besonders stark belasteten die stark gestiegenen Baukosten und die Bauzinsen den Immobilienbereich, da sie die Bedingungen für Fremdfinanzierungen deutlich erschwerten. Dies führte zu einem Einbruch der Immobilientransaktionen und der Bautätigkeit. Der Wohnungsmarkt ist hiervon besonders betroffen, da private Haushalte bei der Eigentumsbildung sehr sensitiv auf höhere Finanzierungskosten reagieren. Gleichzeitig gerieten zahlreiche Bauunternehmen und Projektentwickler aufgrund der gestiegenen Finanzierungskosten in finanzielle Schwierigkeiten. Dies hat zur Folge, dass die Insolvenzen im Grundstücks- und Wohnungswesen deutlich gestiegen sind

Es wird eine grundlegende Einführung über die bedeutenden Märkte gegeben, die relevant sind, um die Wohnungsmärkte zu analysieren. Der Aufbau des Kapitels folgt dem Lebenszyklus von Wohnimmobilien, wobei zunächst auf den Grundstücksmarkt und den Wohnungsbestand eingegangen wird. Der Lebenszyklus umfasst die Projektentwicklungen und Fertigstellungen über die Vermietung bis zur Verwertung von Wohnungen. Entlang des Lebenszyklus gibt es den Investmentmarkt für Wohnimmobilien.

4.1 Vorbemerkungen

4.1.1 Marktabgrenzungen

In der Volkswirtschaftslehre werden *Märkte* als Orte des Zusammentreffens von Angebot und Nachfrage definiert. Wohnungsmärkte sind solche, auf denen Wohnimmobilien bzw. entsprechende Immobiliendienstleistungen gehandelt werden. Die Marktergebnisse werden durch das Zusammenwirken von Angebot und Nachfrage unter den gegebenen Rahmenbedingungen bestimmt und unterliegen den üblichen marktwirtschaftlichen Gesetzen der Preisbildung unter Einfluss des Staates.

Grundsätzlich gibt es „den" Wohnungsmarkt aufgrund der *Heterogenität* der Immobilien nicht. So kann u. a. zwischen Ein- und Zweifamilienhäusern, Mehrfamilienhäusern oder Sonderformen unterschieden werden. Es gibt demnach eine Vielzahl von Wohnungsmärkten, die sich nach unterschiedlichen Kriterien abgrenzen lassen. Die dementsprechende Strukturierung des Markts macht deshalb Sinn, da unterschiedliche Einflussfaktoren auf die einzelnen Segmente identifiziert und in ihrer Wirkung analysiert werden können.

Erstens lassen sich Wohnungsmärkte nach unterschiedlichen Gebäudetypen in Abhängigkeit von ihrer jeweiligen *Nutzungs- oder Objektart* unterscheiden. Je mehr bei einer Objektart nach der Nutzung differenziert wird, desto homogener wird das daraus resultierende Marktsegment. Innerhalb eines Segmentes können die verschiedenen Immobilien nach Größe, Ausstattung und weiteren Kriterien unterschieden werden.

Zweitens können Wohnungsmärkte aufgrund der Standortgebundenheit von Immobilien nach *Lage bzw. Standort* (regionale Abgrenzung) bestimmt werden. Somit können lokale, regionale, nationale und internationale Wohnungsmärkte unterschieden werden. Die räumlichen Teilmärkte können sich aufgrund ihrer spezifischen Marktbedingungen unterschiedlich entwickeln. In Deutschland gibt es keinen dominanten Metropolenmarkt, denn aufgrund der föderalen Struktur existieren mehrere wichtige lokale Märkte der sieben A-Städte Hamburg, Berlin, Düsseldorf, Köln, Frankfurt, Stuttgart und München nebeneinander. Die Einteilung in A- bis D-Standorte geht zurück auf eine Abgrenzung durch die bulwiengesa AG und orientiert sich an der Marktgröße. Aber auch in diesen lokalen Märkten gibt es weitere Teilmärkte. Bedingt durch die Heterogenität des Gutes „Wohnimmobilie können unterschiedliche Objektarten in Teilmärkten zusammengefasst werden. Dies führt zu der zweidimensionalen Marktabgrenzung nach der Lage und der Nutzungsart der Immobilie.

Drittens werden Wohnungsmärkte nach dem *Lebenszyklus* unterschieden. Bei den Grundstücken bestehen je nach Entwicklungszustand unterschiedliche Phasen der Baulandentwicklung, die vom Agrarland über das Bauerwartungsland und dem Rohbauland bis zum baureifen Land gehen. Bei den Immobilien kann zwischen verschiedenen Phasen unterschieden werden. Zunächst gibt es die Projektentwicklungsphase, die von der Projektidee über die Planung einschließlich der Finanzierung bis zu Bauausführung und Fertigstellung reicht. Im Anschluss daran folgt die Nutzungsphase und zum Schluss die Verwertungsphase, die oftmals weniger durch physischen Verfall als durch Leerstand oder Alternativnutzungen bedingt ist. Diese Phase umfasst das Refurbishment, den Abriss, Rückbau oder das Flächenrecycling. Entsprechend den Phasen sich die Märkte für die Projektentwicklung (Neubau), die Nutzung und Vermietung, Verwertung sowie den Investmentmärkten unterscheiden.

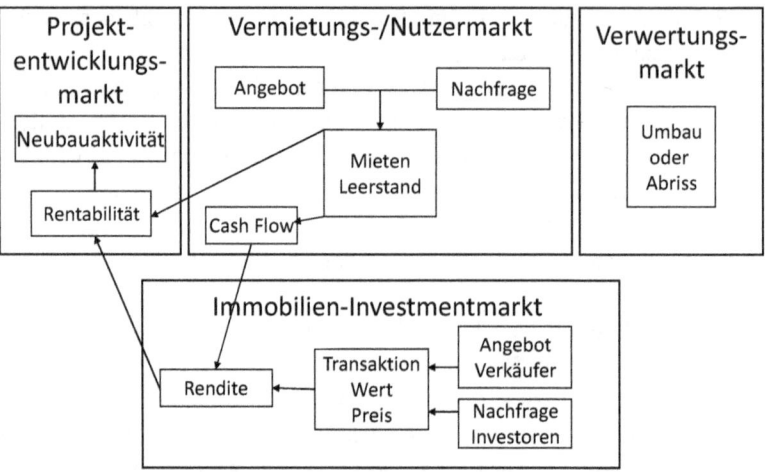

Abb. 4.1: Wohnungsmärkte nach dem Lebenszyklus.
Quelle: eigene Darstellung.

Auf dem Wohnungsmarkt treffen wie Abb. 1 zeigt sich das Angebot und die Nachfrage nach Wohnungen oder Häusern und Wohngebäuden. *Wohnungen* sind nach außen abgeschlossene, zu Wohnzwecken bestimmte, i. d. R. zusammenliegende Räume, die die Führung eines eigenen Haushaltes ermöglichen. *Häuser* hingegen sind definiert als Gebäude, in denen Menschen wohnen, Unterkunft haben und teilweise auch einer Beschäftigung nachgehen. Nach der amtlichen Statistik sind *Wohngebäude* Gebäude, deren Gesamtnutzfläche mindestens zur Hälfte für Wohnzwecke genutzt wird. Die Nutzung der übrigen Fläche ist nicht ausschlaggebend. *Wohnheime* zählen in der amtlichen Statistik nicht zu den Wohngebäuden, sondern werden als separate Kategorie erfasst. Grundsätzlich kann zwischen dem Vermietungsmarkt (Wohnungsnutzungen) und dem Investmentmarkt (Kauf) unterschieden werden.

Der *Vermietungsmarkt* ist der Markt für die Nutzung bzw. das Nutzungsrecht an Wohnimmobilien, das sowohl das Grundstück als auch das Gebäude umfasst. Diese Art von Märkten wird häufig auch als Nutzungsmarkt oder Flächenmarkt bezeichnet. Bei den Wohnungsvermietungen stellen Vermieter den Mietern Wohnungen zur Verfügung, ohne dass Eigentumsrechte übertragen werden. Die Miete stellt den Preis für das Gut Wohnung dar, auf die sich Vermieter und Mieter geeinigt haben. Auf der Nachfrageseite dieses Markts sind es Individuen bzw. Haushalte, die die Fläche bzw. Wohnung für Konsumzwecke nutzen wollen. Auf der Angebotsseite des Vermietungsmarktes gibt es Immobilieneigentümer, die die Wohnung etc. an Mieter vermieten wollen. Die Anbieter lassen sich ebenfalls nach verschiedenen Kategorien unterteilen.[57]

---

57 Siehe auch Kapitel 2.3.1.

Auf dem Vermietungsmarkt bilden sich als ein Marktergebnis die *Mieten*. Der Preis für das Recht der Nutzung der Flächen für eine spezifische Zeitperiode ist allgemein als Miete bekannt. Diese wird gewöhnlich notiert in monatlichen Raten und berechnet sich pro Quadratmeter oder nach anderen Methoden. Bei Wohnung ist es zumeist monatlich pro Wohnung. Der Mietpreis wird determiniert durch Angebot und Nachfrage auf dem Flächenmarkt. Dies gibt ein Signal über den gegenwärtigen Wert der Immobilie und das gegenwärtige Verhältnis von Angebot und Nachfrage nach dieser Wohnung. Veränderungen von Angebot oder Nachfrage verändern die Mieten, diese können steigen oder fallen oder falls beide Marktseiten sich verändern auch in Ausnahmefällen gleichbleiben.

Die Nutzer auf dem Wohnungsmarkt benötigen eine bestimmte Art von Wohnung in einer bestimmten Location, die Angebotsseite des Vermietungsmarkts ist auch typ- und ortsabhängig. Da sowohl Angebot als auch Nachfrage orts- und typspezifisch, sind Wohnimmobilienvermietungsmärkte sehr stark segmentiert. Von daher ist der Nutzermarkt ein eher lokaler Markt, spezialisiert bezüglich Gebäude- und Nutzerkategorien. Aufgrund der Segmentierung der Vermietungsmärkte können Mietpreise für physisch ähnliche Flächen zwischen verschiedenen Märkten sehr stark differieren. Das gilt auch für verschiedene Gebäude.

Auf dem *Wohnimmobilien-Investmentmarkt* werden Eigentumsrechte gehandelt und durch einen Kauf übertragen. Die Angebotsseite des Investmentmarktes für Wohnungen besteht aus Immobilieneigentümern, die ihre Immobilien verkaufen oder ihren Bestand an Immobilien verringern wollen. Die Nachfrageseite des Markts besteht aus anderen Investoren, die Immobilien kaufen oder ihren Bestand an Immobilien erhöhen wollen. Der Preis wird, ohne staatliche Eingriffe, von den Marktteilnehmern bestimmt und ist zahlbar in Form des vereinbarten Kaufpreises.

Aus ökonomischer Perspektive bestehen Immobilien essenziell aus den Ansprüchen auf zukünftige Cashflows, d. h. die Mieten, die von den Immobilien für ihre Eigentümer gebildet werden. In dieser Hinsicht können Immobilien verglichen werden mit anderen Formen von Assets. Natürlich stehen sie auf dem Finanzmarkt im Wettbewerb mit den anderen Formen wie zum Beispiel Anleihen oder Aktien. Vor diesem Hintergrund ist der Immobilien-Investmentmarkt zu betrachten als ein Teil eines größeren Finanzmarkts, des Marktes für Finanzassets.

In Deutschland gibt es *keine einheitliche Entwicklung*, sondern differenziert u. a. nach Regionen mit sehr unterschiedlichen Entwicklungen. Aufgrund der Heterogenität (z. B. durch unterschiedliche Wohnungen (sachliche) und unterschiedliche rechtliche Rahmenbedingungen (staatliche Interventionen) sowie der Standortgebundenheit der Wohnungen gibt es eine Vielzahl von Teilmärkten, die differenzierte Entwicklungen aufweisen. Der deutsche Wohnungsmarkt muss stets nach regionalen Besonderheiten getrennt betrachtet werden. Nicht an allen Standorten in Deutschland besteht ein Überangebot an verfügbarem Wohnraum und nicht in allen Gebieten herrscht gleichermaßen eine Wohnungsknappheit. Selbst innerhalb der Städte gibt es unterschiedliche Trends, sodass es nicht den einen lokalen Wohnungsmarkt, die eine lokale Wohnungsmiete oder den einen lokalen Wohnungspreis gibt.

Unabhängig von ihrer spezifischen Ausprägung werden die Wohnungsmärkte nachfrageseitig vor allem von gesamtwirtschaftlichen und sozio-demografischen Faktoren und angebotsseitig durch die Fertigstellungen, die sich auf den Immobilienbestand auswirken, vom Bausektor bestimmt. Die auf den Märkten zustande gekommenen Preise (Kaufpreise und Mieten) beeinflussen ihrerseits wiederum Angebot und Nachfrage, wie Abb. 4.2 zeigt.

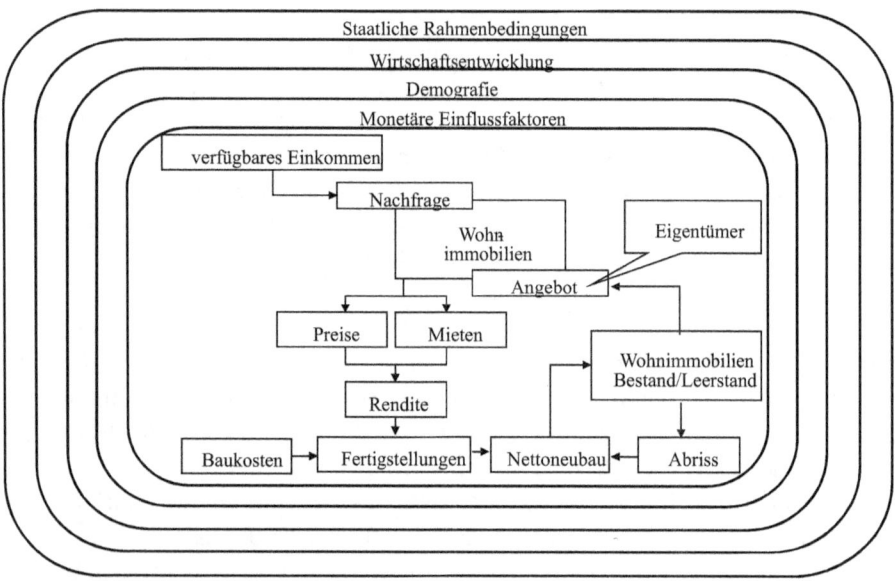

Abb. 4.2: Einflussfaktoren Wohnungsmarkt.
Quelle: eigene Darstellung.

Die kritischen *Erfolgsfaktoren* für Geschäfte mit Wohnimmobilien sind die Lage und deren zukünftige Entwicklung, die demografische Entwicklung sowie die Höhe und die Entwicklung des verfügbaren Einkommens in der Region bzw. der Stadt. Darüber hinaus haben die Zinsen für Immobilienkredite, die steuerlichen Rahmenbedingungen sowie die Gesetzgebung bzw. Rechtsprechung zum Mieter-Vermieter-Verhältnis Einfluss. Als *Werttreiber*, die sich positiv auf Wohnimmobiliengeschäfte auswirken können, gelten u. a. die Baukosten und die Kosten für z. B. Verwaltung, Modernisierung oder Finanzierung sowie die Nettomieten.

4.1.2 Datenquellen

In der amtlichen Statistik gibt es zum Wohnungsmarkt nur relativ wenige Informationen. Im Wesentlichen basieren die hier verwendeten Daten auf dem *Zensus 2011 und 2022*, da sie einen langfristigen Vergleich ermöglichen und darüber hinaus aus amtlichen Erhebungen stammen. Die bedeutendste Erhebung zum Thema Wohnen ist die Gebäude- und Wohnungszählung (GWZ). Diese Vollerhebung findet i. d. R. im Zuge des Zensus statt und erlaubt Analysen zum Gebäude- und Wohnungsbestand in tiefer fachlicher wie regionaler Gliederung. Diese erfolgten im Rahmen des Zensus 2011 und 2022 und ermöglichen damit wichtige Erkenntnisse über die Wohnungsmärkte.

Auf Basis des Zensus 2011 wird die *Fortschreibung des Wohngebäude- und Wohnungsbestandes* berechnet. Auch wenn die Basis dieser Daten nicht mehr aktuell ist, lässt sich mehr als ein Vergleich zwischen zwei Zeitpunkten angeben. Es ist außerdem ein langfristiger Trend aus diesen Daten abzulesen, auch wenn das Niveau korrekturbedürftig ist. Künftig werden diese Fortschreibungen auf der Basis des Zensus 2022 erfolgen.

Im Rahmen des *Mikrozensus* wird über repräsentative Stichproben auch über den Wohnungsmarkt berichtet. Eine der wichtigsten Datenquellen ist das Zusatzprogramm Wohnen des Mikrozensus (ZP Wohnen), das umfassende Daten zur Wohnsituation der Bevölkerung in Deutschland liefert. Die Statistik wird in der heutigen Form seit 1998 alle vier Jahre in Deutschland im Rahmen einer Erweiterung des Frageprogramms des Mikrozensus erhoben. Der Mikrozensus ist die größte jährliche Haushaltsbefragung der amtlichen Statistik in Deutschland. Er ermöglicht, Angaben über die Wohnsituation mit soziodemografischen und ökonomischen Merkmalen der Haushalte zu verknüpfen. Haushaltserhebungen wie der Mikrozensus ermöglichen, Struktur und Bevölkerung zusammenzubringen, also festzustellen, welche Leute in welchen Wohnungen zu welchen Konditionen leben. Die Ergebnisse aus den verschiedenen Erhebungsjahren des ZP Wohnen sind nur eingeschränkt miteinander vergleichbar. Grund hierfür sind laufende, methodische und erhebungsorganisatorische Anpassungen über die Zeit, zuletzt insbesondere durch die umfassende Neugestaltung des gesamten Mikrozensus zum Erhebungsjahr 2020.

Zwischen den Gebäude- und Wohnungszählungen wird die Struktur des Gebäude- und Wohnungsbestands in den *Bautätigkeitsstatistiken* ermittelt. Auf Basis der GWZ-Ergebnisse wird der Bestand an Gebäuden und Wohnungen des Vorjahres erhöht – durch die Fertigstellung neuer Gebäude mit Wohnungen, durch neue Wohnungen in bestehenden Gebäuden sowie durch sonstige Zugänge von Wohnungen. Sonstige Zugänge liegen beispielsweise vor, wenn gewerblich genutzte Flächen eine Nutzungsänderung hin zur wohnlichen Nutzung erfahren. Der Bestand wird gemindert durch Abgänge von Gebäuden und Wohnungen, unter anderem infolge von Abbruch oder Baumaßnahmen an bestehenden Gebäuden. Der Saldo dieses Rechenwerks ergibt das fortgeschriebene Ergebnis zum Gebäude- und Wohnungsbestand. So handelt es sich auch bei amtlichen Daten vielfach um Schätzungen und Fortschreibungen.

Die seit 2005 europaweit einheitlich durchgeführte, freiwillige Erhebung zu Einkommen und Lebensbedingungen (*European Union Statistics on Income and Living Conditions*, EU-SILC) liefert ebenfalls Informationen rund um das Thema Wohnen. Der Fokus liegt dabei auf der Bewertung finanzieller Belastung und sozialer Gerechtigkeit im Kontext Wohnen. Insbesondere bieten Aussagen zum subjektiven Wohlbefinden wertvolle Erkenntnisse. Aufgrund des geringen Stichprobenumfangs liegen jedoch nur Ergebnisse auf Bundesebene vor.

Nicht-amtliche Daten sind eher mit Unsicherheiten behaftet, werden aber hier aufgrund fehlender amtlicher Daten verwendet. Da die amtliche Statistik nur wenige Informationen aufweist, sind privatwirtschaftlich erstellte Daten und Informationen notwendig, um den Markt beschreiben zu können. Grundsätzlich bleibt aber das Problem bestehen, dass es aufgrund der Heterogenität des Wohnungsmarkts nur eine eingeschränkte Markttransparenz geben kann.

4.1.3 Wohnungsmarktprognosen

Bei den Wohnungsmarktprognosen werden das Wohnungsangebot und der Wohnungsbedarf einander gegenübergestellt. Aus der Differenz errechnet sich ein Wohnungsdefizit (zu wenig Angebot) oder ein Wohnungsüberhang (zu viel Angebot).

Stets *kritisch* ist bei den verschiedenen Prognosen der Hintergrund der Analyse zu betrachten. Die Prognosemethode, -annahmen, -ergebnisse und der Umgang mit den Ergebnissen ist immer im Zusammenhang mit dem Umfeld zu sehen, in dem die Prognose erarbeitet und genutzt wird. Auftraggeber und Zweck sind vor allem zu beachten. Denn oft werden Modelle und Annahmen nicht nach rein wissenschaftlichen Überlegungen ausgewählt, sondern auch in Hinblick auf das Ergebnis, das sie möglicherweise produzieren wollen oder sollen. Dies findet bewusst oder unbewusst, und meist innerhalb eines wissenschaftlich vertretbaren Rahmens statt. Verfolgt der Auftraggeber ein bestimmtes Interesse, wird er möglicherweise bereits bewusst ein Institut beauftragen, dessen Modelle in die eine oder andere Richtung tendieren. Oder er wird dafür sorgen, dass im Endbericht die gewünschten Aspekte oder Varianten stärker betont werden als weniger passende. Umgekehrt wird der Auftragnehmer versuchen, den explizit geäußerten oder vermuteten Wünschen des Auftraggebers entgegenzukommen. Dieser Effekt ist bei einer Auftragsarbeit für ein Unternehmen (Bausparkasse, Wohnungsunternehmen) oder eine Lobbygruppe (Mieterverband, Bauwirtschaft und -handel) größer als wenn eine Behörde die Prognose beauftragt oder erarbeitet hat.

Bundesinstitut für Bau-, Stadt- und Raumforschung – BBSR-Modell
Ziel der BBSR-Wohnungsbedarfsprognose[58] ist es, die zukünftige Wohnungsnachfrage und damit die Wohnungsneubaubedarfe einzuschätzen und diese regional differenziert abzubilden. Dabei baut die Prognose auf den Zahlen der Vergangenheit auf und bezieht aktuelle Entwicklungen ein, z. B. die Bevölkerungsentwicklung oder die Bautätigkeit.

Die Grundlage für die Wohnungsbedarfsprognose bildet die *BBSR-Bevölkerungs- und Haushaltsprognose*. Sie ist Teil der BBSR-Raumordnungsprognosen, die detaillierte Zahlen zur zukünftigen Entwicklung liefern. Die Wohnungsbedarfsprognose besteht aus verschiedenen Komponenten, die in Summe den zukünftigen Wohnungsneubaubedarf abbilden. Der wichtigste Pfeiler der Wohnungsbedarfsprognose ist der demografische Zusatzbedarf, mit dem vor allem der zukünftigen Haushaltsentwicklung, aber beispielsweise auch Veränderungen in der Wohnflächeninanspruchnahme der Haushalte Rechnung getragen wird. Die Komponente des Ersatzbedarfs gibt Auskunft über den zu ersetzenden Wohnraum, der sich aus der Alterung der Gebäude ergibt. Mit dem Nachholbedarf stellt sich die Prognose auch der Frage, wie viel Wohnraum in welchen Regionen in den letzten Jahren zu wenig gebaut wurde. Ein weiteres Element der Prognose ist die mögliche Nutzung von Wohnungsleerstand als Ersatz für Wohnungsneubau.

Erstens ist der *demografische Zusatzbedarf* die wesentliche Größe des Wohnungsbedarfs: rund 160.000 Wohneinheiten p. a. (2023 bis 2030). Mit der Komponente des demografischen Zusatzbedarfs wird die zukünftige Haushaltsentwicklung berücksichtigt. Die Zahl der Haushalte ist einer der bedeutendsten Faktoren für den Wohnungsbedarf.

Die Anzahl der Haushalte wird mithilfe einer Haushaltsprognose ermittelt, die meist auf einer Bevölkerungsprognose aufsetzt. Die Prognose der Bevölkerungszahl ist eine wesentliche Grundlage für die Berechnung der zukünftigen Haushaltszahl, die wiederum die maßgebliche Größe ist für den demografisch bedingten Wohnungsbedarf. Neben einem moderaten Anstieg der Bevölkerung wirkt sich vor allem die Zunahme kleinerer Haushalte deutlich auf die Anzahl an Haushalten und damit der Neubaubedarfe aus. So geht die BBSR-Haushaltsprognose davon aus, dass die Zahl der Haushalte in Deutschland bis 2030 um 1,4 Prozent auf rund 42,6 Mio. gegenüber dem Jahr 2022 steigt.

Hinzu kommen Annahmen zum Nachfrageverhalten. Zentral für die Wohnungsbedarfe ist die Entwicklung der Pro-Kopf-Wohnflächen. Die bisherigen Entwicklungen zeigen eine langfristige Zunahme der Pro-Kopf-Wohnflächen. Mit Blick auf die Preisentwicklung auf dem Wohnungsmarkt wird zukünftig eine geringe Dynamik angenommen. Zudem fließt die Wohneigentümerquote ein: Da Eigentümerhaushalte grundsätzlich mehr Wohnfläche in Anspruch nehmen, hat die Entwicklung einen Ein-

---

58 Vgl. BBSR, 2025.

fluss auf den zukünftigen Wohnflächenkonsum. Auch hier wird von einer geringen zukünftigen Dynamik ausgegangen.

Der demografische Zusatzbedarf der Wohnungsbedarfsprognose unterscheidet sich zwischen den Kreisen zum Teil sehr stark und zeichnet die zukünftige Haushaltsentwicklung nach. Bei der Betrachtung der absoluten Neubaubedarfe treten vor allem die nachfragestarken Großstädte mit hohen Bedarfszahlen hervor. In peripheren, nachfrageschwächeren Regionen fallen die Neubaubedarfe, die auf den demografischen Zusatzbedarf zurückgehen, geringer aus.

Zweitens ist zum Teil auf den lokalen Wohnungsmärkten auch ein *Nachholbedarf* zum Aufbau einer ausreichenden Fluktuationsreserve entstanden, denn der Wohnungsleerstand hat in den angespannten Wohnungsregionen oftmals eine absolute Untergrenze weit unterhalb der Fluktuationsreserve erreicht. Als Fluktuationsreserve wird ein gewisser Wohnungsüberhang bezeichnet, der erforderlich ist, um beispielsweise Umzugsprozesse oder Modernisierungs- und Instandhaltungsmaßnahmen zu ermöglichen. Die Fluktuationsreserve wird auch Mobilitätsreserve, Leerstandsreserve oder Mindestleerstand bezeichnet. Hintergrund ist die These, dass der Wohnungsmarkt zum Funktionieren eine Reserve (kurzfristig) leerstehender Wohnungen braucht. So belegen Haushalte bei Umzügen für einen Übergangszeitraum zwei Wohnungen (bei Zusammenzügen) und auch Modernisierungen sind i. d. R. nur in leeren Wohnungen möglich. Der notwendige Mindestleerstand ist in der Literatur verschieden angegeben, vom BBSR mit 2,5 Prozent des Bestandes.

Der Nachholbedarf ist die Differenz zwischen Wohnungsbestand und rechnerischem Bedarf zum Ausgangszeitpunkt, also im Basisjahr der Prognose. Mit dem Ersatzbedarf wird berücksichtigt, dass Gebäude eine begrenzte Lebensdauer haben und zu einem gewissen Zeitpunkt – unabhängig von Modernisierungs- und Sanierungsmaßnahmen – ersetzt werden müssen. Dahinter verbergen sich mit 0,2 Prozent p. a. für Ein- und Zweifamilienhäuser und 0,3 Prozent p. a. für Mehrfamilienhäuser aber eher konservative Annahmen. Er muss zu dem Wohnungsbedarf hinzugerechnet werden, der sich aus zukünftiger Entwicklung im Prognosezeitraum ergibt.

Drittens entsteht *Ersatzbedarf*, wenn Wohnraum abgerissen wird oder auf andere Weise vom Markt genommen wird (z. B. durch Nutzungsänderung, Zusammenlegung, Stilllegung). Er entsteht also nicht aus der Nachfrage, sondern aus dem Wohnungsbestand heraus. Der Ersatzbedarf wird geschätzt, meist durch eine Fortschreibung der Wohnungsabgänge in der Vergangenheit. Allerdings erfasst die amtliche Bauabgangsstatistik nur einen Teil der tatsächlichen Abgänge. Daher wird in den meisten Modellen eine geschätzte Abgangsrate bzw. -quote benutzt.

Viertens soll der *Wohnungsleerstand* für den Wohnraumbedarf der nachfragenden Haushalte besser genutzt werden. Die Prognose geht davon aus, dass rechnerisch rund die Hälfte des Leerstands in Deutschland kurzfristig bezugsfähig ist. Insgesamt reduziert sich der Wohnungsneubaubedarf in Deutschland mit der Komponente Leerstand um rund 10.000 Wohneinheiten p. a. (2023 bis 2030).

Der demografische Zusatzbedarf macht mit rund 160.000 Wohneinheiten p. a. (2023 bis 2030) einen Großteil des jährlichen Wohnungsneubaubedarfs aus. Der Ersatzbedarf folgt mit rund 110.000 Wohneinheiten. Der Komponente des Nachholbedarfs sind immerhin rund 60.000 Wohneinheiten zuzurechnen. Die Komponente Leerstand (rund 10.000 Wohneinheiten) reduziert die Bedarfszahlen lediglich gering, da die Bedarfe insbesondere in den nachfragestarken, hochpreisigen Ballungsregionen entstehen.

Bereits bei der BBSR-Haushaltsprognose werden *regionale Unterschiede* deutlich. Im Osten Deutschlands stagniert bzw. sinkt die Anzahl der Haushalte mit Ausnahme von Berlin und dem Berliner Umland – analog zur Bevölkerungsentwicklung. Die stärksten Haushaltszuwächse sind im Süden zu verzeichnen, während im Norden und Westen ein Nebeneinander von stagnierenden und zunehmenden Haushaltszahlen erwartet wird. Von den rund 320.000 Neubaubedarfen sind ca. 70 Prozent (rund 220.000 Wohneinheiten) dem Geschosswohnungsbau zuzuordnen. Etwa 30 Prozent (rund 100.000 Wohneinheiten) werden dem Ein- und Zweifamilienhaussegment zugeordnet.

Die Komponenten des demografischen Zusatzbedarfs sowie der Ersatzbedarf können – analog zur BBSR-Haushaltsprognose – bis 2045 betrachtet werden. Für beide wird ein deutlicher Rückgang erwartet. So liegt die Summe der Wohnungsneubaubedarfe des demografischen Zusatzbedarfs und Ersatzbedarfs bis 2030 bei rund 270.000 Wohneinheiten jährlich. Für den Betrachtungszeitraum 2031 bis 2045 sinkt diese Zahl auf rund 190.000 jährlich. Die Komponenten des Nachholbedarfs und des Leerstands können über 2030 hinaus nicht plausibel abgebildet werden.

IW-Wohnungsbedarfsmodell
Das Wohnungsbedarfsmodell des *Instituts der deutschen Wirtschaft* (IW)[59] beschreibt den Bedarf und das mit finanziellen Mitteln abgedeckte Bedürfnis nach Wohnraum der in Deutschland lebenden und zukünftig nach Deutschland ziehenden privaten Haushalte. Das Modell basiert auf mehreren Komponenten, die den Wohnungsbedarf auf Ebene der kreisfreien Städte und Landkreise abbilden. Zentrale Bausteine sind der demografiebedingte Bedarf und der Ersatzbedarf.

Den Kern des Wohnungsbedarfsmodells stellt der *demografiebedingte Bedarf* dar. Dieser kalkuliert den Wohnflächenbedarf auf Basis der prognostizierten Veränderungen der Bevölkerung auf Kreisebene und des Wohnflächenkonsums unter Berücksichtigung der Leerstände. Die Veränderung der Bevölkerungszahl und -struktur wird mit den Bevölkerungsfortschreibungen des IW und der Bertelsmann Stiftung abgebildet.

Für die Berechnung des demografisch bedingten Baubedarfs wird der zukünftige individuelle altersabhängige Pro-Kopf-Wohnflächenkonsum bestimmt. Die Datengrundlage hierfür bildet das Sozio-oekonomische Panel. Anhand der Verknüpfung der

---

59 Vgl. IW – Institut der deutschen Wirtschaft, 2019b und 2021b.

altersdifferenzierten Bevölkerungszahlen mit den altersdifferenzierten Wohnflächenkonsumwerten wird der in Quadratmetern ausgewiesene zusätzliche Wohnraumbedarf für die Städte und Landkreise berechnet. Die Flächen werden in Wohneinheiten umgerechnet, in dem diese durch die in den jeweiligen Kreisen typischen Wohnungsgrößen dividiert werden.

Der *Pro-Kopf-Wohnflächenkonsum* ist aufgrund des wachsenden Wohlstands und des Trends zu kleineren Haushalten über die Zeit stetig gestiegen. Zudem steigt der Pro-Kopf-Wohnflächenkonsum mit dem Alter kontinuierlich an. Hierfür verantwortlich sind vor allem die mit dem Alter steigenden Einkommen sowie die unter dem Stichwort Remanenzeffekt bekannten Umzugsstarrheiten bei Haushaltsgrößenveränderungen älterer Familien.

Der so ermittelte Wohnungsbedarf wird um den Leerstand korrigiert, der die natürliche Leerstandsquote von 2,5 Prozent überschreitet. Diese Quote wird Fluktuationsreserve bezeichnet und als Mindestwert angesehen, um eine Fluktuation ohne zu große Wartezeiten und zu hohe Suchkosten für Wohnungssuchende zu ermöglichen. Durch die Berücksichtigung des Leerstands erhöht sich der Wohnungsbedarf in vielen Kreisen deutlich.

Die zweite Komponente des IW-Wohnungsbedarfsmodells stellt der *Ersatzbedarf* dar. Dieser beschreibt den Bedarf an neuen Wohnungen für die zu erwartenden Wohnungsabgänge, die aus einem Abbruch, einer Umwidmung oder einer Zusammenlegung von mehreren Wohnungen resultieren. Die Ersatzquoten werden auf Basis von Auswertungen der amtlichen Abgangsstatistiken geschätzt.

Die dritte Komponente des IW-Wohnungsbedarfsmodell ist der *Nachholbedarf*. Dieser entsteht in angespannten Wohnungsmärkten, wenn weniger Wohnungen neu entstehen als eigentlich von der Bevölkerung benötigt werden. Bei der Bestimmung des Nachholbedarfs existieren verschiedene Möglichkeiten. Die gängigste Methode ist die Ermittlung einer Fertigstellungslücke. Diese wird durch den Abgleich der beobachteten Baufertigstellungen mit dem berechneten Bedarf ermittelt.

Das IW geht davon aus, dass aktuell die Nachfrage nach Wohnraum in Deutschland groß ist, vor allem in den Metropolen. Da die Bevölkerung schneller wächst als gedacht und die Zahl der Neubauten den Bedarf nicht deckt, dürfte die Lage auf dem Wohnungsmarkt weiter angespannt bleiben. Laut IW-Berechnungen wird die Einwohnerzahl von 2022 bis 2040 um rund 2,3 Prozent zulegen. Dass die Bevölkerung wächst, liegt in erster Linie an der Zuwanderung. Daneben gibt es einen zweiten Grund für den steigenden Bedarf an Wohnraum: den immer höheren Pro-Kopf-Wohnflächenkonsum. Aufgrund des wachsenden Wohlstands und des Trends zu kleineren Haushalten wird der Platzbedarf weiter steigen. In Abb. 4.3 ist die aktuelle Prognose des IW abgebildet.

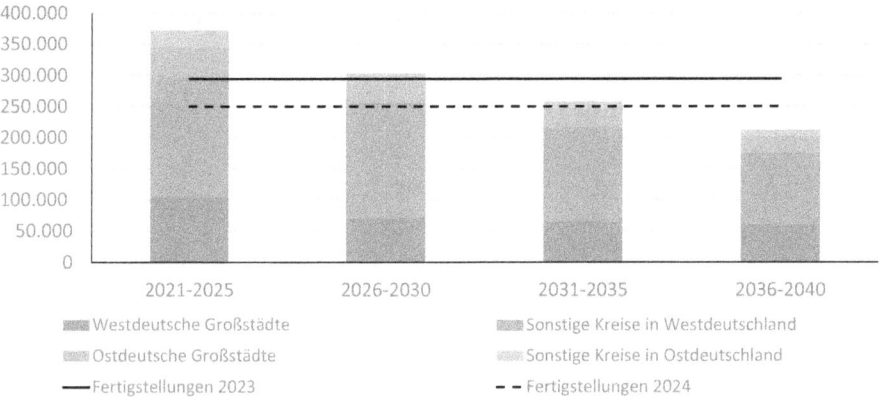

Abb. 4.3: Prognose Wohnungsbedarf in Deutschland (IW-Modell).
Quelle: IW-Prognose, iwd online, 26.7.2024.

Für den Zeitraum 2021 bis 2025 beträgt der jährliche Wohnungsbedarf 372.600 Wohnungen. Dieser setzt sich aus einem demografiebedingten Bedarf von 323.800 Wohnungen und einem Ersatzbedarf von 48.800 Wohnungen zusammen. Der Wohnungsbedarf ist damit durch den erhöhten Wanderungsüberschuss nach Beginn des Krieges in der Ukraine um rund 65.000 Wohnungen gewachsen. Der Bedarf wird in Zukunft kontinuierlich sinken. Für den Zeitraum von 2026 bis 2030 übersteigt er mit 302.800 Wohneinheiten aber weiterhin die Bautätigkeit der vergangenen Jahre. Erst ab 2030 fällt der Bedarf unter das derzeitige Bautätigkeitsniveau.[60]

empirica-Modell
Bei dem Modell von der *empirica AG*[61] wird nicht geschätzt, wie viele Wohnungen aktuell in welchem Preissegment fehlen, sondern wie viele Wohnungen künftig aufgrund (regional) steigender Einwohner-/Haushaltszahlen zusätzlich benötigt werden (Neubaunachfrage bzw. -bedarf). Implizit wird bei solchen Prognosen unterstellt, dass Wohnungen wieder „bezahlbar" sind, wenn ausreichend viele gebaut werden. Denn aktuell sind viele Wohnungen nur wegen der hohen Knappheit nicht „bezahlbar". Allerdings muss auch zur Kenntnis genommen werden, dass Neubauwohnungen in Deutschland sehr teuer sind. Das liegt an erstens den Kostensteigerungen durch Lieferengpässe und Personalmangel und zweitens dem Bau hochpreisiger Wohnungen gebaut wird, drittens an zahlreichen Vorschriften und Auflagen (Energieeinsparung, Brandschutz etc.) und viertens am knappen und entsprechend teurem Bauland.

---

60 Vgl. Henger, 2025, S. 235.
61 Vgl. empirica Wohnungsmarktprognose 2022/23 und 2022b.

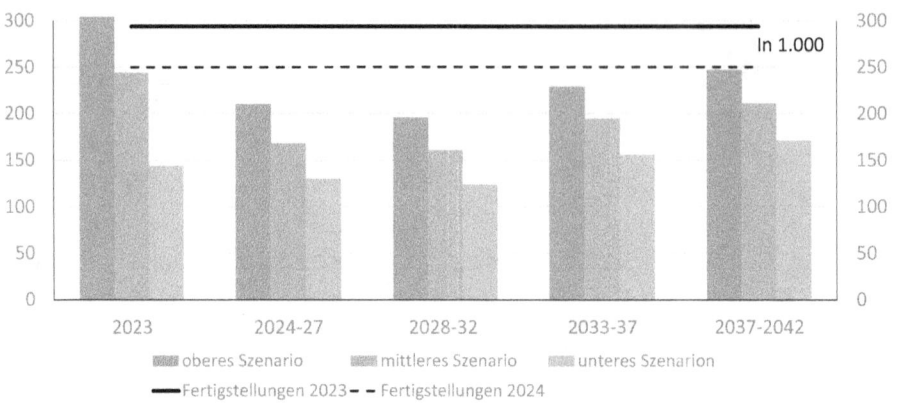

Abb. 4.4: Prognose Wohnungsbedarf in Deutschland (empirica-Modell).
Quelle: empirica AG, 2024c.

Die empirica Nachfrageprognose[62] in Abb. 4.4 zeigt für den Zeitraum 2024 bis 2027 einen durchschnittlichen jährlichen *Neubaubedarf* von rund 170.000 Wohnungen und von rund 160.000 in den Jahren 2028 – 2032. Ab Mitte der 2030er-Jahre steigt der Bedarf auf jährlich rund 200.000 Einheiten. Wird berücksichtigt, dass zuletzt gut 100.000 Wohneinheiten am „falschen Ort" stattfanden und deswegen nicht zur Verminderung der Knappheit beigetragen haben, dann müssten derzeit rund 300.000 Wohnungen jährlich gebaut werden, um keine zusätzlichen regionalen Knappheiten entstehen zu lassen. Insgesamt sind Eigenheime insbesondere in der Fläche knapp, Geschosswohnungen eher in Großstädten. Bei den aktuellen Preisen besteht derzeit kein Nachholbedarf für zuletzt zu wenig gebaute Wohnungen. Soll jedoch das Angebot im preiswerten Segment steigen, müssten nun für einige Zeit tatsächlich mehr Wohnungen gebaut werden als die prognostizierte Nachfrage vorgibt. Das funktioniert nur mit hohen Subventionen.

RIWIS-Prognosemodell

Die Berechnung der bulwiengesa AG erfolgt bei der *RIWIS-Wohnungsbedarfsprognose*[63] auf Basis der Landkreise und kreisfreien Städte in Deutschland und dient der Quantifizierung des zukünftigen Bedarfs nach Wohnraum in Deutschland. Dazu wird über die detaillierte Analyse der Komponenten Ersatzbedarf, Nachholbedarf und Zusatzbedarf der Gesamtbedarf abgeleitet. Dabei wird in drei Schritten vorgegangen.

Im *ersten Schritt* wird die Datenbasis analysiert. Ausgangsgröße bildet die Haushaltsprognose des Bundesinstitut für Bau-, Stadt- und Raumforschung im Bundesamt

---

[62] Vgl. empirica Wohnungsmarktprognose 2024c.
[63] Vgl. bulwiengesa AG, Prognosemodell, verfügbar unter: https://www.riwis.de/online_test/info.php3?cityid=&info_topic=wohnbedarf

für Bauwesen und Raumordnung (BBSR) in Verbindung mit der Bevölkerungsprognose des Statistischen Bundesamtes unter Berücksichtigung der aktuellen Geflüchtetenzahlen sowie deren Prognose nach den vorliegenden Annahmen des Sachverständigenrates zur Begutachtung der gesamtwirtschaftlichen Entwicklung. Hinzugezogen werden ebenso Daten zum Wohnungsbestand, sowie die Bautätigkeitsstatistik und die Wohngemeinschaftsquoten.

Im *zweiten Schritt* werden bestimmte Annahmen getroffen. So ist das Ziel z. B. die Versorgung jedes Haushalts mit einer Wohnung (Zielquote = 1) oder eine Fluktuationsreserve für Umzüge, Zuzüge oder auch vorübergehende Nutzungsunterbrechungen für Sanierungs- oder Modernisierungsarbeiten oder Ersatzbedarfsquoten des Wohnungsbestandes.

Letztlich wird im *dritten Schritt* der Bedarf berechnet:
- Ersatzbedarf
  Bedarf an Wohnungen, der die Kompensation des Abgangs (Abrisse) und die Zusammenlegung bestehender Wohnungen beschreibt. Die Berechnung erfolgt über die Umlegung der Ersatzbedarfsquote auf den Wohnungsbestand.
- Nachholbedarf
  Der Bedarf an Wohnungen besteht bereits im Status quo, da der aktuelle Wohnungsbestand die bestehende Nachfrage nicht decken kann (Abgleich des Wohnungsbestands mit um die Zielquote bereinigten Haushaltszahlen).
- Zusatzbedarf
  Bedarf an Wohnungen, der sich aus der Entwicklung der künftigen Nachfrage (Haushaltszahl), berechnet aus Haushaltsentwicklung und Zielquote, ableitet.
- Wohnungsbedarf insgesamt
  Berechnung der Einzelbedarfe zu einem Gesamtergebnis. Der Bedarf wird in Anzahl an Wohneinheiten dargestellt.

Bedarf an „bezahlbaren" Wohnungen

Die Hans-Böckler-Stiftung oder das Pestel-Institut schätzen den Bedarf an „bezahlbaren" Wohnungen. Dazu werden Annahmen getroffen, wie hoch eine Mietbelastung höchstens sein sollte (z. B. 30 Prozent vom Einkommen). Anschließend wird untersucht, ob es theoretisch möglich wäre, die vorhandenen Wohnungen so umzuverteilen, dass kein Haushalt eine Belastung von mehr als 30 Prozent tragen müsste. Die Anzahl der Haushalte, denen in diesem theoretischen Feldversuch keine „bezahlbare" Wohnung zugeordnet werden könnte, wird dann als Zusatzbedarf an bezahlbaren Wohnungen deklariert.

Das Pestel-Institut veröffentlicht Studien über den Bedarf an bezahlbaren Wohnungen. Während in früheren Berichten des Pestel-Instituts allgemein über fehlende Wohnungen berichtet und Sozialwohnungen nur am Rande erwähnt wurden, ist in den letzten Berichten nur noch von fehlenden Sozialwohnungen die Rede. Aber gleichzeitig wurden die Zeitreihen einfach fortgeschrieben. Das Ganze ist also analytisch fragwürdig.

Vergleich der Ansätze

Bei den Modellen ergeben sich die *Unterschiede* durch verschiedene Indikatoren und durch die Wahl der Daten. Die Daten zu Geburten und Sterbefällen sind ähnlich und im Zeitablauf nur gering volatil. Faktoren der Bevölkerungsentwicklung sind daher leicht vorherzusagen. Gleichzeitig gibt es bei den Indikatoren vielfach Spannen, sodass sich durch die Wahl eines Wertes deutliche Auswirkungen ergeben können. So wirkt sich die Anzahl der Familienmitglieder deutlich auf den Wohnungsbedarf aus.

Besonders drastisch sieht die Situation bei der *Migration* (Außen- und Binnenmigration) aus. Zuwanderungsbewegungen etwa durch Kriege wie in Syrien oder in der Ukraine lassen zusätzlichen Bedarf entstehen. Hier gibt es deutliche Unterschiede bei den verschiedenen Institutionen und Modellen. Dadurch lassen sich die unterschiedlichen Ergebnisse erklären. Die empirica AG geht nicht davon aus, dass sich die Zuwanderung nach den Ereignissen in Syrien und in der Ukraine in der nahen Zukunft noch einmal so stark erhöhen wird. Basis dieser Prognosen sind die Bevölkerungsvorausberechnungen des Statistischen Bundesamts. Die empirica AG geht zudem davon aus, dass die Binnenwanderung in die Knappheitsgebiete nachlassen wird.

Weitere starke Unterschiede zeigen sich bei den Aussagen der verschiedenen Modelle über den *Nachholbedarf* an Wohnungsfertigstellungen. Das sind die Wohnungen, die in der Vergangenheit nicht gebaut worden sind, obwohl ein entsprechender Bedarf prognostiziert worden war. Während die einen Modelle davon ausgehen, dass mehrere hunderttausend Wohnungen noch gebaut werden müssen, wird bei anderen davon ausgegangen, dass deutlich weniger benötigt werden.

Der Nachholbedarf wird z B. vom Zentralen Immobilien Ausschuss (ZIA) mit 700.000 Einheiten oder sogar mehr angegeben. Diese Schätzungen erklären sich auch dadurch, dass natürlich eigene Interessen (z. B. Subventionierung) verfolgt werden. Gerne wird hierbei das Moralargument benutzt, um die Eigeninteressen – mehr Bedarf, mehr Geschäft, mehr Zuwendungen – zu verschleiern.

Die empirica AG geht dagegen von einem nur sehr geringen Nachholbedarf aus. Viele Menschen, die Bedarf hatten, haben sich anderweitig geholfen. Zum einen gibt es den Trend zur Suburbanisierung, auch befördert durch Homeoffice. Die Menschen haben sich weiter draußen Wohnungen gesucht, auch Leerstände sind wieder genutzt worden. Umzugswünsche sind zurückgestellt worden, Kinder bleiben länger bei ihren Eltern wohnen, oder es wird anderswo studiert.

Aktuell ergeben sich durch den Zensus 2022 neue Rahmenbedingungen. 1,4 Mio. Menschen leben in Deutschland weniger als nach der statistischen Fortschreibung bisher angenommen. Soweit dies darauf zurückzuführen ist, dass die Rückwanderung im Prognosezeitraum höher ausgefallen ist als erwartet, muss der Bedarf natürlich nachträglich nach unten korrigiert werden. Alles in allem dürfte der verbliebene Nachholbedarf daher eher bei 100.000 liegen als bei 700.000 oder mehr neuen Wohnungen.

4.2 Vorgelagerte Märkte: Boden und Grundstücke

Für den Bau von Wohnungen und Gebäuden werden Grundstücke bzw. Bodenfläche benötigt. Physisch ist die Bodenfläche in Deutschland begrenzt und nicht vermehrbar. Jedoch gibt es bei den verschiedenen Nutzungsarten (z. B. Wohnflächen) eine differenzierte Entwicklung.

4.2.1 Boden- und Grundstücksmarkt in Deutschland

Bodenfläche

Die *gesamte Bodenfläche* in Deutschland beläuft sich im Jahr 2023 auf rund 358.000 Quadratkilometern oder 35,8 Mio. Hektar (ha) und wird auf unterschiedliche Weise genutzt.[64] Die Fläche für Vegetation bildet mit 83,2 Prozent den höchsten Anteil (29,7 Mio. Hektar). Diese besteht im Wesentlichen aus Flächen für Landwirtschaft mit 50,3 Prozent (18 Mio. Hektar) sowie aus Waldflächen mit 29,9 Prozent (10,7 Mio. ha) und aus Gehölz mit 1,3 Prozent. Lediglich 2,3 Prozent der bundesdeutschen Fläche sind mit Gewässern (0,8 Mio. Hektar) bedeckt.

Der Teilbereich *Siedlungs- und Verkehrsfläche* (SuV) beträgt 5,2 Mio. ha und umfasst die bebauten und nicht bebauten Flächen, auf denen Menschen wohnen, die durch Freizeitaktivitäten geprägt sind oder die der Produktion von bzw. der Versorgung mit Gütern und Dienstleistungen dienen. Trotz der Zunahme machten die Flächen für Siedlung und Verkehr im Jahr 2022 nur etwa ein Siebtel der Gesamtfläche in Deutschland aus: 14,6 Prozent der Fläche und damit 5,2 Mio. Hektar werden für Siedlung und Verkehr genutzt. Davon entfielen 9,5 Prozent (3,4 Mio. Hektar) auf die Siedlungsfläche (einschließlich Bergbaubetriebe, Tagebau, Grube und Steinbruch) und 5,1 Prozent (1,8 Mio. Hektar) auf die Verkehrsfläche.[65]

Die Siedlungs- und Verkehrsfläche darf nicht mit „versiegelter Fläche" gleichgesetzt werden, da sie auch unversiegelte Frei- und Grünflächen enthält. Die SuV in Deutschland ist langfristig stetig angestiegen.[66] Der Anstieg ist jedoch zurückgegangen. Waren es zur Jahrtausendwende gut 125 ha pro Tag, die verbraucht wurden, wurden in den vergangenen Jahren noch bei den gleitenden Vierjahresdurchschnitten zwischen 52 und 55 Hektar pro Tag verbraucht. Den größten Anteil macht die Nutzung für Wohnbau, Industrie und Gewerbe aus.

---

64 Vgl. Statistisches Bundesamt, 2024i.
65 Vgl. Statistisches Bundesamt, Tabelle 33111-0003, abgerufen am 30.12.2024.
66 Vgl. Statistisches Bundesamt, 2024a.

Grundstücksmarkt

Die Boden- bzw. Grundstücksmärkte sind den Immobilienmärkten in mehrfacher Hinsicht vorgelagert, da sie grundlegende Rahmenbedingungen für die Entwicklung und Nutzung von Immobilien setzen. Die Entwicklungen auf den Bodenmärkten geben frühe Hinweise auf Veränderungen in der Immobiliennachfrage.

Ein *Grundstück* ist nach rechtlicher Auffassung ein räumlich abgegrenzter Teil der Erdoberfläche, der auf einem besonderen Grundbuchblatt oder auf einem gemeinschaftlichen Grundbuchblatt unter einer Nummer im Verzeichnis der Grundstücke gebucht ist. Bei den Grundstücken bestehen je nach Entwicklungszustand unterschiedliche Phasen der Baulandentwicklung.

– Als *Agrarland* werden landwirtschaftlich genutzte Flächen der Land- und Forstwirtschaft bezeichnet.

Unter dem Begriff des werdenden Baulands werden Rohbauland und Bauerwartungsland zusammengefasst.

– Als *Bauerwartungsland* gelten Flächen, die in den Flächennutzungsplänen von Gemeinden als zukünftiges Bauland oder als Land mit zu erwartender Bebaubarkeit verzeichnet sind und noch nicht erschlossen wurden. Die zukünftige Bebaubarkeit ist jedoch nicht garantiert.
– *Rohbauland* ist eine für eine bauliche Nutzung bestimmte, allerdings noch nicht erschlossene Fläche. Es ergibt sich die Verpflichtung, offiziell zur Nutzung vorgesehenes und bestimmtes Rohbauland auch zu erschließen. Rohbauland ist zwar bereits als Bauland ausgewiesen, es ist jedoch noch nicht erschlossen und eine Bebauung somit noch nicht möglich.
– Als *Bauland bzw. baureifes Land* werden im Allgemeinen Grundstücksflächen bezeichnet, die nach ihren tatsächlichen und rechtlichen Eigenschaften bebaubar sind. Sie sind nach den öffentlich-rechtlichen Vorschriften und nach den tatsächlichen Gegebenheiten baulich nutzbar.

Anders als beim baureifen Wohnbauland ist bei werdendem Bauland eine sofortige Bebauung aufgrund des Erschließungsgrades bzw. baurechtlicher Voraussetzungen noch nicht möglich. Es ergeben sich üblicherweise Preisabschläge für Rohbauland gegenüber baureifem Bauland sowie für Bauerwartungsland gegenüber Rohbauland.

Die Kategorie des *Baulandes* (im Allgemeinen auch als „Bauplätze" bezeichnet) kann wiederum in die nachfolgenden Segmente und Untersegmente aufgeteilt werden: Bauland für erstens Eigenheime und zweitens Mehrfamilienhäuser und für drittens andere Wohngebäude. Es werden von den Gutachterausschüssen weitere Segmente berücksichtigt, z. B. Bauland für Wirtschaftsimmobilien oder für land-, forst- oder fischereiwirtschaftlich genutzte Gebäude.

Die *Kommunen* sind in der Lage, den Boden- und Grundstücksmarkt maßgeblich zu beeinflussen. Durch ihr strategisches und planerisches Handeln und durch ordnungsrechtliche Vorgaben bestimmen sie den Boden- und Grundstücksmarkt. Kommunen können durch ihre Planung Bauland schaffen: von z. B. landwirtschaftlicher Fläche zu Bauerwartungsland oder Bauland. Die Kommunen können durch die Bauleitplanung die Nutzbarkeit und damit auch Vermarktungsfähigkeit von Grundstücken erheblich einschränken. Diese umfangreichen Eingriffsmöglichkeiten der öffentlichen Hand und der Kommunen sind kaum mit anderen Märkten und marktwirtschaftlichen Bereichen vergleichbar.

Bauland war in den vergangenen Jahren einer der limitierenden Faktoren für die Bautätigkeit. Die Ausweisung von neuem Bauland erfolgt nur langsam und nicht unbedingt dort, wo die Wohnraumnachfrage am höchsten ist. Seit dem Jahr 2010 sind nach Berechnungen des Sachverständigenrates[67] die Wohnbauflächen in ländlichen Kreisen mit 29,7 Prozent nahezu doppelt so stark gewachsen wie in städtischen Kreisen (14,9 Prozent). Ein Grund liegt in den insgesamt geringeren Flächenpotenzialen in den Städten. Ein weiterer Grund besteht in einem höheren Anteil an Brachflächen in städtischen Gebieten, deren Umwandlung in Wohnbauland schwieriger ist als der Ausweis neuer Flächen.

Das *Wohnraumpotenzial* im Umland der Großstädte wird bisher noch nicht überall in gleichem Maße genutzt. Die Erreichbarkeit der Großstädte kann ein wichtiger Faktor für die Wohnortwahl sein. Bei den kreisfreien Großstädten zeigt sich ein positiver Zusammenhang zwischen der ÖPNV-Anbindung an angrenzende Landkreise und dem Anteil der Pendlerinnen und Pendler. Die Erreichbarkeit des Stadtzentrums per ÖPNV erhöht die Attraktivität der umliegenden Regionen.

Die *Mobilisierung von Bauland* wird als einer der zentralen politischen Hebel angesehen, um mehr Wohnraum zu schaffen. Dagegen steht das Umwelt- und Klimaziel, Flächenversiegelung zu vermeiden. Faktoren, die die Mobilisierung erschweren, sind die mangelnde Bereitschaft der Eigentümer, komplexe Eigentumsverhältnisse, hohe Kosten der Baulandentwicklung sowie eine geringe Attraktivität der Flächen. Die Ausweisung von neuem Bauland erfordert stets eine Abwägung zwischen den Interessen der lokalen Wohnbevölkerung („Insider") und der Schaffung von zusätzlichem Wohnraum als allgemeinem, gesellschaftlichen Ziel. Gerade in dicht besiedelten Regionen kommt es oft zu Widerstand gegen neue Bauflächen und Wohnprojekte. Ansässige Grundstückseigentümer befürchten Wertverluste. Die ansässige Wohnbevölkerung befürchtet weiterhin Lärmbelastung, eine Überlastung der Infrastruktur und einen Anstieg der Mieten und Immobilienpreise. Auch ein möglicher Verlust kultureller und sozialer Charakteristika eines Wohnumfeldes kann Widerstand auslösen. Lokaler Widerstand gegen Bauprojekte erschwert den Baulandinteressierten von außerhalb („Outsidern") den Zugang zu Wohnraum und kann Genehmigungsprozesse verlängern sowie Baukosten erhöhen. Aus ökonomischer Sicht dürfte eine Angebotsauswei-

---

67 Vgl. Sachverständigenrat, 2024/25, S. 245.

tung insgesamt jedoch zu sinkenden Preisen für Wohnraum führen. In der näheren Umgebung von Neubauten können die Preise in Abhängigkeit von der Wohnlage und der Gebäudegröße aber auch steigen, wenn die Neubauten zu einer Aufwertung des Viertels beitragen.

Umsatz

Da die Teilmärkte der Baugrundstücke für Eigenheime und die der Baugrundstücke in Misch- bzw. Kerngebieten, in denen sowohl Mehrfamilienhäuser als auch Wirtschaftsimmobilien gebaut werden dürfen, nicht eindeutig zu trennen sind, werden hier die Daten verwendet, die vom Gutachterausschuss in seinen Berichten veröffentlicht werden.[68]

Nach den *Gutachterausschüssen* in Deutschland hat der Umsatz für den Erwerb von allen Baugrundstücken im Jahr 2022 mit 22,6 Mrd. Euro einen Anteil an dem gesamten Geldumsatz auf dem Immobilienmarkt (301,1 Mrd. Euro) von etwa 7,5 Prozent. Damit ist der Anteil des Geldumsatzes auf dem Teilmarkt der Baugrundstücke gegenüber dem Jahr 2020 um etwa ein Prozentpunkt gesunken.

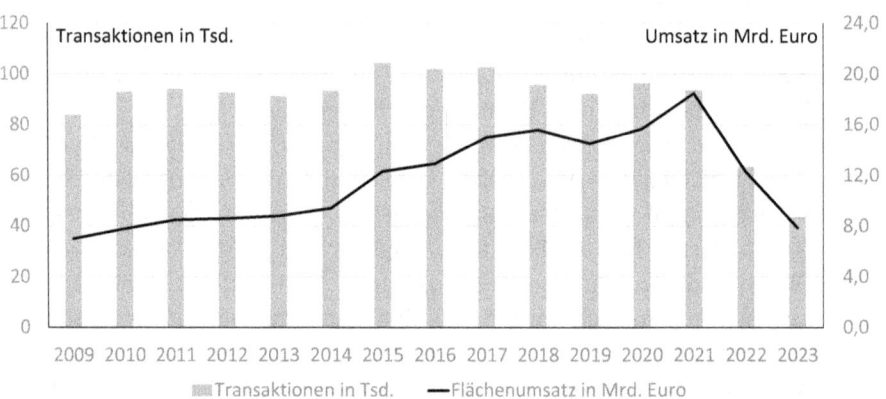

Abb. 4.5: Transaktionen mit Baugrundstücken für Eigenheime.
Quelle: AK OGA, 2023, S. 160 und 161 sowie BBSR, 2024e, eigene Darstellung.

Bei den Transaktionen mit Baugrundstücken für Eigenheime zeigte sich in der Vergangenheit nur eine recht geringe Dynamik: Bis etwa 2021 ist die *Anzahl der Transaktionen* nahezu gleichgeblieben (siehe Abb. 4.5). Gleichzeitig hat sich der Geldumsatz von 2009 bis 2021 mehr als verdoppelt, im Schnitt um ungefähr 8 Prozent p. a. Im Jahr

---

68 Vgl AK OGA, 2023, S. 160 ff.

2022 zeigen sich jedoch ein erheblicher Rückgang der Transaktionen (minus 32 Prozent) sowie des Geld- und Flächenumsatzes um ein Drittel. Es zeigt sich ein deutlicher Zusammenhang mit den Entwicklungen des Zinsniveaus und allgemeinen wirtschaftlichen Unsicherheiten. Der Rückgang setzte sich auch im Jahr 2023 fort, die Anzahl der Transaktionen sank erneut um 31 Prozent und der Umsatz um 36 Prozent gegenüber dem Vorjahr.[69]

Die Entwicklung in 2022 und 2023 kann als ein wichtiger Indikator für die zukünftige, kurzfristige Bautätigkeit bei den Eigenheimen gewertet werden. Somit wäre ein erheblicher Rückgang der Fertigstellungen zu erwarten. Es ist aber zu bedenken, dass es einen hohen Bauüberhang (Baugenehmigungen höher als die Fertigstellungen) aus den vergangenen Jahren gibt, der den Rückgang abmildern könnte. Dementsprechend fallen die Prognosen vom ifo-Institut nicht so negativ aus.

Nicht nur der Handel mit baureifen Flächen ist in 2022 und 2023 eingebrochen, auch bei werdendem Bauland (Bauerwartungsland und Rohbauland), perspektivisch für den Wohnungsbau nutzbare Flächen, ist ein erheblicher Rückgang festzustellen. Die geringen Verkaufszahlen von baureifem Wohnbauland und werdendem Bauland deuten auf eine längerfristig niedrige Neubautätigkeit in Deutschland hin. Die Baulandverkäufe sind ein guter Frühindikator für die zukünftige Neubautätigkeit. Die heute nicht verkauften Flächen sind die nicht erteilten Genehmigungen von morgen und die nicht gebauten Wohnungen von übermorgen.

Nach den Auswertungen des *Statistischen Bundesamts*[70] gab es von 2010 bis zum Jahr 2021 eine recht volatile Entwicklung. Im Schnitt gab es rund 86.000 Kauffälle mit einer veräußerten Fläche von gut 125 Mio. Quadratmetern. Der Höhepunkt war dabei im Jahr 2016 zu verzeichnen: 93.605 Flächen Bauland mit einer gesamten Fläche von 137 Mio. Quadratmetern wurden gehandelt. Aufgrund des massiven Anstiegs der Bau- und Finanzierungskosten im Jahr 2022 brach der Handel mit Bauland ein. Die Zahl der Kauffälle sank im Jahr 2022 um mehr als 30 Prozent und im Jahr 2023 noch einmal um ein Drittel. Bei der veräußerten Fläche war der Rückgang nicht ganz so hoch, aber immerhin sank die Gesamtfläche im Jahr 2022 um knapp 20 Prozent und im Folgejahr noch einmal um rund 33 Prozent. Neuere Daten für das Jahr 2024 liegen noch nicht vor.

Preisentwicklung für Grundstücke
Die Bodenpreise stellen einen zentralen Bestandteil der Gesamtentwicklungskosten von Immobilien dar. Das gilt insbesondere für die Wohnungsmärkte. Die Grundstückskosten machen nach den Berichten der *Gutachterausschüsse* rund 20 bis 25 Prozent der Hausbaukosten aus und sind in den letzten Jahren deutlich gestiegen. Hinzu kommen die Grundstücknebenkosten in Form von Makler- und Notarkosten, Grund-

---

69 Vgl. BBSR, 2024e.
70 Vgl. Statistisches Bundesamt, Tabelle 61511-0017, abgerufen am 27.02.2025.

erwerbsteuer und Grundbuchkosten, die noch einmal 10 bis 15 Prozent der Hausbaukosten ausmachen können.

Nach dem *Statistischen Bundesamt* stiegen aufgrund der begrenzten Baulandressourcen und der hohen Nachfrage die Preise für Bauland bis zum Jahr 2021 erheblich an. Zwischen 2010 und 2021, dem Höhepunkt der Preisentwicklung, verzeichneten die Preise bundesweit einen Anstieg von 90 Prozent. Es gab einen kontinuierlichen Anstieg der durchschnittlichen Kaufwerte von 90,76 Euro bis auf 148,84 Euro. Im Zeitablauf kam es zu einer zunehmend dynamischen Preisentwicklung, so stiegen die Kaufwerte von 2010 bis 2015 zunächst um rund 20 Prozent und danach noch einmal um fast ein Drittel.

Auch hier kam es aufgrund der Zinswende zu einem deutlichen Rückgang der Preise. Im Jahr 2022 und 2023 waren die Bodenpreise aufgrund der gesunkenen Nachfrage rückläufig und sanken um rund 15 Prozent gegenüber ihrem Höchststand. Damit lag der durchschnittliche Kaufwert pro Quadratmeter wieder auf dem Niveau des Jahres 2017, aber immerhin um knapp 40 Prozent über den Kaufwerten von 2010. Besonders stark fiel die Entwicklung in Großstädten mit mehr als 500.000 Einwohnern aus, wo sich die Quadratmeterpreise von 2010 bis zu dem Jahr 2021 ungefähr verdreifachten. Danach ist aber hier ein drastischer Einbruch festzustellen.[71]

Die *Gutachterausschüsse* haben das Preisniveau für Baugrundstücke auf baureifes Land für freistehende Ein- und Zweifamilienhäuser, Doppelhaushälften oder Reihenhäuser analysiert. Dabei zeigt sich ein deutschlandweiter Trend steigender Baulandpreise im Segment des individuellen Wohnungsbaus bis zum Jahr 2022, auch unter den Bedingungen der Corona-Pandemie und der wirtschaftlichen Unsicherheiten.

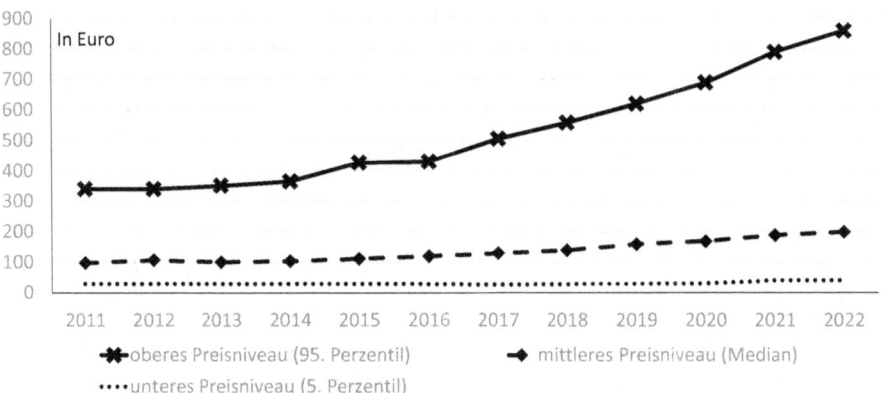

Abb. 4.6: Preise von Eigenheimbaugrundstücken.
Quelle: AK OGA, 2023, S. 170 und BBSR, 2024e, eigene Darstellung.

---

71 Vgl. Statistisches Bundesamt, Tabelle 61511-0017, abgerufen am 27.02.2025.

Im oberen Segment liegt der Preis bei ca. 860 Euro, während in den Regionen mit niedrigem Preisniveau der mittlere Preis bei nur rund 40 Euro pro Quadratmeter liegt (siehe Abb. 4.6). Dabei ist insbesondere in den Lagen, in denen ohnehin ein hohes Preisniveau gegeben ist, eine hohe Preissteigerung zu verzeichnen. So stiegen die Preise von Eigenheimbaugrundstücken seit 2016 in nahezu unverändertem Tempo jährlich um ca. 10 Prozent an. Dies gilt insbesondere in den Top-7-Städten, aber auch in anderen Großstädten und deren Umland. Auch bei dieser Statistik ist zu erwarten, dass es in den letzten beiden Jahren zu einem Rückgang kam, der besonders im oberen Preissegment stattfand.

4.2.2 Nachhaltige Bodenpolitik

Der Boden ist in Deutschland quantitativ in seiner Gesamtmenge begrenzt, somit besteht eine erhebliche Konkurrenz zwischen den verschiedenen Nutzungsformen, wobei sich vor allem wirtschaftliche und ökologische Interessen gegenüberstehen. Im Rahmen der Nachhaltigkeitsstrategie soll in Deutschland eine entsprechende Bodenpolitik verfolgt werden. Dieses Ziel besteht, obwohl die Fläche eine bedeutsame begrenzte Ressource darstellt, um deren Nutzung Land- und Forstwirtschaft, Siedlung und Verkehr, Naturschutz, Rohstoffabbau und Energieerzeugung konkurrieren. Es gibt insgesamt eine zunehmende Konkurrenz zwischen den ökologischen Zielen der Nachhaltigkeit und den wirtschaftlichen und wohnwirtschaftlichen Interessen der Bodennutzung.

Die Bundesregierung hat seit dem Jahr 2002 den „Anstieg der Siedlungs- und Verkehrsfläche in Hektar pro Tag" als Nachhaltigkeitsindikator unter dem Thema Flächeninanspruchnahme in der Deutschen Nachhaltigkeitsstrategie verankert. Nicht versiegelte Flächen werden benötigt, um Grundwasser zu bilden und Kohlendioxid zu binden. Werden Flächen bebaut, ist der versiegelte Boden für immer verloren. Trotzdem geht der Flächenverbrauch fast ungebremst weiter, und die politische Debatte gleitet sofort ins Hysterische ab, wenn das Eigenheim in die Kritik gerät. Die Inanspruchnahme zusätzlicher Flächen für Siedlungs- und Verkehrszwecke soll bis zum Jahr 2030 auf durchschnittlich unter 30 Hektar pro Tag begrenzt werden. Bis zum Jahr 2050 wird eine Flächenkreislaufwirtschaft angestrebt. D. h., es sollen netto keine weiteren Flächen für Siedlungs- und Verkehrszwecke beansprucht werden.

Wenig deutet momentan darauf hin, dass der Verbrauch von Flächen kurz- oder mittelfristig tatsächlich noch einmal wirksam gesenkt werden könnte. So fordern die Interessenverbände der Wohnungs- und Immobilienwirtschaft, dass es zur Bekämpfung der Wohnungsnot kurzfristig enorm wichtig ist, dass Städte und Gemeinden so schnell wie möglich so viel Bauland wie möglich aktivieren.

Die Reduzierung des Flächenverbrauchs ist ein komplexes Ziel, das viele Akteure betrifft. Zur Umsetzung sind daher verschiedene Maßnahmen erforderlich. Mithilfe

von innovativen Konzepten sollen Flächen umweltschonend und effizient genutzt werden.
- *Mobilisierung vorhandener Flächenreserven*: Wiedernutzung von Brachflächen, Ausschöpfung von Nutzungspotenzialen im Bestand (Ausbau von Dachgeschossen, Aufstockung von Gebäuden, Überbauung von Verkehrsflächen, Schließung von Baulücken, maßvolle Nachverdichtung), Umbau flächenbeanspruchender Monostrukturen sollen zugunsten einer flächensparenden Mischung von Nutzungen erreicht werden.
- Um die *Abwanderungstendenz* der Bewohner an die Peripherie zu bremsen, soll die Erlebnisqualität der Kernstädte und ihre Attraktivität als Wohnstandort erhöht werden. Dies erfordert eine qualitative Aufwertung der bestehenden Bausubstanz und ihre Anpassung an sich wandelnde Nutzerbedürfnisse, Maßnahmen zur Wohnumfeldverbesserung, eine Ausweitung und Aufwertung des innerstädtischen Grün- und Freiflächenangebots, die Schaffung von Frischluftschneisen und die klimawirksame Vernetzung von Freiflächen.
- Soweit *Siedlungserweiterungen* unumgänglich sind, soll sichergestellt sein, dass die Kommunen Baulandausweisungen in wechselseitiger Abstimmung an geeigneten Standorten und in Einklang mit den Zielen der Raumordnung und Landesplanung vornehmen.
- Bei *neuen Baugebieten* sollen flächensparende Bauweisen, höhere Bebauungsdichten und andere effiziente Nutzungsformen (z. B. mehrgeschossige Gewerbebauten) bevorzugt werden. Die unvermeidbare Flächeninanspruchnahme soll möglichst auf Böden gelenkt werden, die wegen ihrer Vornutzung oder naturbedingt über eine geringere Leistungsfähigkeit im Naturhaushalt verfügen. Besonders empfindliche, besonders fruchtbare und besonders seltene Böden sollen von jeder Bebauung freigehalten werden.

Die Auseinandersetzung um das Für und Wider einer Reduktion der Flächeninanspruchnahme macht deutlich, dass die Ziele einer nachhaltigen Siedlungsflächenentwicklung zu differenzieren sind. Aufgabe einer nachhaltigen Siedlungspolitik müsste es sein, Freiräume zu schützen, Vorsorge für ausreichenden Wohnraum zu treffen und eine Flächenvorratspolitik zu betreiben, die auch kommenden Generationen eine positive industrielle und gewerbliche Entwicklung ermöglicht. Dabei ist zu berücksichtigen, dass die Flächennachfrage künftig große regionale Unterschiede aufweisen wird. Während in einigen Regionen schon heute erhebliche Leerstände bei Wohn- und Gewerbegebäuden zu verzeichnen sind, besteht in anderen ein ungebrochen hoher Bedarf, der sich in steigenden Bauland-, Immobilien- und Mietpreisen niederschlägt.

4.3 Bestand an Gebäuden und Wohnungen

Deutschland weist qualitativ und quantitativ eine gute Wohnraumversorgung auf. Entscheidend für die Wohnsituation ist die Gesamtzahl der Wohnungen inklusive der Gebäude. Der größte Teil des Angebots an Wohnungen und Gebäuden stammt aus dem bereits vorhandenen Bestand. Aufgrund der langen Nutzungsdauer der Wohnimmobilien sind sowohl die Zugänge bzw. Fertigstellungen als auch die Vermietungen sowie die Abgänge pro Jahr gering im Vergleich zum Bestand. Vom Statistischen Bundesamt werden die folgenden Unterscheidungen getroffen:

- *Wohngebäude* sind Gebäude, deren Gesamtnutzfläche mindestens zur Hälfte für Wohnzwecke genutzt wird. Die Nutzung der übrigen Fläche ist nicht ausschlaggebend. Wird weniger als die Hälfte der Gesamtnutzfläche zu Wohnzwecken genutzt, ist das Gebäude ein „Sonstiges Gebäude mit Wohnraum". In diesen Gebäuden befinden sich beispielsweise überwiegend Läden oder Büros. Wohnheime zählen in der amtlichen Statistik nicht zu den Wohngebäuden, sondern werden als separate Kategorie erfasst.
- *Wohnungen* sind nach außen abgeschlossene und i. d. R. zusammenliegende Räume, die zum Wohnen und Schlafen genutzt werden können. Die tatsächliche Nutzung ist hierbei nicht ausschlaggebend. Die Wohnung kann aktuell auch unbewohnt sein oder als Freizeit- bzw. Ferienwohnung dienen. Es ist auch möglich, dass die Wohnung oder Teile davon gewerblich genutzt werden. Weiterhin müssen Wohnungen einen eigenen Eingang unmittelbar vom Freien, von einem Treppenhaus oder von einem Vorraum aus haben.

4.3.1 Entwicklung des Wohnungsbestands

Den *Gebäude- und Wohnungsbestand* in Deutschland ermittelt die Gebäude- und Wohnungszählung (GWZ) . Diese findet i. d. R. alle zehn Jahre im Rahmen des Zensus statt. Da es sich bei dieser Statistik um eine Vollerhebung handelt, sind Analysen in tiefer fachlicher wie regionaler Gliederung möglich. Außerdem werden in der GWZ nur Eigentümer befragt. Die letzte GWZ wurde im Zuge des Zensus 2022 durchgeführt. Im Zeitraum zwischen zwei Gebäude- und Wohnungszählungen wird die Struktur des Gebäude- und Wohnungsbestands mittels der Bautätigkeitsstatistiken fortgeschrieben. Sowohl die quantitative als auch die qualitative Wohnungsversorgung (Wohnungsbestand) hat sich in den vergangenen Jahren erhöht. Zentraler Indikator für die Darstellung der quantitativen Wohnungsversorgung ist die Anzahl der Wohnungen bzw. Gebäude.

Insgesamt ist die Entwicklung des Wohnungsbestandes in Deutschland durch eine relativ hohe Stabilität geprägt, da Immobilien die Eigenschaft aufweisen, ein langfristiges, nicht bewegliches Gut zu sein, in deren Erstellung hohe Investitionssummen fließen. Der heutige Bestand ist somit das Abbild früherer Investitionsentscheidungen.

Nach dem *Zensus 2022* werden als allumfassende Kategorie „Gebäude mit Wohnraum" definiert. Dann wird unterschieden in Wohngebäuden, die mindestens zur Hälfte der Gesamtnutzfläche zu Wohnzwecken genutzt werden. Dazu gehören auch Wohnheime (wie für Studierenden oder Arbeiter; mit eigener Haushaltsführung der Bewohner). Weiterhin gibt es sonstige Gebäude mit Wohnraum, die sowohl zu Wohn- als auch zu Geschäftszwecken genutzt werden. Die Gebäude werden weniger als zur Hälfte der Gesamtnutzfläche für Wohnzwecke genutzt, weil sich beispielsweise im Gebäude überwiegend Läden oder Büros befinden.

- In Deutschland gab es insgesamt 19,96 Mio. Gebäude mit Wohnraum, in denen sich 43,1 Mio. Wohnungen befanden.
- In den insgesamt 19,5 Mio. Wohngebäuden (ohne sonstige Gebäude) sind knapp 15.000 Wohnheime mit rund 390.000 Wohnungen enthalten.
- In den rund 470.000 sonstigen Gebäuden mit Wohnraum befinden sich gut 910.000 Wohnungen.

Im Vergleich zum *Zensus 2011* gab es einen Zuwachs bei den gesamten Wohngebäuden um gut 1,0 Mio. Gebäude oder 5,4 Prozent. Die Zahl aller Wohnungen hat seit 2011 um 2,5 Mio. Einheiten oder 6,2 Prozent auf 43,1 Mio. zugenommen.

Nach der *Fortschreibung des Wohngebäude- und Wohnungsbestandes* als weitere Statistikquelle[72] waren es Ende 2023 gut 43,7 Mio. Wohnungen in Wohn- und Nichtwohngebäuden. Laut Zensus waren es im Mai 2022 in der vergleichbaren Kategorie nur 43,1 Mio. Wohnungen. Beim Vergleich der Kategorien „Wohnungen in Wohngebäuden (ohne sonstige)" gab es nach dem Zensus 42,2 Mio. und damit mehr als nach der Fortschreibung (41,9 Mio. Wohnungen gegen Jahresende 2022 und 42,2 Mio. in 2023). Damit unterscheiden sich die beiden Quellen erheblich.

Nach der Fortschreibung erhöhte sich im Jahr 2023 der Wohnungsbestand um 0,7 Prozent bzw. knapp 284.000 Wohnungen in Wohn- und Nichtwohngebäuden, was ungefähr auch den Werten der Vorjahre entsprach. Damit gab es 516 Wohnungen pro 1.000 Einwohnern, diese sind in den vergangenen Jahren stetig gestiegen. Noch im Jahr 2015 waren es nur rund 504 Wohnungen pro 1.000 Einwohnern. Dies gilt auch für die Wohnfläche pro Wohnung, wenngleich deutlich schwächer. Längerfristig stieg der Wohnungsbestand gegenüber dem Jahr 2015 um mehr 0,6 Prozent.[73] Die Versorgung mit Wohnungen hat sich somit in den letzten Jahren quantitativ stetig, aber nur leicht verbessert. Trotz hoher Nachfrage und steigender Preise für Wohnraum ist der Bestand an Wohnungen in Großstädten und städtischen Kreisen in den Jahren 2011 bis 2022 im Vergleich zur Haushaltsentwicklung langsamer gewachsen.

---

72 Vgl. Statistisches Bundesamt, Tabellen 31231 ff., abgerufen am 28.02.2025.
73 Vgl. Statistisches Bundesamt, 2023c.

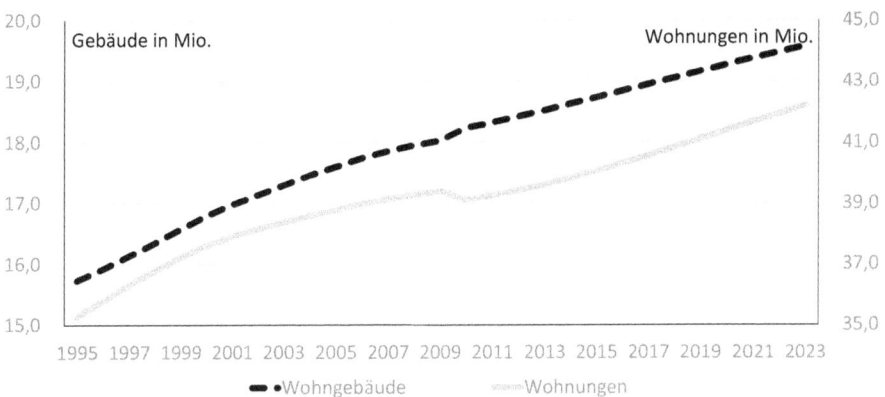

Abb. 4.7: Bestand an Gebäuden und Wohnungen in Wohngebäuden.
Quelle: Statistisches Bundesamt, Tabelle 31231-0005, abgerufen am 27.02.2025, eigene Darstellung.

Bei ausschließlicher Betrachtung der *Wohngebäude (ohne Nichtwohngebäude)* ergibt sich eine ähnliche Entwicklung, aber auf niedrigerem Niveau. Zum Jahresende 2023 gab es in den 19,6 Mio. Wohngebäuden gut 42,2 Mio. Wohnungen, das waren 8 Prozent mehr als im Jahr 2010 (siehe Abb. 4.7). Die Wachstumsrate des Wohnungsbestandes hat von der Wiedervereinigung bis zum Jahr 2010 kontinuierlich abgenommen. Lag die Zuwachsrate Mitte der 1990er-Jahre noch bei rund 1,5 Prozent sank sie bis zum Jahr 2009 auf nur noch 0,3 Prozent. Danach stieg die Wachstumsrate wieder an und lag 2023 bei rund 7 Prozent.

Ab dem Jahr 2019 wurden vom Statistischen Bundesamt detaillierte Statistiken über Bestandsveränderungen von Wohnungen in Wohn- und Nichtwohngebäuden veröffentlicht, was hier beispielhaft für das Jahr 2023 dargestellt werden soll. Ausgehend von einem Bestand zum Jahresende 2022 in Höhe von 43,4 Mio. Wohnungen gab es einerseits Zugänge durch Neubau (260.000) und andererseits Zugänge durch Baumaßnahmen an bestehenden Gebäuden (125.000 Wohnungen). Daneben gab es sowohl Zugänge als auch Abgänge, die durch Baumaßnahmen an bestehenden Gebäuden ausgelöst wurden. Insgesamt kam es so zu einem Anstieg auf 43,7 Mio. Wohnungen. Entsprechend änderten sich auch die Zahl der Gebäude sowie der Wohnfläche und der Räume.[74]

4.3.2 Struktur des Wohnungsbestands

Der deutsche Wohnungsbestand kann nach verschiedenen Kriterien analysiert werden. Dabei werden sowohl die Erkenntnisse der beiden Zensus-Erhebungen als auch die der Fortschreibungen des Wohngebäude- und Wohnungsbestandes berücksichtigt.

---

[74] Vgl. Statistisches Bundesamt, Tabelle 31231-0002, abgerufen am 28.02.2025.

Eigentum des Gebäudes

Der Indikator bildet ab, wem das Eigentum an dem Gebäude (nicht an der einzelnen Wohnung) rechtlich zusteht. Dies können Privatpersonen oder juristische Personen sein.

- *Gemeinschaft von Wohnungseigentümern*: Dies gilt immer dann, wenn ein Gebäude (Mehrfamilienhaus) nach dem Wohnungseigentumsgesetz (WEG) in Eigentumswohnungen aufgeteilt ist. Im Fall von Einfamilienhausanlagen (wie Doppelhaus- oder Reihenhausanlagen), die nach WEG aufgeteilt sind, darf „Gemeinschaft von Wohnungseigentümern" nicht angegeben werden. Für diesen Fall muss eine der anderen Ausprägungen gewählt werden (i. d R.: Privatperson oder Privatpersonen).
- *Privatperson oder Privatpersonen*: Alle natürlichen Personen, dazu zählen Einzelpersonen, Paare oder sonstige Gruppen von Personen wie Erbengemeinschaften.
- *Wohnungsgenossenschaft*: Alle Wohnungsunternehmen, die die Rechtsform einer Genossenschaft haben.
- *Kommune oder kommunales Wohnungsunternehmen*: Unternehmen oder Einrichtungen, bei denen die Kommune mit mehr als 50 Prozent Nennkapital oder Stimmrecht beteiligt ist.
- *Privatwirtschaftliches Wohnungsunternehmen*: Alle privatrechtlichen Wohnungsunternehmen, aber ohne Genossenschaften.
- *Anderes privatwirtschaftliches Unternehmen*: Alle privatrechtlichen Unternehmen, in deren Eigentum sich Wohnungen befinden, deren primärer Erwerbszweck aber nicht die Wohnungsvermietung ist (beispielsweise Banken, Versicherungen oder Fonds).
- *Bund oder Land*: Unternehmen oder Einrichtungen, bei denen der Bund oder das Land mit mehr als 50 Prozent Nennkapital oder Stimmrecht beteiligt ist.
- *Organisationen ohne Erwerbszweck* wie beispielsweise Kirchen.

Ein Großteil der Wohnungen einschließlich der Mietwohnungen befindet sich in Deutschland im alleinigen Privateigentum oder im Eigentum von Eigentümergemeinschaften. In den kreisfreien Großstädten sind daneben verstärkt privatwirtschaftliche Wohnungsunternehmen, Wohnungsgenossenschaften und öffentliche, vor allem kommunale, Wohnungsunternehmen aktiv. Über alle Kreistypen hinweg halten Kommunen und kommunale Wohnungsunternehmen rund 6 Prozent und Bund und Länder rund 0,3 Prozent des Wohnungsbestandes. Über 70 Prozent der Wohnungen in den kreisfreien Großstädten werden zu Wohnzwecken vermietet. In anderen Kreistypen werden Wohnungen häufiger selbst bewohnt.

Auch wenn sich der Bestand von 2011 bis 2022 (*Zensus*) erhöht hat, gibt es bei der Struktur der Eigentumsform keine größeren Veränderungen. In Deutschland verfügten nach dem Zensus 2022 Privatpersonen über 84,9 Prozent der Wohngebäude und über 57,8 Prozent der Wohnungen. Dies ist damit die am stärksten vertretene Eigentumsform. Am zweihäufigsten treten Wohnungseigentumsgemeinschaften in Erscheinung. Ihr Anteil an den Gebäuden liegt bei 8,9 Prozent. Bei den dazugehörigen Wohnungen handelt es sich um selbst genutztes Eigentum und um Wohnungen, die dem

Mietwohnungsmarkt zugeordnet werden können. Zusammen machen Eigentumswohnungen gut ein Fünftel des gesamten Wohnungsbestands aus.

Weitere Teile des *übrigen Wohnraums* verteilen sich auf drei Eigentumsformen: Kommunen oder kommunale Wohnungsunternehmen, privatwirtschaftliche Wohnungsunternehmen sowie Wohnungsgenossenschaften. Bei den Gebäuden liegen die Anteile jeweils bei weniger als 2 Prozent, bei den Wohnungen zwischen 5 Prozent und 7 Prozent. Die Verhältnisse von Gebäude- und Wohnungsanteilen in den verschiedenen Eigentumsformen weisen auf unterschiedliche Bestandsstrukturen hin. Sehr viele Gebäude von Privatpersonen sind Ein- und Zweifamilienhäuser. In den Gebäudebeständen anderer Eigentumsformen überwiegen hingegen Mehrfamilienhäuser.

Hinsichtlich der Verteilung der verschiedenen Eigentumsformen zeigen sich ausgeprägte regionale Unterschiede. In den Stadtstaaten besitzen Privatpersonen relativ wenige Gebäude, während Wohngemeinschaften sowie kommunale und private Wohnungsunternehmen relativ hohe Anteile am Gebäudebestand haben. In den westdeutschen Flächenländern ist der Anteil der Privatpersonen als Eigentümer überdurchschnittlich hoch, aber gleichzeitig gibt es in den Bundesländern stark unterschiedliche Strukturen. In Ostdeutschland sind Wohneigentumsgemeinschaften wenig vertreten, hingegen Wohnungsgenossenschaften und kommunale Wohnungsunternehmen deutlich stärker. So befindet sich in den ostdeutschen Flächenländern etwa jede vierte Wohnung in einem kommunalen oder genossenschaftlichen Wohngebäude. Ähnliche Verhältnisse herrschen in den Stadtstaaten, dort entfallen gut ein Fünftel der Wohnungen auf kommunale Unternehmen und genossenschaftlich organisierte Eigentümer. In den westlichen Flächenländern sind diese lediglich punktuell und zumeist in urbanen Zentren mit größeren Beständen vertreten.[75]

Wohnungsnutzung

Für das Thema Wohnen ist die Entwicklung der Eigentumsverhältnisse von großer Bedeutung. In keinem anderen Land der Europäischen Union wohnen so wenige Menschen in den „eigenen vier Wänden" wie in Deutschland. Die Art der Wohnungsnutzung beschreibt, wie die Wohnung zum Stichtag Mai 2022 (Zensus) genutzt wurde.

– Mindestens einer der Bewohner ist *Eigentümer* der Wohnung. Dies gilt auch, wenn außer dem Eigentümer zusätzlich noch weitere Personen beispielsweise Untermieter in der Wohnung wohnen. Dabei wird in der Statistik zwischen der Eigentümerquote (Anteil der von Eigentümern selbst bewohnten Wohnungen an allen bewohnten Wohnungen in Wohngebäuden) und der Eigentumsquote (Anteil der privaten Haushalte mit Haus- und Grundbesitzvermögen) unterschieden.

– Die Wohnung ist zu Wohnzwecken *vermietet* oder mietfrei überlassen. Hierzu zählen auch Nießbrauch- und sonstige Wohnrechte. Folglich werden Wohnungen, die ausschließlich von Mietern bewohnt werden, als Mieterwohnungen bezeichnet.

---

75 Vgl. Statistisches Bundesamt, Tabelle 3000G-1007, abgerufen am 28.02.2025.

- *Privat genutzte Ferien- oder Freizeitwohnungen* sind Wohnungen, in denen eine Person dauerhaft zu privaten Zwecken ihre Freizeit verbringt, beispielsweise an Wochenenden, während des Urlaubs oder der Ferien. Ferien- und Freizeitwohnungen kann es in jedem Gebäude (wie Wochenend- und Ferienhaus, Mehrfamilienhaus) geben. Sie können vom Eigentümer selbst genutzt oder dauerhaft an eine dritte Person zur Freizeitnutzung vermietet (oder kostenlos überlassen) werden. Ferienwohnungen, die an wechselnde Personen vermietet werden, gehören nicht dazu.
- Eine Wohnung gilt als *leer stehend*, wenn sie am Erhebungsstichtag weder vermietet ist, noch von dem Eigentümer selbst genutzt wird und auch keine Ferien- und Freizeitwohnung ist. Wenn die Wohnung wegen Umbaus oder Modernisierung – bei Weiterbestehen des Mietverhältnisses – vorübergehend nicht genutzt werden kann, zählt sie nicht als leer stehend.

Im Mai 2022 gab es laut *Zensus 2022* 17,8 Mio. Wohnungen oder 41,3 Prozent, die vom Eigentümer selbst bewohnt wurden. Das waren mehr als 2011: 16,9 Mio. aller bewohnten Wohnungen in Wohngebäuden wurden von ihren Eigentümern selbst genutzt. Damals lag die Eigentümerquote in Deutschland bei 45,9 Prozent und Mietwohnungen hatten einen Anteil von 54,1 Prozent. Es gibt allerdings beträchtliche regionale Unterschiede bei dieser Kennzahl. So sind die Eigentümerquoten in fast allen westdeutschen Flächenländern traditionell nach wie vor höher als in den meisten ostdeutschen Bundesländern, wo allerdings in den vergangenen Jahren ein Aufholprozess stattgefunden hat.[76]

Differenziert nach der Bezugsgröße „Familie" wohnten laut Zensus in Deutschland rund 12,4 Mio. Familien oder 57,2 Prozent aller Familien im selbst genutzten Eigentum. Im Vergleich zu 2011 (56 Prozent) waren dies prozentual etwas mehr. Bei den Paaren mit Kindern lag der Anteil derer, die im selbst genutzten Eigentum lebten, bei 62 Prozent. Im Vergleich der Bundesländer gibt es erhebliche Unterschiede: Besonders häufig lebten Paare mit Kindern im Saarland (74 Prozent) in den eigenen vier Wänden, besonders selten in Berlin (25 Prozent).[77]

Die Eigentümerquote betrug laut *Zensus 2011* in Deutschland 45,9 Prozent oder 16,9 Mio. Wohnungen und reichte von Berlin mit ungefähr 15 Prozent bis zum Saarland mit fast 60 Prozent. Innerhalb Deutschlands gibt es großräumige regionale Differenzen: Allein die jahrzehntelange Teilung Deutschlands hat zu unterschiedlichen Wohneigentumsquoten geführt, die bis heute Gültigkeit haben, wenngleich sie in der Tendenz konvergieren. In den westdeutschen Ländern stehen die Eigentümerhaus-

---

[76] Vgl. Statistisches Bundesamt, Tabelle 4000W-1001, abgerufen am 28.02.2025.
[77] Vgl. Statistisches Bundesamt, 2024c, Tabelle 6000 F-2003, abgerufen am 26.12.2024.

halte an der Schwelle der 50 Prozent-Marke, während die Quote in den ostdeutschen Ländern aktuell bei 35 Prozent liegt, allerdings beim jährlichen Zuwachs den Westen Deutschlands überbietet. In städtischen Regionen ist die Wohneigentumsquote wegen der hohen baulichen Dichte und des teuren Bodenpreises geringer als im Durchschnitt.[78]

Die Zensus-Ergebnisse unterscheiden sich von den Ergebnissen des *Zusatzprogramms*[79] *des Mikrozensus 2022*, nach dem 41,8 Prozent der Haushalte in Eigentümerwohnungen lebten; demnach 58,2 Prozent in Mietwohnungen. In der Tendenz zeigt sich in den vergangenen 16 Jahren wenig Veränderung (Eigentumsquote 2006: 40,9 Prozent).[80] Dies liegt zum einen daran, dass die Nachwuchseigentümer aufgrund der stark gestiegenen Immobilienpreise ein deutlich höheres Eigenkapital aufbringen müssen. Zum anderen leben aufgrund der Akademisierung (Trend zu höherer beruflicher Qualifikation durch ein Studium) mehr junge Menschen berufsbedingt in der Stadt und sind häufiger Single. Mit dem urbanen Lebensstil ist zumeist ein langjährigeres Mieterdasein verbunden.

Nach *Regionen* gibt es beachtliche Unterschiede, wie das *Zusatzprogramm des Mikrozensus 2002* zeigt.[81] Mit Abstand die geringsten Eigentumsquoten wiesen die Stadtstaaten auf (Berlin: 16 Prozent, Hamburg: 20,1 Prozent, Bremen: 32,2 Prozent). Das Saarland hatte mit knapp 60 Prozent den höchsten Anteil an Haushalten, die in einer selbstbewohnten Eigentümerwohnung lebten. Abgesehen von den Stadtstaaten gab es in Sachsen (34,5 Prozent) die wenigsten Eigentümerhaushalte. In Ostdeutschland wurde der Erwerb einer eigenen Immobilie erst nach der Wiedervereinigung zu einer Option, es setzte erst ein kräftiger Aufholprozess ein. Grundsätzlich lag die Eigentumsquote der meisten neuen Länder (einschließlich Berlin) noch unterhalb der Quote für das frühere Bundesgebiet. Allerdings zeichnet sich eine leichte Nivellierung ab.

Ebenfalls gibt es in den einzelnen *Gemeindegrößenklassen* sehr unterschiedliche Quoten. In den 7 A-Städten betrug die Eigentümerquote nur 20,3 Prozent. Wohnen in der Stadt bedeutet also überwiegend, zur Miete zu wohnen. In den Großstädten waren es schon ein Viertel der Haushalte. Unterschiede zeigen sich auch aus der Stadt-Land-Perspektive. Die städtischen unterscheiden sich aber nur geringfügig von den ländlichen Kreisen. Am höchsten ist die Eigentümerquote mit 51,7 Prozent in den dünn besiedelten ländlichen Kreisen. Je weiter eine Wohnung von einer Großstadt entfernt liegt, desto eher handelt es sich also um eine von Eigentümern bewohnte Wohnung.

Nach dem *Alter* unterscheidet sich auch die Eigentumsquote. Jüngere Menschen leben generell seltener in den eigenen vier Wänden, weil es ihnen noch am benötig-

---

78 Vgl. Statistische Ämter des Bundes und der Länder, 2015, S. 16.
79 Vgl. Statistische Ämter des Bundes und der Länder, Tabelle 11, Wiesbaden 2024.
80 Vgl. Statistisches Bundesamt, 2024g, S. 240.
81 Vgl. Statistische Ämter des Bundes und der Länder, Tabelle 11, Wiesbaden 2024.

ten Eigenkapital fehlt und weil sie mobil bleiben möchten. Im Vergleich zum Jahr 2008 ist 2022 lediglich in der Altersgruppe von 70 bis 79 Jahren die Wohneigentumsquote gestiegen. Dies ist auf den gestiegenen Wohlstand sowie auf den ostdeutschen Aufholprozess zurückzuführen. In den jüngeren Gruppen von 30 bis 49 Jahren gab es hingegen einen starken Rückgang der Eigentumsquote. Eine Rolle spielt dabei, dass viele ihren Lebensmittelpunkt in einer Stadt haben.[82]

Eigentümerhaushalte und Mieterhaushalte unterscheiden sich durch den *Gebäudetyp*, in dem sie hauptsächlich leben. Jeder zweite Eigentümerhaushalt lebte 2022 in einem freistehenden Einfamilienhaus. In einem Mehrfamilienhaus hingegen lebte nicht mal ein Drittel (28,7 Prozent) dieser Haushalte. Für Mieterhaushalte ist es umgekehrt. Rund 85 Prozent lebten in einem Mehrfamilienhaus und nicht mal jeder zehnte Haushalt (9 Prozent) lebte in einem freistehenden Einfamilienhaus. Daran anschließend unterscheidet sich die Anzahl der zur Verfügung stehenden Wohnräume für Eigentümer- und Mieterhaushalte enorm. Während Eigentümerhaushalte durchschnittlich über 4,5 Räume verfügten, waren es für Mieterhaushalte im Durchschnitt nur 2,9 Räume. Das Einkommen spielt eine große Rolle: Haushalte mit einem hohen Haushaltsnettoeinkommen wohnen überdurchschnittlich oft im Eigentum. So haben gut ein Fünftel der Haushalte mit einem Nettoeinkommen bis zu 1.500 Euro eine eigene Wohnung, während bei Einkommen von mehr als 4.000 Euro die Eigentümerquote 62,6 Prozent betrug.[83]

Im internationalen Vergleich ist die Mieterquote in Deutschland weiterhin sehr hoch, wie die Abb. 4.8 zeigt. Deutschland ist das Land mit dem höchsten Mieteranteil in der EU. Über die Hälfte der Bevölkerung (52,4 Prozent) lebte hierzulande im Jahr 2022 zur Miete. Das war der höchste Wert in der EU. Deutlich niedriger lagen die Anteile zum Beispiel in Frankreich (36,9 Prozent), Spanien (24,7 Prozent) oder Polen (12,7 Prozent). Den niedrigsten Anteil in der EU verzeichnete Rumänien. Dort lebten nur 4,4 Prozent der Bevölkerung zur Miete.

Während im Ausland überwiegend einkommensschwache Haushalte Mieter sind, wohnen in Deutschland auch einkommensstarke Haushalte zur Miete. Die insgesamt niedrige Quote kann historisch erklärt werden. Nach dem Zweiten Weltkrieg wurde in Westdeutschland zunächst vorwiegend Wohnraum zur Grundversorgung der Bevölkerung geschaffen. Hierzu wurden in großem Umfang Mietwohnungen gebaut. Zudem sind in Deutschland die Ausstattungsansprüche und die Baulandpreise relativ hoch, sodass viele Haushalte nicht die Möglichkeit haben, Eigentum an der selbst genutzten Wohnung bzw. dem Haus zu erwerben. Jedoch hat das Eigentum an dem selbst bewohnten Wohnraum im Rahmen der Altersvorsorge und der individuellen Vermögensbildung eine wachsende Bedeutung.

---

[82] Vgl. Statistisches Bundesamt, 2025b.
[83] Vgl. Statistisches Bundesamt, 2025b.

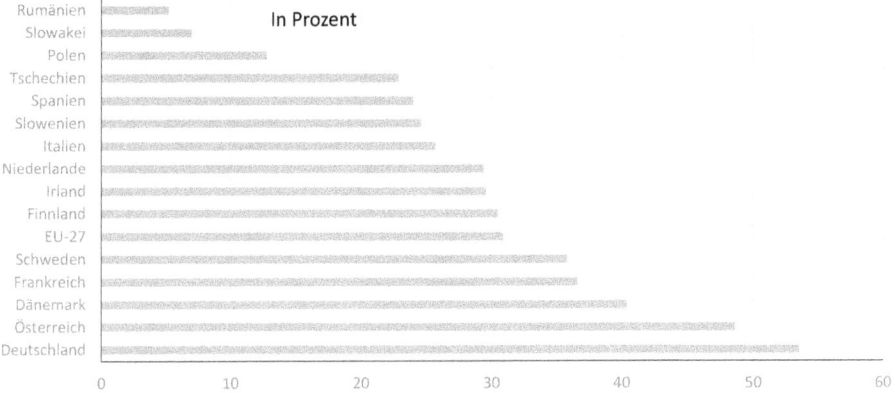

Abb. 4.8: Anteil der Bevölkerung, der zur Miete wohnt.
Quelle: Statistisches Bundesamt, verfügbar unter: https://www.destatis.de/Europa/DE/Thema/Bevoelkerung-Arbeit-Soziales/Soziales-Lebensbedingungen/Mieteranteil.html, abgerufen am 27.02.2025, eigene Darstellung.

Wohneigentum steht in Deutschland eigentlich sehr hoch im Kurs, wie Befragungen zeigen. Allerdings gibt es zahlreiche Hindernisse, die die Umsetzung erschweren. I. d. R. sind es finanzielle Gründe: zu wenig Eigenkapital, um kreditfähig zu sein, oder die zu hohe Belastung aufgrund eines großen Fremdfinanzierungsanteils. Daneben führen viele Haushalte das gute Mietwohnungsangebot in Deutschland als Faktor an, der sie bei der Bildung von Wohneigentum zögern lässt. Etwas seltener – aber insbesondere von jüngeren Generationen angeführt – wird Wohneigentum für die Mobilitätsanforderungen der heutigen Zeit als hinderlich angesehen.

Gebäudegröße und Bauweise

Unter einer Wohnung sind nach außen abgeschlossene, zu Wohnzwecken bestimmte, i. d. R zusammenliegende Räume zu verstehen, die die Führung eines eigenen Haushalts ermöglichen und nicht vollständig für gewerbliche Zwecke genutzt werden. In der folgenden Abb. 4.9 ist die Zahl der Wohnungen in einem Gebäude abgebildet.

Bei dem Indikator „Gebäudegröße" bestehen keine großen Unterschiede zwischen den verschiedenen Statistikquellen. Größere Unterschiede sind aber gegeben, wenn zwischen der Anzahl der Gebäude und der Wohnungen differenziert wird.

Nach dem *Zensus 2022* gibt es rund 20 Mio. Gebäude, davon sind 67,7 Prozent (13,5 Mio.) Einfamilienhäuser und nur 14,1 Prozent Zweifamilienhäuser. Der Rest sind Mehrfamilienhäuser mit 18,2 Prozent bzw. 3,6 Mio. Gebäude. Nur 1,3 Prozent der Gebäude (260.000) weisen mehr als 13 Wohnungen auf. Wird der Anteil der Wohnungen am Gebäudebestand betrachtet, haben die 13,5 Mio. Einfamilienhäuser einen geringeren Anteil von 31,3 Prozent an allen Wohnungen. Der Anteil der Wohnungen in Mehrfamilienhäusern ist deutlich höher, allein gut 13,6 Prozent der Wohnungen befinden

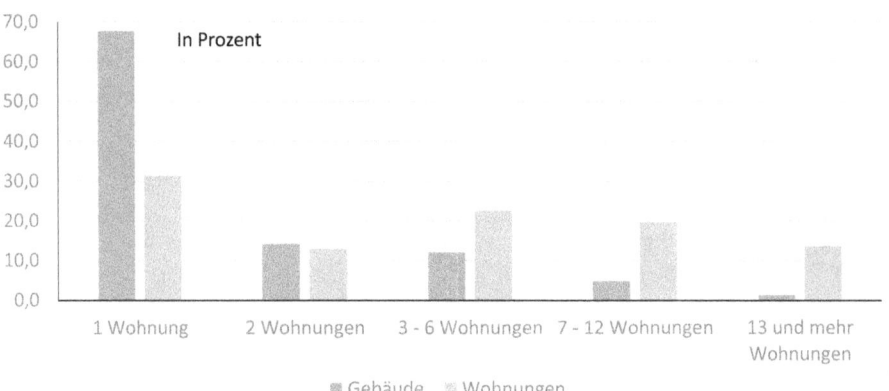

Abb. 4.9: Gebäudegrößen nach Anzahl der Wohnungen in einem Gebäude.
Quelle: Statistisches Bundesamt, Tabelle 3000G-1012, abgerufen am 06.05.2025, eigene Darstellung.

sich in Gebäuden mit mehr als 13 Wohnungen und weitere 42,1 Prozent befinden sich in Mehrfamilienhäusern.[84]

Beim regionalen Vergleich haben die Einfamilienhäuser in Ostdeutschland mit Ausnahme von Sachsen eine überdurchschnittliche Bedeutung. In den Stadtstaaten ist der Anteil der Mehrfamilienhäuser an den Gebäuden überdurchschnittlich hoch. Berlin hat weit überdurchschnittlich viele sehr große Mehrfamilienhäuser (mehr als 7 Wohnungen pro Gebäude). Auffällig ist auch, dass Sachsen als einziges Flächenland einen relativ hohen Anteil aufweist.

Nach dem *Zensus 2011* gab es nur gut 18 Mio. Wohngebäude in Deutschland; davon hatte die Mehrzahl mit einem Anteil von 66 Prozent der Gebäude lediglich eine Wohnung. Weitere 17 Prozent waren Gebäude mit zwei Wohnungen (im Jahr 2022 nur noch 14,1 Prozent), der Rest weist drei und mehr Wohnungen auf. Nur etwa 6 Prozent des Bestands an Gebäuden sind große Mehrfamilienhäuser, die sieben und mehr Wohnungen enthalten. Auf diese Größenklasse entfällt fast ein Drittel aller Wohnungen. Einen etwa genauso hohen Anteil an Wohnungen weisen Einfamilienhäuser auf.

Auch bei der jährlichen *Fortschreibung des Wohngebäude- und Wohnungsbestandes* ist Deutschland ein Land der Ein und Zweifamilienhäuser. Ende 2023 hatten fast 83,1 Prozent der Wohngebäude nur eine oder zwei Wohnungen, immerhin fast 2 Prozentpunkte mehr als nach dem Zensus. Zwischen den ostdeutschen und den westdeutschen Flächenländern gab es nur geringe Unterschiede. Selbst in den Stadtstaaten machten Ein- und Zweifamilienhäuser etwa zwei Drittel aller Wohngebäude auf. Die 13,1 Mio. Einfamilienhäuser machten knapp ein Drittel (31 Prozent) der Wohnungen aus. An den Gebäuden hatten sie einen Anteil von 66,8 Prozent, der sich in den letzten Jahren nicht wesentlich verändert hat. 15,1 Prozent oder 6,4 Mio. Wohnungen entfie-

---

84 Vgl. Statistisches Bundesamt, Tabelle 3000G-1012, abgerufen am 28.02.2025.

len auf die insgesamt 3,2 Mio. Zweifamilienhäuser. Bei einer differenzierten Analyse befanden sich zum Jahresende 2023 nach der Fortschreibung 16,8 Prozent der Gebäude und 52,6 Prozent (22,2 Mio.) der Wohnungen in Mehrfamilienhäusern. Im Durchschnitt bestand damit jedes der deutschlandweit 3,3 Mio. Mehrfamilienhäuser aus 6,8 Wohneinheiten.[85]

Nach dem *Gebäudetyp bzw. der Bauweise* wird im Zensus nach der Bauart des Gebäudes unterschieden. Dabei gibt es erstens ein freistehendes Ein- oder Mehrfamilienhaus, zweitens eine Doppelhaushälfte, drittens ein gereihtes Ein- oder Mehrfamilienhaus oder viertens andere Gebäudetypen. Die Werte vom Zensus 2022 und vom Zensus 2011 unterscheiden sich nur marginal. Rund zwei Drittel der Wohngebäude sind freistehende Häuser (EFH oder MFH), ein Drittel ist als Doppel- oder gereihtes Haus mit anderen Gebäuden aneinander gebaut. Die regionale Verteilung der Bautypen ist ebenfalls durch Stadt-Land-Unterschiede geprägt. So ist in den Stadtstaaten fast jedes zweite Wohnhaus gereiht, in den Flächenländern nur knapp jedes fünfte. Umgekehrt sind in den Flächenländern freistehende Gebäude vorherrschend.[86]

Baujahr

Mit Baujahr ist das Jahr der Bezugsfertigstellung des Gebäudes gemeint. Bei Um-, An- und Erweiterungsbauten am Haus gilt das ursprüngliche Baujahr des Gebäudes. Bei vollkommen zerstörten und wieder aufgebauten Gebäuden gilt das Jahr des Wiederaufbaus als Baujahr. Die folgenden Ausführungen und die Abb. 4.10 konzentrieren sich auf die Ergebnisse des *Zensus 2022*.

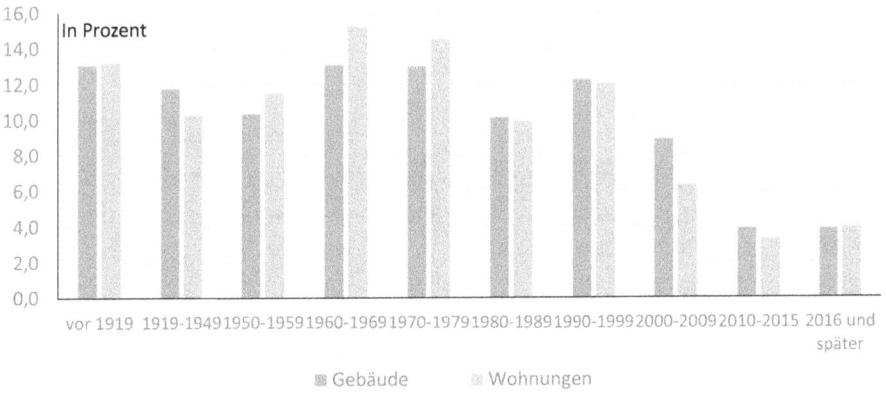

Abb. 4.10: Baujahr der Gebäude und Wohnungen.
Quelle: Statistisches Bundesamt, Tabellen 3000G-1002 und 4000W-1006, abgerufen am 27.02.2025, eigene Darstellung.

---

85 Vgl. Statistisches Bundesamt, Tabelle 31231-0005, abgerufen am 28.02.2025.
86 Vgl. Statistisches Bundesamt, Tabelle 3000G-1009, abgerufen am 03.03.2025.

Rund ein Viertel der Gebäude wurde vor 1950 gebaut, wobei rund 13,1 Prozent oder 2,6 Mio. Gebäude bereits vor dem Ende des Ersten Weltkrieges errichtet wurden. Fast drei Viertel aller Gebäude und Wohnungen in Deutschland entstanden nach 1950, wobei die 1960er- und 1970er-Jahre die stärksten Baudekaden waren. Seit der Wiedervereinigung nimmt der Anteil der errichteten Gebäude kontinuierlich ab. In den 1990er_Jahren waren es gut 2,4 Mio. Gebäude und im 2010er Jahrzehnt nur 1,5 Mio. Gebäude.

Im *regionalen Vergleich* lässt sich ein beträchtliches Altersgefälle zwischen Ost und West erkennen. Nur ungefähr 10 Prozent der Wohnungen in Westdeutschland sind aus der Zeit vor dem Ende des Ersten Weltkriegs; im Osten Deutschlands – wo zwar der überlieferte Bestand häufig vernachlässigt, jedoch nicht flächenhaft beseitigt wurde – stammt rund ein Viertel der Wohnungen aus der Zeit vor 1919. So weisen die östlichen Länder weitaus größere Anteile an Altbauten mit einem Baujahr vor 1950 auf als die westlichen. Die dort vorherrschenden Gebäude und Wohnungen aus den Jahren 1950 bis 1989 fallen in den östlichen Ländern hingegen deutlich weniger ins Gewicht. Nach der Wiedervereinigung ist aufgrund der starken Bautätigkeit der Anteil der Gebäude in der Altersklasse der 1990er-Jahre in Ostdeutschland überdurchschnittlich hoch. Im aktuellen Jahrtausend ist ein im deutschen Vergleich unterdurchschnittlicher Bestand in Ostdeutschland gegeben.

Im *Zusatzprogramm des Mikrozensus 2022* erfolgte die Analyse nach der Anzahl der Haushalte. Von den 39,1 Mio. lebten fast 8,5 Mio. Haushalte in Wohngebäuden, die vor 1949 errichtet wurden. Das waren rund 21,6 Prozent der Haushalte. Aufgrund einer ungleichen Jahreseinteilung sind die weiteren Jahresabschnitte kaum miteinander vergleichbar, was auch beim Vergleich mit den Zensus-Ergebnissen gilt. Rund 2,3 Mio. Haushalte lebten in Gebäuden, die nach 2011 hergestellt wurden, was rund 5,9 Prozent entspricht.[87]

Größe der Wohnung

Die *Wohnfläche* entspricht der Grundfläche aller Räume, die ausschließlich zu der jeweiligen Wohnung gehören. Dies umfasst alle Wohn-, Ess- und Schlafzimmer, aber auch weitere separate Räume wie Küchen und Bäder. Die Flächen weiterer Nebenräume (z. B. Flure, Abstellräume und Balkone) zählen ebenfalls zur Wohnfläche. Es wurden lediglich Haushalte ausgewertet, die zum Zeitpunkt der Befragung allein in einer Wohnung lebten. Insbesondere klassische Wohngemeinschaften sind daher nicht Bestandteil der Ergebnisse.

Bei der Grundfläche der gesamten Wohnung zählen auch außerhalb des eigentlichen Wohnungsabschlusses liegende Räume (z. B. Mansarden) sowie zu Wohnzwecken ausgebaute Keller- und Bodenräume. Zur Ermittlung der Fläche sind anzurechnen (gemäß Wohnflächenverordnung):

---

[87] Vgl. Statistische Ämter des Bundes und der Länder, Tabelle 10, 2024.

- *voll*: die Grundflächen von Räumen/Raumteilen mit einer lichten Höhe von mindestens 2 Metern,
- *zur Hälfte*: die Grundflächen von Räumen/Raumteilen mit einer lichten Höhe von mindestens 1 Meter, aber weniger als 2 Metern; unbeheizbare Wintergärten, Schwimmbäder und ähnliche nach allen Seiten geschlossene Räume und
- i. d. R. *zu einem Viertel*, höchstens jedoch zur Hälfte: die Flächen von Balkonen, Loggien, Dachgärten, Terrassen.

Die Entwicklung der Gesamtfläche aller Wohnungen und die daraus errechnete durchschnittliche Wohnfläche je Einwohner oder je Wohnung machen die allgemeinen Trends der Wohnflächenentwicklung über lange Zeiträume sichtbar. Beide Kennzahlen zeigen die Struktur des potenziell zur Verfügung stehenden Wohnraums, geben aber keine Auskunft über dessen Nutzung. So zeigt die Gesamtwohnfläche nicht das Ausmaß des Leerstands von Wohnungen. Auch ist die Wohnfläche je Einwohner eine theoretische Größe, der die Annahme zugrunde liegt, dass der gesamte verfügbare Wohnraum bewohnt ist und jeder Person dieselbe Wohnfläche zur Verfügung steht. Mit dem gesellschaftlichen Wandel und dem zunehmenden Wohlstand sind über die Jahrzehnte die Ansprüche gestiegen, die die Menschen an die Größe und Ausstattung ihrer eigenen oder gemieteten Wohnungen haben.

Nach dem *Zensus 2022* betrug die Wohnfläche je Wohnung 94,4 Quadratmeter - siehe Abb. 4.11. Der Schwerpunkt bei der Wohnungsgröße liegt mit fast 10,0 Mio. Wohnungen oder 23 Prozent bei einer Fläche von 60 bis 80 Quadratmetern. Gleichzeitig sind 5,7 Prozent der Wohnungen kleiner als 40 Quadratmeter und 3,6 Prozent größer als 200 Quadratmeter. In den Stadtstaaten sind die Wohnungen unter 80 Quadratmetern überdurchschnittlich vorhanden, während die großen Wohnungen vor allem in den westlichen Flächenländern vertreten sind. In Ostdeutschland gibt es mehr kleinere als größere Wohnungen über 100 Quadratmeter, die nur unterdurchschnittlich vorhanden sind.

Differenziert nach der Bezugsgröße „*Familie*" wohnten laut Zensus[88] deutschlandweit 7 Prozent der Familien auf einer Wohnfläche von 40 bis 59 Quadratmetern. Jeweils 19 Prozent der Familien standen 60 bis 79 Quadratmeter oder 80 bis 99 Quadratmeter Wohnfläche zur Verfügung. Auf 200 und mehr Quadratmetern lebten 6 Prozent der Familien. In den Stadtstaaten Berlin (14 Prozent) und Hamburg (11 Prozent) sowie in den östlichen Bundesländern Sachsen (12 Prozent), Sachsen-Anhalt und Mecklenburg-Vorpommern (jeweils 11 Prozent) war eine Wohnfläche von 40 bis 59 Quadratmetern bei Familien häufiger als im Bundesschnitt verbreitet, in Niedersachsen und Rheinland-Pfalz mit 4 Prozent und im Saarland mit 3 Prozent seltener.[89]

Nach dem *Zensus 2011* waren es im Vergleich nur 91,5 Quadratmeter und damit gut 3 Quadratmeter weniger als nach dem Zensus 2022. Gut 40 Prozent der Wohnun-

---

[88] Vgl. Statistisches Bundesamt, Tabelle 6000 F-1011, abgerufen am 03.03.2025.
[89] Vgl. Statistisches Bundesamt, 2024c.

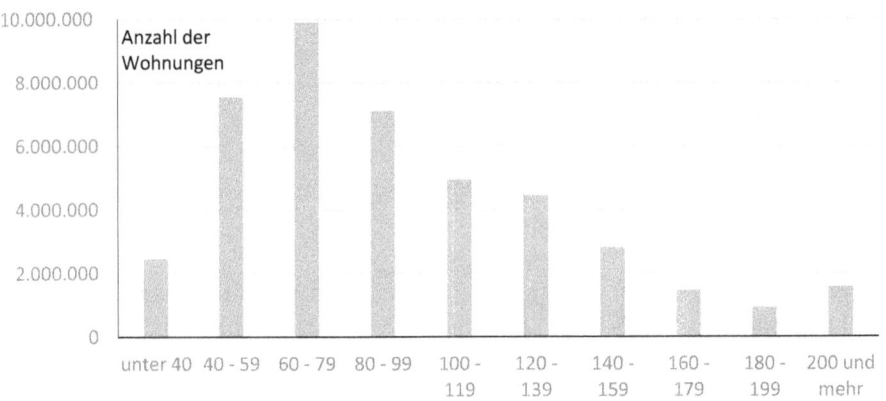

Abb. 4.11: Wohnungsgröße.
Quelle: Statistisches Bundesamt, Tabelle 4000W-1003, abgerufen am 03.03.2025.eigene Darstellung.

gen verfügen über eine Fläche von 40 bis unter 80 Quadratmetern und immerhin noch über 1 Mio. Wohnungen hatten eine Fläche von über 200 Quadratmetern. Aber es zeigten sich größere regionale Unterschiede: Während in den Ballungszentren Berlin und Hamburg nicht zuletzt aufgrund höherer Mieten und Preise fast 40 Prozent der Wohnungen kleiner als 60 Quadratmeter waren, betrug die durchschnittliche Wohnfläche in Rheinland-Pfalz über 100 Quadratmeter.[90]

Nach der Auswertung des Statistischen Bundesamtes[91] im *Sozialbericht 2024* nach dem Mikrozensus lag die durchschnittliche Wohnfläche, die privaten Haushalten in Deutschland 2022 zur Verfügung stand, bei 96 Quadratmetern. Je Person waren das durchschnittlich 55,4 Quadratmeter. Somit variiert sie je nach Indikator erheblich.

Nach der *Fortschreibung des Wohngebäude- und Wohnungsbestandes* auf Basis des Zensus 2011 stieg die durchschnittliche Wohnfläche pro Person in Deutschland kontinuierlich an. Seit dem Jahr 2000 ist sie von 39,5 Quadratmetern pro Person auf 47,5 Quadratmeter pro Person im Jahr 2023 gewachsen. Allerdings zeigen sich erhebliche Unterschiede in Abhängigkeit von der Lage der Wohnung, dem Gebäudetyp und dem Einzugsjahr. Ein *regionaler Vergleich* zwischen den Bundesländern zeigt, dass Haushalte in den drei Stadtstaaten und auch in den neuen Ländern durchschnittlich deutlich kleinere Wohnungen hatten. Auch lässt sich die Tendenz steigender Wohnflächen für Stadtstaaten nicht feststellen. Die Wohnfläche, die Haushalten in Berlin, Hamburg und Bremen durchschnittlich zur Verfügung stand, ist in den vergangenen 16 Jahren nahezu unverändert geblieben. 2023 lebten Haushalte in Berlin durchschnittlich in den kleinsten Wohnungen (74,8 Quadratmeter). Im Saarland hingegen

---

90 Vgl. Statistische Ämter des Bundes und der Länder, 2015, S. 22.
91 Vgl. Statistisches Bundesamt, 2024g, S. 239.

hatten Haushalte mit durchschnittlich 113,4 Quadratmetern den meisten Platz zur Verfügung.[92]

Eine noch stärker regionalisierte Betrachtung der durchschnittlichen Wohnflächen zeigt, dass Haushalte pro Kopf weniger Wohnraum haben, je städtischer sie leben. So betrug die Wohnfläche für Haushalte in gering besiedelten Gebieten durchschnittlich 63,1 Quadratmeter und in dicht besiedelten Gebieten 49,9 Quadratmeter je Person. Haushalte in einer der Top-7-Metropolen hatten mit 47,6 Quadratmetern die geringste Wohnfläche je Person.

Laut *Fortschreibung des Wohngebäude- und Wohnungsbestandes* gibt es ausgeprägte regionale Unterschiede. So sind Wohnungen in den fünf ostdeutschen Flächenländern im Durchschnitt kleiner als Wohnungen in den westdeutschen Flächenländern. Daneben ist die durchschnittliche Wohnfläche in den Stadtstaaten deutlich kleiner als in den Flächenländern. Bei der Analyse dieser regionalen Auffälligkeiten muss berücksichtigt werden, dass die Wohnfläche im Zusammenhang mit der Anzahl der Wohnungen im Gebäude steht. So beträgt die deutschlandweite durchschnittliche Wohnfläche in Einfamilienhäusern fast 130 Quadratmeter, in Zweifamilienhäuser gut 97 und in Mehrfamilienhäusern hingegen nur 70 Quadratmeter Die unterschiedlichen Bestandsstrukturen hinsichtlich der Gebäudegröße tragen daher zur Erklärung der regionalen Unterschiede bei: In Regionen mit vielen Ein- und Zweifamilienhäusern sind die Wohnungen im Durchschnitt größer. *Regional* gibt es nach dem Mikrozensus sehr große Unterschiede bei der Wohnungsgröße. So sind im Saarland die größten Wohnungen zu finden, aber auch in den westdeutschen Flächenländern ist die Fläche überdurchschnittlich hoch. Danach folgen die ostdeutschen Länder und die geringsten Flächen finden sich in Wohnungen in den Stadtstaaten Bremen und Hamburg.[93]

Der Sozialbericht 2024[94] zeigt auf, dass die Anzahl der *Personen in einem Haushalt* ausschlaggebend für die Wohnfläche ist. Die Wohnfläche je Wohnung nimmt mit steigender Anzahl an Personen in einem Haushalt zu. Da die Wohnfläche aber nicht mit jeder Person gleichbleibend mehr wird, haben Haushalte mit vielen Personen zwar größere Wohnungen, durchschnittlich aber weniger Wohnfläche je Person zur Verfügung. In Deutschland verfügten Einpersonenhaushalte 2022 durchschnittlich über 73,2 Quadratmeter Wohnfläche. Ein Haushalt mit vier und mehr Personen lebte, wie beschrieben, nicht in einer vierfach größeren Wohnung, sondern durchschnittlich nur auf 128,8 Quadratmetern. Zudem gab es einige Haushalte, die trotz einer hohen Anzahl an Personen mit sehr viel weniger Wohnraum zurechtkommen musste. Bei Zwei- und Drei-Personen-Haushalten betrug die Wohnfläche pro Person lediglich rund 51 bzw. 38 Quadratmeter.

---

92 Vgl. Statistisches Bundesamt, Tabelle 31231-0010, abgerufen am 05.03.2025.
93 Vgl. Statistisches Bundesamt, Tabelle 31231-0006, abgerufen am 05.03.2025.
94 Vgl. Statistisches Bundesamt, 2024g, S. 243.

Die Wohnflächennachfrage hat laut der *Fortschreibung des Wohngebäude- und Wohnungsbestandes* zugenommen. Eigentümerhaushalte nutzen zudem deutlich mehr Wohnfläche pro Person als Mieterhaushalte. Im Jahr 2018 wohnte jeder Deutsche im Schnitt auf gut 55 Quadratmetern- und damit auf 1,4 Quadratmetern mehr als zehn Jahre zuvor. Während die Pro-Kopf-Fläche der Mieterhaushalte nahezu unverändert blieb, erhöhte sich diese bei den Eigentümern um fast vier Quadratmetern pro Person. Ein Grund ist, dass größere Eigenheime gebaut wurden. Bei den Mietern ist das darauf zurückzuführen, dass mehr junge Menschen in den Städten auf geringerer Wohnfläche zur Miete wohnen.

Die Wohnfläche pro Kopf wird sowohl durch die Größe der Wohnung als auch durch die Anzahl der Haushaltsmitglieder beeinflusst. Aus Daten des *Zusatzprogramms des Mikrozensus 2022* ergibt sich. dass der Anteil der Einpersonenhaushalte deutschlandweit von 36 Prozent im Jahr 2000 auf 41,1 Prozent im Jahr 2023 gestiegen ist, was u. a. mit einer alternden Bevölkerung und dem Remanenzeffekt erklärt werden kann. Vor diesem Hintergrund und aufgrund der positiven wirtschaftlichen Entwicklung stellt eine Erhöhung der Wohnfläche pro Kopf keine ungewöhnliche Entwicklung dar.[95]

Nach der *Fortschreibung des Wohngebäude- und Wohnungsbestandes* auf der Basis des Zensus 2022 vergrößerte sich im Vergleich zum Jahresende 2015 bis 2023 die Wohnfläche um 6,1 Prozent auf 4 Mrd. Quadratmeter und der Wohnungsbestand stieg um 5,3 Prozent an. Damit wuchsen der Wohnungsbestand und die Wohnfläche in den vergangenen Jahren stärker als die Bevölkerung in Deutschland, die in diesem Zeitraum um 3 Prozent zunahm.[96]

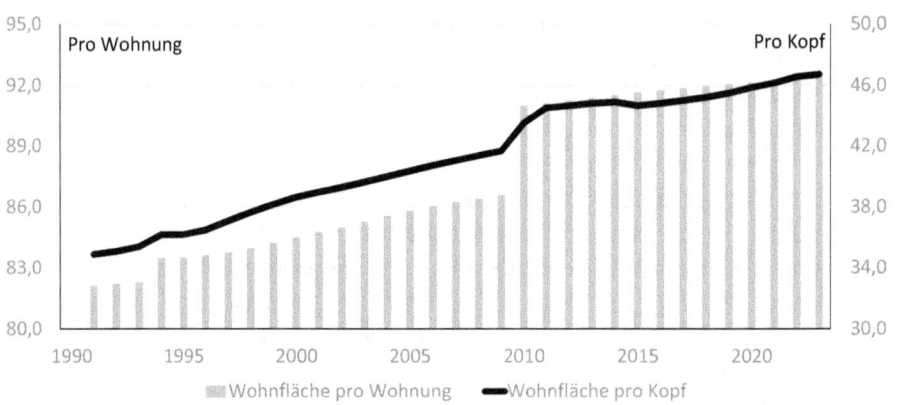

Abb. 4.12: Wohnfläche in Quadratmetern in Wohngebäuden.
Quelle: Statistisches Bundesamt, Tabelle 31231-0005, abgerufen am 05.03.2025, eigene Darstellung.

---

95 Vgl. Statistisches Bundesamt, 2023g.
96 Vgl. Statistisches Bundesamt, Tabelle 31231-0001, abgerufen am 05.03.2025.

Zum Jahresende 2023 gemäß der Abb. 4.12 betrug nach der *Fortschreibung des Wohngebäude- und Wohnungsbestandes* die durchschnittliche Wohnfläche je Wohnung 92,4 Quadratmeter und die durchschnittliche Wohnfläche pro Kopf 46,7 Quadratmeter. Damit haben sich die Wohnfläche je Wohnung seit dem Jahr 2010 um 1,4 Quadratmeter (plus 1,5 Prozent) und die Wohnfläche je Einwohner um 3,2 Quadratmeter (plus 7,3 Prozent) erhöht.

Auch das *Einzugsjahr* spielt eine Rolle: Je länger es zurückliegt, desto mehr Wohnfläche haben Haushalte durchschnittlich zur Verfügung. So hatten Haushalte, die vor 1999 in ihre Wohnung gezogen waren 2022 im Schnitt 69,2 Quadratmeter pro Kopf zur Verfügung. Bei Haushalten, die seit frühestens 2019 in ihrer Wohnung lebten, waren es 47,5 Quadratmeter. 29 Prozent aller Haushalte in Deutschland hatten ein Einzugsjahr vor 1999.[97]

Die durchschnittliche Wohnfläche pro Person wächst mit *steigendem Alter*. Dies lässt sich teilweise auf Unterschiede in der durchschnittlichen Anzahl der Personen im Haushalt zurückführen. Allerdings steigt die durchschnittliche Wohnfläche auch für eine gegebene Haushaltsgröße mit dem Alter. Dies lässt sich größtenteils auf den sogenannten Remanenzeffekt zurückführen. Dieser beschreibt das Phänomen, dass viele Menschen ihren Wohnraum im Rahmen einer Familiengründung zwar erhöhen, nach familiären Veränderungen wie dem Auszug der Kinder aber nicht wieder verringern. Daten zum Umzugsverhalten in Deutschland bestätigen diese Beobachtung. Die Häufigkeit eines Umzugs sinkt mit dem Alter. Zudem sind viele Umzüge durch familiäre Gründe und höhere Platzbedarfe motiviert, während ein geringerer Platzbedarf nur selten als Umzugsgrund genannt wird.[98]

Ältere Menschen leben in sechs von zehn Fällen bereits länger als 20 Jahre in ihrer Wohnung und besonders häufig auch allein. Unter anderem deshalb steht dieser Gruppe pro Kopf auch durchschnittlich die größte Wohnfläche zur Verfügung. Je älter die Menschen sind, desto größer ist der Anteil derer, die schon lange in derselben Wohnung wohnen: In der Altersgruppe 65plus lebten gut drei von fünf Haushalten (61 Prozent) mehr als 20 Jahre in ihrer Wohnung. Allerdings besteht ein großer Unterschied zwischen Mieter- und Eigentümerhaushalten: So lebten gut drei Viertel (78 Prozent) aller Eigentümerhaushalte seit mindestens 1999 in ihren Wohnungen, bei entsprechenden Mieterhaushalten waren es weniger als die Hälfte (44 Prozent). Menschen in Mieterhaushalten wechseln in höherem Alter eher die Wohnung als Menschen in Eigentümerhaushalten.[99]

Die Größenordnung des *Remanenzeffekts* kann durch einen Vergleich der Wohnflächennutzung von Haushalten älterer Personen mit der Wohnflächennutzung des durchschnittlichen Haushalts abgeschätzt werden. Die durchschnittliche Wohnflächennutzung pro Person der Ein- und Zweipersonenhaushalte mit ausschließlich

---

97 Vgl. Statistisches Bundesamt, 2023 f.
98 Vgl. Statistisches Bundesamt, 2023 f.
99 Vgl. Statistisches Bundesamt, 2023 f.

über 65-Jährigen beträgt rund 82 bzw. 54 Quadratmeter. Die durchschnittliche Wohnflächennutzung aller Ein- und Zweipersonenhaushalte liegt dagegen bei rund 72 bzw. 51 Quadratmetern. Bei rund 6,1 Mio. bzw. 3,8 Mio. Ein- und Zweipersonenhaushalten mit ausschließlich über 65-Jährigen ergibt sich ein Remanenzeffekt von rund 61 Mio. Quadratmetern. Dieser zeigt sich am deutlichsten in den Ballungsräumen. Bei Annahme einer durchschnittlichen Wohnflächennutzung pro Kopf von 47,5 Quadratmetern entspricht der Remanenzeffekt dem Wohnraum für knapp 1,3 Mio. Personen, rund 0,45 Mio. davon in den großen Großstädten.[100]

Aus der Perspektive der Haushalte hat nach dem *Zusatzprogramm des Mikrozensus 2022* die Mehrzahl der Haushalte (gut 9 Mio.) eine Wohnfläche von 60 bis 80 Quadratmeter - vgl. Abb. 4.13. Gleichzeitig stehen 1,6 Mio. Haushalte weniger als 40 Quadratmeter und 6,5 Mio. über 140 Quadratmeter zur Verfügung. Somit stehen jedem Haushalt pro Wohnung 96 Quadratmeter und jeder Person 55,4 Quadratmeter zur Verfügung. Differenziert nach Haushaltsnettoeinkommen ist eine Wohnung umso größer je einkommensstärker ein Haushalt ist. Ein Haushalt mit mehr als 4.000 Euro Haushaltsnettoeinkommen nutzt fast doppelt so viel Fläche wie ein Haushalt mit einem Nettoeinkommen von unter 1.500 Euro. Eigentümerhaushalte haben durchschnittlich 125,9 und Mieterhaushalte nur 74,5 Quadratmeter je Wohnung. Pro Person betrug der Unterschied 65,1 Quadratmeter bei Eigentümerhaushalten und 48,5 Quadratmeter bei Mieterhaushalten.[101]

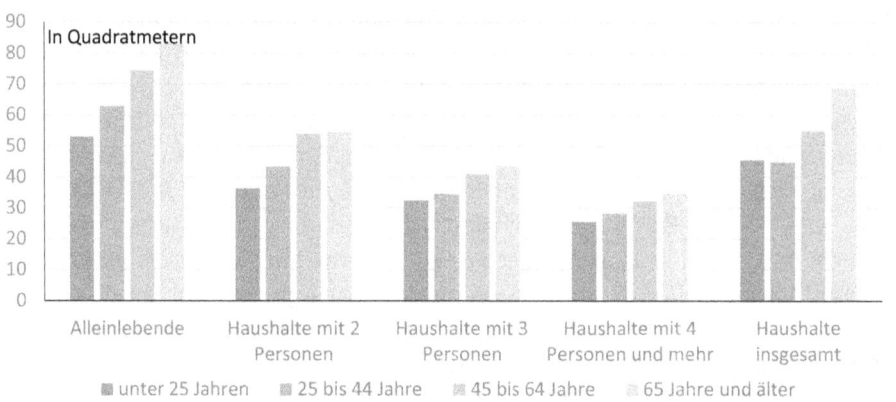

Abb. 4.13: Durchschnittliche Wohnfläche pro Kopf 2022.
Quelle: Statistisches Bundesamt, 2023 f, abgerufen am 27.12.2024, eigene Darstellung.

Die *Anzahl der Personen* in einem Haushalt hat Einfluss auf die Wohnungsgröße. Die verfügbare Fläche pro Kopf war umso größer, je weniger Personen in einem Haushalt wohnen. Alleinlebende, die gut 39 Prozent aller Haushalte in Deutschland ausmachen,

---

100 Vgl. Statistisches Bundesamt, Sozialbericht 2024, S. 231.
101 Vgl. Statistische Ämter des Bundes und der Länder, 2024, Tabelle 12.

hatten 2022 im Schnitt 73,4 Quadratmeter zur Verfügung. Dagegen betrug die Pro-Kopf-Wohnfläche in Haushalten mit mehr als vier Personen lediglich 29,9 Quadratmeter pro Person. Menschen im Alter von mindestens 65 Jahren lebten nicht nur besonders häufig allein, sie hatten unter den Alleinlebenden auch im Schnitt den größten Wohnraum zur Verfügung: pro Kopf 83 Quadratmeter. Gut ein Viertel der Alleinlebenden in der Altersgruppe 65plus wohnte auf mindestens 100 Quadratmetern. Zum Vergleich waren es in der Altersgruppe der 45- bis 64-Jährigen lediglich 19 Prozent.[102]

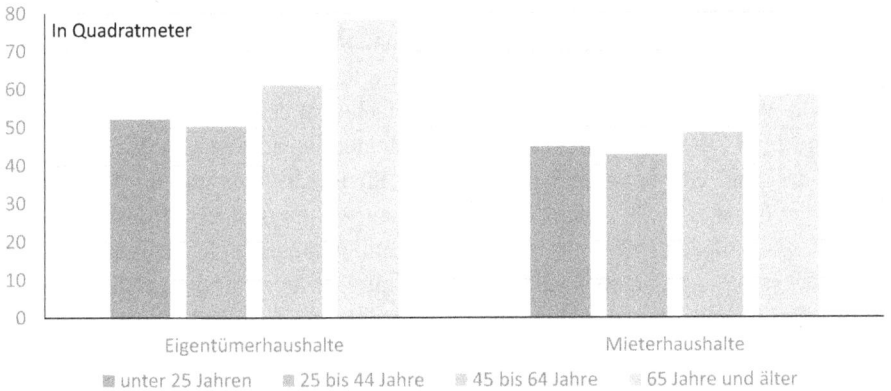

Abb. 4.14: Durchschnittliche Wohnfläche pro Kopf nach Eigentumsverhältnis und Alter.
Quelle: Statistisches Bundesamt, 2023 f, abgerufen am 27.12.2024, eigene Darstellung.

Letztlich haben auch, wie Abbildung 4.14 zeigt, die *Eigentumsverhältnisse* einen starken Einfluss auf die Wohnungsgröße pro Kopf. Wer im Eigentum lebte, hatte 2022 im Durchschnitt 65,1 Quadratmeter zur Verfügung, in einer Mietwohnung waren es mit 48,5 Quadratmetern deutlich weniger. Die Unterschiede zwischen Jüngeren und Älteren fielen in Eigentümerhaushalten zudem größer aus als in Mieterhaushalten. So hatten Eigentümerhaushalte, in denen die Haupteinkommensbezieher mindestens 65 Jahre alt waren, eine Wohnfläche von 78,1 Quadratmetern pro Kopf und damit 28 Prozent mehr Fläche als die nächstjüngere Altersgruppe der 45- bis 64-Jährigen mit 61 Quadratmetern. Bei den Mieterhaushalten hatte die Altersgruppe 65plus mit im Schnitt 58,3 Quadratmetern pro Kopf rund 20 Prozent mehr Wohnfläche als die nächst jüngere Bevölkerungsgruppe.[103]

---

102 Vgl. Statistisches Bundesamt, 2023 f.
103 Vgl. Statistisches Bundesamt, 2023 f.

Zahl der Räume

Die *Zahl der Räume* umfasst alle Wohn-, Ess- und Schlafzimmer und andere separate Räume (wie bewohnbare Keller- und Bodenräume) von mindestens sechs Quadratmetern Größe sowie abgeschlossene Küchen unabhängig von deren Größe. Ein Wohnzimmer mit einer Essecke, Schlafnische oder Kochnische ist als ein Raum zu zählen. Dementsprechend bestehen Wohnungen, in denen es keine bauliche Trennung der einzelnen Wohnbereiche gibt (wie sogenannte Loftwohnungen) aus nur einem Raum. Bad, Toilette, Flur und Wirtschaftsräume werden grundsätzlich nicht mitgezählt.

Der *Zensus 2022* zeigt, dass die meisten Wohnungen (11,2 Mio. oder 26 Prozent) vier Räume haben. Rund 1,6 Mio. Wohnungen haben nur einen Raum, während 4,6 Mio. Wohnungen mindestens 7 Räume aufweisen. Regional gibt es eine recht unterschiedliche Verteilung. In den westdeutschen Flächenländern besteht eine ähnliche Situation wie in Deutschland insgesamt mit einem dominierenden Anteil an Wohnungen mit drei und vier Räumen. Niedersachsen, Rheinland-Pfalz und Bayern weisen sogar einen überdurchschnittlich hohen Anteil von Wohnungen mit über sieben Räumen auf, was auf den hohen Bestand an Einfamilienhäuser zurückzuführen ist. In den Stadtstaaten dagegen sind eher kleine Wohnungen überdurchschnittlich repräsentiert. In Ostdeutschland sind anteilsmäßig relativ wenige Wohnungen mit fünf und mehr Räumen vorhanden (vgl. Abb. 4.15).[104]

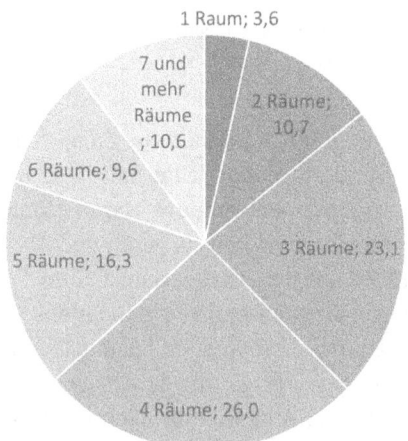

Abb. 4.15: Wohnungsbestand mit Räumen.
Quelle: Statistisches Bundesamt, Tabelle 4000W-1004, abgerufen am 06.03.2025, eigene Darstellung.

Nach dem *Zensus 2011* haben Wohnungen in Deutschland durchschnittlich 4,4 Räume. Den größten Anteil nehmen Wohnungen mit vier Räumen ein, gefolgt von Wohnungen mit drei und Wohnungen mit fünf Räumen. Nur jeweils etwa ein Achtel des Gesamtwohnungsbestandes entfällt auf Wohnungen mit einem oder zwei Räumen bzw. mit sieben oder mehr Räumen. Auf der Ebene der Länder treten analog zur durch-

---

[104] Vgl. Statistisches Bundesamt, Tabelle 4000W-1004, abgerufen am 06.03.2025.

schnittlichen Wohnfläche Unterschiede zwischen Stadtstaaten und Flächenländern auf. Die Anteile der Wohnungen mit großer Raumzahl sind in den Flächenländern höher, während in den Stadtstaaten mehr Wohnungen mit kleinerer Zimmerzahl vorhanden sind. Hierbei ist wiederum die unterschiedliche Bestandsstruktur zu berücksichtigen, die sich ebenfalls auf die durchschnittliche Raumzahl auswirkt.[105]

Nach der Auswertung des Statistischen Bundesamtes[106] unterscheidet sich die Anzahl der zur Verfügung stehenden Wohnräume für Eigentümer- und Mieterhaushalte enorm. Während Eigentümerhaushalte durchschnittlich über 4,5 Räume verfügten, waren es für Mieterhaushalte im Durchschnitt nur 2,9 Räume.

4.4 Fertigstellungen

Die Wohnungsfertigstellungen sind die nach genehmigungs- oder zustimmungsbedürftigen Baugenehmigungen definierten Baumaßnahmen. Diese Wohnungen befinden sich in Wohn- und Nichtwohngebäuden und umfassen auch Maßnahmen im Bestand.

Die Neubautätigkeit auf den regionalen Wohnungsmärkten wird im Wesentlichen von dem Bedarf getrieben, der sich aus der Übereinstimmung zwischen der Wohnungsnachfrage und dem bestehenden Wohnungsangebot ergibt. Damit stellt der Neubaubedarf nicht nur eine Abbildung der Entwicklung der Haushaltszahlen dar, sondern ergibt sich auch aus dem Ersatzbedarf. Hinzu kommen die regionalen Unterschiede zwischen Wohnungsnachfrage und -angebot, die durch demografisch und technologisch bedingte Veränderungen geprägt werden. Diese Entwicklungen verursachen eine zunehmende regionale Polarisierung der Wohnungsmärkte, die sich in erhöhtem Wohnungsleerstand in strukturell schwachen Regionen sowie in Nachfrageüberhängen in wirtschaftlich starken Regionen niederschlägt.

4.4.1 Bauträger bzw. Projektentwicklungen

Ein wichtiger Akteur beim Wohnungsbau sind die *Bauträger* oder *Projektentwickler*. Diese sind Unternehmen, die die Erstellung von Wohn- und auch Gewerbeimmobilien zum gewerbsmäßigen Vertrieb zum Unternehmensgegenstand haben. Wesentlicher Aspekt ihrer Unternehmenstätigkeit (im Gegensatz zu Bauunternehmen) ist, dass die Unternehmen dem Erwerber das Eigentum am Grundstück und dem darauf erstellten Gebäude verschaffen. Eine Projektentwicklung zielt auf die Erbringung umfassender Leistungen, vom Grundstückerwerb über die nachfolgende Planung, die Finanzierung

---

105 Vgl. Statistische Ämter des Bundes und der Länder, 2015, S. 23.
106 Vgl. Statistisches Bundesamt, 2024g, S. 239.

und den Bau von schlüsselfertigen Bauten sowie entweder deren anschließendem Verkauf oder Vermietung. Der Bauträger bzw. Projektentwickler baut mit eigenem bzw. fremdem Geld auf eigenes Risiko.

Die Entwicklung von Wohnungsprojekten ist aufgrund der Aufgabenstellung für die Projektentwickler bzw. Bauträger sehr komplex. Die Projektentwicklung besteht aus einer Vielfalt von Aufgaben: alle Analysen, unternehmerischen Entscheidungen, Planungen und anderen bauvorbereitenden Maßnahmen, um ein Projekt zu realisieren. Sie reicht vom Grundstückerwerb über die Planung, Finanzierung und den Bau. Damit gehören zu einer Projektentwicklung alle technischen, juristischen und wirtschaftlichen Maßnahmen, die notwendig sind, um ein Projekt innerhalb eines Kosten-, Qualitäts- und Zeitrahmens zu realisieren.

Die Projektentwicklung ist eine *Kombination der Faktoren* Standort, Kapital und Projektidee, wobei einzelne gegeben sein können und die anderen gesucht werden. Bei „Idee sucht Kapital und Standort" gibt es eine Projektidee und es werden geeignete Investoren sowie Standorte gesucht. In einem anderen Fall kann ein Grundstück vorhanden sein, für das eine Nutzung sowie eine Immobilienfinanzierung gesucht wird. Schließlich gibt es Investoren (Kapital), die ihre finanziellen Mittel in geeignete Ideen und Objekte investieren wollen.

Der *Ablauf einer Projektentwicklung* ist zwar ein komplexer Vorgang, es lassen sich aber oft typische Projektphasen unterscheiden, auch wenn eine eindeutige Abgrenzung in der Praxis kaum möglich ist. So wird häufig in eine Phase bis zur Investitionsentscheidung unterteilt, danach folgen die Konzeptions- und Planungsphase sowie die Phase der Realisierung und Vermarktung.

4.4.2 Entwicklung von 1950 bis heute

Die Entwicklung wird analysiert mithilfe der Daten des Statistischen Bundesamtes, für die langfristige Werte vorliegen.

Die Wohnungsfertigstellungen erhöhen c. p. den Wohnungsbestand und basieren auf Daten des Statistischen Bundesamtes. Bei den Fertigstellungen neuer Wohn- und Nichtwohngebäude ergaben sich die kräftigsten Zuwächse an neuen Wohnungen zum einen als Folge der Beseitigung des Wohnungsmangels nach dem Zweiten Weltkrieg. Zum anderen folgten sie jeweils zeitverzögert den Bevölkerungszuwächsen (Haushalten) in den 1960er- und 1970er-Jahren sowie den Zuwächsen Anfang der 1990er-Jahre als Folge der starken Zuwanderungen nach der Wiedervereinigung. Unterstützt wurde die rege Bautätigkeit oft durch staatliche Förderungen, so auch nach der Wiedervereinigung in Ostdeutschland. Seit dem Wiedervereinigungsboom waren die Fertigstellungen stetig gesunken und erreichten 2009 ihren Tiefpunkt. In den darauffolgenden Jahren kam es zu einem kontinuierlichen Anstieg bis zum Jahr 2022.

In Deutschland wurden gemäß der Abbildung 4.16 seit Beginn der Baustatistik *im Jahr 1950* durchschnittlich 405.000 neue Wohnungen pro Jahr fertiggestellt. Nach dem

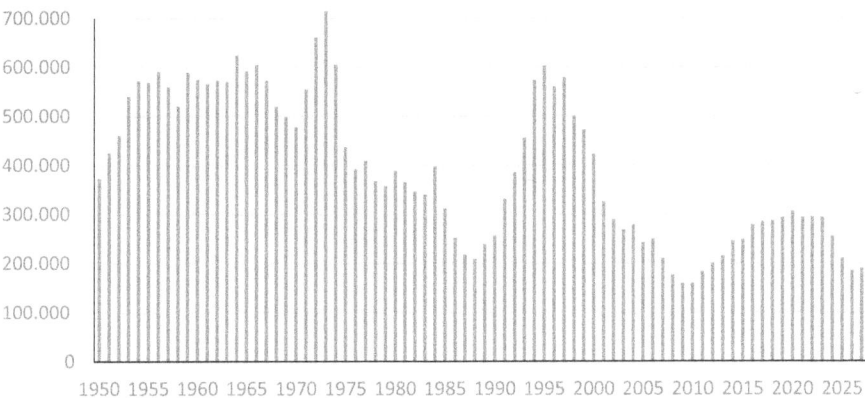

Abb. 4.16: Fertigstellungen von Wohnungen.
Quelle: Statistisches Bundesamt, Tabellen Lange Reihen und 31121-0001 mit einer Prognose vom ifo-Institut, abgerufen am 27.12.2024, eigene Darstellung.

Zweiten Weltkrieg gab es zunächst aufgrund der Kriegsfolgen einen hohen Bedarf an Wohnraum.[107] Danach prägten zyklische Schwankungen die Entwicklung der Fertigstellungszahlen. Den bisher höchsten Stand erreichte der Wohnungsbau im Jahr 1973 mit gut 714.200 fertiggestellten Wohnungen im früheren Bundesgebiet. Nach der deutschen Vereinigung war 1995 das Rekordjahr mit rund 602.800 neuen Wohnungen im gesamtdeutschen Bundesgebiet. Der letzte Tiefpunkt wurde im Rahmen der *Finanz- und Wirtschaftskrise 2008/09* erreicht. Die geringste Zahl von Wohnungen wurde im Zuge der globalen Finanzmarktkrise im Jahr 2009 fertiggestellt (159.000). Erst danach gab es wieder einen Zuwachs, der bis 2020 anhielt. Der Wohnungsbau ist bis 2020 auf 306.400 Fertigstellungen kontinuierlich gestiegen. Der jährliche Bedarf an Wohnraum ist durch die Bautätigkeit aktuell nur teilweise gedeckt. Eine annähernd 15 Jahre währende zu geringe Neubautätigkeit führte zu der Wohnungsknappheit. Zusätzlich bleibt der Nachholbedarf aus den Versäumnissen vergangener Jahre weiterhin bestehen.

Dabei hat sich der Wohnungsbau in dieser Zeit *strukturell* deutlich verändert (siehe Abb. 4.17). Zu Beginn des Jahrtausends wurden noch überwiegend Einfamilienhäuser gebaut. Danach ging deren Anteil kontinuierlich zurück und machte im Jahr 2023 nur noch rund 28 Prozent aus. Auch die Zahl der Wohnungen in Zweifamilienhäusern sank bis zum Jahr 2019 stetig und erst in diesem Jahrzehnt ist ein leichter Anstieg zu registrieren. Die Zahl der Wohnungen in Mehrfamilienhäusern ging bis zum Jahr 2009 zurück. Die seit dem Jahr 2011 steigende Zahl der Wohnungsfertigstellungen

---

[107] Siehe ausführlich Kapitel 2.4.

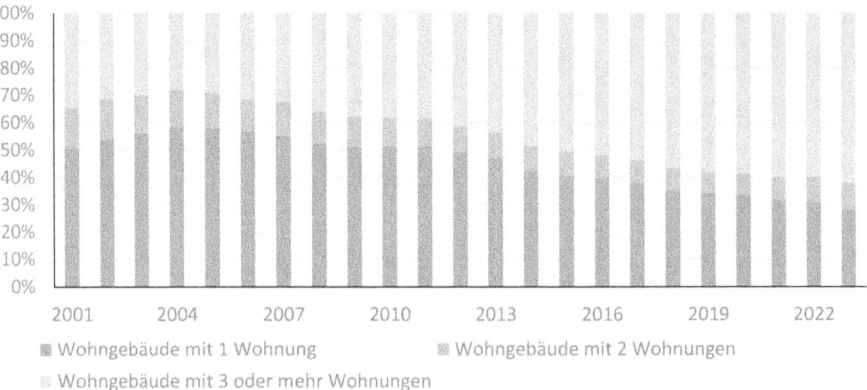

Abb. 4.17: Struktur der fertiggestellten Wohnungen.
Quelle: Statistisches Bundesamt, Tabellen Lange Reihen und 31121-0001, abgerufen am 27.12.2024, eigene Darstellung.

ist fast ausschließlich auf den Bau von Mehrfamilienhäusern zurückzuführen. Der Bau von Einfamilienhäusern erholte sich dagegen nicht. Binnen 20 Jahren hat sich die Stückzahl neu gebauter Einfamilienhäuser mehr als halbiert, während sich die Zahl neuer Geschosswohnungen in etwa verdoppelte. Auch die seit 2020 verbreitete Arbeit im Homeoffice hat nicht zu einer Renaissance des Einfamilienhauses geführt.

Im Jahr 2021 wurden in Deutschland 293.393 Wohnungen fertiggestellt, das waren 4,2 Prozent oder 12.983 weniger als im Vorjahr. Nachdem im Jahr 2020 erstmals mehr als 300.000 neue Wohnungen entstanden waren, fiel die Zahl im Jahr 2021 wieder auf das Niveau des Jahres 2019. Der Anteil der Bautätigkeit in den Großstädten an der gesamtdeutschen Bautätigkeit wuchs, trotz limitierender Faktoren wie mangelndem Bauland und stark steigenden Baulandpreise. Gleichwohl blieb die Wohnungsmarktsituation in den wirtschaftsstarken Regionen deutlich angespannt. Ursache ist ein hoher Nachfrageüberhang, der auf Bestandsmärkten wie dem Wohnungsmarkt nur mit spürbarer Zeitverzögerung abgebaut werden kann.

Die Zahl fertiggestellter Wohnungen *im Jahr 2022* lag mit 295.300 rund 27 Prozent unter dem Durchschnitt der Jahre 1950 bis 2022. Im Vergleich zum Vorjahr gab es einen leichten Anstieg: um 0,6 Prozent. Mit dem Trend zu mehr Wohnraum ging auch ein gestiegener Anteil von Einfamilienhäusern am Wohnungsbestand einher, wenngleich dieser deutlich moderater zugenommen hat. Ende 2021 waren zwei von drei Wohngebäuden Einfamilienhäuser. Im Jahr 1994, als diese Daten erstmals detailliert für das gesamtdeutsche Bundesgebiet vorlagen, waren es noch 61,7 Prozent der Wohngebäude. Im selben Zeitraum sank der Anteil von Zweifamilienhäusern oder Wohngebäuden mit zwei Wohnungen von 20,4 Prozent auf 16,3 Prozent, der Anteil der Wohngebäude mit drei oder mehr Wohnungen ging von 18 Prozent auf 16,8 Prozent zurück. Damit machten Ein- oder Zweifamilienhäuser zuletzt 83,1 Prozent aller Wohngebäude aus.[108]

Der Wohnungsbau in Deutschland wurde *im Jahr 2023* durch hohe Baukosten, gestiegene Zinsen und die Inflation stark ausgebremst. Entsprechend ging die Zahl der Baugenehmigungen massiv zurück, und die vielen nicht gebauten oder gar nicht erst genehmigten Wohnungen fehlten. Es wurden in Deutschland 294.400 Wohnungen gebaut, das waren 0,3 Prozent oder 900 Wohnungen weniger als im Vorjahr. Damit hat sich die Zahl der jährlich fertiggestellten Wohnungen seit dem Jahr 2021 kaum verändert. Nach dem plötzlichen Zinsanstieg 2022 wurden und werden die meisten Projekte noch fertig gebaut, sodass auch 2023 ähnlich viele Wohnungen wie in den Jahren zuvor fertig gestellt wurden. Der Einbruch wird erst ab dem Jahr 2025 deutlicher ausfallen.

Strukturell gab es folgende Besonderheiten: Von den im Jahr 2023 fertiggestellten Wohnungen waren 257.200 Neubauwohnungen in Wohngebäuden. Das waren 0,6 Prozent oder 1.600 Wohnungen weniger als im Vorjahr. Auf Einfamilienhäuser entfielen davon 69.900 Wohnungen. Damit wurden 9,3 Prozent oder 7.200 Einfamilienhäuser weniger fertiggestellt als im Vorjahr. Dagegen stieg die Zahl neuer Wohnungen in Zweifamilienhäusern um 3,8 Prozent auf 23.800. In Mehrfamilienhäusern wurden 156.300 Neubauwohnungen geschaffen und damit 4,1 Prozent mehr als im Vorjahr. In Wohnheimen sank die Zahl fertiggestellter Wohnungen um 15,9 Prozent oder 1.400. Die durchschnittliche Abwicklungsdauer, also die Zeit von der Genehmigungserteilung bis zur Fertigstellung, hat sich bei den im Jahr 2023 fertiggestellten Wohngebäuden auf 24 Monate weiter verlängert; im Jahr 2020 waren es noch 20 Monate gewesen. In Nichtwohngebäuden entstanden im Jahr 2023 insgesamt 5.600 Wohnungen, das waren 17,2 Prozent mehr als im Jahr 2022. Im Jahr 2023 wurden bundesweit rund 35 Wohnungen je 10.000 Einwohner in Wohn- und Nichtwohngebäuden fertiggestellt. Der Wert hat in den vergangenen drei Jahren leicht abgenommen und liegt nur knapp unter dem Höchstwert von 2020. Zuvor war er nach der globalen Finanzkrise rund zehn Jahre lang sukzessive angestiegen.[109]

Die Auswirkungen dieser Entwicklung zeigen sich mittlerweile auch in den *Baufertigstellungen*. Zwar konnten zwischen 2021 und 2023 aufgrund der hohen Genehmigungszahlen der Vorjahre noch stabile Werte fertiggestellter Wohnungen erzielt werden. Ein starker Rückgang der Anzahl der Fertigstellungen zeigte sich im Jahr 2023 noch nicht. Ein Großteil der bereits begonnenen Bauprojekte dürfte zu Ende geführt werden, sodass der Rückgang erst verzögert auftreten wird. Der Bauüberhang könnte sich in den kommenden Jahren jedoch reduzieren, da im Jahr 2023 viele Aufträge storniert wurden und es derzeit kaum zu neuen Aufträgen im Wohnungsbau kommt.

---

108 Vgl. Statistisches Bundesamt, 2023h.
109 Vgl. Statistisches Bundesamt, 2024b.

Die rückläufigen Genehmigungszahlen machen sich 2024 auch in den neu auf den Markt kommenden Wohnungen bemerkbar. Geschätzt ist mit einem Rückgang der Baufertigstellungen auf gut 260.000 Wohnungen zu rechnen. Die Abwicklungsdauer von Bauprojekten hat sich in den letzten Jahren von durchschnittlich 19 Monaten (2018) auf 24 Monate (2023) verlängert. Verschärfend kommt hinzu, dass viele genehmigte Bauprojekte aufgrund gestiegener Kosten und fehlender Förderungen zum Teil gar nicht mehr realisiert werden. Dies hat einen hohen Bauüberhäng zur Folge.[110]

Die veränderten Rahmenbedingungen führen zu einer Verschiebung der Prioritäten im Wohnungsbau in Richtung zu Maßnahmen am Gebäudebestand. Dies wird durch Berechnungen des Bauvolumens des Deutschen Instituts für Wirtschaftsforschung (DIW) bestätigt, die neben Bauinvestitionen auch nicht-investive Bauleistungen wie Reparaturen und Instandhaltungen berücksichtigen. So ist das nominale Wohnungsbauvolumen im Zeitraum 2011 bis 2023 stetig angestiegen. Besonders das Neubauvolumen verzeichnete deutliche Zuwächse, insbesondere in den Jahren 2011, 2015/2016 und 2021. Allerdings sank das Neubauvolumen im Jahr 2023 um 3,3 Prozent im Vergleich zum Vorjahr, was vor allem auf den Rückgang beim Bau von Ein- und Zweifamilienhäusern um 10,1 Prozent zurückzuführen ist. Der Anteil des Neubaus im Vergleich zu Maßnahmen am Gebäudebestand stieg bis 2017 auf einen Höchstwert von 32 Prozent, ist jedoch seitdem rückläufig. Besonders in den Jahren 2022 und 2023 nahm die Bedeutung von Bestandsmaßnahmen deutlich zu.

Die *regionalisierte Analyse des BBSR* verdeutlicht, dass die leichten Rückgänge nahezu flächendeckend stattfinden. Am prägnantesten Besonders waren sie in kleinen und mittleren kreisfreien Großstädten mit minus 5 Prozent. Hier war bereits im Vorjahr eine auffallende Abnahme zu beobachten (minus 16 Prozent). In der Folge fällt die einwohnerbezogene Bautätigkeit in diesem Kreistyp mit ca. 28 fertiggestellten Wohnungen je 10.000 Einwohner am geringsten aus. Die meisten Ein- und Zweifamilienhäuser werden erwartungsgemäß im ländlichen Raum gebaut. Dagegen dominiert im Jahr 2023 in dicht besiedelten Räumen der Geschosswohnungsbau. Mit Abstand der höchste Wert mit rund 31 Wohnungen je 10.000 Einwohner wird in großen kreisfreien Großstädten mit mindestens 500.000 Einwohnern erzielt.[111]

Nennenswerte Unterschiede sind aber auch zwischen Ost- und Westdeutschland zu verzeichnen: Während in den westlichen Bundesländern einwohnerbezogene Werte von 16 bzw. 18 fertiggestellten Wohnungen je 10.000 Einwohner in dünn besiedelten ländlichen Kreisen bzw. ländlichen Kreisen mit Verdichtungsansätzen erzielt werden, liegen diese Werte in den östlichen Bundesländern bei lediglich 10 bzw. 9. Insgesamt wurden 2023 in Deutschland knapp über 19 Wohnungen in Mehrfamilienhäusern je 10.000 Einwohner fertiggestellt. Dabei stieg dieser Wert seit der Talsohle im Jahr 2010 kontinuierlich an.

---

110 Vgl. Henger, 2025, S. 238.
111 Vgl. BBSR, 2024 f.

Der Neubau von Wohnungen im Geschosswohnungsbau erfolgt vor allem in den wachsenden Städten und deren Umland. Das erweiterte Angebot reicht jedoch noch nicht aus, um die hohe Nachfrage vollständig zu bedienen. Dadurch sind die Wohnungsmieten deutlich gestiegen. Die Angebotsknappheit des Baulands sorgt für besondere Preissteigerungen, die sich in höheren Angebotsmieten niederschlagen. Die Baukosten haben sich durch die Baupreissteigerungen in Verbindung mit Lieferengpässen, einer hohen Auslastung der Bauwirtschaft, einem ausgeprägten Arbeitskräftemangel sowie gestiegenen technischen Anforderungen an den Neubau ebenfalls erhöht und wirken zusätzlich auf die Mietpreisbildung.

Auf dem Projektentwicklungsmarkt sind als *Akteure* Developer und Bauunternehmen tätig, die entsprechend ihren Rentabilitätsüberlegungen Neubauten erstellen. In ihre Entscheidung gehen sowohl die Kosten als auch die Erträge (Mieten und Kaufpreise) ein. Der Projektentwicklungsmarkt fügt durch die Bautätigkeit neue Projekte zum Bestand hinzu.

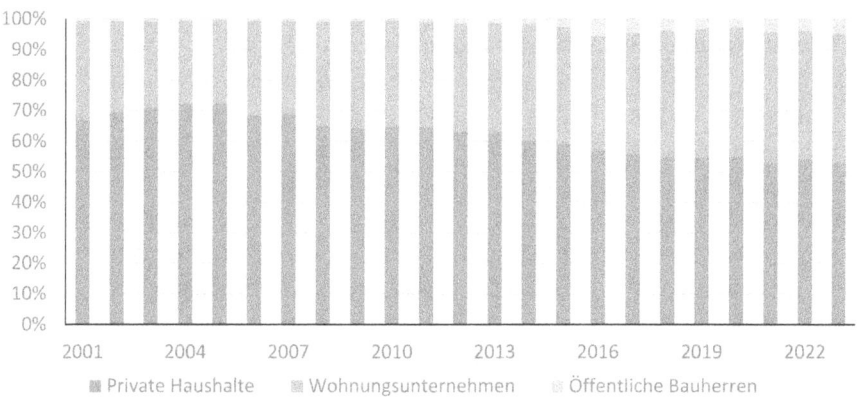

Abb. 4.18: Fertigstellungen von Wohnungen nach Bauherren (ausgewählte).
Quelle: Statistisches Bundesamt, Tabelle 31121-0002, abgerufen am 07.03.2025, eigene Darstellung.

In diesem Jahrtausend gab es eine sehr volatile Entwicklung, die von *privaten Haushalten und Wohnungsunternehmen* dominiert wurde, Öffentliche Bauherren hatten nur einen geringen Anteil. Wohnungen werden in Deutschland überwiegend von privaten Haushalten und Wohnungsunternehmen gebaut. Im Zeitablauf verschob sich der Anteil zugunsten der Wohnungsunternehmen, wie Abb. 4.18 zeigt.

4.4.3 Bauüberhang: Baugenehmigungen vs. Baufertigstellungen

Beim Bauüberhang handelt es sich um die Summe der genehmigten, jedoch noch nicht fertiggestellten Wohnungen. Die Zahl erfasst den Fortschritt einzelner Bauvorhaben am Jahresende und unterscheidet, ob diese bereits begonnen wurden, wie weit der Bauzustand fortgeschritten oder ob die Baugenehmigung erloschen ist.

Ohne *Baugenehmigungen* wird es keine *Fertigstellungen* geben, somit ist die Entwicklung der Baugenehmigungen als ein Frühindikator für die kommende Bautätigkeit anzusehen. Die positive Entwicklung des vergangenen Jahrzehnts gab die Hoffnung, dass durch mehr Fertigstellungen die Wohnungsknappheit beseitigt werden könnte. Die Zahl der Baugenehmigungen für Wohnungen stieg in den letzten Jahren bis 2022 deutlich stärker als die Zahl der Baufertigstellungen. Dies führte zu einem immer größer werdenden Überhang von genehmigten, aber noch nicht fertiggestellten Wohnungen. Der anhaltende Anstieg des Bauüberhangs beschleunigte sich und erreichte im Jahr 2022 mit rund 885.000 Wohnungen den höchsten Stand seit 1995 (928.500).

Der hohe und stark angestiegene Bauüberhang bestimmt sich im Wesentlichen durch den starken Anstieg der Genehmigungen von Mehrfamilienhäusern, die eine längere Bauzeit benötigen als Ein- und Zweifamilienhäuser. Außerdem hat sich die durchschnittliche Baudauer (nach Baugenehmigung) erhöht, was zum Teil auf eine hohe Auslastung der Bauwirtschaft zurückgeführt werden kann.

Das *Jahr 2022* war mit stark gestiegenen Bau- und Finanzierungskosten, Förderstopp und steigenden Zinsen schwierig für die Bauindustrie. Der Rückgang der Baufertigstellungen bei gleichzeitiger Abnahme des Bauüberhangs deutet auf angebotsseitige Störungen hin, die Unternehmen und Bauherren daran hindern, ihre Vorhaben zeitnah zu realisieren. Hier dürften Lieferengpässe und Rohstoffknappheit, deutliche Preissteigerungen als Folge einer erhöhten Nachfrage nach Baustoffen wie Holz und Stahl im In- und Ausland sowie die hohe Auslastung bzw. Personalknappheit im Baugewerbe eine maßgebliche Rolle spielen. Die negative Entwicklung setzte sich auch in den Jahren 2023 und 2024 fort und erst für das Jahr 2027 wird wieder ein leichter Anstieg vom ifo-Institut erwartet.

Nach Gebäudearten sind die Rückgänge bei den Ein- und Zweifamilienhäusern am größten. Im Vergleich zum Rekordjahr 2021 sind diese um rund 40 Prozent gesunken. Da diese Gebäude vor allem von Privatpersonen gebaut werden, reagieren diese besonders auf die stark gestiegenen Baukosten und die deutlich schlechteren Finanzierungsbedingungen. Zukünftige Selbstnutzer können und wollen sich den Neubau nicht mehr leisten. Das Segment der Mehrfamilienhäuser weist dagegen mit knapp 25 Prozent einen geringeren Rückgang auf.

Dabei fiel im *Jahr 2023* die Zahl der Baugenehmigungen für Wohnungen gegenüber dem Vorjahr um 26,7 Prozent auf 259.639 und war damit deutlich geringer als die Zahl der fertiggestellten Wohnungen (vgl. Abb. 4.19). Dadurch ging der Bauüberhang erstmals seit dem Jahr 2008 zurück und zwar um 58.100 auf 826.800 Wohnungen zum Jahresende 2023. Davon befanden sich 390.900 Wohnungen bereits im Bau und von diesen waren 214.500 bereits „unter Dach" bzw. im Rohbau fertiggestellt. Im Jahr 2023 stammt ein Viertel des Bauüberhangs aus dem Bereich der Eigentumswohnun-

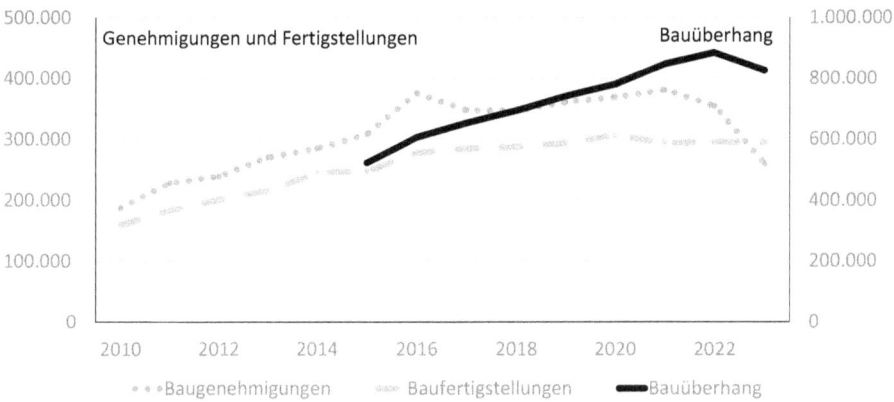

Abb. 4.19: Bauüberhang.
Quelle: Statistisches Bundesamt, Tabellen Lange Reihen und 31131-0001, abgerufen am 27.03.2025, eigene Darstellung.

gen. Für den gesamten Bauüberhang sind vor allem die Wohnungsunternehmen sowie die privaten Haushalte verantwortlich.

Der Rückgang des Bauüberhangs ist auch auf die Zahl erloschener Baugenehmigungen zurückzuführen, bei denen i. d. R. die mehrjährige Gültigkeitsdauer der Genehmigung abgelaufen ist und die nicht mehr in die Berechnung einfließen. Im Jahr 2023 erloschen 22.700 Baugenehmigungen. Zugleich ist davon auszugehen, dass im Bauüberhang auch Bauvorhaben enthalten sind, deren Genehmigungen zwar noch nicht erloschen sind, die aber nicht mehr weiterverfolgt werden. Der Baustart ist bei rund 44 Prozent der bereits genehmigten Bauvorhaben im Neubau noch nicht erfolgt, bei 56 Prozent hingegen schon. Auch wenn sich über die letzten Jahre ein immer größer werdender Bauüberhang angesammelt hat, ist die Realisierungsrate weiterhin hoch. In Anbetracht des Genehmigungszeitraums des Bauüberhangs wird die hohe Umsetzungsrate deutlich: Mit 26 Prozent wurde rund ein Viertel des Bauüberhangs erst 2023 genehmigt, weitere 32 Prozent der bewilligten Bauanträge stammen aus dem Jahr 2022. Demgegenüber stehen 21 Prozent des Bauüberhangs, die im Jahr 2020 oder früher genehmigt wurden.[112]

In welchem Maße der Handel mit baufertigen Grundstücken als *Spekulationsursache* zum Bauüberhang beiträgt, lässt sich nur schwer beziffern. Diese Maßnahme ist in vielen Fällen ein Schritt auf dem Weg zur Realisierung von Wohnungsbauvorhaben. In der Branche herrscht weitgehende Einigkeit darüber, dass ein mehrmaliger Verkauf von Grundstücken mit Baugenehmigung den Wohnungsbau beeinträchtigt. Grundstücke werden oft nach Erteilung einer Baugenehmigung mit erheblichem Wertzuwachs weiterverkauft. Derjenige Verkäufer, der eine Baugenehmigung er-

---

[112] Vgl. Statistisches Bundesamt, 2024b.

reicht, hat damit eine erhebliche Dienstleistung für den Käufer erbracht. Wer dagegen Baugrundstücke nur weiterverkauft, hofft auf eine Wertsteigerung ohne eigenes Zutun. Um eine Beschleunigung des Wohnungsbaus zu erreichen, könnte eine Bauverpflichtung helfen, die an die Genehmigung geknüpft ist. Zudem sollten Bauanträge von Vorhaben beschleunigt bearbeitet werden, wenn ein Weiterverkauf des noch unbebauten Grundstücks ausgeschlossen ist.

Auch für das *Jahr 2024* ist davon auszugehen, dass der Bauüberhang sinken wird. Die niedrigen Baugenehmigungen sind aber auch ein Frühwarnindikator für eine geringere Bautätigkeit, die bereits ab 2024 einsetzte. Die gestiegenen Bau- und Finanzierungskosten der letzten Jahre machen den benötigten Neubau in Teilen unrentabel, und erhebliche Veränderungen u. a. aufgrund des Ukraine-Kriegs verunsichern potenzielle Investoren und Käufer. Der Bauüberhang könnte sich in den kommenden Jahren jedoch reduzieren, da seit dem Jahr 2023 viele Aufträge storniert wurden und es derzeit kaum zu neuen Aufträgen im Wohnungsbau kommt.

4.4.4 Baukosten

Vom Statistischen Bundesamt werden zwei unterschiedliche Indizes veröffentlicht, die die Entwicklung der Baupreise oder Baukosten im Wohnungsbereich aufzeigen. Beide Begriffe werden im allgemeinen Sprachgebrauch synonym verwendet. Der Baupreisindex und der Baukostenindex sind jedoch zwei völlig verschiedene Indikatoren.[113]

- Der *Baukostenindex* ist ein Indikator für die Kosten für Bauleistungen, einschließlich Baumaterialien, Geräten und Arbeitszeit, die das Bauunternehmen erbringt. Er bildet damit die Kosten für die geplanten Bauleistungen ab, die die Baufirmen zu erbringen haben. Baukostenindizes dokumentieren, wie Bauunternehmen ihr Material, Löhne (Arbeitskosten), Ausrüstung, Energie, usw. einkaufen.
- Der *Baupreisindex* zeigt die Entwicklung der Bau- oder Instandhaltungskosten für Wohn- oder Geschäftsgebäude im Vergleich zu einem vorgegebenen Basisjahr. Baupreisindizes messen die durchschnittliche Entwicklung der Preise für ausgewählte, klar definierte Bauleistungen, die beim Neubau und der Instandhaltung von Bauwerken erbracht und vom Bauherrn tatsächlich gezahlt werden. Sie zeigen die Entwicklung der Erzeuger-Verkaufspreise für das Baugewerbe. Aus Sicht der Käufer / Bauherrschaft spiegeln sie deren Einkaufspreise wider.

Im Vergleich zum Baukostenindex werden bei den Bauleistungspreisen auch die Veränderungen der Produktivität und die Gewinnmargen der Bauunternehmen durch das Statistische Bundesamt berücksichtigt. Der Baukostenindex wird häufig auch als Faktor- oder Inputpreisindex bezeichnet.

---

113 Vgl. Statistisches Bundesamt, Definitionen.

Entwicklung der Baukosten

In der langfristigen Entwicklung sind die Baukosten bis Mitte des letzten Jahrzehnts nur gering angestiegen, die Wachstumsraten lagen teilweise unter der 2 Prozent-Grenze. Erst ab dem Jahr 2017 war eine stärkere Dynamik festzustellen, mit Raten von über 3 Prozent. Danach setzte der starke Preisanstieg ein. Im Vergleich zum Jahresende 2020 sind die Baukosten bis zum Jahresende 2024 um gut ein Viertel angewachsen – wie die Abb. 4.20 zeigt. Das hat sich sehr negativ auf die Bauwirtschaft ausgewirkt, da eine Kompensation durch höhere Erträge nicht erfolgte.

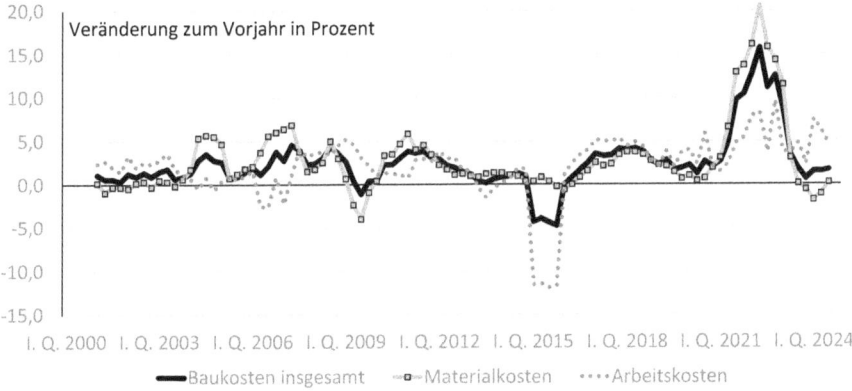

Abb. 4.20: Entwicklung der Baukosten.
Quelle: Statistisches Bundesamt, Tabelle 61261–0014, abgerufen am 27.04.2025, eigene Darstellung.

Die Baukosten stiegen ab Sommer 2021 stark an. Dafür sind vor allem die Materialkosten verantwortlich; die Arbeitskosten sind deutlich geringer gestiegen. Im Vorjahresvergleich stiegen im Jahr 2021 die Materialkosten um rund 15 Prozent gegenüber dem Vorjahr, während die Arbeitskosten nur um 4 Prozent wuchsen. Und im Herbst 2021 wuchsen die Baukosten um mehr als 10 Prozent gegenüber dem Vorjahr. Dies setzte sich in den folgenden Quartalen mit einer noch stärkeren Dynamik fort. Die Preise stiegen im Wohnbau um mehr als 17 Prozent. Dies ist der höchste Anstieg der Baukosten gegenüber einem Vorjahr seit dem Jahr 1970. Im Vergleich zum Vorquartal erhöhten sich die Baukosten im Mai 2022 sogar um drastische 6,6 Prozent. Dabei stiegen die Preise bei den Rohbauarbeiten leicht stärker als bei den Ausbauarbeiten. Den größten Anteil an den Rohbauarbeiten und auch am Gesamtindex für den Neubau von Wohngebäuden haben Betonarbeiten und Mauerarbeiten. Allein die Betonarbeiten sind gegenüber Mai 2021 um 23 Prozent teurer geworden.

Die Baukosten verteuerten sich von 2022 auf 2023 aufgrund von hoher Nachfrage und Kapazitätsengpässen insbesondere bei Handwerksleistungen. Im Jahr 2024 endete der außerordentliche Anstieg, und die Kosten stiegen nur noch gering an. Während die Materialkosten stagnierten, wuchsen die Arbeitskosten überdurchschnittlich. Insgesamt stiegen die Baukosten im Jah 2024 nur noch um knapp 2 Prozent an.

Einen anderen Ansatz verfolgt die *Arbeitsgemeinschaft für zeitgemäßes Bauen e. V.* (Arge e. V.) mit ihrer Baukostenanalyse.[114] Die Ergebnisse und Erkenntnisse dieser Untersuchungen beziehen sich auf den optimierten Wohnungsbau im mittleren Preissegment mit gutem Wohnkomfort (Geschosswohnungsneubau) in Deutschland. Um Baukosten vergleichbar ermitteln und darstellen zu können, ist u. a. eine einheitliche Betrachtungsbasis wichtig. Zu diesem Zweck hat die Arge e. V. in einer Grundlagenstudie ein modellhaftes Gebäude definiert, das für Mehrfamilienhäuser im Geschosswohnungsbau typisch ist. Die Analyse erfolgt nach DIN-Norm 279, die zur Ermittlung der Projektkosten sowie als Grundlage der Honorarberechnungen dient. Es gibt acht Kostengruppen im Bau. Dazu gehören die Kostengruppen Grundstück, vorbereitende Maßnahmen, Bauwerk – Baukonstruktionen, Bauwerk – Technische Anlagen, Außenanlagen und Freiflächen, Ausstattung und Kunstwerke, Baunebenkosten und Finanzierung sowie die dazugehörigen Unterkategorien.

Die Gestehungskosten für Wohngebäude sind in den Jahren 2010 bis 2024 stark angestiegen. Dabei entfällt ein Großteil der Kosten auf die Herstellung des Bauwerks und den Kauf des Grundstücks (inkl. Kaufnebenkosten). Die Grundstückskosten sind zwischen den Jahren 2010 und 2020 deutlich gestiegen, insbesondere in den zuvor bereits höherpreisigen Regionen. Aber seit dem Jahr 2021 sind sie rückläufig. Seit dem Jahr 2020 trugen die Bauwerkskosten maßgeblich zum Anstieg der Baukosten für Wohngebäude bei. Dies ist sowohl auf gestiegene Preise für Baustoffe als auch auf gestiegene Qualitätsansprüche sowie rechtliche Anforderungen, beispielsweise bei der Energieeffizienz, zurückzuführen.

Im Vergleich mit dem Baupreisindex (ohne Qualitäts- und Anforderungsveränderungen) des Statistischen Bundesamtes wuchs der Bauwerkskostenindex der Arge e. V. (mit Qualitäts- und Anforderungsveränderungen) von 2000 bis 2010 gleich, ab dann überdurchschnittlich. Bis zum Jahr 2020 sind aber grundsätzlich keine explodierenden Baupreise zu sehen. Insbesondere seit dem Jahr 2021 ist eine deutlich ausgeprägtere Preis- und Kostenentwicklung im Wohnungsneubau zu erkennen, dies gilt sowohl gegenüber dem Baupreisindex, aber besonderes gegenüber der Lebenshaltungskostenentwicklung. Vom gesamten Bauwerkskostenanstieg ist ungefähr ein Viertel auf gesetzliche Änderungen zurückzuführen wie die Änderung des Gebäudeenergiegesetzes zum Jahresanfang 2023.[115] Die Dynamik der Kosten- und Preisentwicklung hat im Jahresverlauf 2023 deutlich nachgelassen, die Auswirkungen der Corona Pandemie und die Lieferschwierigkeiten, die sich aus dem Ukrainekrieg ergeben haben, wurden ausgeglichen.

---

[114] Vgl. Arge e. V., 2024.
[115] Vgl. Arge e. V., 2024, S. 21.

Die mit Abstand stärkste Kostenentwicklung ist im Bereich der Bauwerkskosten im technischen Ausbau festzustellen. Dies ist unter anderem auf höhere Anforderungen und Ansprüche im Zusammenhang mit der Energieeffizienz, der Barrierefreiheit sowie den sich veränderten Qualitätsansprüchen zurückzuführen.

Ursachen des Anstiegs

Die enormen Kosten- und Preissteigerungen basieren auf einer Kombination mehrerer Faktoren. Angefangen hat die rasante Preisentwicklung von Baumaterialien mit der Corona-Pandemie. Viele Betriebe wurden durch *Lockdowns* lahmgelegt oder die Produktion wurde gedrosselt. Gleichzeitig brach das Angebot durch weitere Krisen ein und Lieferketten wurden immer wieder unterbrochen. Preissteigerungen waren die Folge.

Mit Beginn des Ukraine-Kriegs und den Sanktionen gegen die Aggressoren sind die Preise für Bau- und Hilfsstoffe weiter stark angestiegen. Erstens waren Lieferengpässe und Rohstoffknappheiten dafür verantwortlich. Das wurde durch Störungen in der Produktion sowie Unterbrechungen der Lieferketten verursacht, sodass die Materialien nicht rechtzeitig an den Baustellen waren. Der Preisdruck generiert sich aus den sanktionierten, reduzierten Importen für Baustoffe aus Russland und Belarus sowie aus den kriegsbedingt ausbleibenden Importen aus der Ukraine.

Hinzu kam eine höhere Nachfrage aus dem In- und Ausland, die sich auf den Bausektor ausgewirkt hat. Besonders stark waren die Preisanstiege, aber auch die Rückgänge bei den Produkten, die an den internationalen Börsen gehandelt werden. Die sehr volatile Entwicklung basiert teilweise auch auf Spekulation. Die Preise des an der Börse gehandelten Holzes sind seit ihrem Höhepunkt zu Jahresbeginn 2022 wieder deutlich gefallen, was sich aber noch nicht in den Materialkostenstatistiken des Statistischen Bundesamtes widerspiegelt.

Vor allem die *Preise von Rohstoffen*, die aus Russland, Belarus oder der Ukraine exportiert werden, haben sich verteuert. Davon waren besonders auch Stahlprodukte betroffen. Es besteht weiterhin ein erheblicher Mangel an sämtlichen Kunststoffprodukten, dazu zählen Dämmmaterialien und vor allem Kunststoffrohre.

Ein erheblicher Druck auf die Preise ergibt sich auch aufgrund der gestiegenen *Energiekosten*. Die Rohölpreise haben sich seit 2020 zwischenzeitlich vervielfacht und sind zuletzt wieder leicht gesunken. Der Anstieg belastet die Bau- und Immobilienwirtschaft direkt durch höhere Energiekosten und indirekt bei vielen Baustoffen durch höheren Energieeinsatz. Viele Materialien wie chemische Produkte, Zement und Klinker werden sehr energieintensiv hergestellt. Somit wirkt sich der Anstieg der Energiepreise auch auf diese Preise aus. Seit Jahresende 2023 gibt es eine Stagnation bei den Kosten. Dies gilt vor allem bei den Materialkosten, weniger bei den Personalkosten.

4.4.5 Ausblick

Der Wohnungsbau in Deutschland steckt in einer *tiefgreifenden Krise*, die durch eine deutliche Diskrepanz zwischen dem hohen Bedarf an Wohnungen und der geringen Bautätigkeit gekennzeichnet ist. Die Entwicklung des Wohnungsbaus wird durch einen Blick auf die Baugenehmigungen und Baufertigstellungen beschrieben. Dabei laufen die Fertigstellungen den Baugenehmigungen um zwei bis drei Jahre hinterher, da die meisten Gebäude in dieser Zeitspanne errichtet und ausgebaut werden. Der Höhepunkt der genehmigten Neubauwohnungen wurde im Jahr 2021 mit 380.700 Anträgen erreicht. Seither ist die Zahl der Genehmigungen jedoch stark rückläufig: 2023 wurden noch 259.600 Anträge bewilligt, während es 2024 nur noch 215.900 waren. Besonders betroffen von dem Einbruch ist der Bereich der Ein- und Zweifamilienhäuser.

Die Knappheit am Wohnungsmarkt wird sich nicht allein durch mehr Fertigstellungen beseitigen lassen. Es wird Jahre dauern bis die benötigten Wohnungen geplant und gebaut sind. Der insgesamt moderate Neubau der zurückliegenden Jahre reichte nicht aus, um den wachsenden Wohnungsbedarf in den Städten zu bedienen. Aufgrund des Einbruchs bei den Baugenehmigungen ist auch nicht damit zu rechnen, dass die Zahl der Baufertigstellungen in den nächsten Jahren massiv ansteigen wird.

Kurzfristig wird der Wohnungsbau durch die stark verteuerten Fremdkapitalkosten und den Baukostenschock negativ beeinträchtigt. Die stark gesunkenen Baugenehmigungen werden zu einem bis zum Jahr 2027 absehbar schwachen Wohnungsbau führen, da die Baufertigstellungen zeitverzögert auf die Baugenehmigungen reagieren.

Es ist jedoch grundsätzlich unklar, wie viele neu gebaute Wohnungen auch angesichts der demografischen Entwicklung gebraucht werden. Und wo sollen diese entstehen? Zum einen werden in den Städten mit Wohnungsknappheit neue Wohnungen gebraucht, zum anderen als Ersatz auch in den Regionen mit Wohnungsleerstand. So gibt es sehr unterschiedliche Prognosen über den Wohnungsbedarf. Diese Abweichungen resultieren vor allem aus unterschiedlichen Annahmen in den Prognoserechnungen, vor allem zur regionalen und internationalen Migration. In der kürzeren Sicht wird der Neubaubedarf meist höher taxiert, um die bestehende Bedarfslücke zu schließen. Auf längere Sicht fällt der Neubaubedarf angesichts der wohl schrumpfenden Bevölkerung moderater aus.[116]

---

116 Siehe dazu ausführlich Kapitel 4.1.3.

4.5 Vermietungsmärkte

4.5.1 Struktur der Vermietungsmärkte

Der *Vermietungsmarkt* bzw. *Nutzermarkt* umfasst die Wohnimmobilien, die zur Vermietung angeboten werden. Dies ist aber nur ein Bruchteil des gesamten Bestandes. Angebot und Nachfrage nach den Immobilien bestimmen die Entwicklung bei den Marktergebnissen wie Mieten und Leerstände.

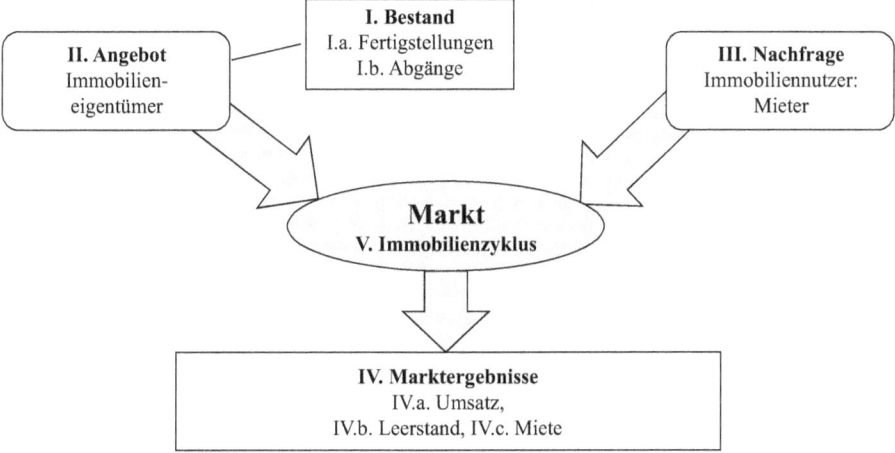

Abb. 4.21: Vermietungsmärkte.
Quelle: eigene Darstellung.

Die Abb. 4.21 zeigt die Zusammenhänge auf den Vermietungsmärkten. Von dem Bestand, dessen Veränderungen sich durch Fertigstellungen und Abgängen ergeben, wird jährlich ein Teil auf den Vermietungsmärkten angeboten. Im Vergleich mit der Nachfrage ergeben sich die verschiedenen Marktergebnisse. Da sich Angebot und Nachfrage nicht im gleichen Ausmaß verändern, entsteht der Immobilienzyklus. Entsprechend der Aufzählung in der Abbildung werden im Folgenden die Begriffe erläutert.

Der *Wohnungsbestand* (I.) ist die Basis für das jeweilige Angebot in einem Markt. Jedoch sind diese beiden Größen nicht identisch. Bei Wohnimmobilien erfolgte die Vollerhebung mit dem Zensus 2011 und aktuell im Jahr 2022. Bestandsveränderungen ergeben sich zum einen durch Fertigstellungen und zum anderen durch Abgänge bzw. Umwidmungen.

Der Bestand an Wohnimmobilien in einem Marktgebiet kann nach verschiedenen Kriterien analysiert werden. Sowohl Wohngebäude als auch Wohnungen werden unterteilt nach Gebäuden mit einer und zwei Wohnungen und Gebäuden mit drei und mehr Wohnungen. Ein weiteres Kriterium, um genauere Informationen über den Bestand zu erhalten, ist die Differenzierung nach Lage bzw. einzelnen Teilmärkten. Weitere Unterscheidungen können nach Ausstattungsqualität, Größenklassen oder Gebäudealter erfolgen.

Hinzu kommen die *Fertigstellungen* (I.a.). Die Baufertigstellungen werden regelmäßig erhoben, indem alle genehmigungspflichtigen und ihnen gleichgestellten Baumaßnahmen im Hochbau, bei denen Wohn- oder Nutzraum geschaffen oder verändert wird, erfasst werden. Diese Statistik charakterisiert im Wesentlichen die Zugänge zur Bausubstanz. Im Kapitel 4.4 wird darauf näher eingegangen.

Der *Bauabgang* (I.b.) wird fortlaufend im gesamten Bundesgebiet erhoben. Erfasst werden alle Gebäude und Gebäudeteile, die durch ordnungsbehördliche Maßnahmen, Schadensfälle oder Abbruch der Nutzung entzogen werden oder deren Nutzung zwischen Wohn- und Nichtwohnzwecken geändert wird. Im Kapitel 4.6 wird darauf näher eingegangen.

Das jeweils aktuelle *Wohnungsangebot* (II.) auf dem Vermietungsmarkt besteht nur aus einem geringen Teil des vorhandenen Wohnungsbestands. Aus einer ökonomischen Sicht ist das auf dem Vermietungsmarkt gehandelte Gut nicht die Wohnung selbst, sondern ihre Nutzungsmöglichkeit. Bei den Vermietungen setzt sich das Wohnungsangebot im Wesentlichen aus den freigezogenen Bestandswohnungen und aus den fertiggestellten Neubauwohnungen zusammen. Hinsichtlich dieser Aspekte handelt es sich bereits um verschiedene Marktsegmente: Vermietung von neuen oder benutzten Wohnungen bzw. Häusern. Am Wohnungsmarkt gibt es weder den typischen Anbieter noch das typische Angebot, da das Wohnungsangebot sehr heterogen ist.

Die *Nachfrage nach Wohnimmobilien* (III.) umfasst den an einem bestimmten Markt tatsächlich geäußerten Bedarf bzw. die am Markt befindlichen aktiven Flächengesuche. Je nach Objektart gibt es unterschiedliche Nachfragegruppen. Die Wohnungsnachfrager sind die Haushalte, die aus einer Person oder aus mehreren Personen bestehen. Der Haushalt ist primär an einer Nutzung einer Wohnung interessiert. In diesem Teilsegment fragen die privaten Haushalte Wohnungen zur Miete nach.

Die Wohnraumnachfrage bestimmt sich aus der Anzahl der Haushalte, ihrer Zusammensetzung und der Flächennachfrage pro Person. Die Anzahl der Haushalte korreliert stark mit der Bevölkerungsentwicklung, wächst in den vergangenen Jahren aufgrund des Trends hin zu weniger Personen pro Haushalt jedoch stärker als die Bevölkerung. Gleichzeitig steigt die nachgefragte Wohnfläche pro Person, wodurch die Wohnraumnachfrage insgesamt stärker zunimmt. Die Entwicklung der Wohnraumnachfrage ist ein wesentlicher Treiber für die beschriebenen Preisentwicklungen. Auf Kreisebene ging in den Jahren 2010 bis 2022 ein um einen Prozentpunkt höherer Anstieg der Wohnbevölkerung mit einem Anstieg der Angebotsmieten um 1,8 Prozentpunkte einher.[117]

---

117 Vgl. Sachverständigenrat 2024/25, S. 223.

Der *Flächenumsatz* (IV. a.) weist auf den Umfang der Geschäftstätigkeit auf einem Markt hin, der sowohl mengenmäßig (z. B. Anzahl der Transaktionen) als auch wertmäßig (z. B. Umsatz) dargestellt werden kann. Diese Größe spiegelt den Umfang des Marktgeschehens und der Vermietungsleistung wider. Der Umsatz kann nach weiteren Kriterien analysiert werden, z. B. nach Teilmärkten, Ausstattung oder Größen- oder Miethöhenklassen. Mithilfe der Kennziffer Flächenumsatz kann festgestellt werden, in welchen Regionen und von welchen Marktteilnehmern die Wohnungen nachgefragt werden. Dieses kann sowohl für Projektentwickler als auch für Investoren wertvolle Hinweise liefern, in welchen Teilgebieten für ihre Investitionen und Investments die größeren Erfolgsaussichten gegeben sind.

Über die Zahl der *Wohnungsvermietungen* liegen keine offiziellen Daten vor, stattdessen stehen die Transaktionen mit Wohnungskäufen im Mittelpunkt. Auch in den privatwirtschaftlichen Quellen wird zwar über die Mietentwicklung und -strukturen berichtet, nicht aber über die Anzahl der Vermietungen.

Der *Leerstand* (IV.b.) ergibt sich durch das Zusammenspiel von Angebot und Wohnungsnachfrage auf den Vermietungsmärkten. Der Leerstand umfasst alle Flächen, die nicht vermietet und unmittelbar (drei Monate) zu beziehen sind. Auch der Leerstand kann nach Ausstattung und anderen Kriterien unterschieden werden, um eine teilmarktgerechte Analyse vorzunehmen. Wesentliche neue Daten stammen vom Zensus 2022. Die Entwicklung dieses Indikators zeigt die Tendenzen der allgemeinen Wohnungsmarktlage und die Entwicklung in den verschiedenen Teilmärkten und Regionen auf (im Vergleich mit dem Zensus 2011). Die absolute Höhe der Leerstände hat eine hohe wirtschaftliche und finanzielle Bedeutung für die Eigentümer, da Einnahmen fehlen und bei einem eventuellen Rück- bzw. Umbau weitere Kosten anfallen.

Um das Ausmaß des Leerstandes interregional vergleichbar zu machen, wird die Leerstandsquote als Verhältnis des festgestellten Leerstandes zum Gesamtbestand berechnet. Diese Kennziffer gibt Rückschlüsse auf die Attraktivität des jeweiligen Wohnungsmarkts. Eine hohe Leerstandsquote kann auf potenzielle Schwierigkeiten bei der Vermietung oder dem Angebot hinweisen. Auch bei Entscheidungen über spekulative Projektentwicklungen spielen die Leerstände und deren Entwicklung eine wesentliche Rolle. Der Wohnungsleerstand wird in Deutschland nicht nach einer einheitlichen Methode erhoben. Unterschiede ergeben sich vor allem hinsichtlich des Leerstandsbegriffs (total oder nur marktaktiv) und der Beobachtungsmenge (Vollerhebung oder Stichprobe).

Die *Wohnungsmiete* (IV.c.) ist das Entgelt für die Überlassung einer Wohnimmobilie auf Zeit. Sie ist der Preis für eine vertragsgemäße Nutzung von Wohnräumen. In den Mieten verdichten sich die Marktinformationen. Mieten sowie deren Veränderungen sind Indikatoren für Angebotsknappheiten oder -überschüsse auf einem Vermietungsmarkt. Diese sind Indikatoren für die relativen Knappheiten auf den jeweiligen Wohnungsteilmärkten. Die Entwicklungen der Indikatoren zeigen, ob ein Teilmarkt ausgeglichen bezüglich Angebots und Nachfrage ist oder ob es einen Angebots- oder Nachfrageüberschuss gibt. Bei den Mieten werden Nettokaltmieten, die als Entgelt für die Überlassung der ganzen Wohnung gelten, von den Bruttokaltmieten unterschieden. Die Bruttokaltmiete ist die Summe aus Nettokaltmiete plus die umlagefähigen kalten Betriebskosten (wie z. B. die Kosten für Wasser oder Müllabfuhr).

Die Lage auf dem Wohnungsmarkt ist regional sehr unterschiedlich. Durch die Binnenwanderung ist der Wohnungsbedarf in Abwanderungsregionen gesunken und in Zuwanderungsregionen gestiegen. In den vergangenen Jahren kam es vor allem in Ballungsräumen zu einem starken Mietpreisanstieg. Im Mietmarkt zeigte sich dieser Anstieg vor allem bei Neuvermietungen, sodass sich der Abstand zwischen Bestands- und Neumieten stark erhöht hat.

Der Preisanstieg in den Ballungsräumen lässt sich sowohl auf nachfrageseitige als auch auf angebotsseitige Faktoren zurückführen. In den vergangenen Jahren ist die Nachfrage nach Wohnraum in Deutschland stark gestiegen, unter anderem aufgrund eines starken Anstiegs der Anzahl der Haushalte. Ursächlich dafür sind ein Trend zu Haushalten mit geringerer Personenzahl sowie ein allgemeiner Bevölkerungszuwachs durch Zuwanderung. Dabei konzentriert sich die Nachfrage nach Wohnraum vor allem auf Ballungsgebiete und wirtschaftlich starke ländliche Regionen. Die Ausweitung des Angebots an Wohnraum bleibt dagegen hinter dem Anstieg der Nachfrage zurück, vor allem aufgrund unzureichender Bautätigkeit.

In strukturschwachen ländlichen Regionen kam es hingegen zu einem erheblichen Rückgang der Nachfrage nach Wohnraum; entsprechend gedämpft war dort die Preisentwicklung. In schrumpfenden Regionen stehen aufgrund der zurückgegangenen Nachfrage viele Wohnungen leer.

4.5.2 Wohnungsmieten

Die Mieten werden auf dem Wohnungsnutzungsmarkt bestimmt. Auf diesem Markt wird die Wohnungsnutzung von den Eigentümern gegen ein Entgelt (Miete) angeboten und von Haushalten nachgefragt.

Aussagen zur *Entwicklung der Mieten* in Deutschland basieren auf verschiedenen Vorgehensweisen und Datenquellen. Zum einen gibt es Daten von existierenden Verträgen, wobei diese teilweise auch schon längerfristig bestehen. Zum anderen handelt es sich um Auswertungen der Angebotsmieten neu- und wiedervermieteter Wohnungen. Diese beruhen auf Daten von Online-Plattformen der Mietwohnungsvermittlung. Die Entwicklung der Mieten wird einerseits von amtlicher Seite vom Statistischen Bundesamt erfasst als Zensus oder Verbraucherpreisindex (VPI). Andererseits gibt es verschiedene private Quellen, die Mietdaten erheben.

Höhe, Struktur und Entwicklung der Wohnungsmieten basieren auf zwei unterschiedlichen Verfahren. Zum einen sind das amtliche Quellen der Statistischen Ämter wie die vom Mikrozensus oder Zensus. Diese Daten sind Bestandsmieten und werden jedoch seltener erhoben, teilweise wie beim Zensus erst nach mehreren Jahren. Sie stellen auch keine Informationen über Ausstattung oder Bauzustand zur Verfügung. Auch die räumliche Abgrenzung ist teilweise nur sehr grob wie z. B. im Mikrozensus.

Zum anderen sind es Daten von Immobilieninseraten, die mittlerweile für einen längerfristigen Zeitraum zur Verfügung stehen. Der wesentliche Vorteil ist die regelmäßige Aktualisierung. Sie stehen somit mehrmals im Jahr für aktuelle Auswertungen zur Verfügung. Geografisch werden sie flächendeckend angeboten und teilweise sogar unterhalb der Gemeindeebene. Weiterhin weisen sie eine Vielzahl erklärender Variablen wie Objektart, Ausstattung oder Bauzustand auf.

Der besondere Unterschied besteht in der Repräsentativität, da die Daten der Immobilieninserate sich aus der Sicht eines Outsiders ergeben. Aufgrund fehlender lokaler Netzwerke wird sich nur auf eine Quelle konzentrieren. Das Wohnungsangebot ist aber wesentlich größer aus der Sicht eines Insiders, da nicht alle zur Vermietung anstehenden Wohnungen öffentlich inseriert werden. Das belegen die weitaus höheren Vermietungen, die sich auch aus anderen Quellen ergeben.

Die Entwicklung der Mieten verläuft seit der Zinswende fundamental anders als die der Preise.[118] Ursächlich hierfür ist, dass durch den Zinsanstieg die Kosten der Finanzierung steigen, die mit einer höheren Rentabilität von Investments refinanziert werden müssen. Die Rendite bei Immobilien wird maßgeblich durch das Verhältnis von Kaufpreisen und Mieteinnahmen bestimmt. Entsprechend entsteht bei steigenden Zinsen ein großer Druck auf die Mieten, die daher bundesweit in allen Segmenten gestiegen sind.

In den vergangenen Jahren zeigte sich auch bei den Mietpreisen ein starker Anstieg, wobei dieser zwischen Bestands- und Angebotsmieten unterschiedlich ausfiel. Bei den Bestandsmieten ist seit dem Jahr 2010 ein jährlicher Anstieg von durchschnittlich rund 1,4 Prozent zu beobachten, während dieser bei den Angebotsmieten mit jährlich etwa 4 Prozent bedeutend größer ausfiel. Diese zunehmende Divergenz lässt sich hauptsächlich auf Unterschiede in der Regulierung von Bestands- und Neumieten zurückführen. Die Unterscheidung nach Kreistypen zeigt, dass die größten Steigerungen der Angebotsmieten, ähnlich wie bei den Kaufpreisen, in den großen kreisfreien Großstädten auftraten.[119]

Zensus-Ergebnisse
Die Zensusergebnisse spiegeln die Struktur und die Höhe der Bestandsmieten wider. Der Befund hoher und steigender Mieten trifft nach dem *Zensus 2022* nur bedingt zu. Die Wohnungen in Deutschland sind meist zu moderaten Mieten vermietet. Danach zahlten rund 85 Prozent der Haushalte weniger als 10 Euro Kaltmiete je Quadratmeter. Bei einem neuen Mietvertrag für eine Bestands- oder Neubauwohnung ist aber deutlich mehr zu zahlen. Nach dem Zensus 2022 gaben Mieterhaushalte in Deutsch-

---

[118] Siehe auch Kapitel 4.7.4.
[119] Vgl. Sachverständigenrat 2024/25, S. 223.

land für eine Nettokaltmiete durchschnittlich 513 Euro aus, was 7,40 Euro pro Quadratmeter sind. Dabei werden in Bayern mit 614 Euro die höchsten Wohnungsmieten gezahlt und in Sachsen-Anhalt mit 355 Euro die niedrigsten Mieten (5,60 Euro pro Quadratmeter).

Zu der Nettokaltmiete (Grundmiete) kommen die sogenannten kalten Nebenkosten (z. B. Abwasser, Müllabfuhr oder Ähnliches), die im Schnitt in Deutschland je Wohnung 85 Euro oder 1,30 Euro pro Quadratmeter betragen. Die Bruttokaltmiete setzt sich aus der Nettokaltmiete und den kalten Nebenkosten zusammen. Die warmen Nebenkosten (Kosten für Heizung und Warmwasser) bleiben bei der Bruttokaltmiete unberücksichtigt. Mieterhaushalte in Deutschland (nach Bundesländern differenziert) wendeten im Durchschnitt zwischen ungefähr 25 und 31 Prozent ihres verfügbaren Haushaltsnettoeinkommens für die Bruttokaltmiete auf. Am höchsten waren die Mietbelastungsquoten in den Stadtstaaten: Hier waren die Bruttokaltmieten hoch und gleichzeitig lag das verfügbare Nettoeinkommen relativ niedrig.

Werden zusätzlich die warmen Nebenkosten berücksichtigt ergeben sich die Bruttowarmmieten, die je Wohnung in Deutschland insgesamt 677 Euro betragen und damit 9,80 Euro pro Quadratmeter. Spitzenreiter nach Ländern bleibt Bayern und das Schlusslicht Sachsen-Anhalt, wo nur 520 Euro Miete insgesamt gezahlt werden.

Unter Berücksichtigung der Kosten an Dritte und der Bruttowarmmiete ergeben sich die gesamten Wohnkosten, die deutschlandweit im Schnitt bei 735 Euro pro Wohnung und bei 10,60 Euro pro Quadratmeter liegen. Weiterhin wurde im Zensus 2022 die Höhe der Nettokaltmiete in einzelnen Clustern ermittelt. Die meisten Haushalte zahlen demnach eine Miete zwischen 4 und 8 Euro pro Quadratmeter (vgl. Abb. 4.22).

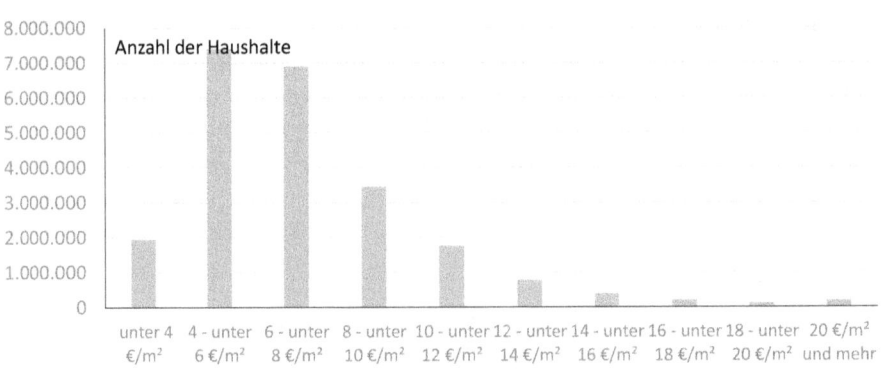

Abb. 4.22: Mietstruktur nach Zensus 2022.
Quelle: Statistisches Bundesamt, Tabelle 4000W-1021, abgerufen am 16.03.2025, eigene Darstellung.

Sozialbericht 2024

Nach dem Sozialbericht 2024 des Statistischen Bundesamtes (*Mikrozensus 2022*) betrug die Bruttokaltmiete, die Mieterhaushalte im Jahr 2022 bundesweit für ihre gesamte Wohnung bezahlen mussten, im Schnitt rund 598 Euro. Dieser Wert ergibt sich aus einer durchschnittlichen Nettokaltmiete von rund 513 Euro je Wohnung und kalten Nebenkosten in einer Höhe von 85 Euro je Wohnung.

Zusätzlich mussten Mieterhaushalte im Durchschnitt rund 79 Euro für warme Nebenkosten an die Vermieterin oder den Vermieter und weitere 58 Euro für wohnbezogene Kosten an Dritte bezahlen. Auf den Quadratmeter gerechnet bezahlten Haushalte in Deutschland 2022 dementsprechend durchschnittlich rund 7,40 Euro Nettokalt- und 8,70 Euro Bruttokaltmiete.[120]

Verbraucherpreisindex-Mieten

Mithilfe des Warenkorbes wertet das *Statistische Bundesamt* die Kosten der Lebenshaltung aller privaten Haushalte aus. Dieser wird auf Basis von Umfrageergebnissen zu der Verbraucherpreisentwicklung erstellt (siehe Abb. 4.23). Nach der amtlichen Preisstatistik war der Anstieg der Nettokaltmieten bis Anfang des Jahrzehnts nicht höher als 1,5 Prozent im Jahresvergleich. Im Einklang mit dem allgemeinen Anstieg der Verbraucherpreise stiegen auch die Mieten an.

Abb. 4.23: Mietentwicklung in Deutschland.
Quelle: Statistisches Bundesamt, Tabellen 61111–0004 CC13–041, abgerufen am 27.03.2025, eigene Darstellung.

---

[120] Vgl. Statistisches Bundesamt, 2024g, S. 246.

Regionale Mietentwicklung

Auf der Grundlage unterschiedlicher Analysen wird im Folgenden gezeigt, dass es bei den Vermietungen von Wohnungen regional sehr starke Unterschiede gibt. Großstädte und der ländliche Raum weisen grundsätzlich unterschiedliche Entwicklungstrends auf. Die regionalen Wohnungsmärkte in Deutschland haben sich in den letzten Jahren, wenn nicht Jahrzehnten zunehmend unterschiedlich entwickelt.[121] Diese Gegensätze werden verdeckt, wenn nur Marktdaten für Deutschland herangezogen werden. In den größeren Städten, die auch als Ballungsräume, Schwarmstädte oder Wachstumsregionen bezeichnet werden, stieg die Nachfrage nach Mietwohnungen stärker als das Angebot. Dies spiegelt sich in steigenden Mieten und sinkenden Leerständen wider.

Wer in einer Großstadt lebt, muss deutlich höhere Mieten zahlen als in mittelgroßen Städten oder in ländlichen Regionen. Der angespannte Mietmarkt der Metropolen weitet sich zunehmend auf das Umland aus: Nicht nur die Nachfrage aus den Großstädten verschiebt sich in den Speckgürtel und ländlichen Raum, auch die Mietpreise klettern im Umkreis der Metropolen deutlich nach oben.

Innerhalb der Großstädte übersteigt die Nachfrage nach Mietwohnungen deutlich das Angebot. Neben dem Kauf, ist der Umzug in den Speckgürtel eine Option für die erfolgreiche Suche nach einem neuen Zuhause. Aber auch hier hat die Nachfrage zugenommen und die Mieten steigen stärker an. In den ländlichen Gebieten stehen aufgrund der hohen Leerstände die Mieten und Preise unter Druck.

Eine differenzierte Statistik gibt es von der *Deutschen Bundesbank* mit dem *Wohnimmobilienpreisindex*. Dieser basiert auf eigenen Berechnungen für Neuvertragsmieten auf Basis von Preisangaben der bulwiengesa AG. Dargestellt werden in der Abb. 4.24 die Mieten für Eigentumswohnungen mit einer transaktionsbezogenen Objekt- und Regionalgewichtung für erstens sieben Großstädte (A-Städte), für 127 Städte sowie für alles Landkreise und kreisfreien Städte.

Die Mietentwicklung zeigt sich bei den Neuvertragsmieten sehr viel volatiler als bei den Bestandsmieten nach dem Verbraucherpreisindex. Im Vergleich zum Basisjahr 2005 sind die Mieten in den sieben A-Städten am stärksten angestiegen und am geringsten im Durchschnitt aller Landkreise und kreisfreien Städte. Die steigenden Mieten in den Ballungsräumen führen zu einer geringeren Binnenzuwanderung und teilweise sogar zu einer Binnenabwanderung.

Eine andere Abgrenzung bei der Analyse der Angebotsmieten wird von der *empirica AG* vorgenommen. Nach den Erhebungen der empirica AG sind die Mieten in Deutschland seit dem Jahr 2004 um rund 70 Prozent angestiegen. Einen merklichen Anstieg gab es erst mit Beginn der 2010er-Jahre, zuvor war eine Stagnation bei den Mieten gegeben. In den letzten zehn Jahren haben die Neubaumieten deutschlandweit um 48 Prozent zugelegt. In den kreisfreien Städten und den Landkreisen ergeben sich ähnliche Zuwächse, wie Abb. 4.25 zeigt.

---

121 Vgl. empirica AG, 2022a, S. 1 f.

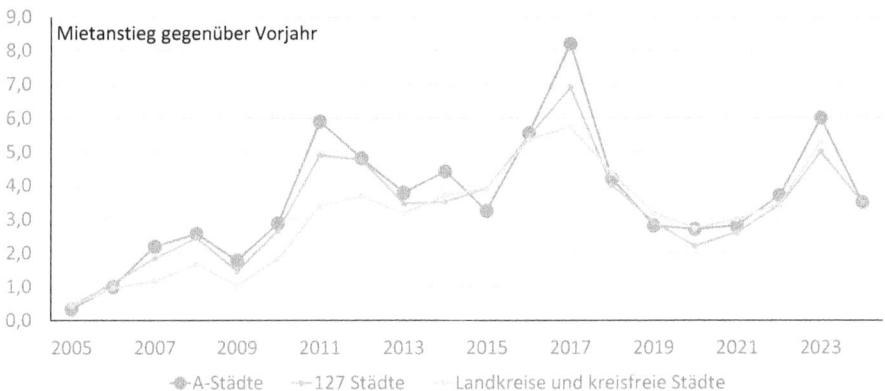

Abb. 4.24: Mietentwicklung in Deutschland – Deutsche Bundesbank.
Quelle: Deutsche Bundesbank, Tabellen BBDY1.A.B10.N.G300.P0800.A und BBDY1.A.B10.N.G300.P0810.A und BBDY1.A.B10.N.G300.P0820.A, abgerufen am 27.03.2025, eigene Darstellung.

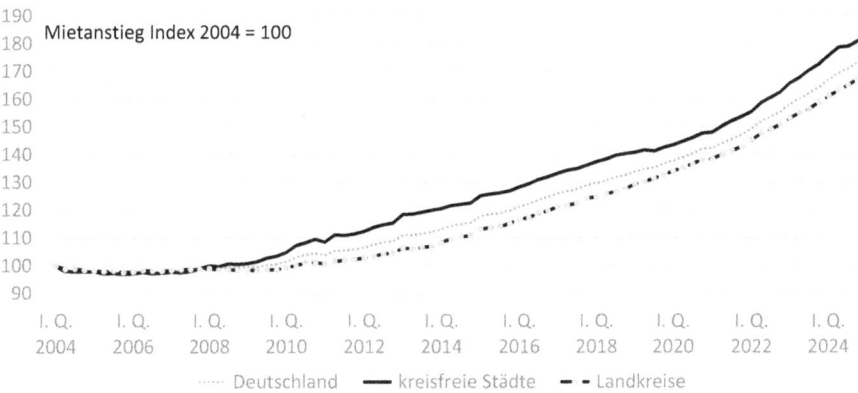

Abb. 4.25: Mietentwicklung in Deutschland – empirica AG.
Quelle: empirica AG, Immobilienpreisindex, abgerufen am 27.12.2024, eigene Darstellung.

Nach einer Analyse von *empirica regio*[122] lag die Median-Bestandsmiete in Deutschland im Jahr 2023 bei 7,21 Euro pro Quadratmeter. Das war ein Anstieg von gut 14 Prozent gegenüber 2018. Im 10-Jahresvergleich stieg die Miete um 34 Prozent, da im Jahr 2013 die Medianmiete noch 5,54 Euro pro Quadratmeter betragen hatte. Weiterhin gab es erhebliche Unterschiede zwischen Ost- und Westdeutschland. In den ostdeutschen Bundesländern ohne Berlin lag die Medianmiete 2023 bei 6,04 Euro pro Quadratmeter und in den westdeutschen Bundesländern ohne Berlin bei 7,36 Euro pro

---

122 Vgl. empirica regio, 2024b.

Quadratmeter im Median. Die Neuvertragsmieten in den sieben A-Städten stiegen seit 2018 noch einmal stärker als im bundesweiten Trend.

Es gibt zwischen Ost- und Westdeutschland weiterhin erhebliche Unterschiede. In den ostdeutschen Bundesländern ohne Berlin lag die Medianmiete 2023 bei 6,04 Euro pro Quadratmeter, was einem Zuwachs von 29 Prozent im 10-Jahresvergleich entspricht (2013: 4,67 Euro). In den westdeutschen Bundesländern ohne Berlin wurden 2023 hingegen 7,36 Euro pro Quadratmeter im Median gezahlt, ebenfalls mit einem Zuwachs von 29 Prozent im Vergleich zu 5,69 Euro aus dem Jahr 2013.

Nach der *Wohndauer* gibt es erhebliche Differenzen. So lag die Miete bei Neuverträgen aus den Jahren zwischen 2018 und 2023 sowohl beim Niveau als auch beim Wachstum höher als im Durchschnitt aller Mietverträge. Aufgrund des starken Mietanstiegs der letzten Jahre hat sich der relative Unterschied sogar noch erhöht. Besonders in den letzten Jahren ist ein überproportionaler Anstieg bei den Neuverträgen mit maximal vier Jahren Wohndauer zu verzeichnen. Dieser lag zwischen 2018 und 2023 bei plus 19 Prozent und damit 5 Prozentpunkte höher als im Durchschnitt aller Mietverträge. Das Niveau der Neuverträge lag 2023 im Median mit 8,30 Euro rund 15 Prozent höher als der Median aller Mietverträge. Im Jahr 2018 lag der relative Unterschied bei 11 Prozent.

Es gibt aber auch Orte mit nur geringen Zuwächsen bei den Neuvertragsmieten, dazu zählen u. a. Gelsenkirchen und Dresden. Dies gilt auch für die Angebotsmieten, die aus öffentlich inserierten Quellen stammen. Die günstigen Mieten in diesen Regionen korrelieren mit hohen Leerstandsquoten. Wer eine neue, bezahlbare Wohnung sucht, wird hier schneller fündig. In sehr ländlichen Regionen gilt aber auch, dass der Mietwohnungsbestand ein kleines Segment gemessen am Wohnungsbestand darstellt. Hier kann es dennoch schwierig sein, eine Mietwohnung zu finden, auch wenn die Mieten niedrig sind.

Insgesamt zeigt diese Analyse von *empirica regio*, dass die Bestandsmieten deutschlandweit moderat gestiegen sind, während die Neuvertragsmieten stärker zugelegt haben. Die Entwicklung liegt aber unterhalb der Angebotsmieten aus Immobilieninseraten.

Die auf der Basis von Immobilieninseraten erstellten Statistiken erfahren *Kritik* vom Bundesverband deutscher Wohnungs- und Immobilienunternehmen e. V. (GdW). Der GdW weist darauf hin, dass gerade in angespannten Märkten die preisgünstigen Wohnungen der GdW-Unternehmen kaum über Online-Plattformen vermittelt werden. Kommunale Unternehmen und Wohnungsgenossenschaften haben oft Wartelisten und können ihren Wohnungsbestand ohne die Unterstützung kommerzieller Plattformen neu vermieten. Neuvertragsmieten, die über persönliche Netzwerke oder Wartelisten von Wohnungsunternehmen und Maklern zustande kommen, können nur eingeschränkt beobachtet werden. Bei einem Marktanteil der sozialen Wohnungswirtschaft von rund 30 Prozent am Mietwohnungsmarkt besteht in den Statistiken von Online-Plattformen also eine große Lücke, da dort die moderateren Angebotsmieten der Wohnungsunternehmen zum größten Teil nicht berücksichtigt sind. So stellen die öffentlich inserierten Mieten ein Zerrbild der Realität dar. Der Gesamtmarkt ist preiswerter als der Teilmarkt der öffentlich, online inserierten Wohnungsangebote.

Nach Analysen des *Statistischen Bundesamtes* unterscheidet sich die Miete je Quadratmeter weiterhin nach der Lage der Wohnung. So betrug die Bruttokaltmiete je Quadratmeter im Jahr 2022 bundesweit im Schnitt 8,70 Euro. Wer in einer Großstadt lebte, musste auf den Quadratmeter gerechnet mit 9,60 Euro eine deutlich höhere Miete zahlen als in mittelgroßen Städten (8,20 Euro) oder kleineren Orten (7,50 Euro). Dies bedeutet beispielsweise, dass zwei Haushalte mit Mietwohnungen von je 75 Quadratmetern Größe, von denen einer in einer Großstadt und einer in einer Mittelstadt wohnt, im Durchschnitt einen Mietunterschied von etwa 105 Euro aufwiesen. Beim Vergleich zwischen Groß- und Kleinstadt betrug der Mietunterschied in diesem Beispiel sogar rund 158 Euro.[123]

Auch das Einzugsjahr führte zu unterschiedlicher Miethöhe. Hier zeigt sich, dass Mieter, die 2019 oder später eingezogen sind, unabhängig von der Einwohnerzahl der Gemeinde überdurchschnittlich hohe Mieten und Belastungsquoten aufwiesen. Der Unterschied zwischen der durchschnittlichen Bruttokaltmiete dieser Gruppe und dem Gesamtdurchschnitt betrug 2022 etwa 1,10 Euro je Quadratmeter. In Großstädten war dieser Unterschied mit 1,40 Euro deutlich höher als in mittelgroßen Städten (1,00 Euro) oder Kleinstädten (0,80 Euro).[124]

4.5.3 Wohnungsleerstand

Der *Wohnungsleerstand* und die *Leerstandsquote* sind bedeutende Indikatoren für wohnungspolitische und städtebauliche Entscheidungen. Der Leerstand bietet wichtige Erkenntnisse über den Stand der Wohnungsknappheit in einzelnen Regionen. Eine angemessene Versorgung der Bevölkerung mit Wohnraum ist ein wichtiges Ziel der Politik. Dennoch stehen nur wenige Statistiken aus amtlicher und privater Quelle zur Verfügung. Neue Erkenntnisse ergaben sich durch den Zensus 2022 – trotz des Alters der Daten. Trotz der hohen Wohnraumnachfrage stehen in Deutschland viele Wohnungen leer.

Der *Wohnungsleerstand* wird vom Statistischen Bundesamt *definiert* als eine leer stehende Wohnung, die weder vermietet ist noch vom Eigentümer selbst genutzt wird und auch keine Ferien- oder Freizeitwohnung ist. Der Wohnungsleerstand bezeichnet nicht vermietete, aber beziehbare Flächen in Neubauten und Bestandsobjekten. Die absolute Höhe der Leerstände hat eine hohe wirtschaftliche/finanzielle Bedeutung für die Eigentümer, da dadurch zum einen Einnahmen fehlen und zum anderen bei einem eventuellen Rück- bzw. Umbau weitere Kosten anfallen.

---

[123] Vgl. Statistisches Bundesamt, 2023i.
[124] Vgl. Statistisches Bundesamt, 2023i.

Beim Leerstand handelt es sich um sämtliche ungenutzte und unvermietete Immobilien. Hierbei gibt es unterschiedliche Formen, die nach den Faktoren Ursache und Dauer eingeteilt werden:
- Spekulativer Leerstand: Das Gebäude wird trotz Nachfrage vom Eigentümer bewusst nicht vermietet, da er zum Beispiel auf steigende Preise und Mieten spekuliert.
- Struktureller Leerstand: Die Nachfrage für das Gebäude fehlt über einen längeren Zeitraum, was häufig in strukturell schwachen Regionen vorkommt.
- Fluktuationsreserve: Kurzfristiger Leerstand, der durch normalen Mieterwechsel entsteht.
- Latenter Leerstand: Gebäude, die zwar noch vermietet sind, aber vom Mieter nicht mehr genutzt werden und oft zur Untervermietung angeboten werden.
- Konjunktureller Leerstand: Folge von Schwankungen im Verhältnis von Angebot und Nachfrage, wobei die Nachfrage temporär sinkt.

Um das Ausmaß des Leerstandes interregional vergleichbar zu machen, wird die *Leerstandsquote* berechnet. Die Leerstandsquote ist der Anteil der leerstehenden Wohnungen an allen Wohnungen in Wohngebäuden (ohne Wohnheime) und sonstigen Gebäuden mit Wohnraum.

Die Höhe und die Entwicklung des Wohnungsleerstandes haben für den Wohnungsmarkt wichtige Funktionen. Neben der Mietentwicklung ist der Leerstand ein weiterer Indikator, um die Knappheit auf den Wohnungsmärkten anzuzeigen. Ein hohes Leerstandsniveau weist auf eine erhebliche Störung der Funktionsfähigkeit des Wohnungsmarkts hin. Die Entwicklung dieses Indikators zeigt die Tendenzen der allgemeinen Wohnungsmarktlage und die Trends in den verschiedenen Teilmärkten und Regionen auf.

Der Anstieg der Mieten und der Rückgang der Leerstände in den Städten sind durch eine Reihe fundamentaler Trends erklärbar, wobei insgesamt die Nachfrage deutlich stärker als das Angebot gewachsen ist. Faktoren sind zum einen die Einkommensentwicklung, da seit Mitte des vergangenen Jahrzehnts die Einkommen deutlich angestiegen sind und so die Nachfrage nach Wohnungen verstärkt haben. Demografisch ist dies zum anderen bedingt durch das Bevölkerungswachstum und die Wanderungen: sowohl die Binnenmigration in Deutschland als auch die Zuwanderungen. Dabei zieht es viele der Zugewanderten in die Großstädte. Hinzu kommt eine Verkleinerung der Haushaltsgröße, die die Anzahl der Haushalte hat wachsen lassen.

Neben marktbedingtem und fluktuationsbedingtem Leerstand existiert auch baubedingter Leerstand. Letzterer tritt auf, wenn eine Wohnung aufgrund ihres baulichen Zustands nicht mehr nutzbar ist. Theoretisch lassen sich Leerstände auf zwei Hauptursachen zurückführen. Erstens entstehen sie durch Marktanpassungsprozesse, da Änderungen im Wohnungsangebot bei veränderter Nachfrage – etwa durch Neubau, Umbau oder Abriss – stets Zeit in Anspruch nehmen. Baumaßnahmen sind ein Hauptgrund für längerfristigen Leerstand. Dabei spielt auch die Tatsache eine Rolle, dass ein Überangebot an Wohnungen nicht ohne Kosten durch Rückbau reduziert werden kann (rückbaubedingter Leerstand). Zweitens resultieren Leerstände aus der großen Heterogenität von Immobilien, etwa hinsichtlich Größe, Ausstattung oder Lage. Diese Unterschiede können – ähnlich wie im Arbeitsmarkt – zu Schwierigkeiten bei der Vermittlung von Angebot und Nachfrage führen. Da Immobilien nur schwer an veränderte Nachfragestrukturen angepasst werden können, steigt das Risiko von Verzögerungen und Fehlallokationen.

Zensus-Ergebnisse

Beim *Zensus 2022* wurde in Deutschland ermittelt, dass die Leerstandsquote 4,3 Prozent betrug, da mehr als 1,9 Mio. Wohnungen leerstanden. Im Vergleich zum Zensus 2011 gab es damit keine großen Veränderungen, auch wenn rund 100.000 Wohnungen mehr leerstanden. Die Erhebung für das *Jahr 2011* ergab einen Leerstand von 1,78 Mio. Wohnungen in Wohn- und Nichtwohngebäuden (Quote: 4,5 Prozent).

In Wohngebäuden (ohne Nicht-Wohngebäude) standen in Deutschland 1,7 Mio. Wohnungen leer. Dies entspricht einer Quote von 4,4 Prozent. Ein substanzieller Rückgang der Anzahl leerstehender Wohnungen folgt hieraus nicht, da sich die hohe Nachfrage nach Wohnungen auf bestimmte Regionen konzentriert, die über keinen nennenswerten Leerstand mehr verfügen, und in vielen vor allem ländlich geprägten Regionen ein Überangebot von Wohnraum vorliegt.

Das Wohnungsangebot auf angespannten Wohnungsmärkten wird zudem zusätzlich verknappt, weil ein Teil der Wohnungen nicht mehr als reguläres Mietverhältnis angeboten wird. Dazu trägt etwa die in vielen Metropolen zu beobachtende Vermietung als Ferienwohnung, beispielsweise via Airbnb bei. Hinzu kommt, dass mehr Wohnungen möbliert auf Zeit vermietet werden. Damit lassen sich höhere Mieten erzielen, auch weil so die Mietpreisbremse umgangen wird. Zum Rückgang des sichtbaren Angebots an regulären Mietwohnungen trägt auch bei, dass Wohnungen zunehmend „informell" und nicht über Vermietungsplattformen vergeben werden

Auf der *regionalen Ebene* in Deutschland gibt es einen sehr unterschiedlichen Leerstand in Gebäuden mit Wohnraum, wie sich bei beiden Auswertungen zeigt. Es besteht eine differenzierte Verteilung des Wohnungsleerstands: Abgesehen vom anhaltenden, deutlichen Ost-West-Unterschied findet sich in nahezu allen Teilen Deutschlands ein Nebeneinander gegensätzliche Angebotssituationen. Hohe Leerstandsquoten werden häufig in strukturschwachen und/oder ländlich geprägten Räumen vorgefunden. In den prosperierenden Ballungszentren ist geringer Wohnungsleerstand hingegen die Regel, aber auch in einigen mittelgroßen Städten wie Universitätsstandorten herrschen vergleichbare Verhältnisse.

Beim *Zensus 2022* wurde festgestellt, dass bei einer bundesweiten Leerstandsquote von 4,3 Prozent diese in den beiden Stadtstaaten Berlin und Hamburg sogar unter 2 Prozent lag. Dagegen war sie in Ostdeutschland deutlich höher. In Sachsen-Anhalt lag die Quote bei 8,9 Prozent, in Sachsen bei 8,5 Prozent und in Thüringen bei

7,8 Prozent und war damit dort fast doppelt so hoch wie im Durchschnitt Deutschlands. Im Mai 2011 wurde ebenfalls mit 1,5 Prozent der niedrigste Wert in Hamburg gemessen und am höchsten war der Wohnungsleerstand mit 9,9 Prozent in Sachsen.

Es fällt zudem auf, dass in beiden Zensusauswertungen alle *ostdeutschen Flächenländer* überdurchschnittlich hohe Anteile leer stehender Wohnungen aufwiesen. Die Werte der westlichen Flächenländer waren – mit Ausnahme des Saarlandes – unterdurchschnittlich ausgeprägt, sodass dort nur 3,7 Prozent gemessen wurden. In fast allen ostdeutschen Kreisen lagen die Leerstandsquoten über dem Bundesdurchschnitt. Vergleichsweise niedrig waren sie insbesondere im Umland Berlins.

Insgesamt liegen für 2022 für *über 12.000 Gemeinden* und weitere regionale Ebenen Daten über den Leerstand im Mai 2022 vor. Die niedrigste Leerstandsquote wiesen Roggentin, Landkreis Rostock, und Dänischenhagen, Schleswig-Holstein, mit jeweils unter 0,9 Prozent auf. Dagegen gab es in Hartmannsdorf, einer Industriegemeinde im Landkreis Mittelsachsen nahe Chemnitz im Freistaat Sachsen, mit 43,2 Prozent die höchste Quote.

Bei einer *Analyse nach Baujahren* zeigt sich, dass sich unbewohnte Wohnungen häufiger in älteren Gebäuden befinden. Aufgrund einer geänderten Jahresabgrenzung sind die Daten nicht einfach miteinandervergleichbar. Beim Zensus 2011 entfielen rund 66 Prozent des Wohnungsleerstands seit mindestens einem Jahr auf Wohnungen mit dem Baujahr vor 1919. Unter den Wohnungen mit Baujahr nach 2015 sind es dagegen nur rund 34 Prozent. Trotz regionaler Schwankungen gilt dieser Befund für alle Länder, wobei in den westdeutschen Flächenländern stärker die Nachkriegsbestände betroffen waren, im Osten hingegen eher Altbauten mit Baujahr vor 1950. Beim Zensus 2022 gilt auch, dass je älter eine leer stehende Immobilie ist, desto seltener ist sie sofort vermietbar. So war der Anteil der bezugsfertigen Wohnungen in den ältesten, vor 1919 errichteten Gebäuden mit 28 Prozent deutlich geringer als in den seit 2016 gebauten Häusern (60 Prozent). Zwei Drittel der unbewohnten Einheiten in bis zum Jahr 1919 errichteten Gebäuden standen mindestens ein Jahr lang leer.

Im Zensus 2022 wurde außerdem der Leerstand zum einen nach der *Dauer des Leerstands* und zum anderen nach der Ursache weiter differenziert Entsprechende Daten für 2011 liegen nicht vor. Leerstand auf dem Wohnungsmarkt kann in unterschiedlichen Formen auftreten, insbesondere im Hinblick auf die Marktfähigkeit von Wohnungen und die Dauer des Leerstands.

Rund ein Fünftel der Wohnungen stand zum Zeitpunkt des Zensus weniger als drei Monate leer, und gut ein Drittel der leerstehenden Wohnungen ist zum Bezug sofort verfügbar – siehe Abb. 4.26. Das übrige Viertel stand zwischen drei und zwölf Monaten leer. Nach Region waren in den ostdeutschen Bundesländern die Dauer des Leerstands von weniger als drei Monaten am geringsten und der Anteil von Wohnungen mit langer Leerstandsdauer am höchsten. Das spricht für die deutlichen Vermietungsschwierigkeiten bei leerstehenden Wohnungen. Differenziert nach der Dauer wurden über eine Mio. Wohnungen oder 55 Prozent seit mehr als einem Jahr nicht mehr bewohnt. Wenn eine Wohnung seit mehr als einem Jahr leersteht, so deutet das auf ernsthafte Vermietungsschwierigkeiten hin. Dies kann verschiedene Ursachen haben; diese können die in der Wohnung selbst oder der Lage bzw. dem Wohnumfeld liegen.

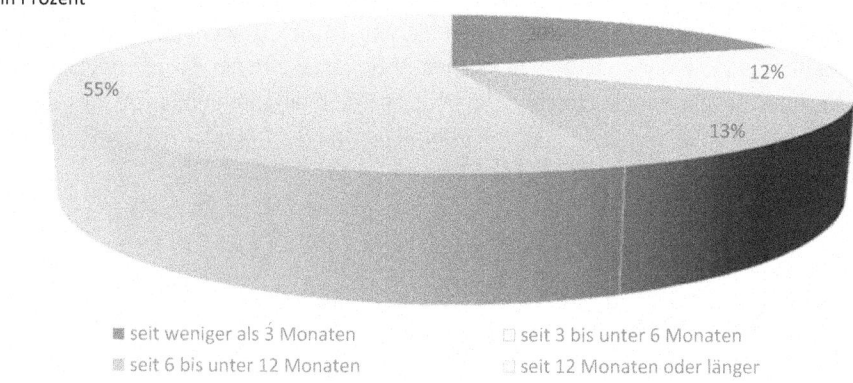

In Prozent

■ seit weniger als 3 Monaten ☐ seit 3 bis unter 6 Monaten
■ seit 6 bis unter 12 Monaten ☐ seit 12 Monaten oder länger

Abb. 4.26: Dauer des Leerstands.
Quelle: Statistisches Bundesamt, Tabelle 4000W-1022, eigene Darstellung.

Die *Ursachen für den Leerstand* waren nach Erhebung des Zensus vielfältig. Demnach waren 460.000 Einheiten oder ein Viertel wegen laufender und geplanter Baumaßnahmen oder Sanierungen unbewohnt. Gut 140.000 Wohnungen wollten die Eigentümer künftig selbst nutzen und etwas mehr als 130.000 Einheiten standen wegen eines geplanten Verkaufs leer, was nur 4 Prozent entsprach. Gut 75.000 Einheiten sollten abgerissen werden. Für jede fünfte leer stehende Wohnung wurden „sonstige Gründe" genannt. Nur etwas mehr als ein Drittel der leeren Wohnungen (38 Prozent) sollte innerhalb von drei Monaten bezugsfertig sein. In den Stadtstaaten Hamburg, Bremen und Berlin waren die jeweiligen Anteile dieser schnell verfügbaren Wohnungen mit 52 bis 61 Prozent deutlich höher.

In den *A-Städten* waren die kurzfristigen Leerstände im bundesdeutschen Vergleich relativ hoch, da diese Wohnungen rasch wieder vermietet wurden. Der Anteil der langfristigen Leerstände war jedoch unterdurchschnittlich, was ebenfalls für eine gute Vermietbarkeit spricht.

Weitere Quellen
Von der *empirica AG* wird der bundesweite Leerstand geschätzt, hier dargestellt in Abb. 4.27. Dabei wird im Vergleich zum Zensus ein Wert für jedes Jahr angegeben. Nach dem Zensus standen im Mai 2011 1,7 Mio. und im Mai 2022 1,9 Mio. Wohnungen leer. Es wird davon ausgegangen, dass nach 2011 die Leerstände bis zum Jahr 2015 um 0,5 Mio. Einheiten gesunken sind und dann wieder 2021 (ähnlich hoher Wert) einen Höhepunkt erreichten. Im Jahr 2022 gab es vom Zensus-Stichtag bis zum Jahresende einen deutlichen

Rückgang des Leerstands um ca. 250.000 Wohnungen. Dies ist vor allem auf die ukrainischen Kriegsgeflüchteten zurückzuführen, die im Jahresverlauf etwa 200.000 bis 300.000 Wohnungen übernommen haben. Diese Menschen haben sich nach Angaben von empirica AG gleichmäßiger übers Land verteilt als andere Auslandszuwanderungen. Das hat zu einer landesweiten Verknappung am Wohnungsmarkt geführt. Im Ergebnis gingen 2022 die Leerstände flächendeckend zurück, sowohl in ländlichen als auch städtischen Räumen und auch in solchen Regionen, die in den Jahren davor einen Bevölkerungsrückgang verzeichnet hatten. Neuere Daten liegen aktuell nicht vor.

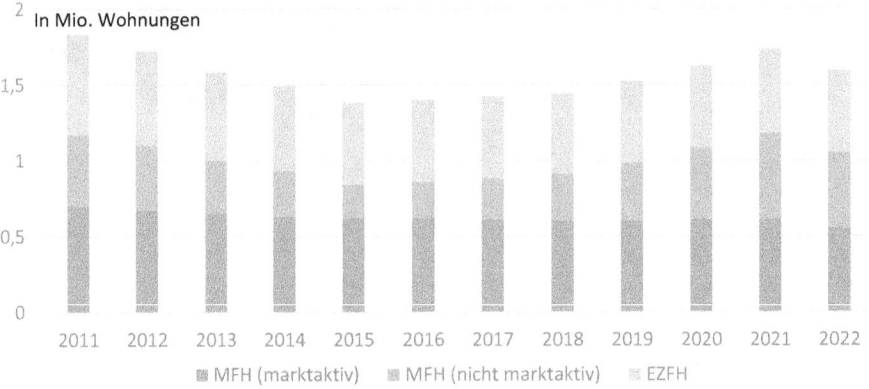

Abb. 4.27: Leerstand in Deutschland – empirica regio.
Quelle: empirica regio, 2024, eigene Darstellung.

In einer anderen Abgrenzung analysiert der *CBRE-empirica-Leerstandsindex* den marktaktiven Leerstand von Geschosswohnungen. Basis der Berechnungen sind Bewirtschaftungsdaten von CBRE. Diese werden angereichert durch Regressionsschätzungen sowie Expertenwissen. Die resultierenden Leerstandquoten werden auf dem Gesamtbestand aller Geschosswohnungen hochgerechnet. Dazu zählen leer stehende Geschosswohnungen, die unmittelbar disponibel (vermietbar) sind, sowie leer stehende Wohnungen, die aufgrund von Mängeln derzeit nicht zur Vermietung anstehen, aber gegebenenfalls mittelfristig aktivierbar wären (unter sechs Monate). Zum Ende des Jahres 2022 lag diese Leerstandsquote bei etwa 2,5 Prozent bzw. rund 554.000 Einheiten und damit 53.000 weniger als 2021. Das ist der größte Rückgang innerhalb eines Jahres seit Beginn der Zeitreihe von vor über 20 Jahren. Die Leerstandsentwicklung wurde 2022 vorwiegend durch die Zuwanderung von Menschen aus der Ukraine beeinflusst.

Regionale Unterschiede kommen bei Analysen zur Lage der Wohnungsmärkte und erst recht bei der Analyse von Leerständen eine große Bedeutung zu. Dabei werden anhand einer empirica-Definition die folgenden drei Regionstypen unterschieden. Danach sind Wachstumsregionen Gebiete, die einen Einwohnerzuwachs von 2009 bis

2014 um mehr als plus 1 Prozent aufwiesen. Dagegen ging die Bevölkerung in Schrumpfungsregionen um mehr als minus 1 Prozent zurück. Die anderen Regionen werden als Stagnationsregionen bezeichnet (vgl. Abb. 4.28).

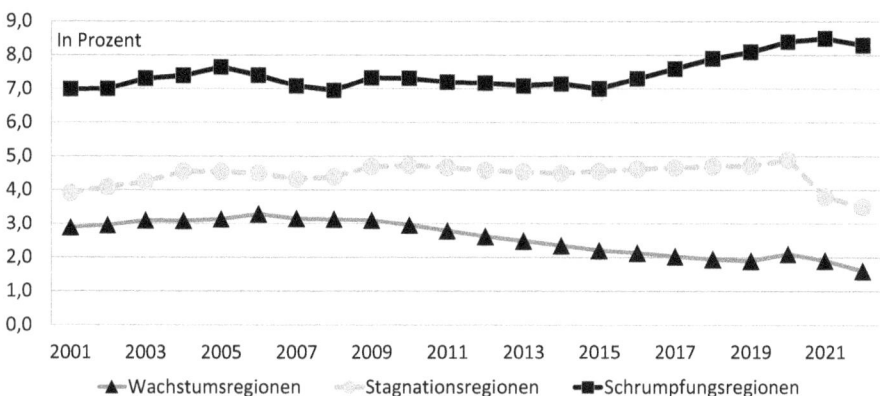

Abb. 4.28: Leerstand in Deutschland – CBRE-empirica-Leerstandsindex.
Quelle: empirica regio, 2024, eigene Darstellung.

In den *Wachstumsregionen* ist der Wohnungsleerstand vergleichsweise niedrig und seit Mitte der 2000er-Jahre sinkend. Die Ursache sind vor allem die innerdeutschen Wanderungen und Zuwanderungen aus dem Ausland, die zu einem Bevölkerungs- und Haushaltswachstum führten. Dieser Zuwachs konnte durch die Neubauten nicht kompensiert werden.

In den vor allem *ländlichen Schrumpfungsregionen* werden die künftigen Leerstände erheblich ansteigen. Bei der Verteilung der Nachfrage von Geflüchteten nach Wohnraum konnten etliche Schrumpfungsregionen profitieren. Ob weitere Zusatznachfrage zu erwarten ist, bleibt fraglich. Knappheit und steigende Mieten in den Schwarmstädten sind die Kehrseite von Schrumpfung und zunehmendem Leerstand in der Fläche. Insgesamt steigt der Leerstand vor allem einerseits durch demografisch bedingt schrumpfende Einwohner- bzw. Haushaltszahlen. Andererseits steigt der Leerstand in Schrumpfungsregionen durch den Neubau trotz Leerstand infolge steigender Qualitätsanforderungen und niedriger Kaufpreise für Bauland.

Weiterhin werden die Leerstände auf der Basis der Daten des *GdW Bundesverband deutscher Wohnungs- und Immobilienunternehmen e. V.* ermittelt. Die Bestände der Mitgliedsunternehmen machen rund 30 Prozent aller Mietwohnungen in Deutschland aus. Damit wird zwar ein wichtiges Marktteilsegment betrachtet, aber die Ergebnisse sind nicht repräsentativ für den Gesamtmarkt. Insbesondere für die Bestände der privaten Kleineigentümer sowie für Ein- und Zweifamilienhäuser liegen keine Informationen über den Leerstand vor.

Kritische Anmerkungen
Bei den Statistiken über den Leerstand in Deutschland ist zu beachten, dass es aufgrund des Krieges in der Ukraine zu erheblichen *Zuwanderungen von Geflüchteten* kam. Durch den russischen Angriff auf die Ukraine sind viele Ukrainer auch nach Deutschland geflüchtet. Zum einen sind diese Zuwanderungen bei den Zensuserhebungen mit dem Stichtag Mitte Mai 2022 nur teilweise berücksichtigt.

Zum anderen sind die Auswirkungen auf den Wohnungsmarkt nur eine grobe Schätzung. So gibt es zwar Daten über die regionale Verteilung der Geflüchteten, aber nicht über die lokale Unterbringung. Geflüchteten kamen sowohl in Unterkünfte als auch in von den Kommunen angemieteten Wohnungen oder von den Geflüchteten selbst belegten Wohnung unter. Damit sind auch die Auswirkungen auf die Leerstände ungewiss. Nach der Fortschreibung der empirica AG würde die Zahl der leerstehenden Wohnungen zum Ende des Jahres 2022 ohne Zuzug aus der Ukraine bei etwa 1,8 Mio. liegen und mit dem Zuzug bei etwa 1,6 Mio. Genauere Werte sind nicht bekannt.

Bei den Statistiken über die Wohnungsleerstände sind außerdem zwei Aspekte zu berücksichtigen, die noch Nachfragepotenzial bieten und damit zum Abbau der Leerstände beitragen könnten. Zum einen ist damit die Überbelegung gemeint (s. Kapitel 4.8.1). Dabei wird unterstellt, dass eine Wohnung über zu wenige Zimmer im Verhältnis zu der dort lebenden Personenzahl verfügt. Das sind in Deutschland 8,5 Mio. Menschen oder 10,3 Prozent der Gesamtbevölkerung. Aufgrund unklarer Abgrenzungen sind diese Daten aber sehr skeptisch zu beurteilen.

Zum anderen ist die Wohnungslosigkeit zu beachten (s. Kapitel 4.8.1). Dabei werden wohnungslose Personen erfasst, die nicht in einer Wohnung, aber beispielsweise in überlassenem Wohnraum, in Sammelunterkünften oder in einer Einrichtung für Wohnungslose leben. So sind zum 1. Februar 2024 rund 440.000 Personen derart untergebracht. Das sind ungefähr so viele Menschen wie in 2023, aber deutlich mehr als im Jahr 2022.

4.5.4 Bezahlbarer Wohnraum

„*Bezahlbarer Wohnraum*" ist ein Begriff, der sowohl im politischen Raum als auch in den Medien häufig verwendet wird. Ein Grund hierfür ist u. a., dass die Ausgaben für den Wohnraum meist den größten Anteil an den Konsumausgaben der Haushalte ausmachen. Weiterhin sind die Ausgaben für Wohnen kurzfristig nur bedingt steuerbar. Nur durch einen Umzug oder die Änderung der Wohnform (Miete oder Eigentum) sind die Haushalte in der Lage, die Wohnkosten nennenswert zu beeinflussen.

Methodische Hinweise
Der Begriff *Wohnkostenbelastung* bezeichnet die monatlichen Kosten, die mit dem Recht des Haushalts auf Wohnen in der Wohnung verbunden sind (bei Eigentümern:

Grundsteuer; bei Mietern: Mietzahlungen). Die Nebenkosten (Wasser, Elektrizität, Gas und Heizung), die sich aus der tatsächlichen Nutzung der Wohnung ergeben, sind ebenfalls berücksichtigt. Außerdem sind enthalten: Ausgaben für die Instandhaltung der Wohnung bzw. des Hauses, Hypothekenzinsen (bei Eigentümern), Versicherungsbeiträge (bei Eigentümern und bei Mietern, falls letztere die Kosten tragen) und weitere Kosten wie zum Beispiel für Müllabfuhr und Straßenreinigung.

Auch bei alleiniger Betrachtung der Mieterhaushalte sollte der Anteil der Wohnkosten am verfügbaren Haushaltseinkommen nicht mit der sogenannten *Mietbelastungsquote* verwechselt werden. Die Mietbelastungsquote eines Haushalts bezeichnet den Anteil am Haushaltsnettoeinkommen, der für die Bruttokaltmiete aufgebracht werden muss. D. h., anders als bei der Wohnkostenbelastung, werden für diese Quote die warmen Nebenkosten für Heizung und Warmwasser an den Vermietern sowie weitere Kosten, die nicht an den Vermieter gezahlt werden, nicht berücksichtigt. Außerdem beruht die durch das Statistische Bundesamt veröffentlichte Mietbelastungsquote auf einer anderen Datenbasis als die Zahlen zur Belastung durch Wohnkosten. Sie wird aus der vierjährigen Zusatzerhebung zur Wohnsituation über die gesamte Stichprobe des Mikrozensus berechnet.[125]

Wohneigentumskostenbelastung
Auch der Besitz von Wohneigentum ist mit Kosten verbunden. Diese setzen sich im Preisindex für das selbst genutzte Wohneigentum aus Ausgaben für Instandhaltung, Versicherung und Hausverwaltung zusammen. Die Wohnkosten der Eigentümerhaushalte setzen sich anders zusammen als bei Mietern. Von höheren Ausgaben für Strom oder Gas sind Eigentümer ebenfalls betroffen, sogar eher überdurchschnittlich, da sie üblicherweise eine wesentlich höhere Wohnfläche aufweisen.

Im Jahr 2022 belief sich nach dem *Sozialbericht 2024* der durchschnittliche Anteil der Wohnkosten am verfügbaren Haushaltseinkommen in Deutschland insgesamt auf 24,5 Prozent und lag damit deutlich über dem Durchschnitt von 19,6 Prozent für die gesamte Bevölkerung aller 27 EU-Länder. Die Bevölkerung in Eigentümerhaushalten bezahlte im Schnitt nur Wohnkosten in Höhe von 21,6 Prozent ihres jeweils verfügbaren Haushaltseinkommens. Einen sehr viel größeren Teil ihres verfügbaren Haushaltseinkommens mussten trotz der für alle gestiegenen Energiepreise mit durchschnittlich 27,1 Prozent in Deutschland weiterhin Personen in Mieterhaushalten für ihre Wohnkosten aufbringen.[126]

Die Kosten für den Besitz von Wohneigentum erhöhten sich vor allem aufgrund der gestiegenen Preise für die Instandhaltung und für Versicherungen seit 2010 um 30 Prozent. Zusammengenommen wird die Entwicklung der Kosten, die Eigentümern von selbst genutztem Wohnraum entstehen, im Preisindex für selbst genutztes Wohn-

---
125 Vgl. Statistisches Bundesamt, 2022c.
126 Vgl. Statistisches Bundesamt, 2024g, S. 250.

eigentum dargestellt. Er vereint die Preisentwicklung für den Bau oder Kauf einer Immobilie sowie Erwerbsnebenkosten und die mit dem Besitz in Verbindung stehenden Kosten und ist in seinem Verlauf stark geprägt durch die Baupreise.

Angesichts steigender Preise für Wohneigentum, auch im Verhältnis zur Entwicklung der Mieten, ist es vielfach überraschend, dass der Kauf einer Wohnung dennoch attraktiver ist als das Wohnen zur Miete. Möglich machte es die Entwicklung der Hypothekenzinsen: Zwischen 2010 und Ende 2020 ist der Hypothekenzinssatz von 4,5 Prozent auf unter 1 Prozent gefallen. Demgegenüber sind die Preise für Eigentumswohnungen gestiegen und auch die Mieten sind in den Ballungsräumen angestiegen, sodass sich die Attraktivität des Wohneigentums deutlich erhöht. Bei den Wohneigentümern ging in dieser Zeit die Belastung sogar zurück, weil die Zinsentwicklung die Preisentwicklung überkompensierte. Dieser Trend gilt nicht nur im bundesdeutschen Durchschnitt, sondern auch für die Großstädte. In der Zwischenzeit hat der Zinsanstieg die Relation wieder geändert.[127]

Mietbelastungsquote Mikrozensus

Im Jahr 2022 hatten die rund 19,9 Mio. Hauptmieterhaushalte in Deutschland durchschnittlich 27,9 Prozent ihres Einkommens für die Miete ausgegeben. Diese Mietbelastungsquote gibt den Anteil der Bruttokaltmiete (Nettokaltmiete zuzüglich verbrauchsunabhängiger Betriebskosten) am Haushaltsnettoeinkommen an. Dies erfolgt nach den Ergebnissen der Mikrozensus-Zusatzerhebung.[128] Im Durchschnitt ist die Mietbelastungsquote seit den 2000er-Jahren weitgehend konstant geblieben und seit 2015 sogar leicht rückläufig. Aufgrund der Mietenregulierungen sind die Bestands- und Neumieten nicht gleichermaßen angestiegen. Günstig wirken sich die nominalen Einkommenszuwächse der vergangenen Jahre aus, wobei sich die Einkommen nicht für alle Haushaltstypen gleichermaßen entwickelt haben. In der Konsequenz variiert die Mietbelastung zwischen einzelnen Haushaltstypen, Mietertypen sowie zwischen Regionen. Innerhalb dieser Gruppen kam es jedoch seit dem Jahr 2010 nicht zu einem wesentlichen Anstieg der Mietbelastung.

Die hohe Relevanz der Mieten ergibt sich daraus, dass Haushalte mit niedrigen Einkommen eine überdurchschnittlich hohe relative Mietbelastung aufweisen. Während die Mietbelastung für Haushalte im untersten Quartil der Einkommensverteilung 36 Prozent beträgt, liegt sie im vierten, oberen Quartil lediglich bei 16 Prozent.

Insgesamt hatten 2022 rund zwei von drei Mieterhaushalten eine Mietbelastung von maximal 30 Prozent. Rund 1,5 Mio. Mieterhaushalte wiesen 2022 eine Mietbelastung von 50 Prozent oder mehr auf. Etwa 1,6 Mio. weitere Mieterhaushalte wendeten für die Bruttokaltmiete zwischen 40 Prozent und 50 Prozent ihres Haushaltseinkommens auf. Knapp 8 Prozent der Haushalte mussten sogar mindestens die Hälfte ihres

---

[127] Vgl. IW – Institut der deutschen Wirtschaft, 2020.
[128] Vgl. Statistisches Bundesamt, 2023i.

Haushaltsnettoeinkommens für die Bruttokaltmiete aufwenden. Insgesamt hatten somit 16 Prozent aller Haushalte, die zur Miete wohnten, eine Mietbelastung von mehr als 40 Prozent.[129]

Die Belastung durch die Miete unterscheidet sich deutlich in Abhängigkeit von der Anzahl Personen, die einen Haushalt bilden. Besonders belastet waren Einpersonenhaushalte, deren Mietbelastungsquote im Durchschnitt bei knapp einem Drittel (32,7 Prozent) ihres Einkommens lag. Haushalte mit zwei Personen mussten dagegen weniger als ein Viertel (22,8 Prozent) ihres Einkommens für die Miete einplanen.

Hohe Mieten sind in Deutschland vor allem ein städtisches Phänomen. In Großstädten mit mehr als 100.000 Einwohnern mussten Mieterhaushalte im Jahr 2022 mit durchschnittlich 28,9 Prozent mehr von ihrem Einkommen für die Bruttokaltmiete verwenden als in Kleinstädten bzw. Orten mit bis zu 20.000 Einwohnern, wo die Mietbelastungsquote lediglich 25,9 Prozent betrug. Nah am Durchschnitt war hingegen die Belastung von Haushalten in einer mittelgroßen Stadt mit einer Einwohnerzahl zwischen 20.000 und 100.000. Dort zahlten die Haushalte im Schnitt 27,6 Prozent ihres Einkommens für die Bruttokaltmiete.

Der beschriebene Zusammenhang zwischen dem *Einzugsjahr* und den absoluten Mieten lässt sich auch für die Mietbelastungsquoten feststellen. Eine kürzere Wohndauer geht i. d. R. auch immer mit einer höheren Mietbelastung einher. Konkret war die Mietbelastungsquote für die rund 6,6 Mio. Haushalte, die ihre Wohnung 2019 oder später angemietet hatten, mit 29,6 Prozent um 2,8 Prozentpunkte höher als für die rund 2,7 Mio. Haushalte, die ihren Mietvertrag bereits vor 1999 abgeschlossen hatten (26,8 Prozent). Dieser Trend lässt sich auch schon in vorherigen Jahren erkennen, wobei jedoch das Niveau der Mietbelastung insgesamt gestiegen ist. Auch 2018 ergaben die Ergebnisse des Zusatzprogramms Wohnens, dass Haushalte, die vor maximal drei Jahren ihre Wohnung bezogen haben, die höchste Mietbelastung aufweisen. Die Belastung lag damals bei 28,6 Prozent und war damit insgesamt geringer als heute.[130]

Eine weitgehend konstante Mietbelastung im Zeitverlauf zeigt, dass der kräftige Anstieg der Wohnimmobilienpreise seit dem Jahr 2010 keine sozialen Belastungen mit sich gebracht hat. Vielmehr wird die Mietbelastung durch zunehmende Ausweichreaktionen, insbesondere eine Überbelegung von Wohnungen, niedrig gehalten. So ist zu beobachten, dass einkommensschwache Haushalte vermehrt in überbelegten Wohnungen wohnen. Im Jahr 2023 lebten knapp 9 Prozent der Haushalte ohne Armutsrisiko in einer überbelegten Wohnung, für armutsgefährdete Personen lag dieser Anteil bei knapp 27 Prozent.

---

[129] Vgl. Statistisches Bundesamt, 2024g, S. 246.
[130] Vgl. Statistisches Bundesamt, 2024g, S. 246.

Mietbelastungsquote empirica regio

In einer Analyse von empirica regio GmbH wurden die Mietbelastung der Familien bei Wohnen im Bestand und der Angebotsmieten miteinander verglichen. Die meisten Menschen in Deutschland leben in bezahlbaren Wohnungen. In einigen Ballungsgebieten gibt es jedoch eindeutig kritische Entwicklungen, insbesondere für diejenigen, die nicht seit Jahren im Bestand leben, sondern aus privaten oder beruflichen Gründen eine neue Wohnung suchen. Der Anteil der Miete im Bestand am Familiennettoeinkommen liegt nur in den Ballungszentren rund um Hamburg, Berlin, Frankfurt, Stuttgart, Freiburg und München über 20 Prozent, ansonsten teilweise deutlich darunter. Die geringste Quote weist Olpe mit 9,9 Prozent auf. Wird aber die Angebotsmiete – aktuelles Mietniveau – analysiert, zeigt sich, dass die Mietbelastung deutlich ansteigt. Nun liegt die Mietbelastungsquote in Berlin, Freiburg und München über 30 Prozent. In München müssen Familien, die in eine neue Wohnung ziehen, sogar mehr als 34 Prozent ihres Einkommens für Wohnen ausgeben.

In allen Regionen und Städten ist die Mietbelastung der Haushalte signifikant gestiegen.[131] Das ist das Ergebnis einer Untersuchung von empirica regio vom Januar 2024. In beiden betrachteten Einkommensgruppen wird die durchschnittliche inserierte Nettokaltmiete für eine Mietwohnung mit 60 bis 80 Quadratmetern gegenübergestellt.

Die Mietbelastung bezieht sich auf die zu erwartende Belastung bei Abschluss eines neuen Mietvertrages und nicht auf bestehende Mietverträge. Kalte und warme Nebenkosten werden in der Analyse nicht betrachtet. Danach geben Haushalte mit einem mittleren Einkommen bei Abschluss eines neuen Mietvertrages im Durchschnitt rund 24 Prozent ihres Nettoeinkommens für die Miete aus, in den Metropolen sind es sogar beinahe ein Drittel. Zwischen 2012 und 2022 stieg die Mietbelastung damit bundesweit um rund 2 Prozentpunkte von 22,0 auf 24 Prozent. In den großen Metropolen wuchs die Belastung im gleichen Zeitraum von 30,0 auf 34 Prozent.

In einer zweiten Gruppe werden Haushalte betrachtet, die zwar über ein geringeres Einkommen verfügen, das aber noch oberhalb der Grundsicherung liegt. Danach gibt ein Haushalt im Jahr 2022 im bundesweiten Durchschnitt rund 31 Prozent des Haushaltseinkommens nach einem Umzug für die Miete aus und damit rund 3 Prozentpunkte mehr als noch 2012. Bis 2021 lagen die durchschnittlichen jährlichen Veränderungsraten bei den Mieten bundesweit mit 3,4 Prozent nur geringfügig über der Einkommensentwicklung an der Schwelle zum unteren Drittel (2,8 Prozent pro Jahr). Von 2021 bis 2022 stiegen die Mieten jedoch im Durchschnitt um 5,8 Prozent, die Einkommen dieser Gruppe nur um 2,2 Prozent.

---

131 Vgl. empirica regio, 2024b.

Überbelastung mit Wohnkosten

Nach der Definition des Statistischen Amtes der Europäischen Union (Eurostat) liegt eine *Überbelastung* durch Wohnkosten für diejenigen Personen vor, die in Haushalten leben, in denen mehr als 40 Prozent des verfügbaren Einkommens für Wohnkosten aufgewendet werden. Im Jahr 2022 traf dies auf 11,9 Prozent der Bevölkerung zu.[132]

In Deutschland waren Personen in Mieterhaushalten mit 12,9 Prozent häufiger von einer Überbelastung betroffen als Eigentümer. Der Anteil überbelasteter Personen lag bei der in Eigentum lebenden Bevölkerung im Jahr 2022 allerdings auch immerhin bei 10,9 Prozent.

Nach *Haushaltstypen* waren es wieder die Einpersonenhaushalte, die durch die Wohnkosten am stärksten belastet sind. Fast ein Viertel der Einpersonenhaushalte (23,9 Prozent) und 17,3 Prozent der Haushalte von Alleinerziehenden mussten 2022 mehr als 40 Prozent des verfügbaren Einkommens für die Wohnkosten aufwenden und galten dementsprechend als überbelastet. Personen in Haushalten, die von zwei Erwachsenen gebildet werden, waren im Gegensatz dazu deutlich weniger häufig von einer Überbelastung durch die Wohnkosten betroffen. Obwohl in den Wohnkosten auch verbrauchsabhängige Kostenpunkte wie die Energie- und Wasserversorgung berücksichtigt werden, waren kleine Haushalte in Relation zum Einkommen trotzdem am stärksten belastet. Drei Viertel der Einpersonenhaushalte (75,6 Prozent) waren Mieterhaushalte, während von der Bevölkerung in Haushalten mit zwei Erwachsenen und mindestens einem Kind nur knapp jeder Zweite (48,4 Prozent) zur Miete lebte.

Eigentümer sowie Mieter sind unterschiedlichen Kostenpunkten ausgesetzt. Mieter leisten neben ihrer eigentlichen Mietzahlung an die Vermieter meist noch zusätzliche Ausgaben für Strom oder Gas an Energieversorger. Eigentümer zahlen zwar keine Miete, doch es fallen i. d. R. Kosten für Versicherungen und Instandhaltung, Grundsteuer, Wasser oder ähnliches an. Hinzu kommen bei ihnen meist abzuzahlende Hypotheken oder Darlehen für die Wohnimmobilie. Sowohl Mieter als auch Eigentümer können also von einer Überbelastung durch Wohnkosten betroffen sein. Im Lauf der vergangenen Jahre ist dieser Anteil insgesamt leicht rückläufig. Nach wie vor sind aber Personen in Miethaushalten deutlich öfter von Wohnkostenüberbelastung betroffen als im Eigentum wohnende Personen.

Kritik

Trotz der Relevanz des Wohnens und der Aufmerksamkeit in öffentlicher und politischer Debatte gibt es *keine einheitliche Definition des Konzepts* bezahlbares Wohnen. Es existiert eine Vielzahl an qualitativen Definitionen bezahlbaren Wohnens, die anhand quantitativer Kennzahlen operationalisiert (gemessen) werden. Gemein haben die verschiedenen Definitionen bzw. Operationalisierungen jedoch, dass diese auf einem normativ-maßgebenden Fundament basieren.

---

[132] Vgl. Statistisches Bundesamt, 2022c und 2024g, S. 251.

So impliziert das Wort bezahlbar in diesem Kontext zunächst nur eine ausreichend hohe Zahlungsfähigkeit eines Haushalts, die mit dem Wohnen verbundenen Kosten aufzubringen. Was als Wohnkosten herangezogen wird, wie hoch die Wohnkosten sein sollten, was als Zahlungsfähigkeit angesehen wird und wie sich das Verhältnis aus Wohnkosten und Zahlungsfähigkeit darstellen sollte, unterscheidet sich. Die Definitionen von bezahlbarem Wohnraum und folglich auch die Operationalisierungen sind je nach empirischer Studie anders. Die Unterschiede sind weiterhin auf verschiedene Datengrundlagen zurückzuführen. Teilweise unterscheiden sich die Konzepte darin, ob das Netto- oder Bruttoeinkommen, das verfügbare Einkommen bzw. die Netto- oder Bruttokaltmiete herangezogen werden. Entscheidend ist außerdem, dass es keine *objektiven Grenzwerte* gibt.

In der Diskussion um bezahlbare Mieten geht einiges durcheinander. Mal werden warme und mal kalte Mieten betrachtet. Mal werden 30 Prozent, mal 35 Prozent oder 40 Prozent vom Einkommen als Limit herangezogen. Grundlegend ist zu berücksichtigen, dass durch kleinere Grundstücke und Wohnflächen die Wohnkostenbelastung reduziert werden kann. Die Wohnkostenbelastung ist auch dadurch gestiegen, dass die Wohnfläche seit Jahren kontinuierlich gewachsen ist.

Der Gesetzgeber hat implizite Werturteile über tragbare Mietbelastungen gefällt. Das verdeutlicht eine Analyse der Wohngeldformel. Beim Einpersonenhaushalt mit 600 Euro Kaltmiete gibt es erst unterhalb von rund 1.100 Euro Nettoeinkommen Wohngeld, der Gesetzgeber hält in diesem Beispiel also 51 Prozent Belastung für tragbar. Dieser Grenzwert sinkt erst bei geringeren Einkommen. Wer mehr verdient, soll eine höhere Belastung selbst tragen können, entsprechend ändert sich der Wohngeldbetrag. Umgekehrt können größere Haushalte nur eine geringere Belastung tragen, weil mehr Haushaltsmitglieder mit dem Resteinkommen zu versorgen sind. Entsprechend bekommen größere Haushalte bei identischer Miete mehr Wohngeld, und die Belastung mit zunehmendem Einkommen steigt langsamer. Im Ergebnis liegt die Maximalbelastung für Zweipersonenhaushalte in diesem Beispiel nur bei 43 Prozent.[133]

4.5.5 Mietregulierungen

Eine Mietpreisregulierung bei Wohnmietverträgen bezeichnet die staatliche Festlegung von Mieten durch Gesetz bzw. Verbot von Mieterhöhungen. Ziel ist es, das bezahlbare Wohnen für Mieter sicherzustellen oder die Angst vor Verdrängung – etwa durch die Umwandlung von Miet- in Eigentumswohnungen oder starke Mietpreisanstiege – zu reduzieren. Obwohl die heute geläufigen Begrifflichkeiten der Mietobergrenzen bzw. der Mietpreisbindung bei Bestands- und Neuvertragsmieten im Wesentlichen Wortschöpfungen des aktuellen Mietrechts sind, können die Instrumente bereits

---

[133] Vgl. empirica AG, 2022a, S. 1.

auf eine lange Rechtstradition zurückgreifen. Der Gesetzgeber hat auf die teilweise hohe Belastung der Mieter und starken Mietsteigerungen reagiert.

Zur Vermeidung einer besonderen Gefährdung der angemessenen Wohnraumversorgung der Bevölkerung hatte der Gesetzgeber bislang drei Instrumente im Bürgerliche Gesetzbuch (BGB) vorgesehen, die nur auf angespannten Wohnungsmärkten eingeführt werden können. Dies waren

- Kappungsgrenze gemäß § 558 Abs. 3, S. 2 und 3 BGB,
- Kündigungssperrfrist gemäß § 577a Abs. 2 BGB und
- Mietpreisbremse gemäß § 556d Abs. 2, S. 1 BGB.

Die *Kappungsgrenze* ist eine juristische Regelung im deutschen Mietrecht, die die maximal zulässige Mieterhöhung innerhalb eines Zeitraumes von drei Jahren festlegt. Die Kappungsgrenze besagt, dass die Miete innerhalb dieses Zeitraums insgesamt nicht um mehr als 20 Prozent erhöht werden darf. Die Kappungsgrenze ist in der Praxis des Mietrechts besonders relevant, weil sie Vermietern neben der Berücksichtigung der ortsüblichen Vergleichsmieten weitere Grenzen setzt. Das bedeutet, dass auch wenn die ortsüblichen Vergleichsmieten eine deutlich höhere Mieterhöhung ermöglichen würden, die Kappungsgrenze stets einzuhalten ist. Es gibt aber auch Ausnahmen von der Kappungsgrenze. Diese Ausnahmen betreffen Mieterhöhungen, die aufgrund von Modernisierungsmaßnahmen oder erhöhten Betriebskosten entstehen.

Der Zweck des *Kündigungsschutzes* besteht in der Reduzierung der Kündigungsrisiken für die Mietpartei. Beliebte Instrumente sind Gesetze über Mindestlaufzeiten von Mietverträgen oder Mindestanforderungen an rechtmäßige Kündigungen. Hierbei spielen die gesetzmäßige Festlegung von vordefinierten Kündigungsgründen wie Eigenbedarf, der Verzug von Mietzahlungen oder die Störung des Hausfriedens eine wichtige Rolle. Der Mieterschutz korrespondiert mit der Regulierung der Mieten. So können bestimmte Ausprägungen von Mieterschutz in Kombination mit speziellen Preisregulierungen angewendet werden.

Eine *Mietpreisregulierung* oder *Mietpreisbremse* bei Wohnraummietverträgen ist die staatliche Festlegung von Mietpreisen durch Gesetz bzw. ein Verbot von Mieterhöhungen. Die Mietpreisbremse regelt in Gebieten mit einem angespannten Wohnungsmarkt die für Wohnraum zulässige Miethöhe bei Beginn des Mietverhältnisses. Diese darf die ortsübliche Vergleichsmiete höchstens um 10 Prozent übersteigen. Die ortsübliche Vergleichsmiete ist die Miete, die in der Gemeinde oder einer vergleichbaren Gemeinde für Wohnraum vergleichbarer Art, Größe, Ausstattung, Beschaffenheit und Lage einschließlich der energetischen Ausstattung und Beschaffenheit in den letzten Jahren vereinbart oder geändert wurde. Zur Bestimmung der ortsüblichen Vergleichsmiete können u. a. ein Mietspiegel, eine Auskunft aus einer Mietdatenbank oder ein Sachverständigengutachten herangezogen werden.

Der Begriff Mietpreisbindung kann für verschiedene Formen von Preiskontrolle stehen:

1. Mietpreisbindungen oder Mietendeckel der *ersten Generation* sind Preiskontrollen, bei denen überhaupt keine Mieterhöhungen zulässig sind. Die Miete wird i. d. R. auf denen zum Zeitpunkt des Inkrafttretens des Gesetzes geltenden Satz eingefroren.
2. *Strenge Mietpreisbindungen* sind Preiskontrollen, bei denen der Mietpreis zwar staatlich reguliert steigen kann, aber weiterhin zwischen den Mietverhältnissen gilt. Ein neuer Mieter zahlt somit etwa die gleiche Miete wie der vorherige Mieter.
3. Mietpreisbindungen der *zweiten Generation* bezeichnen Begrenzungen von Mieterhöhungen während eines Mietverhältnisses. Jedoch ist es möglich, die Mieten zwischen den Mietverhältnissen auf den Marktpreis zu erhöhen. D. h., neue Mieter zahlen marktübliche Mieten, aber die Erhöhungen sind begrenzt, solange der Mietvertrag läuft.[134]

Die Mietpreisbremse gilt nicht flächendeckend, also nicht überall in Deutschland. Sie gilt nur in Gebieten mit angespannten Wohnungsmärkten. Diese werden von den Landesregierungen durch Rechtsverordnung für die Dauer von höchstens fünf Jahren bestimmt. Sie sind das einzige kurzfristig wirkende Instrument, um Mietsteigerungen zu begrenzen.

Mit dem Baulandmobilisierungsgesetz von 2021 wurden in das Baugesetzbuch vier weitere Instrumente (z. B. gemeindliche Vorkaufsrechte) eingeführt. Der Gesetzgeber definiert darin angespannte Wohnungsmärkte als Voraussetzung für staatliches Eingreifen. Demnach liegen angespannte Wohnungsmärkte vor, wenn die ausreichende Versorgung der Bevölkerung zu angemessenen Bedingungen besonders gefährdet ist. Der Gesetzgeber lässt damit den Bundesländern weiten Spielraum bei der Bewertung der unbestimmten Rechtsbegriffe „ausreichende Versorgung", „angemessene Bedingungen" und „besonders gefährdet". Die Kriterien haben auch aufgrund ihrer Wortwahl („bei großer Nachfrage") sowie aufgrund der Unklarheit, inwieweit nur ein oder alle Kriterien gleichzeitig erfüllt sein müssen, und aufgrund ihres erläuternden Charakters („kann insbesondere der Fall sein") den Bewertungsspielraum der Bundesländer nicht weiter eingeschränkt.[135]

Ergebnisse der Regulierungsmaßnahmen

Die Mieten im Bestand stiegen im Zeitablauf weitaus langsamer als die Neuvertragsmieten, daher ist der Abstand zwischen den Bestands- und Marktmieten immer größer geworden. Dies hat u. a. die Analyse von Jones Lang LaSalle[136] gezeigt.

Für die Ermittlung der Neuvertragsmieten hat Jones Lang LaSalle (JLL) im Jahr 20224 rund 55.000 Inserate ausgewertet. Die Bestandsmieten wurden aus den Daten

---

[134] Vgl. Deutscher Bundestag, 2021.
[135] Vgl. empirica, 20221, S. 1.
[136] Vgl. Jones Lang LaSalle, 2024.

des aktuellen Mikrozensus entnommen, die sich auf das erste Halbjahr 2022 beziehen. Die hohe Nachfrage nach Wohnraum und das vergleichsweise geringe Angebot haben die Neuvertragsmieten in den vergangenen Jahren kräftig nach oben getrieben. Die strenger regulierten Bestandsmieten konnten dabei nicht Schritt halten. In der Folge klafft insbesondere in den großen Ballungsräumen eine beträchtliche Lücke zwischen den angeboten Neuvertragsmieten und den Mieten für bestehende Vertragsverhältnisse.

Nach Berechnungen von JLL fällt die Differenz in München mit 8,03 Euro/Quadratmeter und in Berlin mit 7,47 Euro/Quadratmeter am höchsten aus. Dahinter folgen Frankfurt, Hamburg, Köln und Stuttgart mit Differenzen von 4,80 Euro pro Quadratmeter bis 4,40 Euro pro Quadratmeter. Die geringsten Unterschiede weisen die Städte Essen (1,70 Euro/Quadratmeter), Duisburg (1,56 Euro pro Quadratmeter) und Dresden (1,45 Euro pro Quadratmeter) auf.

Aufgrund der stark gestiegenen Differenz zwischen Bestands- und Neuvertragsmieten vermeiden Mieterhaushalte einen Umzug, weil sie bei der Neuanmietung mit deutlich höheren Wohnungsmieten rechnen müssten. Die Motivation zum Umzug ist niedrig, sodass kaum noch Wohnungen frei werden. Die Mieter bleiben auch dann in ihrer Wohnung, wenn sie nicht mehr zu ihrem Bedarf passt (Verkleinerung des Haushalts durch z. B. Auszug der Kinder). Schwierig ist die Wohnungsmarktlage also weniger für langjährige Mieter, sondern insbesondere für Wohnungssuchende.

Kritik
Eine Begrenzung der Mieten kann das Wohnungsangebot verknappen, weil zum einen der Neubau unterlassen wird und zum anderen bestehende Mietwohnungen in möblierte Wohnungen oder in Eigentumswohnungen zur Selbstnutzung umgewandelt werden. Eine Begrenzung der Mieten führt zu einer übermäßigen Nachfrage nach Wohnraum, was wiederum den Wohnungsmangel weiter verschärft. Eine Verstärkung der Regulierungsintensität ist problematisch, da sie das verfügbare Angebot auf dem Mietwohnungsmarkt reduzieren kann. Denn Mietregulierungen beeinflussen die Aufteilung des Wohnungsbestands in Miet- und Eigentumswohnungen. Werden die Mieten reguliert, fällt es Vermietern schwerer, ihre Mietwohnungen rentabel zu vermieten. Deshalb wird es zumindest für Teile der Vermieter ökonomisch sinnvoll sein, ihre Mietwohnungen als Eigentumswohnungen zu verkaufen oder andere Formen der Bewirtschaftung zu wählen.

Ob und wie schädlich diese Eingriffe sind, hängt von der genauen Ausgestaltung der Regeln ab. Üblicherweise unterscheidet die Literatur zwischen Mietregulierungen der ersten und zweiten Generation. Regulierungen der zweiten Generation zeichnen sich dadurch aus, dass sie zwischen Altbestand und Neubauten unterscheiden. Mieten werden üblicherweise nur im Altbestand begrenzt. Dadurch bleibt der Anreiz für Neubauten bestehen und wird möglicherweise sogar noch einmal verstärkt, weil

Wohnungssuchende aus dem Markt für Bestandswohnungen in den Markt für Neubauten gedrängt werden und der Preis dort möglicherweise noch stärker steigt.

Eine Mietpreiskontrolle nur für Bestandsgebäude kann aber zu einem *gespaltenen Wohnungsmarkt* führen. Da in dem Bestandsmarkt die Mieten pro Quadratmeter niedriger liegen als im Markt für Neubauten, wird dort mehr Wohnfläche nachgefragt, was zu einem Mangel im Bestandsmarkt führen wird. Dabei werden aber die allgemeinen Regeln zur Erhöhung von Bestandsmieten vernachlässigt. In Deutschland ist die Erhöhung – auch ohne Mietpreisbremse – von Bestandsmieten gesetzlich gedeckelt. Auch auf der Mieterseite sind Anpassungsreaktionen denkbar: Mieter in bestehenden, regulierten Mietverhältnissen werden aufgrund der günstigen Miete solange wie möglich in ihren Wohnungen verbleiben – auch wenn sich ihre Haushaltssituation ändert. Der vorhandene Wohnungsbestand wird also weniger effizient verteilt und die Fluktuation sinkt.

Bei Anstieg des allgemeinen Mietniveaus steigt der Anreiz für Menschen, in zu großen Wohnungen wohnen zu bleiben. Dies gilt z. B. für ältere Menschen, die in großen Wohnungen wohnen bleiben, auch wenn sie diese Flächen nicht mehr benötigen. Ursachen sind zum einen das Beharrungsvermögen und zum anderen die Kosten, die für einen Umzug entstehen. Es kann aber auch sein, dass die Miete für eine kleinere, neue Wohnung teurer ist als die für eine mit Altvertrag.

Gleichzeitig werden Wohnungssuchende wegen des gesunkenen Angebots höhere Suchkosten haben. Es wird zunehmend schwieriger, eine Mietwohnung zu finden, die von Bestandsmietern frei gezogen wird. Haushalte werden deshalb auf den Erwerb einer Eigentumswohnung ausweichen – der Bestand an Mietwohnungen sinkt weiter. Potenzielle Verlierer sind Mieterhaushalte, die aufgrund einer Veränderung der Haushaltssituation oder wegen eines Wohnortswechsels eine neue Wohnung suchen. Das gilt sowohl für neu Zuziehende als auch für Haushalte, die umziehen müssen. Diese könnten ins Umland verdrängt werden.

Eine Begrenzung von Mieten kann das Angebot an frei vermieteten Wohnungen beeinträchtigen. Eine Deckelung von Mieten auf zu niedrigem Niveau erhöht den Anreiz für private Eigentümer, Wohnungen gar nicht mehr zu vermieten und als Zweitwohnung zu nutzen. Wenn Eingriffe in den Mietmarkt die Rentabilität von Wohnungsbauunternehmen gefährden und dort u. a. zu Liquiditätsproblemen führen, kann dies negative Effekte auf den Wohnungsbau haben. Ebenfalls problematisch ist es, wenn Mietpreisbegrenzungen Anreize schaffen, die Sanierung des Altbestands auszusetzen.

4.5.6 Wohnungsmarktzyklus

Die Wohnungsmärkte unterliegen zyklischen Schwankungen, wobei zwischen Immobilien- und Investmentmarktzyklen zu unterscheiden ist. Bei den hier betrachteten Immobilienzyklen auf den Vermietungsmärkten ist zunächst zu beachten, dass es nicht den einen Wohnungsmarkt gibt, sondern dieser sich je nach Standort und Objektart differenziert. Da diese Segmente verschiedene Strukturen und Einflussfaktoren aufweisen, fallen auch die Zyklen unterschiedlich aus. Langfristig kann sich aber kein Wohnungsmarkt den zyklischen Schwankungen entziehen.

Die Ursachen der Wohnungsmarktzyklen sind sowohl exogene als auch endogene Faktoren. Diese Einflussfaktoren können sich gegenseitig verstärken oder dämpfend aufeinander einwirken. *Exogene Einflüsse* auf den Wohnungsmarkt sind aus makroökonomischer Sicht vorwiegend die Folge von Konjunkturzyklen. Veränderungen der gesamtwirtschaftlichen Nachfrage und des Angebots zeigten sich in den Immobilienzyklen. Die Immobiliennachfrage reagiert dabei zeitversetzt zur konjunkturellen Entwicklung. Aufgrund von aufwendigen Planungsverfahren und der Dauer der Fertigstellung von Bauten reagiert das Angebot erst mit einer deutlichen Verzögerung. Weiterhin ist das eher prozyklische Kreditvergabeverhalten der Banken ein wichtiger exogener Einfluss. Die verschiedenen Ungleichgewichtssituationen haben zur Folge, dass der Wohnungsmarkt sich nur selten im Gleichgewicht befindet. Der Wechsel von Überangebot und Übernachfrage auf den Wohnungsmärkten wirkt sich auf die Marktergebnisse und -entwicklungen (z. B. Mieten, Leerstand) aus.

Die *endogenen Ursachen* des Immobilienzyklus basieren vorwiegend auf den Unvollkommenheiten der Wohnungsmärkte. Es sind vor allem Time-Lags, die zu den zyklischen Entwicklungen führen. Hierfür verantwortlich sind die immanenten Eigenschaften des Gutes Immobilie. Steigt die Nachfrage unerwartet an, so trifft diese auf ein kurzfristig starres Angebot. Der Markt passt sich über die Preise oder Mengen an.

In Zeiten starker Nachfrage gibt es zunächst wenig neue Angebote, sodass die Mieten anziehen. Die langen Entwicklungs-, Genehmigungs- und Bauphasen machen es schwierig, in kürzester Zeit einen Nachfrageüberschuss abzubauen. Aufgrund interner Genehmigungsprozesse handeln die Investoren zeitverzögert. Schließlich dauert es einige Jahre, bis die geplanten Immobilien als Neubauflächen dem Markt zur Verfügung stehen. Die aufgrund dieser Signale begonnenen Neubauten werden aber oftmals erst dann fertiggestellt sein, wenn die Nachfrage eventuell bereits wieder zurückgeht. Weitere vom Wohnungsmarkt ausgehende endogene Ursachen sind psychologische Faktoren, die sich in den Stimmungen der Marktteilnehmer zeigten.

Bei der *Beschreibung eines Immobilienzyklus* (s. Abb. 4.29) können die zyklischen Schwankungen der Aktivität in vier Phasen unterteilt werden. Der *„Up-Cycle"* des Immobilienzyklus besteht aus der Erholungs- und Expansionsphase. In der ersteren kann ein Konjunkturaufschwung verbunden mit einer Knappheit an verfügbaren Immobilien ein möglicher Beginn eines Immobilienzyklus sein. Die Nachfrage nach Nutzungsflächen erhöht sich und die Leerstände nehmen langsam ab. Da zunächst nur wenige neue Flächen angeboten werden, steigen die Mieten, was wiederum Projektentwicklungen stimuliert. Das Ausmaß des Aufschwungs hängt davon ab, wie stark die Impulse sind. In der folgenden Expansionsphase kommt es zu einer weiteren Ausdehnung der Flächennachfrage. Die Projektentwicklungen nehmen jetzt zu und es

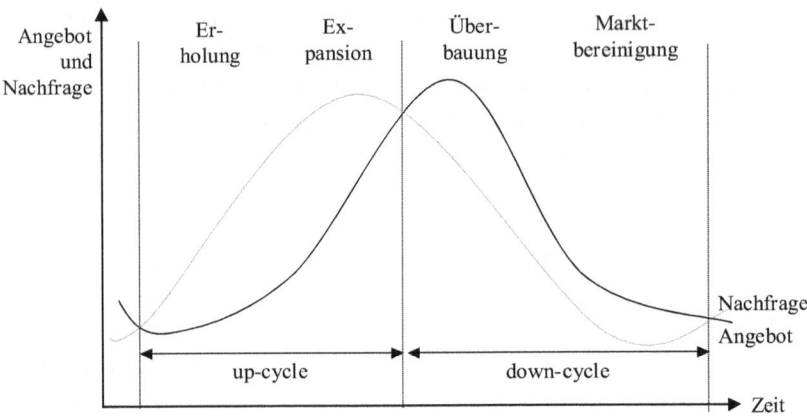

Abb. 4.29: Wohnimmobilienzyklus.
Quelle: eigene Darstellung.

kommt zu einer weiter vermehrten Bautätigkeit. Insgesamt steigt in diesem Zyklusabschnitt auch das Interesse der Banken an Finanzierungen.

Nach dem kurzfristigen Gleichgewicht von Angebot und Nachfrage beginnt der „*Down-Cycle*", der die Phasen der Überbauung und der Marktbereinigung umfasst. In der ersten Phase des Angebotsüberhangs (Überbauung) gibt es zunächst eine weitere Flächenausdehnung durch mehr Fertigstellungen, obwohl die Nachfrage bereits wieder schrumpft. Das Resultat sind steigende Leerstände und fallende Mieten. Die Entwicklung mündet in die vierte Phase: die Marktbereinigung. Bedingt durch das Überangebot an Fertigstellungen kommt es bei sinkender Flächennachfrage zu deutlich zunehmenden Leerständen. Daraus resultieren weiter sinkender Mieten und zunehmende Incentives. Projektentwicklungen werden nun zeitlich verschoben.

4.5.7 Ausblick

In den kommenden Jahren wird sich die Situation für Wohnungssuchende voraussichtlich nicht verbessern. Der deutsche Mietwohnungsmarkt steht insbesondere in den Metropolen, bedingt durch einen Nachfrageüberhang, spürbar unter Druck. Entsprechend gut sind die Perspektiven für die Vermietung von Wohnraum. Nachdem sich der Wohnungsbau im letzten Jahrzehnt belebt hat, dürften die Fertigstellungszahlen in der Zukunft spürbar nachgeben. Die deutlich gesunkene Anzahl der Baugenehmigungen wird zeitverzögert zu weniger Fertigstellungen führen. Gebremst werden die Aktivitäten der Projektentwickler von Finanzierungsschwierigkeiten und Insolvenzen. Der Wohnbedarf stößt auf ein meist viel zu knappes Wohnungsangebot, das – bedingt durch hohe Bau- und Finanzierungskosten – in den nächsten Jahren kaum ausgeweitet werden kann.

Die Nachfrage wird aber nicht mehr so stark steigen wie in den Vorjahren. Schon 2024 fiel die Nettozuwanderung in vielen Städten geringer aus als in den Vorjahren, sodass weniger zusätzliche Nachfrage auf dem Wohnungsmarkt gab. Dies könnte ein Grund dafür sein, dass die Angebotsmieten sowohl bei Wiedervermietungen als auch bei Neubauten im Durchschnitt der Top-7-Städte in den letzten Monaten nicht weiter gestiegen sind. Auch kurzfristig ist mit einem verlangsamten Wachstum der Städte zu rechnen. Das eingetrübte konjunkturelle Umfeld könnte die Zuwanderung von Fachkräften bremsen und zudem Haushalte vor einem Umzug in eine teurere Wohnung zurückschrecken lassen. Dies dämpft die kurzfristigen Mietpreissteigerungsperspektiven.[137]

Werden deutlich weniger Wohnungen fertiggestellt, steht den Wohnungssuchenden lediglich das auf den angespannten Wohnungsmärkten knappe Angebot zur Verfügung. Doch dieses wird durch möblierte Vermietungen, eine sinkende Fluktuation und neue Vermietungswege (Airbnb) noch weiter reduziert.

Prognosen über die zukünftige Entwicklung der Mieten sind sowohl von der Nachfrage- als auch der Angebotsentwicklung abhängig. Die Aufwärtsentwicklung der Neuvertragsmieten von Bestandswohnungen dürfte sich aber wohl fortsetzen. Relativ schwierig sind Prognosen, die allein von einer positiven demografischen Entwicklung einer Region auf steigende Mieten schließen. Es ist jedoch sehr wahrscheinlich, dass in demografisch schwachen Regionen ein Mietrückgang zu erwarten ist. Dies ist dadurch zu erklären, dass das Wohnungsangebot nicht sofort auf die durch die abnehmende Haushaltszahl geringere Nachfrage reagiert.

Die Verknappung von Wohnraum wird sich direkt auf die Kosten für das Wohnen auswirken. Die Mieten, insbesondere in begehrten Stadtlagen, werden weiter steigen. Die Mietsteigerungen laufen über zwei Wirkungskanäle. Erstens ist das Mieten in Zeiten höherer Zinsen gegenüber dem Eigentumserwerb attraktiver, was die Nachfrage nach Mietwohnungen steigert. Zweitens erhöhen die gestiegenen Zinsen und Baukosten die Kosten für den Wohnungsbau, was ebenfalls zu weniger neuen Angeboten im Mietsegment führt. Derartige Prozesse laufen in den Wohnungsmärkten längerfristig ab, sodass mit weiter steigenden Bestandsmieten zu rechnen ist.

4.6 Verwertungsmärkte

In der abschließenden Verwertungsphase, die nach der Nutzungsphase im Produktlebenszyklus einsetzt, entspricht die Wohnimmobilie nicht mehr den Anforderungen der Nutzer. Das ist auf unterschiedliche Ursachen wie u. a. Präferenzen, technische Standards oder Renovierungsbedürftigkeit zurückzuführen.

Es gibt nach der Nutzungsphase grundsätzlich *zwei verschiedene Optionen*. Zum einen kann das Gebäude erhalten bleiben und einer neuen Nutzung zugeführt wer-

---

137 Vgl. Savills, 2025, S. 2.

den. Das Gebäude kann umgebaut bzw. revitalisiert (Refurbishment) werden. Das Refurbishment kann von einer Teilmodernisierung bis zur Kernsanierung (komplette Entkernung) reichen. Das Ausmaß hängt u. a. von der Qualität der Bausubstanz, der technischen Güte und Ausstattung, der künftigen Nutzung, Marktfähigkeit usw. ab. Auch die vorhandene Grundstückssituation und der umliegende Bestand spielen bei der Entscheidung eine Rolle. Die Immobilie kann zum anderen abgerissen werden. Der Abriss und die Entsorgung sind komplexe und kostenintensive Maßnahmen. Aus Umweltschutzsicht stellt Bauschutt oftmals belastetes Material dar, das gesondert entsorgt werden muss.

Aus Gründen der Nachhaltigkeit ist ein wichtiges Ziel die energetische Sanierung des Gebäudebestands. Die Zielquote von jährlich 2 Prozent wird in den Jahren 2024 und 2025 wohl deutlich verfehlt werden. Das sagt eine Untersuchung im Auftrag des Bundesverbands energieeffizienter Gebäudehüllen (BuVeg) voraus. Eine Sanierungsquote für den deutschen Wohngebäudebestand von jährlich 2 Prozent ist laut Angaben der Deutschen Energie-Agentur (Dena) notwendig, um noch die gesteckten Klimaziele bis 2030 zu erreichen. Die Prognose für eine Gesamtquote für das Jahr 2024 ist von insgesamt 0,69 Prozent zu erwarten. Im Jahr 2023 lag die Quote bei 0,7 Prozent. Die Zahlen basieren auf einer Studie der B + L Marktdaten Bonn im Auftrag des Bundesverbands. Bei der derzeitigen Sanierungsaktivität würden in den Jahren 2024 und 2025 nur jeweils rund 275.000 Wohneinheiten jährlich energetisch ertüchtigt, so die Studie. Notwendig wären allein im Jahr 2025 aber 460.000 Wohneinheiten.

Die amtlich registrierten *Abgänge von Wohnungen* in Wohn- und Nichtwohngebäuden betrugen in den 1990er-Jahren auf ganz Deutschland bezogen unter 25.000 Einheiten pro Jahr. Da viele Wohnungsabgänge nicht anzeigepflichtig sind (z. B. Wohnungszusammenlegungen), kann davon ausgegangen werden, dass die tatsächlichen Werte höher sind. Nach der Jahrtausendwende stiegen die Abgänge kurzfristig auf knapp 60.000 Einheiten pro Jahr an, was vor allem auf das Umbauprogramm Ost zurückzuführen war. In Westdeutschland liegen die Abgänge seit Mitte der 1980er-Jahre konstant bei 15.000 Wohnungen p. a. Da in Ostdeutschland die Abgänge seit 2005 wieder stark rückläufig waren, lag die Anzahl der Abgänge im Jahr 2012 deutschlandweit wieder unter 30.000 Wohnungen.

In Deutschland werden durch *Wohnungsabriss* immer weniger Wohnungen in Wohn- und Nichtwohngebäuden abgebrochen oder in Gewerbeflächen umgewandelt (siehe Abb. 4.30). Im Jahr 2022 fielen knapp 16.500 der insgesamt rund 43,4 Mio. Wohnungen durch den Abriss von Gebäuden oder die Umwidmung von Wohn- zu Gewerbeflächen aus dem Wohnungsbestand. Der Wohnungsabgang lag damit auf dem niedrigsten Stand seit 1992. Der Höchststand wurde 2004 erreicht, als mit gut 60.000 noch mehr als dreimal so viele Wohnungen abgerissen oder umgewidmet worden sind als im letzten Jahr. Dies lag vor allem an den Maßnahmen im Rahmen des Stadtumbaus Ost.[138]

---

[138] Vgl. Statistisches Bundesamt, 2023j.

Abb. 4.30: Abgang von Gebäuden und Wohnungen.
Quelle: Statistisches Bundesamt, Tabelle 31141–001, abgerufen am 27.03.2025, eigene Darstellung.

Ein ähnlicher Trend zeigt sich bei den Gebäuden: Im Jahr 2022 standen durch Abriss oder Umwidmung knapp 12.600 Gebäude nicht mehr zur Verfügung. Dazu zählen sowohl reine Wohngebäude als auch Nichtwohngebäude, die in geringerem Umfang ebenfalls zum Wohnen genutzt werden, primär aber anderen Zwecken dienen. Der größte Abgang wurde im Jahr 1998 mit knapp 30.000 Gebäuden verzeichnet.

Sowohl Wohn- als auch Nichtwohngebäude werden häufig abgerissen, um den Bau neuer Gebäude zu ermöglichen. Im Jahr 2022 traf dies auf die Hälfte (50 Prozent) der abgegangenen Gebäude zu, wobei mehr als drei Viertel (79 Prozent) der späteren Neubauten als reine Wohngebäude angelegt waren. Eine Nutzungsänderung, also eine Umwidmung von Wohn- zu Gewerbeflächen, war in 37 Prozent der Fälle der Grund für einen Gebäudeabgang. Die Schaffung von Verkehrs- und Freiflächen spielte hingegen nur eine untergeordnete Rolle (7 Prozent).

Dies betrifft vor allem *ältere Gebäude*: Mehr als die Hälfte (53 Prozent) der im Jahr 2022 betroffenen Wohn- und Nichtwohngebäude wurden in der Zeit von 1949 bis 1986 gebaut. Knapp ein Drittel (32 Prozent) war noch älter und wurden bis 1948 errichtet. Neuere Gebäude mit Baujahr zwischen 1987 und 2010 wurden deutlich seltener abgerissen oder umgewidmet (14 Prozent). Lediglich 1 Prozent der betroffenen Gebäude war ab 2011 errichtet worden.

Mehr als die Hälfte (59 Prozent) der im Jahr 2022 abgerissenen oder umgewidmeten Wohn- und Nichtwohngebäude war Eigentum von Privathaushalten. Ein Drittel der Gebäude war im Besitz von Unternehmen wie Wohnungsunternehmen oder Kreditinstituten. 7 Prozent war öffentliches Eigentum, 2 Prozent gehörten Organisationen ohne Erwerbszweck wie Verbände oder Vereine.

4.7 Wohnimmobilien-Investmentmärkte

Wohnimmobilien-Investmentmärkte sind Märkte, auf den Immobilien verkauft bzw. finanzielle Mittel in Immobilien angelegt werden. Auf den Investmentmärkten bilden sich die Preise durch das Angebot (Verkäufer) und die Nachfrager, die eine Wohnimmobilie kaufen wollen. Der Immobilien-Investmentmarkt, der über alle drei beschriebenen Phasen reichen kann, ist definiert als Markt für Kapitalanlagen in Immobilien. Es werden alle Investments (bzw. Käufe) in Immobilien oder Immobiliengesellschaften zum Zwecke der Kapitalanlage oder der gewerblichen Eigennutzung erfasst.[139]

Auf einem Investmentmarkt treffen sich die Eigentümer, die eine Wohnimmobilie verkaufen wollen und die Nachfrager bzw. Investoren. Nach der Definition der Gesellschaft für immobilienwirtschaftliche Forschung (gif) muss eine Immobilientransaktion vier *Bedingungen* erfüllen: Eigentümerwechsel, notariell beurkundeter Kaufvertrag, Geldfluss zwischen Käufer und Verkäufer sowie der Immobilienerwerb als Zweck der Transaktion. Der Wohnimmobilien-Investmentmarkt war mit seinen Transaktionen von jeher von großer Bedeutung für die gesamte Immobilienbranche.

Auf diesem Markt bilden sich durch das Zusammentreffen von Angebot und Nachfrage die Preise für Immobilien – siehe Abb. 4.31. Wird die Relation zwischen dem Immobilienpreis und dem Cashflow (u. a. Mieten) und/oder der Wertsteigerung des Objektes ermittelt, ergeben sich die Renditekennziffern.

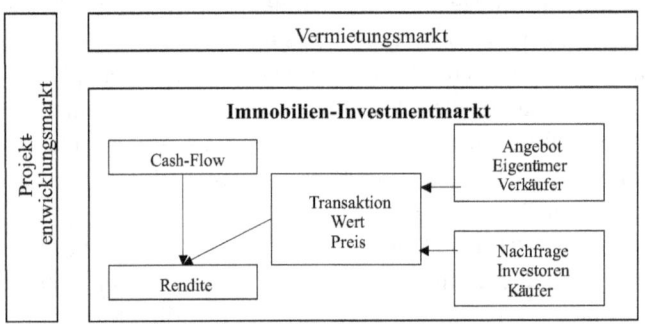

Abb. 4.31: Der Wohnimmobilien-Investmentmarkt.
Quelle: eigene Darstellung.

---

139 Auch wenn in der Immobilienwirtschaft vielfach die Begriffe synonym verwendet werden und vielfach Investments mit Investitionen gleichgesetzt werden, wird im Folgenden zwischen den Begrifflichkeiten differenziert. Investitionen (speziell Bauinvestitionen) sind eine Teilgröße der volkswirtschaftlichen Bruttoinvestitionen (Bruttoinlandsprodukt) und damit eine realwirtschaftliche Größe, während es sich bei den Investments um Käufe von Immobilien handelt.

Es gibt keine einheitliche *Definition* des Wohnimmobilien-Investmentmarkts, sodass in den Marktberichten unterschiedliche Begriffe, Definitionen und Marktabgrenzungen vorgenommen werden. Dies führt zu differenzierten Ergebnissen und Entwicklungstrends.[140] Es werden zwei grundsätzlich unterschiedliche Umsätze bzw. Transaktionsdaten veröffentlicht.

– Unter dem *institutionellen Wohnimmobilien-Investmentmarkt* wird i. d. R. der professionelle bzw. gewerbliche Teil des Wohnungsmarkts verstanden, auf dem Transaktionen bzw. Investments in Immobilien stattfinden, üblicherweise handelt es sich um Portfoliokäufe. Dies sind die Transaktionen der gewerblichen/professionellen Marktteilnehmer, die z. B. von den *Maklern* oder der gif erhoben werden. Üblicherweise werden in Deutschland nur Käufe ab einer Höhe von 5 Mio. Euro berücksichtigt.

– Beim *privaten Wohnimmobilien-Investmentmarkt* werden alle Umsätze berücksichtigt, die aus dem Grunderwerbsteueraufkommen abgeleitet sind. Beim *Immobilienverband Deutschland IVD* sind alle Immobilienkäufe berücksichtigt, bei denen eine Grunderwerbsteuer in Deutschland fällig wird. Da die überwiegende Zahl der Transaktionen dieser besonderen Umsatzsteuer auf Grundstücksumsätze unterliegt, ist die Statistik ein geeignetes Mittel, die jährlichen Immobilienumsätze zu erfassen. Neben den institutionellen Investoren werden private Käufer und Verkäufer einbezogen, die Immobilien zur Eigennutzung oder Kapitalanlage erwerben. Nicht berücksichtigt werden hingegen Share Deals. Aufgrund der wesentlich größeren Marktabgrenzung resultieren hieraus höhere Immobilienumsätze.

Gehandelte Immobilien können Bestandsobjekte sein, also Kauf eines bebauten Grundstückes oder der auf einem Grundstück befindlichen Gebäude (Erbpacht) sowie Projektentwicklungen (Kauf von zu errichtenden oder sich im Bau befindlichen Gebäuden) oder Entwicklungsgrundstücke (unbebaute Grundstücke, die für eine spätere Bebauung vorgesehen sind).

Die *Motive für die Investments* in Wohnimmobilien sind unterschiedlich. Bei einer Immobilientransaktion können grundsätzlich folgende Investmentzwecke des Käufers unterschieden werden. Immobilien werden zum einen für die eigene Nutzung eingesetzt. Zum anderen stehen Immobilien als Geschäftszweck selbst im Mittelpunkt, so z. B. für Immobilienunternehmen. Schließlich werden Immobilien auf dem Finanzmarkt neben anderen Anlagekategorien wie Aktien oder Anleihen als eigenständige Assetklasse verstanden.

Darüber hinaus lassen sich Immobilientransaktionen in Einzelobjekt- (einer gewerblich genutzten Immobilie bzw. eines Entwicklungsgrundstücks) und Portfoliotransaktionen unterscheiden. Bei einer *Einzeltransaktion*, auch Single-Asset-Transaktion genannt, handelt es sich um den Verkauf von i. d. R. einem Gebäude. Auf dem Wohn-

---

140 Vgl. Vornholz, 2014.

investmentmarkt wird der Verkauf mehrerer Wohngebäude nur dann als Einzeltransaktion behandelt, wenn die einzelnen Gebäude nicht über eine separate Zuwegung verfügen. Bei einer *Portfoliotransaktion* handelt es sich um den Verkauf von mindestens zwei räumlich getrennten Immobilien, die weder eine räumliche noch inhaltliche Einheit bilden. Dabei ist die Distanz zwischen den Gebäuden unerheblich, d. h., auch zwei unmittelbar benachbarte Gebäude werden als Portfolio behandelt, sofern sie sich separat voneinander verkaufen lassen.

Weiterhin wird zwischen *direkten und indirekten Investments* in Immobilien (Asset- vs. Share-Deal) unterschieden. Beim *Asset-Deal* (direktes Investment) erwirbt ein Anleger eine abgrenzbare Immobilie direkt, was den Grundstückserwerb einschließt. Eine direkte Immobilieninvestition zeichnet sich dadurch aus, dass der Käufer als Eigentümer der erworbenen Immobilien das Grundbuch eingetragen wird. Zudem wird das rechtliche und wirtschaftliche Eigentum an einem Objekt übertragen. Dabei erwirbt der Investor neben der uneingeschränkten Verfügungsgewalt über die übertragene Anlage auch die damit verbundenen Rechte und Pflichten.

Die Vorteile des direkten Immobilienerwerbs liegen in der Steuerungs- und Entscheidungsmacht des Investors. Dieser übernimmt die uneingeschränkte Kontrolle über ein oder mehrere Objekte, kann direkt und eigenständig darüber verfügen und sie verwalten. Dies betrifft beispielsweise die Auswahl geeigneter Mieter oder Modernisierungsmaßnahmen. Weiter kann der Investor den Zeitpunkt eines Verkaufs der Immobilie selbst bestimmen. Jedoch sind Direktanlagen auch mit erheblichen Risiken und Nachteilen verbunden. So fallen beim Erwerb hohe Transaktionskosten wie Grunderwerbsteuer und Notarkosten an. Auch die laufenden Kosten wie Instandhaltungskosten und Nebenkosten sind erheblich. Ein weiterer Nachteil kann die geringere Risikostreuung sein.

Bei der *indirekten Investition (Share-Deal)* handelt es sich um den Erwerb eines Anteils von bis zu 100 Prozent an einer Objektgesellschaft oder einer Immobiliengesellschaft (Gesellschaftserwerb). I. d. R. werden Anteile oder Aktien an einer Gesellschaft erworben, die mit dem dadurch zur Verfügung gestellten Kapital direkt oder indirekt in Immobilien investiert oder investiert ist. Indirekte Investments – insbesondere, wenn es sich um den Erwerb von Anteilen an Immobiliengesellschaften handelt – werden nur dann als Immobilientransaktion gewertet, wenn der Kauf bzw. Verkauf von Immobilien Hauptzweck der Transaktion ist.

Die Abb. 4.32 zeigt die Zusammenhänge auf den Immobilien-Investmentmärkten. Ein Teil des Bestands wird auf den Investmentmärkten angeboten. Im Vergleich mit der Nachfrage der Investoren ergeben sich die verschiedenen Marktergebnisse. Da sich Angebot und Nachfrage nicht im gleichen Ausmaß verändern, zeigt sich auf den Immobilien-Investmentmärkten der Investmentzyklus. Entsprechend der Aufzählung in der Abbildung werden im Folgenden die Begriffe erläutert.

Der gesamte *Immobilienbestand (I.)* bildet die Basis für das Angebot für Investments auf einem Markt in einem bestimmten Zeitabschnitt.

4.7 Wohnimmobilien-Investmentmärkte

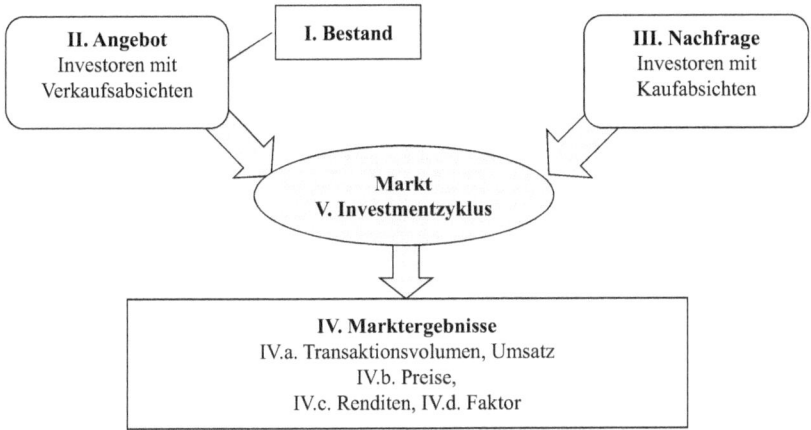

Abb. 4.32: Wohnimmobilien-Investmentmarkt.
Quelle: eigene Darstellung.

Das *Wohnungsangebot (II.)* auf dem Investmentmarkt besteht nur aus einem geringen Teil des vorhandenen Wohnungsbestandes. Bei den Verkäufen setzt sich das Wohnungsangebot im Wesentlichen aus den Bestandswohnungen und den fertiggestellten Neubauwohnungen zusammen. Hinsichtlich dieser Aspekte handelt es sich bereits um verschiedene Marktsegmente: Verkauf von neuen oder benutzten Wohnungen oder Häusern.

Die *Nachfrage (III.)* nach Wohnimmobilien umfasst den am Markt tatsächlich geäußerten Bedarf bzw. die am Markt befindlichen aktiven Gesuche. Es liegen jedoch keine statistischen Auswertungen für die Gesuche auf den Investmentmärkten vor. Es kann dabei zwischen verschiedenen Typen von Immobilieninvestoren unterschieden werden. Die Wohnungsnachfrager sind die Haushalte, die aus einer oder mehreren Personen bestehen. Der Haushalt ist primär an der Nutzung einer Wohnung interessiert. Dabei fragen die privaten Haushalte Wohnungen im Rahmen von Käufen zur Selbstnutzung oder zur Kapitalanlage nach.

Sowohl private als auch institutionelle Investoren können Immobilien zur Eigennutzung sowie zur Kapitalanlage erwerben. Bei der Kapitalanlage haben sie direkte und indirekte Anlagemöglichkeiten. Letztere erfolgen über Vehikel, bei denen das Kapital wiederum von institutionellen Investoren verwaltet wird – siehe Abb. 4.33.

Der Umsatz oder das *Transaktions- oder Investmentvolumen (IV. a.)* bildet die Käufe und Verkäufe von Immobilien ab. Das Transaktionsvolumen ist die Summe aller registrierten Käufe von Immobilien in einem Berichtszeitraum, exkl. Erwerbsnebenkosten und Transferkosten (z. B. Maklercourtage), sei es zum Zwecke der Kapitalanlage oder der Eigennutzung. Höhere Volumina zeigten mehr Interesse an einem Markt, sie implizieren mehr Entwicklungsaktivitäten und führen c. p. zu steigenden Immobilienpreisen.

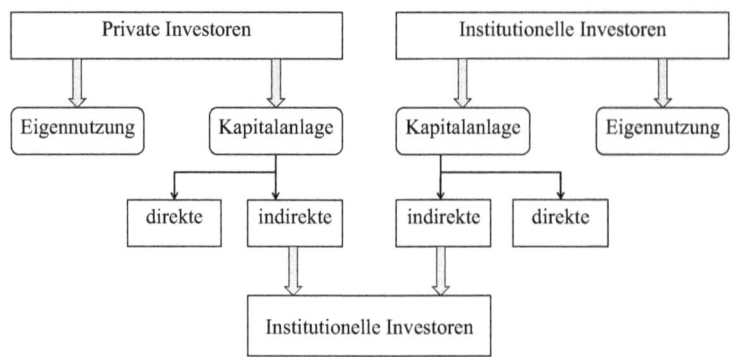

Abb. 4.33: Typologie von Immobilieninvestoren.
Quelle: eigene Darstellung.

Falls Wohnimmobilien von privaten Haushalten für die Eigennutzung oder als direkte Kapitalanlage gekauft werden, werden *Kaufpreise (IV.b.)* bzw. deren Entwicklung ausgewiesen. Bei diesen Käufern steht der Anschaffungspreis im Vordergrund. Institutionelle Investoren achten vor allem auf die Rendite des Investments, und nutzen die Immobilienrendite als Benchmark.

Die Preise für Wohnimmobilien werden auf dem Investmentmarkt zwischen Anbietern (Verkäufer) und Nachfragern, die eine Immobilie kaufen wollen, vereinbart. Es gibt verschiedene Abgrenzungen bezüglich des Preises. Der Netto-Kaufpreis stellt den Kaufwert laut Kaufvertrag dar. Beim Brutto-Kaufpreis werden die objektbezogenen Erwerbsnebenkosten (Grunderwerbsteuer, Notar- und Gerichtsgebühren sowie ggf. Maklercourtage) hinzu addiert.

> **Exkurs: Wertparadox (Preis-Wert-Dilemma)**
> Was ist der Wert einer Ware? Mit dieser Frage, die auch bei der Bewertung von Immobilien relevant ist, haben sich Ökonomen schon seit Jahrhunderten beschäftigt und versucht den objektiven Wert eines Gutes zu bestimmen. Bereits Adam Smith, einer der ersten Volkswirte, hatte auf den Unterschied zwischen Gebrauchswert und Preis eines Gutes hingewiesen: Wasser hat einen hohen Gebrauchswert, aber einen niedrigen Preis, bei Diamanten ist es umgekehrt. Der Tauschwert dieser Güter (Preis) verhält sich umgekehrt. Karl Marx versuchte mithilfe der Arbeitswerttheorie den Wert eines Gutes mit der für dieses Gut notwendigen Arbeitsmenge zu erklären.
>
> Die (neoklassische) Ökonomie ist zu dem Schluss gekommen, dass der Wert von den Vorstellungen eines Individuums in einer bestimmten Situation sowie den Angebotsbedingungen abhängig ist. Der Wert eines Objektes richtet sich nicht in erster Linie nach den Kosten eines Hauses oder der geförderten Energieeffizienzmaßnahme, sondern danach, was künftige Nutzer bereit sind, für das Objekt zu zahlen.
>
> Die Mikroökonomie erklärt den Wert eines Gutes einerseits aus der subjektiven Einschätzung der Nachfrager bezüglich des Gutes. Der Wert (ausgedrückt als Preis) eines Gutes erklärt sich aus dem Grenznutzen: dem Nutzen der letzten Einheit eines Gutes für das Individuum. Demnach ist der Preis eines Gutes der Ausdruck für seinen Wert aus der Sicht eines Individuums. Die Preise werden am Markt offenbart, in dem das Individuum angibt, welchen Preis es bereit ist für ein Gut zu bezahlen.

> Auch die Produktionskosten des Angebots sind ein wichtiger Einflussfaktor bei der Gestaltung des Angebotspreises. Durch das Zusammentreffen von Angebot und Nachfrage entsteht der Preis eines Gutes.
>
> Für die Immobilienwirtschaft bedeutet dies, dass eine Wohnimmobilie das wert ist, was Käufer und Verkäufer vereinbaren und nicht das, was in dem Gutachten eines Immobilienbewerters steht.

Die *Rendite (IV.c.)* ist für institutionelle Käufer und für private Käufer mit dem Ziel der Kapitalanlage eine wichtige Kenngröße, um den Erfolg eines Kaufs zu messen. Der Ertrag eines Investments kann anhand verschiedener Parameter gemessen werden. Die Rendite bezeichnet den Prozentsatz, der dem Verhältnis des Ertrages einer Kapitalanlage und der ihr zugrunde liegenden Investitionssumme entspricht.

Eine erste Form ist die *Anfangsrendite*, wobei bei dieser nur die vertraglich vereinbarten Mieteinnahmen berücksichtigt (nicht Vollvermietung) werden. Darüber hinaus wird zwischen der Brutto- und Netto-Anfangsrendite unterschieden.

Brutto-Anfangsrendite

$$\text{Brutto-Anfangsrendite} = \frac{\text{Vertragsmiete (Ist-Miete) p. a. inklusive nicht umlegbarer Bewirtschaftungskosten}}{\text{Netto-Kaufpreis (ohne Erwerbsnebenkosten)}} * 100$$

Bei der Brutto-Anfangsrendite werden die Roheinnahmen berücksichtigt, d. h. die erzielbare bzw. veranschlagte Jahresmiete, wobei die Mieteinnahmen *ohne* Abzug der nicht umlegbaren Nebenkosten in die Rechnung eingehen. Der Netto-Kaufpreis wird ohne marktübliche Erwerbsnebenkosten ausgewiesen. Diese Rendite ist der Kehrwert des Faktors.

Netto-Anfangsrendite

$$\text{Netto-Anfangsrendite} = \frac{\text{Vertragsmiete (Ist-Miete) p. a. abzüglich nicht umlegbarer Bewirtschaftungskosten}}{\text{Brutto-Kaufpreis (inkl. Erwerbsnebenkosten)}} * 100$$

Bei der Netto-Anfangsrendite wird die Vertragsmiete (abzüglich nicht umlagefähiger Betriebskosten; d. h. Nettomieteinnahmen) in Relation zum Brutto-Kaufpreis inklusive Erwerbsnebenkosten, gesetzt. Der Kehrwert wird als Reinertragsvervielfältiger bezeichnet.

Brutto- und Nettoanfangsrenditen entstammen einer Berechnung, bei der der Jahresertrag des ersten Investitionsjahres ab dem Kaufzeitpunkt berücksichtigt wird. Die Anfangsrenditen werden vorrangig als Erstinformation im Rahmen von Objektangeboten und Transaktionen verwendet.

Zudem kann eine *Sollrendite* berechnet werden, die aufgrund angenommener Werte und unter den besten Bedingungen ermittelt wird. Im Vergleich zur Anfangsrendite wird hier eine Vollvermietung angenommen. Die Werte sind Prognosen und keine Ist-Werte, die im Nachgang berechnet werden. Es ist zu beachten, dass diese Rechengrößen nur für den Fall gelten, dass die angenommenen Mieteinnahmen auch tatsächlich eintreffen, also eine entsprechende Vermietung erfolgt.

Eine weitere Berechnungsweise (*Ist-Rendite*) basiert auf den tatsächlich realisierten Mieteinnahmen (Vergangenheitswerte). Diese Werte werden normalerweise nur in Geschäftsberichten z. B. von Fonds ausgewiesen.

Schließlich kann die *Gesamtrendite (Gross Returns)* berechnet werden, die sich aus der Summe aus Mietrendite und Wertänderungsrendite bildet. Die Mietrendite entspricht der Spitzenrendite zum Zeitpunkt des Vorjahres und die Wertänderungsrendite ergibt sich aus der Veränderung des Kapitalwertes. Die ausgewiesenen Gross Returns spiegeln üblicherweise nicht den Ertrag einer konkreten Immobilieninvestition wider; die Berechnung dient in erster Linie dem Vergleich mit anderen Assets.

Der *Faktor, Multiplikator oder Vervielfacher (IV.d.)* wird berechnet als Netto-Kaufpreis (ohne Erwerbsnebenkosten) durch die anfängliche Vertragsmiete p. a. (Ist-Miete). Dieser ist ein Richtwert für viele Anleger, um zu beurteilen, ob eine Immobilie zu einem akzeptablen Kaufpreis angeboten wird. Der sich aus dem Faktor ergebende rechnerische Wert für ein Objekt resultiert einerseits aus der aktuellen Verzinsung des eingesetzten Kapitals und andererseits aus den Erwartungen über die zukünftige Ertragsentwicklung des Objektes.

Der Faktor ist das Vielfache der Netto-Jahreskaltmiete im Verhältnis zum Netto-Kaufpreis und somit der Kehrwert der Brutto-Anfangsrendite. Die Höhe des Faktors hängt von der Objektart und der Lage des Objekts ab. Unterschiedliche Multiplikatoren zwischen einzelnen Objektarten sind auf unterschiedliche Ertrags- und Kostenrisiken zurückzuführen: je höher das Risiko, desto niedriger der Faktor.

4.7.1 Einflussfaktoren

Die *Entwicklung der Immobilien-Investmentmärkte* wurde insbesondere durch verschiedene Faktoren geprägt. Diese Ursachen führten zusammen zu den jeweiligen Aufschwüngen bzw. Booms auf den Märkten. Die Kaufpreise sind jedoch nicht nur durch die gleichen fundamentalen Faktoren bestimmt wie die Mieten.

Es sind vor allem die *finanzwirtschaftlichen Einflussfaktoren*, die auf die Preisentwicklung Einfluss nehmen. Durch die geldpolitischen Maßnahmen der EZB nach der Finanz- und Wirtschaftskrise hat sich die Liquidität der Investoren drastisch erhöht und gleichzeitig kam es zu einer Niedrigzinsphase. Diese finanzwirtschaftlichen Einflussfaktoren wirken sich nicht auf die Entwicklung der Mieten aus, sondern sind nur die Werttreiber auf den Immobilien-Investmentmärkten. Die *Finanzmärkte* beeinflussen die Nachfrage nach Eigentum an Häusern und Wohnungen der privaten Haushalte sowie der institutionellen Investoren (vor allem Mehrfamilienhäuser oder Wohnungsportfolios). Die privaten Anleger fragen Wohnimmobilien zur Kapitalanlage und zur Selbstnutzung nach, während es bei den institutionellen Investoren nur das Motiv der

Kapitalanlage ist. Die Bedingungen auf den Finanzmärkten wirken sich über das Ausmaß der verfügbaren Liquidität bzw. des Kreditvolumens sowie über die Höhe der Zinsen und der Inflation auf die Nachfrage aus. Aufgrund der realwirtschaftlichen Faktoren wie Demografie oder Einkommensentwicklung hat die Nachfrage nach Wohnungen in Teilen Deutschlands (Groß- oder Schwarmstädte) angezogen.

Eine grundlegende Voraussetzung für die Entwicklung in diesem Jahrtausend war die *globale Liquiditäts- und Vermögensentwicklung*. Einen bestimmenden Einfluss hatte die Geldpolitik der Zentralbanken. Die Geldpolitik umfasst sowohl zinspolitische als auch liquiditätspolitische Maßnahmen. Die Geldpolitik war in den 2010er-Jahren geprägt von einer Niedrigzinspolitik und massiver Liquiditätserhöhung durch Anleihekaufprogramme (Quantitative Easing). Diese wirkten nicht nur auf die konjunkturelle Entwicklung und damit auf ihr eigentliches Ziel, sondern auf die Immobilienwirtschaft, wo sie einen massiven Aufschwung auslöste.

Die *Geldpolitik* wurde als Reaktion auf globale Rezessionen eingesetzt. Zur Krisenbekämpfung hatten die Zentralbanken weltweit sowohl nach der Dotcom-Krise als auch nach der Finanz- und Wirtschaftskrise 2008/09 eine sehr expansive Geldpolitik verfolgt. Die Europäische Zentralbank hatte seit Beginn der Schuldenkrise im Euroraum eine Reihe von Ankaufprogrammen aufgelegt. Im Januar 2015 begann ein Programm zum Ankauf von Staatsanleihen und Anleihen von Institutionen mit öffentlichem Förderauftrag. Damit folgte die EZB dem Beispiel von Notenbanken wie der Bank of England oder der US-amerikanischen Federal Reserve.

Durch die hohe Liquidität verbunden mit niedrigen Zinsen kam es zu starken Kapitalzuflüssen auf den Anlagemärkten (*Liquidity Hurricane*) und einem entsprechenden Boom. Diese neuen Rahmenbedingungen hatten die Investoren auch veranlasst, nach anderen, neuen Anlagemöglichkeiten zu suchen. Aufgrund des niedrigen Zinsniveaus bei den Staatsanleihen und der relativ geringen langfristigen Performanceaussichten auf anderen Finanzmärkten gerieten Immobilien in das Blickfeld der Investoren. Immobilien wiesen im Vergleich zu anderen Investments hohe Renditen sowie positive Spreads zu den Anlagealternativen auf.

Weiterhin kann ein globaler, teilweise sehr rascher Anstieg der *Vermögen* verzeichnet werden. Dieser stetige Zustrom von Vermögen bedingt eine fortwährende Suche nach neuen Anlagemöglichkeiten, bei der Immobilien eine interessante Alternative darstellen.

Die Etablierung der *Assetklasse „Immobilie"* am Kapitalmarkt war ebenfalls für den Investmentboom seit Mitte des letzten Jahrzehnts verantwortlich. Die Immobilie wurde von Investoren als eine Anlageform neben den klassischen Investmentformen wie Aktien oder Wertpapiere entdeckt. Vor allem internationale, opportunistisch ausgerichtete Investoren sahen in Immobilieninvestitionen eine lukrative Anlage und versprachen sich neben einem stabilen Cashflow vor allem hohe, kurzfristige Wertsteigerungen. Ihre Strategie ist das aktive Management des Immobilienbestandes, was vielfach auch den schnellen Verkauf einschließt. Im 20. Jahrhundert waren die Investoren in Deutschland vorwiegend Bestandhalter, die die Immobilien als langfristige

Kapitalanlage ansahen. Diese Investoren kamen zumeist aus der Immobilienbranche und waren durch diese geprägt. Wertbestimmend für eine Immobilie und ihr Entwicklungspotenzial waren maßgeblich der Vermietungsmarkt und dessen Perspektiven. Entsprechend entwickelten sich Kaufpreise und Mieten im Gleichschritt, sodass jahrelang Renditen und Faktoren annähernd konstant blieben.

Eine weitere Ursache ist die zunehmende *Verzahnung von Immobilien- und Finanzmärkten*, die ebenfalls für Dynamik auf den Investmentmärkten sorgte. In der Vergangenheit nutzte die Immobilienbranche den Finanzsektor vorwiegend zur Beschaffung von langfristigem Fremdkapital für Objektfinanzierungen. Durch die Liberalisierung des Finanzsektors wurden neue Finanzprodukte geschaffen, die für die Finanzierung u. a. von Immobilien und für die Refinanzierung der Banken verwendet werden. So gibt es heute auf dem Finanzsektor ein deutlich höheres Angebot an indirekten Immobilienanlagemöglichkeiten. Die neuen Produkte wie Verbriefungen oder REITs sowie Finanzinnovationen wie Derivate wurden auch auf dem Wohnimmobilien-Investmentmarkt eingeführt.

In den letzten Jahren werden die Wohnimmobilien-Investmentmärkte weitaus stärker durch die Entwicklungen der Finanzmärkte bestimmt. In dem Maße, in dem die Kapitalmärkte an Bedeutung gewonnen haben, ist der Einfluss der Vermietungsmärkte auf die Marktentwicklung der Investmentmärkte zurückgegangen. Die Immobilienpreisentwicklung wird heute in wesentlichen Bereichen durch die Bedingungen der Finanzmärkte, deren Entwicklung und Anforderungen bestimmt.

4.7.2 Entwicklung der Märkte

Für den Wohnimmobilien-Investmentmarkt liegen verschiedene Indikatoren vor, die sich zum Teil auf das private Marktsegment beziehen. Dabei wird dieses von den Gutachterausschüssen dokumentiert. Das institutionelle Marktsegment, auf dem institutionelle Marktakteure aktiv sind, wird zum einen vom BBSR und zum anderen von privaten Akteuren (u. a. Maklern) dokumentiert.

Transaktionsvolumen / Umsatz

Im *privaten Marktsegment* dominieren laut Daten des Immobilienverbands Deutschland IVD bzw. der Gutachterausschüsse die Transaktionen mit Wohnimmobilien den Umsatz. Diese haben sowohl hinsichtlich der Umsätze als auch bei den Kauffällen mit Abstand den größten Anteil. Rund zwei Drittel der Umsätze entfallen auf Wohnimmobilien. Innerhalb des Sektors werden hauptsächlich Eigentumswohnungen gefolgt von Eigenheimen als Einzelkäufe von privaten Haushalten gehandelt.

Seit Beginn der Aufzeichnungen im Jahr 2009 steigen – wie die Abb. 4.34 zeigt – die Transaktionszahlen kontinuierlich, während die Wachstumsraten relativ niedrig ausfallen. In den vergangenen zehn Jahren war die jährliche Veränderung der Anzahl

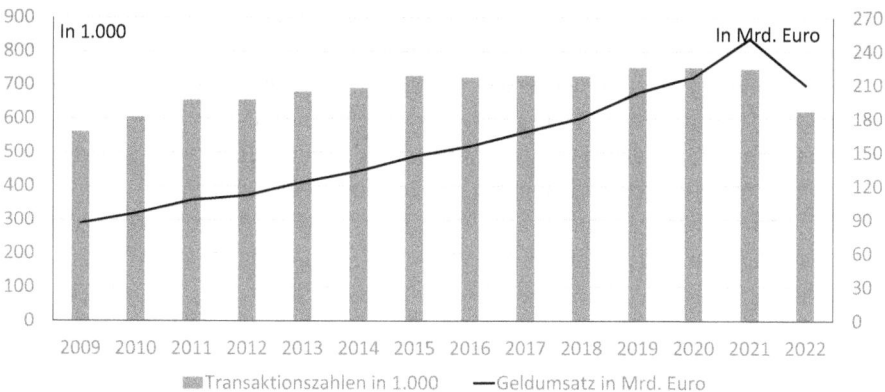

Abb. 4.34: Entwicklung des Wohnimmobilien-Investmentmarktes.
Quelle: Arbeitskreis der Oberen Gutachterausschüsse, 2023, S. 31, eigene Darstellung.

der Transaktionen nie größer als 5 Prozent. Im Jahr 2022 wurden 621.000 Verträge über Wohnimmobilien registriert. Das waren deutlich weniger in den drei Vorjahren in denen die Transaktionszahl fast konstant bei rund 750.000 lag. Seit dem erstmaligen Erscheinen des Immobilienmarktberichts Deutschland ist das die größte jährliche Veränderung der Transaktionszahl. Letztmals war die Zahl der Transaktionen im Jahr 2010 geringer. Beim Geldumsatz waren dagegen die Steigerungsraten deutlich stärker. Gegenüber dem Wert von 2009 entsprach der Umsatz von 2021 etwa einer Verdreifachung. Danach folgte ein Einbruch.

Seit der Zinswende im *Jahr 2022* spiegelt sich die Zurückhaltung der Marktakteure zunehmend im Transaktionsgeschehen der verschiedenen Marktsegmente wider. Die Transaktionszahlen von Immobilien und Grundstücken verringerten sich im Jahr 2023 gegenüber 2022 um insgesamt 18 Prozent auf 507.200 Transaktionen. Der Handel mit Wohnimmobilien stellt dabei mit 69 Prozent aller Immobilientransaktionen den wichtigsten Markt dar. Der Einbruch war im Jahr 2023 im Wohnungsmarkt deutlich stärker als in den anderen Segmenten mit einem Minus von knapp 8 Prozent. In den Teilmärkten des Wohnungsmarkts verzeichnete der Grundstücksmarkt die stärksten Rückgänge. Hier sank die Anzahl der verkauften Bauplätze für den Wohnungsbau von 67.000 auf 46.000, was einem Rückgang von gut 32 Prozent entspricht. Im Vergleich zum Boomjahr 2021 ist dies sogar eine Reduzierung um mehr als die Hälfte. Besonders deutlich war der Rückgang auch bei den verkauften Eigentumswohnungen im Erstbezug.[141]

Die *Geldumsätze* beschreiben die Summe der Kaufpreise, die von den Käufern für Transaktionen an die Verkäufer gezahlt werden. Da bis zum Jahr 2022 kontinuierliche Preissteigerungen zu sehen waren, stiegen die Geldumsätze in den verschiedenen

---

[141] Vgl. Henger, 2025, S. 241.

Marktsegmenten während der gesamten 2010er-Jahre stärker als die Transaktionszahlen an. In der zweiten Hälfte des Jahres 2022 begannen die Preise nicht mehr weiter zu steigen und dann zurückzugehen. Der Geldumsatz fiel bei den Wohnimmobilien von 2021 nach 2022 um rund 16 Prozent. Es wurden rund 210 Mrd. Euro umgesetzt. Nach einem absoluten Rekordjahr 2021 mit einem Umsatz in Höhe von 251 Mrd. Euro lag der Geldumsatz im Jahr 2022 knapp unter dem des Jahres 2020.

Die Geldumsätze von Wohnimmobilien gingen im Jahr 2023 gegenüber 2022 um insgesamt 28 Prozent auf 152 Mrd. Euro zurück. Die Handelsvolumen von Wohnimmobilien machen 71 Prozent aller Geldumsätze aus. Die Geldumsätze gingen in den Einzelsegmenten unterschiedlich stark zurück. Die Muster waren ähnlich wie bei den Transaktionen, nur mit höherer Dynamik aufgrund der Preisrückgänge. Sowohl bei den Mehrfamilienhäusern als auch bei den Baugrundstücken gingen die Geldumsätze binnen zwei Jahren von 2021 bis 2023 um über die Hälfte zurück.[142]

Im *institutionellen Marktsegment* geht es um den Kauf größerer Wohnungsbestände. Über die Marktentwicklung des Engagements institutioneller Investoren, die Wohnungsportfolios handeln, wird von verschiedenen Quellen berichtet. Dies ist zum einen das *Bundesinstitut für Bau-, Stadt- und Raumforschung (BBSR)*, das in seinen Berichten Verkäufe großer Wohnungsbestände ab 800 Wohnungen berücksichtigt. Die ersten Daten stammen aus dem Jahr 1999. Zum anderen kommen Berichte von den *beteiligten Maklern*. Hier wird auf die Analysen von Jones Lang LaSalle zurückgegriffen und damit auf das institutionelle Marktsegment. Die Statistik von Jones Lang LaSalle zeigt das Transaktionsvolumen am Investmentmarkt für Wohnimmobilien in Deutschland im Zeitraum von 2002 bis 2024. Abgebildet werden Investments in Wohnobjekte oder -portfolios, das sind Verkäufe von Wohnungspaketen und Studentenheimen mit mindestens zehn Wohneinheiten und 75 Prozent Wohnnutzung sowie der Verkauf von Unternehmensanteilen mit Übernahme einer Kontrollmehrheit ohne Börsengänge.

Die Entwicklung des Handelsgeschehens hängt von den jeweils angebotenen Wohnungsbeständen ab und vom Investmentverhalten der Nachfrager. Geprägt wird das Marktgeschehen maßgeblich durch einzelne Großdeals. Seit einigen Jahren werden vornehmlich Portfolios und Wohnungsunternehmen veräußert, die bereits zu einem früheren Zeitpunkt gehandelt worden sind. Durch den bereits erfolgten Verkauf von Wohnungsbeständen der öffentlichen Hand und Industrieunternehmen sowie durch die Zurückhaltung der Kommunen kommen so gut wie keine neuen Wohnungspakete auf den Markt.

In Abb. 4.35 sind die jährlichen Transaktionen auf dem Wohnimmobilien-Investmentmarkt in Deutschland dargestellt. Es ist eine hohe Volatilität sowohl bei den Transaktionen als auch bei den Engagements der einzelnen Investorengruppen festzustellen, was in den folgenden Analysen erläutert wird. Nach den Daten von Jones

---

142 Vgl. Henger, 2025, S. 241.

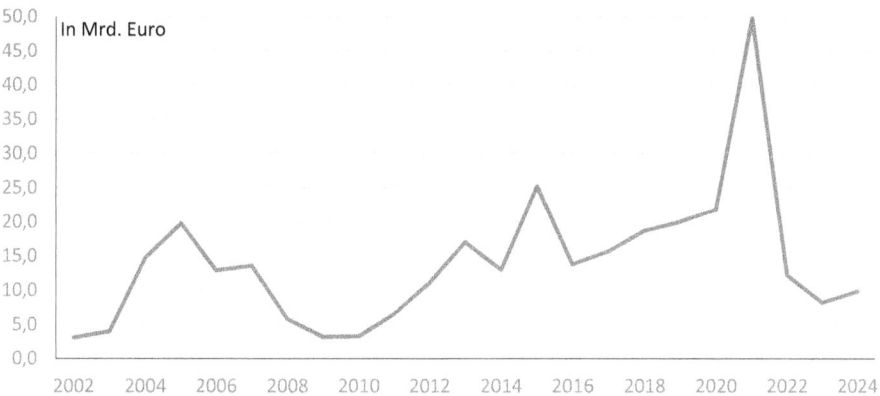

Abb. 4.35: Transaktionsvolumen am Investmentmarkt für Wohnobjekte und -portfolios in Deutschland. Quelle: Jones Lang LaSalle, verschiedene Jahrgänge, eigene Darstellung.

Lang LaSalle sowie von anderen Maklern begannen die Aufzeichnungen über die Entwicklung des Transaktionsvolumens auf dem Wohnimmobilien-Investmentmarkt erst zum Jahrtausendbeginn. Zu einem ersten Peak kam es im Jahr 2005 durch ein verstärktes Engagement ausländischer Investoren. Nach der Finanz- und Wirtschaftskrise setzte eine allmähliche Erholung ein, die bis zum Jahr 2020 zu einer Vervierfachung des Volumens führte. Der Höhepunkt 2021 ist auf einige wenige Transaktionen zurückzuführen. Nach dem Einbruch kam es im Jahr 2024 zu einer leichten Erholung, da Investoren mit sehr unterschiedlichen Investitionsstrategien wieder passende Produkte fanden. Zwar wurde der langjährige Schnitt deutlich unterschritten, das Vorjahresergebnis allerdings deutlich übertroffen.

Die dargestellte Entwicklung ist jedoch nicht kompatibel mit den Erkenntnissen des Bundesinstituts für Bau-, Stadt- und Raumforschung (BBSR) und dessen Datenbanken. Aufgrund der wesentlich differenzierteren Analyse werden im Folgenden die Analysen des BBSR verwendet. Grundsätzlich zeigt sich im Vergleich der Anzahl der Transaktionsfälle von verkauften Wohnungen ein gänzlich anderes Bild.[143] Die folgenden Ausführungen basieren auf Beiträgen vom BBR und BBSR.

Der Beginn mit Deals von Immobilienportfolios wird vom BBSR terminiert auf das *Jahr 2000*, in dem der Bund gut 110.000 Eisenbahnerwohnungen verkauft hat, u. a. an die Deutsche Annington (heute: Vonovia). Weitere herausragende Transaktionen waren der Verkauf der Wohnungsgesellschaft Gagfah durch die Bundesversicherungsanstalt für Angestellte und der Verkauf der städtischen Wohnungsgesellschaft der Stadt Dresden jeweils an den amerikanischen Investor Fortress.

Bis *Mitte der 2000er-Jahre* waren Investitionen und Transaktionen zum größten Teil lokal oder regional organisiert, danach sind zunehmend internationale Akteure

---

[143] Vgl. BBR, 2008; S. 2 und 2012 und 2020 und 2024a.

tätig. Der Handel mit Wohnungsportfolios durch institutionelle Investoren hat deutlich zugenommen. Anfangs standen die Privatisierung öffentlicher Bestände und der Erstverkauf im Vordergrund. Aufgrund mangelnder Erfahrungen in Deutschland kam es teilweise zu Fehleinschätzungen vor allem der ausländischen Investoren.

In einer Langfristbetrachtung der Transaktionshistorie über fast 20 Jahre sind zwei große Peaks in Deutschland erkennbar. Der erste Peak von 2004 bis Mitte 2008 wurde getrieben durch internationale und opportunistische Investoren. Diese erwarben in großen Teilen Wohnungspakete aus dem Eigentum des Bundes, der Länder oder auch großer Unternehmen. Auf der Verkäuferseite stand damals im Jahr 2004 auch das Land Berlin, das u. a. 90 Prozent der GSW Immobilien AG (kurz GSW) mit mehr als 65.000 Wohnungen an eine Investorengruppe um Cerberus und Goldman Sachs aus den USA verkaufte. Die Kaufpreise für die Portfolios lagen weit unter den heutigen Preisen. Die internationalen Investoren erwarteten, dass Deutschland langfristig eine enorme Wertsteigerung im Wohnsegment erfahren würde.

Seit etwa Mitte des 2000er-Jahrzehnts ist die zunehmende Globalisierung der Wohnungswirtschaft offensichtlich geworden. Internationale Investoren kauften vermehrt Wohnungsbestände öffentlicher Eigentümer sowie Werkswohnungen großer Industrieunternehmen. Allein von 2004 bis Mitte 2008 wurden mehr als 1,9 Mio. Wohnungen gehandelt. Es gab einige Megadeals opportunistischer Investoren, wobei vor allem viele ausländische Investoren aktiv waren. Dabei gab es einen sehr hohen Fremdkapitalanteilbei einer kurzfristigen renditegetriebenen Anlagestrategie.

Nach der Finanz- und Wirtschaftskrise 2007/08 waren Wohnungen bei institutionellen Investoren sehr gefragt, auch wenn die Anfangsrenditen niedrig waren und der Staat stark in den Wohnungsmarkt eingriff. Ihre starke Risikoaversion nach dem Finanzkrisenschock ebnete Wohnimmobilien den Weg zurück in die Investorenportfolios. Bis heute ist das Begrenzen von Risiken oberstes Gebot und gefragt sind in erster Linie stabile Erträge. Für dieses Anforderungsprofil ist der deutsche Mietwohnungsmarkt prädestiniert.

Zwischen 2008 und Mitte 2010 gab es krisenbedingt nur sehr wenige kleine Transaktionen von eigenkapitalstarken Investoren mit langfristigen Anlagen und einem aktiven Asset Management. Zwischen 2010 bis 2013 bestand ein stark diversifiziertes Investorenbild mit überwiegend kleinen Deals mit hohem Professionalisierungsgrad auf Käufer- und Verkäuferseiten.

Die zweite aktive Phase des Transaktionsgeschehens in Deutschland fand zwischen 2013 und 2016 statt. In dieser Zeit konsolidierte sich die Unternehmenslandschaft im Wohnungssegment. Die Deutsche Annington fusionierte mit der Gagfah zum aktuell größten deutschen Wohnungskonzern Vonovia. Die Deutsche Wohnen übernahm die ehemals landeseigene GSW (Berlin). Weitere Übernahmen und Fusionen erfolgten maßgeblich unter der Ägide deutscher Wohnungskonzerne. Mit dieser Marktkonsolidierung sollten Skalenvorteilen bei der Bewirtschaftung erreicht werden. Der Anteil internationaler Investoren bei diesen Käufen war damals gering, ebenso wie auch in der Phase nach der globalen Finanzkrise. In dieser zweiten Hochphase des Transaktionsgeschehens wurden 1,2 Mio. Wohnungen gekauft. Danach erfolgte ein Rückzug ausländischer Marktteilnehmer. In diesen Jahren wurden vornehmlich Portfolios und Wohnungsunternehmen veräußert, die bereits zu einem früheren Zeitpunkt gehandelt worden waren.

Im *Jahr 2021* erreichte das Transaktionsvolumen auf dem deutschen Investmentmarkt für Wohnportfolios einen neuen Rekordwert. Damit wurde das bisherige Rekordergebnis aus dem Jahr 2015 (25 Mrd. Euro) mit weitem Abstand abgelöst. Im Gesamtjahr waren es vor allem die Mega-Deals, die zu dem hohen Transaktionsvolumen führten: die Übernahme der Deutschen Wohnen durch Vonovia oder der Verkauf des Portfolios von Akelius mit 14.050 Wohnungen in Berlin und 3.590 Wohnungen in Hamburg für einen geschätzten Kaufpreis von mehr als 5,0 Mrd. Euro an Heimstaden. Zudem kaufte das Land Berlin Wohnungen von den börsennotierten Wohnungsunternehmen Deutsche Wohnen und Vonovia für rund 2,5 Mrd. Euro zurück.[144] Danach erfolgte ein Einbruch, der das Transaktionsvolumen auf das Niveau von nach der Finanz- und Wirtschaftskrise führte.

Nach dem Höhepunkt der Anzahl der Verkaufsfälle nahm deren Anzahl kontinuierlich ab und erreichte im *Jahr 2023* einen neuen Tiefpunkt. Es war die niedrigste Anzahl an Transaktionen seit Beginn der Dokumentation des Marktgeschehens auf der BBSR-Datenbank Wohnungstransaktionen im Jahr 1999. Einzig im ersten Jahr der Erfassung wurde mit sieben gehandelten Portfolios eine einstellige Zahl an Transaktionen erfasst. Während sich die Anzahl an Deals zwischen 2018 und 2021 mit Werten zwischen 21 und 24 auf einem niedrigen Niveau konsolidiert hatte, ging die Marktdynamik seitdem rapide zurück. Neben der Zinswende infolge der Anhebung des europäischen Leitzinses im Jahr 2022 und der Inflation führten Knappheiten in der Bauwirtschaft sowie globalpolitische Unsicherheiten zum Rückgang. Bei der Anzahl verkaufter Wohneinheiten lässt sich ein ähnliches Bild erkennen: In den sieben Verkäufen des vergangenen Jahres wurden insgesamt rund 25.600 Wohnungen veräußert. Noch wenige Jahre zuvor lagen die Werte aufgrund einzelner großvolumiger Verkäufe noch bei weit über 100.000 gehandelten Einheiten. Dies verdeutlicht die Abhängigkeit der Marktdynamik von einzelnen Großtransaktionen mit mehr als 10.000 Wohnungen.

Im ersten Halbjahr 2024 erreichte das Handelsgeschehen auf dem deutschen Markt für Mietwohnungsportfolios einen historischen Tiefstand. Lediglich ein Mietwohnungsportfolio ab 800 Einheiten ist am Wohnungsmarkt gehandelt worden, bei dem rund 4.500 Wohneinheiten den Besitzer wechselten. Damit wurde sogar die geringe Verkaufsdynamik der letzten Halbjahre sowohl bei der Zahl der Transaktionen als auch beim Handelsvolumen unterschritten.

---

144 Vgl. Jones Lang LaSalle, 2022.

Preisentwicklung

Die *Preise* für Immobilien werden auf dem Investmentmarkt zwischen Anbietern und Nachfragern festgelegt. Der Kaufpreis ist der in Geldeinheiten ausgedrückte Wert für ein Haus oder eine Wohnung, der zwischen Verkäufer und Käufer beim Verkauf ausgehandelt wird. Da Immobilien große Qualitätsunterschiede aufweisen können und nur sehr unregelmäßig verkauft werden, müssen Transaktionspreise um qualitative Veränderungen bereinigt werden, um die zeitliche Vergleichbarkeit der Kaufpreise zu gewährleisten. Dies geschieht bei Angebotspreisen üblicherweise durch Regressionen, die Veränderungen von preisrelevanten Charakteristika wie Wohnfläche oder Baujahr berücksichtigen.

Die *Entwicklung der Kaufpreise von Immobilien* hängt von vielen demografischen und wirtschaftlichen Faktoren ab. Zum Beispiel führt eine wachsende Bevölkerung zu mehr Nachfrage nach Wohnraum. Auch ein im Verhältnis zur Nachfrage knappes Angebot an Immobilien – insbesondere in beliebten Lagen – führt c. p. zu steigenden Mieten und Preisen. Doch auch niedrige Zinsen und zu wenige attraktive alternative Geldanlagemöglichkeiten können die Nachfrage nach Wohneigentum erhöhen. Ebenso kann die Erwartung steigender Mieten die Kaufpreise steigen lassen und umgekehrt führen steigende Preise von vermieteten Objekten zu steigenden Mieten, da Investoren ihre Ausgaben über die Mieteinnahmen abdecken.

Eine sehr langfristige Statistik über die Preisentwicklung stammt nicht von einem einzelnen Anbieter, sondern die Deutsche Bundesbank greift auf verschiedene Quellen zurück- vgl. Abb. 4.36.

- 1975 bis 1989: Jahresangaben der bulwiengesa AG: 50 westdeutsche Städte inkl. West-Berlin, Eigentumswohnungen und Reihenhäuser Erstbezug,
- 1990 bis 1994: Jahresangaben der bulwiengesa AG: 100 westdeutsche Städte, inkl. West-Berlin Eigentumswohnungen und Reihenhäuser insgesamt,
- 1995 bis 2005: Jahresangaben der bulwiengesa AG: 125 große deutsche Städte, Eigentumswohnungen und Reihenhäuser insgesamt,
- 2006 bis 2013: Jahresangaben der vdp Research GmbH: 402 Landkreise und kreisfreie Städte, Index für selbst genutztes Wohneigentum insgesamt und
- ab Q1 2014: Angaben des Statistischen Bundesamtes: Häuserpreisindex.

In den *1970er- und 1980er-Jahren* gab es eine sehr volatile Preisentwicklung. Während die Preise für Wohnimmobilien bis zum Beginn der 1990er-Jahre kontinuierlich gestiegen sind, kam es danach bis zum Beginn der 2010er-Jahre zu einer Stagnation.

Der starke Preisanstieg zu Beginn der *1990er-Jahre* wurde durch die Wiedervereinigung verursacht, da u. a. aufgrund günstiger wirtschaftlicher Rahmenbedingungen und aufgrund der Binnenwanderungen eine verstärkte Nachfrage nach Wohnimmobilien einsetzte. Erst mit einer Verzögerung konnte das Angebot auf die zunehmende Nachfrage reagieren. Infolge der hohen Fertigstellungen kam es zu Überkapazitäten, die zu 15 Jahren Preisstagnation führte. In den Jahren von 2005 bis 2010 haben sich

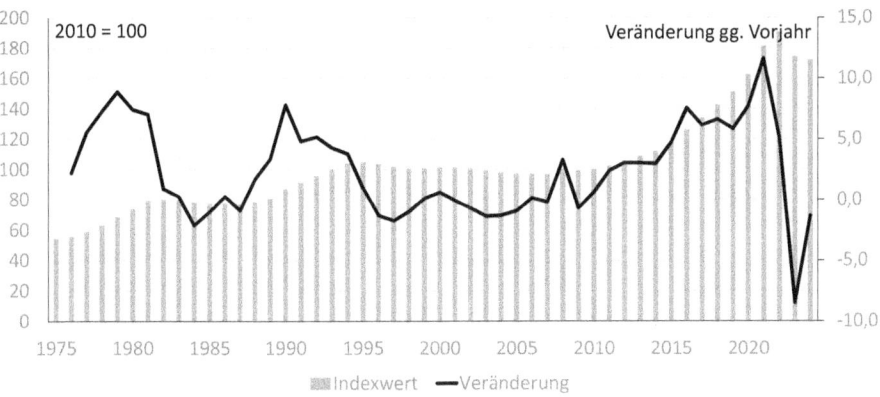

Abb. 4.36: Hauspreise – lange Reihe.
Quelle: Deutsche Bundesbank, Tabelle BBDR1.A.DEA.N.BBKL.WHK.P.I10.A, abgerufen am 27.03.2025, eigene Darstellung.

Preise und Mieten noch einigermaßen im Gleichgewicht entwickelt. Die Faktoren stiegen nur leicht an, da Mieten und Preise jeweils um rund 4 Prozent anstiegen.

Auf die *Finanz- und Wirtschaftskrise 2008/09* reagierte die EZB mit Zinssenkungen, was sich in jahrelangen hohen Preissteigerungen zeigte. Seit 2010 haben sich die Marktergebnisse Preise und Mieten enorm entwickelt. Ab dem Jahr 2010 war ein kräftiger Anstieg der Wohnimmobilienpreise zu beobachten, der vergleichbar mit dem Anstieg der Jahre 1965 bis 1980 war. Für den Anstieg der Immobilienpreise ab dem Jahr 2010 spielt der Rückgang der Hypothekenzinsen eine bedeutende Rolle. Die Deutsche Bundesbank schätzt, dass der Anstieg der Wohnimmobilienpreise stärker durch die sinkenden Zinssätze erklärt werden kann als durch andere Faktoren wie Einkommenszuwächse.

Es besteht eine starke Korrelation zwischen dem Beginn des EZB-Programms „Quantitative Easing (quantitative Lockerung)" und der Periode der enormen Preissteigerungen. Seit März 2015 hat die EZB im Rahmen ihrer geldpolitischen Sondermaßnahmen erstmals Vermögenswerte von Geschäftsbanken gekauft. Diese Ankäufe von Vermögenswerten sollten das Wirtschaftswachstum im Euro-Währungsgebiet stützen. Es hat aber auch dazu geführt, dass die durchschnittlichen Wachstumsraten der Preise deutlich höher als in den Vorjahren ausfielen. Dies ist auch auf eine sinkende Zahl an Fertigstellungen bei einer dynamischer werdenden Nachfrage zurückzuführen. Es stiegen die Preise wesentlich stärker als die Mieten. In den 7 A-Städten sind die Preise in den vergangenen zehn Jahren explodiert, für das obere Preissegment seit 2010 um mehr als das Doppelte. In den schwächeren Wohnlagen fielen die Steigerungsraten nicht so stark aus, aber insgesamt deutlich stärker als die Mieten.[145]

---

[145] Vgl. Sachverständigenrat 2024/25, S. 223.

Der Anstieg der Immobilienpreise *seit dem Jahr 2010* verlief regional sehr unterschiedlich. Bis zum Jahr 2015 war der Preisanstieg hauptsächlich in Ballungsräumen zu beobachten, während er in den folgenden Jahren auch die Regionen außerhalb der Städte erfasste. Auch zwischen den Städten zeigt sich eine sehr unterschiedliche Preisentwicklung. Vor allem in den sieben A-Städten kam es aufgrund eines starken Bevölkerungszuwachses zu besonders kräftigen Preiserhöhungen. Gleichzeitig stiegen die Preise in einigen anderen Städten weniger stark.

Der *Zinsanstieg von 2022* führte zu einem Nachfragerückgang und letztlich zum Einbruch der Preise in 2023. Der Rückgang der Wohnimmobilienpreise lässt sich laut Deutscher Bundesbank auf den gesunkenen Finanzierungsspielraum vieler Kaufinteressenten aufgrund hoher Inflation und gestiegener Finanzierungskosten sowie stark gestiegenen Baukosten und geringer Ausweitung des Wohnraumangebots zurückführen. Die Preiskorrekturen verliefen aufgrund des hohen Bedarfs und der Abwesenheit einer Preisblase mit Überkapazitäten oder exzessiver Kreditvergabe relativ moderat. Laut dem *Häuserpreisindex des Statistischen Bundesamts* sanken die Preise für Wohnimmobilien bundesweit im Jahr 2023 erstmals seit mehreren Jahren. Diese Entwicklung setzte sich zunächst 2024 fort, ehe sie sich in der zweiten Jahreshälfte umkehrte. Im Neubausegment fielen die Preisrückgänge geringer aus, was vor allem auf die hohen Baukosten zurückzuführen war. Bei Bestandsimmobilien war der Preisrückgang hingegen deutlich stärker ausgeprägt, da die Preise dort stärker von den Marktkräften im Zusammenspiel aus Angebot und Nachfrage gebildet werden.

Die Preiskorrektur setzte im zweiten Quartal 2022 ein, als die Zinsen sprunghaft anstiegen. Seither fielen die Preise bei den Eigentumswohnungen (ETW) bundesweit nominal um 11,5 Prozent und im Ein- und Zweifamilienhaussegment (EZFH) um 12,3 Prozent. In den A-Städten verliefen die Rückgänge bei den Eigentumswohnungen in etwa im bundesdeutschen Trend, während bei den Ein- und Zweifamilienhäusern die Rückgänge stärker waren.

Der *Häuserpreisindex des Statistischen Bundesamts*[146] misst die durchschnittliche Preisentwicklung aller typischen Markttransaktionen für Wohnimmobilien (Eigentumswohnungen sowie Ein-/Zweifamilienhäuser), die als Gesamtpaket aus Grundstück und Gebäude verkauft bzw. erworben werden. Dazu zählen sowohl neu erstellte als auch bestehende Wohnimmobilien, unabhängig davon, ob diese von einer Privatperson, einem Unternehmen oder der öffentlichen Hand veräußert werden. Die Preisindizes für selbst genutztes Wohneigentum messen die durchschnittliche Preisentwicklung für neue, selbst genutzte Wohngebäude und Wohnungen sowie die Ausgaben, die mit dem Erwerb oder Besitz von Wohneigentum entstehen.

Seit 2019 wird der Häuserpreisindex rückwirkend bis zum vierten Quartal 2015 auch für die fünf siedlungsstrukturellen Kreistypen des Bundesinstituts für Bau-, Stadt- und Raumforschung berechnet. Damit kann die Immobilienpreisentwicklung

---

[146] Vgl. Statistisches Bundesamt, 2025c.

im städtischen Raum nach Metropolen, sonstigen kreisfreien Großstädten und städtischen Kreisen ausgewiesen werden. Für ländliche Gebiete wird der Index getrennt veröffentlicht nach Kreisen mit einer sehr geringen Bevölkerungsdichte (dünn besiedelte ländliche Kreise) und solchen, die eine etwas dichtere Besiedelung oder mehr Einwohner in Städten aufweisen (ländliche Kreise mit Verdichtungsansätzen). Dieser regionalisierte Häuserpreisindex wird getrennt nach Wohnungen und Häusern veröffentlicht (vgl. Abb. 4.37).

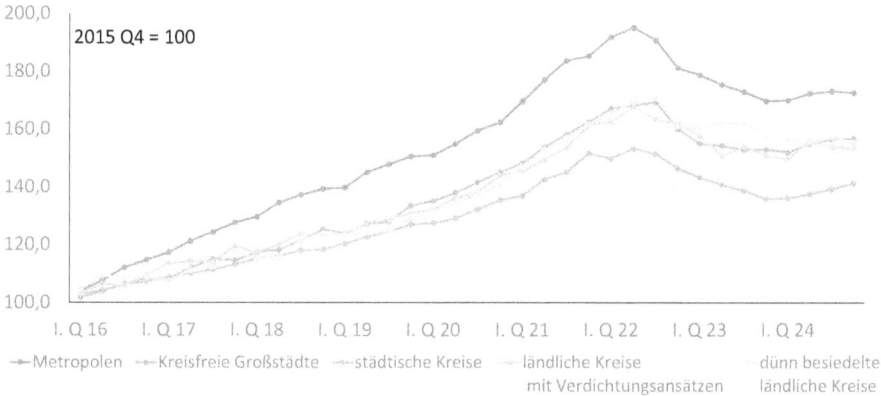

Abb. 4.37: Hauspreisentwicklung.
Quelle: Statistisches Bundesamt, 2025d, eigene Darstellung.

Eine Methode für die Bestimmung der Preisentwicklung ist die Auswertung von Preisdatenbanken wie die der *empirica AG*. In dieser Datenbank werden regelmäßig und deutschlandweit Angebotspreise aus den Inseraten erfasst. Die Angebotspreise werden als sogenannte hedonische Preise berechnet. Bei diesem Verfahren werden Qualitätsunterschiede (Baualter, Wohnfläche, Ausstattung oder Bauzustand) berücksichtigt und herausgerechnet, da die Objekte sich sehr stark unterscheiden können.

Die Hauspreisentwicklung nach der *empirica AG* (Abb. 4.38) zeigt, dass erst ab dem Jahr 2020 ein deutlicher Preisanstieg festzustellen ist. Am stärksten ist dieser bei neugebauten Eigentumswohnungen. Ab Jahresbeginn 2022 ist auch hier ein Rückgang der Preise festzustellen.

Vom *Verband der Pfandbriefbanken (vdp)* wird eine Methode genutzt, bei der die Wertentwicklung auf tatsächliche Transaktionsdaten der finanzierenden vdp-Mitgliedsinstituten zurückgeführt wird. Auch hier wird ein hedonisches Verfahren angewandt, um die Preise um Qualitätsunterschiede zu bereinigen und damit qualitätsangepasste Preise zu bilden. Grundlage bilden die transaktionsbasierten Preisindizes, die vdp-Research vierteljährlich für den Verband deutscher Pfandbriefbanken auf der Basis von Immobilientransaktionen ermittelt – wie in Abb. 4.39 dargestellt.

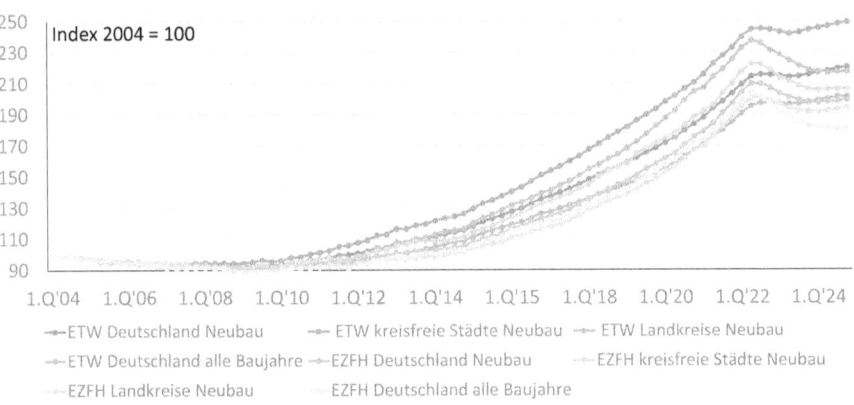

Abb. 4.38: Hauspreisentwicklung – empirica AG.
Quelle: empirica AG, empirica Preisdatenbank, abgerufen am 27.03.2025, eigene Darstellung.

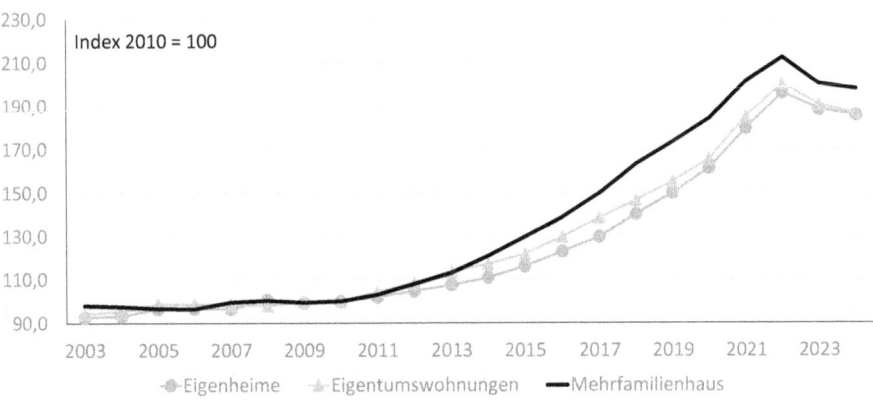

Abb. 4.39: Hauspreisentwicklung – vdp.
Quelle: Verband der Pfandbriefbanken, 2025, eigene Darstellung.

Nach der *vdp-Preisstatistik* kam es durch den Bauboom in den 1990er-Jahren (Wiedervereinigung) zu einer Preisstagnation. Seit dem Jahr 2003 ist über den gesamten Zeitraum bis 2015 ein Anstieg der Preise um gut 35 Prozent für Einfamilienhäuser und gut 40 Prozent für Eigentumswohnungen festzustellen. Ab Jahresmitte 2010 zeigten beide Indizes wieder eine deutlichere Aufwärtsentwicklung. Die überproportionalen Preisanstiege in den Ballungsgebieten sind u. a. Ausdruck eines wanderungsbedingten Nachfrageüberhangs.

Bei der Preisentwicklung gibt es laut vdp ein typisches Muster: Zunächst steigen die Preise in den Städten an und danach erst in den peripheren Gebieten. Ein Vergleich der regionalen Preisentwicklung zeigt, dass langfristig nur für wenige Kreise die Entwicklung der Preise über dem Anstieg der Verbraucherpreise lag. Im restlichen Deutschland sind die Hauspreise hingegen real gesunken.

Renditeentwicklung

Die Rendite ist ein Indikator, um den Ertrag einer Immobilieninvestition zu messen. Die *Anfangsrenditen* werden von verschiedenen Faktoren bestimmt. Zentrale Variablen sind die erwarteten Entwicklungen auf den Vermietungs- und insbesondere den Investmentmärkten. Die Kreditverfügbarkeit und die Stimmung auf den Kapitalmärkten wirken sich auf die Renditen aus. Bei positiven Mietaussichten kann es zu überproportional steigenden Preisen kommen und so zu sinkenden Renditen. Weiterhin wirken sich die Zinsen aus, wobei sinkende Zinsen zum einen die Finanzierungskosten senken und zum anderen Anleihen oder andere Assets als Konkurrenzprodukte weniger attraktiv machen. Folglich wird es durch eine steigende Nachfrage zu höheren Preisen und geringeren Anfangsrenditen kommen. Zwischen den Einflussfaktoren bestehen darüber hinaus Interdependenzen.

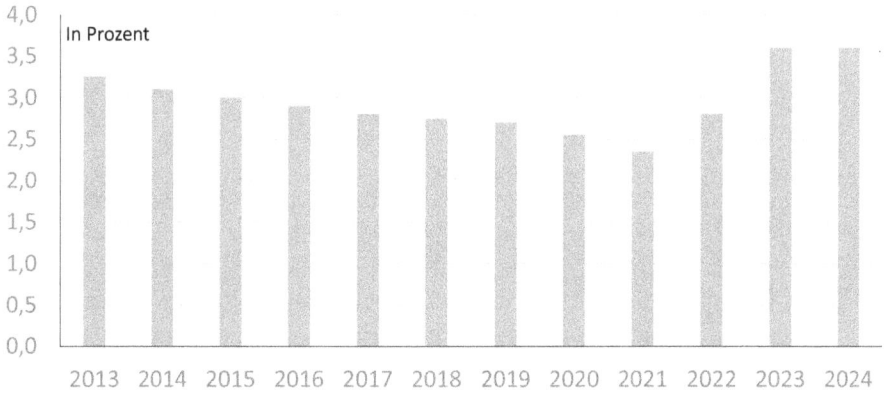

Abb. 4.40: Renditeentwicklung.
Quelle: CBRE, 2024, eigene Darstellung.

In Deutschland gingen die Anfangsrenditen, wie in Abb. 4.40 dargestellt, aufgrund des Immobilienbooms Anfang des letzten Jahrzehnts deutlich zurück, da eine hohe Nachfrage nach Wohnimmobilien bestand. In der Vergangenheit konnten sowohl absolut als auch in Relation zum Kapitalmarkt höhere Mietrenditen erzielt werden. Von 2009 bis 2021 lagen die Mietrenditen für Mehrfamilienhäuser durchgängig 300 und mehr Basispunkte oberhalb der Rendite zehnjähriger Bundesanleihen.

Zwar stieg die Mietrendite ab dem Jahr 2021, doch die Anleiherenditen weiteten sich demgegenüber kräftiger aus. Der ab 2022 eingeengte Abstand weitete sich im Jahr 2024 zwar wieder aus, fällt aber mit rund 200 Basispunkten merklich niedriger als in der Vergangenheit aus.

Faktor

Der *Faktor, Multiplikator oder Vervielfacher* ist ein Richtwert für viele Anleger. Der Faktor wird berechnet, indem der Kaufpreis durch die jährliche Nettokaltmiete geteilt wird. Damit kann beurteilt werden, ob eine Immobilie zu einem akzeptablen Kaufpreis angeboten wird. Jedoch hat in den 2010er-Jahren eine erhebliche Marktveränderung (u. a. Zinsentwicklung) stattgefunden, die zu einem deutlichen Anstieg der Faktoren geführt hat. Der Faktor wird heute eher von der Entwicklung der Finanzmärkte als von der der Vermietungsmärkte bestimmt.

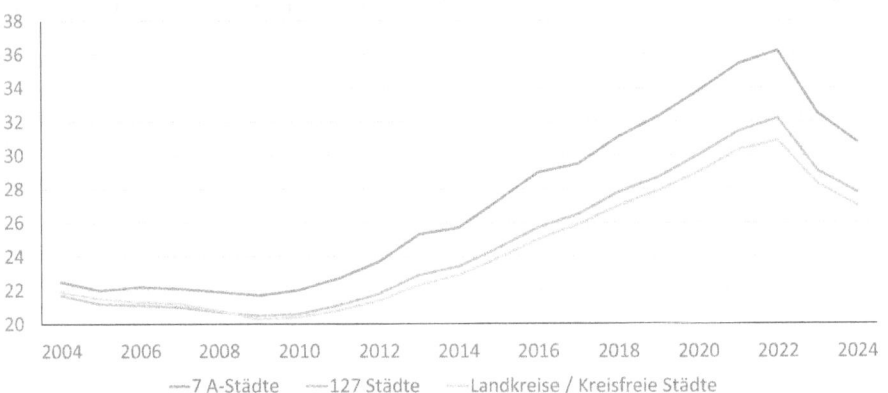

Abb. 4.41: Vervielfacher / Faktor für Mehrfamilienhäuser.
Quelle: Deutsche Bundesbank, Tabelle BBDY1.A.B10.N.G250.P0600.A und BBDY1.A.B10.N.G250.P0610.A und BBDY1.A.B10.N.G250.P0620.A, abgerufen am 21.03.2025, eigene Darstellung.

Der Faktor wies nach Abb. 4.41 für die Mehrfamilienhäuser in den großen sieben Städten bis Mitte der 2000er-Jahre eine relativ gleichmäßige Entwicklung auf. Erst seit dem Jahr 2010 stieg der Multiplikator aufgrund des gewachsenen Investoreninteresses sehr deutlich an. Bis zum Jahr 2022 stiegen die Kaufpreise wesentlich stärker als die Mieten an, was steigende Faktoren zur Folge hatte. Im Jahr 2023 kam es dann zum Einbruch.

Zwar sind auch die Mieten in den zurückliegenden Jahren kräftig gestiegen. Doch die Preis-Miet-Relation liegt trotz eines sichtbaren Rückgangs weit oberhalb der Werte, die zu Beginn der 2020er-Jahre zu beobachten waren.

4.7.3 Investmentzyklus

Die *Immobilien-Investmentmärkte* unterscheiden sich nach Lage und Objektart, wobei aber die Einflüsse eine gemeinsame Ursache haben, nämlich die Entwicklung der internationalen Finanz- und Kapitalmärkte. Aufgrund der verschiedenen Investorentypen und -interessen fallen die Investmentzyklen je nach Markt unterschiedlich aus. Die Investmentmärkte sind insbesondere anfällig für spekulative, sich selbst verstärkende Effekte, die über längere Zeit anhalten und damit zu erheblichen Marktübertreibungen (z. B. Preisblasen) führen können.

Ursachen für Investmentzyklen sind differenzierte Angebots- und Nachfrageentwicklungen bei den Immobilienkäufen, die zu Preisveränderungen und im Extrem zu Preisblasen führen können. Ursachen eines Investmentzyklus finden sich in den Rahmenbedingungen des Investmentmarkts. Eine wichtige Bedingung für einen Aufschwung ist eine hohe Liquidität der institutionellen Anleger oder hohe Zuflüsse von Kapital auf den Anlagemärkten. Hierbei wird auch von einem Liquidity Hurricane gesprochen. Sowohl nach der „Dotcom"-Krise als auch nach der Finanz- und Wirtschaftskrise verfolgten die Zentralbanken weltweit eine expansive Geldpolitik. Mit der Erhöhung der weltweiten Liquidität und weiter sinkenden Zinsen entwickelte sich ein Boom in den 2010er-Jahren auf den Immobilien-Investmentmärkten.

Der *Ablauf eines Investmentzyklus* kann entsprechend den Ausführungen von Charles Kindleberger und Hyman Minsky in fünf charakteristische Phasen unterteilt werden (vgl, Abb. 4.42). Es wurden unterschiedliche vergangene Wirtschaftskrisen analysiert, darunter die Tulpenzwiebelkrise in Holland im 17. Jahrhundert oder die Große Depression der 1930er-Jahre. Dabei zeigte sich ein wiederholendes Verlaufsmuster bei der Investitionsintensität. Die Zyklen wiederholen sich immer wieder, was jedoch mit unterschiedlicher zeitlicher Dauer und Amplitude geschieht.

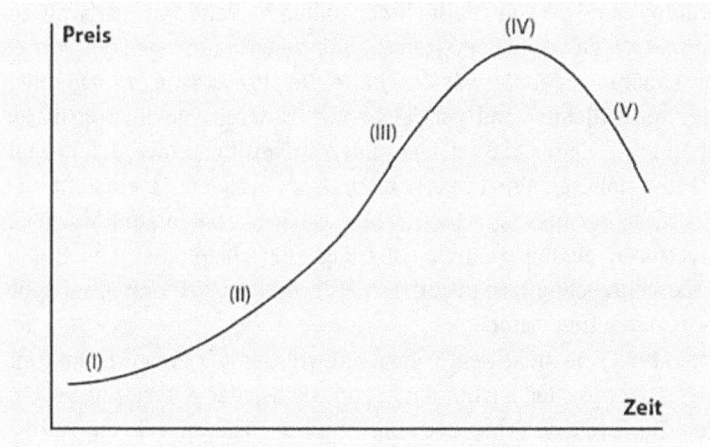

Abb. 4.42: Schematische Darstellung der Entwicklung eines Wohnimmobilien-Investmentmarktzyklus.
Quelle: eigene Darstellung.

Am Startpunkt der Entwicklung steht oft ein *exogener Schock (Displacement, I)*, der die Wirtschaft verändert und ein starkes Wirtschaftswachstum zur Folge hat. Auslöser können beispielsweise fundamentale wirtschaftliche Veränderungen (z. B. Niedrigzinsen) oder staatliche Eingriffe sein.

Ist diese Veränderung nachhaltig, so wird sie die ökonomischen Erwartungen und Gewinnmöglichkeiten verändern. Durch diesen Effekt nehmen Unternehmen und Privatpersonen Kredite auf und investieren in Immobilien. Typisch in dieser Phase ist auch, dass die Akteure am Markt ein immer risiko-freudigeres Anlageverhalten entwickeln. So wurde die Gewerbeimmobilienblase zum Jahrtausendwechsel durch zu optimistische Erwartungen im Hinblick auf die Potenziale der New Economy ausgelöst, während ein Beispiel für eine steuerinduzierte Preisblase in Deutschland Mitte der 1990er-Jahre zu finden ist.

Im Anschluss an die Veränderung kommt es zum *Boom (II)*. Die neuen Gewinnmöglichkeiten locken immer mehr Anleger an. Die Banken geben stetig mehr Kredite und die Liquidität auf dem Markt erhöht sich. Dieser Schub heizt die Euphorie der Marktteilnehmer noch weiter an. Charakteristisch ist, dass die Akteure im Preisfindungsprozess für ihre Kapitalanlage tendenziell mehr die Wertsteigerung beachten und weniger den Cashflow. Dabei werden die Preisanstiege einfach mit überhöhten Wachstumsraten in die Zukunft fortgeschrieben. Typisch in dieser Phase ist, dass einzig die Erwartungen für Preisanstiege zu immer höheren Kaufpreisen führen und nicht fundamentale Daten. Die Banken verlangen geringere Auflagen von den Schuldnern. In dieser Phase kann es auch zu einem gesamtwirtschaftlichen Entwicklungsschub kommen, wenn z. B. in Folge der Euphorie die Nachfrage überproportional zunimmt, wodurch die Euphorie der Marktteilnehmer noch weiter steigt.

Im Stadium der *Euphorie bzw. Manie (Mania, III)* überhitzen die Märkte und es kommt zu Blasenbildungen. Die Marktteilnehmer haben extrem optimistische Zukunftserwartungen und gehen von einem Szenario mit dauerhaft steigenden Preisen aus. Dies führt zur Zunahme spekulativer Geschäfte. Der Preisanstieg beschleunigt sich, Risiken werden ausgeblendet und Vergleiche mit früheren Spekulationsblasen negiert mit der Behauptung, dieses Mal sei alles anders. Investitionen werden nur mit dem Ziel getätigt, einen höheren Wiederverkaufspreis zu erzielen. Es entsteht eine Preisspirale. Die Gewinne der bislang erfolgreichen Anleger werden zum Magneten für immer neue Investoren, die hyperaktiv nach Anlagemöglichkeiten suchen, um ihrerseits von der Gesamtentwicklung zu profitieren. Es beteiligen sich immer neue Bevölkerungsschichten an den Investitionen.

Erreicht der Investment-Boom seinen Höhepunkt, werden die ersten Insider aus dem Markt aussteigen. Dies ist der Beginn der vierten Phase der *Krise bzw. des Umschwungs (Revulsion, IV)*. Einzelne Ereignisse können diese auslösen, z. B. das Auffliegen eines Schwindels oder der Zusammenbruch eines Unternehmens. Es setzt eine allgemeine Ernüchterung angesichts der Erkenntnis der viel zu hoch getriebenen Preise ein, die den fundamentalen Wert der Anlage nicht mehr wiedergeben. Der Preisanstieg findet ein abruptes Ende, sobald mehr Verkäufer als Käufer auf dem Markt aktiv sind. Die Preise beginnen zu fallen. Zum Teil glauben Investoren zu diesem Zeitpunkt noch nicht an einen langanhaltenden Abwärtstrend und investieren nach leichten Korrekturen erneut in den Markt. Jedoch überwiegt ab einem bestimmten Zeitpunkt die Angst vor fallenden Preisen.

In der letzten Phase, der *Torschlusspanik (Panic, V)* fallen die Preise und die Unternehmensinsolvenzen nehmen zu. Wie auch die Manie treibt die Torschlusspanik sich mit wachsendem Momentum selbst an. Nun wollen alle Anleger den Markt verlassen und aus ihren Investments aussteigen. Es werden Verluste bei Wiederverkäufen erwirtschaftet. Um die Verluste gering zu halten, wollen viele verkaufen, bevor der Preis weiter sinkt. Dieses Verhalten führt zu weiter stark fallenden Preisen. Das Geschäftsmodell der Kursspekulation bricht zusammen. Die Anzahl der insolventen Marktteilnehmer steigt stark an. Viele Kredite können nicht mehr an Banken zurückgezahlt werden. Auch unter den Banken wächst das Misstrauen, besonders in Bezug auf die Kreditwürdigkeit untereinander.

Ob steigende Preise wirklich eine Spekulationsblase bedeuten, ist immer erst hinterher bekannt, also dann, wenn die Blase geplatzt ist. Wann eine Blase platzt, ist schwer bis gar nicht vorhersehbar. Denn die Preise steigen so lange weiter, wie es am Markt einen „noch größeren Narren" gibt, der noch mehr dafür bezahlt (*Greater-Fool-Hypothese*). Wenn Blasen platzen, betrifft das aber nicht nur einzelne Spekulanten. Häufig werden ganze Volkswirtschaften mit in den Abgrund gerissen. Aus Finanzkrisen werden schnell Wirtschaftskrisen. Das hat die Geschichte erst in den 2000er-Jahren wieder eindrücklich vor Augen geführt.

Am *Beispiel der Preisblase der amerikanischen Wohnimmobilienmärkte* kann exemplarisch der Ablauf eines Investmentzyklus gezeigt werden. In den USA bildete sich insbesondere ab 2001 eine spekulative Preisblase. Zwar waren in den Jahren zuvor schon steigende Immobilienpreise zu verzeichnen, aber in geringerem Ausmaß. Die Blase am Wohnungsmarkt in den USA wurde durch eine expansive Geldpolitik (mit)-ausgelöst, die für niedrige Finanzierungskosten sorgte. Nach dem Ende der Dotcom-Blase im Jahr 2000 und den Anschlägen vom 11. September 2001 hatte die US-Notenbank die Leitzinsen von 6,5 Prozent Ende des Jahres 2000 innerhalb von drei Jahren auf ein historisch niedriges Niveau von einem Prozent gesenkt. Erst Mitte 2006 lagen die Zinsen kurzfristig wieder über 5 Prozent. Gerade die Niedrigzinsphase zwischen 2003 und 2006 in den USA hat die Finanzierungskosten stark reduziert und die Nachfrage gesteigert. Damit wurde ein Ausgangspunkt für die folgende Preisblase gelegt. Eine entscheidende Rolle spielten finanzielle Innovationen in Form der Verbriefungen. Hypothekendarlehen sind auch an Kreditnehmer mit geringer Bonität auf dem sogenannten Subprime-Markt vergeben worden. Die Banken haben die Kreditforderungen oft mit erstklassigen Titeln zu wertpapierähnlichen, leicht übertragbaren Schuldverschreibungen (*Mortgage Backed Securities*, MBS) kombiniert und weltweit verkauft. Zudem stieg der Anteil an Hypotheken mit variablen Zinssätzen auf über die Hälfte.

Als Folge der expansiven Geldpolitik verzeichneten die USA ein überdurchschnittliches Wirtschaftswachstum, außerdem verstärkten Zuwanderungen die Nachfrage nach Wohnraum. In den 2000er-Jahren führten steigende Hauspreise und gute Kreditkonditionen zu mehr Krediten für die Haushalte. Der Case-Shiller Home Price Index als Maßstab für die Entwicklung der nationalen Hauspreise stieg stark an (siehe Abb. 4.43).

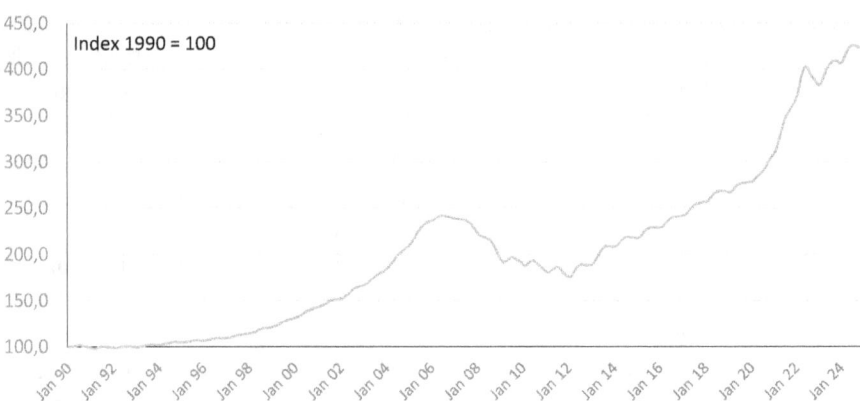

Abb. 4.43: U. S. National Home Price Index.
Quelle: S&P/Case-Shiller, 2024, eigene Darstellung.

Zwischen 2004 und 2006 hat die amerikanische Notenbank die Zinsen in den USA von 1 Prozent auf über 5 Prozent wieder deutlich angehoben. Die Notenbank hat versucht, den Preisanstieg zu bremsen. Aufgrund des starken Zinsanstiegs konnten die Haushalte ihre Häuser jedoch nicht mehr finanzieren und verkauften diese. So kam es zu dem Crash bei den Hauspreisen in den USA. Zwangsversteigerungen brachten den Banken hohe Kapitalverluste ein. Die Bankenkrise mündete in eine Wirtschaftskrise, die sich international ausbreitete.

Der anhaltende Verkauf der Immobilien und der Preisverfall halten i. d. R. so lange an, bis die Preise auf so ein niedriges Niveau fallen, dass Investoren wieder zurückkehren oder bis Regierungen bzw. Zentralbanken eingreifen. Die Zentralbank kann die Marktteilnehmer überzeugen, dass sie Liquidität in ausreichender Menge bereitstellen wird, um die Nachfrage zu stimulieren. Die Marktteilnehmer erhalten von den Banken wieder Kredite, mit denen sie Immobilien kaufen können. Der Preisverfall auf dem Immobilienmarkt wird gestoppt, da Investoren durch preiswertes Fremdkapital preisgünstige Immobilien kaufen können.

4.7.4 Immobilienpreisblasen

Bei *Preisblasen auf Immobilienmärkten* geht es um Käufe und Verkäufe von Immobilien, also um den Immobilien-Investmentmarkt. Auch wenn immer wieder von Mietpreisen die Rede ist, so handelt es sich hier um den Vermietungsmarkt (Vermietungen von Immobilien). Preissteigerungen auf den Vermietungsmärkten werden nicht als Preisblasen bezeichnet, da auf diesem Markt die Immobilien aufgrund von realen Nutzungsbedürfnissen gemietet werden und spekulative Einflüsse die Ausnahme bilden.[147]

Zwar ist der Begriff Preisblase *nicht eindeutig definiert*, vielfach wird, so auch von empirica darauf hingewiesen, dass die Entwicklung der Immobilienpreise aufgrund von fundamentalen Faktoren nicht gerechtfertigt ist. Eine allgemein akzeptierte, eindeutige ökonomische Definition einer Preisblase gibt es jedoch nicht, stattdessen sind verschiedene Definitionen zu finden. Aufgrund der hohen Komplexität und der Interdisziplinarität wird es keine allgemein akzeptierte Begriffsbestimmung geben können. Der Begriff wird in der Literatur oft nach Stiglitz definiert: „ ... if the reason that the price is high today is only because investors believe that the selling price will be high tomorrow – when 'fundamental' factors do not seem to justify such a price – then a bubble exists."[148] Es wird davon ausgegangen, dass die Spekulation der Anleger die Preisentwicklung bestimmt. Nicht genau wird darauf eingegangen, was unter fundamentalen Faktoren verstanden wird.

Nach dieser Definition ist eine spekulative Blase durch einen hohen und meist raschen Preisanstieg der Spekulationsobjekte und den anschließenden Preisverfall gekennzeichnet. Historische Preisblasen gab es u. a. in den Niederlanden des 17. Jahrhunderts (Tulpenzwiebeln), in Japan der 1980er-Jahre (Immobilien), in Form der globalen New-Economy-Blase um die Jahrtausendwende und in den USA der 2000er-Jahre (Wohnimmobilien). Eine Preisblase existiert, sobald der Grund für einen hohen aktuellen Preis lediglich im Glauben der Investoren an einen hohen Verkaufspreis in der Zukunft begründet ist und fundamentale Faktoren den Preis und die Preissteigerungen nicht rechtfertigen, also der zugrundeliegende nachhaltige Wert nicht widergespiegelt wird. Der starke Preisverfall grenzt eine Blase von einem Boom ab. Aus dieser Definition ergeben sich zwei Probleme. Erstens: Blasen können erst ex post eindeutig identifiziert werden, d. h. nachdem sie geplatzt sind. Zweitens: Alle Blasen platzen.

Bei Annahme eines *vollkommenen Markts* wird der Marktpreis einer Immobilie durch Angebot und Nachfrage auf den Immobilien-Investmentmärkten bestimmt, wobei beim Gleichgewichtspreis Angebot und Nachfrage ausgeglichen sind. Es werden verschiedene Annahmen getroffen, damit es sich um einen vollkommenen Markt handelt. Ausgegangen wird von der Marktform der vollständigen Konkurrenz mit vielen Anbietern und Nachfragern. Weiterhin sind die Güter homogen, d. h. es fehlen sachliche, räumliche, zeitliche oder persönliche Präferenzen, die einen Einfluss auf die Kaufentscheidung ausüben. Außerdem wird eine unendlich schnelle Anpassung an Veränderungen sowie vollkommene Markttransparenz vorausgesetzt. Ist eine dieser Voraussetzungen nicht gegeben, so handelt es sich um einen unvollkommenen Markt. Bei einem solchen wäre es möglich, dass er erst gar nicht zustande oder es zu einem ineffizienten Ergebnis kommt. Auf einem unvollkommenen Markt können die

---

[147] Vgl. Eine ausführliche Analyse bei Vornholz, 2016, S. 54 ff.
[148] Stiglitz, 1990, S. 14.

Preise von denen eines vollkommenen Markts abweichen. In der Realität gibt es nur unvollkommene Märkte, dies gilt insbesondere für die Immobilienmärkte und auch für den Immobilien-Investmentmarkt. Der Immobilienmarkt ist ein unvollkommener Markt aufgrund der besonderen Eigenschaften des Gutes Immobilie, sodass es z. B. aufgrund von Marktintransparenz, unvollkommener Konkurrenz oder heterogenen Produkten zu Preisübertreibungen kommen kann.

Die Immobilienpreise werden von der Immobilie selbst maßgeblich beeinflusst und hängen u. a. von deren Lage im Makro- und Mikrostandort sowie von der Objektart und deren Qualität ab. Hinzu kommen Einflussfaktoren auf Angebot und Nachfrage. Das Angebot wird insbesondere durch die Höhe der Baukosten bestimmt. Dazu kommt ein staatlicher Einfluss, sei es u. a. durch behördliche Regulierungen oder Subventionen. Das Zinsniveau beeinflusst das Angebot ebenso wie die Nachfrage. Neben dem Einkommen und der Beschäftigungsentwicklung hat die Demografie einen großen Einfluss auf die Nachfrage nach Immobilien. Nicht nur das Bevölkerungswachstum (bei Wohnimmobilien: Haushaltsentwicklung), sondern auch der Wandel der demografischen Strukturen beeinflusst die Nachfrage.[149]

Es erfolgt eine permanente Preisbildung zwischen den Marktteilnehmern. Temporär stabile Preise bilden die Ausnahme und Preisschwankungen (mit zwischenzeitlich stärkeren Ausschlägen) den Normalfall. Bei einer dynamischen Betrachtung zeigen die Preise im Zeitverlauf eine schwankende Entwicklung, wenn es zu Änderungen auf der Angebots- oder Nachfrageseite kommt oder sich Rahmenbedingungen und Einflussfaktoren ändern. Zwischenzeitlich kann es so zu stärkeren Anstiegen kommen. Die Preise fallen, wenn die Nachfrage hinter dem Angebot zurückbleibt. Dazu muss entweder vorher das Angebot zunehmen oder die Nachfrage zurückgehen.

Bei der Aggregation der Preise einzelner Immobilien zu einem durchschnittlichen Marktpreis (Preis für ein bestimmtes Gebiet) bestehen viele Unsicherheiten. Da es sich bei Immobilien um heterogene Güter handelt ist aus Preisen für unterschiedliche Immobilien ein Durchschnittswert zu bilden. Die erste Schwierigkeit ergibt sich aus der Frage, ob die Preise für (Bestands)-Immobilien oder nur die der Transaktionen eines bestimmten Zeitabschnitts berücksichtigt werden. Außerdem besteht das Problem, dass unterschiedliche Daten genutzt und verschiedene Analysemethoden verwendet werden. Weiterhin gibt es unterschiedliche Methoden der Aggregation. Neben den hedonisch ermittelten Preisen mithilfe einer Regressionsanalyse können diese als Schichtung dargestellt werden oder als statistischer Durchschnitt.

Festzuhalten ist, dass nicht jeder Preisanstieg zur Bildung einer spekulativen Blase führt. Starke preisliche Anstiege können ebenfalls auf reale Knappheiten zurückzuführen sein, etwa weil das Angebot einer starken Nachfrageentwicklung, zum Beispiel aufgrund zu geringer Neubautätigkeit und einer starken Fokussierung der Mietnachfrager und Investoren auf bestimmte Gebiete, nicht nachkommen kann. So-

---

149 Ausführliches dazu siehe Kapitel 3.

lange die Preisentwicklung auf die zuvor genannten exogenen oder endogenen Faktoren zurückzuführen ist (solange die Preisbildung also fundamental gerechtfertigt ist), erscheint eine scharfe Preiskorrektur, wie sie typisch für das Platzen einer Blase ist, unwahrscheinlich.

Die Investmentmärkte sind insbesondere anfällig für spekulative, sich selbstverstärkende Effekte, die über längere Zeit anhalten und damit zu erheblichen Marktübertreibungen führen können. Der Investmentzyklus führt zu Preisanstiegen bzw. Preisblasen oder einer Yield-Compression. Ursache sind differenzierte Angebots- und Nachfrageentwicklungen bei Immobilienkäufen. Hierdurch können Preisübertreibungen bzw. Preisblasen entstehen.

Ursachen von Immobilienpreisblasen
Die Ursachen für einen Investmentzyklus sind sowohl bei den Rahmenbedingungen des Immobilien-Investmentmarkts als auch bei den Marktakteuren zu suchen. Wie immer in der ökonomischen Realität lässt sich ein ökonomisches Phänomen nicht auf eine einzelne Ursache zurückführen, sondern üblicherweise auf eine *Reihe von Faktoren*. Diese können sich auch gegenseitig verstärken, sodass es zu einer sich selbst tragenden Entwicklung kommt (vgl. Abb. 4.44).

Erst das Zusammenwirken verschiedener Faktoren lässt eine Blase entstehen. Eine Preissteigerung allein macht noch keine Immobilienblase. Als typische Ursachen einer Fehlentwicklung auf den Immobilienmärkten können die folgenden Ursachen angesehen werden. Neben den fundamentalen Faktoren, den real- und finanzwirtschaftlichen, sind es vor allem psychologische Ursachen, die eine Preisblase auslösen können.[150]

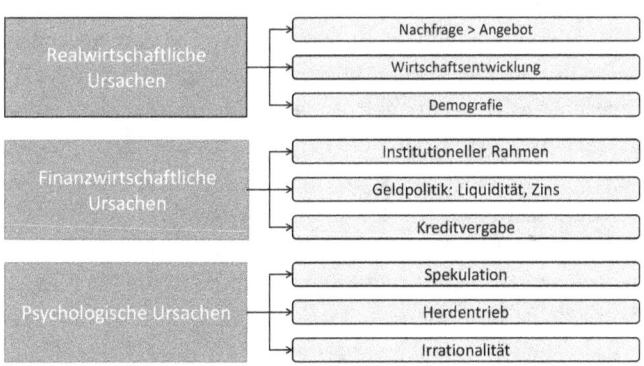

Abb. 4.44: Ursachen einer Immobilienpreisblase.
Quelle: eigene Darstellung

---

150 Vgl. Vornholz, 2016, S 58.

Grundsätzlich ist bei *realwirtschaftlichen Ursachen* davon auszugehen, dass für eine Preisblase eine Marktkonstellation mit einem Nachfrageüberschuss die Grundvoraussetzung ist. Ist die Nachfrage nach Immobilien größer als das Angebot, kommt es zu Preissteigerungen. Ursache hierfür ist ein überproportionaler Anstieg der Nachfrage oder ein unterproportional wachsendes bis schrumpfendes Angebot. Auf den unvollkommenen Immobilienmärkten ist aufgrund von Timelags das Angebot nicht in der Lage, diesen Gap rasch zu schließen, sodass die Preise weiter steigen.

Auch das Platzen einer Blase kann auf die Angebots-Nachfrage-Relation zurückgeführt werden. Hierbei kann es sein, dass die Nachfrage drastisch einbricht oder das Angebot stark ansteigt und damit für einen Angebotsüberschuss sorgt. Dadurch geraten die Preise unter Druck bzw. sinken. Auf diesen Märkten kann es nicht zu Preisblasen kommen. Somit ist neben der Nachfrage das Angebot bzw. die Bautätigkeit mit den Fertigstellungen ein wichtiger Indikator. So war z. B. in Spanien oder Irland Anfang des Jahrtausends das Überangebot für das spätere Platzen der Blase mitverantwortlich.

In der Immobilienökonomie wird die Entwicklung der Immobilienpreise durch das *gesamtwirtschaftliche Umfeld (speziell: Wirtschaftswachstum)* erklärt. Oft liegen die Anfänge einer Preisblase in Zeiten einer wirtschaftlichen Expansion. Für den Preisanstieg sind eine gute wirtschaftliche Lage und die damit verbundene niedrige Arbeitslosigkeit sowie positive Einkommensentwicklungen und -erwartungen verantwortlich.

Maßgeblich für die Wohnungsnachfrage ist die Einkommensentwicklung der Haushalte, wobei ein positiver Zusammenhang zwischen Immobilienpreisanstieg und den Einkommenszuwächsen besteht.[151] Eine wachsende Wirtschaft ist identisch mit einer höheren Beschäftigung und steigenden Einkommen für die Haushalte, die auch die Nachfrager nach Wohnungen sind. Mehr Beschäftigung und geringere Arbeitslosigkeit führen auch zu wachsenden Löhnen. In konjunkturell besseren Zeiten werden höhere Lohnforderungen gestellt und auch erfüllt. Kurzfristig ist nur mit einer geringen Änderung des Konsumverhaltens zu rechnen. Falls der Einkommensanstieg dagegen nachhaltig sein sollte, werden die Haushalte als Folge wachsender Einkommen mehr Wohnfläche nachfragen und bereit sein, dafür höhere Preise zu zahlen. Die höhere Nachfrage nach Wohnraum kann sich sowohl quantitativ (Wohnungsgröße) als auch qualitativ (Lage, Ausstattung) auswirken. Dies bedeutet, dass sich durch steigende Einkommen die Nachfrage nach Wohnraum erhöht. Wenn nun die Nachfrageseite größer als die Angebotsseite ist bzw. die Angebotsseite verzögert oder unzureichend reagiert, führt dies zu steigenden Immobilienpreisen.

Einen nicht zu vernachlässigenden Einfluss auf die Bildung einer Preisblase kann darüber hinaus die *Wirtschaftspolitik* haben. Durch staatliche Eingriffe in den Immobilienmarkt kann es zu erheblichen Fehlentwicklungen am Immobilienmarkt kom-

---

151 Siehe ausführlich Kapitel 3.2.

men. Der Staat versucht durch Subventionen oder steuerliche Anreize die Entwicklungen am Immobilienmarkt positiv zu beeinflussen. Jedoch kann es hierbei auch zu Fehlentwicklungen kommen, wie z. B. der Hype der Wohn- und Büroimmobilien in den neuen Bundesländern nach der Wiedervereinigung zeigt. Ein anderes Beispiel sind die USA, wo ab den 1990er-Jahren massiv selbst genutztes Wohneigentum gefördert wurde (u. a. mit Steuererleichterungen oder Verbriefungen), die zur Wohnimmobilienblase beitrugen. Auch in Großbritannien führte das staatliche Programm Help to Buy zu massiven Preissteigerungen.

Neben der ökonomischen hat die *demografische Entwicklung* einen großen Einfluss auf die Nachfrage nach Immobilien. Nicht nur das reine Bevölkerungswachstum, sondern auch der Wandel der demografischen Strukturen beeinflusst die Nachfrage. Dabei ist die Zahl der Haushalte der wichtigste demografische Einflussfaktor für die Nachfrage nach Wohnungen, da diese die Nachfrager sind. Die Zahl der Haushalte hängt von den Lebensgewohnheiten der Bevölkerung ab und wird beeinflusst von der durchschnittlichen Haushaltsgröße. Darüber hinaus ist die Struktur der Haushalte wichtig für die Wohnungsnachfrage, wobei die Verschiebungen in der Größen- und Altersstruktur bedeutsam sind. Für die regionale Wohnungsmarktentwicklung spielen zudem regionale Wanderungsbewegungen und die Urbanisierung eine erhebliche Rolle. Vermehrter Zuzug aus dem In- und Ausland in die Großstädte führt dort zu einer stärkeren Nachfrage nach Wohnraum. Die demografische Entwicklung kann somit aufgrund der verschiedenen Einflussfaktoren auf einzelnen Märkten zu steigenden Preisen führen.

Die realwirtschaftlichen Faktoren werden zu den fundamentalen Ursachen einer Preisblase gezählt. In der Immobilienökonomie gehören sie zu den Fundamentalfaktoren, die eine Preisentwicklung determinieren und zur Bildung einer Preisblase beitragen können.

Die Kaufpreise sind aber nicht nur durch die gleichen fundamentalen Faktoren bestimmt wie die Mieten. Neben den beschriebenen Faktoren sind es vor allem die *finanzwirtschaftlichen Einflussfaktoren*, die auf die Preisentwicklung Einfluss nehmen. Durch die geldpolitischen Maßnahmen der EZB nach der Finanz- und Wirtschaftskrise hat sich die Liquidität der Investoren drastisch erhöht und gleichzeitig kam es zu einer Niedrigzinsphase. Diese finanzwirtschaftlichen Einflussfaktoren wirken sich nicht auf die Entwicklung der Mieten aus, sondern sind nur die Werttreiber auf den Immobilien-Investmentmärkten. Unter den finanzwirtschaftlichen Ursachen einer Preisblase werden verschiedene Aspekte zusammengefasst. Grundlegende Ursachen sind Veränderungen der institutionellen Rahmenbedingungen sowie die Effekte der Geldpolitik und die Kreditentwicklung.

Veränderungen der institutionellen Rahmenbedingungen durch u. a. Liberalisierung der Finanzmärkte oder Deregulierung der Banken sind häufige Vorläufer von Preisblasen. Durch die stattgefundene Liberalisierung und Deregulierung der Finanz- und Kreditmärkte in den letzten Jahrzehnten sind neue Anbieter in Konkurrenz zu den bestehenden Banken und Kreditinstituten getreten. Dies erhöhte den Wettbewerb auf den Kreditmärkten, der zu einer Reduktion der Kreditkosten führte. Neue Anbieter im Markt sowie internationale Wettbewerber können günstigere Konditionen, neue Produkte und neue Technologien anbieten. Dies führte zur Ausweitung der Kreditmenge.

Durch die Einführung neuer Anlagevehikel sowie die enge *Verzahnung von Kapital- und Immobilienmarkt* hat sich eine größere Auswahl an Anlagemöglichkeiten im Immobiliensektor ergeben. Die Immobilie als indirektes Anlageprodukt etablierte sich neben Aktien und anderen Wertpapieren zunehmend als autonome Anlagekategorie (globale und fungible Assetklasse). Dazu beigetragen haben sowohl neue Formen der indirekten Immobilienanlage – etwa Immobilienaktien, REITs oder die Verbriefung von gewerblichen Immobilienkrediten (Mortgage Backed Securities) – als auch die Entwicklung neuer Kapitalmarktprodukte mit Immobilienbezug wie Zertifikate oder Derivate. Dies hatte die Nachfrage nach Immobilien stark angefacht.

Eine wesentliche Voraussetzung für finanzwirtschaftlich bedingte Preissteigerungen ist eine sehr *expansive Geldpolitik* mit ihren Effekten auf Liquidität und Zinsen. Die Geldpolitik führt zu hoher Liquidität bei institutionellen Anlegern bzw. starken Kapitalzuflüssen auf den Anlagemärkten (*Liquidity Hurricane*). Zur Krisenbekämpfung hatten die Zentralbanken weltweit sowohl nach der Dotcom-Krise als auch nach der Finanz- und Wirtschaftskrise eine expansive Politik verfolgt. Der Anstieg der globalen Liquidität war verbunden mit tendenziell sinkenden Zinsen.

In einem Umfeld niedriger Zinsen und hoher Liquidität können Übertreibungen an den Immobilienmärkten entstehen. Bei einem niedrigen Zinsniveau für Immobilienkredite kann zum einen bei gleichen Kosten ein höherer Fremdkapitalbetrag eingesetzt werden. Dies wirkt grundsätzlich preistreibend. Zum anderen wird die Immobilienpreisentwicklung stark von Kapitalanlageentscheidungen determiniert. Eine niedrige Verzinsung alternativer Anlageformen (positive Spreads) und das schwierige Anlageumfeld lassen Immobilien als Anlagealternativen attraktiv erscheinen.

Eine spekulative Blase im Immobilienmarkt ist in den meisten Fällen mit einer deutlichen *Kreditexpansion* verbunden, d. h. mit steigenden Kreditvolumina im monetären Sektor. Die schnelle und nachhaltige Ausweitung der Kreditmenge kann als weitere finanzwirtschaftliche Ursache für eine Preisblase am Immobilienmarkt angesehen werden. Immobilienpreise und Kreditvergabe können eine sich gegenseitig verstärkende, destabilisierende Dynamik entwickeln. In Spanien oder Irland zum Beispiel verdoppelte bis verdreifachte sich der Bestand an Hypothekendarlehen im Vorfeld der Finanzkrise.

In den Boomphasen kann es ferner zu einer Lockerung der *Standards bei Krediten* kommen, nach denen Banken Immobilienkredite vergeben. So begünstigen niedrige oder variable Zinsen eine expansive Kreditvergabe. Jeder Kreditnehmer kann sich folglich „mehr" Immobilie bei gleichbleibender laufender Belastung leisten. Zudem kommt es zu vermehrten Immobilienkrediten an Kreditnehmer mit mangelhafter Bonität. Insgesamt führt die erhöhte Nachfrage zu steigenden Immobilienpreisen. Weiterhin wird dies gefördert, wenn Immobilienschulden nicht getilgt werden müssen oder die Schuldzinsen steuerlich abzugsfähig sind. Außerdem können Darlehen ohne Eigenkapitalbeitrag oder zu einem hohen Auslauf (Loan to Value, LTV) gewährt und ohne persönliche Haftung abgeschlossen werden. Problematisch wird es insbesondere dann, wenn ein selbstverstärkender Prozess einsetzt, bei dem sich steigende Preise und wachsende Verschuldung gegenseitig bedingen. Dieser entsteht, wenn Immobilienkäufer weiter steigende Preise erwarten und dadurch ihre Bereitschaft zur Verschuldung steigt.

Es besteht eine wechselseitige Beziehung zwischen der *Geld- und Kreditentwicklung* und den Vermögenspreisen. Der Anstieg der Schuldenlast könnte sowohl Ursache als auch Folge gestiegener Häuserpreise sein. Die Preise können einerseits gestiegen sein, weil eine Ausweitung der Kredite die Nachfrage nach Immobilien steigert und zu höheren Preisen führt. Andererseits können steigende Preise auch der Grund für eine steigende Kreditvergabe sein, weil Immobilien als Sicherheit für Kredite dienen. Steigende Preise erhöhen den Beleihungswert einer Immobilie. Ursache und Wirkung können sich aufgrund ihrer Wechselbeziehung gegenseitig verstärken.

Während des Immobilienbooms in den 2000er-Jahren konnte das Finanzierungsvolumen durch Ausplatzierungen, z. B. durch Mortgage Backed Securities (MBS) / Verbriefungen deutlich ausgeweitet werden. So wurden zum einen Verbriefungen eingesetzt, um direkt Immobilientransaktionen zu finanzieren. Dadurch wurden Verbriefungen zu Ersatzinstrumenten von Krediten. Zum anderen dienten Verbriefungen der Refinanzierung von Banken. Die Banken können ihre Kredite verbriefen, indem sie diese an staatliche und private Zweckgesellschaften verkaufen, die aus den Krediten nach Rendite und Risikobewertung Portfolios schnüren und deren Anteile als MBS weiterverkaufen.

Verbriefungen ermöglichen die Ausweitung der Finanzierungsvolumina und Kostensenkung von Krediten (niedrigere Refinanzierungskosten), da sie auf den Kapitalmärkten gehandelt und an Investoren in aller Welt verkauft werden. Da MBS nicht in der Bilanz der herausgebenden Bank auftauchen, kann das freigesetzte Eigenkapital für die Vergabe zusätzlicher Kredite verwendet werden. Die Banken können durch die Verbriefung theoretisch unbegrenzt Kredite vergeben, da sie nicht mehr durch die Eigenkapitaldeckung und Mindestreserve limitiert sind. Die Verbriefung sorgt somit für zusätzliche Liquidität im Markt.

Insgesamt ist festzuhalten, dass finanzwirtschaftliche Faktoren zu den fundamentalen Ursachen einer Preisblase gezählt werden können. Ohne sie wären Preisblasen wohl nicht möglich.

In diesem Abschnitt sollen *psychologische Ursachen* Rückschlüsse auf Preisblasen aufgrund von *Verhaltensweisen der Anleger* herangezogen werden. Immobilienpreise werden nicht nur ausschließlich durch fundamentale Faktoren bestimmt, sondern durch spekulative und psychologische Elemente. Spekulative Blasen entstehen, wenn die Zahlungsbereitschaft der Investoren von der fundamentalen Bewertung der Immobilien abweicht, weil die Marktteilnehmer zu optimistisch bzw. spekulativ agieren. Der tatsächliche Kaufpreis liegt somit (deutlich) über dem fundamentalen Wert, der aufgrund der ökonomischen Bestimmungsfaktoren gerechtfertigt wäre.

Zwar liegen die Anfänge einer Immobilienpreisblase häufig in Zeiten einer wirtschaftlichen und finanzwirtschaftlichen Expansion. Wichtig sind aber vor allem psychologische Faktoren, wenn die Immobilienpreise in immer stärkerem Ausmaß von den Preiserwartungen getrieben werden. Dieses Verhalten kann als Spekulation oder Manie bezeichnet werden. In spekulativen Situationen verändern Investoren ihr Investitionsverhalten. Eine Preisblase wird wahrscheinlich, wenn Investoren kaufen, nur weil sie glauben, dass die Preise weiter steigen werden. Weiterhin versuchen sie verstärkt, kurzfristige Preissteigerungen zu realisieren. Sie kaufen überteuerte Immobilien in der Hoffnung, diese zu höheren Preisen an andere Investoren weiterverkaufen zu können, die ihrerseits wieder die Anlagen teurer zu verkaufen versuchen.

Anfängliche Preissteigerungen führen bei den Marktteilnehmern zu positiven Erwartungen hinsichtlich weiterer Preissteigerungen. Damit steht nicht mehr der aktuelle Ertrag in Form der (abdiskontierten) Mieten im Mittelpunkt, sondern lediglich die Erwartung, dass der künftige Verkaufspreis den gegenwärtigen Preis deutlich übersteigt und sich hohe Gewinne realisieren lassen. Aufgrund ihrer Preiserwartungen sind mehr Marktteilnehmer bereit zu investieren. Aber auch die Angst später noch höhere Preise für eine Immobilie zahlen zu müssen, kann ein Motiv sein bei steigenden Preisen zu kaufen. Es entsteht eine Preisspirale: Steigende Preise führen zu weiter steigenden Preisen. Bei ihrem spekulativen Verhalten gehen die Marktteilnehmer davon aus, dass nach Phasen mit langanhaltenden Preisanstiegen diese auch weiter steigen werden. Dabei ignorieren sie, dass i. d. R. nach einer Phase des Preisanstiegs wieder eine Phase des Preisrückgangs kommt.

Typisch für den Aufbau einer spekulativen Blase ist ein erhöhtes Transaktionsvolumen. Die Haltedauer der Immobilien verkürzt sich und es finden immer mehr Transaktionen statt. Ursächlich hierfür ist, dass ein Teil der Anleger kurzfristige Gewinne (Gewinnmitnahmen) realisieren möchte. Ein weiterer Teil kauft mit der Spekulation auf weiter steigende Preise weitere Immobilien, um von den wachsenden Marktpreisen zu profitieren. Zusätzlich steigen weitere Marktteilnehmer in Erwartung steigender Preise ein bzw. wieder ein.

Beim *Herdentrieb* verhalten sich die Akteure weiterhin rational, orientieren sich aber in ihrem Verhalten an Marktführern. Es gibt mehrere Gründe für einen Investor seine eigene Entscheidung an denen anderer Investoren auszurichten. Bei unvollkommener Information kann es für einen Investor rational sein, der Entscheidung anderer zu folgen. Ein Investor vertraut darauf, dass die anderen Investoren über bessere Informationen verfügen. Eine Anlage wird von immer mehr Investoren gekauft, weil eine (kleine) Gruppe in sie investiert. Die Anleger bilden sich keine eigene Meinung zu Chancen und Risiken, sondern imitieren andere Investoren, die erfolgreich scheinen. Ein Herdenverhalten unter Anlegern kann außerdem entstehen, obwohl es weder durch die Informationslage noch durch Anreizmechanismen gerechtfertigt zu sein scheint. Der Mehrheit zu folgen, kann sich insbesondere für institutionelle Investoren als vorteilhaft erweisen, die ihre Reputation und Karrierechancen auch bei Misserfolgen wahren möchten.

Eine spekulative Blase kann auf *irrationales Verhalten* zurückgeführt werden. Als irrational wird ein Verhalten bezeichnet, das der menschlichen Vernunft widerspricht oder sich dieser entzieht. Damit ist das Investmentverhalten rational nicht länger erklärbar. Die Investoren kaufen nur noch in Erwartung weiterer Preissteigerungen und die eigentlichen preisbildenden fundamentalen Faktoren werden nicht beachtet. Beispielhaft für ein irrationales Verhalten sind Euphorie und übertriebener Optimismus bei sich beschleunigenden Preisanstiegen oder Panik bei Preiseinbrüchen. Es ist jedoch sehr schwierig, irrationales von rationalem Verhalten eindeutig zu unterscheiden. Es ist unklar, wann die Erwartungen eines Immobilienanlegers noch mit fundamentalen Faktoren zu belegen sind und wann nicht.

Indikatoren einer Immobilienpreisblase
Mit Hilfe der *Indikatoren einer Immobilienpreisblase* soll unterschieden werden, ob es sich um eine Preisblase handelt oder nur um „normale" Preissteigerungen. Ohne geeignete Indikatoren besteht das Risiko, dass Preissteigerungen fälschlicherweise als Blase interpretiert und Maßnahmen etwa zur Dämpfung der Konjunktur ergriffen werden. Es drohen dann gravierende Wohlfahrtseinbußen.

Für ein und denselben Markt lassen sich Studien mit konträren Ergebnissen finden. Weil sich die Untersuchungen stark in der Qualität, der ihnen zugrunde liegenden Daten und der Ausgestaltung der Modelle unterscheiden, ist ihre Vergleichbarkeit eingeschränkt. Aufgrund der Eigenschaften von Immobilienmärkten (Unvollkommenheiten) besteht ein großes Problem bezüglich der Daten und ihrer Qualität, so ist aufgrund der Heterogenität der einzelnen Immobilien eine Aggregation zu Marktwerten sehr schwierig. Zudem sind die Aussagen ökonometrischer Untersuchungen zu Preisblasen bei Immobilien vorsichtig zu bewerten, da sich einige wichtige Variablen wie z. B. gesetzliche Restriktionen, Finanzierungskonditionen und Steuergesetzgebung nur schwer schätzen und operationalisieren lassen.

Absolute / relative Preisentwicklung
Ein erster Indikator für eine Preisblase kann die *Höhe der Immobilienpreise* sein. Während der Preis für eine neue Eigentumswohnung im Durchschnitt in Deutschland zum Jahresende 2021 bei gut 4.400 Euro pro Quadratmeter lag, wird für eine gleichartige Wohnung in München mehr als 10.000 Euro gezahlt. Auch wenn diese Daten interessant sind, können aufgrund mangelnder Vergleichsmaßstäbe aus der absoluten Höhe eines Immobilienpreises keine Rückschlüsse auf eine Preisblase gezogen werden.[152]

Die *Entwicklung der Immobilienpreise* kann ein zweiter Indikator in diesem Zusammenhang sein, wenn es z B. heißt: „Die Preise sind sehr stark gestiegen". Die Bank für Internationalen Zahlungsausgleich (BIZ) berechnet die Abweichung der realen

---
[152] Vgl. Dr. Klein, 2024.

Wohnimmobilienpreise von ihrem langfristigen Trend. Liegt das aktuelle Preisniveau um mehr als 10 Prozent über seinem längerfristigen Durchschnitt werden von der BIZ Gefahren gesehen. Weiterhin wäre ein regionaler Vergleich möglich, wenn die Entwicklung in den Städten oder Deutschland als Ganzes verglichen wird. Darüber hinaus können die Preise von Wohnimmobilien mit anderen Objektarten verglichen werden. Abb. 4.45 zeigt, dass die Einzelhandelspreise deutlich schwächer als die Wohnungspreise angestiegen sind. Schließlich ist auch ein Vergleich der Preisentwicklung mit dem Ausland möglich. Aufgrund unterschiedlicher Rahmenbedingungen sind derartige Vergleiche aber mit Vorsicht zu verwenden.

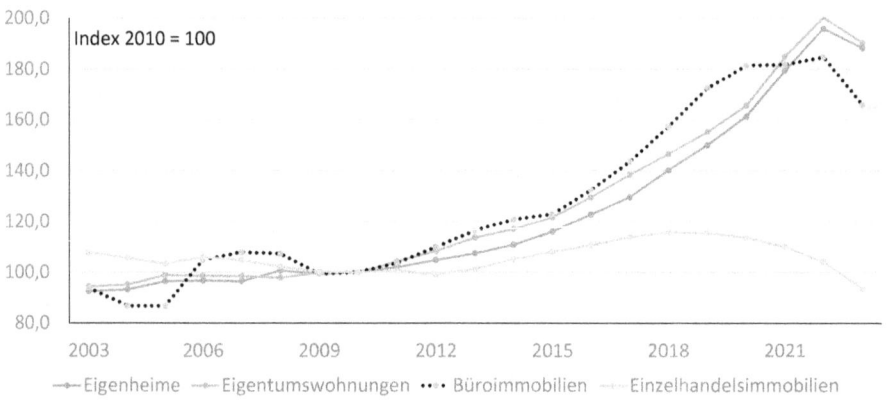

Abb. 4.45: Immobilienpreisentwicklung.
Quelle: Verband deutscher Pfandbriefbanken, 2025, eigene Darstellung.

Schließlich kann die Immobilienpreisentwicklung mit der allgemeinen Preisentwicklung / Inflation verglichen werden, die in Deutschland anhand des Wachstums des harmonisierten Verbraucherpreisindizes (HVPI) gemessen wird. Die EZB geht von Preisniveaustabilität aus, wenn die Inflation bei 2 Prozent pro Jahr liegt.

Nach der Geschwindigkeit des Prozesses der Geldentwertung (Inflationstempo) wird zwischen schleichender, beschleunigter, galoppierender Inflation oder Hyperinflation unterschieden. Wenn es sich um geringe Preissteigerungsraten handelt, wird von schleichender Inflation gesprochen, bei moderaten Preissteigerungen von beschleunigter und bei hohen Preissteigerungen handelt es sich um eine galoppierende Inflation. Eine Hyperinflation weist demnach sehr hohe Inflationsraten auf. Es gibt auch hier keine wissenschaftlich bestimmbaren Grenzen, wann die einzelnen Inflationsarten anfangen. Insgesamt lässt sich auch aus dem Vergleich mit den Inflationsraten keine eindeutige Grenze für den Beginn einer Immobilienpreisblase aufzeigten.

Vgl. Dr. Klein, 2024.

Faktor: Preis-Miete-Relation

Der Faktor, auch als Vervielfacher, Multiplikator oder Price-Rent-Ratio (Preis-Miete-Verhältnis) bezeichnet, ist eine zentrale Kennzahl zur Analyse einer Immobilienpreisblase auf dem Wohnimmobilienmarkt. Das *Price-Rent-Ratio* stellt das Verhältnis der Immobilienpreise zum fundamentalen Einflussfaktor der Miete dar. Es ist die Relation der jährlichen Erträge aus der Vermietung einer Immobilie im Verhältnis zu den Anschaffungskosten. Der Indikator Faktor liefert erste Hinweise auf eine Preisblase. Er ist aber weder exakt hinsichtlich der Benchmark (u. a. Normalwert; fundamental gerechtfertigt; langfristiger Durchschnitt) noch gibt es einen exakten Abweichungswert, ab wann eine Preisblase vorliegt.

Diese Relation folgt dem Asset-Pricing-Ansatz aus der Finanzwirtschaft. In Analogie zum Aktienmarkt oder zum Kurs-Gewinn-Verhältnis lässt sich auf dem Immobilienmarkt das Preis-Miete-Verhältnis als Indikator einer Preisblase anwenden. Das Verhältnis gilt als Indikator für die Risikobereitschaft von Investoren. Ein deutlicher Anstieg des Faktors ist ein mögliches Anzeichen für spekulative Preisentwicklungen und kann als Zeichen einer Blase interpretiert werden. In der Immobilienwirtschaft wird häufig davon ausgegangen, dass der Faktor langfristig um einen konstanten Durchschnittswert schwankt, da unter der Annahme eines konstanten Diskontierungssatzes Wohnungspreise und -mieten langfristig denselben Trend aufweisen sollen. Somit wäre ein starkes Abweichen von diesem Wert nach oben als mögliches Anzeichen für spekulative Preisentwicklungen zu werten.

Der Faktor fällt unterschiedlich je nach Objektart und regionalem Markt aus. Bei der Beurteilung der Entwicklung ist u. a. zu fragen, ab welchem Anstieg (absolut bzw. relativ) es sich um eine Preisblase handelt. Falls ein langfristiger durchschnittlicher Wert als Benchmark zur Identifizierung von Preisblasen verwendet wird, ergeben sich die folgenden Probleme. Zunächst wäre zu klären, welcher Zeitraum als Benchmark berücksichtigt wird, da sich je nach der Dauer unterschiedliche Durchschnittswerte ergeben können. Zudem ist die Frage zu beantworten, ob es sich bei dem Anstieg um einen konjunkturellen Zyklus oder einen Strukturbruch handelt, da es ansonsten zu Fehlinterpretationen kommen kann. Ein solcher Strukturbruch stellt die Globalisierung der Immobilienwirtschaft nach der Jahrtausendwende dar. Seitdem weisen die Finanzmärkte einen zunehmend dominanten Einfluss auf die internationalen Immobilienmärkte auf.

Erschwinglichkeit: Preis-Einkommens-Indikator

Eine weitere wichtige Kennzahl zur Immobilienpreisanalyse ist bei der einfachsten Form eines *Erschwinglichkeitsindikators (Affordability)* der Vergleich des Verkaufspreises mit dem durchschnittliche Pro-Kopf- oder Haushaltseinkommen. Bei Wohnungsmärkten wird der durchschnittliche Preis einer Eigentumswohnung oder eines Eigenheims ins Verhältnis zum Durchschnittsnettoeinkommen der Haushalte gesetzt. Dieses Verhältnis wird als Preis-Einkommens-Indikator oder Price-Income-Ratio bezeichnet. Die folgende Abbildung 4.46 zeigt die Kosten eines Volltilgerdarlehens für Wohneigentum in Relation zum Einkommen in Deutschland (1. Quartal 1980 = 100). Bei einem Volltilgerdarlehen sind die Zinsen für eine Immobilienfinanzierung für 20 Jahre festgeschrieben, und der Kredit wird innerhalb dieses Zeitraums komplett zurückgezahlt. Der Kreditnehmer ist am Ende der Laufzeit also komplett schuldenfrei. Für das Einkommen wird vom Institut der deutschen Wirtschaft das verfügbare Einkommen pro Kopf verwendet.

Abb. 4.46: Erschwinglichkeit.
Quelle: iwd, 2025, eigene Darstellung.

Dieser Index ermöglicht den Vergleich mit den Einkommen, da diese in den Städten unterschiedlich hoch sein können. Das Maß der Erschwinglichkeit kann als ein Anhaltspunkt für die Interpretation der Preisentwicklungen dienen. In der Immobilienwirtschaft wird vielfach angenommen, dass, wenn das Preis-Einkommens-Verhältnis über seinem langfristigen Durchschnitt liegt, dies auf eine Überhitzung des Markts hindeutet. Es wird angenommen, dass es eine langfristige Gleichgewichtsbeziehung zwischen den Preisen für Wohneigentum und der Einkommensentwicklung gibt. Dies basiert auf folgender Überlegung: Steigen die Wohnungspreise schneller als die Einkommen, so steigt die Price-Income-Ratio an. Folglich können sich immer weniger Marktteilnehmer eine Eigentumswohnung leisten und die Nachfrage geht zurück. Dieser Rückgang bewirkt wieder sinkende Preise. Die Preis-Einkommen-Ratio sinkt ebenfalls und kehrt zu ihrem Durchschnittswert zurück. Würde die Ratio langfristig und stark vom Durchschnittswert abweichen, so wäre dies ein Anzeichen für eine Preisblase.

Der Vergleich der Preisindizes mit dem verfügbaren Einkommen ist *kritisch* zu sehen. Zum einen werden ausschließlich die Wohnungspreise berücksichtigt, aber nicht eventuell die gesunkenen Finanzierungskosten, die höhere Preise bei gleichem Einkommen erschwinglich machen würden. Des Weiteren ist das Preis-Einkommens-

Verhältnis ein Maß, dem das Durchschnittseinkommen der gesamten Bevölkerung zugrunde liegt. Die Bevölkerungsgruppe, die als Käufer auf dem Immobilienmarkt aktiv ist und die Preise bestimmt, erzielt im Durchschnitt jedoch höhere Einkommen als die Gesamtbevölkerung. Gerade in Zeiten zunehmender Lohnspreizung bildet das Durchschnittseinkommen die Einkommensentwicklung von Hausbesitzern und Käufer nicht mehr realistisch ab.

Nach einer Analyse von *empirica regio für die LBS*[153] hat die Erschwinglichkeit von Eigenheimen in der Vergangenheit stark geschwankt. In Deutschland lag die Belastung des durchschnittlichen Haushaltsnettoeinkommens mit der Annuität für ein durchschnittlich teures Ein- und Zweifamilienhaus im Jahr 2005 bei 27 Prozent. Auf dem Land lag sie bei 23 Prozent und bei 36 Prozent in der Stadt. In den Folgejahren sank die Belastung, um deutschlandweit bei 23 Prozent im Jahr 2020 zu liegen. Anschließend kam es aufgrund der gestiegenen Zinsen zu einem massiven Anstieg der Belastung auf 34 Prozent im Jahr 2022 (Stadt 48 Prozent und Land 27 Prozent). Inzwischen haben die Kaufpreise jedoch ein wenig nachgegeben, und die Erschwinglichkeit von Wohneigentum hat sich wieder leicht verbessert.

Weiterhin wurde für die LBS das Ersterwerberpotenzial berechnet. Angehende Eigentümer sollten mindestens ein Viertel bis ein Drittel des Kaufpreises sowie die Erwerbsnebenkosten mit Eigenkapital bestreiten. Im Vergleich der regionalen Kaufpreise mit den Ersparnissen hatten nach Berechnungen von empirica regio nur 4,8 Prozent der 30- bis 44-jährigen Mieterhaushalte (246.000 Haushalte) eine Chance Wohneigentum zu erwerben. Noch Mitte des letzten Jahrzehnts waren das rund 7 Prozent oder rund 350.000 Haushalte.

Fundamental gerechtfertigte Preise

In der Immobilienökonomie wird in der Preisblasen-Diskussion zumeist mit dem fundamentalen Wert einer Immobilie argumentiert. Ausgegangen wird von einer stabilen Gleichgewichtsbeziehung zwischen den Immobilienpreisen und deren fundamentalen Einflussfaktoren. Langfristig soll sich der Preis einer Immobilie analog zu den fundamentalen Einflussfaktoren entwickeln. Bei einer Preisblase gibt es demnach eine Differenz zwischen den gehandelten Marktpreisen und den fundamental gerechtfertigten Preisen (vgl. Abb. 4.47).

Die *Deutsche Bundesbank* schreibt in diesem Zusammenhang, dass es scheint, als ob sich die Preise „vom fundamental gerechtfertigten Niveau entfernt haben"[154]. Bei der Bundesbank werden darunter Preisabweichungen von dem Niveau verstanden, das durch die längerfristigen wirtschaftlichen und demografischen Einflussfaktoren gerechtfertigt erscheint. Im Folgenden weist die Bundesbank darauf hin, dass auch die weiter ermäßigten Finanzierungskosten nur einen Teil der zusätzlichen Dynamik

---

[153] Vgl. LBS, 2024, S. 74.
[154] Deutsche Bundesbank, 2020, S. 74.

erklären können. Es fehlen konkrete Aussagen darüber, welche Faktoren für Preissteigerungen verantwortlich sind, die über das durch Fundamentalfaktoren gerechtfertigte Niveau hinausgehen.

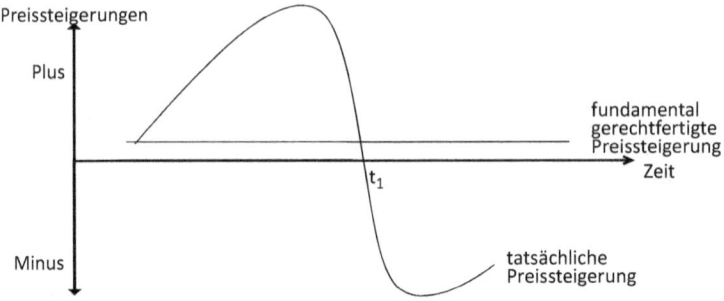

Abb. 4.47: Immobilienpreis und fundamentaler Preis.
Quelle: eigene Darstellung.

Bei den *Modellen* wird für jeden Betrachtungszeitraum ein Verhältnis zwischen dem Preis und den fundamentalen Einflussfaktoren gebildet. Die Deutsche Bundesbank zählt in einem ökonometrischen Modell zu den fundamentalen Faktoren den Wohnungsbestand zu Beginn einer Periode, die realen Hypothekenkreditzinsen, die Wachstumserwartungen für das reale BIP, das reale Pro-Kopf-Einkommen, die Bevölkerungsdichte (insbesondere den Anteil der 30- bis 55-Jährigen an der Gesamtbevölkerung) und die Arbeitslosigkeit. Das Abweichen des Marktpreises von seinem fundamentalen Wert wird als Anzeichen einer Preisblase gesehen. Diese Modelle sind kritisch zu hinterfragen, da die Angebotsseite unberücksichtigt bleibt.

Die *Herausforderung für die Immobilienökonomie* besteht darin, spekulative Übertreibungen von der fundamental determinierten Preisentwicklung zu trennen und Indikatoren zu finden, die ein frühzeitiges und verlässliches Erkennen einer Blase erlauben. Es wird angenommen, dass bei einer Preisblase längerfristig eine Differenz zwischen dem Marktpreis und dem Fundamentalpreis existiert. Fundamentalfaktoren sind die zukünftig erwarteten Zahlungsströme, d. h. die vereinbarte Miete für eine Immobilie. Der tatsächliche Kaufpreis, der auf dem Markt erzielt wird, liegt bei einer Preisblase deutlich über dem fundamentalen Wert, der aufgrund der ökonomischen Bestimmungsfaktoren gerechtfertigt wäre. Bei einer Preisblase stehen die Einschätzungen des Marktpreises zunehmend nicht mehr im Einklang mit den Werten, die aufgrund der wichtigsten sozio-ökonomischen Variablen – wie etwa dem Einkommens- oder Bevölkerungswachstum – gerechtfertigt sind.

Bei der Preisblasenbestimmung besteht die größte Schwierigkeit darin, den nicht beobachtbaren Fundamentalwert eines Immobilienwertes zu bestimmen. Bei einem immobilienökonomischen Ansatz wird in Anlehnung an das Barwertmodell von Vermögenspreisen zur Bestimmung von Immobilienpreisen angenommen, dass der Preis dem Gegenwartswert aller erwarteten Erträge entspricht. Immobilienwerte sind zukunftsgerichtete Größen, deren Preise den Gegenwartswert der erwarteten und damit die unsicheren Ertragsströme eines Vermögensgegenstandes widerspiegeln. Der fundamentale Wert einer Immobilie ergibt sich aus ihren zukünftig erwarteten abdiskontierten Zahlungsströmen und somit durch die Multiplikation der erwarteten Mieten mit einem Diskontierungsfaktor.

Daraus ergeben sich *zwei Hindernisse* bei der Berechnung von Immobilienpreisen. Erstens reflektiert der Preis den langfristigen Fundamentalwert, der durch die erwarteten, zukünftigen Mieterträge bestimmt wird. Es sind die erwarteten Erträge aus dem Vermögensgegenstand zu prognostizieren, wie z. B. bei Häusern die Wohnungsmiete. Da es sich um zukünftige, erwartete Mieten handelt, bestehen bei der Prognose erhebliche Unsicherheiten.

Zweitens ist der Diskontierungsfaktor zu bestimmen, der das mit der Anlage verbundene Risiko im Vergleich zu Ertrag bzw. Risiko einer sicheren Anlage widerspiegelt. Was ist aber der angemessene Diskontierungszinses, der das relative Risiko einer Anlage ausdrückt? In der Realität gibt es einen solchen Zinssatz nicht, aber sowohl aus der Immobilienbewertung als auch aus der Kapitalmarkttheorie (Assetpreismodell) sind dazu verschiedene Ansätze bekannt. Bei dem Ertragswertverfahren wird z. B. der Liegenschaftszins verwendet, der von Gutachterausschüssen auf der Grundlage empirischer Kaufpreissammlungen ermittelt wird. Beim Kapitalmarktmodell wird ein Diskontierungsfaktor verwendet, der sich aus dem risikolosen Zins und einer Risikoprämie zusammensetzt. Die Wahl eines Diskontierungsfaktors beruht auf einer subjektiven Einschätzung und ist eine große Herausforderung, da sich seine Höhe extrem auf den Wert einer Immobilie auswirkt. Verschärft wird dies dadurch, dass sich das allgemeine Zinsniveau als Benchmark in den letzten Jahren drastisch reduziert hat.

> **Exkurs: Ökonomisch begründete Preise**
>
> Auch in der ökonomischen Theorie gibt es eine Diskussion um den (fundamentalen) Wert bzw. Preis eines Gutes. Mit dieser Frage, die auch bei der Bewertung von Immobilien relevant ist, haben sich Ökonomen schon seit Jahrhunderten beschäftigt und versucht den objektiven Wert eines Gutes zu bestimmen. Bereits Adam Smith hat auf den Unterschied zwischen Gebrauchswert und Preis eines Gutes hingewiesen: Wasser hat einen hohen Gebrauchswert, aber einen niedrigen Preis, bei Diamanten ist es umgekehrt. Der Tauschwert dieser Güter (Preis) verhält sich jedoch umgekehrt. Karl Marx versuchte mithilfe der Arbeitswerttheorie den Wert eines Gutes mit der für dieses Gut notwendigen Arbeitsmenge (gesellschaftlich erforderliche Arbeit) zu begründen.
>
> Die Mikroökonomie wiederum erklärt den Wert eines Gutes aus der subjektiven Einschätzung der Nachfrager bezüglich des Gutes. Der Wert (ausgedrückt als Preis) eines Gutes ergibt sich aus dem Grenznutzen: dem Nutzen der letzten Einheit eines Gutes für das Individuum. Demnach ist der Preis eines Gutes der Ausdruck für seinen Wert aus der Sicht eines einzelnen Individuums. Diese werden am Markt als Nachfrage offenbart, in dem das Individuum angibt, welchen Preis es bereit ist, für ein Gut zu bezahlen. Durch das Zusammentreffen von Angebot und Nachfrage ergibt sich der Preis eines Gutes, der identisch mit dem Wert ist. Jeder Preis und Wert einer Immobilie ist nur subjektiv bestimmbar und spiegelt den Wert durch die subjektive Wertschätzung der jeweils letzten Einheit (Grenznut-

zen) wider. Diese Wertschätzung lässt sich jedoch weder messen noch vergleichen. Daraus ergibt sich, dass es nach der mikroökonomischen Theorie keinen objektiven Wert und damit auch keinen objektiven Preis geben kann. Einen gerechten Preis gibt es dennoch: Das ist immer der Preis, den die Wirtschaftssubjekte auf freiwilliger Basis vereinbaren. Denn freiwillig werden sie immer nur solche Geschäfte machen, bei denen ihr Nutzen die Kosten übersteigt.[155]

Folgen einer Immobilienpreisblase
Der Anstieg der Immobilienpreise und das Platzen einer Immobilienpreisblase wirken sich auf verschiedene Weise auf die Gesamtwirtschaft aus, wobei hier zwischen den einzelnen Akteuren unterschieden werden soll. Es kann zwischen den eher positiven Effekten während eines Preisanstiegs und den eher negativen Effekten nach dem Platzen einer Blase unterschieden werden. Die Auswirkungen werden hier zwar einzeln betrachtet, tatsächlich sind sie aber miteinander verbunden und können kumulativ wirken.

Bei einem *Anstieg der Immobilienpreise* während des ersten Teils einer Preisblase gibt es fast nur Profiteure. Steigende Immobilienpreise können die gesamtwirtschaftliche Nachfrage stimulieren. Die Hauseigentümer bzw. Haushalte fühlen sich aufgrund der steigenden Immobilienwerte reicher, werden daher ihre Spareigung reduzieren und mehr konsumieren. In den USA führte dies dazu, dass die Sparquote teilweise bei null lag. Somit wird der private Konsum bzw. die Nachfrage nach Gütern kurz- und mittelfristig stimuliert. Haushalte, die im späteren Verlauf des Aufschwungs Häuser zur Selbstnutzung kaufen, werden nicht durch die bereits gestiegenen Preise benachteiligt, da sie nach ihren Präferenzen freiwillig den hohen Preis bezahlen. Danach profitieren sie von den steigenden Preisen. Bei Kapitalanlegern kommt es hingegen auf den Zeitpunkt des Kaufs an, da diesem die Cashflow-Rendite (je eher, desto höher) betroffen ist. Während der Phase des Preisanstiegs profitieren sie weiterhin von den Wertzuwächsen.

Die Immobilienwirtschaft gewinnt ebenfalls von den Preisanstiegen. Dies gilt für alle Unternehmen, die auf dem Investmentmarkt aktiv sind. Mehr Transaktionen führen zu mehr Umsatz, höheren Gewinnen und mehr Beschäftigung, was nicht nur die privaten und institutionellen Käufer und Verkäufer betrifft, sondern u. a. auch die Makler, Rechtsanwälte oder Berater. Darüber hinaus kann die komplette Wertschöpfungskette betroffen sein: von der Projektentwicklung und dem Bau, über die Nutzungs- bis zur Verwertungsphase. Der Preisanstieg führt u. a. dazu, dass Unternehmen Projektentwicklungen starten und es zu höheren Bauinvestitionen kommt.

Die Banken sind weitere Nutznießer des Preisanstiegs und der gesteigerten Aktivitäten auf dem Immobilien-Investmentmarkt. Mehr Transaktionen bedeuten c. p. mehr Finanzierungen und somit mehr Beschäftigung für den Bankensektor. Die Ge-

---

155 Vgl. ,Vornholz, 2014, S. 108 ff.

winnpotenziale hängen davon ab, wie hoch die Marge ausfällt: Bei steigender Nachfrage ist häufig auch ein stärkerer Wettbewerb unter den Banken zu sehen. Der Staat erzielt höhere Steuereinnahmen, da die Wirtschaftsaktivitäten im Immobilienbereich steigen. Dies betrifft sowohl die immobilienspezifische Grunderwerbsteuer als auch die allgemeine Umsatz- oder Einkommenssteuer.

Negative Folge des Preisanstiegs kann eine ineffiziente Allokation knapper Ressourcen sein, die zu Wachstumseinbußen führt. Es werden Immobilien gekauft, wodurch möglicherweise profitable Investitionen ausbleiben. Der verstärkte Konsum kann auch zu Inflationsrisiken führen. Es besteht weiterhin die Gefahr, dass private Haushalte über ihre finanziellen Verhältnisse hinaus konsumieren und sich überschulden. Durch die Bauinvestitionen kann es zu Überkapazitäten bei den Bauunternehmen kommen. Es können weiterhin Investitionen in den Bau von Immobilien erfolgen, die wegen mangelnder Nachfrage leer stehen werden.

Insgesamt sind überwiegend positive Auswirkungen eines Preisanstiegs im Immobilienbereich für die Gesamtwirtschaft zu erwarten. Aufgrund des höheren Transaktionsniveaus steigen auch die wirtschaftlichen Aktivitäten und es ist insgesamt mit einem höheren Wirtschaftswachstum zu rechnen.

Durch das Platzen der Immobilienblase sind eher negative gesamtwirtschaftliche Auswirkungen zu erwarten. Bei privaten Haushalten macht sich ein verändertes Preisniveau bei Immobilien über den Vermögenskanal bemerkbar. Sinkende Preise führen zu einem niedrigeren Vermögen, allerdings nur dann, wenn die Konsumenten die Wertkorrekturen bemerken und diese als nachhaltig ansehen. Die privaten Haushalte werden aufgrund des geringeren Vermögens ihre Nachfrage und ihren Konsum einschränken.

Preisblasen sind besonders problematisch, wenn der Erwerb des Vermögens von den Haushalten vorwiegend über Kredite finanziert wurde. Wegen des Verfalls der Immobilienpreise können die Konsumenten nur noch verringerte Kreditsicherheiten bieten. Zudem kann ein zinsbedingter Preiseinbruch zu höheren Zinsbelastungen führen und den privaten Konsum zusätzlich belasten.

Die *Immobilienwirtschaft* insgesamt leidet unter dem sinkenden Transaktionsvolumen. Der Rückgang der Immobilienpreise hat zur Folge, dass Eigentümer weniger in Immobilien investieren. Durch das vorher geschaffene Überangebot an Immobilien reduzieren sich die Bauinvestitionen. Die Aktivitäten und die Wertschöpfung der Branche nehmen ab. Letztlich sinkt auch die Beschäftigung in der Bauwirtschaft, was negative Rückwirkungen auf den privaten Konsum und die Staatseinnahmen hat.

Die *Banken* sind als wichtige Kreditgeber auf den Immobilienmärkten besonders gefährdet, durch Kreditausfälle im Zuge einer platzenden Immobilienblase in eine Krise oder Insolvenz zu geraten. Fallende Immobilienpreise im Zuge der platzenden Blase bedeuten, dass Kreditsicherheiten für Hypotheken an Wert verlieren. Aufgrund der Risikoprämie können auch die Zinssätze erhöht werden und die Banken verlangen niedrigere Ausläufe bzw. höhere Eigenkapitalanteile sowie strengere Auflagen und Bedingungen zur Risikoprävention. Diese höheren Risikoprämien führen für Unternehmen und Haushalte zu steigenden Kreditkosten.

Wenn die Höhe der ausstehenden Hypothekenschulden den Wert des Hauses übersteigt, kann es zu einer Zwangsversteigerung kommen. Falls der Preisverfall durch steigende Zinsen ausgelöst wurde, können besonders Haushalte betroffen sein, die in Niedrigzinsphasen viel Fremdkapital aufgenommen haben. Die Eigentümer können insolvent gehen und ihre Immobilien werden zwangsversteigert. Hierdurch können die Banken Verluste erleiden, und gleichzeitig wird ein weiterer Verfall der Preise stattfinden.

Die Ausfallraten, der sinkende Wert der mit Immobilien gesicherten Hypotheken und das steigende Risiko im Hypothekengeschäft können die Banken zu hohen Abschreibungen zwingen und die Bilanzen belasten. Als Konsequenz können sie zur Anpassung ihres Aktivgeschäftes gezwungen sein, d. h. sie reduzieren die Kreditvergabe nicht nur auf dem Immobiliensektor, sondern an alle Unternehmen und Haushalte. So reduziert sich das Kreditvolumen bei steigenden Kreditkosten. Investitionsvorhaben können nur noch zu höheren Kosten oder gar nicht mehr realisiert werden. Ebenso erhalten Haushalte weniger Kredite bzw. diese zu höheren Kosten.

Das Platzen einer Preisblase kann den *Staat* stark belasten. Die Staatsverschuldung steigt rapide an, falls Steuereinnahmen wegbrechen und umfangreiche Konjunkturprogramme und Hilfsmaßnahmen durchgeführt werden, um die drohenden Wachstumseinbußen zu begrenzen. Ebenfalls kann die Geldpolitik stark ausgedehnt werden, was letztlich wieder zu Vermögenspreisblasen führt.

Insgesamt sind negative Effekte für die Gesamtwirtschaft zu erwarten. Falls eine Blase platzt, kann dies die Konjunktur einer Volkswirtschaft über einen längeren Zeitraum hinweg schwer beeinträchtigen. Die veränderten Bankaktivitäten können für stärker verschuldete Unternehmen und weniger liquide Privatkunden den Zugang zu Krediten einschränken. Somit gehen das Investitionsvolumen und der private Konsum zurück. Dementsprechend gerieten viele Volkswirtschaften aufgrund der letzten Finanzkrise in eine Rezession.

Exkurs: Tulpenmanie
Als bekannteste und früheste dokumentierte Spekulationsblase gilt die Tulpenmanie aus dem Goldenen Zeitalter der Niederlande des 17. Jahrhunderts. Die Muster von Preisblasen ähneln sich. Wie später in der Dotcom-Blase Ende der 1990er-Jahre oder in der Immobilienkrise der 2000er-Jahre basierte auch der Tulpenwahn auf der Hoffnung ständig steigender Preise und explodierender Gewinne. Tulpen wurden wegen ihres edlen, schönen Aussehens von reichen Bürgern zu hohen Preisen gekauft. Einigen Gärtnern gelang es schließlich, Tulpen in Holland heimisch zu machen. In den 1630er-Jahren begannen sich die Preise für Tulpenzwiebeln zu vervielfachen.

Tulpen waren damals neue, exotische Raritäten. In den Gärten der Oberschicht und schließlich auch in der breiteren Bevölkerung wurden die Fremdlinge aus der Türkei als Statussymbol begeistert kultiviert. Ihr Angebot war jedoch begrenzt. Bei stetig steigender Nachfrage kam es zu einer Preisexplosion für begehrte Sorten.

Der Spitzenpreis für besondere Exemplare stieg schließlich auf 10 000 Gulden, das Vierzigfache des Jahresverdiensts eines Handwerkers. Die Tulpe wurde zu einem Statussymbol für Reichtum, den man mit den bunten Blumen zur Schau tragen konnte. Neider taten alles, um es den Vermögenden gleichzutun. Die Tulpenzwiebeln wurden immer beliebter, die Nachfrage stieg. Da durch die steigende Nachfrage die Preise stetig anzogen, rief die Chance auf schnell verdientes Geld auch Spekulanten auf den Plan. So will es das Gesetz des Markts.

Für die seltene und besonders begehrte Zwiebel „Semper Augustus" (Allzeit erhaben) verlangten Händler zu Beginn des Jahres 1637 tausende Gulden. Eine Zwiebel hat so viel gekostet wie ein Stadthaus an einer vornehmen Gracht in Amsterdam, so wird erzählt.

Im Februar 1637 brach der Markt abrupt ein. Am gewinnträchtigen Handel mit den kostbaren Gewächsen waren zu diesem Zeitpunkt viele Niederländer bis in die untersten Sozialschichten beteiligt. Nicht reale Tulpenzwiebeln wurden ver- und gekauft, sondern die kreditfinanzierte Option auf bestimmte zukünftige Tulpen. Der rasche Preisverfall hat zum Ruin vieler Leute geführt und der Wirtschaft schwere Schäden zugefügt.

Die niederländische Tulpenmanie des 17. Jahrhunderts dient als Paradebeispiel für irrationales, riskantes Marktgeschehen und fehlgeleitete Finanzentwicklungen. Ähnlich extreme Preisbewegungen zeigten sich später in der Mississippi- und in der Südsee-Blase oder in der deutschen Gründerzeit-Krise. In unmittelbarer Erinnerung sind auch die Dotcom-Blase nach der Jahrtausendwende und sieben Jahre später das amerikanische Immobiliendebakel. Die sogenannte Subprime-Krise löste einen Bankenkrach aus, der weltweit Turbulenzen an den immer stärker vernetzten Finanzmärkten verursachte und die reale Wirtschaft der meisten Industrienationen negativ beeinflusste.

Wegen ihrer Ansteckungsgefahr werden Spekulationsblasen als Bedrohung für das gesamte Wirtschaftsgefüge angesehen. Allerdings ist man sich über die Ursachen für das euphorische Entstehen und das panikartige Platzen solcher Blasen noch längst nicht einig. Niemand könne mit Sicherheit Blasen erkennen, sagt selbst der amerikanische Ex-Notenbankpräsident Alan Greenspan.

Sinnvoll ist das Fünf-Phasen-Modell der Ökonomen Charles Kindleberger und Hyman Minsky, das den zeitlichen Verlauf von Spekulationsblasen idealtypisch gliedert. Mit diesem Modell gibt es ein Instrument, typische Eigenschaften der Kapitalmärkte und die Anatomie exzessiver Marktbewegungen zu verstehen.

Die negativen Effekte von Spekulationsblasen liegen auf der Hand. Schädlich scheint vor allem, dass in solchen Episoden die Preise ihre Informationsfunktion einbüßen. Auf effizienten Märkten werden Preise als wichtiges Signal benötigt, um eine bestmögliche Allokation der Ressourcen zu gewährleisten und knappe Mittel wie Rohstoffe, Kapital und Arbeit zur Produktion von Gütern sinnvoll zuzuordnen. Bei fehlender Preisinformation kann es zu Fehlentscheidungen und Fehlsteuerungen auch seitens der Notenbanken kommen, was sich wiederum negativ auf die Stabilität des Finanzsystems auswirken könne. Extreme Korrekturen der Preise am Ende der Blase bewirkten im Übrigen einen Verlust an Kaufkraft, der zu Produktionsrückgängen, Arbeitslosigkeit und Insolvenzen sowie zu Kreditausfällen und erschwerter Kreditvergabe führen könne. Eine solche Spirale sich verstärkender Negativimpulse verursache einen nachhaltigen Vertrauensverlust der Marktteilnehmer. Vor allem der Glaube der Gesellschaft an die Integrität der Finanzmärkte komme abhanden: Investitions- und Konsumtätigkeiten nehmen merklich ab.[156]

4.7.5 Inflationsschutz durch Wohnimmobilien – Betongold

In Zeiten hoher Inflationsraten versuchen Anleger ihre Liquidität zu reduzieren bzw. ihre Investmententscheidungen zu überdenken und suchen Alternativen wie Gold,

---

156 Vgl. Fölsing, 2017.

Kunst oder Immobilien. Immobilien gelten als Anlageklasse, die weitgehend vor Inflation schützen soll. Die „Flucht ins Betongold" ist sprichwörtlich. Der Inflationsschutz gilt als wesentlicher Vorteil von Immobilieninvestitionen.[157]

Investoren hoffen, dass Immobilienanlagen einen wirksamen Schutz vor der Entwertung ihres Vermögens darstellen. Dazu muss zunächst präzisiert werden, was unter Inflationsschutz verstanden werden soll. Die Effekte hängen davon ab, welche Zinskonditionen (fest oder variabel) vereinbart worden sind. Ein Zinsanstieg verursacht einen höheren Schuldendienst (bei flexiblen Zinsen). Bei neu abgeschlossenen Verträgen ergeben sich höhere Zinszahlungen. Ob es durch Investitionen in Immobilien zu einem wirklichen Inflationsschutz kommt, hängt von den Immobilieneigentümern sowie ihren Interessen und Zielen ab.

- Grundsätzlich kann zwischen einer selbst genutzten Immobilie und einer Immobilie als Kapitalanlage unterschieden werden.
- Weiterhin ist dies davon abhängig, welche Objektarten betrachtet werden.
- Eine weitere Unterscheidung gibt es zwischen einem kurz- und langfristigen Anlagehorizont.
- Es besteht eine Abhängigkeit von der Art der Finanzierung hinsichtlich Eigen- oder Fremdkapitals.

Analysen über die *Korrelation zwischen Preis- und Mietentwicklung sowie der Inflationsrate* sind nicht ausreichend, da sich hierdurch keine Aussagen zu realen Vermögensverlusten ergeben. Dementsprechend können unterschiedliche Indikatoren herangezogen werden. Im Folgenden werden die Inflationsrate und die Entwicklung verschiedener Marktindikatoren miteinander verglichen. Obwohl die Vergangenheitswerte nicht ohne weiteres in die Zukunft fortgeschrieben werden können, lassen sich aus ihnen Anhaltspunkte ableiten.

I. Bei der *Selbstnutzung einer Immobilie* wird der Käufer nur wenig von der Inflation betroffen sein. Beim Kauf stehen seine subjektiven Ziele wie Standort oder die Immobilie selbst im Vordergrund und nicht die Vermietbarkeit oder der eventuelle Wiederverkauf. Selbstnutzer haben den Vorteil, dass sie weder die Miet- noch die Preisentwicklung beachten müssen. Hat ein Käufer langfristig mit festem Zinssatz finanziert, dann bleibt seine Belastung konstant. Bei der Alternative Miete kann es hingegen passieren, dass die Mieten im Zeitablauf erhöht werden.

Einen Inflationsschutz können Immobilieneigentümer erzielen, die die Immobilie als Altersvorsorge nutzen.[158] Ist die Immobilie abbezahlt, kann der Schuldendienst oder die andernfalls anfallende Miete für andere Zwecke im Rentenalter verwendet werden. Aber ältere Immobilien erfordern auch hohe Instandhaltungsinvestitionen.

---

157 Vgl. Vornholz, 2014.
158 Ausführlicher im Kapitel 4.7.7.

Soll die Wohnimmobilie als Altersvorsorge dienen, dann ist sie zumindest teilweise zu verkaufen, um eventuell Preissteigerungen zu realisieren. Es ist somit für diese Art von Käufern eine gewisse Sicherheit vor bzw. Unabhängigkeit von den Auswirkungen einer Inflation gegeben.

II. Für Investoren mit einer traditionellen *buy-and-hold-Strategie* ist es wichtig, wie sich die Mieten entwickeln. Käufer investieren langfristig und wollen die Immobilien „ewig" halten. Ein Beispiel dafür ist das klassische Zinshaus, bei dem die Immobilie (das Miethaus) für den Investor als Kapitalanlage Zinsen (hier: Mietzinsen) erbringt. Diese Investoren sind daran interessiert, dass die Mieten real mindestens konstant bleiben. Die Mieten sollen nominal mindestens mit der Inflationsrate ansteigen. Die Immobilieneigentümer würden profitieren, wenn z. B. die Miete steigen würde. Diese Dynamik könnte die Immobilienpreise stützen. Eine Inflation bedeutet aber nicht zwangsläufig eine Mietsteigerung, da dies vor allem von der Marktkonstellation abhängt. Allein wegen einer höheren Inflationsrate wird es nicht zu Mietsteigerungen kommen.

Ein Indikator des Inflationsschutzes durch Immobilien kann ein empirischer Vergleich mit der Mietentwicklung sein. Hierzu wird der Verbraucherpreisindex mit der Entwicklung der Mieten in einzelnen Marktsegmenten – wie in Abb. 4.48 – verglichen.

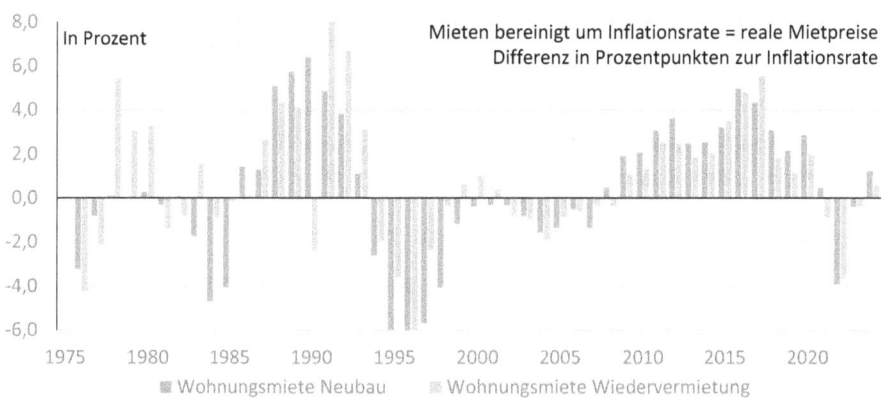

Abb. 4.48: Mietentwicklung und Inflationsraten.
Quelle: Statistisches Bundesamt, Tabelle 61121–0001 und bulwiengesa AG, Immobilienindex, eigene Darstellung.

Die *realen Mieten* entwickelten sich im langfristigen Schnitt eher differenziert, was auch im Vergleich zur Inflationsentwicklung in Deutschland dargestellt werden kann (siehe Abb. 4.48). Im Gesamtverlauf sind mehrere Phasen zu unterscheiden.

Aus dem *Vergleich* der Mietentwicklung mit der Inflationsrate kann gezeigt werden, dass die Mieten nicht immer real angestiegen sind.

- In der Phase bis Mitte der 1980er-Jahre stiegen zwar die Mieten durchweg deutlich an, aber gleichzeitig fielen auch die Inflationsraten höher aus, sodass die realen Mietsteigerungen teilweise deutlich im Minus waren.
- Von Mitte der 1980er-Jahre bis Mitte der 1990er-Jahre war ein Anstieg der Mieten um ungefähr 60 Prozent gegeben. Da in dieser Marktphase die Verbraucherpreise nur unterdurchschnittlich anstiegen, erfolgte bei den Wohnungsmieten eine reale Steigerung.
- In der Phase von Mitte der 1990er-Jahre bis 2006/07 war eine Konsolidierung festzustellen. Nach anfänglichen, deutlichen Mietrückgängen kam es nur zu geringen Mietsteigerungen, sodass am Ende dieser Phase die Mieten im Wesentlichen auf dem gleichen Niveau lagen wie Mitte der 1990er-Jahre. Da im gleichen Zeitraum die Verbraucherpreise um rund 20 Prozent anstiegen, kam es zu realen Mietrückgängen.
- In der Phase von 2008 bis zum Jahr 2020 sind sowohl bei den Neubaumieten als auch bei der Wiedervermietung im Bestand ein signifikanter Mietanstieg zu beobachten. Dieser liegt deutlich über der Inflationsrate, jedoch hinter den Mietsteigerungen der 1980er-Jahre. Die aktuellen Mietsteigerungen der Phase drei mögen zwar, insbesondere im Vergleich zur Inflation und zur Mietentwicklung in Phase zwei, durchaus hoch sein, im Vergleich zur Phase eins sind sie jedoch nicht außergewöhnlich hoch. Erst in den letzten Jahren war ein stärkerer Anstieg festzustellen, der aber zunächst nur ausgewählte Teilmärkte in den Metropolen betraf. Darüber hinaus nahm die Spreizung der Mieten zu, die in den demografisch schrumpfenden Regionen unter Druck gerieten.
- Seit Beginn dieses Jahrzehnts zeigt sich eine Umkehr der Entwicklung. Aufgrund der stark steigenden Verbraucherpreise kam es trotz der nominalen Mietsteigerungen zu real negativen Mieten.

Die Entwicklung der realen Mieten hat gegensätzliche Auswirkungen für Vermieter und Mieter. Höhere Inflationsraten als Mietsteigerungen führen dazu, dass die Vermieter reale Wertverluste erleiden. Bei den Mietern ist mitentscheidend, ob sie für die höheren Inflationsraten eine Kompensation in Form von Lohnsteigerungen, erhalten.

Eine Möglichkeit des Inflationsschutzes bei Mieten ist die *Indexierung*. Diese ist eine Wertsicherungsklausel in Verträgen, die sicherstellen soll, dass der Gläubiger auch künftig den Betrag erhält, der wertmäßig der ursprünglich vereinbarten Miete entspricht. So kann vereinbart werden, dass die Mieterhöhungen durch den Verbraucherpreisindex bestimmt werden.

Bei indexierten Bestandsmieten kommt es auf die konkrete Regelung an. Es kann vereinbart sein, dass erst ein bestimmter Schwellenwert überschritten sein muss, damit es zu einer Mietanpassung kommt. Diese Schwellenwerte führen dazu, dass eine Anpassung erst ab einem gewissen Wert des Anstiegs der Verbraucherpreise erfolgt. Die verspätete Anpassung würde dazu führen, dass eine vollständige Kompensation nicht erreicht wird. Zum anderen stellt sich die Frage, ob die Eigentümer eine höhere Miete nach Ende der Vertragslaufzeit wieder durchsetzen können. Die aktuelle Marktmiete kann zu diesem Zeitpunkt höher oder niedriger als die indexierte Miete sein. Weiterhin sind bei Neuvermietungen Incentives üblich, sodass die Marktmiete niedriger ausfällt. Außerdem könnte infolge der gestiegenen Nominalmieten der Leerstand zunehmen, zumal die wirtschaftlichen Aktivitäten im Zuge der Geldentwertung abnehmen könnten.

III. Weiterhin gibt es Käufer, die eine erworbene Immobilie auch wieder verkaufen wollen oder nach einer Selbstnutzung den langfristigen *Wiederverkauf* planen. Diese Käufer sind daher nicht an der Entwicklung der Mieteinnahmen, sondern an der Wertentwicklung interessiert. Um keinen realen Wertverlust zu erleiden, müssen die Preise mindestens real konstant bleiben bzw. nominal mindestens mit der Inflationsrate anwachsen. Ein jüngerer Haushalt kauft z. B. ein größeres Einfamilienhaus im Umland, um dort zunächst mit den Kindern zu leben. Im Alter will er dieses wieder verkaufen, um zurück in die Stadt zu ziehen.

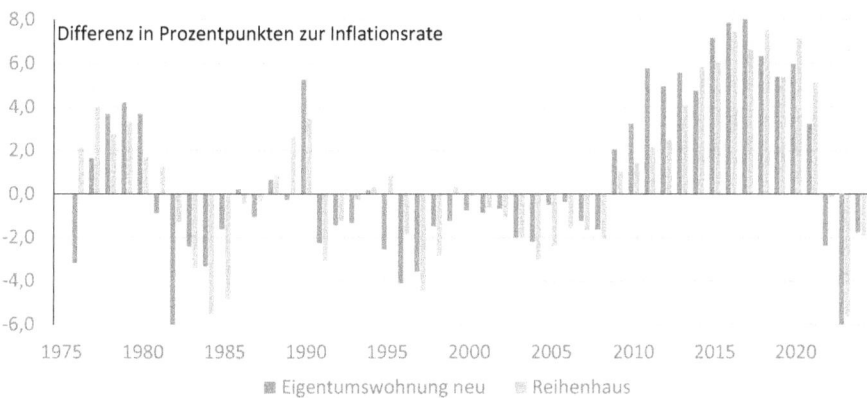

Abb. 4.49: Preisentwicklung und Inflationsraten.
Quelle: Statistisches Bundesamt, Tabelle 61121–0001 und bulwiengesa AG, Immobilienindex, eigene Darstellung.

Wenn die Immobilieneigentümer vor allem an einer Preissteigerung interessiert sind, kann als Indikator die Wertsteigerung mit der Inflationsentwicklung verglichen werden, siehe Abb. 4.49. Auf der Basis der Daten von bulwiengesa AG zeigt sich, dass es langfristig eine sehr volatile Entwicklung gibt. Dabei liegen die Preissteigerungen oft unter der Inflationsrate, sodass es zu realen Wertverlusten kommt. Real stiegen die Kaufpreise während des Wiedervereinigungsbooms und nach der Finanzkrise 2007/08 aufgrund der expansiven Geldpolitik. Die Kaufpreisentwicklung wird jedoch nicht nur von der Inflationshöhe, sondern vor allem von den Marktbedingungen bestimmt.

IV. In einem *erweiterten Ansatz* kann die Performance des Immobilieninvestments mit anderen Assets verglichen werden. Der Immobilieneigentümer hat das Ziel, dass sowohl die Preise als auch die Mieten mindestens real konstant bleiben bzw. nominal mindestens mit der Inflationsrate anwachsen. Der Indikator ist der Vermögensansatz, bei dem ein Inflationsschutz dann gegeben ist, wenn die Summe aus dem Anfangswert plus aller Mieteinnahmen aus den Immobilien plus den Wertveränderungen größer ist als der mit der Inflationsrate aufgezinste Anfangswert.

V. Die Inflation kann sich positiv auswirken, wenn der Nennwert der Schulden konstant bleibt und der reale Wert der Schulden durch die Geldentwertung sinkt. Nach der *Gläubiger-Schuldner-Hypothese* bewirkt die Inflation eine Kaufkraftumverteilung vom Geldgläubiger zum Geldschuldner, sofern die Inflationsrate nicht bei der Höhe des Nominalzinses antizipiert wurde. Die nominal festgelegten Schulden stellen durch die Inflation real gesehen immer eine geringere Belastung dar, da sie mit entwertetem Geld zurückgezahlt werden.

Für die Schuldner (Immobilienkäufer) kann sich eine Inflation positiv auswirken, falls die Kredite langfristig mit festem Zinssatz finanziert sind. Andernfalls können sich bei flexiblem Zinssatz durch die Inflation höhere Zinszahlungen ergeben. Auch bei neuen Verträgen gibt es höhere Zinszahlungen als bei bestehenden. Die Gläubiger von Immobilienkrediten (u. a. Banken) gehören zu den Verlierern, falls die Inflationsrate höher ist als bei der Zinsfestsetzung angenommen. Das Geld, das die Gläubiger zurückerhalten, ist weniger wert als das Geld, das sie ursprünglich verliehen haben.

VI. Bei der Finanzierung der Immobilien ist der *Finanzierungsmix* von Eigen- und Fremdkapital eine wichtige Größe. In Zeiten hoher Inflationsraten mit korrespondierend hohen Zinsen ändern sich auch die Investoren. In der Niedrigzinsphase dominieren Käufer, die mit einem hohen Fremdkapitaleinsatz ihre Eigenkapitalrendite verbessern.

Insgesamt zeigt sich, dass das Thema Immobilien und Inflation sehr differenziert zu betrachten ist. Bei dem Vergleich von Hauspreisen (oder Mieten) mit der allgemeinen Preisentwicklung sind noch Besonderheiten zu beachten, die den Vergleich erschweren. Zum einen sollte bei der Analyse der Preisentwicklung von Wohnungen nicht allein der Kaufpreis von Neubauwohnungen betrachtet werden. Richtiger wäre der Vergleich des Kaufpreises einer Neubauwohnung mit dem Wohnungspreis für Wiederverkauf, da die Wohnung nicht mehr neu, sondern gebraucht ist. Aus den empirischen Daten für Deutschland ergibt sich dann, dass der Preis bei Erstbezug von 1.130 Euro pro Quadratmeter im Jahr 1990 erst wieder nominal im Jahr 2011 bei den Preisen für Wiederverkauf erreicht wurde. Auch bei den 7 A-Städten zeigt sich bei Wohnungen in bester und in durchschnittlicher Wohnlage ein ähnlicher Trend. Bei realer Preisbetrachtung wären dann noch gut 40 Prozent Inflation zu berücksichtigen. Zum anderen ist die Qualität der Wohnungen im Zeitablauf zu beachten. Der Preis steigt bei Wiederverkauf stärker als die Inflationsrate. Aber eine neue Wohnung hat aktuell einen wesentlich höheren Qualitätsstandard als eine Wohnung vor mehr als 20 Jahren.

Schützen nun Wohnimmobilien vor Inflation? Im Prinzip ja, aber es kommt auf den Betrachtungszeitraum an und auf das Objekt. Weiterhin kommen empirische Studien für die Vergangenheit zu divergierenden Ergebnissen. Dies ist darauf zurückzuführen, dass Immobilienmärkte im In- und auch Ausland für unterschiedliche Zeiträume sowie für verschiedene Objektarten analysiert worden sind. Allgemeingültige Aussagen sind auch deshalb unwahrscheinlich, da es sich bei Immobilien immer um Unikate handelt.

4.7.6 Wohneigentum und Wohneigentumsförderung

Wohneigentum

In der Statistik wird nach vier Konzepten unterschieden:
- Die *Anzahl an Wohnungseigentümern* kann als absolute Zahl ermittelt werden. Ist mindestens einer der Bewohner Eigentümer der Wohnung, so ist diese vom Eigentümer bewohnt. Dies gilt auch, wenn außer dem Eigentümer zusätzlich noch weitere Personen wie beispielsweise Untermieter in der Wohnung wohnen.
- Die *Eigentümerquote* stellt den Anteil der von Eigentümern bewohnten Wohnungen an allen bewohnten Wohnungen dar. Nicht berücksichtigt sind: leer stehende Wohnungen, Ferien- und Freizeitwohnungen sowie gewerblich genutzte Wohnungen. Die Berechnung erfolgt für Wohnungen in Wohngebäuden (ohne Wohnheime).
- Die *Eigentumsquote* bezieht sich auf die Haushaltsebene. Sie bezeichnet den Anteil der Eigentümer in selbst bewohnten Wohnungen in Wohngebäuden an allen Haushalten in bewohnten Wohnungen in Wohngebäuden. Dieser beträgt im Jahr 2022 (Mikrozensus) rund 41,8 Prozent.
- In der Einkommens- und Verbrauchsstichprobe des Statistischen Bundesamtes wird das Geld- und Immobilienvermögen privater Haushalte erfasst. Die Angaben zum Haus- und Grundbesitz erstrecken sich auf das gesamte Eigentum an unbebauten Grundstücken, Gebäuden und Eigentumswohnungen im In- und Ausland, unabhängig davon, ob diese Immobilien selbst errichtet, gekauft oder durch Schenkung bzw. Erbschaft erworben wurden oder ob sie selbst genutzt oder vermietet werden.

Nach dem *Zensus 2022* wurden 17,9 Mio. Wohnungen von ihren *Eigentümern* bewohnt, das waren rund 500.000 Wohnungen mehr als noch beim Zensus 2011 (17,3 Mio. Wohnungen) ein Plus von rund 2,8 Prozent. Dieser Anstieg wird in der Diskussion nur selten erwähnt, vielmehr wird die Eigentümerquote in den Mittelpunkt gestellt, die aber sowohl von der Entwicklung der Eigentümer als auch den Haushalten insgesamt bestimmt wird.

Gleich wohl ist die *Wohneigentümerquote* gesunken. Im Mai 2022 gab es in Deutschland eine Eigentümerquote (Wohnungen) von 44,3 Prozent. Zwischen 2011 und 2022 war sie um 1,6 Prozentpunkte von 45,9 Prozent geschrumpft. Das überrascht, da in diese Zeitspanne eine lang anhaltende Niedrigzinsphase fiel, die den Immobilienerwerb erheblich erleichterte. Dass die Quote gesunken ist, obwohl absolut die Anzahl der Wohnungen von Eigentümern gestiegen ist, liegt an der Entwicklung der Haushaltszahlen. Diese waren zwischen 2011 und 2022 um 2,6 Mio. Einheiten oder rund 7 Prozent angestiegen und damit weitaus stärker als die der von Eigentümern bewohnten Wohnungen.

Die Entwicklung in Deutschland verläuft *regional* nicht einheitlich. Die Quote erstreckt sich von Berlin (16,4 Prozent) bis zum Saarland mit 59,4 Prozent. In den ostdeutschen Bundesländern inklusive Berlins ist die Wohneigentumsquote zwischen 2011 und 2022 gestiegen, in Westdeutschland sank sie dagegen durchweg. In den 2010er-Jahren wurden in Westdeutschland vor allem Geschosswohnungen gebaut. Solche Wohnungen dienen i. d: R. als Mietobjekte. Zugleich stagnierte die Zahl neuer Ein- und Zweifamilienhäuser. In den ostdeutschen Bundesländern legte der Anteil der Ein- und Zweifamilienhäuser dagegen überwiegend zu. Trotz der gegenläufigen Trends ist die Eigentumsquote im Osten mit durchschnittlich knapp 35 Prozent immer noch deutlich niedriger als im Westen mit gut 46 Prozent.

Nach *Familien* wohnten in Deutschland rund 12,4 Mio. Familien im selbst genutzten Eigentum, das waren 57 Prozent. 2011 waren es 56 Prozent. Zu Familien zählen im Zensus 2022 Paare ohne und mit Kindern sowie alleinerziehende Eltern mit Kindern. Bei den Paaren mit Kindern lag der Anteil derer, die im selbst genutzten Eigentum lebten, bei 62 Prozent. Im Vergleich der Bundesländer gibt es erhebliche Unterschiede: Besonders häufig lebten Paare mit Kindern im Saarland (74 Prozent) in den eigenen vier Wänden, besonders selten in Berlin (25 Prozent).

Nach Auswertung des *Statistischen Bundesamts*[159] zeigen sich Unterschiede bei einem Vergleich nach der Besiedlungsdichte. Wohnen in der Stadt bedeutet überwiegend zur Miete zu wohnen. So lag die Eigentumsquote in den kreisfreien Großstädten Deutschlands (ohne Top-7-Metropolen) im Jahr 2022 bei lediglich 26,3 Prozent. In den Top-7-Metropolen (Berlin, Hamburg, München, Köln, Frankfurt am Main, Stuttgart, Düsseldorf) waren es sogar nur 20,3 Prozent. In den städtischen Kreisen lag die Eigentumsquote schon bei 49 Prozent, und in den ländlichen Kreisen wurde sogar mehr als jede zweite Wohnung (51,7 Prozent) von dem Eigentümer selbst bewohnt. Je geringer die Einwohnerdichte, desto eher handelt es sich um eine von Eigentümern bewohnte Wohnung.

Weiterhin lässt sich festhalten, dass Eigentümerhaushalte und Mieterhaushalte sich auch dadurch unterscheiden, in welchem *Gebäudetyp* sie hauptsächlich leben. Jeder zweite Eigentümerhaushalt lebte 2022 in einem freistehenden Einfamilienhaus. In einem Mehrfamilienhaus hingegen lebte nicht mal ein Drittel (28,7 Prozent)

---

159 Vgl. Statistisches Bundesamt, 2024g, S. 239.

dieser Haushalte. Für Mieterhaushalte ist es umgekehrt. 85 Prozent lebten in einem Mehrfamilienhaus und nicht mal jeder zehnte Haushalt (9 Prozent) lebte in einem freistehenden Einfamilienhaus. Daran anschließend unterscheidet sich auch die Anzahl der zur Verfügung stehenden Wohnräume für Eigentümer- und Mieterhaushalte enorm. Während Eigentümerhaushalte durchschnittlich über 4,5 Räume verfügten, waren es für Mieterhaushalte im Durchschnitt nur 2,9 Räume.

Laut *Einkommens- und Verbrauchsstichprobe (EVS)* erreichte die westdeutsche Wohneigentumsquote im Jahr 1993 mit 48 Prozent ihren Höhepunkt. Die Quote sinkt seit zehn Jahren kontinuierlich und liegt nun bei knapp 45 Prozent. Allein in Ostdeutschland blieb die Aufwärtstendenz bis 2013 erhalten, wenn auch nach 2003 nur noch in abgeschwächter Form. Aber auch hier stagniert die Quote bei rund 36 Prozent. Im Ergebnis konnte der ostdeutsche Nachholeffekt die gesamtdeutsche Wohneigentumsquote bis 2013 bei etwa 43 Prozent stabilisieren, anschließend ist sie bis 2018 auf 42 Prozent gesunken (vgl. Abb. 4.50).

Der Aufholprozess in Ostdeutschland kann vor allem bei den jeweils 40- bis 69-Jährigen beobachtet werden. Deren Eigentumsquote lag vor 25 Jahren noch um die 40 Prozentpunkte niedriger als bei Gleichaltrigen im früheren Bundesgebiet, heute ist diese Differenz auf weniger als 10 Prozentpunkte geschrumpft. Bei unter 40-Jährigen war der Abstand von Anfang an viel kleiner und ist auf weniger als 5 Prozent gefallen.[160]

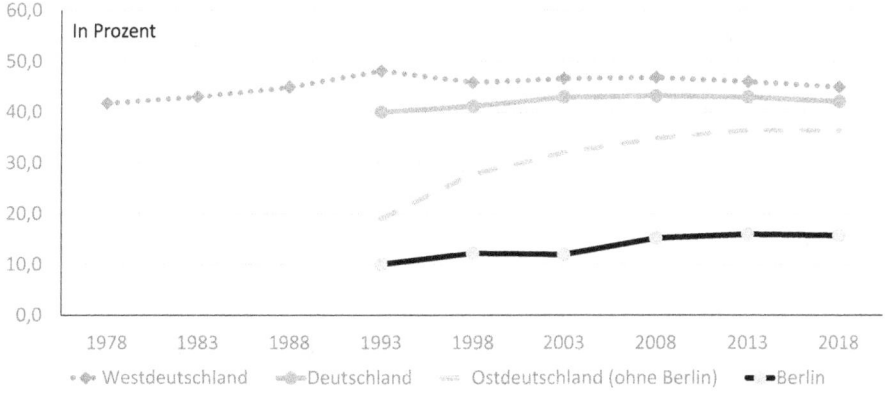

Abb. 4.50: Wohneigentumsquote 1978 bis 2018.
Quelle: empirica, 2022c, S. 7, eigene Darstellung.

Der *Anteil der Haushalte mit Haus- und Grundbesitz* wird in einem anderen Ansatz der Einkommens- und Verbrauchsstichprobe (EVS) ermittelt. In diesem Ansatz geht es um das Eigentum von Immobilien und nicht darum, wo die Haushalte wohnen. Diese

---

[160] Vgl. empirica AG, 2022c, S. 7 f.

Daten werden alle fünf Jahre durch das Statistische Bundesamt veröffentlicht, die letzten Daten stammen aus dem Jahr 2018. Demnach ist der Anteil von 46,1 Prozent im Jahr 2008 auf 47,1 Prozent von Hauseigentümern (2018) leicht angestiegen. Dabei zeigen sich deutliche Unterschiede zwischen dem früheren Bundesgebiet und den neuen Bundesländern einschließlich Berlin. Im früheren Bundesgebiet lag die Quote bei 49,5 Prozent im Vergleich zu 37,9 Prozent, wobei der Zuwachs in beiden Regionen in den betrachteten zehn Jahren gleich war.

Nach der Art des Haus- und Grundbesitzes werden von den Haushalten vor allem Einfamilienhäuser bewohnt. Hier liegt der Anteil bei 30,7 Prozent (2018) nach 28,9 Prozent im Jahr 2008. Damit hat sich die Zahl der Haushalte, die Einfamilienhäuser besitzen, von 11,3 Mio. auf 12,4 Mio. Haushalte erhöht. Das war eine Steigerung um fast 10 Prozent. Danach folgt der Besitz von Eigentumswohnungen, über die 13,9 Prozent der Haushalte verfügen. Der Anteil der Haushalte, die Zweifamilienhäuser besitzen, liegt bei 4,5 Prozent und hat leicht abgenommen. Mehrfamilienhäuser besitzen 2,2 Prozent der Haushalte, dieser Anteil hat sich in den letzten zehn Jahren nicht wesentlich verändert.

Die *niedrigen Wohnquoten* in Deutschland sind auf die folgenden *Ursachen* zurückzuführen. Grundsätzlich ist zu beachten, dass es sich um Quoten handelt und da spielt auch die Entwicklung der Haushaltsanzahl eine wesentliche Rolle. Erstens sorgte der staatlich geförderte Wohnungsbau insbesondere in der Nachkriegszeit für neue Mietwohnungen. Nach dem Zweiten Weltkrieg gab es in Deutschland aufgrund der Mio. Obdachlosen als Folge der Kriegsschäden sowie der Vertriebenen eine Wohnungsnot. Schätzungen gehen davon aus, dass rund 5,5 Mio. Wohnungen fehlten. Allein im Rahmen des Ersten Wohnungsbaugesetzes wurden staatlich gefördert rund 3,3 Mio. Wohnungen, vor allem Mietwohnungen, gebaut.[161]

Darüber hinaus begünstigten die rechtlichen Rahmenbedingungen eher die Miete als das Eigentum an Wohnungen. Dies liegt zum einen an einem ausgeprägten Mieterschutz z. B. bei Kündigungen. Jedoch zeigt sich in einem europaweiten Vergleich, dass sich diese These nicht aufrechterhalten lässt. Es gibt sowohl Länder mit liberaleren als auch solche mit sozialeren, mieterfreundlichen Regelungen. Zum anderen werden hohe Transaktionskosten, vor allem die Grunderwerbsteuer, dafür verantwortlich gemacht. Sie machen die Immobilien teurer. Auch hier zeigt ein europäischer Vergleich, dass wenn die Bemessungsgrundlagen und die Steuersätze berücksichtigt werden, die Unterschiede nicht eindeutig sind. Weiterhin wird beklagt, dass nicht wie in anderen Ländern die Kosten von Immobiliendarlehen für selbstgenutztes Wohneigentum von der Steuer abgesetzt werden können. Die fehlenden Absetzungsmöglichkeiten verteuern die Finanzierungskosten und erschweren den Eigentumserwerb.

Zu den Ursachen zählt drittens das fehlende Eigenkapital vieler Haushalte. Für den Erwerb einer Immobilie sollte ein Haushalt 20 bis 30 Prozent des Kaufpreises an-

---

[161] Vgl. dazu Kapitel 5.1.1.

gespart haben. Tatsächlich verfügt aber nur ein kleiner Teil der Mieter über ein angespartes Vermögen – oft zu wenig, um Wohneigentum zu erwerben. Die anhaltend hohen und noch gestiegenen Kaufpreise der letzten Jahre haben den Eigenkapitalbedarf weiterhin deutlich erhöht.

In Großstädten sind laut *empirica AG* heute 600.000 Euro als Hauspreis üblich. Das erforderliche Eigenkapital können sich aber immer weniger junge Mieterhaushalte leisten. Unter den 30- bis 39-jährigen Paaren mit Kind, die zur Miete wohnen, haben nur 2 Prozent ein Eigenkapital von 200.000 Euro. Das aber wäre notwendig, um sich eine Immobilie für 600.000 Euro leisten zu können. Läge der Preis noch bei 300.000 Euro, könnten immerhin 8 Prozent der jungen Mieterfamilien das erforderliche Eigenkapital von 100.000 Euro aufbringen. Damit wird deutlich: Das Potential neuer Selbstnutzer schrumpft überproportional bei steigenden Kaufpreisen.[162]

Alternativ muss Wohneigentum nicht immer das freistehende Eigenheim bedeuten. Vor allem städtische Eigentümer interessieren sich für *Eigentumswohnungen* (ETW). Ähnlich wie bei Mietern kümmert sich ein Verwalter, außerdem senken die geringeren Kosten die Eigenkapitalhürde und ermöglichen auch städtischen Schwellenhaushalten einen frühzeitigen Umstieg in die eigenen vier Wände. So lebt in Großstädten mittlerweile gut die Hälfte aller Selbstnutzer in einer Eigentumswohnung, in Landgemeinden dagegen nicht einmal jeder zehnte. Fehlen bezahlbare und nachfragegerechte ETW im Bestand, kann dies drastische Folgen haben. In schrumpfenden Regionen wandern junge Familien in neu gebaute Eigenheime am Ortsrand, während innerörtlich der Leerstand in Geschosswohnungen steigt.

Sozio-ökonomische und demografische Faktoren lassen für Deutschland *zukünftig* keinen weiteren, starken Anstieg der Eigentumsquote erwarten. Der Erwerb von Wohneigentum und die Gründung einer Familie gehen zusammen. Die Wohneigentumsquote ist umso höher, je früher junge Familien gegründet werden, je mehr Ältere (ehemalige Familien) es gibt und je erschwinglicher Wohnungen zur Zeit des typischen Erwerbsalters sind. Da Familien seit Jahren immer seltener und immer später gegründet werden, schrumpft die Anzahl potenzieller Eigentümer. Vor allem Jüngere kaufen immer seltener Wohnungen und Häuser. In Haushalten mit einem Haupteinkommensbezieher im Alter von bis zu 50 Jahren lag die Wohneigentumsquote im Jahr 2011 bei 34,5 Prozent. Im Jahr 2022 war sie 4 Prozentpunkte niedriger.

Die Urbanisierung mit der Wanderung vom Land in die Stadt hat zweierlei Folgen. Zum einen ist die Eigentumsquote aufgrund der höheren Kaufpreise in der Stadt wesentlich niedriger als im ländlichen Raum und die hohen Bau- und Bodenpreise erschweren die Wohneigentumsbildung. Zum anderen führt die Singularisierung zu einer zusätzlichen Senkung der Eigentumsquote, da die Quote bei Einpersonenhaushalten deutlich niedriger ist und bei den Fünfpersonenhaushalten deutlich über dem Durchschnitt liegt. Genau umgekehrt sieht es bei den Haushalten aus, in denen der

---

[162] Vgl. empirica AG, 2022c, S. 66.

Hauptverdiener älter als 50 Jahre ist. Hier ist die Eigentumsquote seit 2011 um 4,1 Prozentpunkte gestiegen auf zuletzt knapp 57 Prozent.

Staatliche Förderung
Die niedrige Wohneigentumsquote veranlasst die Politik, nach Maßnahmen zur Steigerung zu suchen, ohne dass sie grundlegend die Vorteilhaftigkeit überprüft.

Die Wohnungspolitik umfasst alle politischen Aktivitäten sowie staatlichen Maßnahmen, die sich mit der Wohnraumversorgung der Bevölkerung befassen. Die Wohnungspolitik verfolgt typischerweise eine Reihe von Zielen, die sowohl Wohlfahrts- als auch Verteilungseffekte haben. Dabei werden insbesondere drei Bereiche der Wohnungspolitik unterschieden. Erstens geht es um die soziale Absicherung des Wohnens, die sich in den klassischen Formen wie Wohngeld oder Sozialem Wohnungsbau zeigt. Zweitens sollen günstige Angebots- und Nutzungsbedingungen geschaffen und gesichert werden. Dies umfasst z. B. die Schaffung von Bauland, eine nachhaltige Stadtentwicklung oder die Rechte und Pflichten von Mietern und Vermietern. Schließlich ist drittens die Wohneigentumspolitik angesprochen, also die Förderung selbstgenutzten Wohneigentums.

Abgeleitet aus dem dritten Ziel gibt es in Deutschland vielfältige staatliche Programme der Förderung. Viele Haushalte in Deutschland wollen Wohneigentum schaffen. Das können sich Familien mit geringen oder mittleren Einkommen bei den gestiegenen Zinsen und Baukosten jedoch nur selten leisten. Deshalb hat die Bundesregierung das im Juni 2023 gestartete neue Förderprogramm „Wohneigentum für Familien" im Oktober durch zinsverbilligte Kredite noch einmal verbessert. Ein anderes Beispiel ist das KfW-Wohneigentumsprogramm, das den Kauf oder Bau von selbstgenutzten Eigenheimen oder Eigentumswohnungen unterstützt.

Vermögensbildung und Altersvorsorge
Aus immobilienökonomischer Sicht wird vor allem darauf hingewiesen, dass die Wohneigentumsbildung ein zentraler Baustein zur Vermögensbildung und eine der besten Formen der privaten Altersvorsorge ist. Altersvorsorge umfasst alle Maßnahmen, die Menschen während ihres Erwerbslebens treffen, um im Alter finanziell versorgt zu sein. Der Fokus liegt auf dem Lebensstandard, der optimalerweise mit der Rente beibehalten werden soll. Altersvorsorge ist aber ein komplexes System.

Die bedeutendste *Versorgung für das Alter* ist die gesetzliche Rentenversicherung. Ein Großteil der alten Menschen bestreitet den Lebensunterhalt aus deren Leistungen, und ebenso ist ein Großteil der erwerbstätigen Bevölkerung in der gesetzlichen Rentenversicherung pflichtversichert. Neben der gesetzlichen Rente sind wesentliche Bausteine die betriebliche sowie die private Altersvorsorge. Die betriebliche Altersversorgung sind Leistungen der Alters-, Invaliditäts- oder Hinterbliebenenversorgung aus Anlass eines Arbeitsverhältnisses. Individuelle Vorsorge umfasst jede Art der Vermögensbildung ebenso wie die freiwillige Versicherung in der gesetzlichen Rentenversicherung. Die private Altersvorsorge entspricht dem Kapitaldeckungsverfahren. Es wird mithilfe von Ersparnissen ein Vermögen gebildet, das nach dem Renteneintritt genutzt werden kann, um den Lebensstandard zu halten. Die private Altersvorsorge ist notwendig, da die beiden anderen Bausteine (Rente und betriebliche Altersvorsorge) generell dafür nicht ausreichen.

Immobilien haben in den verschiedenen Lebensphasen unterschiedliche Bedeutungen. Während beim Vermögensaufbau Wertschwankungen noch akzeptabel sind, sollten die Erträge in der Rentenphase möglichst stabil sein. Aus der Unsicherheit über die Lebenserwartung und damit über die Dauer des Ruhestandes ergibt sich, dass das sogenannte Langlebigkeitsrisikos abgesichert werden muss. Einerseits sollte nur so viel Vermögen verbraucht werden wie vorhanden ist. Andererseits sollte – abgesehen von beabsichtigten Erbschaften – auch nicht zu viel übrig bleiben. Immobilien bieten genau diese Eigenschaften: Vermögensaufbau durch Tilgung, (ersparte) Miete als Alterseinkommen. Typischerweise werden Immobilien in jungen Lebensjahren auf Kredit gekauft. Die Tilgung dieser Schulden führt mit der Zeit zum Aufbau eines schuldenfreien Vermögens. Beim Vermieter helfen die überschüssigen Mieteinnahmen bei der Tilgung, beim Selbstnutzer kommt der ersparten Miete dieselbe Funktion zu. Wenn die Wohnung bis zum Ruhestand frei von Schulden ist, ersetzen die Mieteinnahmen bzw. die ersparte Miete einen Teil des vormaligen Erwerbseinkommens.

Durch Wohneigentum können sich im Ruhestand *geringere Wohnkosten* ergeben. Voraussetzung ist allerdings, dass das Wohneigentum abbezahlt und kein Schuldendienst mehr zu leisten ist. Dies trifft auf die überwiegende Mehrzahl der Haushalte von über 65-Jährigen zu.

Vorteilhaft ist, dass eine eigene Immobilie im Alter dazu führt, dass in der Rentenphase *keine Miete* gezahlt werden muss, aber natürlich sind Modernisierungskosten und Reparaturen zu tragen. Bei einer geringen Rente können so finanzielle Engpässe entstehen, falls nötige Sanierungen an der Immobilie oder Umbauten für barrierefreies Wohnen vorgenommen werden müssen. Zum Eintritt in den Ruhestand werden Immobilien meist noch einmal saniert und altengerecht hergerichtet, anschließend werden aber die Ausgaben für Instandhaltung und Sanierung weitgehend zurückgefahren. Nicht ohne Grund sind viele geerbten oder gebraucht gekaufte Immobilien sanierungsbedürftig. Weiterhin ist zu bedenken, dass zwar keine Netto-Kaltmiete zu zahlen ist, aber alle anderen Nebenkosten weiterhin anfallen. Bei einem Ein- oder Zweifamilienhaus ist typischerweise die Wohnfläche größer als bei einer Wohnung in einem Mehrfamilienhaus, sodass auch höhere Nebenkosten anfallen. Hinzu kommen eventuelle Kosten für den Unterhalt von Grundstück oder Garten.

Immobilienbesitzer im Alter sind reicher und Mieter haben im Alter oft deutlich weniger Vermögen. Selbstnutzer können bei identischem Einkommen zum Eintritt in den Ruhestand dank der erhöhten, erzwungenen Spardisziplin ein höheres Vermögen als vergleichbare Mieterhaushalte vorweisen. Dies kann auf ein unterschiedliches Spar- und Konsumverhalten zurückgeführt werden. Wohneigentümer zahlen hohe Kredite ab und leben sparsamer, da ein entsprechender Zwang besteht. Die Eigentümer müssen für das

Sparen einen Konsumverzicht üben und können nicht so viel ausgeben wie Mieter in einer vergleichbaren Situation. Eine Ausnahme wäre, wenn Immobilienbesitzer den Erwerb durch eine Erbschaft finanzieren könnten. Mieter müssen keine Zinsen für einen Kredit bezahlen wie Eigenheimbesitzer. Allerdings legen sie das gesparte Geld oft nicht an, sondern geben es für ihren Konsum aus. Würden Mieter das Geld anlegen, könnten sie im Alter ein ähnliches Vermögen haben wie Immobilienbesitzer. Oftmals weisen Aktien langfristig eine höhere Rendite als Immobilien auf.

Haushalte mit selbstgenutzten Immobilien, selbst die, die ihren Besitz noch nicht abgezahlt haben, verfügen über ein deutlich höheres Nettovermögen als Mieterhaushalte. Die meisten Mieter haben dagegen nur ein geringeres Vermögen. Während die reichen Haushalte zum Großteil Eigentümer sind, handelt es sich bei den Ärmeren vielfach um Mieter. Die Eigentümer haben eine höhere Sparquote und können daher besser für ihr Alter vorsorgen. Wohneigentümer werden durch das Wohneigentum zwangsdiszipliniert mehr für ihre Altersvorsorge zu tun.

In einem selbst genutzten Wohneigentum steht üblicherweise eine deutlich größere Wohnfläche zur Verfügung als in Mieterhaushalten. Die größere Fläche bietet mehr Platz und damit eher ein eigenes Zimmer für jedes Haushaltsmitglied. Dieser höhere Wohnkomfort ist nicht unabhängig von höheren Wohnkosten und eher mit hohem Einkommen zu erreichen. Aber Wohneigentümer sind nicht nur einkommensstärker, sie wohnen auch weitaus häufiger außerhalb der Schwarmstädte und dort eher in Reihenhäusern, Doppelhaushälften oder im klassischen Eigenheim.

Aus volkswirtschaftlicher Sicht wird auch die höhere Sparquote in der Vorsparphase im Zuge der *Vermögens- bzw. Eigentumsbildung* positiv bewertet. Haushalte benötigen i. d. R. ein bereits vorhandenes Vermögen bzw. müssen ein Teil ihres Einkommens sparen, um das benötigte Eigenkapital zu bilden. Üblicherweise verlangen die Banken eine Eigenkapitalquote von bis zu 30 Prozent des Kaufpreises. Der Staat hat ein Interesse daran, dass Haushalte aufgrund der geringen Rente für das Alter Vorsorge treffen und privates Vermögen bilden. Empirisch zeigt sich der Erfolg dieser Maßnahme daran, dass Wohneigentümer, selbst wenn sie noch Hypothekenschulden haben, über ein höheres Vermögen verfügen als Mieterhaushalte.

Die Voraussetzung für einen Hauskauf bzw. -bau ist, dass ein Haushalt bereit ist, langfristig und diszipliniert zu sparen: *Konsumverzicht*. Die Haushalte sparen deutlich mehr für ihr Alter, was aber auch einen Konsumverzicht bedeutet, der sich als geringeres Bruttoinlandsprodukt negativ auf die Volkswirtschaft auswirkt.

Bei diesen Vergleichen handelt es sich um einen Status-Quo-Vergleich, ohne dass geklärt ist, woher das Geld kommt. Ist es tatsächlich gespart worden oder ist es das Ergebnis eines schon vorhandenen Vermögens? Damit wäre das höhere Vermögen nur das Abbild der Vermögensverteilung in Deutschland. Altersreichtum wäre damit nicht Folge von Investment in Immobilien, sondern wegen des Reichtums kann in Immobilien investiert werden. Aufgrund des schon verfügbaren Einkommens und Vermögens stellt dann eine staatliche Eigentumsförderung keinen Vermögensaufbau dar, sondern eher eine Förderung von bereits vermögenden und einkommensstärkeren Haushalten.

Auch wenn der empirische *Zusammenhang zwischen Vermögen und Immobilienbesitz* eindeutig ist, bleibt also unklar, wie die logische Reihenfolge ist („Henne-Ei-Problem"). Ist auf der einen Seite der Besitz von Immobilien eine Folge des Reichtums, oder lässt sich auf der anderen Seite Vermögen auf den Erwerb von Immobilien zurückführen? Bei der ersten Alternative hieße das, arme Haushalte nur Immobilien erwerben müssten und dann automatisch reich würden. Eine hohe Sparquote ist aber üblicherweise nur dann realisierbar, wenn schon ein entsprechendes Vermögen bzw. Einkommen vorhanden ist.

Wird der Begriff *Altersvorsorge* wörtlich genommen, soll eine Vorsorge während der Berufszeit dafür genutzt werden, dass im Alter der Lebensstandard gehalten werden kann. Dazu muss ein Teil des Einkommens gespart werden, das kann neben Anleihen oder Aktien auch in Form von Immobilien sein. In der Rentenphase kann das angesparte Vermögen dazu verwendet werden, den Lebensstandard weiter aufrecht zu erhalten. Während der Verkauf von Anleihen oder Aktien relativ leidenschaftslos und problemlos möglich ist, gibt es bei Immobilien Probleme. Die Altersvorsorge ist im Eigenheim gebunden. Die Bereitschaft eine eigene Immobilie zu verkaufen, ist oft gering. Ein Verkauf und der damit verbundene Umzug in ein neues Zuhause sind gerade für ältere Menschen eine unangenehme Vorstellung, und es ergeben sich zudem hohe Kosten (Verkaufs- und Umzugskosten). Schließlich erfüllen Immobilien im Rentenalter nur bedingt den Zweck der Altersvorsorge. Viele Rentner benötigen eher finanzielle Flexibilität für ihre Aktivitäten, ihr Vermögen ist jedoch in Immobilien gebunden. Zudem sind auch für Renovierung und Modernisierung des Wohneigentums finanzielle Mittel notwendig, insbesondere bei älteren Häusern.

Die Wohneigentumsförderung kommt in langfristiger Perspektive schließlich der *nächsten Generation* durch Erbschaft zugute. Die Kinder erben das Wohneigentum von ihren Eltern, sodass dieses ein wesentliches Element der Versorgung der Kinder darstellt.

Die Wohneigentumsförderung zeigt nur Wirkungen bei einer *kleineren Bevölkerungsgruppe*, da die reiche Gruppe keine Förderung benötigt und für die arme Bevölkerung die Förderung zum Eigentumserwerb nicht ausreicht. Nur die sogenannten Schwellenhaushalte werden durch die Förderung in die Lage versetzt, Wohneigentum zu erwerben.

Wohneigentum ist eine Form der Altersvorsorge, aber nicht die einzige. Die Entscheidung für Wohneigentum oder für Mieten ist letztlich eine grundsätzliche Entscheidung darüber, wie jemand leben möchte.

Sickereffekt

Der *Sickereffekt beim Wohneigentum* entsteht dadurch, dass ein Haushalt, der eine Wohnung erwirbt oder baut, eine andere Wohnung freizieht. Diese kann wiederum von einem anderen Haushalt bezogen werden, der seinerseits eine Wohnung frei macht. Diese Reihe kann sich weiter fortsetzen.

Durch den Neubau von Wohnungen vergrößert sich der Bestand und damit stehen mehr Wohnungen anderen Haushalten zur Verfügung. Dadurch wird auch der Mietmarkt entlastet. Ziel ist es, durch diese Umzugsketten auch das Wohnungsangebot für wirtschaftlich schwächere Haushalte zu erhöhen.

Der Sickereffekt mit zusätzlichen Wohnungen entsteht nur bei einem Neubau. Bei einem Kauf aus dem Bestand kommt es „nur" zu Umverteilungen mit Umzugsketten. Befürworter weisen darauf hin, dass leer werdende Wohnungen von insbesondere einkommensschwächeren Haushalten genutzt werden können. Derartige Effekte werden aber eher langfristig zu erwarten sein, wenn überhaupt diese Haushaltsgruppe davon profitieren können. Wohnungen können unterschiedlichen Preisklassen zugeordnet werden und es ist trotz der Sickereffekte nicht davon auszugehen, dass sich ärmere Haushalte irgendwann eine teure Wohnung leisten können. Aufgrund von Sickerverlusten (Wohnflächenausdehnungen, Umwidmungen in Eigentumswohnungen etc.) wird die Wirksamkeit dieser Strategie weiterhin beeinträchtigt.

Volkswirtschaftliche Bedeutung

Die *Wohneigentumsförderung* wird auch mit der volkswirtschaftlichen Bedeutung dieser Maßnahmen begründet sowie ihren Effekten auf die Wirtschaftsleistung einer Volkswirtschaft. Die nominalen Investitionen in Wohnbauten machen einen Großteil der gesamten Bauinvestitionen und einen Teil der gesamten Bruttoanlageinvestitionen der deutschen Volkswirtschaft aus. Durch die staatliche Förderung des selbstgenutzten, neugebauten Wohneigentums werden Investitionen in Wohnbauten unterstützt und dies trägt damit zum Wirtschaftswachstum bei.[163]

Die staatliche Förderung mobilisiert zudem *privates Kapital*, das für Bauinvestitionen eingesetzt wird. Sie ist somit ein wesentlicher Baustein der gesamtwirtschaftlichen Wirtschaftsleistung. Gleichzeitig können dadurch Engpässe auf dem Wohnungsmarkt mit fehlenden Wohnungen abgebaut werden.

Ein weiteres wirtschaftspolitisches Argument für die Förderung des Wohneigentums liegt in den *Multiplikatoreffekte*. Durch die Förderung wird mit jedem investierten Euro weitere Wertschöpfung auf den vor- und nachgelagerten Produktionsstufen ausgelöst und es entsteht zusätzliches Einkommen. Damit steigt insgesamt das Bruttoinlandsprodukt deutlicher an als in Summe der Ausgaben des Staates für die Wohnbauförderung.

Durch die staatliche Förderung werden Wachstumseffekte ausgelöst, jedoch ist das Ausmaß umstritten. Die staatliche Förderung beinhaltet neben dem Bau von Wohneigentum auch den Kauf von Wohnungen und Häusern. Der Kauf stellt jedoch

---

[163] Vgl. dazu ausführlich Kapitel 2.2.1.

keine Bauinvestitionen dar und hat auch nicht die entsprechenden Multiplikatoreffekte.

Polit-ökonomische Argumente
Auch wenn die Umfragen unterschiedliche Ergebnisse zeigen, ist der Wunsch nach einem eigenen „Häuschen im Grünen" oder allgemein Wohneigentum ungebremst. Wohnförderung ist eine Reaktion der Politik auf diesen Wunsch. Es werden sowohl private als auch soziale Gründe aufgeführt, die für die Erfüllung der Wünsche sprechen. Keine Miete mehr zahlen und die Immobilie nach seinen Vorstellungen gestalten zu können, sind die häufigsten Gründe für ein eigenes Zuhause. Zudem ist es eine gute Wertanlage und gibt den Menschen Sicherheit – vor allem im Alter. So soll die persönliche Entwicklungschance gefördert werden, da Wohneigentum persönlichen Freiraum, Lebensqualität und den individuellen Wünschen nach sicherem Wohnen ermöglicht.

Die Politik sieht außerdem den sozialen Vorteil, da Eigentumsbesitzer stärker als Mieter mit der Region verbunden sind. Es trägt zur Sicherung attraktiver und sozial ausgewogener Städte und Gemeinden bei, da sich Eigentümer mehr für örtliche Belange einsetzen. Letztendlich gibt es auch wahltaktische Gründe, die für die Förderung von Wohneigentum sprechen. Die Politiker erhoffen sich Wählerstimmen, wenn sie den Aspekt in ihr Wahlprogramm aufnehmen und dafür eintreten. Dies kann sich für Politiker auszahlen, auch wenn sich nur ein kleiner Teil der Haushalte diesen Traum finanziell leisten kann.

Die hohe Akzeptanz der Bevölkerung zeigt sich daran, dass das Fördervolumen i. d. R. schnell aufgebraucht ist. Jedoch sagt dies nichts über die ökonomische Sinnhaftigkeit aus, denn wer nimmt nicht Geldgeschenke ohne Gegenleistung an?

Effekte für den Wohnungsmarkt
Aus *immobilienökonomischer Sicht* sind die staatlichen Fördermaßnahmen kritisch zu beurteilen. Dabei ist zum einen zwischen dem ländlichen Raum und den Städten und zum anderen zwischen Kauf und Bauen von Wohnungen bzw. Häusern zu unterscheiden. So sind im ländlichen Raum (mit teilweise hohen Leerständen) negative Effekte durch den zusätzlichen Bau von Wohnungen zu erwarten. Dadurch verschärft sich die Lage auf den Märkten, da die Fertigstellungen den Bestand erhöhen und bei gleichzeitiger Bevölkerungsabnahme zu einem höheren Leerstand führen.

In den Städten hingegen entsteht eine neue, zusätzliche Nachfrage nach Wohnungen. Die stark angestiegene Nachfrage ist vor allem auf die geldpolitischen Maßnahmen zurückzuführen. Bei der Entwicklung der Mieten zeigt sich der hohe Anstieg nicht im gleichen Ausmaß. Der jetzt schon bestehende Nachfrageüberhang bei den Käufen wird durch die staatlichen Zuschüsse noch weiter ansteigen und die Preise werden weiter in die Höhe getrieben. Mit der staatlichen Wohneigentumsförderung steigt also das Risiko einer Preisblase. Gegenmaßnahmen sollten daher bei der Geldpolitik ansetzen.

Erfahrungen aus anderen Ländern wie den USA oder den Niederlanden bestätigen die negativen Folgen von Bürgschaftsprogrammen. Diese waren mitverantwortlich für das Entstehen von Preisblasen auf den jeweiligen Wohnungsmärkten.

Durch die Wohnförderung sind auch positive Auswirkungen zu erwarten. Im ländlichen Raum sind geringe, keine so negativen Effekte durch die zusätzlichen Käufe zu erwarten, da relativ wenig Nachfrage herrscht und die Preise niedrig sind. In den Städten und Ballungsräumen wäre der Bau neuer Wohnungen positiv zu bewerten, da so der Wohnungsmangel reduziert werden kann.

Finanzielle Aspekte

Eine Wohnbauförderung stellt immer nur einen kleinen Teil der Finanzierung dar. Insbesondere wenn die Zinsen ansteigen, droht eine Überschuldung der Haushalte. Außerdem ist bei der langfristigen Perspektive zu beachten, dass Wohneigentum nicht bedeutet, dass damit keine weiteren Kosten entstehen. Gerade frühzeitig gekaufte bzw. ältere Immobilien sind stetig zu modernisieren.

Die staatliche Wohneigentumsförderung ist eine Transferzahlung ohne Gegenleistung unter bestimmten Bedingungen (Erwerb von Wohneigentum, Gehaltsobergrenzen). Da die eigentumserwerbenden Haushalte schon über ein entsprechend hohes Vermögen bzw. Einkommen verfügen müssen, ist es ein staatliches Geldgeschenk an mittel- bis gutverdienende Haushalte. Da in Deutschland die meisten Haushalte Mieter sind, sponsert die Mehrheit der Mieter die tendenziell besserverdienende Minderheit der Eigentumserwerber (*„Sozialpolitik für Reiche"*).

Bei Betrachtung der Einkommensschichten bzw. -pyramide wird deutlich, dass Haushalte mit einem niedrigen oder einem hohen Einkommen nicht von der Wohneigentumsförderung profitieren sollen. Wirtschaftlich Schwächere können es sich nicht leisten – Reiche brauchen es nicht. Die ärmeren Haushalte in der Einkommenspyramide erhalten Wohngeld und Förderung in Form des sozialen Wohnungsbaus, während die reicheren Haushalte vor allem von der Nutzung steuerlicher Vorteile durch die Anrechnung von Hypothekenzinsen für vermietetes Wohneigentum profitieren. Die Wohneigentumsförderung soll also ein sogenanntes *Mittelstandsloch* bei anderen staatlichen Leistungen ausgleichen.

Die Wohnbauförderung kann den entscheidenden Beitrag bei der Finanzierung leisten. Insbesondere Schwellen-Haushalte, die sich ohne eine Förderung kein Eigentum leisten können, profitieren davon. Auch ist langfristig zu beachten, welche Wohnform wirtschaftlich effizienter ist; dies kann erst durch einen Vergleich der Mietkosten mit den Kosten für das Eigenheim erfolgen.

Bei der Transferzahlung wird vielfach nicht die Refinanzierung beachtet. Für die Wohneigentumsförderung werden Steuern benötigt, die sich der Staat von anderen Bürgern wiederholt.

Mobilität

Wohneigentum kann zu einer geringeren *Mobilität der Arbeitnehmer* führen. Dabei ist zu unterscheiden, ob es sich um Mieter oder Eigentümer handelt. Da bei einem Wohnungswechsel für die Eigentümer mehr Transaktionskosten als für Mieter entstehen, sind Wohneigentümer eher weniger flexibel. Mieter können eine Wohnung aufgrund der gesetzlichen Regelungen deutlich einfacher kündigen und umziehen. Dagegen ist Wohneigentum entweder zu vermieten oder zu verkaufen, was mehr Zeit in Anspruch nimmt und mehr Kosten verursacht. Die These lautet, dass Mieter flexibler als Wohneigentümer sind.

Bei häufigeren Wechseln des Arbeitsplatzes können die Immobilien zu einem „Klotz am Bein" werden und stehen der gewünschten Flexibilität entgegen. Bislang ist in Deutschland der große Mietmarkt einer der großen Wettbewerbsvorteile, und gerade die Fixierung der Wohnungspolitik auf den Eigenheimerwerb gefährdet einen funktionierenden Mietmarkt.

Wohneigentum muss aber nicht zu weniger Mobilität führen, da auch immer die Möglichkeit besteht, das Eigenheim zu vermieten. Weiterhin gehören Wohneigentümer vielfach einer höheren Einkommensgruppe an. Bei den besserverdienenden Wohneigentümern bzw. Arbeitnehmern wird eine höhere Flexibilität erwartet. Die Beispiele aus anderen Ländern (z. B. Großbritannien) zeigten, dass trotz höherer Eigentumsquote eine höhere Mobilität gegeben ist. Jedoch sind derartige internationale Vergleiche mit Vorsicht zu bewerten, da unterschiedliche Wertvorstellungen und Einstellungen herrschen.

Mitnahmeeffekte

Bei derartigen politischen Maßnahmen ist zu befürchten, dass es zu Mitnahmeeffekten kommt. Haushalte nehmen die Bürgschaft und damit Zuschüsse in Anspruch, obwohl sie auch ohne dieses Wohneigentum gebaut oder erworben hätten. Das Ausmaß und der Anteil dieser Mitnahmeeffekte können quantitativ nicht abgeschätzt werden.

Fazit

Die niedrige Eigentumsquote in Deutschland basiert auf unterschiedlichen Ursachen, wobei vor allem der staatlich geförderte Wohnungsbau nach dem Zweiten Weltkrieg und der rechtliche Rahmen zu nennen sind. Die Wohneigentumsförderung wird als politische Maßnahme nicht mehr grundsätzlich in Frage gestellt, sondern es wird eigentlich nur die effiziente Form diskutiert. Vielfältige Förderungsmöglichkeiten im Rahmen der Wirtschaftspolitik sind vorgesehen, wobei derzeit auch eine Bürgschaft erwogen wird.

Als Begründung für die staatliche Förderung werden vor allem die Anreize für die Vermögensbildung und Altersvorsorge angeführt. Die staatlichen Maßnahmen sollen außerdem wirtschaftliche Impulse liefern. Weiterhin sind polit-ökonomische Aspekte wesentliche Argumente für die Förderung, da es auch um Wählerstimmen geht.

Es bestehen aber erhebliche Zweifel, ob eine Förderung ökonomisch sinnvoll ist. Weiterhin sprechen volkswirtschaftliche Argumente wie eine geringe Mobilität oder Mitnahmeeffekte gegen eine staatliche Förderung des Wohneigentums.

4.7.7 Ausblick

Investments in Wohneigentum und vor allem Mietwohnungen sind durch das in vielen Städten knappe Wohnungsangebot und den wachsenden Wohnraumbedarf relativ sicher. Das Leerstandsrisiko ist gering, steigende Mieten sind wahrscheinlich und die Anfälligkeit gegenüber Wirtschafskrisen ist eher gering. So blieben selbst in der Pandemie Mietrückstände weitgehend aus.

Der starke Anstieg der Kaufpreise bis 2022 dokumentiert das hohe Interesse der Anleger an Mehrfamilienhäusern, was vor allem auf die deutlich gesunkenen Finanzierungskosten aufgrund der geringeren Zinsen zurückzuführen ist. Doch nach dem starken Zinsanstieg im Jahr 2022 gerieten auch Wohninvestments in eine grundlegende Krise. Dazu trugen vor allem die Unsicherheit über das Ausmaß der Preiskorrektur und die weitere Zinsentwicklung bei.

Doch diese Unsicherheit hat sich im Verlauf des Jahres 2024 weitgehend aufgelöst. Zinsen und Anleiherenditen haben ihren Zenit im Zuge der wieder fallenden Inflation überschritten. Die EZB hat mit der ersten Senkung im Juni 2024 nach zehn Anhebungen in Folge die Senkung der Leitzinsen eingeleitet. Auch die Bewertungskorrektur bei Mehrfamilienhäusern scheint im ersten Quartal 2024 abgeschlossen zu sein. Die Aussichten für die Vermietung haben sich aufgrund voraussichtlich spürbar sinkender Fertigstellungszahlen bei neuen Wohnungen noch verbessert. Die weitere Verknappung des Wohnungsangebots dürfte das Interesse der Investoren nachhaltig positiver gestalten.

Die deutlich erhöhte Zahl an Transaktionen besonderes im großvolumigen Bereich sind ein Beleg für die endende Konsolidierungs- und Preisfindungsphase. Die große Krise dürfte überwunden sein, und bei sich verbessernden Fundamentalfaktoren dürfte sich der Wohnimmobilien-Investmentmarkt weiter beleben.

4.8 Spezielle Teilmärkte

In diesem Unterkapitel soll auf zwei bedeutende Teilsegmente des Wohnungsmarkts eingegangen werden, die eine hohe Bedeutung für die Betroffenen haben und intensiv in der Öffentlichkeit diskutiert werden. Dabei geht es zum einen um den sozial geförderten Wohnungsbereich, der zwar auf der Angebotsseite recht sicher zu erfassen ist, aber die Nachfrageseite jedoch mit erheblichen Unsicherheiten verbunden ist. Die Nachfrage nach sozialem Wohnraum ist ein weiterer Treiber für die Entwicklung des Immobilienmarkts. Da der Staat den sozialen Wohnungsbau eingeschränkt hat, konkurrieren staatliche und private Nachfrage um Wohnraum. Dies verschärft den Aufwärtsdruck auf Mieten weiter. Wohnen im Alter hingegen steht vor dem Hintergrund der demografischen Entwicklung vor großen Herausforderungen. Auf der Angebotsseite gibt es eine Vielfalt von verschiedenen Formen des Wohnens im Alter.

4.8.1 Sozial gefördertes Wohnen

Die soziale Wohnungspolitik in Deutschland zielt darauf ab, mittels Objekt- und Subjektförderung, d. h. mit Sozialem Wohnungsbau bzw. mittels Wohngelds, die Wohnkostenbelastung für benachteiligte Bevölkerungsgruppen zu senken und ihnen den Zugang zum Wohnungsmarkt zu ermöglichen oder zu erleichtern. Grundsätzlich existieren im Wohnungsmarkt drei sozialpolitische Herausforderungen:
– Die *Verfügbarkeit* betrifft die ausreichende Menge von Wohnraum, auch differenziert hinsichtlich Wohnungsgröße, Zimmeranzahl oder Barrierefreiheit.
– Das *Zugangsproblem* entsteht, da bestimmte Haushalte unter Selektionskriterien des freien Wohnungsmarkts nur geringe Chancen auf eine Mietwohnung besitzen. Diese Chancenarmut stellt nicht nur auf die geringe Wohnkaufkraft ab, sondern auch auf andere Merkmale. Die Möglichkeit, Haushalten über Belegungsrechte, insbesondere aber über die gezielter nutzbaren Benennungsrechte Wohnraum zur Verfügung zu stellen können, ist daher ein zentraler Aspekt der Förderung.
– Das Problem der *Zahlungsfähigkeit* der Haushalte basiert auf ihrem geringen Einkommen und Vermögen, das daher bei der Subjektförderung (z. B. Wohngeld) im Vordergrund steht, aber auch durch Mietverbilligungen im sozialen Wohnungsbau adressiert wird.

Im Jahr 2001 wurde mit dem *Wohnraumförderungsgesetz* (WoFG) das System des sozialen Wohnungsbaus zur sozialen Wohnraumförderung geändert. Neben der Schaffung von neuem sozialem Wohnraum, die bis dahin im Mittelpunkt der Förderpolitik gestanden hatte, wurde auch die qualitative Aufwertung der Wohnungsbestände an zeitgemäße Wohnbedürfnisse unterstützt. Anlass dafür war die Annahme, dass gegen Ende der 1990er-Jahre der Wohnungsmarkt in großen Teilen als ausgeglichen galt.

Die heutige Wohnraumförderung hat nur noch wenig mit dem sozialen Wohnungsbau der alten Wohnungsbaugesetze gemein. Bis 2001 wurde versucht, mit möglichst vielen Neubauten breiten Bevölkerungsschichten die Versorgung mit Wohnraum zu erleichtern. Der Fokus der sozialen Wohnraumförderung liegt heute auf bedürftigen Haushalten, die auf Unterstützung angewiesen sind.

Gegenstand der *sozialen Wohnraumförderung* ist die Bereitstellung preisgünstiger Mietwohnungen sowie die Unterstützung bei der Bildung selbst genutzten Wohneigentums. Auch die Schaffung von behindertengerechtem Wohnraum und die energetische Modernisierung von Wohnraum wird von vielen Ländern und Kommunen gefördert. Der soziale Wohnungsbau hat eine bedeutende Stellung in der deutschen

Politik. Wohnraum wird für Personen geschaffen, die ihren Bedarf nur eingeschränkt am freien Wohnungsmarkt decken können.

Als *sozialer Wohnungsbau* wird die staatlich geförderte und an bestimmte Bedingungen geknüpfte Schaffung von Wohnraum für Personengruppen bezeichnet, die ihren Wohnungsbedarf nur eingeschränkt am freien Wohnungsmarkt decken können. Sozialer Wohnungsbau ist der Bereich der sozialen Wohnraumförderung, der mit Finanzhilfen des Staates förderfähig ist. Hierunter fallen die Schaffung (durch Neubau oder den Erwerb von Belegungsrechten) und die Modernisierung von Wohnraum. Die Förderung erfolgt durch die Vergabe von zinsvergünstigten Krediten und Zuschüssen bei gleichzeitiger Auflage von Mietpreis- und Belegungsbindungen, die neue Mietwohnungen für bestimmte Personengruppen sicherstellt. Durch Neubau, Modernisierung und den Erwerb von Belegungsrechten entstehen neue mietpreis- und belegungsgebundene Sozialwohnungen. Nach Auslaufen der Sozialbindung können Sozialwohnungen zu Marktpreisen vermietet werden.[164]

In diesen Wohnungen kann die Miete nicht frei vereinbart werden. Es gibt Mietobergrenzen (Preisbindung) und die Wohnungen müssen in aller Regel an Mieter mit niedrigerem Einkommen vermietet werden (Belegungsbindung). Im Gegensatz zur Förderung sind Investoren verpflichtet, Wohnraum zu schaffen, der während der Bindungsfrist unterhalb der ortsüblichen Vergleichsmiete und nur an Haushalte vermietet wird, die einen Wohnberechtigungsschein vorweisen können. Eine Bedingung ist zudem i. d R., dass eine im Verhältnis zur Haushaltsgröße angemessene Wohnfläche zur Verfügung gestellt wird. Kommunale Stellen erteilen einen Wohnberechtigungsschein, wenn die jeweils maßgeblichen Einkommensgrenzen, die nach Haushaltsgröße differieren, nicht überschritten werden. Die Dauer der Sozialbindung variiert je nach Bundesland und Förderbedingungen, liegt aber zumeist bei mindestens 20 Jahren. Nach Auslaufen der Sozialbindung können Sozialwohnungen zu Marktpreisen vermietet werden.

Die Berechtigung eines Haushalts zum Bezug einer im Rahmen des sozialen Wohnungsbaus geförderten Wohnung wird in der Regel nur ein einziges Mal beim Einzug überprüft. Ein wichtiges Kriterium ist das Haushaltseinkommen. Steigt dieses mit der Zeit, verliert der Haushalt aufgrund des in Deutschland geltenden Kündigungsschutzes sein Wohnrecht nicht. Analysen deuten auf eine hohe Fehlbelegung und eine geringe Zielgenauigkeit von Sozialwohnungen hin.

Der Wohnungsneubau wird durch eine Vielzahl verschiedener Programme von Bund und Ländern öffentlich gefördert. Neben dem sozialen Wohnungsbau, den der Bund unterstützt, setzt der Bund insbesondere durch die KfW-Programme „Klimafreundlicher Neubau" und „Wohneigentum für Familien" sowie durch den klimafreundlichen Neubau im Niedrigpreissegment Investitionsanreize für den Wohnungsneubau.

---

[164] Vgl. Sachverständigenrat 2024/2025, S. 235.

Vorteilhaft beim sozialen Wohnungsbau ist, dass er eine wichtige Versorgungsfunktion für Haushalte erfüllt, deren Zugang zum regulären Wohnungsmarkt erschwert ist. So profitieren vom Zugang zum sozialen Wohnungsbau vor allem Alleinerziehende, kinderreiche Familien und Zugewanderte. Diese Personengruppen haben oft keinen Zugang zu Mietwohnraum, der in Größe, Qualität und Mietpreis angemessen ist, und sie sind daher besonders häufig von Überbelegung betroffen. Durch die Förderbedingungen der sozialen Wohnraumförderung, die unter anderem Vorgaben zur Wohnungsgröße je Bewohner enthalten, wird sichergestellt, dass eine Überbelegung von Wohnungen vermieden wird, die sonst eine typische Ausweichreaktion auf Zahlungs- und Zugangsschwierigkeiten darstellt.[165]

Historische Entwicklung

Historisch entstand der soziale Wohnungsbau in seinen Grundzügen nach 1945. Über die Jahre wurde diese Form der Versorgung mit Wohnraum immer wieder verändert. In den Jahrzehnten nach dem Zweiten Weltkrieg spielte der soziale Wohnungsbau – sowohl für den Wiederaufbau der Städte als auch für die Wohnraumversorgung der Haushalte – eine zentrale Rolle. Der Staat förderte den Bau von Wohnungen in einem Ausmaß, dass bis zur deutschen Einheit etwa 4,3 Mio. Wohneinheiten allein in Westdeutschland entstanden.

Es wurde unterschieden zwischen steuerbegünstigten Wohnungen und Wohnungen ohne Preisbindungen und ohne staatliche Interventionen. Das im *Jahr 1950* erlassene Erste Wohnungsgesetz bildete einen gesetzlichen Rahmen für die künftige Wohnungspolitik. Ursprünglich handelte es sich um eine vorübergehende Regelung, allerdings bestimmte dieses Gesetz die langfristige Wohnungspolitik. Insbesondere wurde die Förderung von sozialem Wohnungsbau in dem Gesetz festgelegt. Es sollten möglichst schnell möglichst viele Wohnungen gebaut werden. Somit erhielten Investoren für den Bau von Wohnungen Förderzuschüsse und Steuervergünstigungen vom Staat. Im Gegenzug mussten vorgegebene Wohnungsgrößen gebaut werden und die Belegung der neu erbauten Wohnungen erfolgte über das Wohnungsamt. Außerdem wurde die Miethöhe vom Staat festgelegt. In den 1950er-Jahren, die noch stark von den Folgen des Weltkriegs geprägt waren, gab die Bundesregierung im Durchschnitt rund 2 Prozent des Bruttoinlandsprodukts pro Jahr für den Bau von Sozialwohnungen aus. Aufgrund dieser effektiven Politik konnte bis 1956 die Anzahl der fehlenden Wohnungen halbiert werden und bis 1962 sogar auf 658.000 Wohnungen gesenkt werden. Ein Problem, dass sich von Beginn an abzeichnete, war, dass die geförderten Wohnungen auch für die Mittelklasse attraktiv waren. Die Einkommen wurden während des Mietverhältnisses nicht mehr überprüft, und so konnte eine Familie in einer geförderten Wohnung auch bei steigendem Einkommen wohnen bleiben.

---

165 Vgl. Sachverständigenrat 2024/25, S. 256.

In den *1960er-Jahren* wurde das Gesetz über den Abbau der Wohnungszwangswirtschaft und über ein soziales Miet- und Wohnrecht eingeführt. Es war gekennzeichnet durch den stufenweisen Abbau der Wohnungszwangswirtschaft. Die Ausgaben für dieses wohnungspolitische Instrument wurden in diesen Jahren drastisch gesenkt. 1965 wurde das Wohngeld zur Unterstützung der Kaufkraft eingeführt, allerdings musste dies größtenteils für Mietsteigerungen aufgewandt werden.

In den *1970er-Jahren* wurde durch den Bauboom mit riesigen Wohnblocks der Eindruck vermittelt, dass die Wohnungsnot der Nachkriegszeit nun besiegt sei. Parallel wurde das Wohnraumkündigungsgesetz 1971 eingeführt und 1975 verschärft. Das Kündigungsrecht wurde dadurch eingeschränkt.

In den *1980er-Jahren* zog sich der Staat immer mehr zurück aus dem sozialen Wohnungsbau. Die Gesetze des Markts sollten nun auch den Wohnungsmarkt regulieren. Ende der 1980er-Jahre wurde die Abschaffung des sozialen Wohnungsbaus diskutiert. Das Fördersystem stand mittlerweile permanent in der Kritik, da durch die dynamische Form der Subventionierung (degressive Aufwendungszuschüsse) die laufend steigenden Mieten vielerorts über den Marktmieten lagen und nachsubventioniert werden mussten. Dazu kam die Klage über Fehlbeleger, also über jene Bewohner, deren Einkommen während der Wohndauer über die Einkommensgrenzen stiegen und die dennoch in den preiswerten Wohnungen blieben.

In den *2000er-Jahren* liefen die Bindungen der Sozialwohnungen vielfach aus und die Anzahl der geförderten Wohnungen in Teilen Deutschlands halbiert sich fast. Im Jahr 2001 ersetzte die soziale Wohnraumförderung den sozialen Wohnungsbau mit dem Gesetz über die soziale Wohnraumförderung. Die Anzahl der fertiggestellten Wohnungen verringerte sich jedoch weiter. Im selben Jahr gab es eine Reform des Mietrechts, die eine mieterfreundliche Auslegung zeigte. Auch die Anpassung des Wohngeldgesetzes auf die geänderte Situation auf den Märkten führte zur Transformation der Wohnungspolitik hin zur Wohnungsmarktpolitik.

Das Gesetz über die *soziale Wohnraumförderung* stellte einen Paradigmenwechsel dar. Fortan richtet sich die Förderung nicht mehr an breite Schichten, sondern an Haushalte, die sich am Markt nicht angemessen mit Wohnraum versorgen können und auf Unterstützung angewiesen sind. Neben der Schaffung von neuem Wohnraum wurde nun auch die qualitative Anpassung der Wohnungsbestände an zeitgemäße Wohnbedürfnisse weiter gestärkt. Anlass dafür war, dass gegen Ende der 1990er-Jahre der Wohnungsmarkt als in großen Teilen ausgeglichen galt.

Mit dem Wohnraumförderungsgesetz (WoFG), das das Zweite Wohnungsbaugesetz ersetzte, wurde 2001 der soziale Wohnungsbau neu konzipiert und als Ziel die Unterstützung von Haushalten bei der Versorgung mit Mietwohnraum und die Bildung von selbstgenutztem Wohneigentum festgelegt. Zielgruppe der Wohnraumförderung sind Haushalte, die sich auf dem Markt nicht angemessen mit Wohnraum versorgen können, und einkommensschwache Gruppen.

Mit der *Föderalismusreform 2006* ging die Zuständigkeit für die soziale Wohnraumförderung vom Bund auf die Länder über. Diese erhielten dafür Leistungen. Allerdings wurde nicht kontrolliert, ob diese auch für den sozialen Wohnungsbau genutzt wurden. Mittlerweile hatte sich diese Situation weiter verschärft. Es entstanden jedoch nicht genug geförderte Wohnungen, um den Wegfall zu kompensieren. Begründet wurde dies damit, dass sich der Wohnungsbedarf regional sehr unterschiedlich entwickelt habe und deshalb spezifische Konzepte erforderlich seien. Ab 2008 wurde als sogenannter „Wohn-Riester" die eigengenutzte Immobilie in die staatlich geförderte Altersvorsorge aufgenommen. Der Staat unterstützt die Bildung von selbst genutztem Wohneigentum, wobei sowohl der Kauf als auch der Bau einer Immobilie gefördert wird sowie auch der altengerechte Umbau oder die energetische Sanierung.

Angebot
Es fehlt eine umfassende, allgemeine amtliche Statistik; Schätzungen basieren auf den Angaben der Bundesländer. Der Bestand an Sozialwohnungen in Deutschland ist in den vergangenen Jahren kontinuierlich zurückgegangen. Seit dem Jahr 1990, insbesondere aber seit Anfang der 2000er-Jahre ist der Bestand an Sozialwohnungen in Deutschland kontinuierlich rückläufig. Gab es in der alten Bundesrepublik noch knapp 4 Mio. preisgebundene Sozialwohnungen, waren es 2010 nur noch rund 1,7 Mio. Die Entwicklung des Bestands an Sozialmietwohnungen in Deutschland nach Angaben der Länder für die Jahre bis 2023 ist in Abb. 4.51 dargestellt. Ab dem Jahr 2023 wird der prognostizierte Bestand ohne neu abgeschlossene Verträge beschrieben.

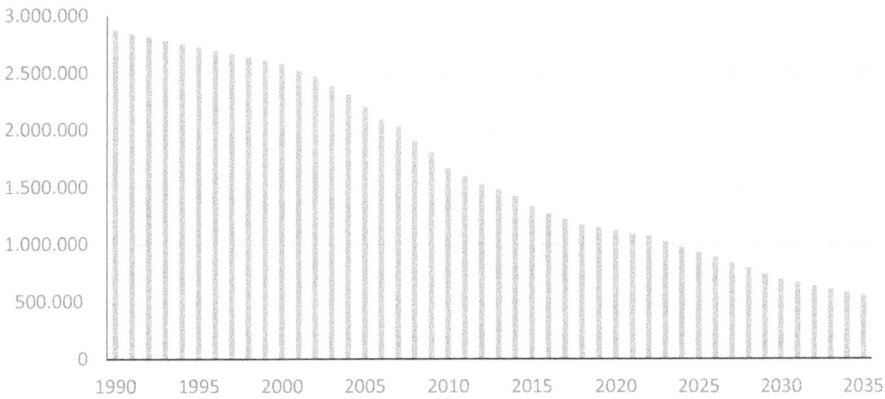

Abb. 4.51: Bestand an Sozialwohnungen in Deutschland.
Quelle: iwd online vom 08.01.2024, eigene Darstellung.

Der Bestand schrumpft, weil viele Wohnungen aus der Mietpreisbindung fallen. Die Bestandsentwicklung resultiert aus der Differenz der Zugänge (durch Neubau oder Bestandsmaßnahmen) und den auslaufenden Bindungen. Eine große Zahl von Sozialbindungen lief aus, die in den Jahrzehnten zuvor entstanden waren, ohne dass im gleichen Maß neue Sozialwohnungen mit Bindungen geschaffen worden waren. Der

Gesamtbestand an Sozialmietwohnungen in Deutschland lag zum Ende des Jahres 2023 demnach bei gut 1,03 Mio. Wohnungen. Der Bestand an Sozialmietwohnungen ist gegenüber 2022 um rund 47.000 Wohnungen gesunken. Sechs Bundesländer hatten einen Zuwachs im Vergleich zum Vorjahr zu verzeichnen. Laut einer Analyse wird der Bestand an Sozialwohnungen bis Ende des Jahres 2024 erstmals seit vielen Jahrzehnten unter die Millionenschwelle fallen. Im langfristigen Vergleich verlief der Rückgang mit ungefähr 30.000 Wohneinheiten pro Jahr bis zur umfassenden Reform des sozialen Wohnungsbaus und der Einführung des Wohnraumförderungsgesetzes (WoFG) noch moderat. Erst seither (2002 bis 2022) wird der Bestand jährlich schnell kleiner.

Bis *Ende des Jahres 2024* sank die Zahl der Sozialwohnungen in Deutschland unter die Millionenschwelle (981.100) und wird bis 2035 weiter massiv zurückgehen. Das ist lediglich rund ein Drittel des ehemaligen Bestandes, der nach der Wiedervereinigung im Jahr 1990 rund 2,9 Mio. Sozialwohnungen umfasst hatte. Da immer mehr Wohnungen aus der Sozialbindung fallen und der Neubau massiv stockt, wird sich der Negativtrend weiter fortsetzen.

Im Vergleich der *Bundesländer* war die Entwicklung im Jahr 2023 heterogen: In Nordrhein-Westfalen (NRW), Berlin, Rheinland-Pfalz, Brandenburg und Niedersachsen sank der Bestand jeweils vierstellig. In Bayern und Baden-Württemberg hingegen nahm er um mehr als tausend Wohnungen zu. Besonders viele Neuförderungen gab es 2023 der Bundesregierung zufolge in den bevölkerungsreichsten Ländern NRW und Bayern, gefolgt von Berlin und Hamburg. Die meisten Sozialwohnungen verzeichneten NRW mit 426.755, Bayern mit 134.793 und Berlin mit 99.849 Wohnungen.

Gemessen an einem Gesamtbestand von über 43 Mio. Wohnungen in Deutschland hatten die rund eine Mio. Sozialwohnungen (2023) einen geringen Anteil. Den mit Abstand größten Anteil an Sozialwohnungen gab es in Hamburg. Rund 8 Prozent des Wohnungsbestandes in der Hansestadt waren diesem Segment zuzurechnen. Das entsprach rund 81.000 Sozialwohnungen. Auf dem zweiten Platz folgten Berlin und NRW mit einem Anteil von jeweils 5 Prozent. Hessen und Schleswig-Holstein folgten mit spürbarem Abstand und einem Anteil von jeweils 3 Prozent Sozialwohnungen an ihrem gesamten Wohnbestand.

Die Anzahl *neu fertiggestellter Sozialmietwohnungen* wird in der Baufertigstellungsstatistik des Statistischen Bundesamtes nicht ausgewiesen. Die Länder übermitteln dem Bund jährlich lediglich die Anzahl der Bewilligungen für den geförderten Neubau von Sozialmietwohnungen. Insofern kann der Anteil von Sozialmietwohnungen an den gesamten Fertigstellungen nicht genau beziffert werden.[166]

Wie die Abb. 4.52 zeigt, verschärft sich der Mangel an Sozialwohnungen, solange das Neubauvolumen den Negativtrend nicht aufhalten oder umkehren kann. In der

---

[166] Vgl. Deutscher Bundestag Drucksache 20/1824, Antwort der Bundesregierung auf die Kleine Anfrage der Fraktion Die Linke, Berlin 13.05.2022.

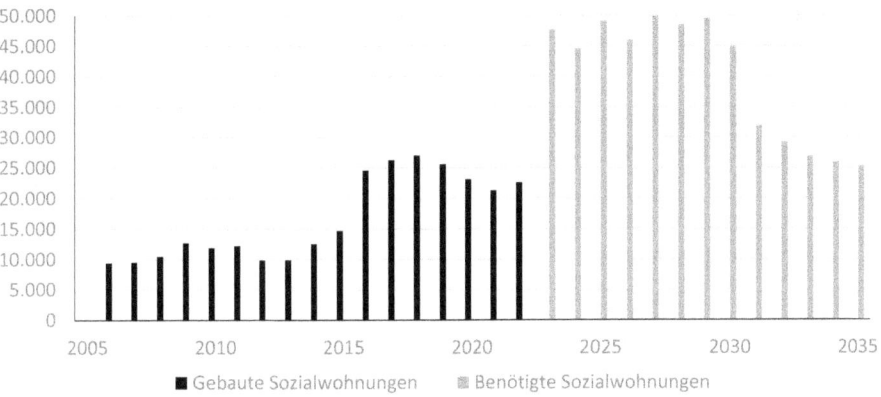

Abb. 4.52: Neubau und Bedarf von Sozialwohnungen in Deutschland.
Quelle: iwd online vom 08.01.2024, eigene Darstellung.

Abbildung gibt es ab 2023 eine Prognose. Deutschlandweit wurden im Jahr 2022 nur 22.755 Sozialwohnungen neu fertiggestellt. Im selben Jahr schrumpfte der Gesamtbestand trotzdem um 23.200 Einheiten, weil rund 46.000 Wohnungen ihre Sozialbindung verloren. Dieser Trend wird sich weiter fortsetzen. Im Vergleich zu der Anzahl der derzeit gebauten Sozialwohnungen werden insbesondere kurzfristig mehr Sozialwohnungen benötigt.

Von den insgesamt 49.430 im *Jahr 2023* im Rahmen der sozialen Wohnraumförderung geförderten Wohneinheiten (plus gut 20 Prozent im Vergleich zum Vorjahr) entfielen 23.062 auf geförderte Neubaumietwohnungen. Dazu kamen Neubaumaßnahmen in den Bereichen selbstgenutztes Wohneigentum und Wohnheime.

Das Institut der deutschen Wirtschaft (IW)[167] geht in seiner *Prognose* davon aus, dass bis zum Jahr 2035 im Durchschnitt jedes Jahr 40.000 Wohnungen aus der Sozialbindung fallen werden. Um den Sozialwohnungsbestand in Deutschland konstant zu halten, müssten im Vergleich zu den vergangenen Jahren, in denen etwa 20.000 zusätzliche Sozialwohnungen pro Jahr entstanden sind, mehr als doppelt so viele Sozialwohnungen jährlich neu gebaut oder durch den Erwerb von Belegungsrechten geschaffen werden. Speziell in den nächsten Jahren bis 2030 werden die Bestände mit bis zu 50.000 Wohnungen p. a. zurückgehen. Ursache hierfür ist, dass bis 2002 deutlich mehr Sozialwohnungen geschaffen wurden, die bei einer Bindungsdauer von typischerweise 25 oder 30 Jahren in den nächsten Jahren aus der Bindung fallen werden. Dies trifft speziell Nordrhein-Westfalen mit den meisten Sozialwohnungen in Deutschland.

Die durchschnittliche *Kaltmiete* für Sozialwohnungen in den Top 7-Städten lag im Jahr 2023 nach Berechnungen von Colliers bei 8,14 Euro pro Quadratmeter. Im freien

---

[167] Vgl. Institut der deutschen Wirtschaft, 2023, S. 2.

Wohnungsmarkt betrug sie 14,90 Euro pro Quadratmeter und damit rund 45 Prozent mehr. Im Jahr 2013 hatte der Abstand zwischen sozial regulierten und freien Mieten noch bei 34 Prozent gelegen, mit einer durchschnittlichen Kaltmiete von 6,26 Euro pro Quadratmeter in den Sozialwohnungen und 9,55 Euro pro Quadratmeter am regulären Mietmarkt. Die Kluft ist seitdem also weitergewachsen. Entsprechend treu sind die Mieter ihren Sozialwohnungen. So gab es im Jahr 2023 deutschlandweit nur weniger als 20.000 Mietangebote für Sozialwohnungen, wie eine Erhebung der Value AG zeigt. 40 Prozent dieser Angebote entfielen auf NRW, 13 Prozent auf Berlin.[168]

Nachfragepotenzial wegen Versorgungsnorm
Mithilfe einer *Versorgungsnorm* soll bestimmt werden, wie eine optimale Versorgung der Bevölkerung mit Sozialwohnungen aussehen soll. Das Ziel der sozialen Wohnungspolitik besteht darin, den auf Hilfe angewiesenen Haushalten eine angemessene Wohnungsversorgung zu ermöglichen. Hierfür sind in einem ersten Schritt Bedarfsgruppen und Versorgungsprobleme zu identifizieren. Die angestrebten Versorgungsstandards sind im zweiten Schritt zu bestimmen, wobei diese auf politisch-normativen Wertordnungen basieren.

Teilweise wird die Zahl der Haushalte, deren Einkommen innerhalb der Einkommensgrenzen der Wohnraumförderungsgesetze liegt, mit dem Bedarf an Sozialwohnungen gleichgesetzt. Der unter dieser Annahme errechnete Bedarf an Sozialwohnungen ist sehr hoch. Die Einkommensgrenzen sind aber für eine Bestimmung des tatsächlichen Bedarfs nicht geeignet, denn ihre Funktion ist vor allem der Ausschluss von Beziehern mit zu hohem Einkommen von der Anmietung einer Sozialwohnung.

Eine Stichprobe der *NRW-Bank* für das Jahr 2024 hat für NRW ergeben, dass jede zweite Sozialwohnung unberechtigt genutzt wird – es leben hier Menschen, die eigentlich ausziehen müssen, weil sie zu viel verdienen. Wer eine Sozialwohnung beziehen will, muss beim Einzug sein Einkommen und seine Lebensverhältnisse offen legen. Dies gilt jedoch nur beim Einzug und nicht mehr danach. In anderen Bundesländern wie Hessen gibt es deshalb eine Fehlbelegungsabgabe, die u. a. dafür verwendet wird, um Sozialwohnungen neu zu bauen.

Ein einklagbarer Anspruch auf eine Sozialwohnung für Haushalte mit geringem Einkommen besteht nicht. Weiterhin sind Haushalte mit Einkommen unterhalb der Einkommensgrenzen nicht grundsätzlich auf Sozialwohnungen angewiesen. So wird ein erheblicher Teil dieser Haushalte am freien Wohnungsmarkt mit bezahlbarem Wohnraum versorgt. Gerade in strukturschwächeren Regionen mit Leerständen sind preiswerte Wohnungen auch für Wohnungssuchende mit Einkommen innerhalb der Einkommensgrenzen der sozialen Wohnraumförderung verfügbar. Zudem werden einkommensschwächere Haushalte von der öffentlichen Hand bei den Wohnkosten in Form von Wohngeld oder der Übernahme der Kosten der Unterkunft im Rahmen

---

168 Vgl. Colliers, 2024.

der Mindestsicherungssysteme unterstützt. Diese Form der Unterstützung ermöglicht vielen Haushalten, auch außerhalb des Sozialwohnungsbestandes die Mieten oder Belastungen für Wohnraum zu tragen.

Der *Sozialwohnungsbedarf* ist nur normativ festzulegen, so z. B. das von der Ampelkoalition 2021 angestrebte Ziel von 100.000 Sozialwohnungen pro Jahr. Für eine Diskussion können empirisch ermittelte Kennzahlen genutzt werden.

- Eine mögliche Kennzahl bildet die *bestandsbezogene Förderquote*. Dabei wird der vermietete Wohnungsbestand mit dem geförderten Wohnungsbestand ins Verhältnis gesetzt. Diese Quote beträgt 4,7 Prozent. Es stellt sich das Problem, geförderte Mietwohnungen mit dem gesamten Bestand bzw. der gesamten Neubautätigkeit, die sich auf Eigenheime, Wohnheime, Eigentumswohnungen und Mietwohnungen erstreckt, in Bezug zu setzen.
- Eine weitere Kennzahl ist eine *neubaubezogene Förderquote*, welche die jährlichen Förderbewilligungen mit den gesamten Fertigstellungszahlen eines Jahres in Relation setzt. Im Jahr 2023 gab es 294.400 Fertigstellungen insgesamt und nach Daten des GdW wurden 22.500 Sozialwohnungen gebaut, sodass sich eine Quote von 7,6 Prozent ergibt. Eine solche Quote erlaubt eine Aussage über die Veränderung der aktuellen Versorgungssituation.
- Neben den beiden Konzepten bestehen auch weitere Ansätze, die versuchen, mit (regionalen) Analysen zur *Wohnungsmarktsituation* abzuleiten, wie viele Haushalte sich nicht mit ausreichend Wohnraum versorgen können. Beispiele sind der Anspruch auf einen Wohnberechtigungsschein (WBS) oder die Wohnkostenbelastung. Diese Ansätze sind ebenfalls keine adäquate Versorgungsnorm. WBS-Ansprüche lassen beispielsweise die Wohnsituation der Haushalte unberücksichtigt. Quoten, die beschreiben, wie viele Haushalte über einer bestimmten Belastungsgrenze liegen, haben die Schwierigkeit, dass sie nur die Marktsituation beschreiben, aber keine Aussagen darüber ermöglichen, mit welchen Instrumenten die überbelasteten Haushalte entlastet werden sollten.

Eine Versorgungsnorm lässt sich durch die Heterogenität der Wohnungsmärkte nicht ableiten. Unklar ist zudem, ob sich eine tatsächliche Verbesserung der Angebotssituation einstellt, da Bindungsausläufe unberücksichtigt bleiben. Gleichzeitig ist unklar, ob die Verbesserung bedarfsgerecht ist. Denn so kommen etwa geförderte Wohnungen im Bereich des studentischen Wohnens nicht dem allgemeinen Wohnungsmarkt zugute.

Nachfragepotenzial wegen Wohnungslosigkeit
Die wohnungslosen Personen gelten als potenzielle Nachfrager auf dem Wohnungsmarkt. Aufgrund ihres Status kommen sie vor allem für Sozialwohnungen in Frage. Im Jahr 2022 wurden in Deutschland erstmals Daten über ihre Anzahl erhoben.

Die Statistik erfasst laut *Definition* wohnungslose Personen, die in der Nacht jeweils zum 1. Februar in Not- und Gemeinschaftsunterkünften oder gegebenenfalls auch gewerblichen Unterkünften (Pensionen, Hotels, gewerbliche Gemeinschaftsunterkünfte etc.) und Normalwohnraum (i. d. R. Privatwohnungen) untergebracht sind, sofern dieser ihnen vorübergehend überlassen wird, ohne dass dadurch die Wohnungslosigkeit beendet wird. Dies betrifft auch Personen, die in (teil-)stationären Einrichtungen bzw. im betreuten Wohnen der Wohnungslosenhilfe freier Träger untergebracht sind.[169]

Geflüchtete werden in der Statistik berücksichtigt, wenn ihr Asylverfahren positiv abgeschlossen wurde (z. B. Asylberechtigung, Flüchtlingseigenschaft, subsidiärer Schutz) und sie weiterhin untergebracht werden, etwa weil sie keinen eigenen Mietvertrag haben. Personen, die eine Aufenthaltserlaubnis über das Chancen-Aufenthaltsrecht erhalten haben, und Geflüchtete aus der Ukraine, die im Schnellverfahren anhand einer humanitären Aufenthaltserlaubnis nach Aufenthaltsgesetz oder einer Aufenthaltsgewährung zum vorübergehenden Schutz aufgenommen wurden, sind ebenfalls in der Statistik berücksichtigt.

Generell *nicht* in die Erhebung einbezogen sind Personen, die im Freundeskreis, bei Familien oder Bekannten unterkommen, sowie *Obdachlose*, die ohne jede Unterkunft auf der Straße leben. Personen, die zwar in einer Einrichtung untergebracht sind, deren Ziel aber nicht die Abwendung von Wohnungs- oder Obdachlosigkeit ist (beispielsweise Bewohner von Pflegeeinrichtungen, von Heimen für Menschen mit Behinderung, von Frauenhäusern, Suchtkliniken oder betreuten Wohnungen der Jugendhilfe), sind ebenfalls nicht in der Statistik erfasst.

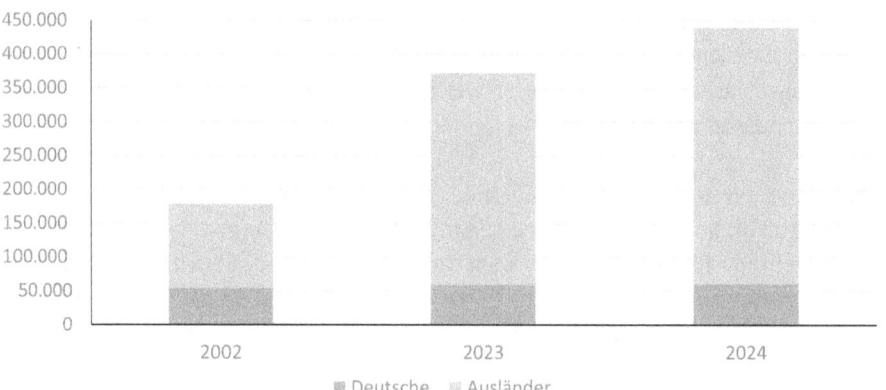

Abb. 4.53: Wohnungslosigkeit in Deutschland.
Quelle: Statistisches Bundesamt, Tabelle 22971-0001, abgerufen am 27.12.2024, eigene Darstellung.

---

[169] Vgl. BMAS, 2022 und Statistisches Bundesamt, 2024c.

Zum Stichtag 01. Februar 2024 waren in Deutschland nach den Meldungen von Kommunen und Einrichtungen rund 439.500 Personen wegen Wohnungslosigkeit untergebracht (siehe Abb. 4.53). Damit hat sich die Zahl gegenüber den Vorjahren weiter erhöht. Der Anstieg der Zahl der untergebrachten wohnungslosen Menschen ist jedoch vor allem auf statistische Verbesserungen der Datenmeldungen zurückzuführen.

Insgesamt wurden 377.900 und damit deutlich mehr Personen mit *ausländischer Staatsangehörigkeit* gemeldet als im Vorjahr (2023: 311.900), ihr Anteil an allen untergebrachten wohnungslosen Personen erhöhte sich von 84 Prozent auf 86 Prozent. Es wurden 136.900 geflüchtete Ukrainer erfasst, genauso viele wie im Vorjahr. Mit knapp einem Drittel (31 Prozent) aller untergebrachten Wohnungslosen bildeten sie wie bereits im Vorjahr die größte Gruppe in der Statistik. Die Zahl der Personen mit deutscher Staatsangehörigkeit nahm nur leicht auf 61.500 zu. Ihr Anteil an der Gesamtzahl der untergebrachten Wohnungslosen sank von 16 Prozent auf 14 Prozent.

Nach der *Altersstruktur* waren 40 Prozent der gemeldeten Personen jünger als 25 Jahre, ungefähr genauso viele wie im Vorjahr. Der Anteil der Personen im Alter ab 65 Jahren blieb mit 5 Prozent unverändert. Im Durchschnitt waren die am Stichtag untergebrachten Personen 31 Jahre alt. Mit 55 Prozent der untergebrachten wohnungslosen Personen waren Männer gegenüber Frauen die überwiegende Gruppe.

Die wohnungslosen Personen sind in verschiedenen Haushalts- bzw. Familienkonstellationen untergebracht. Personen in Paarhaushalten mit Kindern bildeten mit 34 Prozent (150.100 Personen) die größte Gruppe und 32 Prozent (139.000) der gemeldeten Personen waren alleinstehend.

Im Bundesländervergleich waren in Nordrhein-Westfalen mit 105.100 Personen die meisten Personen wegen Wohnungslosigkeit untergebracht, gefolgt von Baden-Württemberg mit 92.700 Personen und Berlin mit 47.300 Personen. Die geringste Anzahl an untergebrachten Wohnungslosen wurde im Saarland (2.600), Sachsen-Anhalt (1.000) und Mecklenburg-Vorpommern (700 Personen) gemeldet.

Nachfragepotenzial wegen Überbelegung von Wohnungen
Überbelegung ist ein statistischer Begriff, um die Wohnsituation zu beschreiben. Ein zusätzliches Nachfragepotenzial für preiswerten Wohnraum könnte sich ergeben, wenn kein Haushalt mehr in einer überbelegten Wohnung leben würde. Falls ein Haushalt über zu wenige Zimmer im Verhältnis zur Personenzahl verfügt, gilt das in der Statistik als Überbelegung. Nach EU-SILC-Definition darf mindestens einer der folgenden Räume nicht vorhanden sein:
– ein Gemeinschaftsraum,
– ein Raum pro Paar, das in dem Haushalt lebt,
– ein Raum für jede weitere Person ab 18 Jahren,
– ein Raum für zwei Kinder unter 12 Jahren,
– ein Raum für zwei Kinder desselben Geschlechts zwischen 12 und 17 Jahren,

- ein Raum je Kind zwischen 12 und 17 Jahren, wenn sie unterschiedlichen Geschlechts sind oder,
- ein zweiter Raum bei einem Single-Haushalt.

Rund 11,4 Prozent der Bevölkerung in Deutschland, das entsprach 9,6 Mio. Menschen, lebten 2023 in einer überbelegten Wohnung. Im Jahr 2021 waren das nur rund 8,6 Mio. Menschen bzw. 10,5 Prozent der Bevölkerung.

Besonders von Überbelegung betroffen waren 2023 Alleinerziehende und ihre Kinder (27 Prozent) sowie armutsgefährdete Personen (27 Prozent). Erwachsene mit ausländischem Pass (30 Prozent) lebten deutlich häufiger auf engem Raum als Erwachsene mit deutschem Pass (7 Prozent). Städtebewohner waren wie auch schon im Jahr 2021 mit 17 Prozent rund drei Mal so häufig von Wohnraummangel betroffen wie Bewohner ländlicher Gebiete (6 Prozent).

Bei der Bevölkerung in Haushalten mit Kindern lag die Überbelegungsquote 2021 bei 15,9 Prozent. Darunter besonders betroffen waren kinderreiche Familien, in denen zwei Erwachsene mit mindestens drei Kindern zusammenwohnten (30,7 Prozent), gefolgt von Alleinerziehenden und deren Kindern (28,4 Prozent).

Bei der Bevölkerung in Haushalten ohne Kinder lag die Überbelegungsquote im vergangenen Jahr mit 6,5 Prozent dagegen niedriger als über alle Haushaltsformen hinweg. Anteilig am seltensten lebten zwei Erwachsene ohne Kinder (2,7 Prozent) in überbelegten Wohnungen. Auch Alleinlebende können zu wenige Wohnräume haben – 2021 traf das auf 11,9 Prozent der Einpersonenhaushalte zu.

Die Wohnsituation von Menschen mit und ohne Migrationshintergrund unterscheidet sich ebenfalls deutlich: Zugewanderte wohnen durchschnittlich in schlechteren Wohnlagen, verfügen über weniger Wohnfläche und zahlen höhere Mieten pro Quadratmeter. Dies kann durch strukturelle Unterschiede (z. B. kürzere Wohndauer, urbaner Kontext) und sozioökonomischen Status nicht vollständig erklärt werden.[170]

Im Durchschnitt aller 27 *EU-Mitgliedstaaten* lag die Überbelegungsquote im Jahr 2023 bei 16,8 Prozent und im Jahr 2021 laut EU-Statistikbehörde Eurostat bei 17,1 Prozent. Somit war diese Quote in Europa höher als in Deutschland. In Lettland (41,3 Prozent) und Rumänien (41 Prozent) lebten anteilig die meisten Menschen in überbelegten Wohnungen, in Malta (2,9 Prozent) und Zypern (2,3 Prozent) die wenigsten.

Kritisch anzumerken bei dieser Statistik ist die Definition von Überbelegung. Zum einen ist schon grundsätzlich zu hinterfragen, ob jeder Haushalt über mehr Zimmer im Verhältnis zur Personenzahl verfügen muss. Dies könnte auch als ein Indikator für den Reichtum einer Gesellschaft ausgelegt werden. Zum anderen sind es die einzelnen Kriterien selbst, da es sich hierbei um Definitionen handelt, die durchaus diskutabel sind.

---

170 Vgl. Sachverständigenrat, 2024/25, S. 254.

4.8.2 Wohnen im Alter

Altersgerechtes Wohnen oder Wohnen im Alter beschreibt die Anpassung der Lebens- und Wohnverhältnisse an die spezifischen Bedürfnisse und Anforderungen älterer Menschen. Es gibt viele Aspekte, die für altersgerechtes Wohnen wichtig sind, beispielsweise Komfort und Sicherheit. Viele Senioren möchten möglichst lange ihre Selbstständigkeit erhalten und zuhause wohnen bleiben – andere wiederum suchen für sich nach einer alternativen Wohnform im Alter.

Die Bandbreite der möglichen Wohnformen im Alter ist groß. Die Menschen können unter anderem
- zuhause wohnen bleiben,
- in eine Senioren-Wohngemeinschaft oder
- in ein Mehrgenerationshaus oder eine Mehrgenerationswohnung ziehen, bzw. mit Verwandten zusammenwohnen sowie
- eine Wohnform mit Betreuung wählen.

Der *demografische Wandel* und die damit verbundene Alterung der deutschen Gesellschaft stehen seit Längerem im Fokus von Öffentlichkeit und Politik. Auch in Zukunft wird der demografische Wandel eine gesellschaftliche Kernherausforderung sein. Als Senioren gelten Personen, die zum Zensus-Stichtag das 65. Lebensjahr vollendet haben. Als gesonderte Gruppe werden die Hochbetagten betrachtet, die 85 Jahre und älter sind, darüber hinaus auch die Gruppe der über 100-Jährigen. Die Bevölkerungsentwicklung zeigt die Alterung sehr deutlich: Während die gesamte Bevölkerung gewachsen ist, ist die Zahl der 65-Jährigen und Älteren seit 1991 deutlich schneller gestiegen. Da jüngere Geburtsjahrgänge zugleich sinkende Personenzahlen aufweisen, stellen die ab 65-Jährigen im Zeitverlauf einen auch immer größeren Anteil an der Gesamtbevölkerung.[171]

Altengerechtes bzw. barrierefreies Wohnen bedeutet, dass ein Wohnraum auf die Bedürfnisse von körperlich eingeschränkten Personen angepasst ist und ihnen ein weitgehend selbstständiges Leben ermöglicht. Es gibt keine einheitliche Definition von altengerechten Wohnungen; jedoch soll eine altengerechte Wohnung am Bedarf älterer Menschen ausgerichtet sein. Im allgemeinen Sprachgebrauch werden hierfür auch die Begriffe barrierefrei, barrierearm, behindertengerecht, rollstuhlgerecht oder seniorenfreundlich verwendet. Gesetzlich definiert ist einzig der Begriff barrierefrei in § 4 BGG (Behindertengleichstellungsgesetz) wie folgt: „Barrierefrei sind bauliche und sonstige Anlagen, ... wenn sie für behinderte Menschen in der allgemein üblichen Weise, ohne besondere Erschwernis und grundsätzlich ohne fremde Hilfe zugänglich und nutzbar sind." Dies könnte auch im weiteren Sinne entsprechend auf altengerechte Wohnungen zutreffen.

---

[171] Vgl. Vornholz, 2015b.

Eine barrierefreie Wohnung muss:
- vom Bewohner selbstständig verlassen und betreten werden können,
- dem Nutzer in allen Räumen uneingeschränkte Bewegungsfreiheit bieten,
- die Durchführung der Körperhygiene ohne fremde Hilfe ermöglichen und
- so gestaltet sein, dass der Haushalt selbstständig bewältigt werden kann.

Ein wichtiger Baustein für die Bewertung der Wohnqualität sind Informationen über Barrieren beim Zugang zur Wohnung bzw. innerhalb der Wohnung. Mit der wachsenden Zahl von Senioren-Haushalten steigt der Bedarf an altersgerechten und barrierearmen Wohnungen. Im Jahr 2022 gab es in 81 Prozent der Haushalte mit Menschen ab 65 Jahren keinen stufenlosen Zugang zur eigenen Wohnung. Lediglich 6 Prozent gaben an, dass ihre Wohnräume alle gängigen Merkmale für barrierearmes Wohnen erfüllten. Das heißt, dass sie genügend Raum in Küche und Bad hatten, ausreichend breite Wohnungs- und Raumtüren sowie Flure aufwiesen, dass keine Stufen und Schwellen die Bewegungsfreiheit einschränkten und dass ein ebenerdiger Einstieg zur Dusche vorhanden war. 12 Prozent der Haushalte mit älteren Menschen lebten nach eigenen Angaben in Wohnungen, die keine dieser Bedingungen erfüllten.[172]

Nachfrage

Die Gruppe der Senioren spielt eine immer wichtigere Rolle als Nachfrager auf dem Wohnungsmarkt. Quantitativ wird die Zahl der Haushalte der über 65-Jährigen schon kurzfristig deutlich ansteigen. Diese Veränderungen sind im Wesentlichen schon in der heutigen Alterspyramide angelegt. Die Bevölkerungsvorausberechnung stammt vom Statistischen Bundesamt und wird nun für die jeweils relevante Bevölkerungsgruppe erläutert.

Nachfrageentwicklung – Demografie

Die *Alterung der Bevölkerung* beschreibt das Phänomen, dass der Anteil der älteren Altersgruppen kontinuierlich zunimmt. Diese Entwicklung kann sich sowohl bei einer wachsenden als auch bei einer schrumpfenden Bevölkerung vollziehen. Wesentlich ist, dass sich die Zahl der jüngeren Bevölkerung ungünstiger als die Zahl der älteren Bevölkerung entwickelt. Je schneller die Zahl der älteren Bevölkerung gegenüber der jüngeren Bevölkerung wächst, desto ausgeprägter ist die demografische Alterung. Dasselbe gilt, wenn die Zahl der jüngeren Bevölkerung stärker abnimmt als die der älteren Bevölkerung.

Die Alterung der Bevölkerung in Deutschland ist das Ergebnis des niedrigen Geburtenniveaus, das den Ersatz der Elterngeneration seit Anfang der 1970er-Jahre nicht mehr sichert. Waren anfangs noch nicht alle Kreise von dieser Entwicklung be-

---

172 Vgl. Statistisches Bundesamt, 2023d.

troffen, so liegt das Geburtenniveau schon seit Längerem in keinem Kreis mehr über dem Bestandserhaltungsniveau von 2,1 Kindern je Frau. Im Ergebnis dieser Entwicklung steigt der Bevölkerungsanteil Älterer kontinuierlich. Bundesweit kann diese Dynamik nur durch eine Steigerung des Geburtenniveaus oder über Außenwanderungsgewinne, an denen in der Regel überdurchschnittlich viele junge Menschen beteiligt sind, abgeschwächt oder sogar kompensiert werden.

Im *Alter von 65 Jahren und älter* lebten nach der moderaten Variante der 15. Bevölkerungsvorausberechnung (siehe Abb. 4.54) im Jahr 2022 knapp 17,6 Mio. Menschen – das war ein Anteil von gut 21 Prozent an der Gesamtbevölkerung. Im Zuge des demografischen Wandels ist diese Gruppe gewachsen: 2002 waren nur 14,4 Mio. Menschen mindestens 65 Jahre alt, ihr Anteil an der Gesamtbevölkerung entsprach gut 17 Prozent.[173] Bei der moderaten Varianten der 15. koordinierten Bevölkerungsvorausberechnung wird die Gruppe ab 65 Jahre weiter auf 22,1 Mio. Menschen im Jahr 2070 steigen. Dabei ist jedoch ein unsteter Verlauf zu erwarten. Ein besonders steiler Anstieg ist bis Ende der 2030er-Jahre zu sehen. Danach wird die Zahl der älteren Bevölkerungsgruppe zunächst stagnieren, um dann ab 2050 wieder leicht anzusteigen. Verantwortlich für diese Entwicklung ist vor allem die Babyboomer-Generation. Entsprechend entwickelt sich auch der Anteil der 65-Jährigen und Älteren.

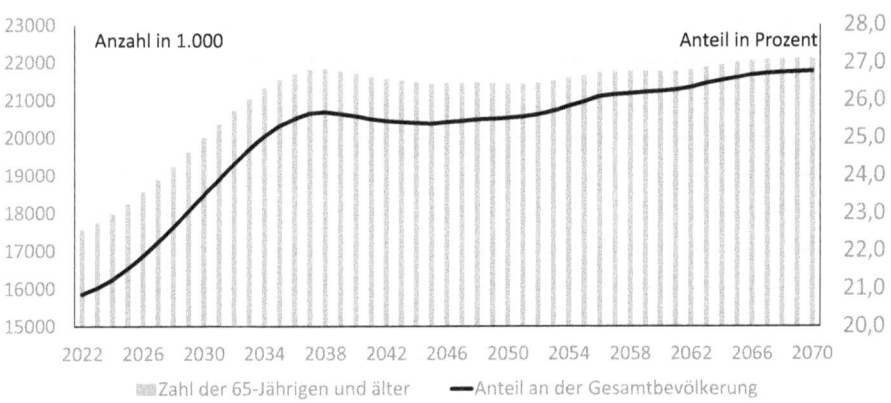

Abb. 4.54: Entwicklung der älteren Bevölkerungsgruppe.
Quelle: Statistisches Bundesamt, Tabelle 12421-0002, abgerufen am 30.12.2024, eigene Darstellung.

Die Abb. 4.55 zeigt die sehr differenzierte Entwicklung der älteren Bevölkerungsgruppen auf. Dabei steigt vor allem die Gruppe der 100-Jährigen weiter deutlich an, während die anderen beiden Gruppen von Senioren nur eine geringe Dynamik aufweisen.

Die meisten alten Menschen wohnen in ihren eigenen Wohnungen (Eigentum oder Miete), wobei nur ein Teil in altengerechten Wohnungen lebt. Nur ein weiterer

---

[173] Vgl. Statisches Bundesamt, 2024e.

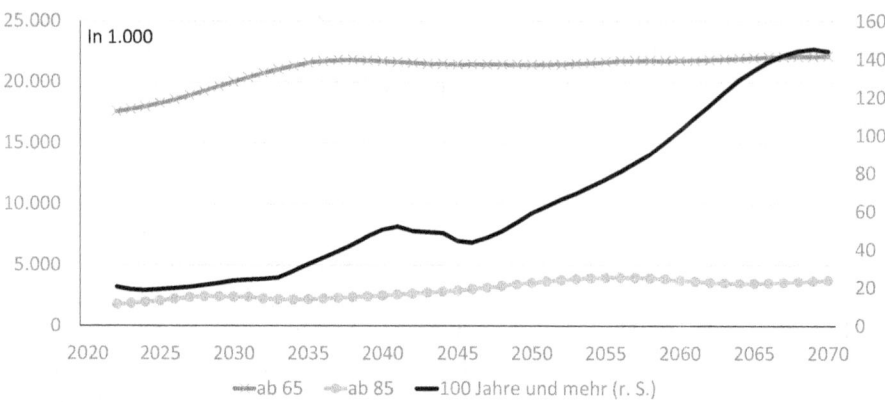

Abb. 4.55: Entwicklung der älteren Bevölkerung verschiedener Altersklassen.
Quelle: Statistisches Bundesamt, Tabelle 12421-0002, abgerufen am 27.11.2024, eigene Darstellung.

kleiner Teil wohnt in seniorenorientierten Wohnformen. Dieser Markt stellt sich sehr heterogen und undurchschaubar dar.[174] Im Jahr 2022 lebten nur etwa 4 Prozent der mindestens 65-Jährigen in einer Pflegeeinrichtung, einem Altersheim oder einer ähnlichen Gemeinschaftsunterkunft. Auch von den Hochbetagten der Altersgruppe 85plus lebte lediglich knapp ein Sechstel (16 Prozent) in einer solchen Einrichtung. 2002 waren es noch 18 Prozent.[175]

Nach der *Bevölkerungsfortschreibung*[176] lebten in immer mehr Haushalten in Deutschland Menschen der Altersgruppe 65plus. Im Jahr 2022 traf dies auf knapp 13,0 Mio. oder 32 Prozent aller Haushalte zu. Zahl und Anteil sind in den letzten Jahren gestiegen: 2002 hatten noch 10,9 Mio. und damit 29 Prozent der Haushalte mindestens ein Mitglied im Alter ab 65 Jahren. In 26 Prozent aller Haushalte lebten ausschließlich Menschen der Altersgruppe 65plus. Nur in 6 Prozent aller Haushalte lebten über 65-Jährige mit Jüngeren zusammen, beispielsweise mit jüngeren Partnern oder Kindern.

Etwas andere Daten stammen vom *Zensus 2022*. Insgesamt gab es laut dem Zensus in Deutschland 40,2 Mio. Haushalte, davon waren 9,8 Mio. ausschließliche Seniorenhaushalte, was einen Anteil von 24,6 Prozent ausmachte. Weiterhin gab es 3,3 Mio. Haushalte mit Senioren und Jüngeren (8,2 Prozent). Die Mehrheit von zwei Dritteln waren Haushalte ohne Senioren. Insgesamt machten demnach Haushalte mit Senioren rund 32,8 Prozent aus.

Differenziert nach dem Indikator Familie waren laut *Zensus*[177] 15,1 Prozent der Haushalte in Deutschland Einpersonenhaushalte bei den Senioren (6,1 Mio.). 2011

---

174 Vgl. Statistisches Bundesamt, 2024e.
175 Vgl. Statistisches Bundesamt, 2021a.
176 Vgl. Statistisches Bundesamt, 2023d.
177 Vgl. Statistisches Bundesamt, Tabelle 5000H-1003, abgerufen am 30.04.2025.

waren dies nur 12,5 Prozent der Haushalte (4,7 Mio.). Der Anteil alleinlebender Senioren war in den Bundesländern Sachsen-Anhalt, Mecklenburg-Vorpommern, Sachsen und Thüringen mit jeweils 17 Prozent überdurchschnittlich hoch. In Bayern, Baden-Württemberg und Hessen waren es 14 Prozent aller Haushalte.[178] Dieser Entwicklung zugrunde liegt einerseits eine Zunahme der älteren Bevölkerung insgesamt und andererseits ein wachsender Anteil all jener, die auch jenseits der 65 Jahre noch in einer Partnerschaft leben.[179]

Mit zunehmendem Alter steigt der Anteil der Alleinlebenden. Der wesentliche Grund dafür ist, dass viele ältere Menschen allein zurückbleiben, wenn der Partner stirbt. Gaben im Jahr 2022 in der Altersgruppe 65plus noch fast zwei Drittel (62 Prozent) an, einen Partner zu haben, so war es in der Altersgruppe 85plus nur noch gut ein Drittel (36 Prozent).[180]

Ältere Menschen haben in Deutschland im Schnitt deutlich mehr *Wohnraum* zur Verfügung als jüngere Haushalte. Die Haupteinkommensbezieher, die mindestens 65 Jahre alt waren, nutzten im Jahr 2022 pro Person durchschnittlich 68,5 Quadratmeter Wohnfläche. Bei der nächstjüngeren Altersgruppe, den 45- bis 64-Jährigen, waren es 54,8 Quadratmeter Wohnfläche.[181] Haushalte von 25- bis 44-Jährigen hatten mit 44,7 Quadratmetern die geringste Wohnfläche pro Person zur Verfügung, bei den unter 25-Jährigen waren es im Schnitt 45,4 Quadratmeter. Ältere Menschen leben in sechs von zehn Fällen bereits länger als 20 Jahre in ihrer Wohnung und besonders häufig auch allein – u. a. deshalb steht dieser Gruppe pro Kopf durchschnittlich die größte Wohnfläche zur Verfügung.

Die Unterschiede zwischen Jüngeren und Älteren fallen in *Eigentümerhaushalten* größer aus als in Mieterhaushalten. So hatten Eigentümerhaushalte, in denen die Haupteinkommensbezieher mindestens 65 Jahre alt waren, eine Wohnfläche von 78,1 Quadratmetern pro Kopf, und damit 28 Prozent mehr Fläche als die nächstjüngere Altersgruppe der 45- bis 64-Jährigen mit 61 Quadratmetern. Bei den Mieterhaushalten hatte die Altersgruppe 65plus mit im Schnitt 58,3 Quadratmetern pro Kopf rund 20 Prozent mehr Wohnfläche als die 45- bis 64-Jährigen (48,5 Quadratmeter) zur Verfügung.

Eine besonders stark wachsende Gruppe älterer Menschen sind die *Hochbetagten*, die älter als 85 Jahre sind. Zu den Hochbetagten zählten 1991 knapp 1,2 Mio. Menschen. Ihre Zahl stieg bis 2022 insgesamt auf 3,6 Mio. Sie hat sich damit mehr als verdoppelt und wuchs relativ betrachtet deutlich stärker als die der älteren Menschen ab 65 Jahren insgesamt.[182]

---

178 Vgl. Statistisches Bundesamt, 2023d.
179 Vgl. Statistisches Bundesamt, 2021a.
180 Vgl. Statistisches Bundesamt, 2021a.
181 Vgl. Statistisches Bundesamt, Mikrozensus-Zusatzerhebung zur Wohnsituation 2022.
182 Vgl. Statistisches Bundesamt, 2023d.

In der *Altersgruppe ab 100 Jahre* lebten 2022 gut 20.500 Menschen[183]. Das entspricht einem Zuwachs von 25 Prozent gegenüber rund 13.400 mindestens Hundertjährigen laut Zensus 2011. Menschen in dieser Altersgruppe lebten damit häufiger im eigenen Zuhause als früher: Der Anteil ist gegenüber dem Zensus 2011 um 10 Prozentpunkte gestiegen. Knapp die Hälfte (46 Prozent) der Hundertjährigen und älteren Menschen in privaten Haushalten wohnte im selbst genutzten Eigentum, 54 Prozent in Mietwohnungen. Bei knapp 6.600 Personen handelte es sich um Singlehaushalte (67 Prozent). Rund 1.500 Personen lebten in Zweipersonenhaushalten (16 Prozent), die restlichen Personen in Drei- und Mehrpersonenhaushalten. Dagegen waren knapp 7.000 Personen (42 Prozent) in Gemeinschaftsunterkünften wie z. B. Alten- und Pflegeheimen untergebracht.

Mehr als ein Drittel (36 Prozent) wohnte in Großstädten mit einer Bevölkerung ab 100.000. Das sind 4 Prozentpunkte mehr als die Gesamtbevölkerung. Auf dem Land, d. h. in Gemeinden unter 5.000 Einwohnern, waren 10 Prozent der Altersgruppe 100plus wohnhaft, während 14 Prozent der gesamten Bevölkerung dort lebten.

Regional zeigen sich sehr unterschiedliche Entwicklungen.[184] In den *westdeutschen Flächenländern* gibt es einen deutlichen Anstieg der Zahl der 67-Jährigen und Älteren bereits im Laufe der nächsten 15 Jahre. Die Zahl wird bis Ende der 2030er-Jahre stark steigen. Im Jahr 2021 betrug sie 12,3 Mio. und im Jahr 2070 wird sie bei rund 16,0 Mio. Menschen liegen.

In den *ostdeutschen Flächenländern* stieg die Zahl der 67-Jährigen und Älteren bereits zwischen 2013 und 2021 um rund 8 Prozent auf 2,9 Mio. und wird noch bis 2036 steigen. Mit dem Aufsteigen ins Rentenalter der schwach besetzten 1970er-Jahrgänge, die durch den Geburtenrückgang und die Abwanderung in den 1990er-Jahren gekennzeichnet sind, kommt es zum Rückgang der Zahl der 67-Jährigen und Älteren in den ostdeutschen Flächenländern. Dieser Rückgang setzt sich bis 2070 fort und führt zum weiteren Absinken auf voraussichtlich knapp 3,0 Mio. Menschen, also annähernd auf das Ausgangsniveau.

Die Zahl der 67-Jährigen und Älteren wird in den *Stadtstaaten* bis 2037 aufgrund der Alterung der Babyboomer in allen Varianten der Vorausberechnung steigen, danach bis Mitte der 2040er-Jahre relativ stabil bleiben und anschließend kontinuierlich zunehmen. Im Jahr 2070 wird sie um 57 bis 65 Prozent höher sein als 2021 (1,1 Mio. Menschen).

Die aktuellen *GfK Daten zur Bevölkerungsstruktur* zeigen, dass der Anteil an Haushalten, in denen der Hauptverdiener 60 Jahre oder älter ist, vor allem in ländlichen Gebieten und im Osten am höchsten ist. Prozentual die meisten Seniorenhaushalte gibt es im Stadtkreis Suhl in Thüringen: Dort sind 49 Prozent aller Haushaltsvorstände über 60 Jahre. Den zweiten Platz des Kreisrankings belegt der Landkreis

---

183 Vgl. Statistisches Bundesamt, 2022d.
184 Vgl. Statistisches Bundesamt, 2022 f.

Erzgebirgskreis mit 48,6 Prozent, gefolgt vom Landkreis Vogtlandkreis mit 48,4 Prozent. Mit 28,3 Prozent gibt es den geringsten Anteil an Seniorenhaushalten im Stadtkreis Regensburg.[185]

Nachfrage nach Wohnungen
Für die *zukünftige Entwicklung des Wohnungsmarkts* bedeutet dies, dass für diese Bevölkerungsgruppe teilweise mehr und andere Wohnungen bereitgestellt werden müssen. Qualitativ ergeben sich durch die Alterung der Bevölkerung neue Anforderungen an die Wohnungen. Altengerechte Wohnungen haben andere Ansprüche an die Ausstattung und die Größe der Wohnungen. Somit sind teilweise die bestehenden Wohnungen zu renovieren, falls die älteren Menschen in ihren Wohnungen weiterleben wollen. Teilweise sind aber auch neue Wohnungen zu bauen.

Angesichts des demografischen Wandels und der damit einhergehenden Alterung der Gesellschaft wird der *Bedarf an altengerechten Wohnungen* in Zukunft zunehmen. Da das Kriterium „altengerecht" jedoch nicht eindeutig definiert ist, kommt es zu sehr unterschiedlich hohen Bedarfsprognosen. Ausgangsbasis vieler Prognosen ist die Entwicklung der Bevölkerung. Wie viele ältere Menschen davon eine altengerechte Wohnung benötigen, ist umstritten. Über den kurzfristigen Bedarf liegen keine Statistiken vor, sodass dieser nur über ökonomische Plausibilitätsüberlegungen geschätzt werden kann. Über den langfristigen Bedarf gibt es ebenfalls widersprüchliche Schätzungen. Sie gehen jedoch alle davon aus, dass langfristig eine Ausweitung des Angebots notwendig ist.

Die Schätzungen des Bedarfs an altengerechten Wohnungen sind mit hoher Unsicherheit verbunden. Auf der einen Seite kann es zu einem höheren Bestand kommen, falls statt Pflegewohnungen mehr barrierefreie Wohnungen geschaffen werden. Ein höherer Bedarf an neuen Wohnungen könnte entstehen, da viele Immobilien nicht für einen Umbau geeignet sind bzw. der Umbau nur mit hohen Kosten erreicht werden kann. Weiterhin bedarf es angesichts einer zunehmenden Altersarmut vor allem kleiner, preisgünstiger Seniorenwohnungen, die derzeit nicht verfügbar sind. Andererseits spricht viel dafür, dass es nur einen geringen Bedarf gibt. Es besteht ein hohes Beharrungsvermögen der Seniorenhaushalte in ihren Wohnungen. So sind in vielen Fällen nur wenige bauliche Veränderungen vorzunehmen, um eine Wohnung seniorengerecht zu machen (z. B. Haltegriffe oder ebenerdige Duschen). Außerdem wird der Anteil der älteren Menschen an der Bevölkerung zwar weiter wachsen, allerdings sind die Älteren heute wesentlich gesünder und mobiler als noch vor einigen Jahrzehnten.

Der zukünftige Bedarf für betreute Wohnanlagen schwankt erheblich. Während optimistische Rechnungen von einem Bedarf in Höhe von bis zu 3,1 Prozent der Bevölkerung ab 65 Jahren ausgehen, ist im Zusammenhang mit der segmentübergreifenden

---

185 Vgl. GfK, 2024.

offiziellen Pflegebedarfsstatistik ein Bedarf in Höhe von nur 1,5 bis 2 Prozent der Bevölkerung ab 65 Jahren anzunehmen.[186]

Angebote altengerechten Wohnens
Es gibt keine definitorischen Abgrenzungen zwischen den Wohnangeboten für Menschen im Alter. Es haben sich zahlreiche Wohnkonzepte etabliert, wobei die Unterschiede aufgrund einer freien Auslegung durch die Anbieter häufig intransparent ist. Betreutes Wohnen und Servicewohnen sind keine geschützten Begriffe. Das bedeutet, dass jeder Anbieter selbst definieren kann, was zum Betreuten Wohnen und was zum Servicewohnen gehört.

Barrierefreies oder altengerechtes Wohnen bezieht sich auf die Bedingungen in den von den älteren Menschen bewohnten Wohnungen oder Häusern und nicht auf die verschiedenen Hilfsangebote. Anhand verschiedener Indikatoren werden hier Unterteilungen vorgenommen. Wohnformen im Alter reichen von der eigenen Häuslichkeit mit ambulanter Unterstützung über Formen des Servicewohnens bis hin zu (teil-)stationären Einrichtungen. Über 93 Prozent der Senioren leben im eigenen Haus. Die verbleibenden Anteile teilen sich im Seniorenwohnen überwiegend die Segmente Servicewohnen und stationäre Pflege. Jedes Segment ist sehr kleinteilig und gesetzlich unterschiedlich stark reglementiert. Anders als in der stationären Pflege gibt es für die Produkt „Betreutes Wohnen" oder „Servicewohnen für Senioren" keine allgemein verbindliche Definition.

Das Zuhause hat für ältere Menschen eine besondere Bedeutung, da es zunehmend zum zentralen Lebensmittelpunkt wird. Außerhäusliche Aktivitäten werden i. d. R. seltener oder kürzer, sodass ältere Menschen mehr Zeit zuhause verbringen. Darüber hinaus besteht eine geringe Wohnmobilität bei älteren Menschen, da ein Wohnungswechsel im Alter wenig gewünscht ist.

Es gibt umfangreiche Förderangebote sowohl vom Bund als auch von den Ländern für die Anpassung von Wohnungsbeständen. Insofern wächst das Angebot barrierefreier und -reduzierter Wohnungen sukzessive. Auch beim Neubau gibt es zunehmend derartige Wohnungen, da die Barrierefreiheit als allgemeiner Komfort angesehen wird. Barrierefreier Zugang ist ein Komfortwunsch der Nutzer. Dementsprechend gibt es große Unterschiede zwischen Alt- und Neubauten.

Angebot barrierefreier Wohnungen
Aktuelle Daten zu der Barrierereduktion stammen vom Mikrozensus von 2022 für Haushalte. Dabei wird folgende Unterscheidung getroffen. Zu einem *barrierereduzierten oder barrierearmen Zugang* zur Wohnung (Barrierereduktion des Gebäudes) gehören ausreichend breite Türen und Flure sowie ein stufen- oder schwellenloser Zugang.

---

[186] Vgl. pflegemarkt.com, 2024.

Im Durchschnitt erfüllte 2022 nur knapp 13,7 Prozent der Wohnungen in Deutschland alle drei genannten Kriterien.[187] Hinsichtlich der *Bewegungsfreiheit innerhalb der Wohnungen* (Barrierereduktion der Wohnung) zeigt sich ein Bild mit vielen Hindernissen: Nur 4,4 Prozent der Wohnungen erfüllten alle Merkmale eines barrierearmen Wohnens. Sie boten genügend Raum in Küche und Bad, besaßen ausreichend breite Wohnungs- und Raumtüren sowie Flure, einen ebenerdigen Einstieg zur Dusche und hatten keine Stufen und Schwellen, die die Bewegungsfreiheit einschränkten.

Beim Zugang sind 7,1 Prozent der Gebäude mit Baujahr bis 1948 nach den genannten Kriterien komplett barrierereduziert, bei einem Baujahr ab 2011 lag der Anteil der Wohnungen bei 51,7 Prozent. Bei den ab 2020 gebauten Gebäuden wiesen 59,8 Prozent alle drei Merkmale der Barrierereduktion auf. In dieser Gruppe hatten nur 3,3 Prozent keines der Merkmale während bei den alten Wohnungen noch rund 17,7 Prozent keines der Merkmale aufwiesen.

Bei der Barrierereduktion der Wohnung waren in den bis 1948 errichteten Gebäuden 2,3 Prozent der Wohnungen nach den genannten Kriterien komplett barrierereduziert, bei einem Baujahr zwischen 2011 und 2018 lag der Anteil der Wohnungen bei 24,2 Prozent und ab dem Jahr 2020 sogar bei rund 30 Prozent.

Nach Gebäudetyp (Ein- oder Mehrfamilienhaus) gibt es deutliche Unterschiede zur Barrierereduktion. In den Wohnungen weisen die Mehrfamilienhäuser mit 5,4 Prozent einen deutlich höheren Anteil auf als die Einfamilienhäuser.

Angebot an betreutem Wohnen

Betreutes Wohnen hat sich zu einer der stärksten Säulen im Pflegemarkt entwickelt und wird sowohl von ambulanten als auch klassischen stationären Betreibern zunehmend etabliert. Als Betreutes Wohnen wird eine Wohnform bezeichnet, die es Menschen mit besonderen Bedürfnissen ermöglicht, eigenständig zu leben und je nach individuellem Bedarf Betreuungs-, Pflege- und weitere Dienstleistungen in Anspruch zu nehmen. Die nicht immer eindeutig zu treffende Abgrenzung zum *Servicewohnen* besteht darin, dass die Bewohner nicht unbedingt pflege- und hilfsbedürftig sind und die Angebote frei buchen können. Das betreute Wohnen bildet damit die Schnittstelle zwischen dem selbstständigen Wohnen in den eigenen vier Wänden und der Unterbringung in einer stationären Einrichtung aufgrund einer hohen Pflegebedürftigkeit. Diese Wohnform basiert auf dem Konzept der ambulanten Pflege.

Beim Betreuten Wohnen handelt es sich um barrierefreie Wohnungen, die angemietet oder auch angekauft werden können. I. d. R. wird ein Wohnraummiet- oder -kaufvertrag abgeschlossen sowie ein separater Dienstleistungsvertrag über die Erbringung von geringfügigen Betreuungsleistungen wie Hausnotruf und Beratungs- sowie Vermittlungshilfen. Die Wohnungen in Einrichtungen des Betreuten Wohnens entsprechen in Lage und Ausstattung, sowie Schnitt den Bedürfnissen älterer Menschen. Zusätz-

---

[187] Vgl. Statistisches Bundesamt, Mikrozensus 2022.

lich gibt es oft ein Angebot an Gemeinschaftsräumen für den sozialen Austausch. Es gibt von Ein- bis Mehrzimmerwohnungen unterschiedliche Wohnraumtypen. Wohnanlagen von Betreutem Wohnen können sich in oder zugehörig zu einem Pflegeheim befinden. Es gibt aber auch Einrichtungen, die sich in bestehenden Wohnanlagen, in Mehrgenerationenhäusern, als Solitäre oder in Senioren-Residenzen befinden.

Die Betreuungsleistungen unterscheiden die Wohnform Betreutes Wohnen von Wohnangeboten, die nur eine *altersgerechte* Wohnung bieten. Bei Bedarf können weitere Wahl- bzw. Service-Leistungen (z. B. Pflegeleistungen) zusätzlich gebucht werden – diese müssen frei wählbar sein. Anders als im Heimbereich gibt es für Betreutes Wohnen keine rechtlichen Vorschriften, welche Leistungen angeboten werden müssen.

Dies ist wiederum eine wichtige Abgrenzung zu *Pflegeheimen*, die als stationäre Versorgungsform eine verpflichtende und vollumfängliche Dienstleistungs- und Pflegeversorgung anbieten und der Heimgesetzgebung der Länder unterliegen.[188]

Eine Marktabgrenzung ist schwierig, da Anbieter ihre Angebote je nach Ausrichtung sowohl als Betreutes Wohnen als auch als Servicewohnen bezeichnen. Darüber hinaus gibt es in der amtlichen Pflegestatistik keine Zahlen zum Angebot des betreuten Wohnens. Aufgrund nicht einheitlicher Definitionen ist die Datenerhebung schwierig. Nach der Pflegedatenbank von pflegemarkt.com für das Jahr 2024 existieren in Deutschland 7.795 betreute Wohnanlagen, die mehr als 324.000 Wohnungen für Pflegebedürftige zur Verfügung stellen. Der Großteil der Angebote für betreutes Wohnen (knapp 63 Prozent) wird von gemeinnützigen Einrichtungen betrieben. Ein erheblicher Anteil der Einrichtungen des Betreuten Wohnens entspricht einem ambulanten Modell. Dies bedeutet, dass die Einrichtung nicht einer stationären Pflegeeinrichtung angegliedert ist, sondern dass die künftigen Bewohner ambulant versorgt werden.[189]

Angebot Servicewohnen

Nach dem bundesrechtlichen Heimgesetz waren Einrichtungen des *Servicewohnens* keine Heime im Sinne des Heimrechts und unterlagen damit nicht den Regelungen hinsichtlich baulicher und personeller Bedingungen sowie der Heimaufsicht. Mit der Föderalismusreform, mit der die Zuständigkeit für das Heimrecht zum 1. September 2006 auf die Länder überging, wurde dies vereinzelt geändert und das Servicewohnen dem Heimrecht zugeordnet. Die Frage, ob Servicewohnen unter das Heimrecht fällt, wird heute in den einzelnen Bundesländern unterschiedlich beantwortet.

Nach dem Heimrecht der Länder werden darunter Einrichtungen erfasst, bei denen die Anmietung von Wohnraum mietvertraglich an die Inanspruchnahme bestimmter allgemeiner Unterstützungsleistungen wie Hausnotruf, Hausmeisterservice oder die Vermittlung von ambulanter Pflege und Betreuung gebunden ist und diese Leistungen nicht unabhängig von der Mietwohnung gekündigt werden können.

---

[188] Vgl. Real I.S., 2024.
[189] Vgl. pflegemarkt.com, 2024.

Das Servicewohnen unterscheidet sich vom ambulant betreuten Wohnen insofern, als der Bewohner keine freie Wahl des Anbieters allgemeiner Betreuungsleistungen hat, sondern vertraglich durch den Mietvertrag an einen bestimmten Anbieter gebunden ist. Im Gegensatz zu vollstationären Heimen findet keine vollständige Übernahme der Verantwortung für die Lebensführung des Bewohners statt und der Bewohner kann selbständig Dienstleistungen für die über die mitgebuchten Leistungen hinausgehenden Bedarfe in Anspruch nehmen (z. B. Essen auf Rädern).

Beim Servicewohnen für Senioren bestehen sehr individuelle Anforderungen und Voraussetzungen der potenziellen Bewohner. So kann hier nach Ausstattungsstandards, Kosten und Serviceangebot unterschieden werden. Jede Wohnform grenzt sich hinsichtlich der Aspekte Betreuungsaufwand und Pflegeintensität, Selbstständigkeit und Wahlfreiheit, Wohnraumvariabilität und Privatsphäre sowie Kostenstruktur und Refinanzierung ab.

Der Bestand von Plätzen im Servicewohnen für Senioren kann aufgrund der in Deutschland bestehenden Intransparenz nur annäherungsweise erfasst werden. Im Jahr 2021 gab es nach der Analyse von Union Investment rund 7.000 Wohnanlagen mit ca. 300.000 bis 360.000 Wohneinheiten.[190]

Pflegeeinrichtungen

Für Pflegeimmobilien gibt es eine Vielzahl von Begriffen: Pflegeheime, Altenheime, Seniorenresidenzen, Wohnstifte, aber auch betreutes Wohnen oder Servicewohnen. Einige der Begriffe werden synonym verwendet und nicht klar voneinander abgegrenzt.[191] Pflegeheime sind Immobilien, die hauptsächlich der stationären Versorgung von pflegebedürftigen Menschen dienen. In der Praxis werden Pflegeheime und Anlagen für betreutes Wohnen immer öfter kombiniert oder auf benachbarten Grundstücken errichtet. Dies hat den Vorteil, dass Bewohner von betreuten Wohnungen im Falle einer höheren Pflegebedürftigkeit lediglich innerhalb des Gebäudeensembles umziehen müssen und so in ihrem gewohnten Umfeld bleiben können.

Auf Basis der Erhebungen von Savills gibt es rund 16.300 Pflegeimmobilien mit etwa 910.000 vollstationären Pflegeplätzen und etwa 292.000 betreuten Wohneinheiten. Anfang 2022 befanden sich zudem etwa 1.350 Pflegeimmobilien mit schätzungsweise 46.500 vollstationären Pflegeplätzen und 34.500 betreuten Wohnungen in Bau oder in Planung.[192]

Pflegeeinrichtungen existieren neben Altenwohnheimen, Wohnstiften und Seniorenresidenzen, die es älteren Menschen erlauben, ein weitgehend selbstständiges Leben zu führen und ggf. auf Serviceleistungen und/oder Zusatzleistungen zurückzugreifen. Es kommt besonders den Altenpflegeheimen eine entscheidende Rolle zu. Be-

---

190 Vgl. Union Investment, 2021, S. 10
191 Vgl. Savills, 2022, S. 2 ff.
192 Vgl. Savills, 2022, S. 1.

dingt durch den medizinischen Fortschritt steigen die Gesundheit und die Lebenserwartung seit vielen Jahren ständig an. Obwohl die ambulante Versorgung durch die Gesetzgebung bevorzugt wird, befindet sich die stationäre Versorgung weiterhin im Aufwind. Hieraus resultiert ein steigender Bedarf an Seniorenimmobilien und altersspezifischen Betreuungsangeboten. Verstärkt wird die Nachfrage nach Pflegeeinrichtungen durch die Tatsache, dass die Bedeutung der Familie bei der Betreuung von Familienangehörigen im Alter geringer wird und diese Aufgabe auf externe Anbieter, die entsprechende Angebote bereitstellen, verlagert wird.

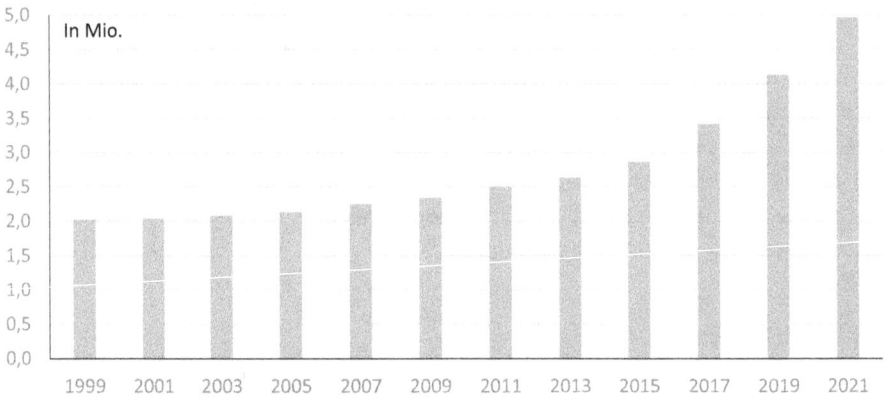

Abb. 4.56: Pflegebedürftige in Deutschland.
Quelle: Statistisches Bundesamt, 2022e, eigene Darstellung.

In den nächsten Jahren wird mit einem hohen Mehrbedarf an Alteneinrichtungen von Pflegeplätzen gerechnet (vgl. Abb. 4.56). Der Zusatzbedarf fällt regional stark unterschiedlich aus. Der Hauptgrund hierfür sind regional differenzierte demografische Entwicklungen. Zudem existieren regional deutliche Unterschiede in den Pflegequoten (Anteil der Pflegebedürftigen an der Bevölkerung) sowie Heimquoten (Anteil der Pflegebedürftigen, die in Heimen versorgt werden). Bei der Berechnung des Pflegeplatzbedarfs wird unterschieden zwischen Stadt und Land. Auf dem Land, wo es mehr Familienleben gibt, wird davon ausgegangen, dass im Schnitt gut 4 Prozent der über 65-Jährigen einen stationären Pflegeplatz brauchen, in Städten mit mehr als 100.000 Einwohnern sind es eher mehr als 5 Prozent.

Die *Nachfrage nach Wohn-, Betreuungs- und Pflegeleistungen* wird sich insbesondere nach der Kaufkraft der älteren Menschen differenzieren. Insgesamt ist davon auszugehen, dass der Bedarf an niedrig- und mittelpreisigen Objekten deutlich höher sein wird als an hochpreisigen. Diese werden weiterhin nur an ausgewählten Standorten mit hoher Kaufkraft eine Chance haben. Wie hoch der Bedarf an Pflegeplätzen tatsächlich sein wird, ist schwer abzuschätzen. Dies wird u. a. davon abhängig sein, welche anderen Wohnformen künftig zur Verfügung stehen, in denen jemand bis zum hohen Alter wohnen kann, wie sich die Verzahnung von ambulanter, teilstationärer und stationärer Pflege weiter gestaltet und wie sich die Leistungen zur Vermeidung und Verminderung der Pflegebedürftigkeit entwickeln werden.

5 Wohnungspolitik

Die Wohnungspolitik ist eine Reaktion auf die Entwicklung der Immobilienwirtschaft und -märkte, auch in Abhängigkeit von der jeweiligen wirtschaftspolitischen Ausrichtung der Politik. Dies zeigt sich bei der Analyse der Wohnungspolitik nach dem Zweiten Weltkrieg in den verschiedenen Phasen mit unterschiedlichen Schwerpunkten. Dies wird im Kapitel 5.1 aufgezeigt.

Davon ausgehend schließt sich die Diskussion der aktuellen Wohnungspolitik an. Bei der Heterogenität der Märkte ist es nicht effizient, nur eine Wohnungspolitik zu machen. Es ist eine differenzierte Strategie erforderlich. Daher werden im Folgenden auf der einen Seite Maßnahmen gegen Leerstände und auf der anderen Seite Maßnahmen gegen die Wohnungsknappheit analysiert.

5.1 Entwicklung der Wohnungspolitik in Deutschland

In Deutschland gab es nach dem Zweiten Weltkrieg verschiedene Phasen bzw. Zyklen auf dem Wohnimmobilienmarkt.[193]

I. Dabei wird zunächst die Phase bis Ende der 1980er-Jahre betrachtet, bei der die Schaffung von Wohnraum im Vordergrund stand. Diese Phase endete mit der Wiedervereinigung.

II. In der folgenden Phase von der Wiedervereinigung bis zur Finanzkrise 2008/09 können folgende Bereiche unterschieden werden. Zunächst gab es den Vereinigungsboom, der politisch bedingt war. Einen Einschnitt stellte der Dotcom-Boom bzw. New-Economy-Boom dar. Bei diesen Zyklen kam der Anstoß von der Nachfrageseite. Durch die verzögerte Reaktion auf der Angebotsseite wurde der Abschwung eingeleitet bzw. verschärft. Der Immobilienboom, der insbesondere durch die Geldpolitik ausgelöst wurde, hatte seinen Höhepunkt 2008.

III. Die dritte hier betrachtete Phase begann nach der Finanzkrise 2008/09. Es folgte nach der Finanzkrise ein Aufschwung, der trotz der Pandemie bis zum Jahr 2021 anhielt. Die Zinswende im Jahr 2022 beendete die Party auf den Immobilienmärkten.

IV. Die vierte Phase setzte mit den Krisen zu Beginn dieses Jahrzehnts ein. Durch die Corona-Pandemie und den Ukraine-Krieg kam es zu ersten Irritationen und Krisen und letztlich endete aufgrund des Zinsanstiegs (incl. des Baukostenanstiegs) schließlich der langanhaltende Boom.

---

193 Das folgende Kapitel basiert im Wesentlichen auf der Studie von Vornholz, 2023.

5.1.1 Wohnungspolitik nach 1945

Wohnungsnot

Die Wohnsituation nach dem Krieg war katastrophal, es herrschte eine große Wohnungsnot. Eine Wohnungsnot liegt vor, wenn im großen Ausmaß Wohnungen fehlen.[194] Der Zweite Weltkrieg hatte zu einer Zerstörung von Industrieanlagen und Infrastruktur geführt. Eine spürbare Folge bestand in der weitgehenden Zerstörung eines großen Teils von Wohnungen, insbesondere in den Westzonen und dort vor allem in den Städten. 2,3 Mio. der 1939 vorhandenen 11 Mio. Wohnungen wurden im Zweiten Weltkrieg v. a. durch Bombenangriffe zerstört. Nochmal so viele Wohnungen waren erheblich beschädigt und konnten teils nicht mehr bewohnt werden. Speziell durch die massiven Luftangriffe auf die deutschen Städte wurde es notwendig, etwa 9 Mio. Obdachlose in ländliche Gebiete zu evakuieren.

In den ersten Jahren der Nachkriegszeit wurde die Wohnungsnot weiter verschärft. Zum einen kehrten ehemalige Soldaten aus dem Krieg heim. Zum anderen zogen Flüchtlinge aus den ehemals deutschen Ostgebieten in den Westen, was zu 12 Mio. Vertriebenen und Flüchtlingen führte. Der Zensus in den drei Westzonen 1946 wies die Zahl von 13,7 Mio. Haushalten und 8,2 Mio. Wohnungseinheiten auf. Es fehlten also kriegs- und migrationsbedingt etwa 5,5 Mio. Wohnungen. Viele Obdachlose kamen nur bei Freunden oder Verwandten unter. Andere harrten in den Ruinen aus. Da aber häufig schwer beschädigte Wohnhäuser zusammenstürzten wurde dies verboten. Die Belegungsdichte verdopplet sich fast innerhalb weniger Jahre von ungefähr 3,6 auf 6 Personen pro Wohnung. Auf dem Gebiet der späteren DDR fehlten ca. 1,4 Mio. Wohnungen.

Da das Hauptinteresse auf der Entrümpelung und Instandsetzung lag, ist für die Zeit vor der Gründung der Bundesrepublik und der Deutschen Demokratischen Republik keine nennenswerte Bautätigkeit zu verzeichnen. Bis 1948 stagnierte der Wohnungsbau in den westlichen Besatzungszonen. Mit der Gründung der beiden deutschen Staaten änderte sich dies und die jeweiligen Auffassungen einer Wohnungspolitik gingen zuweilen stark auseinander.

---

194 Wohnungsnot ist ökonomisch nicht definiert, für den Wohnungsmarkt gilt dafür die Situation auf den Wohnungsmärkten nach 1945. Knappheit ist ein Begriff aus der Volkswirtschaftslehre und bezeichnet eine Situation, in der die Nachfrage größer als das Angebot ist. Wohnungsknappheit liegt dann vor, wenn die Nachfrage (Einwohner / Haushalte) höher als der Bestand an Wohnungen ist. In einer dynamischen Betrachtung würde die Nachfrage schneller als die Fertigstellungen steigen. Volkswirtschaftliche Knappheitsindikatoren sind die Preise; für den Wohnungsmarkt sind dies die Mieten und Leerstände (Vermietungsmarkt) und die Kaufpreise (Investmentmarkt). Bei einer Wohnungsknappheit gibt es lokal einen überdurchschnittlichen Anstieg der Mieten und die Leerstandsquote liegt unter einem Schwellenwert. Diese Indikatorwerte sind aber nicht eindeutig bestimmt. Als Vergleichswert können aber die Mietentwicklung in den 7 A-Städten und die Leerstandsquote von gut 2,5 Prozent (Fluktuationsreserve) herangezogen werden.

Wohnungspolitik in Westdeutschland
Der Staat spielte in der Nachkriegszeit in der Wohnraumbewirtschaftung eine zentrale Rolle. Die *Zwangsbewirtschaftung* der Kriegszeit wurde aufgrund der enormen Kriegsschäden fortgeführt. Der Staat kümmerte sich um die Versorgung der Bevölkerung mit bezahlbarem Wohnraum. Zu diesem Zweck gab es auf dem Wohnungsmarkt eine Reihe von Einschränkungen, so waren etwa keine zu hohen Mietbelastungen gestattet. Zusätzlich wurden die marktwirtschaftlichen Regelungen größtenteils außer Kraft gesetzt, da der Markt anders aufgebaut war als die restlichen wirtschaftlich geprägten Märkte. Durch die vorherrschende Zerstörung und die Zwangslage auf dem Wohnungsmarkt konnte kein Wettbewerb entstehen.

Die Wohnungsbaupolitik der Bundesrepublik ist daher durch ein Nebeneinander plan- und marktwirtschaftlicher Regulierungsmechanismen gekennzeichnet. Beibehalten wurden der Mietenstopp von 1936 und die staatliche Wohnraumverteilung, die die Wohnungsämter durch Wohnraumbewirtschaftung regelten. Es herrschte ein allgemeiner Konsens über die Notwendigkeit eines umfangreichen Neubau- und Wiederaufbauprogramms, um die Wohnungsnot abzubauen. Gleichzeitig sollte diese einer umfangreichen Arbeitsbeschaffung dienen.

In den Nachkriegsjahren war die deutsche Wohnungspolitik zunächst auf den Mietwohnungsbau ausgerichtet, um die Bevölkerung zügig mit Wohnraum versorgen zu können. Die Schaffung von Wohnraum, insbesondere von günstigen Mietwohnungen durch öffentliche Wiederaufbau- und Neubauprogramme, war der zentrale Fokus der Wohnungspolitik. Durch Gemeinwohlausrichtung und Mieterschutz sollte erreicht werden, dass die soziale Not begrenzt wird.

Die nach Gründung der Bundesrepublik gebildete Bundesregierung schloss sich den Maßnahmen der Besatzungsmächte der drei Westzonen an und führte die Wohnungszwangsbewirtschaftung zur Bekämpfung der Wohnungsnot fort. Diese bestand im Wesentlichen in einem faktischen Verbot der Kündigung von Bestandsmietern sowie staatlich festgelegten Mietniveaus und staatlicher Vergabe von in Privateigentum befindlichem Wohnraum an Wohnungssuchende. Mit diesen Maßnahmen stoppte die Bundesregierung zwar den befürchteten schnellen Anstieg der Mieten, doch das Problem der fehlenden Wohnungen wurde dadurch nicht behoben.

Ihren Beginn fand die Wohnungspolitik im Jahr 1946 im *Wohnungsgesetz des Kontrollrats*. Es diente der Erhaltung, Vermehrung, Sichtung, Zuteilung und Ausnutzung des vorhandenen Wohnraums. Die Wohnungsbehörden wurden ermächtigt, eine Bestandsaufnahme des vorhandenen Wohnraums vorzunehmen. Alle freiwerdenden Wohnungen mussten nach Erlass des Gesetzes an die deutschen Wohnungsbehörden gemeldet werden. Die Wohnungsbehörden waren schließlich zur Belegung der Wohnungen nach den Vorgaben des Gesetzes ermächtigt und konnten so beispielsweise einen Wohnungstausch anordnen, wenn es für die adäquate Belegung der Wohnungen erforderlich war. Die Auswahl der Mieter wurde ebenfalls durch die Wohnungsbehörden vorgenommen, auch hier gab es eine strenge Richtlinie. Die planwirtschaftlichen

Ansätze in Form von Mietpreisbindungen und einer staatlichen Wohnraumverteilung standen im Gegensatz zu den üblicherweise marktwirtschaftlichen Ansätzen.

Der Staat stand vor dem Problem, gegen die herrschende Wohnungsnot zu intervenieren, aber auch die Maßnahmen, die dafür genutzt werden, so schnell wie möglich zu beenden. Dazu kam die Flüchtlingsproblematik. Die Geflüchtete, die nach Kriegsende in Deutschland einwanderten, stammten größtenteils aus den Ländern unter sowjetischer Besetzung. Aufgrund der Vielzahl der einströmenden Geflüchteten und der vielen fehlenden Wohnungen, wurde der Politik bewusst, dass der private Sektor die Wohnungsnot nicht allein bewerkstelligen kann.

Im Jahr 1949 wurde ein *Soforthilfegesetz* („Gesetz zur Milderung dringender sozialer Notstände") verabschiedet, das Hilfe in Form von Darlehen für Kriegsgeschädigte beim Wiederaufbau eigener Existenzen, insbesondere von Wohnungen, versprach. Dem Soforthilfegesetz folgte das *Erste Wohnbaugesetz* (I. WoBauG) von 1950, das zu einer massiven Intervention auf der Angebotsseite des Wohnungsmarkts führte. Die Wohnungsbauförderung wurde zur öffentlichen Aufgabe. Zur Beseitigung des Wohnungsfehlbestands wurde ein Gerüst gebildet, das dem sozialen Wohnungsbau eine enorme Bedeutung verschaffte. Die staatliche Wohnungspolitik ermöglichte eine außerordentliche Wohnungsproduktion. Durch die Förderung über zinslose Darlehen und direkte Subventionen wurde der Wohnungsbau zeitweise aus dem marktwirtschaftlichen System herausgelöst.

Das Gesetz regelte einheitlich die Wohnungsbaufinanzierung und unterschied drei Arten von Wohnungsbau: öffentlich geförderter sozialer Wohnungsbau, steuerbegünstigter Wohnungsbau und freifinanzierter Wohnungsbau. Bezog ein Bauherr öffentliche Mittel für den Bau des Wohnhauses, verpflichtete er sich, die gebauten Wohnungen nur zu einer Maximalmiete von 1,10 DM pro Quadratmeter zu vermieten. Eine solche Sozialwohnung durfte nur beziehen, wer ein gewisses Einkommen nicht überschritt. Im Rahmen dieses Gesetzes finanzierte der Bund innerhalb eines Jahrzehnts den Bau von insgesamt 3,3 Mio. Wohnungen. Zusätzliche 2,7 Mio. Wohnungen wurden durch private Investoren gebaut.

Bedingt durch hohe Fertigstellungszahlen kam es schon im Verlauf der 1950er-Jahre zu einer spürbaren Entspannung der Situation am Wohnungsmarkt. Nachdem in den ersten Jahren nach Kriegsende nur wenige Wohnungen fertiggestellt worden waren, entwickelte sich im Verlauf der 1950er-Jahre eine rege Wohnungsbautätigkeit. Schon 1954 wurde ein Fertigstellungsvolumen von über 500.000 Einheiten erreicht, das bis 1969 nicht unterschritten wurde. Die hohen Fertigstellungsziffern schlugen sich in einer raschen Erholung des westdeutschen Wohnungsbestands nieder. Daher hat sich auch die Wohnungsversorgung kontinuierlich verbessert.

Der soziale Wohnungsbau hat vor allem in den 1950er-Jahren wesentlich zum Wohnungsneubau beigetragen. Mit der Verabschiedung des Ersten Wohnungsbaugesetzes konnte eine Belebung des Wohnungsbaus erreicht werden. Die erstaunlichen Erfolge bei den Fertigstellungen waren nur zum geringeren Teil das Ergebnis der Selbstheilungskräfte der Marktwirtschaft, sondern das Ergebnis staatlicher Aktivitäten. Von den zwischen 1950 und 1962 fertiggestellten. Wohnungen waren gut 60 Prozent Sozialwohnungen.[195] Mit der Verabschiedung des *Zweiten Wohnungsbaugesetzes* (II. WoBauG) im Jahr 1956 wurde der wohnungspolitische Schwerpunkt stärker auf Eigentumsförderung gelegt.

Die Liberalisierung des Wohnungsmarkts setzte sich fort mit dem Gesetz über den Abbau der Wohnungszwangswirtschaft und über soziales Miet- und Wohnrecht von 1960 ein. Es bedeutete die Aufhebung der staatlichen Wohnraumbewirtschaftung und des Mieten- und Bodenpreisstopps. Ab Mitte der 1960er-Jahre kann nicht mehr von einer Wohnungsnot gesprochen werden. Mit Blick auf den großen Erfolg im Wohnungsbau reduzierte der Bund zu Beginn der 1960er-Jahre die Ausgaben für dieses Instrument drastisch.

Gegen *Ende der 1960er-Jahre* begann die Phase der Sozialen Marktwirtschaft auch in der Wohnungspolitik. Die Idee, dass der Staat breiten Bevölkerungsschichten Zugang zu Wohnraum zu verschaffen habe, wich der marktwirtschaftlichen Idee. Dies zeigte sich u. a. im stufenweisen Abbau der Wohnungszwangswirtschaft.

Mit der spürbaren Entlastung am Wohnungsmarkt und dem gleichzeitigen allgemeinen ökonomischen Aufschwung ging ein stetiges Bevölkerungswachstum einher. Durch die demografische Entwicklung verengte sich der Wohnungsmarkt erneut; auch das 1965 eingeführte Wohngeld zur Unterstützung der Mietkaufkraft konnte daran zunächst nichts ändern. Durch die öffentliche Unterstützung der Mieter auf der Nachfrageseite war mehr Geld vorhanden, das zum Großteil durch Mietsteigerungen kompensiert wurde und kaum eine Stärkung der Angebotsseite nach sich zog.

In den *1970er-Jahren* hatte der steigende allgemeine Wohlstand einen großen Einfluss auf die Wohnungspolitik. Die Möglichkeit, die Kosten für die Erstellung von selbst genutztem Wohneigentum nach Paragraf 7b des Einkommensteuergesetzes von der Steuer abzusetzen (*Eigenheimförderung*), wurde von immer mehr Bundesbürgern genutzt. Das 1982 eingeführte *Baukindergeld* zur Unterstützung von Bauherren mit Kindern, verbesserte die Möglichkeiten zum Erwerb von Eigenheimen nochmals beträchtlich. Die Regeln für die absetzbaren Kosten des Eigentumserwerbs wurden erneut ausgeweitet. Infolge des ersten Ölpreisschocks kam es zu einem inflationsgetriebenen Wohnimmobilienpreisanstieg in Westdeutschland, der zu hoher Neubautätigkeit und schließlich zu einem Überangebot an Immobilien führte. Insgesamt trugen die wohnungspolitischen Maßnahmen in diesen Jahren zu einer starken Belebung der Konjunktur und des Wohnimmobilienmarkts bei.

Die Regierungsparteien der 1970er- und 1980er-Jahre strebten eine Liberalisierung des Wohnungsmarkts und einen deutlichen Rückzug des Staates aus der Wohnungspolitik an. Als eine Reaktion auf die Liberalisierung wurde das *Mietrechtsverbesserungsgesetz* erlassen, das eine Begrenzung des Mietpreisanstiegs im Rahmen der Liberalisierung verhinderte. Ein Bestandteil war die sukzessive Neubestimmung der

---

[195] Vgl. IBA, Berlin 2020, S. 12.

Zielgruppen im sozialen Mietgeschosswohnungsbau durch die staatliche Wohnungspolitik. Die Einkommensgrenzen im sozialen Wohnungsbau wurden immer weniger der realen Einkommensentwicklung angepasst, wodurch sich der Kreis der Zugangsberechtigten rasch verkleinerte. Der soziale Wohnungsbau hatte nicht mehr die Versorgung der breiten Massen in der Bevölkerung zum Ziel. Die Folge war, dass sich der soziale Wohnungsbau immer mehr zu einem Instrument der Wohnungsversorgung sozialer Randgruppen entwickelte.[196] Anstelle des sozialen Wohnungsbaus rückte das Wohngeld in den Vordergrund, das als soziales Korrektiv den sozialen Wohnungsbau in seiner bisherigen Form ablösen sollte.

Anfang der 1980er-Jahre galt der Wohnungsmarkt als weitgehend ausgeglichen. Die Regierung nahm dies zum Anlass, die Deregulierung des Wohnungsmarkts voranzutreiben. Investoren wurden in Folge von Mietrechtsänderungen Zugeständnisse gemacht. Auch der soziale Wohnungsbau wurde angesichts der Normalisierung des Wohnungsmarkts zurückgefahren. Als eine der am kontroversesten diskutierten Maßnahmen der christdemokratisch-liberalen Regierung gilt die Aufhebung der *Wohnungsgemeinnützigkeit*. Von bis 1851 bis 1989 gab es in Deutschland eine gemeinnützige Wohnungswirtschaft, die preiswerten Wohnraum für eine breite Schicht der Bevölkerung schuf und erhielt. Durch das Steuerformgesetz 1990 wurde das Wohnungsgemeinnützigkeitsgesetz aufgehoben. Damit verloren alle etwa 1.800 gemeinnützigen Wohnungsbauunternehmen ihre Steuerprivilegien und es fielen 2,4 Mio. Wohnungen aus der Sozialbindung sowie fast eine Mio. Wohnungen aus den Bestimmungen der Gemeinnützigkeit. Dies hatte erhebliche Mieterhöhungen zur Folge, die durch das Wohngeld und die Sozialhilfe aufgefangen werden mussten.

Die Entscheidungen der Kapitalanleger waren in diesen Jahren vor allem vom Vermietungsmarkt beeinflusst. Ihre Bereitschaft, einen bestimmten Preis für eine Immobilie zu zahlen, hing im Wesentlichen von der Entwicklung der jeweiligen Vermietungsmärkte ab. In diesen Jahren stand der Nutzungsgedanke im Vordergrund und prägte die Preisentwicklung. Als Konsequenz waren die Renditen bzw. Faktoren relativ stabil oder sie schwankten nur wenig um einen langfristigen Mittelwert. Vor diesem Hintergrund entstand auch die alte und veraltete Immobilienweisheit, dass eine Immobilie, die keine Mieteinnahmen hat, auch keinen Preis bzw. einen Wert von null hat. Gegen Ende der 1980er-Jahre konnte der Wohnungsmarkt nicht mehr als ausgeglichen angesehen werden.

Wohnungspolitik in der DDR
Einen Mangel an Wohnraum gab es in der DDR von Beginn an. Nach dem Ende des Zweiten Weltkriegs befanden sich viele Häuser in desolatem Zustand oder waren zerstört. Hinzu kamen Millionen von Vertriebenen, die zügig mit Wohnungen versorgt werden mussten.

---

[196] Vgl. IBA, Berlin 2020, S. 12

Zunächst erfolgte der Neubau von Wohnungen noch nicht in großem Stil. Um schnell günstigen Wohnraum zu schaffen, entstanden Plattenbauten, wobei dies offiziell als Großtafelbauweise bezeichnet wurde. Beim Plattenbau werden vorgefertigte Teile benutzt, die vorher angefertigt, dann zur Baustelle gebracht und dort zusammengefügt werden.

In der DDR wurde die *Plattenbauweise* besonders viel verwendet. Erste Plattenbauten gab es 1953 in Berlin-Johannisthal und 1957 in Hoyerswerda. Mit dem Wohnungsbauprogramm von 1973, das den Wohnraummangel endlich beseitigen sollte, wurde der Plattenbau zum wichtigsten Neubautyp. Eine große Anzahl an Großwohnsiedlungen entstand, teilweise in den Zentren der kriegszerstörten Städte (z. B. in Magdeburg), aber auch als Neubaugebiet am Stadtrand (z. B. in Berlin-Marzahn), als riesige Neuanlagen vor der Stadt (z. B. in Halle-Neustadt) oder als ganze Neuanlage einer Stadt wie Eisenhüttenstadt. Plattenbauten erfreuten sich in der DDR großer Beliebtheit, da sie komfortabler als die „verwahrlosten" Altbauten waren. Außerdem entsprach der Plattenbau dem sozialistischen Ideal, dass der Status eines Menschen nicht an seiner Wohnung abzulesen. Trotz der Plattenbauten herrschte in der DDR aber weiterhin eine Wohnungsknappheit.

Trotz der Zentralisierung und Verstaatlichung des Bauwesens blieben ein Großteil der Wohnhäuser in privatem Besitz. Damit dieser Umstand nicht zu einer Bereicherung der Wohnungseigentümer führen konnte, wurden die Mieten in der DDR stark reguliert. Dies hatte wiederum zur Folge, dass der Wohnungsbestand, vor allem der Altbauwohnungen, mitunter verfiel, weil Renovierungsarbeiten nicht finanzierbar waren. Obwohl Wohnungen im Privatbesitz blieben, konnten die Eigentümer nicht über die Vermietung entscheiden. Für die Verteilung von Wohnungen waren die Wohnungsämter zuständig.

Die Wohnungsknappheit hatte zur Folge, dass nach einem Antrag eines Bürgers auf eine neue Wohnung beim Wohnungsamt einige Jahre vergehen konnten, bis tatsächlich eine Wohnung vermittelt wurde. Der Wohnungsbau in der DDR lässt sich unter dem Schlagwort Zentralisierung zusammenfassen. Wer, wann, wie, wo bauen durfte entschied das Ministerium für Aufbau bzw. Bauwesen. Der Mangel an Wohnraum blieb bis zum Ende der DDR. Dem Ministerium waren nicht nur Verteilung und Planung von Wohnungen, sondern auch die Baustoffproduktion und der Vereinigung Volkseigene Betriebe (VVB) unterstellt. Wohnhäuser wurden zum größten Teil nur in der Umgebung von Industriestandorten gebaut. Die Verquickung der Industrie mit dem Wohnungsbau als Lösung für die Wohnungsfrage (manifestiert in der Plattenbauweise) war somit ihr größtes Problem.

5.1.2 Wiedervereinigung bis 2008/09 (Finanzkrise)

Nach dem Mauerfall bis Mitte der 1990er-Jahre wirkte sich die Wiedervereinigung entscheidend auf die weitere Entwicklung des Wohnungsmarkts aus. Die erste Hälfte der Dekade war durch die Euphorie der Wiedervereinigung mit steuerlich geförderten Investitionen in den neuen Bundesländern gekennzeichnet. Erst später wurden die Verwerfungen dieser Sonder-AfA-Phase (Abschreibungen) offensichtlich.

Die 1990er-Jahre starteten realwirtschaftlich und wohnimmobilienwirtschaftlich mit einem Feuerwerk. 1990 und 1991 verzeichnete Westdeutschland ein starkes reales Wirtschaftswachstum und lieferte starke Impulse für den Wohnungsmarkt. Aufgrund der starken Binnenmigration, insbesondere in westdeutsche Städte, stieg die Nachfrage auf den Wohnungsmärkten deutlich an. Die ökonomische Prosperität und Einkommensentwicklung der Wiedervereinigung führten zu einer quantitativ und qualitativ stark erhöhten Nachfrage. So sorgte die Wiedervereinigung für einen Boom bei den Fertigstellungen, welche aber die explodierende Nachfrage zunächst nicht ausgleichen konnte. Mieten und Preise stiegen an, wobei aber der Faktor insgesamt während dieses Zyklus relativ stabil blieb.

Erst mit einem Time-Lag verdoppelten sich die Fertigstellungszahlen in den Folgejahren, wobei dadurch hohe Überkapazitäten aufgebaut wurden. Dies führte zu einer Stagnation auf den Wohnungsmärkten, die erst nach über zehn Jahren endete.

Durch die Deutsche Einheit geriet Bewegung in den Wohnungsmarkt sowie in die Wohnungspolitik. So reaktivierte die Bundesregierung kurzzeitig die Programme des sozialen Wohnungsbaus im Westen, dehnte die Programme allerdings auch auf den sanierungsbedürftigen Ostteil des Landes aus. Gleichzeitig musste ein Teil der durch Binnenmigration leer stehenden Wohnungen im Osten abgerissen werden, um den Markt im Osten zu stabilisieren (Stadtumbau Ost). Die Konsolidierung der Mietniveaus in den ostdeutschen Städten musste zum großen Teil der Bund übernehmen, denn mit den Immobilien der DDR hatte die Bundesrepublik auch die Schulden, die die DDR für die Finanzierung des Wohnungsbaus gemacht hatte, übernommen. Auch das Wohngeld wurde auf die ostdeutschen Länder ausgeweitet.

Die wohnungsbaupolitischen Maßnahmen im Rahmen des Programms Aufbau Ost sollten den Wohnungsbestand in Ostdeutschland an das westliche Niveau anpassen. Deshalb wurde die Möglichkeit geschaffen, Immobilien mit bis zu 50 Prozent von der Steuer abzuschreiben. Die Eingriffe in den Wohnungsmarkt hatten ein Überangebot an Wohnimmobilien ab Mitte der 1990er-Jahre zur Folge. Bei gleichzeitiger Rücknahme der Förderprogramme mündete dies in eine Preis- und Mietstagnation. Insbesondere in Ostdeutschland war aufgrund der Mietausfälle der zugewiesene Steuervorteil schnell aufgezehrt.

Die deutsche Wirtschaft hatte nach dem ökonomischen Höhepunkt der Jahre 1990/91 an breiter Front an Wettbewerbsfähigkeit und ökonomischer Dynamik eingebüßt. Die Wiedervereinigung mündete 1993 in eine gesamtdeutsche Rezession. Wachsende Staatsschulden, hohe Arbeitslosigkeit (8,9 Prozent), Inflation (4,5 Prozent) und ein Rückgang im Exportgeschäft waren die Ursachen für die zum vierten Mal seit Kriegsende ins Minus gerutschte Wachstumsrate.

Aufgrund der Überkapazitäten auf dem Wohnungsmarkt ist von Mitte der 1990er-Jahre bis zum Ende des Immobilienbooms 2008 bei den Marktindikatoren Mieten und

Preise eine nominale Stagnation festzustellen. Die Fertigstellungszahlen verringerten sich dementsprechend, da es an Impulsen mangelte.

Die Informations- und Kommunikationsbranche erlebte ab Mitte der 1990er-Jahre einen außerordentlichen Boom, der sich auch auf andere naheliegende Bereiche übertrug. Mit dem Internetboom im letzten Drittel der 1990er-Jahre erreichte der Zyklus seinen Höhepunkt. 2001 und 2002 schließlich bekam die stark exportorientierte deutsche Wirtschaft erneut – insbesondere nach den Terrorakten vom 11. September 2001 – die Folgen eines internationalen Konjunktureinbruchs zu spüren. An den regionalen Wohnimmobilienmärkten lassen sich aber nur lokal begrenzte Auswirkungen der Dotcomkrise beobachten. So zählte München zur Jahrtausendwende zu den bedeutendsten IT-Standorten in Deutschland.

Die 1998 ins Amt gekommene *rot-grüne Bundesregierung* setzte deutliche Veränderungen in der Wohnungspolitik durch, was sich in der Reform der Instrumente widerspiegelte. Durch diese Veränderungen war die Transformation von der Wohnungspolitik zur Wohnungsmarktpolitik eingeleitet. Im Gegensatz zu den „guten alten Zeiten" der Wohnungspolitik gab der Staat damit faktisch seine Rolle als Anbieter auf dem Wohnungsmarkt bzw. als Unterstützer der Angebotsseite auf und beschränkte sich zunächst darauf, die nachfragenden Mieter durch Zuschüsse zu stützen.

- Die *soziale Wohnraumförderung* ging in die ausschließliche Gesetzgebungskompetenz der Länder über, was de facto bedeutete, dass langfristig die Förderung kräftig zurückging. So wurde der soziale Wohnungsbau 2001 durch das Konzept der sozialen Wohnraumförderung ersetzt. 2006 wurden beispielsweise nur noch 35.000 Wohnungen gefördert, die meisten davon im Bestand.
- Die *Eigenheimzulage* war eine der größten staatlichen Subventionen in Deutschland. Durch das Gesetz wurde 1995 die steuerliche Förderung der selbstgenutzten eigenen Wohnung geregelt. Die Abschaffung der Eigenheimzulage auf Bundesebene im Jahre 2006 veränderte die Rahmenbedingungen.
- Zudem kam es 2001 zu einer *Reform des Mietrechts*, das seit dem Abbau der Wohnungszwangswirtschaft zu Beginn der 1960er-Jahre von den wechselnden Koalitionen auf Bundesebene immer nur vorsichtig modifiziert worden war, um keine gesellschaftliche Unruhe entstehen zu lassen. Die rot-grüne Bundesregierung legte besonderen Wert auf eine mieterfreundliche Neufassung, etwa durch die Einführung der asymmetrischen Kündigungsfristen.
- Ebenfalls wurde das *Wohngeldgesetz* an die geänderte Situation auf den Mietmärkten und die gestiegenen Verbraucherpreise angepasst. Mit den Reformen am Arbeitsmarkt, insbesondere der Zusammenlegung von Arbeitslosengeld und Arbeitslosenhilfe, verlor das Wohngeld als wohnungspolitisches Instrument seit Beginn der 1990er-Jahre drastisch an Bedeutung. So ist die Unterstützung der Wohnraummiete für Bezieher des Arbeitslosengelds II als Kosten der Unterkunft in die Leistung nach Sozialgesetzbuch II integriert.

Die Zeit nach dem Ende des *Dotcom-Booms* (Anfang der 2000er-Jahre) war geprägt von einem Immobilienboom auf den Investmentmärkten. Ursachen waren vor allem die weltweit expansive Geldpolitik der Zentralbanken. Dadurch entstand eine hohe Liquidität bei den Investoren sowie positive Spreads zugunsten der Immobilienrenditen. Auf den Vermietungsmärkten machte sich dieser Boom dagegen nur in begrenztem Umfang bemerkbar.

Aufgrund der Überkapazitäten auf dem Wohnungsmarkt war bei den Marktindikatoren Mieten und Preise eine nominale Stagnation festzustellen. Die Fertigstellungszahlen verringerten sich weiter, da es an Impulsen mangelte. Auch die Wohnungspolitik erfuhr im ersten Jahrzehnt der 2000er-Jahre einen enormen Bedeutungsverlust, da der Wohnungsmangel als beseitigt galt.

Die Preise für Wohnimmobilien stagnierten seit Mitte der 1990er-Jahre und schafften nicht einmal den Inflationsausgleich. Das machte Deutschland ab 2003 für internationale, antizyklisch agierende Investoren interessant, insbesondere im Vergleich mit anderen internationalen Wohnungsmärkten wie Spanien, Großbritannien oder den USA. Die Anzahl ausländischer Investoren nahm stark zu, wozu vor allem die internationalen Beteiligungsgesellschaften (Private-Equity-Fonds) und deren Portfoliotransaktionen zählten. Es engagierten sich zunehmend opportunistische Investoren, die immer risikofreudiger wurden und die günstigen Kapitalmarktbedingungen für große Transaktionen nutzten. Die oft unter Zins- und Renditedifferenzaspekten oder aus zyklischen Aspekten investierenden internationalen Anleger erwiesen sich als „schmerzfrei" so lange eine positive Zinsdifferenz bestand.

5.1.3 Von der Finanzkrise bis Ende der 2010er-Jahre

Der anschließende Crash wurde durch die *Subprime-Krise* in den USA 2007/2008 ausgelöst. Aufgrund des Zinsanstiegs in den USA platzte die Hauspreisblase. Die Kreditausfälle brachten Banken in den USA in Schieflage und ließen die Konsumnachfrage einbrechen. Durch die internationale Refinanzierung weitete sich die lokale Krise zu einer weltweiten Vertrauenskrise bei Finanzprodukten wie Asset Backed Securities (Verbriefungen) aus, die zur Finanzierung oder Refinanzierung von Immobilienportfolios genutzt worden waren. Über verbriefte Hypotheken erreichte die Krise internationale Banken und andere Staaten. Auch einige deutsche Geldinstitute gerieten in Schwierigkeiten und mussten durch staatliche Eingriffe gerettet werden. Es folgte eine Finanzkrise (aufgrund des Kurseinbruchs bei toxischen Papieren), die zu einer Wirtschaftskrise und Staatsschuldenkrise führte.

Daher initiierten im Jahr 2009 viele Länder enorme Rettungs- und Konjunkturpakete, um einen Zusammenbruch des Finanzsystems und der Realwirtschaft zu vermeiden. Auf diese Weise kam es zur *Eurokrise*. Die hohen Belastungen schränkten den Handlungsspielraum der nationalen Fiskalpolitik ein. Geldpolitisch reagierte die Europäische Zentralbank (EZB) mit der Senkung der Leitzinsen, so wie dies zuvor auch schon die Federal Reserve (Fed) in den USA getan hatte. In der Folge kam es in Deutschland zu einer Niedrigzinsphase.

Insgesamt hatte die Finanzkrise jedoch keine gravierenden Auswirkungen auf den deutschen Wohnungsmarkt. Im Gegensatz zu den USA war die Bundesrepublik nicht mit starken Preisrückgängen auf dem Immobilienmarkt konfrontiert. Dies lag u. a. an den konservativen Finanzierungsbedingungen und am großen und stabilen Mietmarkt mit sozialer Wohnungsförderung. Beides fördert die Robustheit. Während der deutsche Wohnungsmarkt unbeschadet blieb, kam es in vielen europäischen Ländern, wie etwa in Spanien und in Irland, zu drastischen Einbrüchen der Immobilienpreise. Diese wirkten sich zunächst auf die nationalen Finanzmärkte und auf die dortige Realwirtschaft aus, übertrugen sich jedoch auf andere europäische Länder. Letztlich wurde auch Deutschland in die Finanzkrise hineingezogen, die sich zunehmend auf die Realwirtschaft ausdehnte.

Die Europäische Zentralbank gab als Reaktion auf die Finanzkrise ihre restriktive Zinspolitik auf und läutete die Ära der bis 2022 andauernden Niedrigzinsphase ein. Diese Krise und die zu ihrer Bewältigung eingesetzten wirtschaftspolitischen Maßnahmen hatten gravierende ökonomische Auswirkungen. In Griechenland mündete dies in eine Staatsschuldenkrise, die den gesamten Euroraum ab 2010 vor große Herausforderungen stellte. Die Stabilität des Euro stand zur Disposition. Wie Mitte der 1970er-Jahre wurden Sachgüter wie Immobilien zu einer interessanten Anlagealternative.

Somit wurden konventionelle Anlagen eher unattraktiv, Immobilien und Aktien gewannen als Asset an Bedeutung. Überdies machten die niedrigen Hypothekenzinsen die Finanzierung von Wohneigentum attraktiv. Verstärkt wurde die Nachfrage nach Immobilien zusätzlich durch Preissteigerungen, die auf strukturelle Veränderungen am Arbeitsmarkt und die sich daraus ergebenden Reurbanisierungstendenzen zurückzuführen sind. Der aus mehreren Gründen insgesamt attraktive Wohnungsmarkt in Deutschland zog außerdem verstärkt ausländisches Kapital an. Dementsprechend wurde die Wohnimmobilie zunehmend als Investitions- und nicht als Konsumgut angesehen.

Ab 2010 wanderten wieder mehr Menschen nach Deutschland ein. Die Zuwanderung erhöhte sich durch den Bürgerkrieg in Syrien und erreichte mit den zahlreichen Geflüchteten im Jahr 2015 ihren Höhepunkt. Erneut suchten die Menschen aufgrund bestehender kultureller Netzwerke und des großen lokalen Arbeitsmarkts vor allem in den Ballungsgebieten nach einer Bleibe. Der Staat reagierte mit den üblichen Instrumenten auf den zunehmenden Wohnungsmangel: Er stimulierte den Markt beispielsweise durch einen stärkeren sozialen Wohnungsbau, führte das Baukindergeld ein und nahm Anpassungen bei der Abschreibungssystematik von Immobilien vor, die mit steuerlichen Erleichterungen einhergehen.

Vor allem Kapazitätsengpässe in der Bauindustrie schränkten jedoch die Marktentwicklung ein. Die Finanzmarkt- und Eurokrise sowie der Zustrom von Geflüchteten sind das Ergebnis zunehmender (wirtschafts-)politischer Instabilität. Unsicherheit beeinflusst die Ökonomie negativ, denn Investitionsentscheidungen und wirtschaftliches Handeln beruhen auf Planungssicherheit und Kalkulierbarkeit. Eine langanhaltende Niedrigzinsphase und wohnungspolitische Eingriffe sind die Folgen dieser Instabilität.

Wohnimmobilien erreichten 2008/09 nach dem ersten Schock infolge der Inflations- und Währungsangst der Bevölkerung eine hohe preisliche Dynamik. Zwischen 2008 und 2020 haben sich nach der vdp-Preisstatistik die Preise ungefähr verdoppelt. Die Mieten für Wohnungen sind in Deutschland in den 2010er-Jahren nicht so stark angestiegen wie die Kaufpreise.

Die Mietentwicklung wird auf fundamentale Ursachen wie eine positive Wirtschaftsentwicklung und demografische Zuwanderungen zurückgeführt. Spekulation als Einflussfaktor auf die Mietentwicklung wird als Bestimmungsfaktor nicht bzw. nur in eingeschränktem Ausmaß gesehen. Ab 2010 sind die Mieten insbesondere in Großstädten deutlicher gestiegen, als die Politik es erwartet hätte. Die Mietentwicklung ist auf zwei Ursachen zurückzuführen: die Nachfrageseite und die Angebotsseite. Politisch wurde mit der *Mietpreisbremse*, dem *Kindergeld* und einer Erhöhung der Kompensationsmittel für die *soziale Wohnraumförderung* reagiert. Der soziale Wohnungsbau wurde nach der Föderalismusreform 2006 zusehends vernachlässigt. Erst mit der Erhöhung der Kompensationsmittel des Bundes im Rahmen des Asylbeschleunigungsverfahren im Jahr 2015 stiegen die Neubauzahlen des sozialen Wohnungsbaus wieder.

5.1.4 2020er-Jahre

Zu Beginn des neuen Jahrzehnts war die Immobilienwirtschaft und ihre Akteure geprägt von der boomenden Entwicklung der Vorjahre. Auch wenn es schon einige kritische Stimmen gab, die auf den zyklischen Charakter der Immobilienwirtschaft hinwiesen, wurde überwiegend von einem ewigen Boom ausgegangen.

Deutschland als die größte Volkswirtschaft Europas hatte schon vor dem russischen Angriff auf die Ukraine ökonomische Probleme. Anders als in anderen Industrieländern folgte auf die Corona-Krise keine durchschlagende Erholung, sondern nur eine schleichende. Schon Ende 2021 stagnierte das Bruttoinlandsprodukt, erst im Spätsommer 2022 und damit später als in fast allen anderen vergleichbaren Volkswirtschaften erreichte Deutschland wieder das Vorkrisenniveau. Der Hauptgrund dafür war, dass Deutschland eine große Exportnation ist, die viel mehr exportiert als importiert. Weil aber viele Produkte während der Pandemie im Stau auf den Weltmeeren feststecken und nicht in den Unternehmen ankamen, konnten Industrieunternehmen ihre Aufträge nicht erfüllen. Zwar war die Nachfrage nach Produkten vorhanden, aber es konnte nicht ausreichend geliefert werden. Ein *Angebotsschock* führte zu steigenden Preisen. Die Lieferkettenprobleme waren noch nicht beendet, wurden dann aber von dem russischen Angriff verstärkt. Die Unternehmen mussten zum Teil hohe Energierechnungen bezahlen und auch die Kreditkonditionen der Banken stiegen, was insgesamt die Investitionen bremst. Auch die Privathaushalte waren betroffen: Sie müssen mehr für die Energie bezahlen und verringern damit ihre Nachfrage.

Die *Corona-Pandemie* wurde zunächst nur am Rande registriert und nur geringe Folgen für die Immobilienwirtschaft gesehen. Nach dem Ausbruch einer neuen Lungenentzündung mit noch unbekannter Ursache in China im Dezember 2019 erklärte im März 2020 die Weltgesundheitsorganisation (WHO) die bisherige Epidemie offiziell zu einer weltweiten Pandemie.

Die nächste Krise stellte der *Ukraine-Krieg* dar. Der Konflikt begann bereits im Februar 2014 mit der russischen Besetzung der unter ukrainischer Hoheit stehenden Krim. Ab dem 24. Februar 2022 folgte ein groß angelegter Angriff durch die russische Armee aus mehreren Richtungen mit der Besetzung von Teilen der Ukraine. Die Folgen für die Immobilienmärkte waren auch hier zunächst begrenzt.

Das Ende des Booms in der Immobilienwirtschaft setzte mit dem starken Zinsanstieg zum Jahresbeginn 2022 ein. Auch hier wurde die Entwicklung teilweise zunächst nicht kritisch gesehen, jedoch wandelte sich das im Laufe des Jahres. Der kurz- bis mittelfristige Ausblick hatte sich vor allem wegen der schwachen Konjunktur verschlechtert und es zeichnete sich eine zyklische Krise aufgrund der hohen Unsicherheit ab.

Auf den Wohnungsmärkten waren zu Beginn des Jahrzehnts zunächst keine negativen Veränderungen festzustellen. Die Mieten stiegen weiterhin leicht an und die Preise deutlich stärker. Durch den sehr schnellen und starken Anstieg der Bauzinsen stellte sich eine vollkommen neue Situation ein. War auf den Wohnimmobilieninvestmentmärkten in den 2010er-Jahren zuvor nur die Frage, wie stark die Preise ansteigen, ist die Lage nun eine deutlich andere. Es stellt sich nur noch die Frage, wie stark die Preise nach 2022 sinken werden. Auf den Vermietungsmärkten, insbesondere in den Großstädten, ist weiterhin eine Knappheit gegeben.

Immobilienkäufer, die ein Darlehen aufnehmen, zahlen heute im historischen Vergleich deutlich weniger Zinsen, da die Zinsentwicklung sehr zyklisch ausfällt. Die Zinsen für Immobilienkredite lagen über Jahrzehnte hinweg ein Vielfaches über dem jetzigen Niveau, der Durchschnittszins betrug rund 6,5 Prozent. Im Jahr 1980 lagen die Zinsen für Immobilienkredite bei rund 9,5 Prozent und sanken dann. Auch die Zeit der Wiedervereinigung war von einer Hochzinsphase geprägt. Anfang der 1990er-Jahre verlangten die Banken für ein Immobiliendarlehen mehr als 9 Prozent. Konnten Kreditnehmer Ende der 1990er-Jahre bereits zu 4 Prozent finanzieren, lagen die Kreditzinsen Anfang 2000 wieder bei über 6 Prozent. Die Bankenkrise und die weltweite Erlahmung der Konjunktur hatten die Konditionen weiter sinken lassen.

5.2 Maßnahmen gegen Wohnungsleerstände

Die Wohnungsmärkte in Deutschland unterscheiden sich sehr stark, was u. a. an der unterschiedlichen Höhe der Leerstände deutlich sichtbar wird. In vielen Regionen gibt es einen Wohnungsüberschuss. Die Wohnungsmärkte vor allem in den *ländlichen Räumen Ostdeutschlands*, weisen schon heute einen hohen Leerstand auf. Aufgrund der abnehmenden Anzahl von Haushalten und dem weiteren Bau von Wohnungen ist ohne Gegenmaßnahmen mit einem weiteren deutlichen Anstieg der Leerstände zu rechnen. Die ländlichen Regionen werden in einem erheblichen Maße Einwohner verlieren, sodass eine ausschließliche Wachstumsstrategie nicht ausreichend ist.

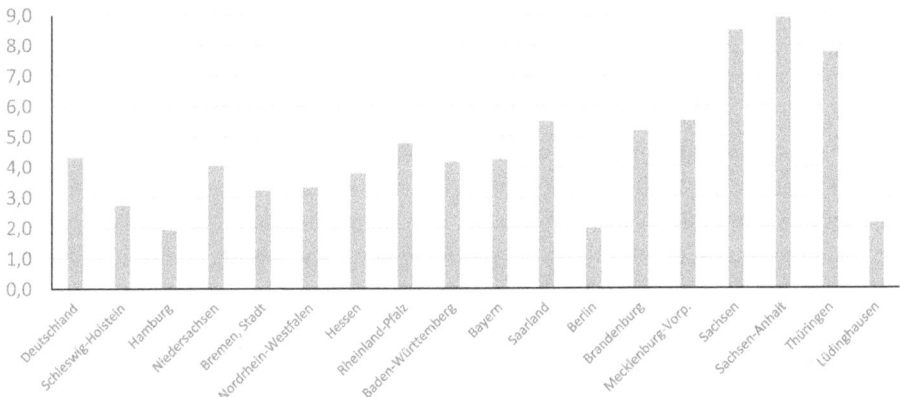

Abb. 5.1: Leerstand in den Bundesländern.
Quelle: Statistisches Bundesamt, Tabelle 4000W-0001, abgerufen am 30.12.2024, eigene Darstellung.

Abbildung 5.1 zeigt die Leerstandquote in den Bundesländern. Dabei ist nicht nur in den ostdeutschen Bundesländern eine hohe Leerstandsquote mit dem Maximum in Sachsen-Anhalt festzustellen, sondern auch z. B. im Saarland und in einigen Regionen Westdeutschlands.

5.2.1 Primär ist die Wohnungswirtschaft gefordert

Das *Eigentum von Wohnungen* bringt sowohl Rechte als auch Pflichten mit sich. Dies gilt auch für die Wohnungsunternehmen. Die Rechte der Eigentümer sind vor allem die Einnahmen und das mit den Wohnungen verbundene Vermögen, das ihnen zusteht. Gleichzeitig sind die Eigentümer aber auch für ihre Wohnungen verantwortlich insbesondere auch bei einer leerstehenden Wohnung. Falls Wohnungen leerstehen, sind zunächst die Eigentümer in der Pflicht.

Die Eigentümer von Wohnungen, insbesondere die Wohnungsunternehmen im ländlichen Raum stehen in Konkurrenz zu anderen Anbietern von Wohnungen in Mehrfamilienhäusern. Zudem sind aber auch andere Wohnmöglichkeiten wie Eigentumswohnungen oder Ein- und Zweifamilienhäuser potenzielle Konkurrenz. Die Wohnungsunternehmen sind gefordert, ein attraktives Wohnungsangebot zu schaffen, umso auf die Bedürfnisse der Mieter eingehen zu können und Vermietungen zu erreichen. Abrisse oder Bestandsmaßnahmen sind Optionen, um Leerständen entgegenzuwirken.

Die Wohnungswirtschaft spielt bei der Leerstandsbekämpfung und dem Rückbau überzähliger Wohnungen eine entscheidende Rolle. Durch ihre großen Wohnungsbestände waren und sind sie in besonderem Maße betroffen. Sie hatten schon während des Stadtumbaus Ost mit staatlicher Unterstützung dafür gesorgt, dass überzählige Wohnungen in großem Umfang durch Abriss vom Markt genommen wurden. Für die zukünftige Entwicklung der Wohnungsunternehmen ist entscheidend, attraktive Mietangebote zu schaffen. Es ist wichtig, attraktive Angebote zu schaffen, um bestehende Mieter zu behalten und neue Mieter zu gewinnen.

Die Wohnungswirtschaft steht vor zwei wesentlichen Aufgaben. Zum einen ist es der Umgang mit wachsenden Leerständen nicht mehr benötigter bzw. nicht marktfähiger Wohnungen. Im ländlichen Raum ist kein quantitativ begründeter Neubaubedarf aufgrund der sinkenden Zahl der Haushalte vorhanden. Vielmehr ist zu erwarten, dass die Leerstände weiter ansteigen werden. Daher ist von den Wohnungsunternehmen zu entscheiden, was mit den zunehmenden Leerständen passieren soll. Der Rückbau von Beständen ist dann sinnvoll, wenn die Wohnungen nicht mehr nachfragegerecht oder rentabel entwickelt werden können.

Neben dem gezielten Rückbau nicht mehr marktgängiger Wohnungen sind weitere Maßnahmen erforderlich, z. B. ein differenziertes und vergleichbares Leerstandsmonitoring, die Vermeidung neuer Leerstände sowie die räumliche Konzentration vorhandener Leerstände. Ein Leerstandsmonitoring wird als Entscheidungsgrundlage zum Abbau und zur Vermeidung von Leerständen benötigt. Dazu reicht allerdings die Erhebung der Zahl der Leerstände nicht aus, sondern zusätzlich sind auch Ursachen, Dauer der Leerstände und die Qualitäten der betroffenen Immobilien zu analysieren. Nur so können die konkreten lokalen und regionalen Probleme erkannt und zielgerichtet durch die Wohnungsmarktakteure und die Politik angegangen werden.

Es sind auch *bedarfsgerechte Wohnungen* für die Mieter zu schaffen. Ein Mangel an geeignetem Wohnraum zählt zu den Abwanderungsgründen im ländlichen Raum. Trotz teils erheblicher Leerstände ist ein qualitativ attraktives Wohnungsangebot sicherzustellen. Bei einer sinkenden Zahl an Einwohnern und Haushalten im ländlichen Raum besteht dennoch weiterhin ein Neubaubedarf. Somit sind trotz hoher und weiter anwachsender Leerstände in demografischen Schrumpfungsregionen noch Wohnungen zu bauen. Weit überwiegend ist ein Neubaubedarf aus Ersatzgründen bzw. aufgrund qualitativer Änderung der Nachfrage erforderlich. Für den ländlichen Raum gibt es eine Nachfrage und einen begrenzten Ersatzbedarf an Ein- und Zweifamilienhäusern. Hinzu kommt ein Ersatzbedarf für veraltete Wohnungen in Mehrfamilienhäusern. Über strukturierten Rückbau, bedarfsgerechte Modernisierung oder Neubau sowie Engagement in bislang eher untypischen Feldern wie dem betreuten Wohnen kann der Schrumpfung und Alterung der Bevölkerung teilweise begegnet werden. Die Wohnungswirtschaft hat auf sich ändernde Wohnansprüche zu reagieren und kann dazu beitragen, Einwohner in den Kommunen zu halten oder neue Nachfragegruppen zu erschließen. Modernisierung und Sanierungen ermöglichen Wettbewerbsvorteile für Wohnungsunternehmen. So kann ein qualitätsbedingter Neubau verringert werden. Für die Eigentümer sind allerdings entsprechende Investitionen eine große Herausforderung.

Mithilfe der *Quartiersentwicklung* kann das Wohnumfeld verbessert werden. Zu einer attraktiven Wohnung gehört auch ein attraktives Wohnumfeld. Daher sind Wohnungsunternehmen gefordert, Maßnahmen zur Wohnumfeldentwicklung durchzuführen und zu fördern, auch als Quartiersentwicklung bezeichnet. Die Wohnungswirtschaft war und ist ein wichtiger Partner der Kommunen, um von Leerständen betroffene Quartiere aufzuwerten und zugleich den Wohnungsmarkt zu stabilisieren. Die durch den Rückbau entstandenen Flächen können z. B. als Grünflächen zugänglich gemacht oder bei entsprechend geeigneten Lagen für den Neubau, etwa im nachgefragten Ein- und Zweifamilienhaussegment, genutzt werden. Durch die Investitionen in die Gebäude wird zudem ein positiver Entwicklungsimpuls gesetzt, in dem das Stadtbild aufgewertet und auch anderen Eigentümern deutlich wird, dass sich Investitionen an dieser Stelle lohnen können.

5.2.2 Subsidiär und nachrangig: Staatliche Eingriffe

Die Wohnungswirtschaft ist vorrangig selbst dafür verantwortlich, für ihren eigenen Wohnungsbestand zu sorgen. Die Anforderungen an die Wohnungsunternehmen sind vor dem Hintergrund ihrer finanziellen Situation und Perspektiven zu beurteilen. Noch ist vielfach eine auskömmliche Finanzsituation auch bei Wohnungsunternehmen im ländlichen Raum gegeben (z. B. relativ hohe Eigenkapitalquote; ausgewiesene Gewinne). Gleichzeitig deuten die hohen Leerstände auf (kommende) finanzielle Probleme hin. Aufgrund der erheblichen Leerstände werden die Mieten auf niedrigem Niveau verharren. Diese aus Mietersicht erfreuliche Entwicklung bedeutet für die Wohnungswirtschaft, dass das Einnahmepotenzial begrenzt ist und der Aufbau von notwendigen Reserven für zukünftige Investitionen erschwert wird.

Die Wohnungsunternehmen stehen vor Herausforderungen, die sie teilweise allein nicht bewältigen können. Hierzu wären dann *staatliche Eingriffe und Unterstützung* notwendig, die durch das im Grundgesetz festgelegte Ziel der Gleichwertigkeit der Lebensverhältnisse legitimiert sind. Dazu zählen die Sicherung der Daseinsvorsorge, die Stärkung der Wettbewerbsfähigkeit sowie eine räumlich ausgewogene Wirtschaftsstruktur. Gleichwertigkeit heißt dennoch nicht überall die gleiche identische Infrastruktur und Bedingungen. Diese soll so gestaltet sein, dass sie den räumlichen Bedingungen und den Bedürfnissen der Menschen vor Ort entspricht. Die Sicherung bzw. die Schaffung gleichwertiger wird vor allem für die ländlichen Regionen immer schwieriger.

Die Wohnungsunternehmen können auf demografische Schrumpfung kaum Einfluss nehmen. Sie befinden sich beim Rück- und Umbau von Leerständen in einer Gefangenendilemma-Situation. Kein Anbieter oder Unternehmen hat einen Anreiz, einseitig seinen Immobilienbestand zu verringern, da der Rückbau mit Kosten verbunden ist. Nur wenn sich eine hinreichend große Anzahl von Anbietern gleichzeitig für den Rückbau entscheidet und damit eine Gegend insgesamt aufwertet, können die Akteure eine positive Rendite erzielen. Es gilt daher, die staatlichen Rahmenbedingungen für die Wohnungseigentümer so zu setzen, dass sie bereit sind, ungenutzte Immobilien rückzubauen oder wieder nutzbar zu machen. Dies kann durch ordnungsrechtliche Ansätze sowie durch staatliche Förderung mithilfe fiskalischer Instrumente der Subjekt- und Objektförderung geschehen.

Eine schon länger praktizierte Strategie ist der *Abriss von Wohnungen*, um das Wohnungsangebot dem geringen Bedarf anzupassen. Ein Abrissprogramm allein kann jedoch nicht die Ursachen der Schrumpfungsprozesse beheben, aber zumindest auf die Abwärtsspirale reagieren.

Die Wohnungseigentümer und Wohnungsunternehmen können von verschiedenen *Fördermaßnahmen* profitieren. Förderprogramme von Bund, Ländern und Kommunen können Investitionsrisiken abmildern oder Investitionen ermöglichen. Sie konzentrieren sich teilweise auf den Wohnungsneubau (soziale Wohnungsbau) und teilweise auf den Bedarf für den Umbau von Wohnungen. Diese stehen im Fokus der derzeitigen Förderprogramme und zielen i. d. R. auf angespannte Wohnungsmärkte, auf denen Wohnungsknappheit herrscht. Dafür gibt es eine Vielzahl von verschiedenen Programmen. Nur selten kommen aber der Abbau und der Rückbau von Wohnungen als Ziel in den Programmen vor.

Ein wichtiges wohnungspolitisches Instrument stellt die *Städtebauförderung* dar. Im Jahr 2002 wurden mit dem Stadtumbau Ost und später mit dem Stadtumbau West Bund-Länder-Programme eingeführt, um die Bewältigung des Strukturwandels und die städtebauliche Aufwertung in den Kommunen zu unterstützen. Ausgangspunkte waren in den östlichen Ländern vor allem Herausforderungen im Umgang mit Schrumpfungsprozessen. Mit dem staatlich geförderten Programm Stadtumbau Ost finanzierte der Staat den Abbruch von insgesamt rund 350.000 Wohneinheiten und die Aufwertung von Quartieren.

Im Jahr 2020 wurden die Programme der Städtebauförderung neu strukturiert. Das Städtebauförderungsprogramm „Wachstum und nachhaltige Erneuerung" führt das bisherige Programm Stadtumbau fort und ergänzt es um Handlungsoptionen in Bezug auf den Klimawandel. Es bietet aber auch Städten und Gemeinden, die ein starkes Überangebot an dauerhaft nicht mehr nachgefragten Wohnungen aufweisen, die

Chance, durch den Rückbau, Leerstände abzubauen und Freiräume für neue Nutzungen zu schaffen.

Es ist eine gezielte Förderung für Wohnungsmärkte und Wohnungswirtschaft in ländlichen und schrumpfenden Regionen notwendig. Es braucht ein differenziertes Förderkonzept, das sich mit dem zunehmenden Leerstand befasst. Es ist ein Umbauprogramm „Wohnen im ländlichen Raum" zu schaffen, um die Probleme der Wohnungswirtschaft im ländlichen Raum zu bewältigen. Zum einen ist ein quantitativ bedingter Anpassungsbedarf finanziell zu unterstützen. Aufgrund der demografischen Entwicklung entsteht eine deutlich sinkende Nachfrage nach Wohnungen. Der hohe Leerstand im ländlichen Raum wird dadurch noch steigen und die Existenz der Wohnungsunternehmen gefährden. Zum anderen ist eine Förderung für die qualitativ notwendigen Maßnahmen des veränderten Wohnungsbedarfs notwendig. Die Schaffung klimagerechten oder altengerechten Wohnraums gelingt vielfach nur mit finanzieller Förderung des Staates.

5.3 Wohnungsknappheit: Ursachen und Gegenmaßnahmen

Neben den Wohnungsmärkten mit hohen Leerständen gibt es diejenigen, die eine relativ geringe Leerstandsquote aufweisen. Nach den Statistiken des Zensus 2022 sind es die Stadtstaaten Berlin, Bremen und Hamburg sowie die größeren Städte, die einen hohen Zuzug an Menschen aufweisen. Die Lücke zwischen Bautätigkeit und Wohnungsbedarf ist in diesen Städten und Kreisen hoch. In Deutschland wird insgesamt zu wenig gebaut, um die Nachfrage nach Wohnraum zu decken.

Die *Ursachen für die Wohnungsknappheit* liegen darin, dass die Nachfrage das Angebot übersteigt und die Leerstände relativ niedrig sind. Die Fertigstellungen reichen nicht aus, um die zunehmende Nachfrage zu kompensieren. Die Entwicklung der Nachfrage wird vor allem durch drei Aspekte getrieben: die demografische Entwicklung (insbesondere Singularisierung), die Binnenwanderung (insbesondere Urbanisierung) sowie die über Jahre gute Arbeitsmarktlage. Die Ursachen für ein zu geringes Angebot sind vielfältig. In der Diskussion sind verschiedene Aspekte.

5.3.1 Bau- und Finanzierungskosten

Zu wenig wird in der Diskussion auf die *wesentlichen Ursachen* für den drastischen Rückgang der Fertigstellungen eingegangen. Das zeigt sich auch beim Jahresgutachten 2024/2025 des Sachverständigenrats zur Begutachtung der gesamtwirtschaftlichen Entwicklung, in dem die Finanzierungsfragen fast nicht vorkommen. Letztlich waren es aber der Zinsanstieg sowie der Anstieg der Baukosten, die den Markt für Projektentwicklungen und Transaktionen haben einbrechen lassen. Der starke Anstieg der Bauzinsen sowie die höheren Preise für Baumaterialien haben das Bauen deutlich verteu-

ert. Die Errichtung von günstigem Wohnraum ist stark erschwert, und letztlich die Zahl der Fertigstellungen fast halbiert worden.
– Durch die verschiedenen Krisen (Corona, Ukraine-Krieg, Inflation etc.) kam es zu einem massiven Anstieg der Baukosten. Wie Abb. 5.2 zeigt, stiegen seit dem Sommer 2021 die Baukosten massiv an. Auch in der Folgezeit kam es nicht zu einem Rückgang der Kosten, sondern zu einem weiteren geringeren Kostenanstieg. Im Vergleich zum Jahresende 2020 sind die Baukosten bis 2024 um knapp 30 Prozent angewachsen. Dabei sind die Materialkosten deutlich stärker als die Arbeitskosten angestiegen. Das hat sich sehr negativ für die Bauwirtschaft ausgewirkt, da eine Kompensation durch höhere Erträge nicht erfolgte.[197]

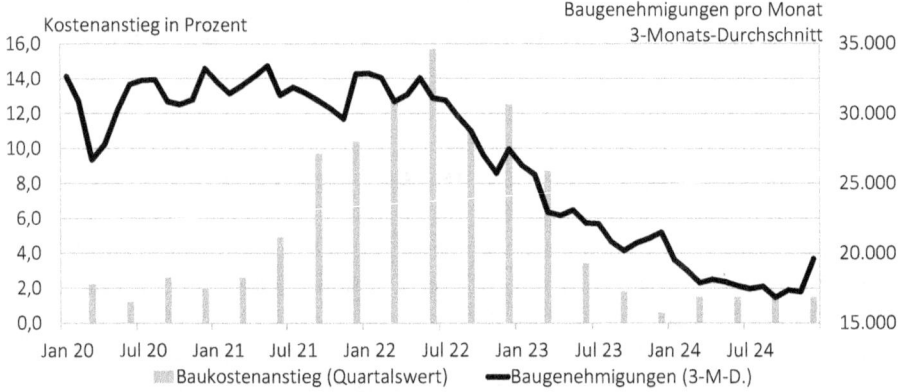

Abb. 5.2: Baukostenanstieg und Effekte auf die Baugenehmigungen.
Quelle: Statistisches Bundesamt, Tabelle 61261-0014 und Deutsche Bundesbank, Tabelle BBIM1.M.DE.B. A2C.P.R.A.2250.EUR.N, abgerufen am 30.04.2025, eigene Darstellung.

– Die Hypothekenzinsen explodierten gemäß Abb. 5.3 seit Jahresanfang 2022 – schon im Vorfeld der Zinsentscheidungen der EZB im Sommer 2022. Die EZB erhöhte die Zinsen drastisch und kurzfristig, um die hohen Inflationsraten zu bekämpfen. Das führte dazu, dass ab Frühjahr 2022 die Anzahl der Baugenehmigungen kontinuierlich zurückging. Im Jahr 2024 lag sie knapp 50 Prozent unter den Höchstständen 2021/22.
– Zusätzliche Ursachen für die geringe Bautätigkeit waren zu Beginn des Jahrzehnts der Handwerkermangel, Kapazitätsengpässe in der Bauwirtschaft sowie teure oder nicht lieferbare Materialien. Diese Ursachen führten zu einem Preisanstieg der Arbeits- und Baukosten mit den entsprechenden Folgen für den Bau.

---

[197] Vgl. Ausführungen in Kapitel 4.4.4.

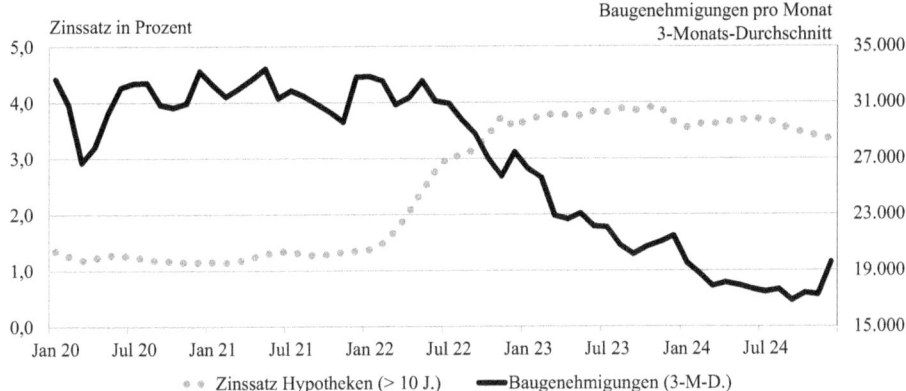

Abb. 5.3: Zinsanstieg und Effekte auf die Baugenehmigungen.
Quelle: Statistisches Bundesamt, Bundesamt, Tabelle 31111-0020 und Deutsche Bundesbank, Tabelle BBIM1.M.DE.B.A2C.P.R.A.2250.EUR.N eigene Darstellung.

Es ist nicht davon auszugehen, dass Bau- und Finanzierungskosten *zukünftig* deutlich sinken werden. Die Bauzinsen werden nicht auf das Niedrigzinsniveau der letzten Jahre zurückfallen. Auch die Baukosten werden voraussichtlich nicht deutlich sinken – wenn überhaupt. Demnach bleiben die Bau- und Finanzierungskosten im Vergleich zum Ende der 2010er-Jahre auf einem hohen Niveau. Daher wird sich die Wohnungswirtschaft auf die für sie eher ungünstigen Rahmenbedingungen einstellen müssen. Auf die Geldpolitik und die Inflation hat die Politik keinen unmittelbaren Einfluss, da dies vor allem in der Kompetenz der EZB liegt. So kann die Politik auch nicht für die Ursache der gestiegenen Bau- und Finanzierungskosten verantwortlich gemacht werden.

Es ist auch nicht davon auszugehen, dass wenn wieder mehr gebaut wird, die Wohnungen günstiger werden. Der Neubau ist so teuer, dass ohne massive Subventionierung oder Umdenken bei den Bauherren (u. a. kleinere Projekte) nur teure Wohnungen entstehen werden.

Der *serielle und modulare Wohnungsbau* könnte dazu beitragen, die Baukosten zu senken und die Effizienz zu steigern. Dabei werden größere Bau- und Raumelemente industriell vorgefertigt und auf der Baustelle endmontiert. Trotz der Standardisierung ermöglicht dies die Errichtung von optisch individuellen Gebäuden. Durch einen geringeren Personalbedarf sowie niedrigere Planungskosten bietet dieses Vorgehen Einsparpotenziale. Die industrielle Vorfertigung eignet sich insbesondere für den öffentlichen Wohnungsbau und andere standardisierbare Projekte großer Immobilienentwickler.

5.3.2 Effizientere Nutzung von Gebäuden

Neben der Erschließung von neuem Wohnraum (Bau neuer Wohnungen) könnte ein Teil der gestiegenen Wohnraumnachfrage auch durch eine *effizientere Nutzung* des bestehenden Wohnraums gedeckt werden. Für eine effiziente, an den individuellen Bedürfnissen orientierte Nutzung des Wohnraums ist es wichtig, dass Menschen ihre Wohnflächennutzung im Lauf ihres Lebens ohne hohen Aufwand an veränderte Lebenssituationen anpassen können. Vor allem im Alter geschieht dies jedoch häufig nicht. Eines der Hemmnisse ist der Verlust der gewohnten Umgebung. Um die Umzugsbereitschaft insbesondere älterer Personen zu erhöhen, ist es daher hilfreich, wenn innerhalb eines Wohnviertels eine ausreichende Mischung verschiedener Wohnungsgrößen vorhanden ist. So können umzugsbereite Personen leichter eine passende Wohnung in ihrer Umgebung finden.

Der Ausbau von Dachgeschossen und die Aufstockung von Wohngebäuden können zur Ausweitung des Wohnraumangebots beitragen. Die Wirtschaftlichkeit solcher Projekte kann aufgrund des Verlusts des Bestandsschutzes und der damit einhergehenden hohen Anforderungen, etwa beim Brandschutz oder bei Abstandsvorgaben, eingeschränkt sein.

In geringem Umfang bestehen Wohnraumpotenziale auch bei ungenutzten Gewerbeimmobilien. Jedoch schränken hohe Umbaukosten die Umnutzung dieser Flächen ein. Gezielte Förderprogramme könnten Anreize zum Umbau setzen, aber auch Mitnahmeeffekte nach sich ziehen.

5.3.3 Bauland

Bei den Ursachen für die Baukrise mit dem Rückgang der Baufertigstellungen wird als Angebotsproblem die begrenzte *Verfügbarkeit von Bauland* angeführt. Die derzeitige Verknappung zeigt sich in der bundesweiten Verteuerung des Baulands um 40 Prozent zwischen 2010 und 2021. In den größten Städten kam es sogar zu einer Vervierfachung der Preise. Trotz des Preisanstiegs konnte das Fertigstellungsvolumen im vergangenen Jahrzehnt fast verdoppelt werden. Weiterhin sind in den Jahren 2022 und 2023 die Baulandpreise wieder deutlich, um rund 15 Prozent gesunken. Dies widerspricht der These vom limitierenden Faktor Bauland.

Wenn Bauland fehlen sollte, so bieten sich zwei Alternativen zur Schaffung von Wohnraum an: die Innenentwicklung der Städte (Nachverdichtung) und ein Ausweichen ins Umland oder in den ländlichen Raum (neues Bauland).

Im Hinblick auf die *Innenentwicklung* bzw. *Nachverdichtung* mit einer Nachfrage in den bestehenden Wohngebieten gibt es ein hohes Potenzial. Eine dichtere Bebauung, also eine Erhöhung der Wohnfläche im Verhältnis zur Grundstücksfläche, kann über verschiedene Maßnahmen erreicht werden. Im Bestand kann die Nachverdichtung über Aufstockungen und Dachausbauten erreicht werden. Kommunen können vorrangig die Baulandpotenziale aus der Aktivierung von Brachflächen, Baulücken und bereits baureifem Bauland nutzen. Im Neubau könnten Kommunen, wo möglich, zusätzliche Stockwerke erlauben. Bei diesen Maßnahmen sollten aber auch die Wohnqualität, die Auslastung der umliegenden Infrastruktur, die stadtklimatischen Auswirkungen sowie die Bodenversiegelung Beachtung finden. In Großstädten bestehen diese Potenziale im Wesentlichen aus Brachflächen, die zuvor meist von Industrie und Gewerbe oder militärischen Einrichtungen genutzt wurden.

Hierfür ist teilweise die Anpassung bauordnungsrechtlicher Vorgaben wie beispielsweise Brand-, Schall- und Emissionsschutzvorgaben sowie Stellplatzanforderungen erforderlich. Zum anderen gibt es vor allem Akzeptanzprobleme, die sich im Widerstand der bereits ansässigen Bevölkerung zeigen und zu einer deutlich geringeren Zahl an Projekten führen werden (Not In My Backyard-Problem, kurz: NIMBY). Die Bevölkerung hat einen wesentlichen Anteil an der unbefriedigenden Situation auf dem Wohnungsmarkt. Gegen fast jedes Neubauprojekt gründet sich eine Initiative aus der Nachbarschaft und klagt gegen das Vorhaben.

Der Bau von zusätzlichem Wohnraum in Bestandsgebäuden, z. B. durch Ausbau der Dachgeschosse, Aufstockungen oder Nutzungsänderungen, wurde in der Vergangenheit durch bauordnungsrechtliche Vorschriften behindert. Hierzu zählten unter anderem höhere Anforderungen aufgrund der notwendigen Änderung der Gebäudeklasse, des Wegfalls des Bestandsschutzes oder des verpflichtenden Einbaus von Aufzügen ab einer gewissen Geschosszahl.

Die *Außenentwicklung* könnte verstärkt in Regionen mit hoher Wohnraumnachfrage genutzt werden, bei denen eine dichtere Bebauung nur schwer möglich oder absehbar nicht ausreichend ist. Hierzu könnten Kommunen die langfristigen Baulandpotenziale in größerem Umfang als bisher aktivieren, indem sie zügig Bebauungspläne aufstellen und damit die Flächen zu Bauland machen. Die Aufstellung dieser Bebauungspläne nimmt oft mehrere Jahre in Anspruch.

Gegen die Ausweitung von neuem Bauland sprechen die Ziele der ökologischen Nachhaltigkeit. Im Rahmen der Nachhaltigkeit soll der Netto-Flächenverbrauch langfristig auf null gesenkt werden. Das widerspricht aber der Forderung nach mehr Bauland. Die Möglichkeiten zum Ausweis von neuem Bauland (Außenentwicklung) sind in Großstädten im Vergleich zu ländlichen Regionen tendenziell stärker begrenzt.

Für den Erfolg der Außenentwicklung ist eine effektive Verkehrsanbindung dezentraler Wohngebiete ein kritischer Faktor. Zudem ist die umgebende öffentliche Infrastruktur der Daseinsvorsorge (Kindergärten und Schulen, ärztliche Versorgung etc.) aufzustocken. Hinzu kommen eine ausreichende Infrastruktur und gute Internetverbindungen (u. a. für Homeoffice). Die Ausweisung von neuem Bauland unterliegt regulierungsintensiven und interessengetriebenen Genehmigungsverfahren, sodass die Ausgestaltung und praktische Umsetzung von Bebauungsplanungen nur mit einem Time-lag auf Nachfrageänderungen reagieren können.

Für neu geschaffenes Bauland könnte eine *Bebauungspflicht* innerhalb eines gewissen Zeitraums vorgesehen werden. Falls innerhalb der Frist nicht mit dem Bau begonnen wird, könnte der Kommune ein Vorkaufsrecht eingeräumt werden. Auch beim Verkauf von baureifen Flächen oder Brachflächen in angespannten Wohnungsmärkten könnten Kommunen verstärkt von ihren Vorkaufsrechten zum Zwischenerwerb Gebrauch machen. Beim Weiterverkauf sollten dann ebenfalls Bedingungen wie bei neuem Bauland gelten.

5.3.4 Regulatorische Anforderungen

Die Bauwirtschaft klagt über die vielen Vorschriften, die in Deutschland erfüllt werden müssen. Insbesondere wird darauf hingewiesen, dass dadurch die Kosten für Immobilien deutlich steigen. Gäbe es weniger Bauvorschriften könnte schneller und günstiger gebaut werden. Auch das SVR-Gutachten 2024/25 geht davon aus, dass die Baukosten durch flexiblere und harmonisierte Bauvorschriften gesenkt werden können.

Ein hoher bürokratischer Aufwand, umfangreiche Vorschriften sowie Genehmigungsverfahren verursachen hohe staatlich verursachte Kosten, die zu Mehrkosten und zu Verzögerungen bei Bauprojekten führen können. Eine Reduzierung dieser Belastungen würde den Bau von Wohnungen und Häusern beschleunigen und kostengünstiger machen. Durch die Senkung staatlicher Kostenanteile und die Vereinfachung bürokratischer Prozesse könnten Bauprojekte effizienter umgesetzt werden. Implizit wird dann davon ausgegangen, dass bei geringeren Kosten mehr Wohnungen gebaut werden. Es wird aber nicht aufgezeigt, ob und wie viele Wohnungen mehr fertiggestellt werden.

Baugenehmigungen

Ein *erster Aspekt*, der für zu wenige Fertigstellungen verantwortlich gemacht wird, sind die fehlenden, da langwierig zu erstellenden Baugenehmigungen. Unvollständige oder fehlerhafte Bauanträge, komplexe Bauvorhaben oder Fachkräftemangel in Baubehörden führen zu den langen Wartezeiten auf Baugenehmigungen.

Der Antragsteller kann aber selbst zur Beschleunigung beitragen, indem die Pläne sofort vollständig eingereicht werden und dadurch, dass keine Genehmigungen von Ausnahmen für das Bauvorhaben erforderlich sind. Dies entspricht auch der Forderung nach standardisierten Bauanträgen, die aber von den Antragstellern selbst nicht erfüllt werden.

Bund und Länder wollen mit einem novellierten Baugesetzbuch, einem neuen, einfachen Gebäudetyp, digitalen Verfahren und harmonisierten Bauordnungen für schnellere Bauplanung und -genehmigung sorgen. Mit dem neuen Gebäudetyp E (Gesetz zur zivilrechtlichen Erleichterung des Gebäudebaus) sollte das Planen und Bauen einfacher, günstiger und schneller werden, da auf Standards verzichtet wird, die nicht unbedingt notwendig sind. Durch die geplante Einführung des Gebäudetyps E soll Bauherren sowie Bauunternehmen eine rechtssichere Möglichkeit geboten werden, von den anerkannten Regeln der Technik abzuweichen. Noch gibt es aber keine Umsetzung des Vorhabens.

Aber wie schon in Kapitel 4.4.3 aufgezeigt gibt es in Deutschland einen hohen Bauüberhang, d. h. es wurden viel mehr Baugenehmigungen erteilt als es letztlich Baufertigstellungen gab. Von der Finanzkrise 2008 bis zum Jahr 2022 kam es zu einem anhaltenden Anstieg des Bauüberhangs, erst im Jahr 2023 ist erstmalig ein leichter Rückgang festzustellen. Falls durch die Vereinfachungen mehr Baugenehmigungen erreicht werden, ist nicht sicher, ob dadurch mehr Fertigstellungen erzielt werden. Alternativ kann dadurch auch nur der Bauüberhang steigen.

Vorschriften und Normen
Ein *zweiter Aspekt* für die Baukrise sollen *Vorschriften und Normen* sein, die den Bau von Wohnungen immer teurer machen. Die Bau- und Immobilienwirtschaft klagt oft über eine staatliche „Regulierungswut". Technische Vorgaben für Fenster, Türen, Treppenhäuser und Dächer sowie strenge Sicherheitsregeln sorgen für einen Preisanstieg. Neue Regulierungen beim Bau in den Bereichen Energieeffizienz (Klimaschutzziele), Brand- und Schallschutz sowie Barrierereduktion verteuern die Baukosten weiter. Diese höheren qualitativen Anforderungen gehen über die reinen Preiseffekte bei den Materialien hinaus. Nach Auffassung der Kritiker müssen die aktuellen Standards und DIN-Normen im Bauwesen daraufhin überprüft werden, ob sie sicherheitsrelevant oder übertrieben hoch sind. Derartige Standards sollen zu Baukostensteigerungen führen und einer Verlängerung der Bauzeiten. Eine Senkung dieser Standards und Normen würde den Bauprozess vereinfachen und kostengünstiger machen, ohne die grundlegende Sicherheit und Qualität der Gebäude zu beeinträchtigen.

Das *Deutsche Institut für Normung* (DIN) legt vielfach die Normen und Standards fest, um Produkte zu vereinheitlichen und Qualität zu sichern. Bei einer Norm handelt es sich um ein Dokument, in welchem bestimmte Anforderungen an Produkte, Dienstleistungen oder Verfahren festgelegt sind. Dank einer solchen Norm haben Hersteller, Handelspartner und Verbraucher die gleichen Informationen über die Eigenschaften des Produktes. Zusätzlich gibt es die Kennzeichnung als EN- oder ISO-Norm, die sich jeweils auf unterschiedliche Ebenen der Anerkennung beziehen: ISO-Normen sind weltweit, europäische Normen europaweit anerkannt. Die Normen entstehen in den Arbeitsausschüssen des DIN. Dort diskutieren Gutachter und Experten aus Wirtschaft, Forschung, Verbraucherschutz, Umweltverbänden, Gewerkschaften und der öffentlichen Hand und legen die Normen fest. Auch die Experten der Baubranche und -verbände sind in diesem Prozess beteiligt.

Es gibt etwa 3.000 baurelevante Normen. Hinzu kommen zahlreiche Auflagen der Landesbauordnungen und der Kommunen. Grundsätzlich erfüllt das Bauordnungsrecht wichtige Funktionen im Bereich der Gefahrenabwehr (z. B. Brandschutz, Standsicherheit) und gewährleistet die Erfüllung von Mindestanforderungen. Das Bauordnungsrecht dient auch der frühzeitigen Weichenstellung für langfristige gesellschaftliche Ziele wie die Klimaneutralität.

An diese Richtlinien haben sich Bauherren, Architekten, Planer etc. zu halten, da sie helfen, Anforderungen am Bau, an Maschinen oder an die Sicherheit zu erfüllen. Wenn bestimmte Produktdetails oder Qualitätsstandards in einer DIN-Norm festgelegt werden, ist die Einhaltung dieser Vorgaben erstmal freiwillig und nicht verpflichtend. Normen sind nur Empfehlungen, aber aus Haftungsgründen werden sie häufig verpflichtend. Vertragsrechtlich orientiert sich der Wohnungsbau an den allgemein anerkannten Regeln der Technik, die gesetzlich nicht festgelegt sind. Gerichte schauen bei der Feststellung von Sachmängeln zunächst auf die Erfüllung aller relevanten Normen. Dies hat wiederum zur Folge, dass Bauunternehmen sich an den höchsten Standards orientieren, was die Baukosten erhöht. Anders verhält es sich, wenn die Einhaltung bestimmter DIN-Normen in einem Vertrag festgelegt wird oder sich der Gesetzgeber in einer Vorschrift auf eine DIN-Norm bezieht. In solchen Fällen ist die Einhaltung von DIN-Normen verpflichtend, etwa die Einhaltung von Brandschutzbestimmungen.

Die Normung hat den Vorteil, dass dadurch Standards definiert werden. Baunormen sind für die Gewährleistung der Sicherheit, Qualität und Effizienz von Bauprojekten von entscheidender Bedeutung. Sicherheit ist der wichtigste Faktor bei jedem Bauprojekt und es werden Mindestsicherheitsanforderungen für Baumaterialien, Ausrüstung und Baupraktiken festgelegt. Zu den Qualitätsstandards im Bauwesen gehören Richtlinien für die Prüfung und Inspektion von Materialien und Komponenten. Normen tragen zur Verbesserung der Effizienz und zur Einhaltung der Bauvorschriften bei. Normen spielen auch eine wichtige Rolle bei der Förderung von Innovationen in der Baubranche.

Die *Kritik* an der Forderung nach weniger Vorschriften und Normen setzt daran an, dass zu wenig zwischen den verschiedenen Normen unterschieden wird. Oftmals gibt es die pauschale Forderung nach Deregulierung, die aber zu differenzieren ist:

- Die Forderungen nach weniger technischen Standards und Normen sind fast immer sehr *allgemein gehalten*. Konkrete Beispiele fehlen oder wenn es diese gibt, werden sie von anderer Seite sofort kritisiert oder widerlegt. Die Vorteile werden vor allem in einem effizienteren und kostengünstigeren Bauen gesehen. Welche Auswirkungen diese Kosteneinsparungen auf die Anzahl mehr hergestellten Wohnungen haben, wird nicht gesagt.
- Die Vorschriften bzw. Regulierungen betreffen *sicherheitsrelevante Standards* wie etwa Anforderungen an Statik, Brandschutz und Umweltschutz. Bei diesen Normen sind weniger strikte Bauvorschriften nur in sehr begrenztem Umfang möglich. Anforderungen an den Mindestschallschutz werden z. B. mit dem Ziel festgelegt, normal empfindende Menschen vor störender Luft- und Trittschallübertragung bei üblichem Verhalten zu schützen. Sicherheitsrelevante Auflagen sorgen auch dafür, dass es bei einem Brand in einem Hochhaus nicht zu einer Katastrophe kommt oder ein Balkon wegen Materialfehlern abbricht oder ein Sturm ein Haus wie in den USA wegfegt.
- Unter *Komfortstandards*: fallen u. a. die Zahl der Steckdosen in der Küche. Diese Normen beziehen sich auf Luxus und Komfort und spiegeln die hohen Anforde-

rungen der Wohnungsnutzer wider. Die Ansprüche der Eigentümer und Mieter sind vor allem bei der Größe und Ausstattung der Wohnungen gewachsen. Das gilt auch für den Bau von Mietwohnungen, denn Vermieter haben ein hohes Interesse, die angebotenen Wohnungen möglichst nach Wunsch der Mieter zu gestalten, um eine schnelle Vermietung zu ermöglichen.
- Es ist aber zweifelhaft, ob es gelingt, eine eindeutige Trennung zwischen Komfort- und Sicherheitsstandards festzulegen. Dies wäre die grundlegende Voraussetzung, um Reformen durchzuführen.

Die Kritik weist außerdem darauf hin, dass Industrie und Verbände selbst dafür verantwortlich sind, dass es die Regulierungen gibt. Deren Vertreter sind z. B. in den Ausschüssen des DIN vertreten und bestimmen mit. Der umfangreiche Prozess ist nicht allein die Verantwortung der Politik.

Es ist unzweifelhaft, dass viele Auflagen und Anforderungen für sich genommen richtig sind, sie haben aber auch die Baukosten erhöht. Um die Kostensteigerung im Wohnungsbau einzudämmen, sollten Standards im Bau und bei den Wohnungen überprüft werden. Das Beispiel Niederlande zeigt, dass es Möglichkeiten gibt, die Kostensteigerungen im Neubau einzudämmen. Allerdings ist eine Senkung eher unrealistisch.[198] Viele der diskutierten Maßnahmen der Deregulierung werden nicht zu mehr Wohnungen führen, denn insbesondere sicherheitsrelevante Normen dürfen nicht nur unter Kostenaspekten diskutiert werden. Es sind immer auch die Zielkonflikte mit Umwelt-, Hochwasser- und Brandschutz sowie der Energieeffizienz zu beachten.

Die Bundesregierung und verschiedene Landesregierungen haben Maßnahmen und Gesetze erlassen, um ein effizienteres Bauen zu ermöglichen.
- Die Ampel-Bundesregierung hatte ein Gebäudetyp-E-Gesetz vorgesehen. Der Gesetzentwurf sieht unter anderem vor, dass bestimmte technische Normen und Regeln wie zum Beispiel solche, die ausschließlich Komfort- oder Ausstattungsmerkmale betreffen, ohne ausdrückliche Vereinbarung nicht Gegenstand der Leistungspflicht sind, und dass eine Abweichung von den anerkannten Regeln der Technik unter bestimmten Voraussetzungen nicht als Sachmangel anzusehen ist. Von Seiten von Vertretern des Bundesgerichtshofes gibt es Bedenken, da das durch eine Bindung der Gerichte an sicherheitsrelevante Normungen mit dem Demokratieprinzip nicht vereinbar sei. Zudem können es Unsicherheiten bei der Vertragsgestaltung auslösen, und das Risiko teurerer Rechtsstreitigkeiten steigt.
- So hat das Land Berlin mit dem Gesetz zur Beschleunigung von Planungs- und Genehmigungsverfahren für Bauvorhaben (Schneller-Bauen-Gesetz – SBG) ein umfassendes Maßnahmenpaket auf den Weg gebracht, das weit über hundert gesetzliche Änderungen und untergesetzliche Maßnahmen umfasst. Ziel des Paketes ist

---

198 Vgl. IW – Institut der deutschen Wirtschaft, 2018, S. 3.

es, Planungs-, Genehmigungs- und Bauprozesse zu beschleunigen und insbesondere den Wohnungsbau zu intensivieren.
- Das Land Baden-Württemberg hat ein Gesetz für schnelleres Bauen beschlossen. Schwerpunkt ist die Änderung der Landesbauordnung (LBO). Das Gesetz sieht zahlreiche Änderungen vor, die das Bauen schneller, einfacher und kostengünstiger machen können. Um das baurechtliche Verfahren zu beschleunigen und zu optimieren, soll insbesondere eine Genehmigungsfiktion vorgesehen werden, das vereinfachte Baugenehmigungsverfahrens ausgeweitet, eine Typengenehmigung eingeführt und das baurechtliche Widerspruchsverfahren abgeschafft werden.

Die DZ Hyp AG erwartet, dass durch die Maßnahmen beim Gebäudetyp E die Herstellungskosten um bis zu 10 Prozent niedriger ausfallen könnten. Damit wären diese so gebauten Häuser nicht so teuer wie konventionelle Gebäude, aber nicht günstig. Da derartige Häuser aber Komforteinschränkungen mit sich bringen, stellt sich die Frage, ob die Mieter bereit sind, derartige Wohnungen trotz noch relativ hoher Mieten zu mieten. Zweitens stellt sich die Frage nach der langfristigen Wert- und Mietentwicklung, da diese Gebäude einen niedrigeren Standard als vergleichbare Bestandsgebäude aufweisen. Es könnten sich aber positive Effekte auf das Neubauvolumen ergeben, die jedoch nicht so hoch ausfallen sollten. Zum einen benötigt die Umsetzung Zeit und zum anderen sind diese Baukosten nicht die einzigen Hemmnisse (s. Bau- und Finanzierungskosten).[199]

Stellplatzverordnung
Die Regelungen zur *Stellplatzpflicht* sind ein vielfach diskutierter Aspekt zur Kostensenkung beim Bau und damit implizit für mehr Neubauten. Bauherren klagen oft über die mit der Stellplatzpflicht verbundenen Kosten. Gleichzeitig wird gerne mit vorhandenen Stellplätzen geworben, insbesondere bei hochpreisigen Objekten. In Stellplatzverordnungen bzw. Stellplatzsatzungen ist in Deutschland geregelt, wie viele Stellplätze für Kraftfahrzeuge beim Neubau eines Gebäudes auf dem Grundstück oder in der Nähe nachgewiesen werden müssen. Die Zahl der vorgeschriebenen Stellplätze hängt von der Nutzung des Gebäudes und von der Zahl der Nutzer ab (z. B. wird die Stellplatzzahl bei Wohngebäuden in Abhängigkeit von der Zahl der Wohneinheiten festgelegt).

Der Trend spricht für ein Verkehrsverhalten mit einer zunehmenden Anzahl an Fahrzeugen. Teilweise wurde die Nutzung des individuellen Pkws in den letzten Jahren noch erhöht. Alle diese Entwicklungen haben Auswirkungen auf die allgemeine Notwendigkeit, Stellplätze vorzuhalten.

In Deutschland gibt es sehr verschiedene länderspezifische Regelungen zur Stellplatzpflicht im Wohnungsbau. Bei konkreten Bauvorhaben sind die entsprechenden

---
[199] Vgl. DZ HYP, 2024, S. 18 f.

landesrechtlichen (Landesbauordnung und ggf. zusätzliche Verordnungen) und örtlichen (z. B. Stellplatzsatzung, Bebauungsplan) Vorschriften zu beachten. Bei den sehr unterschiedlichen Regelungen in den Bundesländern ist eine Tendenz zu immer geringeren Forderungen festzustellen. Teilweise werden aus verkehrspolitischen Gründen in gut mit dem ÖPNV erschlossenen Gebieten keine Mindestzahlen von Pkw-Stellplätzen mehr festgelegt.

Die bisherigen Reformen mit geringeren Anforderungen an Stellplätzen haben zum einen nicht zu einem Rückgang des Pkw-Besitzes geführt. Zum anderen kommt es durch die zu wenigen Stellplätze im privaten Bereich zu entsprechenden Parkraumproblemen im öffentlichen Straßenraum. Pkws können mehr oder weniger kostenlos im öffentlichen Straßenraum abgestellt werden. Das Resultat sind mit Pkw vollgestellte Straßenräume, der Entzug wertvoller öffentlicher Verkehrsfläche oder das illegale Parken auf Gehwegen. Dieses zeigt sich insbesondere in innenstadtnahen Wohngebieten (z. B. Gründerzeitvierteln). Da diese gebaut wurden, als es noch keine Pkw gab, gibt es auch wenig privaten Stellraum. Trotzdem sind das begehrte Wohngebiete, da einfach im öffentlichen Raum diese abgestellt werden. *Insgesamt ist deutlich, dass an der Stellplatzpflicht festgehalten werden muss. Die private Nutzung des Pkw verlangt nach einer privaten Lösung des Problems, nämlich dem Stellplatz auf privatem Grund.*

Mietpreisbremse und Kappungsgrenze
Die *Mietpreisbremse und die Kappungsgrenze* sind die Reaktionen auf die deutlich gestiegenen Mieten der letzten Jahre, die die Bereitstellung bezahlbaren Wohnraums erschweren. Sie sind das einzige kurzfristig wirkende Instrument, um Mietsteigerungen zu begrenzen. Über die Hälfte der Haushalte in Deutschland sind Mieterhaushalte. So leben nach einer Auswertung des Bundesinstituts für Bau-, Stadt- und Raumforschung (BBSR) 26,2 Mio. Menschen (Zensus 2022) in 415 Gemeinden mit Mietpreisbremse – das entspricht fast einem Drittel der Bevölkerung. Während in den Stadtstaaten die Mietpreisbremse flächendeckend gilt (Ausnahme Bremerhaven), sind es in den Flächenländern immer nur ein Teil der Gemeinden.[200] Die Mietpreisbremse ist somit ein wichtiges Instrument, um den Anstieg der Mieten zu begrenzen.

Die *Mietpreisbremse* sieht vor, dass die zulässige Miete bei der Wiedervermietung von Bestandswohnungen höchstens auf das Niveau der ortsüblichen Vergleichsmiete zuzüglich 10 Prozent angehoben werden darf. Mit der Mietpreisbremse wurden die Länder ermächtigt, für höchstens jeweils fünf Jahre Gebiete mit angespanntem Wohnungsmarkt auszuweisen. Neu errichtete und umfassend modernisierte Wohnungen werden bei Erstvermietung von der Mietpreisbegrenzung ausgenommen (Neubauausnahme). Neubaumieten können ohne die Regulierung kalkuliert werden, damit stellen sie keine Hemmnisse dar.

---

[200] Vgl. BBSR, 2024c.

Nach der *Kappungsgrenze* darf innerhalb von drei Jahren die Miete um höchstens 20 Prozent steigen. Dadurch soll ein zu rascher Anstieg von Mieten verhindert werden, die bislang deutlich unter der ortsüblichen Vergleichsmiete lagen. Das Mietrechtsänderungsgesetz ermöglicht es den Ländern, die Mieterhöhung in besonders festzulegenden Gebieten auf 15 Prozent zu begrenzen. Das gilt für Gebiete, in denen die Versorgung der Bevölkerung mit Wohnraum zu angemessenen Bedingungen besonders gefährdet ist.[201]

Von *Vorteil* ist, dass die Regulierungen zu einem Schutz der bestehenden Mietverträge führen und vor zu großen Mietsteigerungen bzw. vor überhöhten Mietpreisen schützen. Die Vorteile haben Mieter (Insider), die einen regulierten Mietpreis zahlen, während Wohnungssuchende (Outsider) einem steigenden Nachfrageüberhang ausgesetzt sind. Altmietverträge profitieren stark vom Mieterschutz, der bei Bestandsverträgen zu starke Mieterhöhungen verhindert. Potenzielle Mieter finden schlechter eine Wohnung, da alte Mieter in ihren Wohnungen länger wohnen bleiben. Es wird dort der Mietanstieg begrenzt, in denen der Nachfrageüberhang am größten ist und damit werden diese Standorte noch zusätzlich attraktiv, da die regulierte Miete deutlich unter der (theoretischen) Marktmiete liegt.

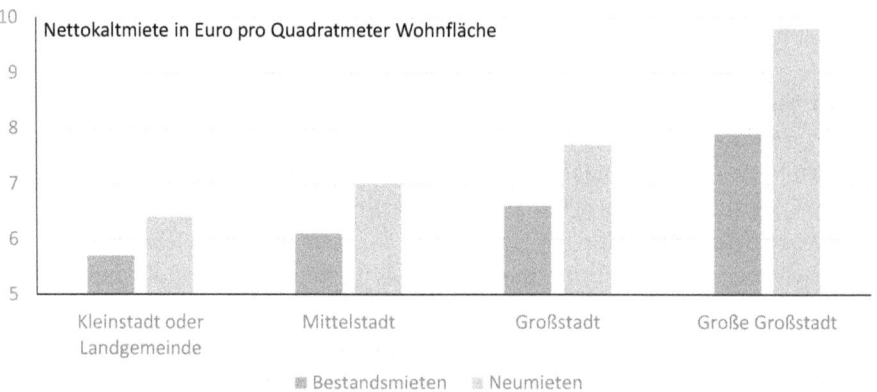

Abb. 5.4: Abstand zwischen Bestands- und Neumieten.
Quelle: Vgl. Sachverständigenrat, 2024/25, S. 247, eigene Darstellung.

Abbildung 5.4 zeigt den Abstand zwischen Bestands- und Neumieten (Nettokaltmiete pro Quadratmeter Wohnfläche) für verschiedene Stadtgrößen auf. Unterschieden wird nach der Bevölkerungszahl. Neumieter sind Mieter, die vor weniger als zwei Jahren in ihre aktuelle Wohnung eingezogen sind. Der hohe Abstand zwischen Bestands-

---

201 Vgl. BBSR, 2024b.

und Neumieten in Deutschland lässt sich nach den Ausführungen des Sachverständigenrates größtenteils auf gesetzliche Regulierungen zurückführen.[202] Der Abstand zwischen Bestands- und Neumieten ist mit rund 25 Prozent in den Großstädten am höchsten.

Im Mietmarkt stellt der steigende Abstand zwischen Bestands- und Neumieten ein Hemmnis dar. Ist dieser Abstand hoch, haben Mieter nur geringe Anreize, ihre Wohnfläche durch Umzug zu verkleinern, da eine höhere Neumiete die finanziellen Vorteile einer Verkleinerung verringert. Der Abstand zwischen Bestands- und Neumieten ist in den Großstädten am größten. Der hohe Abstand zwischen Bestands- und Neumieten in Deutschland lässt sich größtenteils auf gesetzliche Regulierungen zurückführen.

Die Regulierung von Mieten durch Mietpreisbremse und Kappungsgrenzen löst die Ursachen der Wohnraumknappheit auf angespannten Wohnungsmärkten nicht. Sie können die Mieter mindestens temporär vor übermäßigen Preisanstiegen im Wohnungsmarkt schützen. Mietgesetze schützen, aber sie schaffen keinen neuen Wohnraum. Die regulatorisch bedingte Verlangsamung des Anstiegs der Bestandsmieten entlastet insbesondere jene Mieter, die schon lange in ihrer Wohnung wohnen und in der Folge eine Miete deutlich unterhalb des Marktpreises zahlen. Entlastet werden vor allem immobile und ältere Menschen, während junge Menschen sowie Menschen, die z. B. aus beruflichen Gründen öfter umziehen, durch höhere Neumieten belastet werden.

Aufgrund der anhaltenden Knappheiten werden die Mieten in Städten noch weiter steigen. Schwierig ist die Wohnungsmarktlage weniger für langjährige Mieter, sondern vielmehr für Wohnungssuchende. Dennoch kann eine gewisse Regulierung der Bestandsmieten sinnvoll sein, um die Verhandlungsposition von Mietern in bestehenden Mietverhältnissen zu stärken, da durch die hohen Kosten eines Umzugs eine Lock-in-Situation mit einer zu starken Bindung der Mieter an ihre Wohnung entsteht.

Eine zu restriktive Regulierung könnte jedoch die privaten Investitionsanreize in Wohnraum verringern. Sie verhindert auch eine effiziente Nutzung von Wohnraum. Beide Effekte sind umso stärker, je weiter die regulierten Bestands- und Neumieten unter dem unregulierten Marktpreis liegen. Eine restriktive Mietregulierung ist daher nur temporär (bei entsprechender Wohnungsknappheit) und nur dann vertretbar, wenn gleichzeitig ausreichende Maßnahmen ergriffen werden, um das Wohnraumangebot auszuweiten.

Der Sachverständigenrat weist darauf hin, dass bei der Regulierung der Neumieten kein negativer Effekt der Mietpreisbremse in ihrer bisherigen Ausgestaltung auf den Neubau nachgewiesen werden kann auf der Basis der bisherigen empirischen Evidenz.[203] So wird empfohlen, dass die zum Jahreswechsel 2024 geltende Stichtags-

---

202 Vgl. Sachverständigenrat, 2024/25, S. 247.
203 Vgl. Sachverständigenrat, 2024/25, S. 269.

regelung für den Neubau (erstmalige Vermietung nach dem 1. Oktober 2014) unverändert bleiben und die Ausnahmeregelungen für Modernisierungen in ihrer aktuellen Form beibehalten werden. Es darf nicht die Erwartung geweckt werden, dass nach dem Stichtag errichtete Neubauten zukünftig ebenfalls der Mietpreisbremse unterliegen. Nur so kann eine glaubwürdige Selbstbindung geschaffen werden, dass bis dahin wirksame Maßnahmen ergriffen werden, um das Wohnraumangebot auszuweiten.

5.4 Wohnungspolitik gegen Knappheit und Leerstand

Während die zuvor diskutierten Handlungsoptionen sich zumeist auf einen der beiden Problembereiche konzentrieren, sollen im Folgenden einige weitere Maßnahmen diskutiert werden. Diese haben Spillover-Effekte, da sie sich auf beide Bereiche auswirken. So könnte eine Erhöhung der Attraktivität von strukturschwachen Regionen die angespannten Wohnungsmärkte in den Metropolen entlasten.

Mit mehr Neubau wird sie sich allenfalls mit der Zeit dämpfen lassen. Um die städtischen Wohnungsmärkte zu entlasten, müsste besser als bisher der Wohnungsbestand einbezogen werden. So kann sich durch innerstädtische Umzüge der Wohnbedarf der Haushalte besser an den Bestand anpassen. Angesichts der steigenden Mietendifferenz zwischen neu abgeschlossenen und bestehenden Mietverträgen wird es allerdings immer schwieriger, etwa alleinstehende Mieter großer Wohnungen zum Umzug in kleinere Einheiten zu bewegen.

Eine Entlastung der angespannten Wohnungsmärkte könnte auch durch Umzüge in Wohnstandorte mit nennenswerten Leerständen erfolgen. Die Vorteilhaftigkeit nimmt mit dem in den Großstädten wachsenden Mietgefälle zu. Gegen Umzüge etwa in den ländlichen Raum sprechen jedoch längere Fahrzeiten zum Arbeitsplatz, eine schlechte Internet- sowie Verkehrsanbindung oder eine unzureichende Infrastruktur wie Schulen oder Einkaufsmöglichkeiten. Darin liegt aber auch eine Chance für Städte mit Leerstandsproblemen, wenn sie den vom Wohnungsmarkt genervten Großstädtern attraktive Alternativen bieten können.

Durch eine verbesserte infrastrukturelle Anbindung angrenzender Regionen könnten der Einzugsbereich der Wohnungsmärkte in Ballungsräumen vergrößert und so weitere Potenziale für Wohnraum geschaffen werden. Dazu könnte der ÖPNV in bisher schlecht angebundenen Landkreisen rund um die Großstädte ausgebaut werden. Auch eine Verkürzung der Fahrzeit in die Großstädte, z. B. durch Direkt- oder Schnellverbindungen, könnte mehr Menschen dazu bewegen, ihren Wohnort in angrenzende Regionen zu verlegen und helfen, die Wohnungsknappheit in den Großstädten abzumildern.

Der Trend der Suburbanisierung nimmt zwar zu, da mehr Haushalte, insbesondere Familien, aus den Städten ins Umland ziehen, um günstigeren Wohnraum zu finden. Dieses wird jedoch durch soziale und finanzielle Hürden erschwert. Soziale Hürden liegen zum Beispiel in der Verbundenheit mit der eigenen Wohnung und dem dazugehörigen sozialen Umfeld. Diese erhöht sich für viele Menschen mit steigender Wohndauer und hemmt insbesondere die Umzugsbereitschaft älterer Menschen (Remanenzeffekt). Für Menschen mit gesundheitlichen Einschränkungen kann die organisatorische und physische Belastung eines Umzugs eine Rolle spielen.

Darüber hinaus kann eine ausbleibende Verkleinerung der Wohnfläche im Alter auch auf das Vorhalten von Gästezimmern für Familienmitglieder oder bei Eigentümern auch auf ein Vererbungsmotiv zurückgeführt werden. Im Mietmarkt stellt insbesondere der Abstand zwischen Bestands- und Neumieten ein Hemmnis dar. Ist dieser Abstand hoch, haben Mieter nur geringe Anreize, ihre Wohnfläche zu verkleinern, da eine höhere Neumiete die finanziellen Vorteile einer Verkleinerung verringert.

Literaturverzeichnis

Baldenius, Till, Sebastian Kohl und Moritz Schularick, Die neue Wohnungsfrage – Gewinner und Verlierer des deutschen Immobilienbooms, Bonn 2019.

Arbeitskreis der Oberen Gutachterausschüsse (AK OGA), Immobilienmarktbericht Deutschland 2021, Oldenburg 2023.

Architektenkammer Rheinland-Pfalz, Städtetag Rheinland-Pfalz, Gemeinde- und Städtebund Rheinland-Pfalz, Landkreistag Rheinland-Pfalz, Mehr Konzept – Orientierungshilfe zur Vergabe öffentlicher Grundstücke nach Konzeptqualität, Mainz 2019.

Arge e. V. Arbeitsgemeinschaft für zeitgemäßes Bauen e. V., Wohnungsbau 2024 in Deutschland: Kosten – Bedarf – Standards, Kiel 2024.

BBR – Bundesamt für Bauwesen und Raumordnung (BBR) (Hrsg.), Transaktionen großer Wohnungsportfolios in Deutschland, BBR-Berichte KOMPAKT 1 / 2008, Bonn 2008.

BBSR – Bundesinstitut für Bau-, Stadt- und Raumforschung (Hrsg.), Transaktionen großer Wohnungsbestände 2011, BBSR-Analysen KOMPAKT 6 / 2012, Bonn 2012.

BBSR – Bundesinstitut für Bau-, Stadt- und Raumforschung (Hrsg.), Künftige Wohnungsleerstände in Deutschland – Regionale Besonderheiten und Auswirkungen, Bonn 2020.

BBSR – Bundesinstitut für Bau-, Stadt- und Raumforschung (Hrsg.), Raumordnungsprognose 2040. Haushaltsprognose. BBSR-Analysen KOMPAKT 05/2021. Bonn 2021.

BBSR – Bundesinstitut für Bau-, Stadt- und Raumforschung (Hrsg.), (Autoren: J. Göddecke-Stellmann und A. Schürt), Kleinräumige Trends auf städtischen Mietwohnungsmärkten, BBSR-Analysen Kompakt 09/ 2022, Bonn 2022.

BBSR – Bundesinstitut für Bau-, Stadt- und Raumforschung, Wohngeld und Kosten der Unterkunft: Soziale Sicherung des Wohnens für Haushalte mit geringem Einkommen, Bonn 2023, verfügbar unter: https://www.bbsr.bund.de/BBSR/DE/forschung/fachbeitraege/gesellschaft/bezahlbares-wohnen /wohngeld-kdu/soziale-sicherung-des-wohnens.html), abgerufen am 14.12.2024.

BBSR – Bundesinstitut für Bau-, Stadt- und Raumforschung, BBSR-Datenbank Wohnungstransaktionen, Fachbeitrag 03.09.2024, Bonn 2024a, verfügbar unter: https://www.bbsr.bund.de/BBSR/DE/for schung/fachbeitraege/wohnen-immobilien/wohnungswirtschaft/DatenbankWohnungstransaktionen/ wohnungstransaktionen.html, abgerufen am 14.12.2024.

BBSR – Bundesinstitut für Bau-, Stadt- und Raumforschung, Mietpreisbremse und Kappungsgrenze: Wie die Regelungen in den Ländern umgesetzt werden, Fachbeitrag 13.12.2024, Bonn 2024b, verfügbar unter: https://www.bbsr.bund.de/BBSR/DE/forschung/fachbeitraege/wohnen-immobilien/mieten-preise/mietpreisbremse/01-start.html, abgerufen am 14.12.2024.

BBSR – Bundesinstitut für Bau-, Stadt- und Raumforschung, Bonn 2024c, verfügbar unter: https://www. bbsr.bund.de/BBSR/DE/startseite/topmeldungen/mietpreisbremse-2024.html, abgerufen am 30.12.2024.

BBSR – Bundesinstitut für Bau-, Stadt- und Raumforschung (Hrsg.), Raumordnungsprognose 2045, Bonn 2024d, verfügbar unter: https://www.bbsr.bund.de/BBSR/DE/forschung/fachbeitraege/raumentwick lung/raumordnungsprognose/rop/01-start.html, abgerufen am 30.12.2024.

BBSR – Bundesinstitut für Bau-, Stadt- und Raumforschung (Hrsg.), Immobilienmarktdaten 2023, Bonn 2024e, verfügbar unter: https://www.bbsr.bund.de/BBSR/DE/presse/presseinformationen/2024/immo bilienmarktdaten2023.html, abgerufen am 27.02.2025.

BBSR – Bundesinstitut für Bau-, Stadt- und Raumforschung (Hrsg.), Baufertigstellungen und Bauüberhang, Fachbeitrag vom 02.08.2024, Bonn 2024 f, verfügbar unter: https://www.bbsr.bund.de/ BBSR/DE/forschung/fachbeitraege/wohnen-immobilien/bautaetigkeit/wohnungsbaufertigstellungen/ wohnungsbaufertigstellungen.html, abgerufen am 27.02.2025.

BBSR – Bundesinstitut für Bau-, Stadt- und Raumforschung (Hrsg.), Zentrale Ergebnisse der BBSR-Wohnungsbedarfsprognose – Wohnungsneubaubedarfe bis 2030, Bonn 2025.

https://doi.org/10.1515/9783111033549-006

BMAS – Bundesministerium für Arbeit und Soziales, Ausmaß und Struktur von Wohnungslosigkeit, Der Wohnungslosenbericht 2022 des Bundesministeriums für Arbeit und Soziales, Bonn 2022, verfügbar unter: https://www.bmas.de/SharedDocs/Downloads/DE/Soziale-Sicherung/wohnungslosenbericht-2022.pdf?__blob=publicationFile&v=4, abgerufen am 20.04.2025.

BMWSB, QNG – Qualitätssiegel Nachhaltiges Gebäude, Berlin 2024, verfügbar unter: https://www.bmwsb.bund.de/Webs/BMWSB/DE/themen/bauen/bauwesen/qng/qng-node.html#:~:text=MitProzent20dem Prozent20QualitProzentC3ProzentA4tssiegelProzent20NachhaltigesProzent20GebProzentC3Prozen tA4ude,dieProzent20VergabeProzent20vonProzent20FProzentC3ProzentB6rdermittelnProzent20ge schaffen, abgerufen am 20.04.2025.

Brundtland-Bericht, Volker Hauff (Hrsg.), Unsere gemeinsame Zukunft: der Brundtland-Bericht der Weltkommission für Umwelt und Entwicklung, 1. Auflage, Greven 1987.

Bundesanstalt für Finanzdienstleistungsaufsicht (BaFin), Risiken im Fokus der BaFin 2024, Bonn 2024.

Bundesinstitut für Bevölkerungsforschung, Demografieportal, Wiesbaden 2023, verfügbar unter: https://www.demografie-portal.de/DE/Service/Impressum/Impressum.html, abgerufen am 14.09.2023.

Brauer, Kerry-U., Grundlagen der Immobilienwirtschaft, 7. Aufl., Wiesbaden 2010.

Bundeszentrale für politische Bildung, Wie verändert sich die Bevölkerung in Deutschland von 2018 bis 2060? Ergebnisse der 14. Bevölkerungsvorausberechnung des Statistischen Bundesamtes (Destatis), Bonn 2020, verfügbar unter: https://www.bpb.de/themen/bildung/dossier-bildung/253795/wie-veraendert-sich-die-bevoelkerung-in-deutschland-von-2018-bis-2060//, abgerufen am 14.09.2023.

Catella, Market Tracker Q3 2020, Zwischen Urbanisierung und Suburbanisierung – wo wohnen die Deutschen zukünftig? o.O. 2020.

CBRE, Rendite, Düsseldorf 2024, verfügbar unter: https://www.realestate.bnpparibas.de/dashboards/resi dential-dashboards, abgerufen am 27.04.2025

Colliers, Sozialwohnungen: Ein aussterbendes Gut, Frankfurt 2024, verfügbar unter: https://www.colliers. de/blog/sozialwohnungen-ein-aussterbendes-gut/, abgerufen am 14.12.2024.

Deutsche Energie-Agentur (Hrsg.) (dena, 2021), DENA-GEBÄUDEREPORT 2022. Zahlen, Daten, Fakten, Berlin 2021.

Deutsche Bundesbank, Der lang gedehnte Preisaufschwung bei Wohnimmobilien in Deutschland aus gesamtwirtschaftlicher Sicht: Wirkungskanäle und fundamentale Einflussfaktoren, Monatsbericht Oktober 2020, Frankfurt 2020, S. 67 –87.

Deutsche Bundesbank, Finanzmarktstabilitätsbericht 2023, Frankfurt 2023.

Deutsche Bundesbank, Makroprudenzielle Instrumente, Frankfurt 2024a, verfügbar unter: https://www. bundesbank.de/de/aufgaben/finanz-und-waehrungssystem/finanz-und-waehrungsstabilitaet/makro prudenzielle-instrumente/makroprudenzielle-instrumente-601952#:~:text=MakroprudenzielleProzen t20InstrumenteProzent20sindProzent20MaProzentC3Prozent9FnahmenProzent2CProzent20die,un dProzent20harteProzent20InstrumenteProzent20unterteiltProzent20werden, abgerufen am 16.04.2024.

Deutsche Bundesbank, Bruttoinlandsprodukt lange Zeitreihen ab 1950, Frankfurt 2024b, verfügbar unter: https://www.bundesbank.de/de/statistiken/indikatorensaetze/lange-zeitreihen/lange-zeitreihen -843330, abgerufen am 30.12.2024.

Deutsche Bundesbank, Effektivzinssätze für Wohnungsbaukredite an private Haushalte mit einer anfängliche Zinsbindung über 10 Jahre, Frankfurt 2024c, verfügbar unter: https://www.bundesbank. de/dynamic/action/de/statistiken/zeitreihen-datenbanken/zeitreihen-datenbank/759778/759778?lis tId=www_szista_ph3_neu, abgerufen am 30.12.2024.

Deutscher Bundestag, Wissenschaftliche Dienste, Die Entwicklung des Mietpreisrechts, Dokumentation WD 7-3000-063/21, Berlin 2021.

Deutscher Bundestag, Entwicklung des sozialen Wohnungsbaus, Drucksache 20/1824, Antwort der Bundesregierung auf die Kleine Anfrage der Fraktion Die Linke, Berlin 2022.

Deutscher Bundestag 2024, Schriftliche Frage mit den in der Woche vom 3. Juni 2024 eingegangenen Antworten der Bundesregierung – Frage Nr. 170, Antwort der Parlamentarischen Staatssekretärin Elisabeth Kaiser beim BMWSB, Drucksache 20/11712, Bundesministerium für Wohnen, Stadtentwicklung und Bauwesen, Berlin 2024.

Dr. Klein, Immobilienpreise 2024: Prognose zur Entwicklung in Deutschland, Lübeck 2024, verfügbar unter: https://www.drklein.de/immobilienpreise.html#:~:text=Laut Prozent20dem Prozent20EPX Prozent20mean Prozent20von,(Stand Prozent3A Prozent20Juni Prozent202024), abgerufen am 14.09.2024.

DZ HYP AG, Wohnimmobilienmarkt Deutschland 2024/25 – eine Assetklasse zwischen Chancen und Herausforderungen, Hamburg 2024.

Egner, Björn, Wohnungspolitik seit 1945, aus: Politik und Zeitgeschichte, Bonn 2023, verfügbar unter: https://www.bpb.de/shop/zeitschriften/apuz/183442/wohnungspolitik-seit-1945/, abgerufen am 14.09.2023.

empirica AG, empirica-Preisdatenbank, Immobilienpreisindex 4/2021, Berlin 2021, verfügbar unter: https://www.empirica-institut.de/fileadmin/Redaktion/Publikationen_Referenzen/PDFs/Immobilienpreisindex_Q42021.pdf, abgerufen am 28.09.2024.

empirica AG, Mit zweierlei Maß messen! Zur Notwendigkeit unterschiedlicher Definitionen angespannter Wohnungsmärkte, empirica-Paper Nr. 264, Berlin 2022a.

empirica AG, Wohnungsmarktprognose 2022/23, empirica-Paper Nr. 263, Berlin 2022b.

empirica AG, Wohneigentum in Deutschland – Verbreitung, Freiräume, Vermögensvorsprung und Konsumwelten, Berlin 2022c.

empirica AG, empirica-Preisdatenbank Immobilienpreisindex 4/2021, Berlin 2022d.

empirica AG, CBRE-empirica-Leerstandsindex 2023, Berlin 2023, verfügbar unter: https://www.empirica-institut.de/thema/regionaldatenbank/jahres-werte-cbre-empirica-leerstandsindex-marktaktiv/, abgerufen am 16.07.2024.

empirica AG, Wohnungsnachfrageprognose 2024, Berlin 2024, verfügbar unter: http://institut.de/nachrichten/details/nachricht/wohnungsnachfrageprognose-2024/, abgerufen am 16.07.2024.

empirica regio, Der Zensus 2022 – Zurück auf Los? Berlin 2024a, verfügbar unter: https://www.empirica-regio.de/blog/240715_zensus_2022/, abgerufen am 16.07.2024.

empirica regio, Mietbelastung in Deutschland steigt immer weiter, Berlin 2024b, verfügbar unter: https://www.empirica-regio.de/blog/240124_mietbelastung/, abgerufen am 16.09.2024.

empirica regio, Bestandsmieten steigen moderat und damit langsamer als Angebotsmieten, Berlin 2024c, verfügbar unter: https://www.empirica-regio.de/blog/241219_bestandsmieten_2024/, abgerufen am 19.12.2024.

Europäische Parlament, Europäische Geldpolitik, Berlin 2024, verfügbar unter: https://www.europarl.europa.eu/factsheets/de/sheet/86/europaische-geldpolitik#:~:text=Das Prozent20vorrangige Prozent20 geldpolitische Prozent20Instrument Prozent20der,der Prozent20Einlagefazilit Prozent C3 Prozent A4t Prozent20und Prozent20der Prozent20Spitzenrefinanzierungssatz, abgerufen am 04.12.2024.

Fölsing, Ulla, Euphorie und Panik, in: Frankfurter Allgemeine Zeitung, Frankfurt 2017, Besprechung vom 26.06.2017.

FRED – Federal Reserve Bank of St. Louis, Economic Data, Central Bank Assets for Euro Area, St. Louis 2024, verfügbar unter: https://fred.stlouisfed.org/series/ECBASSETSW#, abgerufen am 30.12.2024.

Gabler Wirtschaftslexikon, Geldpolitik, Wiesbaden 2024, verfügbar unter: https://wirtschaftslexikon.gabler.de/definition/geldpolitik-34043/version-257558, abgerufen am 14.09.2024.

GEWOS Institut für Stadt-, Regional- und Wohnforschung GmbH, Pressemitteilung, Handel mit Wohnbauland fällt auf Allzeittief, Hamburg 2024, verfügbar unter: https://gewos.de/wp-content/uploads/sites/16/2024/07/GEWOS-Pressemitteilung-IMA-2024_20240718.pdf, abgerufen am 05.08.2024.

Gondring, Hanspeter, Immobilienwirtschaft, Handbuch für Studium und Praxis, 3. Aufl., München 2013.

Henger, Ralph, Kapitel 9 Wohnimmobilien, in: Frühjahrsgutachten Immobilienwirtschaft 2025 des Rates der Immobilienweisen, Berlin 2025, S. 227 – 258.

IBA, Sondierungspapier „Wohnungsbau und öffentliche Förderung", Berlin 2020, verfügbar unter: https://www.stadtentwicklung.berlin.de/staedtebau/baukultur/iba/download/studien/IBA-Studie_Wohnungsbau.pdf, abgerufen am 04.12.2023.

IW – Institut der deutschen Wirtschaft, Es geht auch günstiger: Vorbild Niederlande, IW-Kurzbericht 60/2018, Köln 2018.

IW – Institut der deutschen Wirtschaft, Mieten, Modernisierungen und Mieterstruktur – Vermietergruppen in Großstädten im Vergleich, IW-Report 12/19, Köln 2019a.

IW – Institut der deutschen Wirtschaft, Ist der Wohnungsbau auf dem richtigen Weg? IW-Report 26/19, Köln 2019b.

IW – Institut der deutschen Wirtschaft, Der Zugang zu Wohneigentum wird weiter erschwert, IW-Kurzbericht 20/2020, Köln 2020.

IW – Institut der deutschen Wirtschaft, Mögliche Entwicklungen des Fachkräfteangebots bis zum Jahr 2040. IW-Report 11/2021, Köln 2021a.

IW – Institut der deutschen Wirtschaft, Weiterhin hohe Wohnungsbedarfe – vor allem in Großstädten, IW-Gutachten, Köln 2021b.

IW – Institut der deutschen Wirtschaft, Wohneigentumspuzzle, IW-Kurzbericht 17/2022, Köln 2022.

IW – Institut der deutschen Wirtschaft, Wie groß ist der Bedarf an neuen Sozialwohnungen, IW-Kurzbericht 87/2023, Köln 2023.

IW – Institut der deutschen Wirtschaft, Sozialwohnungen Bedarf, Köln 2024a, verfügbar unter: https://www.iwd.de/artikel/sozialwohnungen-bauen-im-blindflug-606819/, abgerufen am 14.09.2024.

IW – Institut der deutschen Wirtschaft, Zunehmende Marktanspannung in vielen Großstädten. Aktuelle Ergebnisse des IW-Wohnungsbedarfsmodells, IW-Report Nr. 39, Köln 2024b.

IW – Institut der deutschen Wirtschaft, Wo sich die Menschen in Deutschland am meisten leisten können, Köln 2024c, verfügbar unter: https://www.iwd.de/artikel/wo-sich-die-menschen-in-deutschland-am-meisten-leisten-koennen-639903/?utm_source=nl&utm_medium=email&utm_campaign=kw52-2024&utm_content=kaufkraft-deutschland-regionalvergleich, abgerufen am 30.12.2024.

IW – Institut der deutschen Wirtschaft, iwd, Der Informationsdienst des Instituts der deutschen Wirtschaft, IW-Erschwinglichkeitsindex, Köln 2025, verfügbar unter: https://www.iwd.de/artikel/wohneigentum-nicht-teurer-als-frueher-612736/, abgerufen am 27.04.2025.

InWIS, Berufliche Bildung und Personalentwicklung in der Wohnungs- und Immobilienwirtschaft 2019/2020 – Ergebnisse einer Branchenbefragung, Bochum 2020.

Jones Lang LaSalle, Wohnimmobilieninvestmentmarkt, Frankfurt verschiedene Jahrgänge, verfügbar unter: https://www.jll.de/de/presse/wohninvestmentmarkt-uebertrifft-die-erwartungen-um-ein-vielfaches.

Jones Lang LaSalle, Deutsche Mietwohnungsmärkte in Negativspirale gefangen, Frankfurt 2024, verfügbar unter: https://www.jll.de/de/presse/Deutsche-Mietwohnungsmaerkte-in-Negativspirale-gefangen, abgerufen am 20.12.2024.

Just, Tobias, Demografie und Immobilien, Oldenbourg Wissenschaftsverlag, Berlin 2013.

Just, Tobias, Wohnen in Deutschland: relativ teuer, aber die Gründe sind vielschichtig, Standpunkt 138, Regensburg 2024.

Kaltenbrunner, Robert, M. Waltersbacher, Besonderheiten und Perspektiven der Wohnsituation in Deutschland, aus: Politik und Zeitgeschichte, Bonn 2023, verfügbar unter: https://www.bpb.de/shop/zeitschriften/apuz/183439/besonderheiten-und-perspektiven-der-wohnsituation-in-deutschland/, abgerufen am 14.09.2023.

LBS, Markt für Wohnimmobilien 2024, Berlin 2024.

UWS Umweltmanagement GmbH, Katalog der Nutzungsarten im Liegenschaftskataster und ihrer Begriffsbestimmungen (Nutzungsartenkatalog NRW), Kevelaer 2024.

Neyer, Ulrike, Erfolgreicher Euro, aber eine Geldpolitik mit Schwächen, Bonn 2023, verfügbar unter: https://www.bpb.de/themen/wirtschaft/europa-wirtschaft/518159/erfolgreicher-euro-aber-eine-geldpolitik-mit-schwaechen/, abgerufen am 16.04.2024.

Petsch, Joachim, Zum Wohnungsbau der 50er Jahre in der Bundesrepublik Deutschland, Weimar 2007, verfügbar unter: http://e-pub.uni-weimar.de/opus4/frontdoor/index/index/docId/948, abgerufen am 30.09.2024.

Pflegemarkt.com, Anzahl und Statistik Betreutes Wohnen und Service Living, Hamburg 2024, verfügbar unter: https://www.pflegemarkt.com/fachartikel/analyse-betreutes-wohnen-zahlen-daten/#, abgerufen am 03.12.2024.

Quality Services & Wissen GmbH, Künstliche Intelligenz (KI) und Digitalisierung, Frankfurt 2024, verfügbar unter: https://www.quality.de/qm-magazin/ki-und-digitalisierung/#:~:text=DigitalisierungProzent20beziehtProzent20sichProzent20aufProzent20den,treffenProzent20undProzent20EntscheidungenProzent20zuProzent20treffen.abgerufen am 27.05.2024

Rat der Immobilienweisen, Jahresgutachten für die Immobilienwirtschaft, verschiedene Jahrgänge.

Real I.S., Megatrend Demografischer Wandel: Assetklasse mit viel Potential – der Markt für Betreutes Wohnen in Deutschland, München 2024, verfügbar unter: https://www.realisag.de/research/research-news/megatrend-demografischer-wandel-assetklasse-mit-viel-potential-der-markt-fuer-betreutes-wohnen-in-deutschland/, abgerufen am 03.12.2024.

Ringwald, Jonas, Sozialer Wohnungsbau im Kontext deutscher Wohnungspolitik seit 1918: Einflussfaktoren auf die Neubautätigkeit im sozialen Wohnungsbau. Freiburg im Breisgau 2020. Verfügbar unter: https://nbn-resolving.org/urn:nbn:de:0168-ssoar-67924-9, abgerufen am 29.11.2023.

Rink, Dieter und Annegret Haase, Tim Leibert, Manuel Wolff, COVID-19 als Ursache temporärer Schrumpfung: Zur Einwohnerentwicklung der 15 größten deutschen Städte im Jahr 2021, UFZ Discussion Papers, Department Stadt- und Umweltsoziologie 5/2022, Leipzig 2022.

RND, 23. August 2020, Bezahlbarer Wohnraum: Institut sieht Bedarf für Hunderttausende Sozialwohnungen, Hannover 2020, verfügbar unter: https://www.rnd.de/wirtschaft/bezahlbarer-wohnraum-institut-sieht-bedarf-fur-hunderttausende-sozialwohnungen-4TOTN32PNPXWVLUGB42HFW5LHQ.html, abgerufen am 20.12.2024.

Rottke, Nico und Michael Voigtländer (Hrsg.), Immobilienwirtschaftslehre, Bd. I, Management, Köln 2011.

Rottke, Nico und Matthias Thomas (Hrsg.), Immobilienwirtschaftslehre, Bd. II, Ökonomie, Köln 2012.

S&P/Case-Shiller, U. S. National Home Price Index, St. Louis 2024, verfügbar unter: https://fred.stlouisfed.org/series/CSUSHPINSA, abgerufen am 30.12.2024.

Sachverständigenrat zur Begutachtung der gesamtwirtschaftlichen Entwicklung, Jahresgutachten 2022/23, Kapitel 2 Inflation und Geldpolitik, Wiesbaden 2022.

Sachverständigenrat zur Begutachtung der gesamtwirtschaftlichen Entwicklung, Jahresgutachten 2024/25, Kapitel 4 Wohnen in Deutschland, Wiesbaden 2024.

Savills, Der Markt für Pflegeimmobilien, Frankfurt 2022, verfügbar unter: https://www.savills.de/research_articles/260049/329933-0, abgerufen am 03.12.2024.

Savills, Wohnungsmarkt Deutschland, Eigentümerstruktur am Wohnungsmarkt – März 2019, Frankfurt 2023, verfügbar unter: https://pdf.euro.savills.co.uk/germany-research/ger-2019/spotlight-eigentumerstruktur-am-wohnungsmarkt.pdf, abgerufen am 31.09.2023.

Savills, Wohnimmobilienmarkt Deutschland, Markets in Minutes, Januar 2025, Frankfurt 2025, verfügbar unter: https://www.savills.de/research_articles/260049/366978-0, abgerufen am 29.01.2025.

Schulte, Karl-Werner (Hrsg.), Immobilienökonomie, Bd. 4, Volkswirtschaftliche Grundlagen, München 2008.

Statistische Ämter des Bundes und der Länder, Gebäude- und Wohnungsbestand in Deutschland, Zensus 2011, Hannover 2015.

Statistische Ämter des Bundes und der Länder, Wohnen in Deutschland – Ergebnisse aus dem Zusatzprogramm des Mikrozensus, Wiesbaden 2024, verfügbar unter: https://www.statistikportal.de/de/veroeffentlichungen/wohnen-deutschland, abgerufen am 26.12.2024.

Statistisches Bundesamt, Fast 6 Mio. ältere Menschen leben allein, Wiesbaden 2021, verfügbar unter: https://www.destatis.de/DE/Presse/Pressemitteilungen/2021/09/PD21_N057_12411.html, abgerufen am 26.11.2024.

Statistisches Bundesamt, Bevölkerungsentwicklung, Wiesbaden 2022a, verfügbar unter: https://www-genesis.destatis.de/genesis/online?operation=statistic&levelindex=0&levelid=1643198366724&code=12421#abreadcrumb, abgerufen am 26.01.2022.

Statistisches Bundesamt, Wohnungsbestand Ende 2021: 43,1 Mio. Wohnungen, Wiesbaden 2022b, verfügbar unter: https://www.destatis.de/DE/Presse/Pressemitteilungen/2022/07/PD22_318_31231.html, abgerufen am 29.07.2022.

Statistisches Bundesamt, Wohnkosten: 10,7 Prozent der Bevölkerung galten 2021 als überbelastet, Wiesbaden 2022c, verfügbar unter: https://www.destatis.de/DE/Presse/Pressemitteilungen/2022/08/PD22_N054_61.html, abgerufen am 26.11.2024.

Statistisches Bundesamt, Zahl der mindestens Hundertjährigen im Jahr 2021 auf neuem Höchststand, Wiesbaden 2022d, verfügbar unter: https://www.destatis.de/DE/Presse/Pressemitteilungen/Zahl-der-Woche/2022/PD22_28_p002.html, abgerufen am 02.12.2024.

Statistisches Bundesamt, 5 Mio. Pflegebedürftige zum Jahresende 2021, Wiesbaden 2022e, verfügbar unter: https://www.destatis.de/DE/Presse/Pressemitteilungen/2022/12/PD22_554_224.html, abgerufen am 03.12.2024.

Statistisches Bundesamt, 2035 werden in Deutschland 4 Mio. mehr ab 67-Jährige leben. Wiesbaden 2022f, verfügbar unter: https://www.destatis.de/DE/Presse/Pressemitteilungen/2022/12/PD22_511_124.html, abgerufen am 03.12.2024.

Statistisches Bundesamt, Bruttoinlandsprodukt, Wiesbaden 2023a, verfügbar unter: https://www.destatis.de/DE/ZahlenFakten/GesamtwirtschaftUmwelt/VGR/VolkswirtschaftlicheGesamtrechnungen.html, abgerufen am 26.01.2024.

Statistisches Bundesamt, Bevölkerungsprognose, Wiesbaden, 2023b, verfügbar unter: https://www.destatis.de/DE/Themen/Gesellschaft-Umwelt/Bevoelkerung/Bevoelkerungsvorausberechnung/begleitheft.html?nn=238640#ausgangssituation, abgerufen am 26.01.2024.

Statistisches Bundesamt, 43,4 Mio. Wohnungen in Deutschland zum Jahresende 2022, Wiesbaden 2023c, verfügbar unter: https://www.destatis.de/DE/Presse/Pressemitteilungen/2023/07/PD23_297_31231.html, abgerufen am 13.09.2023.

Statistisches Bundesamt, In nahezu jedem dritten Haushalt in Deutschland leben ältere Menschen, Wiesbaden 2023d, verfügbar unter: https://www.destatis.de/DE/Presse/Pressemitteilungen/2023/09/PD23_N051_12.html, abgerufen am 20.12.2024.

Statistisches Bundesamt, Zukünftige Bevölkerungsentwicklung, Wiesbaden 2023e, verfügbar unter: https://www.destatis.de/DE/Themen/Querschnitt/Demografischer-Wandel/Aspekte/demografie-bevoelkerungsentwicklung.html#:~:text=DieProzent20ZahlProzent20derProzent20MenschenProzent20imProzent20ErwerbsalterProzent20vonProzent2020Prozent20bisProzent2066,1Prozent2C6Prozent20Mio.Prozent20PersonenProzent20kommen, abgerufen am 13.01.2024.

Statistisches Bundesamt, Haushalte der Altersgruppe 65plus haben pro Kopf den meisten Wohnraum zur Verfügung, Wiesbaden 2023f, verfügbar unter: https://www.destatis.de/DE/Presse/Pressemitteilungen/2023/06/PD23_N035_12.html, abgerufen am 13.09.2024.

Statistisches Bundesamt, Anteil der Einpersonenhaushalte 2022 mit 41 Prozent mehr als doppelt so hoch wie 1950, Wiesbaden 2023g, verfügbar unter: https://www.destatis.de/DE/Presse/Pressemitteilungen/2023/06/PD23_N037_12_63.html, abgerufen am 13.09.2024.

Statistisches Bundesamt, Seit 1950 wurden in der Bundesrepublik Deutschland durchschnittlich 405 000 neue Wohnungen pro Jahr fertiggestellt, Wiesbaden 2023h, verfügbar unter: https://www.destatis.de/DE/Presse/Pressemitteilungen/2023/06/PD23_N041_31.html, abgerufen am 13.09.2024.

Statistisches Bundesamt, Haushalte wendeten 2022 durchschnittlich 27,8 Prozent ihres Einkommens für die Miete auf, Wiesbaden 2023i, verfügbar unter: https://www.destatis.de/DE/Presse/Pressemitteilungen/2023/03/PD23_129_12_63.html, abgerufen am 13.09.2024.

Statistisches Bundesamt, Weniger Abriss: 2022 fielen so wenige Wohnungen aus dem Bestand wie noch nie seit 1992, Wiesbaden 2023j, verfügbar unter: https://www.destatis.de/DE/Presse/Pressemitteilungen/2023/09/PD23_N050_311.html, abgerufen am 13.09.2024.

Statistisches Bundesamt, Flächennutzung, Wiesbaden 2024a, verfügbar unter: https://www.destatis.de/DE/Themen/Branchen-Unternehmen/Landwirtschaft-Forstwirtschaft-Fischerei/Flaechennutzung/Tabellen/anstieg-suv2.html, abgerufen am 15.06.2024.

Statistisches Bundesamt, 0,3 Prozent weniger fertiggestellte Wohnungen im Jahr 2023, Wiesbaden 2024b, verfügbar unter: https://www.destatis.de/DE/Presse/Pressemitteilungen/2024/05/PD24_203_31121.html, abgerufen am 13.09.2024.

Statistisches Bundesamt, 57 Prozent der Familien wohnen in den eigenen vier Wänden, Wiesbaden 2024c, verfügbar unter: https://www.zensus2022.de/DE/Aktuelles/PM_Zensus_2022_Ergebnisveroeffentlichung_Familien_in_den_eigenen_vier_Waenden.html, abgerufen am 30.08.2024.

Statistisches Bundesamt, Statistik untergebrachter wohnungsloser Personen, Wiesbaden 2024d, verfügbar unter: https://www.destatis.de/DE/Themen/Gesellschaft-Umwelt/Soziales/Wohnungslosigkeit/_inhalt.html, abgerufen am 30.11.2024.

Statistisches Bundesamt, Ältere Menschen, Wiesbaden 2024e, https://www.destatis.de/DE/Themen/Querschnitt/Demografischer-Wandel/Aeltere-Menschen/bevoelkerung-ab-65-j.html, abgerufen am 30.11.2024.

Statistisches Bundesamt, Barrierereduktion der Wohnung, Wiesbaden 2024f, verfügbar unter: https://www.destatis.de/DE/Themen/Gesellschaft-Umwelt/Wohnen/Tabellen/tabelle-wo11-barriererwohnung.html, abgerufen am 30.11.2024.

Statistisches Bundesamt, Sozialbericht 2024, Kapitel 6 Wohnen, Wiesbaden 2024g.

Statistisches Bundesamt, Abwanderung junger Menschen aus ostdeutschen Bundesländern hält an, Wiesbaden 2024h, verfügbar unter: https://www.destatis.de/DE/Presse/Pressemitteilungen/2024/10/PD24_N047_12.html, abgerufen am 30.12.2024.

Statistisches Bundesamt, Deutschland ist 35,8 Mio. Hektar groß, Wiesbaden 2024i, verfügbar unter: https://www.destatis.de/DE/Presse/Pressemitteilungen/2024/10/PD24_403_412.html, abgerufen am 23.01.2025.

Statistisches Bundesamt, Bevölkerung im Jahr 2024 um 100 000 Menschen gewachsen, Wiesbaden 2025a, verfügbar unter: https://www.destatis.de/DE/Presse/Pressemitteilungen/2025/01/PD25_030_124.html, abgerufen am 23.01.2025.

Statistisches Bundesamt, Wohnsituation privater Haushalte 2022 in Deutschland, Wiesbaden 2025b, verfügbar unter: https://www.destatis.de/DE/Themen/Gesellschaft-Umwelt/Wohnen/ergebnisse_zusatzprogramm.html#1343102, abgerufen am 23.01.2025.

Statistisches Bundesamt, Revision des Häuserpreisindex, Wiesbaden 2025c, verfügbar unter: https://www.destatis.de/DE/Themen/Wirtschaft/Preise/Baupreise-Immobilienpreisindex/Methoden/Erlaeuterungen/revision-hpi.html, abgerufen am 23.01.2025.

Statistisches Bundesamt, Preisindizes für Wohnimmobilien nach Kreistypen Wiesbaden 2025d, verfügbar unter: https://www.destatis.de/DE/Themen/Wirtschaft/Preise/Baupreise-Immobilienpreisindex/Tabellen/haeuserpreisindex-kreistypen.html, abgerufen am 23.04.2025.

Staub, Peter, u. a., Digital Real Estate – Bedeutung und Potenziale der Digitalisierung für Akteure der Immobilienwirtschaft, Zürich 2016.

Stiglitz, Joseph E., Symposium on Bubbles, in: The Journal of Economic Perspectives, Vol. 4, No. 2 (Spring, 1990), pp. 13–18, Published By: American Economic Association, Nashville USA.

taz, Nachhaltigkeit in der Baubranche, Berlin 2024, verfügbar unter: https://taz.de/Nachhaltigkeit-in-der-Baubranche/!5914328/, abgerufen am 19.03.2024.

Thomsen Stephan L., Daniel Vogt und Lars Brausewetter, Mietwohnungsknappheit in Deutschland: Ursachen, Instrumente, Implikationen, in: Wirtschaftsdienst, 100. Jahrgang, Heft 6, S. 461–467, Hamburg 2020.

UFZ Helmholtz Zentrum für Umweltforschung, Wohnungsleerstand in Deutschland. Welche Quote ist angemessen?, Dresden 2024, verfügbar unter: https://www.ufz.de/index.php?de=37252, abgerufen am 16.07.2024.

Umweltbundesamt, Dem Wohnraummangel ökologisch begegnen, Berlin 2024, verfügbar unter: https://www.umweltbundesamt.de/presse/pressemitteilungen/dem-wohnraummangel-oekologisch-begegnen, abgerufen am 02.04.2024.

UN Environment Programme: Who Cares Wins, o. O., 2022, verfügbar unter: Who Cares Wins: The Global Compact Connecting Financial Markets to a Changing World. Vereinten Nationen, abgerufen am 13. Juni 2023.

Union Investment, Servicewohnen für Senioren – Marktüberblick: Definitionen, Charakteristika, Angebotsstrukturen und Nachfrage in Deutschland, bearbeitet von bulwiengesa AG, Frankfurt 2021.

Verband deutscher Pfandbriefbanken (vdp), Finanzierung Wohnimmobilien, Berlin 2024, verfügbar unter: https://pfandbrief.de/site/de/vdp/immobilie/finanzierung_und_markt/finanzierung_wohnimmobilien.html, abgerufen am 01.12.2024.

Verband deutscher Pfandbriefbanken (vdp), vdp-Immobilienpreisindex, Berlin 2025, verfügbar unter: http://pfandbrief.de/cms/_internet.nsf/tindex/de_86.htm, abgerufen am 27.04.2025.

Vornholz, Günter, Die Bedeutung der Natur in dem Ansatz der dauerhaften Entwicklung ('sustainable development'), Arbeitspapiere des Fachbereichs Wirtschaftswissenschaften Universität-Gesamthochschule, Paderborn 1991.

Vornholz, Günter, Zur Konzeption einer ökologisch tragfähigen Entwicklung (Dissertation), Marburg 1993.

Vornholz, Günter, The sustainable development approach, in: Intereconomics, Vol. 29, Iss. 4, Seite 194 – 198, Baden-Baden 1994, verfügbar unter: https://doi.org/10.1007/BF029264381994, abgerufen am 04.12.2023.

Vornholz, Günter, Majer, H., Sustainable Development – Zur Konzeption einer ökologisch tragfähigen Entwicklung, in: WISU, Nr. 7/1994, S. 626 –632, Düsseldorf 1994.

Vornholz, Günter, VWL für die Immobilienwirtschaft, 2. Auflage, München 2014.

Vornholz, Günter, Internationale Immobilienökonomie – Globalisierung der Immobilienwirtschaft, München 2015a.

Vornholz, Günter, Graue Wohnungsnot, in: Die Wohnungswirtschaft, 68. Jg., Nr. 11/2015, Hamburg 2015b, S. 45 –47.

Vornholz, Günter, Preisblasen auf Immobilienmärkten, in: Zeitschrift für Immobilienwirtschaftliche Forschung und Praxis vom 22.02.2016, Nr. 30, S. 4 –12.

Vornholz, Günter, Entwicklungen und Megatrends der Immobilienwirtschaft, 3. grundlegend überarbeitete und aktualisierte Auflage, München 2017.

Vornholz, Günter, Digitalisierung der Immobilienwirtschaft, 2. Auflage, München 2021.

Vornholz, Günter, Der Immobilien-Investmentmarkt – Relevante Werttreiber und Perspektiven, Wiesbaden 2022a.

Vornholz, Günter, Immobilien und die demografische Entwicklung, in: WISU das wirtschaftsstudium, Nr. 6/22 vom 04.07.2022, S. 700 –705, Düsseldorf 2022b.

Vornholz, Günter, Die Geschichte der Immobilienwirtschaft in Deutschland, Institut für ImmobilienÖkonomie, Bd. 1 der Schriftenreihe, Lüdinghausen 2023, verfügbar unter: https://www.immobilienresearch-vornholz.de/schriftenreihe/, abgerufen am 28.12.2023.

Wirtschaftsfaktor Immobilien 2009 – Die Immobilienmärkte aus gesamtwirtschaftlicher Perspektive, Deutscher Verband für Wohnungswesen, Städtebau und Raumordnung e. V. (DV) und Gesellschaft für Immobilienwirtschaftliche Forschung e. V. (gif), Berlin 2009.

Wirtschaftsfaktor Immobilien 2013 – Gesamtwirtschaftliche Bedeutung der Immobilienwirtschaft, Hrsg. Deutscher Verband für Wohnungswesen, Städtebau und Raumforschung e. V. (DV) und Gesellschaft für Immobilienwirtschaftliche Forschung, Berlin 2013.

Wirtschaftsfaktor Immobilien 2017, Gutachten für den Deutschen Verband für Wohnungswesen, Städtebau und Raumordnung e. V. und die Gesellschaft für Immobilienwirtschaftliche Forschung e. V., Berlin 2017.

Zentrale Immobilien Ausschuss (ZIA), Die Bedeutung der Immobilienwirtschaft in Zahlen, Berlin 2021, verfügbar unter: https://www.zia-deutschland.de/fileadmin/Redaktion/Marktdaten/PDF/Bedeutung_der_Immobilienwirtschaft_in_Zahlen.pdf, abgerufen am 28.08.2021.

Zentraler Immobilien Ausschuss (ZIA), Frühjahrsgutachten Immobilienwirtschaft 2022 des Rates der Immobilienweisen, Berlin 2022.

ZIA/EY Real Estate, Digitalisierungsstudie 2023: Digitalisierung in der Immobilienbranche: Stockt der Fortschritt? Berlin 2023.

Abbildungs- und Tabellenverzeichnis

Abb. 2.1	Bauinvestitionen in Deutschland	8
Abb. 2.2	Umsatzentwicklung	9
Abb. 2.3	Bruttowertschöpfung	10
Abb. 2.4	Anzahl der Unternehmen	11
Abb. 2.5	Wohnungsbaukredite an private Haushalte	12
Abb. 2.6	Anbieterstruktur auf dem deutschen Wohnungsmarkt	14
Abb. 3.1	Bevölkerungsentwicklung	36
Abb. 3.2	Haushaltsentwicklung	42
Abb. 3.3	Ausländer / Bevölkerung mit Migrationshintergrund	50
Abb. 3.4	Erwerbspersonenpotenzial	53
Abb. 3.5	Bruttoinlandsprodukt in Deutschland	57
Abb. 3.6	Entwicklung des Haushaltsbrutto- und –nettoeinkommens	58
Abb. 3.7	Finanzmärkte und Immobilienmärkte	65
Abb. 3.8	Inflationsrate in Deutschland	68
Abb. 3.9	EZB-Zinsen: Hauptrefinanzierungssatz	73
Abb. 3.10	EZB-Zentralbankaktiva	76
Abb. 3.11	Entwicklung der Hypothekenzinsen	79
Abb. 3.12	Flexibler Wechselkurs	86
Abb. 3.13	Sustainable Development	89
Abb. 3.14	Nachhaltigkeit ist mehr als Green Building	94
Abb. 3.15	Definitionen von Digitalisierung	98
Abb. 3.16	Ausgewählte Technologien der Digitalisierung	100
Abb. 3.17	Digitalisierung und Wohnungsimmobilien	102
Abb. 3.18	Intelligentes Wohnen	108
Abb. 4.1	Wohnungsmärkte nach dem Lebenszyklus	118
Abb. 4.2	Einflussfaktoren Wohnungsmarkt	120
Abb. 4.3	Prognose Wohnungsbedarf in Deutschland (IW-Modell)	127
Abb. 4.4	Prognose Wohnungsbedarf in Deutschland (empirica-Modell)	128
Abb. 4.5	Transaktionen mit Baugrundstücken für Eigenheime	134
Abb. 4.6	Preise von Eigenheimbaugrundstücken	136
Abb. 4.7	Bestand an Gebäuden und Wohnungen in Wohngebäuden	141
Abb. 4.8	Anteil der Bevölkerung, der zur Miete wohnt	147
Abb. 4.9	Gebäudegrößen nach Anzahl der Wohnungen in einem Gebäude	148
Abb. 4.10	Baujahr der Gebäude und Wohnungen	149
Abb. 4.11	Wohnungsgröße	152
Abb. 4.12	Wohnfläche in Quadratmetern in Wohngebäuden	154
Abb. 4.13	Durchschnittliche Wohnfläche pro Kopf 2022	156
Abb. 4.14	Durchschnittliche Wohnfläche pro Kopf nach Eigentumsverhältnis und Alter	157
Abb. 4.15	Wohnungsbestand mit Räumen	158
Abb. 4.16	Fertigstellungen von Wohnungen	161
Abb. 4.17	Struktur der fertiggestellten Wohnungen	162
Abb. 4.18	Fertigstellungen von Wohnungen nach Bauherren (ausgewählte)	165
Abb. 4.19	Bauüberhang	167
Abb. 4.20	Entwicklung der Baukosten	169
Abb. 4.21	Vermietungsmärkte	173
Abb. 4.22	Mietstruktur nach Zensus 2022	178
Abb. 4.23	Mietentwicklung in Deutschland	179

Abb. 4.24 Mietentwicklung in Deutschland – Deutsche Bundesbank —— 181
Abb. 4.25 Mietentwicklung in Deutschland – empirica AG —— 181
Abb. 4.26 Dauer des Leerstands —— 187
Abb. 4.27 Leerstand in Deutschland – empirica regio —— 188
Abb. 4.28 Leerstand in Deutschland – CBRE-empirica-Leerstandsindex —— 189
Abb. 4.29 Wohnimmobilienzyklus —— 202
Abb. 4.30 Abgang von Gebäuden und Wohnungen —— 205
Abb. 4.31 Der Wohnimmobilien-Investmentmarkt —— 206
Abb. 4.32 Wohnimmobilien-Investmentmarkt —— 209
Abb. 4.33 Typologie von Immobilieninvestoren —— 210
Abb. 4.34 Entwicklung des Wohnimmobilien-Investmentmarktes —— 215
Abb. 4.35 Transaktionsvolumen am Investmentmarkt für Wohnobjekte und -portfolios in Deutschland —— 217
Abb. 4.36 Hauspreise – lange Reihe —— 221
Abb. 4.37 Hauspreisentwicklung —— 223
Abb. 4.38 Hauspreisentwicklung – empirica AG —— 224
Abb. 4.39 Hauspreisentwicklung – vdp —— 224
Abb. 4.40 Renditeentwicklung —— 225
Abb. 4.41 Vervielfacher / Faktor für Mehrfamilienhäuser —— 226
Abb. 4.42 Schematische Darstellung der Entwicklung eines Wohnimmobilien-Investmentmarktzyklus —— 227
Abb. 4.43 U. S. National Home Price Index —— 230
Abb. 4.44 Ursachen einer Immobilienpreisblase —— 233
Abb. 4.45 Immobilienpreisentwicklung —— 240
Abb. 4.46 Erschwinglichkeit —— 242
Abb. 4.47 Immobilienpreis und fundamentaler Preis —— 244
Abb. 4.48 Mietentwicklung und Inflationsraten —— 251
Abb. 4.49 Preisentwicklung und Inflationsraten —— 253
Abb. 4.50 Wohneigentumsquote 1978 bis 2018 —— 257
Abb. 4.51 Bestand an Sozialwohnungen in Deutschland —— 273
Abb. 4.52 Neubau und Bedarf von Sozialwohnungen in Deutschland —— 275
Abb. 4.53 Wohnungslosigkeit in Deutschland —— 278
Abb. 4.54 Entwicklung der älteren Bevölkerungsgruppe —— 283
Abb. 4.55 Entwicklung der älteren Bevölkerung verschiedener Altersklassen —— 284
Abb. 4.56 Pflegebedürftige in Deutschland —— 292
Abb. 5.1 Leerstand in den Bundesländern —— 307
Abb. 5.2 Baukostenanstieg und Effekte auf die Baugenehmigungen —— 312
Abb. 5.3 Zinsanstieg und Effekte auf die Baugenehmigungen —— 313
Abb. 5.4 Abstand zwischen Bestands- und Neumieten —— 322

Tab. 3.1 Dimensionen der Nachhaltigkeit im Lebenszyklus von Wohnimmobilien —— 91
Tab. 3.2 Auswirkungen der Digitalisierung auf die Wohnungswirtschaft —— 101

Register

Abwicklungsdauer 163
Agrarland 132
Altersgerechtes Wohnen 281
Anlagevermögen 6
Arbeitskräfteangebot 54
Asset Backed Securities 303
Assetklasse 213
Aufbau Ost 301
Außenentwicklung 315

Babyboomer 52
Bau- und Planungsrecht 20
Bauabgang 124, 174
Bauart 149
Baugenehmigungen 159, 163, 166, 172, 312, 316
Baugrundstücke 134
Bauinvestitionen 7, 164, 265
Baukindergeld 298
Baukosten 168
– Baukostenindex 168
– Baupreisindex 168
Bauland 314
Baulandpreise 136
Baumobilisierungsgesetz 198
baureifes Land 132
Bauträger 159
Bauüberhang 135, 165
Bauweise 149
BBSR 44, 54, 123, 217
Bebauungspflicht 315
Belegungsbindung 270
Bestandsmieten 27, 323
Betongold 249
BFW 30
Bodenfläche 131
Branchenumsatz 8
Bruttoinlandsprodukt 56, 60
Bundesministerium für Wohnen u. a. 19
Bundesverband deutscher Wohnungs- und Immobilienunternehmen (GdW) 14, 29, 182, 189

Corona-Pandemie 57, 75, 306
Corporate Social Responsibility (CSR) 92

Datenquellen 176
DDR-Wohnungspolitik 49, 295, 299, 301

Definitionen 3
– Grundstücks- und Wohnungswesen 3
– Wohngebäude 118, 139
– Wohnimmobilien 4
– Wohnung 139
– Wohnungsmarkt 4, 116
– Wohnungspolitik 4
– Wohnungswesen 3
– Wohnungswirtschaft 3
Demografische Entwicklung
– Altersstruktur 51
– Ausländer 50
– Babyboomer 52
– Binnenmigration 301
– Fertilität 40
– Hochaltrige 285
– Lebenszykluseffekt 55
– Migration 40, 49
– Mortalität 40
– Potenziell Erwerbstätige 52
– regionale Effekte 45
– Urbanisierung 45
Deutsche Einheit 301
Deutsche Mieterbund 32
Devisenmarkt 84
Digitalisierung
– Ambient Assisted Living 109
– Augmented Reality 101
– Big Data 106
– BIM 105
– Chancen 110
– Cloud-Computing 100
– Data Science 100, 104, 106
– Definitionen 98
– disruptive Entwicklung 99
– Geschäftsmodelle 102
– Geschäftsprozesse 103
– Intelligentes Wohnen 102
– Kommunikation 104
– Künstliche Intelligenz 100
– Mobile Computing 100
– Plattformen 101
– Portale 101
– Projektentwicklung 105
– PropTechs 103
– Risiken 111
– Smart House 108

- Smart Living 109
- Stufen der Entwicklung 99
- Technologie 100
- Virtual Reality 101
DIN 317
Dotcom 302–303

Eigenheimzulage 302
Eigentümerhaushalte 156
Eigentümerquote 255
Eigentumsform 142
Eigentumsquote 255
Eigentumsrechte 20
Einkommen 58
empirica AG 187
Ersatzbedarf 124, 126
EZB 304

Faktor 212
Fertigstellungen 166, 174
financial assets 66
Finanzmarkt 63
- Deregulierung 64
- Globalisierung 64
- volkswirtschaftliche Funktion 66
Flächenumsatz 175
Fluktuationsreserve 124
Föderalismusreform 272
Fortschreibung des Bestandes 140, 148, 154

Gebäude- und Wohnungszählung GWZ 139
Gebäudeart 149
- Ein- und Zweifamilienhäuser 166
- Mehrfamilienhäuser 166
Gebäudegröße 147
Geflüchtete 37, 129, 189–190, 278–279
Geldpolitik 213
- Auswirkungen 78
- Betongold 249
- Finanzierung 82
- Makroprudenzielle Instrumente 76
- Maßnahmen 72
- Quantitative Easing 74
- Strategie 71
- Wohnungsmärkte 80
- Ziel 71
Gewerbliche Anbieter 15
- Öffentliche Wohnungsunternehmen 17
- Private Wohnungsunternehmen 16

- Wohnungsgenossenschaften 18
Gläubiger-Schuldner-Hypothese 254
Globalisierung 112, 218
Greenwashing 29–30, 97
Grunderwerbsteuer 25, 136, 208, 258
Grundsteuer 26
- Grundsteuer C 26
Grundstück 132
Grundstücks- und Wohnungswesen 3
Gutachterausschüsse 134

Hauseigentum 257
Haushalte 13, 15, 41, 43, 84, 114, 153, 155, 174, 200
Haushaltsentwicklung 43
Haushaltsgrößen 44
Hauspreisindex 222
Hochaltrige 285
Homeoffice 109

Immobilienbestand 208
- Umsatz 216
Immobilienblasen
- Erwartungen 238
- Herdentrieb 238
- Indikatoren 239
- Price-Rent-Ratio 241
- Verhaltensweisen 237
Immobilienfinanzierung 63
Immobilien-Investmentmarkt 206, 226
- Angebot 209
- Asset 113
- Asset-Deal 208
- Definitionen 207
- Faktor 212, 226
- Globalisierung 113
- institutionelle Investoren 207
- Investmentzyklus 227
- Nachfrage 209
- Preise 210, 220
- Private Käufer 207, 211
- Rendite 211
- Share-Deal 208
- Umsatz 209
Immobilienpreisblase 230
- Ursachen 233
  - finanzwirtschaftliche 235
  - psychologische 237
  - realwirtschaftliche 234
Immobilienwirtschaft i. e. S. 5

Immobilienwirtschaft i.w.S. 5
Inflation 67, 163, 213, 247, 312
- Folgen 69
- Gläubiger-Schuldner-These 69
- Inflationsrate 67
- Ursachen 68
Innenentwicklung 314
Insider 28, 133, 177, 228, 322
Investmentmarkt 119
Investmentmarktzyklus
- Boom 228
- exogener Schock 227
- Manie 228
- Panik 229
- Umschwung 228
- USA 229
IVD-Bundesverband (IVD) 31

Kappungsgrenze 21, 27, 197
Kaufkraft 59, 67
Klimawandel 87
Kohorteneffekt 56
Kosten der Unterkunft 276
Kosten der Unterkunft KdU 23, 302
Kredite 11
Kündigungsschutz 197

Lebenszyklus 113
Leerstand 48, 124, 126, 175, 183, 265, 307
- CBRE-empirica-Index 188
- Leerstandsquote 48, 126, 175, 183
Liberalisierung 298
Liquidität und Vermögen 213
Liquidity Hurricane 213, 227, 236
Lock-in 323

Mietabstand 176–177, 198, 322, 325
Mietbelastung 27, 129, 178, 191, 193
Mieten 175
- Bruttokaltmieten 176, 178
- Bruttowarmmieten 178
- Indexmiete 252
- Nettokaltmieten 175, 178
- Wohnkosten 178
Mietendeckel 28
Mieterhaushalte 156
Mietpreisbindung 273
Mietpreisbremse 21, 27, 197

Mietpreisregulierung 197
Mietrecht 21, 302
Mietrechtsverbesserungsgesetz 298
Mietspiegel 26
Migration 40, 47, 130, 172, 280
Mikrozensus 14, 43, 121, 145, 150, 152, 154, 156, 177, 179, 192, 255

Nachhaltigkeit
- Ökologie 89
- Ökonomie 90
- Bodenpolitik 137
- Brundtland-Bericht 88
- CSR 91
- Definition 87
- ESG 92
- Gerechtigkeit 88
- Green Building 94
- Green Lease 96
- Greenwashing 97
- Kritik 97
- NaWoh 95
- QNG 96
- Säulen der Nachhaltigkeit 89
- Soziales 90
- Taxonomie 93
- Zertifikate 93
Nachholbedarf 124, 126
Nachverdichtung 138, 314
Neumieten 27
New Work 60
Normen 317
Nutzermarkt 173

Objektförderung 24, 310
Öffentliche Wohnungsunternehmen 17
Outsider 28, 133, 177, 322

Plattenbau 300
Potenziell Erwerbstätige 52
Preisbindung 270
Preisblase 227
Private Wohnungsunternehmen 16
Projektentwicklung 160
- Akteure 165
- Phasen 160

Quantitative Easing 74

Rechtssystem 20
Regionen
– ostdeutsche Flächenländer 45, 54, 286
– Stadtstaaten 45, 54, 286
– westdeutsche Flächenländer 45, 54, 286
Remanenzeffekt 54, 114, 126, 155, 325
Remote Work 109
Renditen 15, 83, 211, 225
– Anfangsrendite 211
– Cap Rate 212
– Ist-Rendite 212
– Sollrendite 211

Schrumpfungsregionen 189, 308
Soforthilfegesetz 297
Soziale Wohnraumförderung 269, 272, 302
Sozialer Wohnungsbau 24, 260, 270, 297, 299, 301
Sozialpolitik für Reiche 266
Sozialwohnungen
– Bestand 273
– Fertigstellungen 274
– Miete 275
– Normnachfrage 276
– Prognose 275
Städtebauförderung 310
Stadtumbau Ost 301, 308, 310
Stagnation 302
Standards
– Komfort 318
– sicherheitsrelevant 318
Steuerpolitik 23
Strukturwandel 59
– Drei-Sektoren-Hypothese 59
Subjektförderung 22
Subprime-Krise 229, 249, 303

Überbelegung 190, 279
Ukraine-Krieg 190, 278, 306
Umland 133, 165, 180, 200, 314

Verband deutscher Pfandbriefbanken (vdp) 12, 32
Vermietungsmarkt 118, 173
Vermögen 261
Vorschriften 317

Wachstumsregionen 189
War for Talents 53
Wechselkurs 86

Wertschöpfung 9
Werttreiber 34, 120
Wiedervereinigung 300
Wirtschaftsfaktor Immobilien 5
Wissensgesellschaft 61
Wohnbaugesetz (I. WoBauG) 297
Wohnbaugesetz (II. WoBauG) 298
Wohnberechtigungsschein 24, 270, 277
Wohneigentümer 142, 192, 243
– WEG 142
Wohneigentümerquote 256
Wohneigentumsbildung 262
Wohneigentumsquote 144, 256–257
Wohnen im Alter 281
– Demografie 281
– Nachfrage 282
Wohngeld 22, 25, 196, 260, 276
Wohngemeinnützigkeit 18, 299
Wohnimmobilien-Investmentmarkt 119, 206
Wohnimmobilienpreisindex 180
Wohnkostenbelastung 190–191, 196, 269
Wohnraumförderungsgesetz 269
Wohnraumpotenziale 314
Wohnungsabgänge 204
Wohnungsabriss 18, 204
Wohnungsangebot 13, 122, 174
– Gewerbliche Anbieter 15
– Kommunale Gesellschaften 17
– Private Eigentümer 16
– Private Kleinanbieter 14
– Selbstnutzer 14
– Wohnungsgenossenschaften 18
Wohnungsbau
– modular 313
– seriell 313
Wohnungsbaufinanzierung 81, 297
Wohnungsbedarf 122–123, 172, 270, 277
Wohnungsbestand 139
Wohnungseigentum 255
– Sickereffekt 263
– staatliche Förderung 260
– Vermögensbildung 260
Wohnungsfertigstellungen 159, 161
Wohnungsgenossenschaften 18, 142
Wohnungsgröße
– Räume 158
Wohnungsleerstand 183
Wohnungslosigkeit 190, 278

Wohnungsmärkte 4, 116
- Teilmärkte 117
Wohnungsmarktzyklus 227
Wohnungsmieten 175-176
Wohnungsnachfrage 13, 174
Wohnungsnot 137, 258, 295
Wohnungspolitik 4, 19, 260, 272, 276, 294, 303, 307
- Ordnungspolitik 19
- Prozesspolitik 20-21
Wohnungspreise 220
Wohnungsunternehmen 142
- kommunal 142
- privat 142
Wohnungsvermietung 175

Wohnungswesen 3
Wohnungswirtschaft 3-5, 42, 61, 308

Zahl der Wohnungen 147
Zensus 13, 35, 121, 140, 144, 148-149, 151, 185
Zentraler Immobilien Ausschuss (ZIA) 5, 30, 92
Zinsen 66, 80, 225, 306
Zusatzprogramm des Mikrozensus 145, 150, 154, 156
zyklische Entwicklungen
- Immobilienzyklus 200
- Investmentzyklus 227
- Lebenszyklus 117

www.ingramcontent.com/pod-product-compliance
Lightning Source LLC
Chambersburg PA
CBHW081537300426
44116CB00015B/2659